Raymond Van Dam

COSTANTINO

*Un imperatore latino nell'Oriente greco
Tra ideologia romana e novità cristiana*

Titolo originale: *The Roman Revolution of Constantine*
The Syndicate of the Press of the University of Cambridge, England
© Raymond Van Dam 2007

Traduzione dall'inglese
di *Bruno Amato*

A Jody
«Lo sguardo, la luce nei tuoi occhi»
George Strait, *Carried Away*

© EDIZIONI SAN PAOLO s.r.l., 2013
Piazza Soncino, 5 - 20092 Cinisello Balsamo (Milano)
www.edizionisanpaolo.it
Distribuzione: Diffusione San Paolo s.r.l.
Corso Regina Margherita, 2 - 10153 Torino

ISBN 978-88-215-7771-0

PREFAZIONE

Fu un iniziale interesse per l'età classica a condurmi invece allo studio della tarda antichità. All'università ebbi la fortuna di studiare con un professore di antichità classiche che amava leggere i testi patristici; da dottorando preparai la mia dissertazione sotto la supervisione di un eminente storico del tardo impero romano. Grazie alla loro guida la mia visione dell'antichità si ampliò includendo il cristianesimo delle origini e la storia dell'alto medioevo e dei primi tempi dell'impero bizantino. Oggi l'influenza di questi due maestri continua a vivere nel mio insegnamento e nelle mie ricerche. Da docente assegno ai miei studenti la lettura di libri e articoli di Dick Whittaker, il supervisore della mia dissertazione dottorale. Da ricercatore consulto i volumi dei padri della Chiesa della biblioteca di Bob Otten, il mio professore di antichità classiche all'università. A Cesarea, in Palestina, pensatori come Girolamo studiarono nella grande biblioteca fondata da Origene e ampliata dal vescovo Eusebio. Tra i libri che leggevano c'erano gli scritti di Origene ed Eusebio. Tutti noi che lavoriamo come professori sentiamo profondamente questo appagante senso di continuità intellettuale dai nostri maestri ai nostri studenti.

Nei corsi sull'impero romano, la tarda antichità, il cristianesimo delle origini, la storia medievale e la storia bizantina è naturale imbattersi in Costantino. Dato che uno dei piaceri di insegnare questi argomenti è l'attesa delle inevitabili discussioni, nel corso dei decenni i migliori critici delle mie idee su Costantino e la sua età sono stati studenti, pre- e postlaurea. Negli ultimi anni ho avuto il privilegio di godere della compagnia di un gruppo eccellente di studenti laureati qui alla University of Michigan. Questi hanno completato gli studi nel mio dipartimento di storia, nei miei dipartimenti aggiunti di studi classici e studi sul Vicino Oriente, nell'Interdepartmental Program in Classical Art and Archaeology, e ora nel nostro Interdepartmental Program in Greek and Roman History. Molti di loro hanno insegnato al mio fianco come studenti laureati istruttori; hanno anche dato forma al mio pensiero sulla tarda antichità grazie alle loro ricerche sulla storia antica e postclassica. Il più alto premio che possa toccare a chi insegna è lo stimolo intellettuale che riceve imparando dagli studenti.

La ricerca è al tempo stesso un'impresa individuale e un lavoro collegiale. Pensiamo e scriviamo da soli, ma leggiamo anche i libri e gli articoli di centinaia di studiosi di tutto il mondo. La messe di pubblicazioni su Costantino e i temi a esso collegati è di un'ampiezza soverchiante e insieme di una brillantezza impressionante. Da un rapido calcolo verifico che di persona ho incontrato solo una piccola parte degli autori contemporanei citati nella mia bibliografia. È quindi tanto più gratificante ricordare il piacere di aver conosciuto il resto di voi nella vostra produzione intellettuale.

Un requisito essenziale per la ricerca è la disponibilità degli amici. Il mio dipartimento mi ha generosamente concesso un semestre di congedo dall'insegnamento. I commenti provenienti dal pubblico di un seminario organizzato dal Miller Center for Historical Studies alla University of Maryland sono stati estremamente stimolanti, un seminario in cui Ken Holum, Marsha Rozenblit, Art Eckstein e Jeannie Rutenburg erano i cortesi padroni di casa. Noel Lenski mi ha fatto avere in anteprima una copia del suo eccellente *Cambridge Companion to the Age of Constantine*. Kent Rigsby e Geoffrey Schmalz hanno gentilmente letto e commentato le prime stesure di questo libro. Come senior editor della Cambridge University Press, Beatrice Rehl è stata un'amica incoraggiante e una magnifica santa protettrice per tutti noi che ci occupiamo di studi antichi.

ABBREVIAZIONI

ACW — Ancient Christian Writers (Westminster).
Budé — Collection des Universités de France publiée sous le patronage de l'Association Guillaume Budé (Paris).
CChr — Corpus Christianorum (Turnhout).
CIL — *Corpus inscriptionum latinarum* (Berlin).
CSEL — Corpus scriptorum ecclesiasticorum latinorum (Vienna).
FC — Fathers of the Church (Washington, DC).
GCS — Die griechischen christlichen Schriftsteller der ersten Jahrhunderte (Berlin).
ICUR — *Inscriptiones Christianae urbis Romae septimo saeculo antiquiores*, ed. J.B. de Rossi (Roma, 1857-1888), 2 voll.
ICUR nova series — *Inscriptiones Christianae urbis Romae septimo saeculo antiquiores*, nova series, ed. A. Silvagni, A. Ferrua et al. (Roma e Città del Vaticano, 1922-).
IGR — *Inscriptiones graecae ad res romanas pertinentes*, ed. R. Cagnat et al. (Paris, 1906-1927), voll. 1, 3-4.
ILCV — *Inscriptiones latinae Christianae veteres*, ed. E. Diehl (Berlin, 1925-1931), 3 voll.
ILS — *Inscriptiones latinae selectae*, ed. H. Dessau (rist. Berlin, 1962), 3 voll. in 5.
LCL — Loeb Classical Library (Cambridge, MA).
MAMA — *Monumenta Asiae Minoris antiqua*, vol. 1 = Calder (1928), vol. 4 = Buckler, Calder e Guthrie (1933), vol. 5 = Cox e Cameron (1937), vol. 6 = Buckler e Calder (1939), vol. 7 = Calder (1956).
MGH — Monumenta Germaniae historica (Berlin, Hannover e Leipzig).

NPNF	A Select Library of Nicene and Post-Nicene Fathers of the Christian Church (rist. Grand Rapids).
OGIS	*Orientis graeci inscriptiones selectae: supplementum sylloges imcriptionum graecarum*, ed. W. Dittenberger (Leipzig, 1903-1905), 2 voll.
PG	*Patrologia graeca* (Paris).
PL	*Patrologia latina* (Paris).
PLRE	*The Prosopography of the Later Roman Empire* (Cambridge). Vol. 1, A.D. 260-395, ed. A.H.M. Jones, J.R. Martindale e J. Morris (1971). Vol. 2, A.D. 395-527, ed. J.R. Martindale (1980).
SChr.	Sources chrétiennes (Paris).
SIG^3	*Sylloge inscriptionum graecarum*, ed. W. Dittenberger (3^a ed. Leipzig, 1915-1924), 4 voll.
TAM	*Tituli Asiae Minoris*, vol. 2 = Kalinka (1930-1944), vol. 3 = Heberdey (1941).
Teubner	Bibliotheca scriptorum graecorum et romanorum Teubneriana (Leipzig e Stuttgart).
TTH	Translated Texts for Historians (Liverpool).

INTRODUZIONE

AUGUSTO E COSTANTINO

Giuliano fu uno dei pochi imperatori romani che avesse studiato con cura la storia romana. Durante l'estate del 362 arrivò ad Antiochia per preparare l'invasione dell'impero persiano. Nel mese di dicembre gli abitanti della città tenevano i Saturnali, una vivace festa celebrata con gare e giochi d'azzardo, e con un'inversione della scala sociale in cui padroni e schiavi si scambiavano momentaneamente i ruoli. È possibile che una simile baldoria ricordasse a Giuliano che la sua stessa carriera era stata alquanto «saturnale» nella sua imprevista traiettoria. Da giovane aveva studiato avidamente la cultura classica, presumibilmente nella speranza di diventare un sofista o un filosofo. Invece, e in maniera del tutto inattesa, il topo di biblioteca era diventato imperatore. Ma adesso, anziché contemplare l'ironia della sorte che aveva impresso una simile svolta alla sua esistenza, Giuliano decise di formulare una valutazione e una classifica di quanti l'avevano preceduto sul trono imperiale. Nel bel mezzo di una festa che celebrava il rovesciamento dei ruoli l'imperatore tornava alla sua originaria vocazione erudita scrivendo di storia[1].

Uno di quei predecessori era Costantino. I ricordi che Giuliano serbava di suo zio erano segnati da un doloroso risentimento personale. Dopo la morte di Costantino, nel maggio del 337, i militari avevano assassinato diversi suoi familiari, tra cui un fratellastro che era il padre di Giuliano. Secondo una tradizione, era stato Costantino stesso a ordinare in precedenza quelle esecuzioni, dopo aver scoperto un complotto; Giuliano avrebbe finito per darne la

---

[1] Per l'importanza di Antiochia nel tardo impero romano, vedi Van Dam (2008).

colpa a Costanzo, uno dei tre figli di Costantino che gli erano succeduti come imperatori. Essendo ancora bambino, Giuliano era stato risparmiato e gli era stato concesso di sopravvivere crescendo sotto l'implacabile supervisione del cugino Costanzo. Quando in seguito venne a sapere del massacro dei suoi familiari, affermò che solo l'intervento di Ermes, divinità preposta all'arte dell'eloquenza, lo aveva salvato dalla disperazione[2].

Nel trattato sui suoi predecessori, Giuliano immaginò un tribunale degli dei convocato allo scopo di formulare un giudizio sugli imperatori. Alla luce dell'amore di Giuliano per la filosofia platonica, non sorprende che essi concordassero sul fatto che il migliore fosse stato Marco Aurelio, esempio paradigmatico di re filosofo. In questa competizione Costantino non aveva alcuna *chance*. Quando i giudici lo avevano invitato a perorare la sua causa, Costantino aveva fieramente elencato le vittorie militari sugli imperatori rivali e sui barbari. Ma davanti alla corte celeste il satiro Sileno destramente liquida queste imprese come «giardini di Adone», nient'altro che sprazzi passeggeri destinati a fiorire brevemente e subito avvizzire. Costantino era stato così devoto nella ricerca del piacere che avrebbe potuto fare il cuoco o il parrucchiere[3].

Scrivere una satira storica sui suoi predecessori poté rafforzare il compiacimento di Giuliano sulle proprie prospettive future. L'anno precedente, la morte di Costanzo aveva evitato che scoppiasse una guerra civile, lasciando Giuliano unico imperatore. Costantino aveva retto l'impero per oltre trent'anni, e poi Costanzo per altri ventiquattro. Poco più che trentenne, probabilmente Giuliano pronosticava per sé un regno ancora più lungo. Se la sua spedizione persiana avesse avuto successo, se gli fosse stato possibile ridare vita alle città e ai loro culti pagani, sarebbe riuscito a confermare che Sileno era nel giusto, in quanto le sue imprese avrebbero ridimensionato fino a renderli insignificanti i lunghi regni dello zio e del cugino. Poteva ancora essere il più rilevante tra gli imperatori della dinastia costantiniana.

[2] Il complotto: Filostorgio, *HE* 2.16, con il Cap. 3 per la relazione tra Costantino e i suoi fratellastri. Disperazione ed Ermes: Giuliano, *Orat.* 7.230A-231B.

[3] Giuliano, *Caesares* 328-329D; Costantino e Sileno, 335A-B; cuoco, parrucchiere, con Bidez (1930) 300 e Bowersock (1987) 101, che datano entrambi questo trattato al dicembre 362, e Gleason (1986), sulla celebrazione dei Saturnali. Per l'interesse di Giuliano a imitare Marco Aurelio, vedi Eutropio, *Breviarium* 10.16.3.

Invece, come i Saturnali avrebbero potuto far presagire, tanto la versione di Giuliano della storia romana quanto la sua visione del futuro sarebbero state mandate a gambe all'aria. Sei mesi dopo era morto, ucciso in battaglia. Aveva sbagliato anche nel suo giudizio satirico su Costantino. Quale ultimo effimero imperatore pagano, oggi è Giuliano a sembrare l'elemento eccentrico. Costantino invece è diventato uno dei giganti della storia sia di Roma sia del cristianesimo delle origini.

Il libro più importante del Novecento sulla storia romana è *La rivoluzione romana* di Ronald Syme. In questo libro Syme analizza la trasformazione dalla Repubblica al regime imperiale concentrandosi sulla carriera di Augusto, il primo imperatore. La sua ricostruzione dell'ascesa al vertice di Augusto e dei particolari del suo regno è seducente e appassionante, in parte perché propone una specifica interpretazione politica della base di potere del primo imperatore. Già tra i contemporanei di Augusto si era aperto il dibattito se l'imperatore avesse davvero restaurato l'antica Repubblica, come egli affermava, o se piuttosto non avesse istituito una monarchia sotto mentite spoglie. Syme taglia il complesso nodo della struttura legale e istituzionale liquidando la costituzione romana come nient'altro che «paravento e finzione». Ridimensiona anche l'importanza delle ambizioni di Augusto sottolineando invece «l'identità degli agenti e dei ministri del potere». «L'enfasi è posta... non sulla personalità e sugli atti di Augusto, ma sui suoi sodali e partigiani». Se le relazioni e le alleanze sono più importanti delle istituzioni o delle personalità, allora il compito di Syme è quello di mostrare in che modo un determinato gruppo dell'*élite* dominante viene scalzato da un altro gruppo. Il suo Augusto quindi presiede tanto come grande patrono al centro di una pluralità di reti di obblighi personali quanto come rappresentante degli interessi di nuove fazioni. «Da qualche parte c'è sempre, scoperta o celata, un'oligarchia»[4].

---

[4] La discussione sulle motivazioni di Augusto: Tacito, *Annales* 1.9-10. Syme (1939): VII personalità, 15 paravento e finzione, 325 identità, 346 oligarchia. In uno studio supplementare del regime augusteo Syme ribadisce la sua teoria sull'oligarchia e la sua scarsa simpatia per la biografia; vedi Syme (1986): 13 «L'oligarchia è imposta come il tema guida, il

La visione di Syme gli è sopravvissuta, e con grande vitalità. Non soltanto essa ha influenzato successive narrazioni su Augusto e le origini del principato romano; ha anche definito uno specifico stile di interpretazione della storia romana. L'enfasi di Syme sulle reti di relazioni legittimava l'importanza della prosopografia, lo studio dei modelli di carriera dei notabili e delle loro connessioni personali, quale utile strumento di analisti storica. La sua enfasi sull'oligarchia riaffermava l'importanza della storia delle *élite* che da tempo costituivano l'epicentro di così tanti studi sul mondo antico: «La storia di Roma, repubblicana o imperiale, è la storia della classe di governo». La sua enfasi sui maneggi politici offriva una licenza di caccia a chi intendeva mettersi sulle tracce degli intrighi inespressi e dei moventi nascosti in tutti gli scritti dell'epoca, e in sostanza trasformava capolavori letterari contemporanei in manifesti patriottici orchestrati centralmente da Augusto e i suoi compagni tramite «il sistematico sfruttamento della letteratura su vasta scala». Syme si accosta al regno di Augusto da entrambi i lati attraverso la sua reverenza per le prospettive interpretative di Sallustio, uno storico preaugusteo che aveva denunciato il declino dei valori già durante la tarda Repubblica, e di Tacito, uno storico postaugusteo che avrebbe deriso le pretese dei primi imperatori. Raccogliendo da loro l'eredità della nostalgia moraleggiante per una Repubblica perduta, Syme adotta una prospettiva censoria su Augusto stesso come «glaciale e maturo terrorista». La sua presentazione di Augusto è quindi storia politica ai suoi livelli più alti e più critici, al tempo stesso critica bruciante e riluttante panegirico che tempera la sua avversione per la spietatezza dell'imperatore nel sopprimere la libertà personale con l'ammirazione per il suo successo nell'imporre un governo stabile[5].

Nei secoli successivi quella di Augusto è rimasta una figura coinvolgente. Già nel tardo II secolo il vescovo Melitone di Sardi affermava che la coincidenza tra il regno di Augusto e la nascita di Gesù era una dimostrazione conclusiva dell'intersezione provvi-

---

legame tra epoca ed epoca quale che sia la forma e il nome del governo», 14 «Le biografie degli imperatori sono una minaccia e un ostacolo alla comprensione della storia nella sua struttura e nei suoi processi».

[5] Syme (1939): 7 classe di governo, 19 terrorista, 460 sfruttamento. Per un'eccellente valutazione dell'uso in Syme della prosopografia, vedi Galsterer (1990).

denziale tra l'impero romano e la Chiesa cristiana: «La nostra dottrina è fiorita parallelamente a un impero che aveva uno splendido fondamento». Anche gli imperatori erano consapevoli della persistente reputazione di Augusto. Costantino emise un editto che abrogava le leggi contro il celibato presenti nella «legge antica» di Augusto. Nella sua valutazione dei predecessori Giuliano fa parlare Augusto, il quale davanti al tribunale degli dei espone le sue realizzazioni, che includevano il successo nel mettere fine alle guerre civili, l'ammirazione per la filosofia e la mano ferma nell'amministrazione dello Stato. Quando successivamente gli dei interrogano Augusto, la loro sola critica consiste nell'incolparlo di essere un «creatore di modelli», in quanto aveva fabbricato alcune nuove divinità, tra le quali Giulio Cesare, suo padre adottivo. Gli rinfacciano anche di essere un «camaleonte» e un «mostro dalle molteplici forme». Persino gli dei di Giuliano non erano in grado di definire con precisione le svariate sfaccettature di Augusto[6].

Essendo Augusto ancora nel IV secolo una presenza significativa, forse non sorprende che la moderna storiografia sugli imperatori e gli aristocratici tardoromani, quanto a interessi, approccio e tono, abbia spesso seguito la via tracciata dal più potente dei moderni interpreti di Augusto. L'influenza di Syme appare esplicita nelle analisi su Costantino in tre prospettive interconnesse. Una è l'enfasi posta su una lettura attenta del materiale di prova antico, in special modo i testi letterari, come fonti i cui contenuti e le cui intenzioni richiedono un ripetuto esame. Poiché tra i documenti antichi alcuni erano tanto lusinghieri verso Costantino e altri così avversi, la critica delle fonti (incluse quelle prosopografiche) sarà sempre un pilastro degli studi su Costantino. Una seconda influenza di primaria importanza è la focalizzazione sulla politica dell'imperatore. Questo approccio ambirebbe a risolvere le incoerenze, talvolta sconcertanti, di Costantino riguardo alle sue posizioni nei confronti di cristianesimo e paganesimo, vedendole in termini di esigenze e strategie politiche. Tale linea di studio sottolinea anche l'influenza dei suoi sostenitori, nei cui ranghi ben presto entrarono

---

[6] Insegnamento: Eusebio, *HE* 4.26.7-8, che cita un trattato perduto di Melito. Celibato: *Cth* 8.16.1, emanato nel 320. Giuliano, *Caesares*: 309A-C camaleonte, mostro, 325C-327A discorso di Augusto, 332C-333A critica.

ovviamente i vescovi. In alcuni casi questi vescovi sarebbero diventati così potenti che apparentemente furono in grado di spingere Costantino ad accettare la loro politica preferita verso il clero eterodosso, quella dell'intolleranza. Anche se uno dei vescovi, Eusebio di Cesarea, definì accortamente l'imperatore «un leale figlio della Chiesa», la realtà ipoteticamente sottostante è che vescovi più aggressivi quali Atanasio di Alessandria ed Eusebio di Nicomedia avevano semplicemente sopraffatto questo «scaltro negoziatore, paziente costruttore di consenso, ardente riformatore giudiziario». Un'ultima influenza importante riguarda la sincerità della dedizione di Costantino nei confronti del cristianesimo. Non solo Costantino talvolta si mostrava oscillante nei suoi atteggiamenti verso il cristianesimo; ma in più mostrava di mettere in atto linee di condotta cristiane al fine di portare avanti un suo progetto politico. La questione della sincerità dell'impegno religioso di Costantino è quindi analoga a quella della sincerità con cui politicamente Augusto rivendicava di aver restaurato la Repubblica. Dal momento che ciascuno di questi pronunciamenti può apparire in malafede, Costantino è non meno di Augusto esposto all'ombroso scetticismo dello stile symiano di interpretazione storica[7].

Un diverso approccio ad Augusto è quello di chi si concentra sulla sua rappresentazione pubblica. Fin dall'inizio della sua asce-

---

[7] La critica delle fonti può includere persino un tentativo di spiegare una visione di Costantino come un fenomeno di alone solare: vedi Weiss (2003). Citazioni sulla politica di Costantino da Dreake (2000) 357. Per l'enfasi posta dai moderni sulle motivazioni costantiniane, vedi Brandt (1998) 32: «Die übergeordnete Frage, ob Konstantins Begünstigung des Christentums auf politisches Kalkül oder auf religiöse Überzeugung zurückzuführen ist». Ma per la critica all'enfasi sulle convinzioni personali di Costantino, vedi Dagron (2003) 128: «Dobbiamo smetterla... di speculare sulla sincerità o la profondità della sua fede».

L'attenzione per la prosopografia della tarda antichità è fiorita in un proliferare di studi specialistici e di imponenti manuali come *The Prosopography of the Later Roman Empire*, *Consuls of Later Roman Empire* e *Prosopographie chétienne du Bas-Empire*; per alcuni favorevoli quadri d'insieme sull'impatto della prosopografia, vedi Eck (2003), Martindale (2003) e Mathisen (2003). Per il regno di Costantino, gli studi prosopografici si sono concentrati di norma sulle tendenze religiose dei magistrati superiori, come consoli, prefetti del pretorio e prefetti di Roma. Il primo console cristiano servì nel 317, e circa un'altra dozzina negli anni Venti e Trenta del secolo; prefetti del pretorio e prefetti di Roma che furono sicuramente o probabilmente cristiani servirono anch'essi in quei due decenni; vedi von Haehling (1978) 513-521, e Barnes (1994a) che rivede Barnes (1989a). Ma questa enfasi sui supremi magistrati cristiani può risultare fuorviante per quanto riguarda la natura della rivoluzione costantiniana, e in particolare sulla continuità (o discontinuità) dalla tetrarchia

sa al potere assoluto, lui e i suoi consiglieri sperimentarono varie identità pubbliche, così come venivano comunicate dai vari *media*. Di conseguenza, il modo in cui l'imperatore si presentava o in cui altri lo rappresentavano metteva completamente in ombra le sue azioni e i suoi convincimenti. L'altro grande libro moderno sul regno di Augusto è *Augusto e il potere delle immagini* di Paul Zanker. Il suo approccio è al contempo un complemento e un antidoto alla prospettiva di Syme. Poiché quest'ultimo si accosta al regno di Augusto con il presupposto che l'imperatore e i suoi usassero la letteratura e l'arte per celare il loro potere, la sua è una continua ricerca della realtà autentica che sta alla base del governo imperiale. Viceversa, Zanker assume che Augusto e i suoi sostenitori usavano l'arte e l'iconografia mirando a rivelare l'imperatore e a proiettare immagini favorevoli. Per Syme, Augusto è un manipolatore con lo scopo di dissimulare; per Zanker è altrettanto manipolatore, ma al fine di autopromuoversi. Mentre l'Augusto di Syme sembra vivere nell'ombra, l'Augusto di Zanker è sempre esposto alla vista del pubblico.

Zanker metteva in evidenza l'invenzione di «un metodo tutto nuovo di comunicazione visiva» che comprendeva «un vocabolario iconografico completamente inedito». Sulle prime Augusto e i suoi rivali usarono immagini basate sui ritratti dei sovrani ellenistici; quindi l'imperatore adottò un nuovo armonioso stile di ritrattistica

---

a Costantino. Quasi tutti gli alti magistrati (con la probabile eccezione dei familiari dell'imperatore) avrebbero detenuto cariche minori, come i governatorati provinciali, forse un paio di decenni prima dei consolati o le prefetture. Per esempio, Amnio Anicio Giuliano, console nel 322 e prefetto di Roma dal 326 al 329, era stato proconsole d'Africa all'inizio del IV secolo: vedi *PLRE* 1:473-474, «Amnius Anicius Iulianus 23». Sesto Anicio Paolino, console nel 325 e prefetto di Roma dal 331 al 333, era stato anch'egli proconsole d'Africa: vedi *PLRE* 1:679-680, «Sextus Anicius Paulinus 15». Poiché questi uomini potrebbero benissimo aver detenuto cariche imperiali minori sotto Diocleziano e i tetrarchi, l'interrogativo che si trovano ad affrontare gli studiosi moderni è se a questa continuità di magistrati corrispondesse una continuità di tendenze religiose. Una possibilità è che questi uomini avessero rivestito uffici minori sotto imperatori pagani nonostante il loro cristianesimo; si veda Eusebio, *HE* 8.1.2, dove si afferma che figure di fede cristiana stavano servendo come magistrati provinciali sotto i tetrarchi. Un'altra possibilità è che questi uomini fossero stati pagani in passato, convertendosi al cristianesimo prima di servire come alti magistrati sotto Costantino. Eusebio nota che tra i magistrati di Costantino, anche se «alcuni preferivano il paganesimo», la maggior parte aveva riconosciuto «la fede della salvezza». Ma lamentava anche che alcuni fingevano soltanto di accettare il cristianesimo, forse per migliorare le prospettive di carriera: vedi Eusebio, *Vita Constantini*: 2.44 magistrati, 4.54.2-3 finzione.

«ispirato al canone classico». Gradualmente inoltre si scostò dall'aperta autoglorificazione passando alla divulgazione della sua devozione religiosa a del suo tradizionalismo politico. In questa nuova era restaurò templi, dedicò offerte, rafforzò il clero; promosse anche la posizione dei senatori e restaurò il funzionamento delle vecchie cariche e istituzioni repubblicane. La base del prestigio e dell'autorità di Augusto a questo punto era una ripetuta esibizione pubblica di modestia e deferenza[8].

Zanker sottolinea inoltre l'uso consapevole da parte di Augusto, nella costruzione della sua immagine pubblica, delle leggende romane e della storia della Repubblica delle origini. L'elemento centrale del nuovo foro di Augusto a Roma era un tempio dedicato a Marte Ultore (ossia «vendicatore») che celebrava la sua vittoria finale nelle guerre civili. Anche la decorazione del tempio enfatizzava il regno di Augusto quale sviluppo naturale della storia romana. All'interno del tempio si trovavano statue di Marte, secondo la leggenda padre di Romolo, e di Venere, per il mito un'antenata di Enea. Romolo ed Enea erano figure centrali nelle leggende sulla fondazione di Roma. Accanto a queste statue di Marte e Venere ve n'era una di Giulio Cesare, padre adottivo di Augusto. Il sottinteso era che Augusto fosse il nuovo fondatore di Roma, il naturale successore di Enea e di Romolo. In uno dei colonnati che fiancheggiavano la corte anteriore del tempio Augusto eresse una fila di statue dei più illustri antenati della famiglia Giulia, a cui lui apparteneva. Nel colonnato opposto pose una fila corrispondente di statue di eminenti capi e generali della Repubblica. La giustapposizione di queste figure sottolineava chiaramente l'importanza della dinastia augustea nella storia romana. «Queste gallerie di ritratti offrivano in tal modo una versione riveduta della storia, utile alle finalità della Roma augustea». Alla fine del regno di Augusto l'iconografia di questa «nuova mitologia ufficiale» era diventata «un singolo sistema integrato di immagini»: «il messaggio era comprensibile a tutti». Da qui in avanti questo linguaggio visuale sarebbe stato usato in tutto l'impero, in Italia per decorare le case con raffigurazioni di ideali augustei, nelle province per abbellire i templi in onore dell'imperatore. Nella prospettiva di Zanker, per i romani

---

[8] Zanker (1988): 3 comunicazione visiva, 98 canone, 101 vocabolario iconografico.

«un'immagine era più potente della realtà». Augusto aveva inventato se stesso come imperatore repubblicano, e molti romani avevano accettato la sua autorappresentazione. Nella sua appropriazione del corredo figurativo tradizionale Augusto era diventato un vero paladino della Repubblica[9].

Condizione essenziale per interpretare il passato è dimenticare il futuro. Quando si sa come sono andate le cose, il corso reale degli eventi può apparire un esito naturale, quasi inevitabile: la Repubblica romana diventa impero, e l'impero romano diventa impero cristiano. Ma questa sorta di teleologia retrospettiva eclissa pesantemente la contingenza di fondo degli eventi passati e la fondamentale incertezza delle nostre moderne interpretazioni. Già mentre assorbiva tradizioni dal passato, il successo di Augusto sembrava mettere in discussione le aspettative di quelle stesse tradizioni. Un imperatore repubblicano era una contraddizione in termini, perché secoli primi la Repubblica era stata fondata in opposizione alla monarchia. Organismi di magistrati avevano rimpiazzato la monarchia, le cariche annuali di questi magistrati avevano rimpiazzato il ruolo vitalizio di un re, e l'elezione dei magistrati aveva rimpiazzato la successione dinastica. Ora, sebbene Augusto e successivi imperatori evitassero accuratamente di definirsi «re», la loro sola presenza come governanti a vita e la preferenza per la successione dinastica erano una negazione dell'essenza della Repubblica.

Non minore contraddizione in termini era un imperatore cristiano. Prima di Costantino gli uomini di Chiesa non avevano previsto quella possibilità, e la loro speranza in un sovrano cristiano prendeva forma piuttosto nel ritorno di Gesù Cristo «alla fine del tem-

---

[9] Zanker (1988): 114 messaggio comprensibile, 193 mitologia, 211 gallerie di ritratti, 237 sistema integrato, 238 immagine. Il linguaggio visivo del regno di Costantino merita uno studio analogo. Per le sue effigi, vedi L'Orange (1984), e Fittschen e Zanker (1985). Per gli edifici imperiali, vedi Mayer (2002), che interpreta i monumenti «aus dem ideologischen Diskurs zwischen dem Kaiser und der jeweiligen gesellschaftlichen Elite» (p. 5). Per le chiese, vedi Klein (1999c): «So wie der Neubau und die Ausstattung der Heiligtümer im Erneuerungsprogramm des Augustus die wichtigsten und vornehmsten Aufgaben waren, so waren für Constantin die neuen Basiliken Zeugnisse offizieller Staatsarchitektur und dienten somit der Propaganda kaiserlicher Politik» (p. 212). Elsner (2000a) 177-178 sottolinea l'importanza di indagare sui progetti edilizi e sulle immagini costantiniani «come aspetti di una strategia visiva concertata e sviluppatasi nel corso di un trentennio».

po». Secondo la spiegazione che, si diceva, avevano un tempo fornito a un imperatore, «l'impero celeste e angelico» di Cristo sarebbe succeduto all'impero romano, non l'avrebbe rimpiazzato. Una generazione dopo Costantino, suo nipote Giuliano cercava ancora di analizzare il sorgere del cristianesimo. A suo dire, il successo dei cristiani avrebbe sorpreso tanto Gesù quanto l'apostolo Paolo, «nessuno dei quali aveva mai avuto neppure la speranza che voi [cristiani] un giorno conseguiste un simile potere». Gesù stesso non aveva previsto un imperatore cristiano. Insomma, il regno di Costantino era stato così inatteso che, come il regno di Augusto in veste di imperatore repubblicano, introduceva «un modo di pensare completamente nuovo» riguardo agli imperatori. La più grande sfida che il regno di Costantino poneva, per cristiani e per non cristiani, era semplicemente quella di immaginare un imperatore cristiano[10].

Il sapere moderno ha, in linea generale, sostenuto che il coinvolgimento di Costantino con il cristianesimo fosse il carattere peculiare del suo lungo regno. Già nel titolo molti libri evidenziano questa associazione tra imperatore e cristianesimo: *Constantine the Great and the Christian Church*; *The Conversion of Constantine and Pagan Rome*; *Constantine and the Conversion of Europe*; *Constantine and Eusebius*; *The Christianity of Constantine the Great*; *Constantine and the Bishops*; *Constantine and the Christian Empire*. In questi libri le consuete questioni sul cristianesimo assumono la priorità: il momento e la natura esatta della conversione di Costantino al cristianesimo, l'incoerenza tra il suo patrocinio del cristianesimo e il persistere del suo supporto ad alcuni aspetti dei culti pagani, il suo coinvolgimento nelle controversie sul cristianesimo donatista e il cristianesimo ariano, il suo ruolo nel concilio di Nicea, la sua relazione di appoggio con religiosi antiniceni come Eusebio di Cesarea, e la tensione tra la sua opposizione all'uso della forza coercitiva e gli intrighi dei vescovi. Anche studi che esaminano aspetti palesemente non religiosi del regno di Costantino, come la sua legislazione sul matrimonio e la famiglia, non

---

[10] Spiegazione a Domiziano: Eusebio, *HE* 3,20.4, alludendo alle parole di Gesù in Giovanni 18:36: «Il mio regno non è di questo mondo». Gesù e Paolo: Giuliano, *Contra Galilaeos* 1.206A. Citazione sul modo di pensare da Zanker (1988) 263.

riescono a evitare di valutare (sia pure ridimensionandola) la portata dell'influenza cristiana su queste leggi[11].

Questo libro su Costantino, invece, adotta prospettive diverse, e spesso alternative, sull'importanza del suo regno. In molte situazioni il cristianesimo non era l'interesse primario di Costantino. Essendo soverchianti gli ostacoli pratici nel fissare il dominio imperiale, diventare imperatore, sopravvivere come imperatore e imporre la propria autorità erano preoccupazioni più pressanti. Costantino impiegò quasi vent'anni a eliminare i suoi rivali, rimanendo intanto fedele all'impegno di proteggere le frontiere e conducendo campagne militari contro i vicini. Doveva decidere sulle priorità dell'attenzione tra le frontiere settentrionali e quelle orientali. Doveva affrontare le tensioni sotterranee che da tempo caratterizzavano l'impero romano, come il risentimento sociale risultante dalla promozione delle attrattive di Roma a scapito delle province, il contrasto culturale tra Occidente latino e Oriente greco, e la straordinaria diversificazione dei culti religiosi locali. Una volta stabilitosi come imperatore, dovette considerare il suo lascito futuro, e in particolare il problema della successione imperiale. Prima di essere un imperatore cristiano, Costantino era un imperatore tipico[12].

I capitoli della prima sezione esaminano due temi importanti, la sorte di Roma nel prosieguo dell'impero e le idee sulla successio-

[11] Titoli: Baynes (1931), Alföldi (1948), Jones (1962), Barnes (1981), Elliott (1996), Drake (2000), Odahl (2004). Per una tipica affermazione sul ruolo del cristianesimo, vedi Elliot (1996) 1: «L'importanza di Costantino sta nella sua missione cristianizzatrice». Per le motivazioni alla base della legislazione di Costantino, vedi Evans Grubbs (1995) 317: «Un esame approfondito... non sostiene l'ipotesi spesso avanzata che le sue leggi sul matrimonio rifletterebbero gli insegnamenti cristiani e una prospettiva peculiarmente "cristiana"», e Humfress (2006) 207 sugli studi recenti «che demoliscono l'idea di una generale influenza cristiana sull'esistente *corpus* legislativo costantiniano».

[12] Già nella tarda antichità gli storici poterono valutare Costantino sulla base di criteri non cristiani, come il primo imperatore che avesse fondato una città dandole il proprio nome, il primo imperatore ad aver condonato l'avidità dei suoi cortigiani, il primo imperatore ad aver nominato consoli dei barbari, o l'imperatore responsabile del crollo delle frontiere: vedi Orosio, *Historiae adversum paganos* 28.27 città; Ammiano Marcellino, *Res gestae* 16.8.12 cortigiani, 21.10.8 barbari; Zosimo, *Historia nova* 2.34 frontiere; con Warmington (1999) 166 sugli storici del IV secolo: «Questi... applicano a lui [Costantino] lo stesso tradizionale criterio di giudizio di cui si erano serviti per tutti gli altri precedenti imperatori». Uno storico, abbinando strane caratterizzazioni a sconcertanti periodi cronologici, sembrava implicare che la vita di Costantino si fosse svolta a ritroso dall'età adulta all'infanzia:

ne imperiale. Il singolo episodio che ne costituisce il punto di partenza è la risposta di Costantino a una petizione inviata da alcune città dell'Italia centrale. Nella sua replica Costantino accedeva alla loro richiesta di erigere un nuovo tempio da dedicare alla sua dinastia imperiale. Nel primo impero le città in Italia avevano partecipato all'alta stima che investiva Roma, e anch'esse avevano goduto di privilegi particolari. Ma gli imperatori avevano preso a trascorrere una parte sempre maggiore del loro tempo nelle zone di frontiera, e avevano elevato alla magistratura imperiale un più gran numero di provinciali. Accogliendo questa petizione Costantino mostrava di restituire alle città dell'Italia centrale, e anche a Roma stessa, il prestigio e il lustro di cui un tempo avevano goduto. Al tempo stesso andava propagandando nuove idee sulla successione imperiale. Con la tetrarchia, il regno concomitante di quattro imperatori, i figli degli imperatori erano stati ripetutamente messi da parte nella selezione dei successori. Costantino invece assicurò la successione dei suoi figli riaccendendo l'aspettativa di una successione dinastica. Nel fare questo, dava lustro anche alla sua stessa reputazione, perché molti imperatori seguenti si sarebbero presentati come suoi eredi ideologici e spirituali. Nella sua risposta a queste città italiane Costantino stava promuovendo da una parte l'importanza nell'impero dell'Italia centrale e di Roma e dall'altra la successione dei propri figli.

La seconda sezione di capitoli considera altre due questioni di grande rilevanza: la risolutezza delle decisioni imperiali sugli affari religiosi e l'impatto del latino nell'Oriente greco. Nonostante le sue visite a Roma, Costantino fondò Costantinopoli come una Nuova Roma in Oriente. La presenza di questa nuova capitale sollevò un certo allarme tra i provinciali greci riguardo sia alle preferenze religiose di Costantino sia alle sue preferenze culturali. Il punto episodico di partenza questa volta è la risposta dell'imperatore a una serie di petizioni avanzate dai cittadini di un piccolo centro in Frigia. Questi ambivano all'innalzamento del rango della loro città, e a sostegno della richiesta sottolineavano la propria

---

vedi *Epitome de Caesaribus* 41.16: «Per [i primi] dieci anni [del suo regno] fu davvero straordinario. Per i successivi dodici anni fu un bandito. Per gli ultimi dieci anni fu un bambino, per la sua incontrollata generosità».

devozione religiosa. Ma anche se Costantino aveva già dimostrato il proprio cristianesimo, questi cittadini non fanno mai menzione di tale religione. Forse le oscillazioni di precedenti linee politiche imperiali in fatto di religione li avevano resi cauti, sconsigliando un appello alla solidarietà religiosa. Questi cittadini avevano presentato la loro petizione in latino. Dal momento che i tetrarchi avevano promosso l'uso del latino anche nell'Oriente greco, questi cittadini probabilmente pensavano che Costantino condividesse le convinzioni dei suoi predecessori sull'egemonia del latino. Questi provinciali greci, quindi, avevano deciso di presentarsi all'imperatore non come cristiani ma come romani in grado di usare il latino.

La sezione finale affronta il problema del come figurarsi un imperatore cristiano. Questa analisi definisce il cristianesimo in termini di identità più che di convinzioni. Essere un imperatore cristiano certamente sollevava alcuni problemi pratici per Costantino, per esempio sulla sua disponibilità a ricorrere alla forza coercitiva o sul suo atteggiamento verso i vescovi. E sollevava, cosa ancora più importante, questioni ideologiche relative all'autopresentazione. Costantino doveva decidere in che modo identificarsi in pubblico; e a loro volta altri, cristiani e non cristiani, dovevano decidere in che modo pensare a lui. Già durante la sua vita erano molti i modi possibili di immaginare un imperatore cristiano. Lo stesso Costantino spesso seguì l'esempio dei tetrarchi, che avevano definito se stessi e il loro potere in termini di legittimazione divina. Anche se lui finì per promuovere un Dio diverso, adottava la loro stessa enfasi su una teologia della funzione imperiale. I tetrarchi si identificavano con gli dei pagani; una volta che ebbe adottato il cristianesimo, Costantino analogamente sottolineò la sua intimità con Gesù Cristo, quando non persino la sua identificazione con lui. Ma in quello stesso periodo gli uomini della Chiesa discutevano della corretta articolazione dottrinale della relazione tra Gesù Cristo il Figlio e Dio il Padre. Di conseguenza, le controversie su questi schemi di rappresentazione spesso si sovrapponevano, presentando le stesse problematiche e la stessa terminologia. La ricerca teologica dell'identità di Gesù Cristo e la ricerca politica dell'identità di un imperatore cristiano erano aspetti complementari del medesimo discorso su potere e rappresentazione. In queste dispute Costantino non era semplicemente un partecipante. Divenne anche un *medium* simbolico, articolando gli uomini di Chiesa (e Costantino stesso) le loro idee su teologia e politica con l'uso di un lessico iconico di un Figlio divino e di un imperatore cristiano. Al centro di queste ricerche stava Eusebio di Cesarea. Eusebio sopravvisse alle persecuzioni degli imperatori della tetrarchia e divenne vescovo di Cesarea in Palestina. Partecipò al concilio di Nicea nel 325, dove furono affrontate le controversie dottrinali sulla Trinità. Qui incontrò Costantino. Successivamente ricevette lettere di appoggio dall'imperatore, produsse panegirici in suo onore, componendo infine per lui una biografia encomiastica. Per questo gli studiosi moderni spesso hanno trattato non troppo benevolmente l'Eusebio storico, e la sua *Vita di Costantino* è stata in particolare criticata come fonte storica inadeguata. Anche gli studiosi simpatizzanti denunciano la *Vita* perché troppo lontana dall'essere un «sobrio resoconto storico» o perché presenta «un'immagine particolarmente tendenziosa a favore di Costantino», come se Eusebio avesse intenzionalmente falsificato la figura dell'imperatore con le sue lodi eccessive[13].

In realtà Eusebio non dà una rappresentazione *falsa* dell'imperatore. Piuttosto, lo raffigura deliberatamente in un modo particolare che finisce per corrispondere alle sue dottrine, e per sostenerle. Nel corso della sua carriera Eusebio fu innanzitutto un teologo e un apologeta, e solo in secondo luogo uno storico. Come nella sua *Storia ecclesiastica* aveva articolato una prospettiva originale che sosteneva la propria interpretazione dell'importanza del cristianesimo nel mondo romano, così nella *Vita* costruiva un'immagine di Costantino che era compatibile con la sua propria posizione teologica. Anche se è lecito da parte nostra dissentire dalle interpretazioni di Eusebio, non sarebbe giusto criticarlo per aver fatto

---

[13] Citazioni da Cameron e Hall (1999) 7 (sobrio), e Lenski (2006a) 5 (tendenzioso); si noti che già gli storici della tarda antichità stavano allo steso modo criticando Eusebio per il suo atteggiamento eccessivamente adulatorio nei confronti di Costantino: vedi Cap. XII, con Droge (1992), per una eccellente sintesi della visione storica di Eusebio, e Warmington (1993), per le citazioni manipolate degli editti di Costantino. Anche gli scritti di Atanasio vengono spesso, ma in maniera fuorviante, definiti «tendenziosi» o «caricature politiche»: vedi Barnes (1993) 126. Per un'importante interpretazione correttiva della *Historia Arianorum* di Atanasio, vedi Kannengiesser (2001).

esattamente quello che in teoria dovremmo fare tutti noi storici moderni: sostenere un punto di vista. Come Eusebio, anche noi fabbrichiamo immagini di Costantino che si inseriscono nelle nostre posizioni interpretative, e nelle nostre dispute accademiche anche noi proiettiamo nuove identità per il primo imperatore cristiano. Nel nostro costruire ripetutamente Costantino, noi siamo i legittimi eredi di Eusebio.

Costantino è uno degli imperatori romani meglio documentati, e un resoconto politico della sua vita e del suo regno è abbastanza semplice. Alla sua nascita, a Naissus nei primi anni Settanta del III secolo, l'impero appariva sull'orlo del collasso. Suo padre, Costanzo Cloro, divenne nel 293 imperatore «di secondo grado» (*cesare*) nella tetrarchia, il collegio dei quattro imperatori, e nel 305 succedette a Diocleziano e Massimiano come uno degli imperatori maggiori (*augusto*). Quando l'anno dopo, a York, Costanzo morì, le sue truppe proclamarono imperatore il figlio. Nel 312 Costantino sconfisse a Roma Massenzio, un imperatore rivale, e nel 324 eliminò Licinio, il suo ultimo concorrente. Celebrò l'inaugurazione di Costantinopoli nel 330 e alla sua morte, nel 337, fu sepolto nella nuova capitale. A succedergli furono i tre figli Costantino II, Costanzo II e Costante.

Spesso gli studi moderni adottano date significative della vita di Costantino come punti di riferimento per la struttura di questo intero periodo della storia romana. Come Eusebio di Cesarea trasformò la biografia di Costantino in teologia, allo stesso modo diversi storici moderni trasformano la stessa biografia in una «età di Costantino». Una simile enfasi sulla sua (o di qualsiasi imperatore) biografia può distorcere la nostra comprensione delle vicende successive dell'impero romano, in quanto dà troppo credito alla sua capacità di influenzare i mutamenti storici e troppo poca importanza alle più vaste transizioni sociali e culturali. Costantino certamente poté scegliere come rappresentare se stesso, non da ultimo perché aveva così tante immagini a sua disposizione: se mostrarsi come un imperatore del Nord o un imperatore del Mediterraneo, come un imperatore di Roma o un imperatore di Costantinopoli, come un erede del sistema imperiale tetrarchico o come il fondatore di una nuova dinastia imperiale, come un imperatore latino o un imperatore greco, come un imperatore cristiano ariano o un imperatore cristiano niceno, come un amico di Dio o un amico di Cristo. Ma in ciascun caso stava reagendo a tendenze più ampie sulle quali aveva scarsa influenza, come la crescente importanza delle zone di frontiera a scapito del nucleo mediterraneo dell'impero, il declino dell'importanza di Roma, la possibilità che l'Oriente greco diventasse un impero separato, l'incertezza sulla relazione tra imperatori e dei, e i conflitti sulle dottrine trinitarie cristiane. Durante il IV secolo il discorso sull'«imperatore» era quindi un aspetto di un più complessivo discorso sull'«impero», in particolare riguardo al futuro della romanità, della grecità e della cristianità. In ciascun caso l'esito fu del tutto inaspettato: un impero romano che non dovesse più necessariamente includere Roma, un impero greco nelle province orientali che usava ancora il latino, un impero cristiano che era in continuo disaccordo su come definire il cristianesimo ortodosso.

Qualsiasi analisi di una figura storica così palesemente di primo piano come quella di Costantino corre facilmente il rischio di una certa sovradeterminazione. Alcuni eventi che, visti retrospettivamente, appaiono innovazioni vitalmente significative potrebbero in realtà essere stati al tempo del tutto secondari. Un'innovazione del regno di Costantino fu l'uso di indossare costantemente il diadema imperiale. Alcuni degli imperatori del tardo III secolo avevano già sperimentato l'esibizione del diadema, forse perché riportava alla mente ricordi di Alessandro Magno, il più grande conquistatore in Oriente. Immagini di Costantino con il diadema cominciarono ad apparire sulle sue monete durante la guerra con Licinio, nel 324, e poco dopo l'acquisizione delle province orientali. Inizialmente era raffigurato con un diadema formato da una semplice fascia, ma nel corso degli anni sembra che quella corona avesse assunto una forma più elaborata, decorata di rosette, foglie e gemme. Storici successivi lo presentarono come il primo ad aver portato un diadema tempestato di perle e pietre preziose: «Nessuno dei precedenti imperatori aveva mai portato nulla del genere». Questo nuovo emblema sollecitò varie spiegazioni. Uno storico suggeriva che Costantino avesse cominciato a mostrarsi con il diadema per realizzare l'implicazione di un salmo, in cui il re ringrazia Iddio per la sua corona di pietre preziose. Un altro affermava che portava «una bellissima corona» come «simbolo del suo potere unico e della sua vittoria sui nemici». Questi storici interpretavano il diadema di Costantino come un segno della nuova religione o come ricordo del suo successo militare nel riunificare l'impero[14].

Ben presto il diadema divenne un diffuso segno della potestà imperiale, insieme con il manto purpureo e i calzari dorati. Già durante il IV secolo ricevere un diadema era parte della cerimonia con cui si assumeva la carica di imperatore. I vari tipi di diademi erano usati per differenziare i rispettivi ranghi dei coimperatori. Presto si diffuse una leggenda secondo la quale Elena aveva inviato al figlio Costantino una corona formata con uno dei chiodi utilizzati per crocifiggere Gesù Cristo. Attraverso il suo rimodellamento in diadema imperiale, questo strumento di tortura e persecuzione era diventato il «chiodo dell'impero romano». La corona di spine di Gesù era stata barattata con un diadema imperiale di chiodi, e portando questo diadema «Costantino trasmise anche la fede agli imperatori che vennero dopo di lui». Per gli storici di epoca antica come per gli studiosi moderni il diadema di Costantino rappresentava la riunificazione dell'impero, l'emergere degli imperatori cristiani e il trionfo del cristianesimo[15].

Ma già nell'antichità altri commentatori avanzavano un'interpretazione più terra terra, che ignorava queste grandi trasformazioni religiose e politiche. A loro parere, Costantino era semplicemente un vanitoso. Uno degli storici lasciava intendere che avesse iniziato a portare il diadema perché «cominciava a perdere i capelli sopra la fronte». Un'altra soluzione per il suo imbarazzo per la calvizie era, a quanto pare, la preparazione di una lozione profumata che successivamente prese il nome dall'imperatore: *Sapo Constantini*. Forse noi storici moderni dovremmo prendere sul se-

---

[14] Secondo *Epitome de Caesaribus* 35.5, l'imperatore Aureliano «fu il primo tra i romani a portare un diadema sul capo». Ritratti: Bruun (1966) 44-45, 147, 660 e Bastien (1992-1994) 1:143-66. Il diadema di Costantino: *Epitome de Caesaribus* 41.14, *Chronicon Paschale* s.a. 330; imperatori precedenti: Giovanni Malalas, *Chronographia* 13.8, che cita Salmi 21:3 (= LXX 20:4); simbolo: *Vita Constantini* 24, ed. Opitz (1943) 557.

[15] Simboli del comando imperiale: Pacato, *Panegyrici latini* 2(12).45.1-2, che ammonisce potenziali usurpatori a non coprirsi le spalle con «la porpora regale», i piedi con «oro e gemme» e la testa con un diadema; con l'eccellente rassegna del mutamento di importanza del diadema in Kolb (2001) 76-79, 105-108, 113-114, 201-204. Ambrogio, *De obitu Theodosii*, 47 fede, 48 chiodo.

rio la possibilità che il giudizio di Giuliano su suo zio come «parrucchiere» fosse basato su un credibile pettegolezzo di famiglia. Di Augusto si dice che usasse degli alzatacchi nelle scarpe per sembrare più alto; forse Costantino il Grande aveva cominciato a portare un diadema per evitare di passare alla storia come Costantino il Calvo[16].

[16] Calvizie, sapone profumato: Polemio Silvio, *Laterculus* V, «Breviarium temporum». Vari scrittori di cose mediche includevano ricette della «Lozione di Costantino», probabilmente uno schampo o un'applicazione medicinale; vedi Mazzini (1992) e Callu (1995), i quali ipotizzano che questa enfasi sul narcisismo personale fosse un tentativo di sminuire le implicazioni autocratiche dell'adozione di un diadema. Si veda anche in Temistio, *Orat.* 6.81c, la raccomandazione all'imperatore Valente perché ricordi la sua orazione al senato e vi guardi dentro come in uno specchio, in modo «che tu possa sistemare in maniera più attraente non i tuoi capelli ma il tuo dominio sui romani». Anche se Heather e Moncur (2001) 195n.195, ritengono che l'allusione possa essere a Nerone, Costantino era un predecessore più immediato e un riferimento più appropriato per una scherzosa allusione a Costantinopoli. Le calzature di Augusto: Svetonio, *Augustus* 73.
Per l'uso dell'aspetto fisico di Costantino come soprannome si noti che, «secondo la voce popolare», era noto come Trachala, «dallo spesso collo»: vedi *Epitome de Caesaribus* 41.16, con Bruun (1995), che valuta se questo soprannome fosse un complimento («dal collo forte») o una critica («dal collo arrogante»).

PRIMA PARTE

UN IMPERO ROMANO SENZA ROMA

Speranza e trepidazione. Accostarsi a un imperatore suscitava nei firmatari di una petizione sentimenti contrastanti. Giacché nell'imperatore si vedeva una solida fonte di giustizia, generosità e assistenza, ci si aspettava da lui che mostrasse accessibilità e cortesia. Quando Teodosio era stato in visita a Roma, si era divertito a scambiare battute con la folla. A rafforzare questa immagine di sé quale cittadino comune, aveva anche «bandito il terrore». Ma nonostante le migliori intenzioni, spesso gli imperatori emanavano un alone di minaccia e intimidazione. Erano figure formidabili, circondate abitualmente di consiglieri di alto rango e di guardie armate, prive di qualsiasi restrizione costituzionale riguardo all'esercizio del potere. Uno degli oratori, mentre lodava Teodosio per la sua affabilità nei confronti di Roma, ammetteva anche di essere terrorizzato dall'idea di parlare in sua presenza. Un altro oratore, per calmare il nervosismo di fronte a Costantino, ammetteva apertamente il proprio disagio: «Non è compito da poco chiedere un favore personale all'imperatore del mondo intero... comporre le parole, parlare senza paura, fermarsi al momento opportuno, aspettare una risposta»[1].

Postulanti e comunità si accostavano agli imperatori e alla loro corte o direttamente di persona o attraverso una missiva. In un incontro diretto un inviato poteva rivolgersi all'imperatore con un

---

[1] Teodosio a Roma: Claudiano, *De sexto consulatu Honorii* 59-61. Pacato Drepanio, *Panegyrici latini* 2(12).1.1 terrore, 47.3 accessibilità. Compito non da poco: *Panegyrici latini* 5(8).9.3, con Rees (2002) 9, per un'evocazione della «atmosfera solenne che circondava occasioni del genere».

panegirico. Per quanto snervante per il panegirista, l'occasione formale almeno offriva la cornice di un protocollo tradizionale, grazie al quale in generale l'oratore poteva seguire le norme del genere retorico e dall'imperatore ci si aspettava che ascoltasse rispettosamente. Le petizioni presentate alla corte in forma di lettere erano spesso altrettanto formali quanto a costruzione: sostanzialmente dei panegirici in formato ridotto che seguivano analoghe linee guida. Queste petizioni combinavano l'elogio per l'imperatore e le sue imprese con liste di lagnanze e richieste di benefici e onori. Le petizioni quindi imponevano ai postulanti una certa quantità di lavoro di previsione, cercando di immaginare che cosa l'imperatore avrebbe gradito udire, e in che modo insinuare qualche suggerimento sui rimedi che speravano di fargli adottare. Le petizioni erano al contempo deferenti, cercando di riflettere l'immagine che l'imperatore aveva di sé, e didattiche, cercando di piegare la sua risposta in una direzione favorevole.

Costantino aveva fama di imperatore capace di leggere, ascoltare, riflettere e rispondere direttamente alle ambasciate e alle petizioni dei provinciali. Il suo regno fu particolarmente ricco di petizioni, in particolare sul tema del cristianesimo. Molte di queste petizioni nascevano da controversie teologiche relative ai donatisti in Nord Africa e ai sostenitori e agli avversari del prete Ario in Oriente. Al concilio di Nicea, in effetti, nell'interesse dell'unanimità, Costantino bruciò pubblicamente le numerose petizioni presentate da elementi del clero rivali. Altre petizioni riguardavano nominalmente argomenti non religiosi, come gli affari municipali. Verso la fine del suo regno Costantino ricevette una petizione dall'Italia centrale. Era stata inviata dalle città dell'Umbria, o forse più specificamente da Hispellum (oggi Spello), una cittadina di primo piano nella regione, che certamente avrebbe tratto il maggior beneficio da una risposta favorevole. Questa petizione chiedeva che Hispellum e l'Umbria ottenessero l'autonomia da una regione vicina e dal suo capoluogo. Anche se presentava richieste specifiche, però, questa petizione sembrava anche contenere una certa qual esitazione sul modo di accostare Costantino[2].

---

[2] Reputazione di Costantino: *Epitome de Caesaribus* 41.14, «Legere ipse scribere meditari audire legationes et querimonias provinciarum». Per una rassegna delle petizioni

Una parte di questa incertezza riguardava la religione. Poiché Costantino era un imperatore cristiano che sempre riaffermava il proprio patrocinio sugli affari ecclesiastici, è naturale ipotizzare che la sua preferenza per il cristianesimo ne influenzasse in parte le risposte alle petizioni. Nella loro istanza, Hispellum e le altre città definivano in pratica la loro autonomia in termini di religione. Ma, fatto significativo, il loro documento non faceva alcun cenno al cristianesimo. Queste città richiedevano piuttosto l'istituzione di una loro specifica festività e la costruzione di un tempio in onore della dinastia di Costantino. Fatto altrettanto significativo, nella sua risposta neppure Costantino menziona il cristianesimo. È chiaro che attribuisce maggiore importanza ad altre questioni. L'insistenza degli studiosi moderni sul cristianesimo del primo imperatore cristiano ha oscurato altre trasformazioni importanti, forse anche più fondamentali, da lui avviate o influenzate. La successione dinastica costituisce una di tali innovazioni. Rompendo con il modello dei tetrarchi suoi predecessori, Costantino progettava di reintrodurre una successione di tipo ereditario alla carica imperiale. Nella risposta alle città umbre il suo interesse per la successione dei propri figli mostra di prendere il sopravvento sulle considerazioni relative a specifiche convinzioni religiose.

Una seconda esitazione presente nella petizione riguarda l'assenza di Costantino dall'Italia e da Roma. Anche se Costantino era stato in visita a Roma tre volte tra il 312 e il 326, successivamente, negli ultimi undici anni del suo regno, aveva risieduto di norma in città che si trovavano sulle frontiere settentrionali o nei loro pressi, ivi compresa Costantinopoli. Questa nuova capitale acquisiva incessantemente nuovi benefici e vantaggi, tra i quali lo *ius Italicum*, l'ambitissimo «diritto italico» in base al quale una città faceva ufficialmente parte dell'Italia e ne condivideva i privilegi. La fondazione di una nuova capitale permanente in Oriente e l'espansione del suo prestigio portarono parallelamente a un calo nel prestigio di Roma in particolare, e in generale dell'Italia centrale e meridionale. L'«Italia» sembra aver cambiato collocazione: mentre Costantinopoli stava diventando più «italiana», vi erano città italiane che

durante le controversie donatiste e ariane, vedi Millar (1977) 584-607 e il Cap. X. Petizioni bruciate: Socrate, *HE* 1.8.18-19.

diventavano più «provinciali». Roma e i suoi abitanti dovevano adattarsi; e con essi molti piccoli centri nell'Italia peninsulare. Nella sua petizione, Hispellum si presenta come una città italiana che mostra di percepire la perdita di contatto con un imperatore sempre più lontano; nel suo appello al patrocinio di un imperatore remoto Hispellum sembra comportarsi invece come una lontana città provinciale. La sua petizione è sintomatica di un grande ribaltamento nella relazione tra regioni centrali e regioni di frontiera, e quindi nelle definizioni di centro e periferia. Alla fine del regno di Costantino era evidente che Roma e altre città della penisola non erano più centrali nel mondo romano. Queste città erano ora sul limite, in un entroterra marginale, apparentemente dimenticate e ignorate[3].

Nella loro petizione Hispellum e le altre città dell'Umbria chiaramente si sentivano più a loro agio parlando di modifiche di antichi costumi che non semplicemente della costruzione di un nuovo tempio e della creazione di una nuova festività. Speravano che Costantino fosse più un tradizionalista che un innovatore, più interessato a ridar vita al loro antico prestigio che a promuovere inattese innovazioni (Cap. I). Costantino sembra aver apprezzato l'opportunità di presentarsi come un restauratore conservatore, in particolare perché nei fatti il suo interesse per Roma e l'Italia centrale si stava riducendo a favore della sua nuova capitale a Costantinopoli (Cap. II), e perché intendeva promuovere i propri figli e altri familiari al rango di nuova dinastia imperiale (Cap. III). La sua nuova capitale e la sua nuova dinastia avevano entrambe bisogno della legittimazione di una storia acconcia (Cap. IV). Nel suo rescritto a Hispellum l'imperatore contava di inventare un nuovo futuro sostenendo di far rivivere il passato. Nel momento in cui guardava avanti pubblicizzando se stesso e la sua nuova dinastia, affermava che la sua decisione preservava antiche tradizioni.

---

[3] Vedi *CTh* 14.13.1 per la restituzione dello *ius Italicum* a Costantinopoli nei primi anni Settanta del IV secolo, con Dagron (1974) 62-63 che discute di quando la capitale aveva ricevuto inizialmente questo diritto. All'inizio del V secolo il possesso dello *ius Italicum* autorizzava Costantinopoli ad acquisire le prerogative della «vecchia Roma»: vedi *CJ* 11.21.

I

IL RESCRITTO DI COSTANTINO A HISPELLUM

Costantino rispose alla petizione di Hispellum e delle altre città umbre dopo la fine di dicembre del 333, e con ogni probabilità prima della metà di settembre del 335. Durante questo periodo si trovava a Costantinopoli o nei dintorni, oppure stava conducendo una campagna militare nei Balcani. A meno che avesse ritardato di molto a rispondere, presumibilmente le città gli avevano inviato la petizione poco prima[1].

Italia per sempre

Hispellum e queste altre città dell'Umbria reagivano a mutamenti avvenuti piuttosto di recente nell'amministrazione dell'Italia. Già durante il regno di Augusto la penisola era stata divisa in undici *regiones* geografiche. La regione che includeva Roma era, ovviamente, la prima regione, e con il suo patrocinio e i suoi favoritismi Augusto aveva messo bene in chiaro che nessun'altra città nell'impero, e in particolare nessuna delle grandi città dell'Oriente come Alessandria o Antiochia, sarebbe diventata una sua rivale: «D'ora in poi Roma non sarà mai altrove che a Roma». Nell'Italia centrale a nord di Roma l'alto corso del Tevere divideva longitudinalmente l'Etruria (nota anche come Tuscia), la settima regione, dall'Umbria, la sesta. Poiché l'Italia centrale e quella meridionale condivi-

---

[1] I testi migliori del rescritto di Costantino a Hispellum si trovano in *ILS* 1:158-159, n. 705 e Gascou (1967) 610-12, entrambi derivati dall'edizione di E. Bormann in *CIL* 11.2.1:768, n. 5265.

devano l'elevato prestigio di Roma, fin dall'inizio le città dell'Italia peninsulare godevano di una posizione privilegiata all'interno dell'impero. «L'Italia tendeva a essere vista dagli imperatori come una sorta di estensione della città di Roma». Augusto e i suoi successori eressero edifici municipali, templi, mura e acquedotti, fornirono aiuti dopo calamità naturali, e costruirono o ripararono strade dappertutto. Hispellum si trovava sulla via Flaminia, la grande arteria che metteva Roma in collegamento con l'Italia del Nord Est. Ora la cittadina acquisiva il rango di colonia giulia, e per compensarla per la sua scomoda collocazione in cima a uno sperone montuoso, ricevette terra addizionale dai territori delle città vicine. Augusto aveva inoltre donato terre lungo l'alto Clitunno, fiume che la città amministrava come risorsa pubblica per i bagni. Anche i primi imperatori con un retroterra nelle province – Traiano, Adriano e Antonino Pio – continuarono a favorire l'Italia, e i loro regni durante la prima metà del II secolo; in effetti segnarono un punto alto in fatto di generosità e patrocinio imperiali. Italia per sempre: una lapide dedicatoria a Roma lodava Traiano per aver provveduto al benessere «eterno per la *sua* Italia»[2].

Al di là degli specifici doni e onori, le città italiane godevano di un comune vantaggio che le distingueva nettamente dalle città provinciali. La concessione più importante per l'Italia peninsulare era l'esenzione dall'imposizione fiscale. Il pagamento delle tasse era ovviamente necessario per mantenere le responsabilità imperiali, e in particolare per finanziare l'esercito. Ma era anche un segno di

---

[2] Regioni di Umbria ed Etruria: Plinio il Vecchio, *Historia naturalis* 3.50-53, 112-14, con la rassegna delle evidenze in Thomsen (1947) 120-25, 230-36, e la lista di *correctores* in Chastagnol (1963) 358-60. Citazione su Roma da Nicolet (1991) 193, in una pregevole discussione sull'organizzazione augustea dello spazio amministrativo in Italia; citazione sull'Italia da Patterson (2003) 97, in un eccellente quadro sulla generosità imperiale in Italia durante i primi tempi dell'impero; Eck (1994) sostiene che l'interazione tra imperatori e città italiane era più consistente di quanto lascino intendere i documenti sopravvissuti. Hispellum come colonia giulia: *CIL* 11.2.1:771, n. 5278, e *Liber coloniarum*, ed. Campbell (2000) 174, con note *ad loc*. Territori aggiuntivi: «Hyginus», *Constitutio limitum*, ed. Campbell (2000) 142. Bagni pubblici: Plinio, *Ep.* 8.8.6, con Duncan-Jones (1982) 31, per la dedica di Plinio a Hispellum. Per il patrocinio dell'Italia da parte degli imperatori provinciali, vedi Woolf (1990) 226-227, sugli schemi alimentari: «Gli *alimenta* erano istituiti come mezzi per legare simbolicamente in maniera più stretta l'imperatore e l'Italia in un momento in cui si temeva che si stessero allontanando». La sua Italia: *ILS* 2.1:532, n. 6106, «aeternitati Italiae suae prospexit».

subordinazione e inferiorità. I provinciali pagavano per garantire privilegi a Roma e ad altre città italiane. Di conseguenza, il prestigio dell'Italia elevava il prestigio dei suoi amministratori, e nel tardo III secolo un imperatore poteva ancora scherzare sul fatto che era più desiderabile governare in una regione dell'Italia che regnare come usurpatore dissidente in Gallia[3].

Questa battuta però era una sorta di colpo di coda, perché con la crescente importanza dei provinciali come uomini d'armi, amministratori imperiali, senatori e imperatori, l'Italia stava lentamente perdendo la sua posizione di privilegio. In Etruria e in Umbria, molte città calavano in dimensioni e popolazione, mentre gli edifici municipali andavano in rovina e le colonne e i pannelli di marmo di monumenti più antichi venivano riciclati destinandoli a nuove strutture dedicatorie. Nelle campagne, le ville e gli insediamenti rurali venivano abbandonati e sparivano. Alla fine del III secolo l'imperatore Diocleziano completava il processo di riallineamento dell'Italia in distretti, che erano in pratica gli equivalenti di province, ciascuno amministrato da un governatore con il titolo di *corrector* (in seguito *consularis*). Uno di tali nuovi distretti era quello di «Tuscia e Umbria», che inglobava gran parte delle vecchie regioni di Etruria e Umbria[4].

Questa riorganizzazione amministrativa coincideva con la perdita dell'immunità fiscale per l'Italia. Diocleziano estendeva l'«opprimente male delle tasse» al Nord dell'Italia, e il suo successore Galerio all'Italia peninsulare e perfino alla città di Roma. Come le città delle province, le città dell'Italia ora dovevano accettare la responsabilità, e l'onere, della riscossione delle imposte entro i

---

[3] La battuta di Aureliano: *Epitome de Caesaribus* 35.7, con Nicolet (1994) e Purcell (2000), per l'esame dei privilegi dell'Italia del primo impero.

[4] Per un esame del declino economico nell'Italia centrosettentrionale durante il III e IV secolo, vedi Papi (2004). La Lista di Verona menzionava «Tuscia Umbria» come una delle «province» in Italia: vedi *Laterculus Veronensis* 10.5, con Barnes (1982) 203-5, che data la parte occidentale di questa lista tra il 303-314, (1996) 548-550, e la fine del 314. Per la provincia di *Tuscia et Umbria*, in seguito governata da un *consularis*, vedi *Notitia Dignitatum in partibus Occidentis* 1.57, 2.15, 19.4. Barnes (1982) 218 data la divisione dell'Italia in province ai primi anni Novanta del III secolo, Chastagnol (1963) 349-352 esattamente all'inverno del 290-291. Eccellenti disamine della riorganizzazione amministrativa che segnò la «provincializzazione» dell'Italia comprendono Ausbüttel (1988) 87-95, il quale sottolinea l'importante ruolo dei precedenti imperatori Caracalla e Aureliano, e Lo Cascio (2005) 165-169.

loro territori urbani. Forse non tutti se ne lamentavano con la stessa foga, perché questo nuovo peso per le città offriva nuove opportunità ai notabili locali. In secoli precedenti i ricchi aristocratici italici avevano concentrato l'attenzione sulle proprie ville in campagna e i propri interessi a Roma, ed erano stati meno impegnati nelle loro città come figure locali di autorità. Ora che consiglieri e magistrati municipali potevano trarre profitto dalla supervisione alla riscossione delle tasse, i notabili locali avevano un nuovo incentivo per mantenere una carica nelle loro città. Come altrove nell'impero romano, in Italia gli aristocratici locali erano in grado di manipolare a loro vantaggio l'accertamento e l'esazione delle imposte imponendone rigorosamente il pagamento ai contadini comuni e lasciando che i propri arretrati si accumulassero. L'imposizione della tassazione divenne, paradossalmente, uno stimolo più efficace della precedente generosità degli imperatori nell'incoraggiare la partecipazione dei notabili locali agli affari municipali[5].

Tale coinvolgimento diede a questi notabili locali in Italia una nuova motivazione per promuovere il prestigio e il rango delle città loro sedi, e quindi delle funzioni municipali, civili e religiose che detenevano. Una tattica di pratico impiego era l'esibizione di un *pedigree* importante, e alcune città ora ricordavano i loro primi fondatori e riportavano in vita antichi miti fondativi. Un'altra tattica consisteva nell'appellarsi all'intervento degli imperatori. Durante il tardo III secolo e l'inizio del IV vari imperatori, tetrarchi compresi, avevano finanziato la costruzione di nuovi edifici municipali in Tuscia e in Umbria, e la manutenzione delle strade, come la via Flaminia. Queste residue esibizioni di patrocinio imperiale potrebbero aver incoraggiato le città a chiederne ancora di più. In particolare, città che avevano perso terreno nel rimpasto amministrativo potevano ricorrere a una petizione all'imperatore. Nella loro petizione a Costantino le città dell'Umbria, e in particolare

---

[5] Male opprimente: Aurelio Vittore, *De Caesaribus* 39.31; anche Lattanzio, *De mortibus persecutorum* 23.1-6, 26.2, con Barnes (1981) 9,29, per la sequenza. Per i precedenti interessi delle ricche *élite* italiche per le loro ville e per Roma, vedi Whittaker (1994b) 142-143: «Il problema di base era quello del patronato locale... l'assenza del quale iniziò a farsi sentire verso la fine del I secolo... I grandi latifondisti, che producevano la base della ricchezza della maggioranza delle città italiane... potevano semplicemente trasferire le loro rendite al di là del raggio di azione della città».

Hispellum, ora speravano che il riconoscimento di una loro parità con le città della Tuscia portasse a un miglioramento della loro posizione[6].

«Superstizione contagiosa»

Quando le due vecchie regioni di Etruria-Tuscia e Umbria furono accorpate in un unico nuovo distretto amministrativo, la Tuscia, e in particolare la città di Volsinii (l'odierna Bolsena), divenne dominante. Ora le due regioni celebravano congiuntamente una festività religiosa. Ma benché ogni regione scegliesse un sacerdote, i giochi venivano organizzati sempre in Tuscia a Volsinii, «secondo la tradizione del costume antico». La popolazione di Volsinii aveva subito cercato di consolidare l'impulso della sua superiorità da poco accresciuta. La città eresse un cippo, e forse una statua, in onore di Costanzo Cloro. Quando nel 312 il figlio di Costanzo assunse il controllo dell'Italia centrale, la città eresse una statua, e molto probabilmente una stele, in onore del nuovo imperatore. Poiché Volsinii dedicò questo monumento a Costantino probabilmente dopo la sua vittoria, forse aspettava il ritorno dell'imperatore per celebrare il decimo anniversario del suo regno nel 315. E inoltre connetteva precisamente il nuovo imperatore alla precedente storia romana, in quanto la testa di Costantino sulla statua era stata rilavorata da una testa di Augusto. Questa statua voleva presumibilmente ricordare a Costantino che, in qualità di novello Augusto, avrebbe dovuto portare avanti il patrocinio imperiale per Volsinii[7].

---

[6] Per la ripresa di antichi miti, vedi Campbell (2000) XLIV, sul contesto per interpretare il *Liber coloniarum*: «L'interesse nelle citate città italiane... indica la presenza nel IV secolo di una rivalità comunale». Per il patrocinio imperiale in fatto di città e strade, vedi Papi (2004) 65-70: «Tutte le strade che portavano a Roma furono migliorate» (p. 69); ma per il brusco declino dell'interesse imperiale per le città nell'Etruria meridionale dopo i tetrarchi, vedi Papi (2000) 226-234: «Dal secondo decennio del VI secolo le testimonianze scritte sulle donazioni in Etruria meridionale cessano dappertutto» (p. 234).

[7] Dedica a Costanzo: *CIL* 11.1:426, n. 2697, incisa su un piedistallo marmoreo. Testa di Costantino: Giuliano (1991), che data il rifacimento della testa tra il 312 e il 315, il periodo della costruzione dell'arco di Costantino a Roma. Per la probabile combinazione di dedica e statua, vedi *ILS* 2.1:387, n. 5557a = Grünewald (1990) 224, n. 284, una dedica in cui si fa menzione di statue di Costantino e di due suoi figli a Canusium in Puglia.

Nella loro petizione le città dell'Umbria reagivano chiedendo anche alcuni favori, oltre che di essere sollevate da un peso. Lamentando la difficoltà che comportava per il loro sacerdote il viaggio tra le montagne e le foreste fino a Volsinii, sembravano sottintendere che, se Costantino intendeva davvero seguire le orme di Augusto, doveva ripristinare l'antica separazione tra Umbria e Tuscia. Inoltre, queste città speravano di superare il «costume antico» di Volsinii chiedendo l'istituzione di una festa che probabilmente rimandava a un periodo ancora precedente. Evidentemente intendevano ridare vita, aggiornandola, a una festività molto più antica a Hispellum, da celebrare in un antico complesso sacrale dove in effetti è stata ritrovata l'iscrizione con la risposta di Costantino. Questo complesso comprendeva un teatro, costruito nel tardo I secolo a.c., e un anfiteatro, eretto nel I secolo d.C.; gli archeologi hanno anche portato alla luce resti e statuine votive che risalgono al V secolo a.c. In una simmetria nettamente evocativa, mentre l'Italia centrale perdeva la sua posizione di favore nell'impero romano, la regione umbra progettava di ripristinare una festività presso un santuario religioso arcaico fornito di radici locali[8].

La petizione inoltre sollecitava favori che coinvolgevano la reputazione della nuova dinastia imperiale. Le città dell'Umbria chiedevano per Hispellum un nuovo nome che derivasse da quello dell'imperatore, e domandavano il permesso di costruire un nuovo tempio (*templum*) che sarebbe stato dedicato alla «dinastia flavia» di Costantino. Questo tempio dunque segnava il punto di intersezione tra lagnanza e favori, in quanto le città proponevano anche che il loro sacerdote presiedesse invece a una festa presso questo nuovo tempio. Mentre il sacerdote scelto in Tuscia avrebbe continuato a officiare nella festività attuale a Volsinii, l'Umbria ambiva

---

[8] Per il santuario religioso a Hispellum, vedi Bradley (2000) 244-245, e Amann (2002) 18-25: «Zweifellos war das Heiligtum von Hispellum spätestens im 3./2. Jh. v. Chr. aktiv und verfügte seit augusteischer und auch noch in konstantinischer Zeit über eine beachtliche Breitenwirkung» (p. 21). Coarelli (2001) ipotizza che i postulanti sperassero di far rivivere un antico «centro federale umbro» nei pressi di Hispellum e identifica questo tempio imperiale con la moderna chiesa di San Fedele adiacente al teatro: «La datazione che si deve attribuire a questo edificio, il IV secolo d.C., e la presenza dell'abside – tipica degli edifici di culto imperiale – permette di identificarvi senza possibilità di dubbio il tempio della *gens Flavia*, menzionato nel rescritto» (p. 46).

a marcare la sua nuova associazione con Costantino con un nuovo nome imperiale per Hispellum, un nuovo tempio imperiale, e una nuova festa imperiale celebrata dal suo sacerdote. Questi benefici imperiali sarebbero quindi diventati garanzie di una nuova autonomia. Anche se rimanevano nello stesso distretto amministrativo, da una città e da una regione che ricevessero simili onori difficilmente si poteva pretendere che restassero subordinate a una città e a una regione vicine.

Un elemento che colpisce nel rescritto di Costantino, presumibilmente presente anche nella petizione, è l'assenza di qualsiasi esplicito riferimento al cristianesimo. Invece, queste città richiedevano un tempio, ambivano a una nuova festa che avrebbe incluso spettacoli teatrali e giochi di gladiatori, e riconoscevano che la festività di Volsinii dovesse continuare. Nella loro petizione le città dell'Umbria sembrano non rendersi conto che ormai fanno parte di un impero cristiano. Né Costantino risponde in termini apertamente cristiani. Conferisce a Hispellum il nuovo nome di Flavia Costante e autorizza la costruzione di un nuovo tempietto (*aedis*) dedicato alla dinastia flavia. Permette di celebrare una nuova festività a Hispellum, ma esige che a Volsinii si continuino a officiare i vecchi giochi. L'unica restrizione che impone riguarda le cerimonie a Hispellum: «Un santuario dedicato al nostro nome non dovrà essere contaminato dalle menzogne di una superstizione contagiosa»[9].

Il senso e le implicazioni di tale restrizione sulla «superstizione contagiosa» non sono chiari. Basandosi su questa restrizione, la maggior parte delle discussioni moderne sull'iscrizione dirotta ben presto verso considerazioni sulle politiche costantiniane nei confronti dei culti pagani, e specificamente dei sacrifici pagani. Tali politiche erano decisamente vaghe e certamente aperte all'interpretazione già durante il regno dell'imperatore, per non dire di quanto siano state esposte in seguito a valutazioni partigiane retrospet-

---

[9] Per l'ipotesi che Costantino stesse cercando di preservare i giochi tradizionali neutralizzandone le associazioni pagane e classificandoli come «secolari», vedi Markus (1990) 108-9, e Salzman (2003) 691: «Ulteriori prove di come gli imperatori cristiani… cercassero di riorientare il culto imperiale presentando un aspetto più neutrale, meno offensivo a occhi cristiani». Si veda Dvornik (1966) 2:647, per l'improbabile suggerimento che Costantino includesse una «correzione gentile di un'opinione pagana» sostituendo *nomen* («nome») a *numen* («divinità») nella petizione.

tive. Dopo la vittoria su Massenzio a Roma, Costantino si riunì con il suo coimperatore Licinio all'inizio del 313 per estendere «a cristiani e a tutti la libera facoltà di seguire la religione che ciascuno desidera». In questo editto di tolleranza non si faceva menzione di sacrifici[10].

Nel 315 Costantino tornò a Roma per commemorare l'inizio del decimo anniversario della sua ascesa al trono imperiale. La celebrazione includeva l'inaugurazione di un arco di trionfo che ricordava la vittoria su Massenzio. Le facciate e l'attico di questo arco propagandavano però, in una serie di scene iconografiche, anche altri atti e attributi più generici dell'imperatore. Queste scene erano presentate su ampi pannelli e medaglioni scolpiti presi da precedenti monumenti eretti in onore di due imperatori del II secolo, Adriano e Marco Aurelio. Alcune di queste attività erano neutre dal punto di vista della pratica religiosa: l'imperatore che caccia un orso, un cinghiale e un leone, l'imperatore che arringa le truppe, che riceve prigionieri barbari, che distribuisce doni al popolo romano. Altre avevano un contenuto direttamente religioso. Quattro dei medaglioni raffiguravano l'imperatore nell'atto di offrire sacrifici a varie divinità – Silvano, Diana, Apollo ed Ercole – e uno dei pannelli lo mostrava mentre si preparava a officiare il tradizionale sacrificio di un toro, un maiale e una pecora. In tutte queste scene le teste degli imperatori originali erano state ritoccate perché assomigliassero a Costantino stesso o, in due casi, a suo padre Costanzo. Poiché il senato e il popolo romano aveva eretto e dedicato quest'arco, presumibilmente si intendevano rappresentare Costantino e suo padre come personaggi che sostenevano e rispettavano i sacrifici tradizionali. A Roma, inserire un nuovo imperatore nelle pratiche religiose prefissate, ivi compresa la partecipazione ai sacrifici, era evidentemente qualcosa di non meno scontato dell'uso di rimodellare vecchie sculture[11].

---

[10] Lettera del 313: versione latina in Lattanzio, *De mortibus persecutorum* 48.2, versione greca in Eusebio, *HE* 10.5.4, con discussione aggiuntiva nel Cap. VI.

[11] Fotografie e discussione di pannelli e medaglioni: L'Orange e von Gerkan (1939) 165-87 e tavole 39-42, 46-47, Giuliano (1955) tavole 9-24 e Koeppel (1986) 26-34, 56-75. L'identità dell'imperatore nei due medaglioni che raffigurano i sacrifici ad Apollo e a Ercole è contestata. L'Orange e von Gerkan (1939) 168-172 e tavola 45, e Rohman (1998) lo identificano come Licinio, Calza (1959-1960) come Costanzo. Si noti che queste scene di

I commentatori cristiani, e forse Costantino stesso, interpretavano in maniera diversa queste associazioni. Il vescovo Eusebio di Cesarea sostiene che durante la visita a Roma nel 315 Costantino aveva offerto «preghiere di ringraziamento a Dio, l'Imperatore di tutti», come un equivalente di «sacrifici che non includeva fuoco o fumo». In questa prospettiva l'imperatore sembra proporre un'alternativa cristiana ai sacrifici pagani, ma senza bandire questi ultimi. Quando Costantino scrive al re persiano Shapur, include una descrizione delle sue convinzioni religiose, specificando la propria repulsione per «tutto quel sangue disgustoso», ma senza accennare a un esplicito bando dei sacrifici. Alla fine del IV secolo Libanio, un pagano non pentito da cui ci si può aspettare una critica a Costantino, riconosceva tuttavia che l'imperatore non aveva cambiato alcunché nelle tradizionali forme di culto pagane. Quali che fossero i loro progetti, cristiani e pagani mostrano di riconoscere a Costantino un'assoluta tolleranza in fatto di religione[12].

Secondo Eusebio, però, la posizione di Costantino sui sacrifici sarebbe in seguito divenuta più restrittiva. Poco dopo aver sconfitto Licinio, nel 324, aveva vietato ai pagani che detenevano incarichi nella magistratura imperiale di compiere sacrifici. Eusebio inoltre sostiene che l'imperatore aveva emesso anche una legge più generale contro «gli abomini dell'idolatria» che proibivano «a chiunque di offrire sacrifici». Nel 341 l'imperatore Costante (molto probabilmente con suo fratello Costanzo) sembrerebbe rinnovare queste restrizioni: «La superstizione deve cessare, e la follia dei sacrifici va abolita». A giustificazione di tanta durezza, questo editto fa riferimento a una «legge del divino imperatore, nostro padre». Questa precedente legge di Costantino non è giunta fino a noi; ma alla metà degli anni Sessanta del IV secolo Libanio notava che gli attacchi al paganesimo avevano portato alla distruzione di templi, all'espulsione di sacerdoti e all'«abolizione dei sacrifici». Pur essendo chiaramente meno pragmatici nel loro atteggiamento nei

---

sacrifici sull'arco di Costantino figurano raramente nelle moderne discussioni sulle posizioni di Costantino nei confronti dei sacrifici. Eppure, come «testi» su Costantino, sono analoghi ai panegirici le storie e gli editti che gli storici moderni preferiscono analizzare.

[12] Eusebio, *Vita Constantini* 1.48 sacrifici senza fumo, 4.10.1 sangue disgustoso. Nessun cambiamento: Libanio, *Orat.* 30.6, con Wiemer (1994) 522: «Libanio riecheggia una persistente tradizione pagana secondo la quale Costantino… non perseguitò i pagani».

confronti dei culti pagani, evidentemente i figli di Costantino si vedevano come dei semplici continuatori delle politiche del padre. Secondo il loro cugino Giuliano, «i figli hanno distrutti i templi ancestrali che il loro padre aveva in precedenza disonorato». Costanzo in particolare aveva fama di essere «specialmente devoto nella venerazione di suo padre». Dal momento che l'editto emanato dai figli nel 341 stabiliva un nesso preciso tra superstizione e sacrifici, e rimandava esplicitamente al precedente di Costantino, sembrerebbe del tutto naturale ipotizzare che nel suo rescritto alle città dell'Umbria anche Costantino, nel porre restrizioni alla superstizione, stesse proibendo l'offerta di sacrifici pagani presso il nuovo tempio di Hispellum[13].

Se questo era il suo scopo, nel dirlo si mostrava sorprendentemente ottuso. Costantino sapeva essere assai diretto nelle sue reazioni alle attività pagane. In una legge del 325 aveva già bandito i gladiatori e i loro «spettacoli cruenti». Proibì la celebrazione dei giochi Olimpici nel teatro di Calcedonia, e permise la spoliazione di templi pagani altrove. Decidendo di ripulire dalle immagini pagane e dagli «impuri sacrifici» il luogo santo di Mamre in Palestina, connetteva esplicitamente queste restrizioni con la costruzione di una nuova chiesa e con la celebrazione di rituali appropriati. A Costantinopoli eliminò statue, altari e sacrifici del paganesimo a

---

[13] Eusebio, *Vita Constantini* 2.44 restrizione sui magistrati pagani, 45.1 restrizione generale, con Corcoran (1996) 315-316, che sintetizza la discussione sull'esistenza di questa legge sui sacrifici, e Heather e Moncur (2001), 49-51, che sintetizza la discussione sulla legislazione di Costantino contro il paganesimo. Editto del 341: *CTh* 16.10.2. Dal momento che Madaliano, il destinatario di questo editto, era il vicario dell'Italia, l'editto fu emesso più probabilmente da Costante che da Costanzo: vedi Seeck (1919) 191. Abolizione dei sacrifici: Libanio, *Orat.* 18.23, con Bradbury (1995), sul declino dei sacrifici pubblici prima del regno di Giuliano. Si noti che alla fine del IV secolo non c'erano più altari a Sardi: vedi Eunapio, *Vitae sophistarum* 503. Templi ancestrali: Giuliano, *Orat.* 7.228B. La reputazione di Costantino: Aurelio Vittore, *De Caesaribus* 42.23, con Curran (2000) 181-93, per una rassegna della legislazione di Costanzo e Costante.

Per interpretazioni convenzionali della restrizione sulla «superstizione contagiosa» a Hispellum, vedi: Barnes (1981) 212, «disapprovazione ufficiale dei sacrifici»; Bowersock (1982) 177, «il riferimento è chiaramente al sacrificio»; Price (1984) 227, «abolì totalmente i sacrifici»; Bradbury (1994) 130, «non avrebbe consentito sacrifici cruenti»; Curran (2000) 181, «escluse i sacrifici animali dalla cerimonia del culto imperiale»; Odahl (2004) 250, «nessun sacrificio»; Lee (2006) 175, «quasi certamente un riferimento ai sacrifici». Forse Costantino rimaneva volutamente oscuro sul significato di *superstitio*; si veda Beard, North e Price (1998) 1:372: «Costantino potrebbe in realtà aver giocato deliberatamente sull'ambiguità del termine, che poteva utilmente sfuggire a una definizione precisa».

favore di chiese e santuari dei martiri. A Citra in Nord Africa, benché fosse stato già fondato un ordine sacerdotale in onore della dinastia flavia, Costantino combinò il cambio di nome della città in Costantina con la costruzione di una chiesa[14].

La petizione di Hispellum e delle altre città umbre ora offriva l'occasione di imporre restrizioni analoghe in Italia. Al momento in cui rispondeva alla petizione, Costantino era imperatore da oltre venticinque anni, aveva già manifestato il suo appoggio al cristianesimo, e non aveva più rivali la cui opposizione potesse indurlo a temperare le proprie linee politiche. Inoltre aveva già sovvenzionato la costruzione di chiese in varie città d'Italia, ad Albano, Capua e Napoli. Di conseguenza, anche in questo caso ci si potrebbe aspettare che Costantino fosse più apertamente entusiasta nella sua opposizione ai santuari e ai cerimoniali pagani e nel suo sostegno al cristianesimo. Non solo avrebbe potuto bandire esplicitamente i sacrifici pagani; avrebbe potuto anche suggerire alla popolazione di Hispellum di costruire piuttosto una chiesa[15].

In effetti la religione, sia come culto pagano sia come cristianesimo, molto probabilmente non era la principale preoccupazione di Costantino in questo rescritto. La motivazione che lui stesso

---

[14] Editto sui gladiatori: *CTh* 15.12.1, emanato nell'ottobre del 325; ma nel 328 lo zio di Libanio includeva combattimenti di gladiatori nei giochi Olimpici di Antiochia: vedi Libanio, *Orat.* 1.5. Giochi Olimpici a Calcedonia: Callinico, *Vita Hypatii* 33.1. Eusebio, *Vita Constantini* 3.48 Costantinopoli, 51-53 Mamre, 54 spoliazione dei templi. Sacerdozio in Nord Africa e nuovo nome per Citra: Aurelio Vittore, *De Caesaribus* 40.28; chiesa: Optato, Appendix 10.36b.

Un importante sostenitore di Costantino era Lucio Aradio Valerio Proculo, un insigne senatore che servì come proconsole d'Africa nei primi anni Trenta del secolo, come prefetto di Roma nel 337-338 e nel 351-352, e come console nel 340. Come riconoscimento per il suo servizio Costantino rese onore a Proculo in una lettera ai magistrati e al senato di Roma: vedi *L'année épigraphique 1934* (1935) 42, n. 158, con le correzioni al preambolo in Barnes (1982) 23. Ma nonostante l'apprezzamento da parte di un imperatore cristiano, Proculo era un pagano che tenne cariche sacerdotali a Roma ed eresse una stele a Cibele e Attis a Cartagine: per la stele dedicatoria vedi *CIL* 8, Supplementum 2.4:2461, n. 24521. Tra i suoi uffici e onori Proculo elencava la sua carica come *pontifex Flavialis*: vedi *CIL* 6.1:366-367, nn. 1690 (= *ILS* 1:273, n. 1240), 1691, 1694. Non è chiaro se servì come sacerdote flavio a Roma; Chastagnol (1962) 100 ipotizza che abbia tenuto questa carica in Nord Africa.

[15] Chiese in Italia: *Liber pontificalis* 34.30 Albano, 31 Capua, 32 Napoli. Poiché un tempio dedicato alla famiglia di Costantino con ogni probabilità avrebbe incluso una statua dell'imperatore, si noti anche l'evidente contraddizione con l'affermazione in Eusebio, *Vita Constantini* 4.16: «Con una legge vietò che venissero erette statue di lui stesso nei templi degli idoli».

fornisce per la sua decisione sottolinea piuttosto interessi non religiosi. Nel preambolo al rescritto sottolinea la sua preoccupazione per il benessere delle città. In questo caso, mentre Hispellum avrebbe visto migliorare la propria posizione «grazie alla generosità della nostra beneficenza», Volsinii avrebbe comunque conservato il proprio prestigio. Nella conclusione l'imperatore sottolineava la speranza di conservare le «antiche istituzioni». Costantino sembra più interessato a restaurare il passato ancestrale che a imporre un nuovo futuro cristiano. Come altri imperatori, anche lui voleva rivestire le sue politiche, e in particolare le sue innovazioni, del manto della tradizione e del rispetto dell'antico. Ma le sue riforme più allarmanti non includevano necessariamente l'imposizione di una nuova religione a scapito di antichi riti sacrificali pagani. In questo rescritto della metà degli anni Trenta del secolo le innovazioni che più toccavano il suo interesse erano l'istituzione di una nuova dinastia imperiale e la fondazione di Costantinopoli. Solo adesso Costantino stava finalmente organizzando le disposizioni per la successione ereditaria che avrebbe fatto seguito alla sua morte; e ormai l'importanza della sua nuova capitale in Oriente cominciava a mettere a repentaglio la posizione di Roma e di altre città dell'Italia, Hispellum compresa[16].

---

[16] Si veda Arnheim (1972) 51, per Costantino «uomo di gusti antiquari».

II

IL SUO GALLO PREDILETTO
LA VECCHIA ROMA E LA NUOVA

Questa faida tra regioni e città nell'Italia centrale ora occupava una posizione di secondo piano tra le preoccupazioni imperiali, perché l'Italia centrale stessa era diventata periferica. E lo era diventata anche la città di Roma. Alla fine del III secolo un oratore gallo parlava di una mappa del mondo romano che stavano dipingendo sulla parete di una nuova scuola ad Autun. Questa mappa evidenziava le regioni in cui i quattro imperatori che costituivano la tetrarchia avevano riportato recenti successi militari. Tali regioni comprendevano: l'Egitto, dove Diocleziano aveva soffocato una ribellione; l'Africa, dove Massimiano aveva sconfitto i mori; la Batavia e la Britannia, dove Costanzo aveva rovesciato un usurpatore; e la frontiera orientale, dove Galerio aveva trionfato sui persiani. L'oratore non citava Roma. Se sulla mappa fosse stata presente anche una didascalia per l'Italia e per Roma, l'assenza di un imperatore e della sua corte sarebbe stata ancora più appariscente. Ora gli imperatori avevano residenza, e portavano le loro campagne militari, in quelle zone di frontiera che cingevano il mondo romano, e raramente visitavano le province intorno al nucleo mediterraneo[1].

Il margine esterno

Questa mappa annotava ancora le attività degli imperatori in Africa e in Egitto. Presto gli imperatori non visitarono più neppu-

---

[1] Mappa ad Autun: *Panegyrici latini* 9(4).20.2-21.3, con Nixon e Rodgers (1994) 146-148, per la datazione di questo panegirico ai tardi anni Novanta del III secolo.

re quelle regioni. Il regno di Costantino confermava lo slittamento dell'importanza politica dalle regioni occidentali e meridionali dell'impero a quelle orientali e, soprattutto, settentrionali. Secoli prima le armate romane avevano cominciato a espandersi al di fuori dell'Italia con le campagne in Nord Africa contro l'impero rivale di Cartagine. Durante queste guerre lo Stato romano era sopravvissuto a una devastante invasione dell'Italia, guidata attraverso le Alpi dal grande generale cartaginese Annibale. «L'Italia tremò alla vista dei cartaginesi sulle cime delle Alpi». La sconfitta dell'impero cartaginese annunciava la nascita dell'impero romano. Le sue prime province d'oltremare erano disposte ad anello lungo le coste del Mediterraneo occidentale, comprendendo Sicilia, Africa, Spagna e Gallia meridionale. Durante il II e il I secolo a.C. l'impero romano si espanse al di là di questo nucleo centrale nel Mediterraneo occidentale e acquisì nuove province nella penisola greca e nell'Asia Minore occidentale, le regioni che circondano il mare Egeo che da tempo era il cuore del mondo classico greco. Solo più tardi l'impero giunse a includere province sul margine esterno della regione orientale del Mediterraneo, nell'Asia Minore centrale e orientale, e nell'Europa centrale e settentrionale. Il principale centro focale dell'impero romano si era espanso lentamente da Roma e dall'Italia centrale inglobando prima le regioni intorno al Mediterraneo occidentale che avevano fatto parte dell'ex impero cartaginese e poi le regioni intorno al mare Egeo che costituivano il vecchio mondo greco. Le province sulla frontiera settentrionale lungo il Reno e il Danubio e sulla frontiera orientale di fronte all'Armenia e alla Mesopotamia avevano segnato i confini più estremi[2].

Viceversa, poiché Costantino accostava dal Nord l'Italia, il Mediterraneo occidentale, e infine l'Egeo, la sua carriera imperiale ribaltava sia questa sequenza storica sia le conseguenti priorità politiche. Lui aveva iniziato la sua carriera come usurpatore in Britannia, proclamato imperatore a York dalle truppe di suo padre. Nessuna capitale provinciale era più distante di York dal Mediterraneo. Costantino stesso riconosceva di aver cominciato il proprio regno dall'estremo limite del mondo conosciuto, «presso l'oceano

---

[2] L'Italia tremò: *Panegyrici latini* 11(3).10.2.

vicino al popolo dei britanni e a quelle regioni dove è stabilito che il sole tramonti». La Britannia poteva essere liquidata come «un'isola al di fuori del mondo conosciuto», così remota che alla metà del IV secolo persino un geografo professionista titubava sulla sua precisa collocazione. Anche se ben presto Costantino trasferì la sua residenza sulla frontiera del Reno, la sua base di potere rimase nell'Europa settentrionale. Se fossero necessarie conferme della sua posizione di *outsider* lontano dal mondo civilizzato del Sud, basti ricordare che uno dei suoi primi sostenitori importanti fu Croco, un re degli alemanni lungo la frontiera dell'alto Danubio; un altro fu Bonito, un comandante militare franco nella Gallia del Nord. Non sorprende che Costantino finì per guadagnarsi la fama di primo imperatore a promuovere dei barbari ad alte cariche, consolato compreso. Quando nel 312 invase l'Italia in una campagna contro l'imperatore Massenzio, apparve come il comandante di un «esercito di galli». Mentre Massenzio difendeva l'Italia con un'armata mediterranea di «romani», «italici», «siciliani» e «cartaginesi», l'esercito costantiniano del Nord era formato da «barbari come i germani, altre popolazioni celtiche, e coscritti di Britannia». In questa prospettiva Costantino poteva essere uno tra i tanti imperatori galli rinnegati, un successore dei sovrani dell'impero secessionista che era fiorito nella Gallia settentrionale alla fine del III secolo[3].

Anche dopo aver sconfitto l'ultimo rivale affermandosi nel 324 come imperatore unico, Costantino raramente si allontanò dalla estesa frontiera settentrionale che si allungava fra Treviri e Costan-

---

[3] L'oceano: Eusebio, *Vita Constantini* 2.28.2, che cita la lettera di Costantino al popolo di Palestina. Isola: Libanio, *Orat.* 59.137, che si riferisce alla visita di Costante in Britannia all'inizio del 343. Geografo: *Expositio totius mundi et gentium* 67, con Rougé (1966) 341, sull'ignoranza dell'autore. Appoggio di Croco: *Epitome de Caesaribus* 41.3, con *PLRE* 1:233; di Bonito: Ammiano Marcellino, *Res gestae* 15.5.33, con *PLRE* 1:163, «Bonitus 1». Reputazione: Ammiano Marcellino, *Res gestae* 21.10.8, 12.25. Esercito di galli: Libanio, *Orat.* 30.6, con Urban (1999) 98-100, per le risposte dei panegiristi di Costantino a queste preoccupazioni sui suoi soldati. Eserciti di Massenzio e Costantino: Zosimo, *Historia nova* 2.15; anche Porfirio, *Carm.* 18.9-10, indirizzato a Costantino: «Il tuo remoto Reno genera armate per te». Secondo Giuliano, *Orat.* 1.34c, indirizzata a Costanzo II, l'esercito di Magnenzio, un usurpatore nei primi anni Cinquanta, comprendeva «celti e galli» che servivano in unità «arruolate dai tuoi antenati e da tuo padre [Costantino]». Per la raffigurazione di barbari nell'esercito di Costantino sui rilievi dei pannelli sull'arco di Costantino a Roma, vedi L'Orange e von Gerkan (1939) 41-51.

tinopoli, dal basso Reno attraverso l'Italia settentrionale e i Balcani lungo il Danubio fino alla Tracia. Durante il suo regno eccezionalmente lungo non si recò mai in visita presso le province di Spagna, Africa, Italia meridionale e Sicilia, Grecia, Asia Minore occidentale, Palestina o Egitto, e fece un solo viaggio per l'Asia Minore centrale fino ad Antiochia in Siria. Circa un anno dopo essere diventato imperatore, un panegirista salutava Costantino come *oriens imperator*, un «imperatore che sorge». A un decennio dalla sua ascesa al trono un lungo pannello sull'arco che commemorava la sua vittoria a Roma raffigurava l'arrivo dell'imperatore trionfante alla capitale, assiso su un carro tirato da quattro cavalli. Sopra questo pannello c'era un grande medaglione che ritraeva il dio Sole, che sorgeva dall'oceano sul suo carro a quattro cavalli. Appropriatamente, questo medaglione si trovava sul lato orientale dell'arco, e la sua prossimità al pannello associava chiaramente l'arrivo dell'imperatore vittorioso con il sorgere del dio Sole. Ma Costantino non era venuto a Roma da est. La sua ascesa era avvenuta invece nel Nord, in Britannia. Assomigliava a un altro imperatore vittorioso che era apparso a Roma «raggiante nella polvere della guerra nel Nord». Dall'inizio del suo regno fino alla fine, Costantino rimase fondamentalmente un imperatore del Nord[4].

Roma segnò il raggio massimo in direzione sud del suo allontanamento dalle frontiere, ed essa rappresentava un luogo poco comune da visitare per un imperatore che sottolineava la sua associazione con le province settentrionali, che era un militare di carriera, e che si presentava come cristiano. La capitale era una «città della toga» i cui residenti erano prevalentemente civili. Alcuni dei suoi illustri senatori vantavano ancora una discendenza diretta dai grandi senatori che nella tarda Repubblica erano al comando delle armate che avevano conquistato il Mediterraneo. Ora erano ridotti a magniloquenti dichiarazioni secondo le quali i viaggi in pompa

---

[4] *Panegyrici latini* 7(6).1.1 imperatore che sorge, 4.3 *illic oriundo*, «sorgendo lì», ossia in Britannia. Per descrizioni e fotografie, vedi L'Orange e von Gerkan (1939) 72-78 il pannello, 162-164 il medaglione + tavole 1, 3, 12-13, e Giuliano (1955) tavole 39, 54. Polvere: Marziale, *Epigrammata* 8.65.3, in una descrizione di Domiziano presso l'arco di trionfo che commemorava una campagna sul Danubio. Raffigurato in uno dei pannelli sul suo arco, l'arrivo di Costantino a Roma si concludeva proprio a questo arco di Domiziano: vedi sotto. La dinastia flavia di Costantino era un ulteriore ricordo della dinastia flavia di Domiziano: vedi Cap. III.

magna verso i loro possedimenti di campagna avrebbero costituito l'equivalente delle strenue campagne militari di Alessandro Magno o di Giulio Cesare. Alcuni di questi senatori erano autentici intellettuali che correggevano testi latini e greci o editavano manoscritti delle opere storiche di Livio. Altri erano, nel migliore dei casi, dei dilettanti, anche nel campo della letteratura latina. Un colto visitatore, un greco che era tuttavia addentro alle lettere latine, si faceva gioco della loro passione per le biografie pettegole di Mario Massimo e per le caustiche satire di Giovenale. Molti di questi senatori, forse la maggior parte, erano ancora pagani. All'inizio del IV secolo Roma era una capitale civile, latina e pagana. In netto contrasto, la fondazione di Costantinopoli non fu solo una mera riaffermazione della crescente importanza delle frontiere settentrionali e orientali. In più evidenziava l'importanza dell'esercito, della cultura greca e del cristianesimo. Costantinopoli sarebbe diventata una capitale militare, greca e cristiana. Con la loro portata questi nuovi fattori tendevano a emarginare Roma. Ed emarginavano anche altre città dell'Italia centrale[5].

Imperatori balcanici a Roma

Costantino era già stato a Roma prima di diventare imperatore. Per i sovrani del tardo impero romano, il controllo su Roma rappresentava ancora una legittimazione imperiale. Dopo l'assassinio di Alessandro Severo, nel 235, pochi imperatori successivi poterono avanzare un'appropriata rivendicazione ereditaria del trono, e molti divennero imperatori in seguito a colpi di mano militari alle frontiere. Molti dei nuovi imperatori però visitarono al più presto Roma, dove potevano stringere rapporti con il senato e con il po-

---

[5] Città della toga: Prudenzio, *Peristephanon* 12.56. Ammiano Marcellino, *Res gestae* 28.4.14 gusti letterari a Roma, 18 viaggi dei senatori, con Barnes (1998) 65-78 sul sostrato greco del latino di Ammiano, e Cameron (2004) 350-354 sulla ripresa di interesse per Giovenale durante il tardo III secolo e il IV. Per gli interventi di Simmaco su Livio, vedi Simmaco, *Ep.* 9.13, con Bloch (1963) 213-217, e Hedrick (2000) 171-213 sulla correzione di manoscritti latini da parte di aristocratici romani. Il ritmo di diffusione del cristianesimo tra l'aristocrazia a Roma resta contestato; Salzman (2002) 73-81 lo ipotizza graduale: «Gli aristocratici di Roma e l'Italia erano prevalentemente pagani fin negli ultimi decenni del IV secolo» (p. 77).

polo, promuovere nuovi progetti edilizi e partecipare alle feste tradizionali. Uno di questi imperatori militari, Filippo l'Arabo, presiedette persino alla sfarzosa celebrazione del millennio della fondazione di Roma nel 248. Decio sottolineò una connessione con l'Italia centrale dando al suo primogenito il nome di Etrusco. Gallieno celebrò a Roma il decimo anniversario della sua carica imperiale con una magnifica parata e spettacoli. Aureliano diede l'avvio alla costruzione delle grandi mura che circondano la città. Gli imperatori desideravano chiaramente esibire i loro successi e acquisire legittimità a Roma. In effetti, in un curioso rovesciamento che gli eventi futuri avrebbero presto tradotto in ironia, Gallieno visitò Roma anche allo scopo di celebrare la sua devastazione di Bisanzio, la piccola città destinata a diventare la Nuova Roma di Costantinopoli[6].

Anche Diocleziano sfruttò una visita a Roma per rafforzare la propria autorità. A un anno dalla proclamazione a imperatore a Nicomedia, fu in Italia nell'estate del 285. Questo viaggio potrebbe aver incluso una visita a Roma. Verso la fine del 303 fu sicuramente a Roma per celebrare l'inizio dell'anno che segnava il ventesimo anniversario della sua ascesa al trono. Contava anche di assumere un consolato a Roma. Il coimperatore augusto Massimiano lo raggiunse per i festeggiamenti, e insieme celebrarono «a Roma un insigne trionfo su numerosi popoli». Oltre un decennio prima un panegirista aveva immaginato proprio un simile momento di unanimità: «Quando questi [imperatori] ritornano da te [Roma] in trionfo, desiderano viaggiare sullo stesso carro, avvicinarsi al Campidoglio insieme, e risiedere insieme sul Palatino». Anche Costantino era presente, giovane ufficiale al seguito della corte di Diocleziano[7].

---

[6] Etrusco: Aurelio Vittore, *De Caesaribus* 29.1, con Papi (2000) 202-205, sulla moglie di Decio, Erennia Etruscilla. Gallieno: SHA, *Gallieni duo* 6.8-9,7.2-4 Bisanzio, 7.4-9.8 decennali a Roma. Per le costruzioni a Roma durante il III secolo, vedi Scheithauer (2000) 204-211 e Curran (2000) 5-26.

[7] Per Diocleziano in Italia nel 285 e la probabilità di una sua visita a Roma, vedi Barnes (1982) 50, (1996) 537. Vicennalia a Roma nel 303: Lattanzio, *De mortibus persecutorum* 17.1-3. Doppio trionfo: Eutropio, *Breviarium* 9.27.2. Anche Girolamo, *Chronicon* s.a. 304. Per la precedente descrizione di Diocleziano e Massimiano, vedi *Panegyrici latini* 10(2).13.2. Per la probabilità di una visita di Costantino a Roma nel 303, vedi Barnes (1981) 25.

Una visita di Diocleziano e Massimiano era al tempo stesso rassicurante e potenzialmente destabilizzante per il senato e il popolo di Roma. I panegiristi potevano anche sostenere estasiati che gli imperatori avevano già realizzato le aspettative delle tradizioni romane. In una valutazione retrospettiva un oratore celebrava la vittoria di Diocleziano del 285 su Carino, un imperatore rivale che si era imposto in Italia e aveva risieduto brevemente a Roma, come un ritorno alla costituzione ancestrale: «Attraverso il tuo potere la Repubblica è stata liberata da una dominazione selvaggia». La nozione di restaurazione della vecchia Repubblica era ancora potente, particolarmente a Roma, giacché confermava tanto l'eminenza della vecchia capitale quanto l'importanza dei suoi senatori. Ma nonostante il deciso tradizionalismo, gli imperatori che si identificavano con le divinità non rientravano in questa ideologia convenzionale. Durante l'inverno del 290-291 il senato aveva inviato una delegazione di suoi «luminari» a partecipare a un'assemblea con Diocleziano e Massimiano a Milano. Poiché a quel punto Diocleziano si identificava con Giove e Massimiano con Ercole, questi senatori avrebbero dovuto unirsi alla folla nell'«invocare un visibile Giove che era presente e vicino» e «adorare Ercole come imperatore»[8].

Nel 303 gli imperatori arrivarono a Roma per celebrare il loro trionfo. Nello stesso tempo potevano mostrare che la loro identificazione con le divinità non aveva lo scopo di distanziarli dai senatori e dal popolo della capitale. Essi volevano piuttosto evidenziare la sintonia tra le loro preferenze religiose e i culti tradizionali. Il santuario più rinomato di Roma era il tempio di Giove Ottimo Massimo sul colle Capitolino. Questo insigne tempio era antico quanto la Repubblica, e la sua versione attuale era considerata una manifestazione dell'eternità di Roma. Diocleziano e Massimiano si incontrarono in questo tempio. Celebrarono anche il ventesimo anniversario del loro regno erigendo un monumento ai piedi del Campidoglio dietro i rostri, le tribune situate all'estremità occiden-

---

[8] Carino a Roma: *ILS* 1:138, n. 608, riparazione del ponte presso Ostia; *CJ* 8.53.5, emesso a Roma nel gennaio 284. *Panegyrici latini* 11(3).5.3 liberazione di Roma, 10.5 Giove ed Ercole, 12.3 luminari del senato. Secondo SHA, *Carus et Carinus et Numerianus* 18.4, gli imperatori della tetrarchia «provavano una grande reverenza per il senato romano».

tale del foro antico. Questo monumento era costituito da cinque alte colonne: quella centrale era sormontata da una statua di Giove, ciascuna delle altre quattro da una statua dello spirito guardiano (*genius*) di un imperatore, rappresentando insieme i due augusti e i due cesari della tetrarchia. I rilievi sull'unico piedistallo sopravvissuto raffigurano scene di sacrificio, a cui partecipano un imperatore e i senatori. Le statue e i rilievi di questo monumento delle Cinque Colonne richiamavano dunque l'antica tradizione della festa religiosa comunitaria in onore di Giove e di altre divinità. Servivano però anche a ricordare che quel momento in sé era stato effimero. Né Diocleziano né Massimiano erano rimasti lì. Anche se ora c'era una tetrarchia di quattro imperatori, nessuno di essi risiedeva nella vecchia capitale. Roma avrebbe dovuto accontentarsi delle statue[9].

Oltre a rafforzarne l'autorità e la legittimità, la loro occasionale presenza a Roma permetteva a questi imperatori di rientrare in un alone di civiltà e rispettabilità. Quasi tutti questi imperatori erano originari di province frontaliere, in particolare delle zone di confi-

---

[9] Tempio di Giove ed eternità di Roma: Ammiano Marcellino, *Res gestae* 22.16.12. Incontro: *Panegyrici latini* 6(7).15.6; Diocleziano e Massimiano «pronunciano un giuramento» nel tempio, forse a proposito dei loro progetti di un'abdicazione congiunta: vedi Nixon (1981).
Del Monumento delle Cinque Colonne rimangono solo frammenti. L'Orange (1938) classifica i frammenti come un monumento della tetrarchia e lo identifica con le cinque colonne e le loro statue raffigurate in un pannello dell'arco di Costantino. Per questo pannello, vedi il Cap. III; per le iscrizioni, il Cap. IX. L'Orange include fotografie e chiari disegni delle quattro facce del piedistallo sopravvissuto; per ulteriori fotografie, con un'eccellente discussione sulla trasformazione del foro, vedi Kähler (1964). Wrede (1981) sostiene che le statue imperiali erano ciascuna del Genio di un imperatore anziché di un imperatore in persona; in questo caso il monumento legittimerebbe il sistema tetrarchico e non specifici imperatori. Ad Alicarnasso un governatore provinciale eresse in modo analogo una stele dedicata a Giove e al Genio di ciascuno dei quattro imperatori: vedi *ILS* 1.143, n. 635; Engemann (1984) confronta le scene di sacrificio sul piedestallo rimasto con il sacrificio cristiano; Brandt (1998) 64-68 fornisce un conciso sommario del monumento; vedi anche Mayer (2002) 167-80 ed Elsner (2005) 85 per il tema del sacrificio pubblico come «un'iconografia concentrata principalmente sul ruolo sacerdotale dell'imperatore».
L'Arcus Novus, un arco di trionfo sulla via Lata a nord del Campidoglio, probabilmente commemorava anch'esso questo ventesimo anniversario: vedi Curran (2000) 45, anche se Kolb (1987) 180-83 sostiene che celebrasse il quinto anniversario dei cesari nel 297. Un altro monumento a Roma comprendeva statue stilizzate degli imperatori tetrarchi; per queste due coppie di imperatori, rinvenute nel Campo Marzio e attualmente nei Musei Vaticani, vedi Kolb (2001) 151-153, che ipotizza rappresentassero gli imperatori nella tetrarchia riveduta, dopo il ritiro di Diocleziano e prima dell'usurpazione di Massenzio a Roma.

ne lungo il Danubio. Diocleziano, i suoi coimperatori originari Massimiano, Costanzo e Galerio, e i loro immediati successori, Severo, Massimino e Licinio, erano militari provenienti da Dalmazia, Pannonia, Mesia, Dacia e Tracia. Storici successivi tesero a fondere insieme i tetrarchi, i loro predecessori della metà del III secolo, e alcuni dei loro successori del IV, denominandoli tutti imperatori «illirici», riferendosi in generale all'ampia zona dei Balcani tra l'Adriatico e il Danubio che sarebbe in seguito diventata il nucleo territoriale della prefettura dell'Illiria. Anche dopo il suo inglobamento nell'impero romano questa regione montana era vista come una zona selvatica, nota principalmente come rifugio di banditi e fonte di nuove reclute per l'esercito. I suoi abitanti erano talmente incolti da bere birra anziché vino[10]!

Militari di professione, questi imperatori balcanici avevano una così limitata familiarità con la cultura classica che apparivano carenti in «umanità». Quando visitavano Roma, venivano subito caratterizzati come despoti incivili delle province, e se non come bestie selvatiche almeno come «semibarbari». Massimiano venne diffamato come «un feroce, lussurioso, ottuso contadino, pannonico di nascita». Diocleziano stesso si diceva avesse liquidato Severo come «ballerino ubriacone». In gioventù Galerio era noto come «vaccaro»; da imperatore non sembrava neppure un romano. Il fine maestro Lattanzio faticava a controllare il suo disgusto nel descrivere Galerio: «la barbarie in questa bestia era innata, e la sua natura selvatica era estranea al sangue romano». Giuliano, l'ultimo della dinastia costantiniana, si sarebbe mostrato ugualmente sgomento nel ricordare la provenienza della sua stessa famiglia, «totalmente zotica, rozza, grossolana, ripugnante». Per secoli il popolo di Roma era stato libero dall'allarme per l'arrivo dei barbari. Poi i barbari erano arrivati, in veste di loro imperatori[11].

[10] Imperatori illirici: Aurelio Vittore, *De Caesaribus* 39.26 «humanitatis parum», 40.1 Massimino e Severo, con Syme (1971) 179-236, per i pregiudizi su questi imperatori, (1983) 66, «meno danno ne seguirà se questi sovrani sono chiamati danubiani – o anche balcanici». Birra: Dione, *Historiae Romanae* 49.36.3; anche Ammiano Marcellino, *Res gestae* 26.8.2 per Valente deriso come «bevitore di birra», con Van Dam (2002) 104-5.

[11] Massimiano: *Epitome de Caesaribus* 40.10. Lattanzio, *De mortibus persecutorum* 9.1 bestia, 18.12 Severo, 18.13 Massimino come *semibarbarus*, anche 13.2 per i tetrarchi come «goti e sarmati». Galerio come *armentarius*: Aurelio Vittore, *De Caesaribus* 39.24, 40.1, 6; anche *Epitome de Caesaribus* 40.15 «Pastor armentorum»; con Zecchini (1992) sugli ste-

A Roma e in Italia era comprensibile che il popolo nutrisse diffidenza verso questi forestieri e le loro politiche. Anche se questi imperatori continuavano a difendere l'Italia e le province interne, i loro *pedigree* indicavano nuove priorità. L'Italia conservava certamente una posizione di prestigio grazie alla sua antica eccellenza, ma quella preminenza la faceva apparire anche vecchia, e pertanto superata e fatiscente. La forza, e quindi il futuro, dell'impero sembravano appartenere ai soldati delle regioni balcaniche e ai loro comandanti. In queste province «il servizio militare è tutto nella vita». Quando un panegirista lodava uno di questi imperatori balcanici, i suoi elogi erano tanto più sprezzanti per l'Italia e la sua raffinatezza. «Chi dubita che ormai da secoli, mentre l'Italia può bene essere stata la regina dei popoli per l'antichità della sua gloria, la Pannonia lo è grazie al suo vigore?»[12].

Nonostante tutti i vantaggi che potevano trarre dalle loro visite a Roma, era tuttavia facile che questi imperatori provassero diffidenza, quando non disprezzo, per le necessità di Roma e dell'Italia. Galerio era apertamente ostile. Quando nel 307 invase l'Italia in un attacco contro imperatori rivali, le sue armate provocarono tali devastazioni che fu accusato di aver dimenticato il suo titolo di «imperatore romano». In particolare, poiché aveva consentito ai suoi soldati di razziare comunità in Umbria lungo la via Flaminia, fu visto come una sorta di nuovo Annibale, un «devastatore dell'Italia». Galerio, pare, restituì l'affronto. Fino a quando finalmente non vide la città, aveva liquidato Roma come non più grandiosa di qualsiasi altro centro abitato. Si pensava che avesse ordinato l'imposizione di tasse a Roma e in Italia centrale per rivalersi dell'assoggettamento della sua terra d'origine, la Dacia, da parte dell'imperatore Traiano… ben due secoli prima! Si pensava anche che avesse proposto di cambiare il nome dell'impero romano in «impero dacio». Roma e l'Italia ora stavano non soltanto perdendo gradualmente la loro posizione di privilegio all'interno dell'impero. Un imperatore come Galerio intendeva ribaltare completamen-

---

reotipi di imperatori balcanici e re goti, e Grant (1992) sulle critiche denigratrici ai tetrarchi. La famiglia di Giuliano: Giuliano, *Misopogon* 348D.

[12] Servizio militare: *Panegyrici latini* 11(3).3.9, con commento sulla terra natale di Massimiano. Italia e Pannonia: *Panegyrici latini* 10(2).2.2, in un celebrazione sull'imperatore Massimiano.

te la relazione tra capitale e frontiere. Galerio si presentava, sembra, come un imperatore dacio anziché come imperatore romano. Nella sua ottica, con la sua ascesa al potere la Dacia aveva finalmente conquistato Roma, e i Balcani ora erano il centro dell'impero[13].

Il prestigio di Roma riprese vita all'inizio del IV secolo, prima sotto Massenzio, che nella città soggiornò per l'intera durata del suo regno, poi sotto Costantino. Costantino tornò a Roma nel 312, questa volta come imperatore a tutti gli effetti. Dopo la sua vittoria su Massenzio nel mese di ottobre entrò in città salutato come liberatore. Le folle lo accolsero al suo arrivo con manifestazioni di entusiasmo, e persino durante le celebrazioni dei giochi non riuscivano a togliergli gli occhi di dosso. Secondo un panegirico più tardo, la sua vittoria aveva salvato la città: «Il tuo divino potere… ha risvegliato Roma quando la città era oppressa e completamente spenta». Costantino inoltre onorò il senato restituendogli il suo antico prestigio. Durante il III secolo gli imperatori avevano sempre più spesso voluto affidare a non senatori le cariche della magistratura imperiale; sotto Costantino i membri dell'aristocrazia senatoriale a Roma furono nuovamente invitati a rivestire alti uffici. Pronunciò un'orazione in senato, e restituì alcuni privilegi ai senatori. In cambio, il senato attribuì onori a Costantino. Gli dedicò la statua di una divinità, e decretò che da quel momento egli era l'imperatore *senior* all'interno del collegio imperiale. Come nella vecchia Repubblica romana, «il senato e il popolo di Roma» avevano adottato e onoravano il loro liberatore[14].

---

[13] Galerio invade l'Italia: Lattanzio, *De mortibus persecutorum* 23.5 accuse, 27.2 diffidenza verso Roma, 27.7-8 «Romanus quondam imperator, nunc populator Italiae», con Lattanzio, *Institutiones divinae* 2.16.16 «Romanorum nomen apud Cannas paene deletum est». Per i punti di vista di Lattanzio su Roma, vedi Nicholson (1999). Devastazioni sulla via Flaminia: *Origo Constantini imperatoris* 3.7. Prima di ritirarsi, l'esercito di Galerio s'era accampato a Interamna, sulla via Flaminia, a una cinquantina di chilometri a sud di Hispellum: *Origo Constantini imperatoris* 3.6.

[14] Per Massenzio a Roma, vedi Cap. III. Costantino a Roma: *Panegyrici latini* 12(9).19 arrivo e giochi, 20.1-2 «verba tua in senatu habitant», 4(10).3.3 potere divino. Appartenenza al senato: *CTh* 15.14.4, con Seeck (1919) 64-65 che data l'editto al gennaio 313. Restituzione delle cariche ai senatori: Arnheim (1972) 39-73 sulla «impotenza politica» dei senatori sotto la tetrarchia e la loro rinascita sotto Costantino, e Barnes (1981) 46, con Marcone (1992) e Salzman (2002) 31-35 per le politiche di Costantino nei confronti dei senatori a Roma, e Barnes (1975c) per i prefetti di Roma sotto Massenzio che continuarono a servire come prefetti sotto Costantino. Statua della divinità: *Panegyrici latini* 12(9).25.4,

Negli anni successivi Costantino tornò a Roma per celebrarvi importanti anniversari. Seguendo le campagne militari lungo la frontiera del Reno fu a Roma dal luglio al settembre del 315 per celebrare l'inizio del decimo anniversario della sua proclamazione a imperatore. Durante questa visita il senato e il popolo romani gli dedicarono il magnifico arco di trionfo che commemorava la sua precedente vittoria su Massenzio. Nei sei lunghi pannelli del nuovo fregio che raffigurava la campagna in Italia dell'imperatore e le sue attività a Roma, nei numerosi pannelli, medaglioni e statue riadattate da precedenti monumenti imperiali, e nelle iscrizioni dedicatorie, questo arco era un testo particolarmente eloquente su Costantino, un «panegirico di sculture». Come i panegiristi che pronunciavano le loro orazioni davanti all'imperatore, come i postulanti che presentavano petizioni all'imperatore, mediante il veicolo di questo arco il senato e il popolo romani applaudivano l'imperatore e al tempo stesso miravano a influenzare le sue azioni. In particolare speravano di riportare in auge la condizione di priorità della stessa Roma[15].

Il senato e il popolo erano innanzitutto grati per la restaurazione della pace. Brevi dediche inscritte nel fornice centrale dell'arco salutavano Costantino come «liberatore della città» e «fondatore della pace». L'ordine superiore dell'arco recava statue colossali di daci in posture di prigionia e afflizione, con gli occhi bassi. Sebbene queste statue fossero state prese molto probabilmente da un precedente monumento traianeo, nella loro nuova collocazione sull'arco rappresentavano la rinnovata sottomissione della Dacia, e per implicazione di tutte le regioni balcaniche, alla maestà di Roma. L'arrivo di Costantino aveva fatto sì che Roma dopotutto non sarebbe entrata a far parte di un «impero dacio». Inoltre, i pan-

---

con la discussione di Nixon e Rodgers (1994) 331n.157. Imperatore *senior*: Lattanzio, *De mortibus persecutorum* 44.11. Senato e popolo: *Panegyrici latini* 12(9).19.5.

[15] Ruysschaert (1962-1963a) 92 «ce panégyrique de sculptures», in un'interpretazione magnificamente evocativa dell'iconografia dell'arco. Per l'arco come tradizionale monumento senatoriale, vedi Elsner (2000a) 171n.28: «La propaganda dell'arco… *non* rappresenta Costantino che giustifica se stesso… ma piuttosto i senatori che offrono al loro nuovo imperatore un programma visivo che costruisce il personaggio in base alle loro aspettative»; Wilson Jones (2000) 72 dà enfasi a Costantino «come la forza trainante». Per il contributo dell'arco nell'evidenziare l'associazione di Costantino con il dio Sole, vedi Marlowe (2006); anche il Cap. III, per un ulteriore esame del fregio, dei pannelli e dei medaglioni.

nelli nel fregio dimostravano come lo stesso nuovo imperatore potesse essere trasformato da capo militare provinciale in eminente figura civile a Roma: sul pannello che raffigurava l'assedio di Verona, Costantino compariva in mezzo alle sue truppe, con indosso l'armatura e i calzoni alla gallica; sul pannello che raffigurava la battaglia di ponte Milvio era mostrato in compagnia di divinità, con l'armatura e una spada sul fianco sinistro; nel pannello che ritraeva la processione delle sue truppe in Roma e il suo discorso al popolo nel foro, indossava ancora un lungo mantello militare; ma nel pannello finale, che raffigurava la distribuzione di monete ai senatori e al popolo, l'imperatore appariva vestito di una toga. Dalla tenuta di combattimento agli abiti civili: l'uomo di guerra delle province doveva diventare l'uomo di pace a Roma[16].

Costantino evidentemente aveva capito che ora doveva presentarsi come un imperatore vecchio stile, come un civile più che come un soldato. I suoi ritratti erano modellati su precedenti immagini di Augusto, bello, eternamente giovane, perfettamente rasato. Anche se la sua statua nella basilica Nova era di dimensioni imponenti, l'iscrizione che l'accompagnava menzionava la sua liberazione della città dal giogo di un tiranno e la sua restituzione del senato e del popolo al loro «antico splendore». A Roma persino un imperatore in formato colossale riconosceva il dovere di adeguarsi alle aspettative del senato e del popolo[17].

---

[16] Per una discussione sull'abbigliamento di Costantino così come viene raffigurato sul fregio vedi L'Orange e von Gerkan (1939) 61-62 Verona, 67 ponte Milvio, 74 processione, 86 foro, 96 distribuzione; per le foto, vedi L'Orange e von Gerkan (1939) tavole 6-17, e Giuliano (1955) tavole 30-45. Smith (2002) 143 sottolinea giustamente la peculiarità dell'idea di raffigurare Costantino che indossa il mantello (*chlamys*) che era diventato l'uniforme d'ordinanza per i comandanti fuori del campo di battaglia: «Qui per la prima volta un imperatore che indossa il lungo manto militare si rivolge al popolo di Roma all'interno della città e nel suo epicentro civile, il Forum Romanorum». Una simile uniforme era una provocazione un po' eccessiva per una capitale. Alla fine del secolo l'imperatore Teodosio ordinava al prefetto di Costantinopoli di provvedere a che i senatori non portassero una «divisa militare» entro la città. Poiché una *chlamys* militare suscitava «terrore», i senatori dovevano invece indossare «abiti di pace»: vedi *CTh* 14.10.1, ordine emanato nel 382. Per una possibile allusione a una statua di Costantino a Roma vestito in «abiti civili», vedi la dedica frammentaria in *CIL* 6.4.2:3789, n. 36953 = Grünewald (1990) 220, n. 259: «Constantino ma[ximo...] | statuam civili [habitu...] | ex aerario in su[...]».

[17] Imitazione di Augusto: vedi Wright (1987), che discute l'uso di Costantino dell'immagine di Augusto durante i primi mesi del suo regno e poi nuovamente nel 312, e Smith (1997) 186-187. Iscrizione sulla statua: Eusebio, *HE* 9.9.11, *Vita Constantini* 1.40.2. Euse-

Mediante la dedica principale presente sull'arco, il senato e il popolo collocavano inoltre Costantino in un appropriato passato romano. Questa iscrizione encomiastica rendeva grazie all'imperatore per aver salvato la Repubblica da «un tiranno e la sua fazione». Il modello di un comportamento così nettamente «repubblicano» era ovviamente il primo imperatore, Augusto, il quale secoli prima nelle sue *Res gestae*, il resoconto di sua mano delle «imprese» portate a termine, aveva sottolineato il proprio ruolo nel mettere fine alla guerra, restaurare la pace e restituire il potere al senato e al popolo romani. L'iscrizione sull'arco era ora un *Res gestae* in miniatura per Costantino, più prescrittivo che descrittivo, ma ancora straordinariamente carico del ricordo della rivendicazione di Augusto di aver salvato la Repubblica dal dominio di una fazione. Ma quando si passa alla religione, l'iscrizione si fa decisamente evasiva e attribuisce la motivazione dell'imperatore alla «spinta di una divinità e alla grandezza della sua mente». In un'altra dedica il senato e il popolo romani salutano Costantino e Licinio (ora imperatore in Oriente) come liberatori e restauratori della sicurezza pubblica e li ringraziano per averli liberati dai «più odiosi dei tiranni». Durante gli anni successivi i magistrati della città elogiano Costantino come restauratore della razza umana e della libertà pubblica, accrescitore dell'impero romano, fondatore di sicurezza e pace imperiture. Il blando conservatorismo di queste dediche fa pensare che a Roma il popolo non sapesse ancora bene come maneggiare un imperatore cristiano e preferisse piuttosto immaginarlo in un contesto specificamente repubblicano. Una tradizione politica condivisa risalente a un'onorata antichità era in grado di mascherare le incertezze sulla diversità di affiliazione religiosa. Inoltre, sottolineando il ruolo dell'imperatore nel ridare vita alla vecchia Repubblica, i senatori e il popolo romani poteva-

---

bio pubblicò la sua versione in greco di questa iscrizione in *HE* 9 nel 314; per le varie edizioni della sua *HE*, vedi Cap. VI. La sua fonte per questa iscrizione non è chiara. Anziché limitarsi a tradurre la versione di Eusebio, Rufino, *HE* 9.9.11 include una versione in latino lievemente diversa dell'iscrizione. Rufino era stato studente a Roma molto probabilmente negli anni Sessanta del IV secolo, e visitò di nuovo la città verso la fine del secolo; vedi Murphy (1945) 15-19, 82, 91-92. Poiché nel corso delle sue visite dovette con ogni probabilità vedere questa statua, potrebbe aver copiato la sua versione dell'iscrizione dall'originale in latino, come ipotizzano Christensen (1989) 300 e Grünewald (1990) 71.

no ricordare a Costantino i suoi obblighi di protettore della vecchia capitale. Solo un corretto comportamento a Roma poteva assicurare la sua posizione di imperatore autenticamente romano[18]. Costantino, si direbbe, capì l'antifona. Nel luglio 326 fece ritorno a Roma. Anche questa visita lusingò la capitale e i suoi ordini sociali tradizionali. Mentre era lì, Costantino rese omaggio al senato facendo coniare una grande medaglia che citava lui su una faccia e il senato sull'altra. Lo scopo principale di questa visita era quello di celebrare la conclusione del ventesimo anniversario del suo regno. Tra la tarda primavera e l'inizio dell'estate del 325 era stato occupato a organizzare un concilio di vescovi a Nicea, e aveva celebrato l'inizio di questo anniversario a Nicomedia. Dal momento che gli imperatori avevano la consuetudine di celebrare soltanto l'inizio dell'anno del loro decennale, la ripetizione della festa nel 326 a Roma rappresentò un evento eccezionale[19].

«La mia Roma»

Queste visite suggeriscono che Costantino continuasse a vedere Roma come il luogo più idoneo per celebrare i maggiori anniversari della sua ascesa al trono. Ma durante quegli stessi anni risulta evidente che stava promuovendo anche delle alternative. Tra il 313 e il 315 Costantino guidava ancora campagne sulla frontiera del Reno. Per la maggior parte di quegli anni risiedette a Treviri, che

---

[18] Dediche sull'arco: *ILS* 1:156, n. 694, con Alföldi (1948) 63, «un eroe repubblicano della libertà», e L.J. Hall (1998), secondo il quale pagani e cristiani avrebbero riconosciuto *instinctu divinitatis* in riferimento alle idee esposte da Cicerone in *De divinatione*. Dedica dal senato e dal popolo pubblicata in Grünewald (1990) 98-100, 217, n. 240, datata tra il 30 aprile 313 e lo scoppio nel 316 della guerra civile tra Costantino e Licinio; con Wallace-Hadrill (1990), sull'importanza degli onori votati a favore di Augusto dal senato e dal popolo: «Un tentativo di colmare il divario tra l'ideologia della Repubblica e il suo dominio personale» (p. 168). Dediche dai magistrati in Roma prima del 315 ca.: *ILS* 1:156, n. 692, *CIL* 6.1:237, nn. 1143, 1145, *CIL* 6.4.3:3789, n. 36952 = Grünewald (1990) 217-20, nn. 241, 245, 247, 258.

[19] Medaglione: Bruun (1966) 326, n. 272, con Grünewald (1990) 141, per Roma come punto focale: «die gesamte Peripherie des Reiches, nahm keinen Anteil an den Vicennalienprägungen». Vicennalia a Nicomedia e Roma: Girolamo, *Chronicon* s.a. 326, con Chastagnol (1987), per la celebrazione degli anniversari imperiali a Roma: «seules les vicennales de Constantin ont été repérées..., mais ce fut à titre très exceptionnel» (p. 491).

era già stata la sua base operativa prima che invadesse l'Italia. Durante il periodo rimanente del IV secolo Treviri accrebbe considerevolmente la propria statura di «insigne residenza di imperatori». Tre figli di Costantino – Crispo, Costantino II e Costante – vissero lì sporadicamente in successione; nei decenni successivi Giuliano vi si recò in visita, e Treviri divenne di nuovo una residenza per Valentiniano e i suoi figli Graziano e Valentiniano II[20].

Tra le conseguenze della protratta residenza degli imperatori nella Gallia settentrionale vi fu la ridefinizione di una delle immagini fondamentali dell'impero romano. Per secoli il Mediterraneo era stato il nucleo centrale dell'impero, e Roma era al centro del Mediterraneo. Ma questo grande *mare nostrum*, come lo consideravano i romani, in realtà cominciò a essere chiamato «Mediterraneo» solo all'inizio dell'VIII secolo: «Questo Grande mare è anche Mediterraneo, "in mezzo alle terre", perché scorre dal centro della terra fino all'Oriente, dividendo Europa, Africa e Asia». Il Mediterraneo divenne un mare «in mezzo alle terre» non durante i tanti secoli in cui aveva costituito il centro indiviso dell'impero romano, bensì solo dopo essere diventato una zona di frontiera. Treviri viceversa, poiché da tempo si trovava nel mezzo di un'importante zona di frontiera nel Nord dell'Europa, era già diventata una capitale «mediterranea» durante il IV secolo. A rigore, quella definizione sembrava più adatta per Treviri, che era davvero «interna», «racchiusa tra le terre». Durante il IV secolo le regioni «mediterranee» dell'impero romano erano nella Gallia del Nord. Così, con ogni evidenza, quello poteva essere il centro dell'impero e la residenza di un imperatore. Un autentico impero romano «mediterraneo» poteva avere la sua capitale nel Nord Europa. Sotto questa luce, non sorprende che Treviri ora venisse chiamata la «Roma belga»[21].

---

[20] Residenza: Ammiano Marcellino, *Res gestae* 15.11.9. Per l'approfondimento della discussione sugli imperatori e Treviri, vedi *infra*.

[21] Grande mare come «Mediterraneo»: Isidoro di Siviglia, *Etymologiae* 12.16.1. Treviri quale città mediterranea: *Expositio totius mundi et gentium* 58, «civitatem autem maximam dicunt habere quae vocatur Triveris, ubi et habitare dominus dicitur, et est mediterranea». Per Treviri e Roma, vedi Vollmer e Ribenbauer (1926), che discutono un epitaffio proveniente da Treviri, molto probabilmente del IV secolo: «Belgica Roma mei, non mea, digna fuit».

Dopo una guerra non risolutiva con Licinio nel 316-317, Costantino acquisì il controllo sui Balcani. In seguito risiedette spesso nella zona centrale della frontiera del Danubio, in particolare e Sirmium o a Serdica. Durante la sua residenza nei Balcani certamente si tenne informato su ciò che avveniva a Roma. Verso la fine del 320, per esempio, rispose da Serdica a un rapporto del prefetto di Roma a proposito di un fulmine che aveva colpito il Colosseo, consentendo che, secondo la tradizione, venisse consultato un indovino. Ma mancò anche di partecipare ad almeno una celebrazione importante a Roma. All'inizio del mese di marzo del 321 il panegirista Nazario celebrava il quinto anniversario dell'ascesa di due dei figli di Costantino alla carica di cesari. L'oratore si rivolgeva a Costantino come se fosse presente a Roma. In realtà, l'imperatore si trovava a Serdica o a Sirmium. Costantino ora trascorreva una quantità sempre maggiore di tempo nella regione balcanica, e cominciava anche a chiamare Serdica «la mia Roma»[22].

Anche se tornò a Roma per festeggiare il decimo e il ventesimo anniversario della sua ascesa al trono, per gran parte degli anni Dieci e Venti del IV secolo Costantino risiedette in altre città sulle frontiere. Nel 328, sembra, accompagnò il sarcofago della madre nel viaggio verso l'Italia, anche se probabilmente non lo scortò fino a Roma per la sepoltura. I suoi interessi principali erano altrove. Se invece andò a Roma nel 328 per seppellire la madre, inserì questa visita tra due permanenze, nella primavera a Serdica, «la mia Roma», e nell'autunno a Treviri, la «Roma belga». Queste prolungate assenze da Roma fanno pensare che Costantino stesse sviluppando una visione differente dell'impero romano, una prospettiva che attribuiva chiaramente maggior peso alle sue frontiere

---

[22] Fulmine sull'anfiteatro a Roma: *CTh* 16.10.1, datato al dicembre 320. Orazione di Nazario: *Panegyrici latini* 4(10).3.1, discorso a Costantino, con Nixon e Rodgers (1994) 338, per la data di questo panegirico. Nel 321 Costantino a Serdica a febbraio (*CTh* 2.19.2, 9.42.1) e a Sirmium in aprile (*CTh* 11.19.1). Serdica come Roma: Anonimo post Dione (= Dio Continuatus), *Frag.* 15.1, ed. Müller (1851) 199, Ἡ ἐμὴ Ῥώμη Σαρδική ἐστιν. Si veda anche *Expositio totius mundi et gentium* 57, sulla Pannonia e specificamente Sirmium: «et semper habitatio imperatorum est». Durante l'usurpazione di Magnenzio in Italia nei primi anni Cinquanta del IV secolo il senato a Roma sembra appoggiasse Costanzo, che si era trasferito nei Balcani. Giuliano, *Orat.* 1.48b, elogia Costanzo per aver salvato Roma: «mentre il tiranno ancora regnava in Italia, tu hai portato Roma in Pannonia tramite il suo senato»; anche *Orat.* 2.97b-c, sui senatori che «abbracciarono la Pannonia in luogo di Roma».

settentrionali. Il regno di Costantino stava diventando, implicitamente e sottilmente, la realizzazione di precedenti sfide alla preminenza di Roma. Mediante la sua residenza in città come Treviri presso la frontiera renana, Costantino mostrava di ridare vita all'impero secessionista gallico della fine del III secolo, e con la residenza a Sirmium e Serdica nei Balcani aveva sostanzialmente realizzato il sogno di Galerio di un impero dacio. La sola presenza di un imperatore ora creava una capitale imperiale. Quando nell'inverno del 290-291 Diocleziano e Massimiano si erano incontrati a Milano, un panegirista aveva affermato che «la sede dell'impero allora parve essere il luogo a cui ciascun imperatore era venuto». Un segreto dell'impero successivo veniva rivelato: «Roma» poteva essere fatta in un luogo diverso da Roma[23].

Dal momento che Costantino era stato a Roma per festeggiare il decimo e il ventesimo anniversario della sua ascesa al trono, probabilmente ci si aspettava che vi tornasse anche per il trentennale, o nel luglio del 335 per l'inizio o nel luglio del 336 per la fine. «Un solo evento potrebbe rendere Roma più felice», aveva una volta annunciato un panegirista nell'attesa di un altro anniversario, «e cioè vedere il suo difensore Costantino e i beatissimi cesari [i suoi figli]». I senatori a Roma cominciarono a prepararsi al suo arrivo. Nel 334 Anicio Paolino, console e prefetto di Roma, eresse lapidi dedicatorie a Costantino che lo ringraziavano nuovamente per aver ampliato la Repubblica e la città di Roma. Una di queste dediche molto probabilmente era incisa su una nuova statua equestre di Costantino che sorgeva nel foro antico di fronte alla sede del senato. Dal momento che continuò a servire come prefetto fino al 335, presumibilmente Anicio Paolino stava cominciando a prepararsi, con l'idea di presiedere alla visita dell'imperatore. Si aspettava che presto Costantino in persona avrebbe fatto il suo ingresso nel foro[24].

---

[23] La morte di Elena e il suo corteo funebre: Eusebio, *Vita Constantini* 3.46-47.1, con Barnes (1981) 221, (1982) 9n.40, 77n.130, che colloca la sua morte prima del 7 gennaio 328, Drijvers (1992) 73 al 328 o all'inizio del 329 e Bruun (1966) 72 alla fine del 329. Nel 328 Costantino si trovava a Serdica a maggio (*CTh* 11.7.4) e a Treviri a settembre (*CTh* 1.4.2). Sede dell'impero: *Panegyrici latini* 11 (3).12.2, con Millar (1977) 45-48, sulle prime residenze degli imperatori in città nei pressi delle frontiere renana e danubiana.

[24] Un solo evento: *Panegyrici latini* 4(10).38.5. Dediche di Anicio Paolino: *ILS* 1:157, n. 698, *CIL* 6.1.327, n. 1142 = Grünewald (1990) 218, nn. 242, 243. Per la statua equestre, vedi Verduchi (1995).

Molto probabilmente fu in questo periodo che Hispellum e le altre città dell'Umbria presentarono la loro petizione a Costantino, forse anch'esse nell'attesa di una sua visita. Poiché probabilmente sarebbe arrivato da oriente attraverso i Balcani, queste città potevano aspettarsi che scendesse a sud lungo la penisola italiana, e attraversasse gli Appennini sulla via Flaminia. La costruzione delle strade sotto la Repubblica era stata una delle tattiche fondamentali per creare un'Italia unificata che aveva Roma come punto focale. Quasi immediatamente dopo la sua conferma a sovrano unico, Augusto aveva voluto che i generali che l'avevano sostenuto durante le guerre civili migliorassero le strade in Italia utilizzando il bottino delle loro campagne. La sola strada la cui manutenzione aveva riservato alla propria supervisione era la via Flaminia, che attraversava l'Italia centrosettentrionale collegando Roma alle città umbre. Le migliorie da lui apportate comprendevano l'erezione di monumenti a se stesso alle due estremità della strada: una statua sul ponte Milvio sul Tevere, e una statua più un arco commemorativo a Rimini sulla costa adriatica. Successivi imperatori, tra cui Traiano e Adriano, avevano finanziato anch'essi la manutenzione della via Flaminia. La grande arteria era quindi un memoriale alla generosità e al successo militare di Augusto e dei suoi successori imperiali, un ricordo dell'unificazione dell'Italia e un simbolo della antica intimità tra Roma e le città dell'Umbria[25].

Molto probabilmente Costantino nel 312 era disceso lungo la via Flaminia durante l'invasione dell'Italia centrale. Dopo aver varcato le Alpi entrando nel Nord Italia aveva marciato dapprima da ovest a est e sottomesso le città di Susa, Torino, Milano e Brescia. Massenzio aveva stanziato molte truppe a Verona, presumibilmente aspettandosi un'invasione di Licinio dai Balcani. Una volta che Costantino ebbe sconfitto quell'esercito, aveva puntato sulla via Flaminia per raggiungere Roma da nord. Per festeggiare

---

[25] Riparazioni stradali da parte di generali: Svetonio, *Augustus* 30.1. La riparazione di Augusto di via Flaminia e statue: Augusto, *Res gestae* 20.5; Dione, *Historiae Romanae* 53.22.1-2; con Ashby e Fell (1921), per una discussione dell'importanza storica della via Flaminia e una rassegna completa dei suoi monumenti sopravvissuti. Arco di Augusto a Rimini: *ILS* 1:24, n. 84. Patterson (2003) 94-96 esamina riparazioni di altri imperatori; Laurence (1999) 21-23 discute l'importanza della via Flaminia per l'unificazione dell'Italia centrosettentrionale.

il trentesimo anniversario della sua ascesa al trono le città dell'Umbria si aspettavano probabilmente che Costantino volesse ripetere la sua precedente marcia vittoriosa scendendo lungo la Flaminia fino al ponte Milvio, e poi attraverso la folla che lo avrebbe accolto a Roma tra la porta Flaminia e il Palatino. Se fosse disceso per l'Italia centrale lungo la via Flaminia, sarebbe passato nuovamente attraverso l'Umbria e nei pressi di Hispellum. Le città dell'Umbria, e Hispellum in particolare, speravano di beneficiare della presenza dell'imperatore. La loro petizione ricordava esplicitamente all'imperatore che Hispellum era «adiacente e prossima alla via Flaminia»[26].

[26] Le truppe di Massenzio a Verona: *Panegyrici latini* 4(10).25.3, 12(9).8.1; per il percorso dell'invasione nel 312, vedi Nixon e Rodgers (1994) 317n.94, e Odahl (2004) 101-105. Per una descrizione del «comodo» viaggio lungo la via Flaminia da Aquileia a Roma, vedi Girolamo, *Apologia contra Rufinum* 2.2, «per mollissimum Flaminiae iter». Sull'arco di Costantino il pannello che mostra il suo arrivo a Roma raffigurava la sua processione dalla porta Flaminia all'arco di Domiziano (ossia la porta Trionfale): vedi L'Orange e von Gerkan (1939) 74, 79-80 + tavole 3, 12-13, 18d, e Giuliano (1955) tavole 33, 39. Nell'autunno del 403 l'imperatore Onorio viaggiò da Ravenna a Roma sulla via Flaminia; per la folla che fiancheggiava il percorso dal ponte Milvio al Palatino, vedi Claudiano, *De sexto consulatu Honorii* 494-522, 543-544.

Costantino potrebbe aver visitato o attraversato Hispellum durante precedenti viaggi lungo la via Flaminia. Nel 315 potrebbe essere stato a Sirmione nel Nord Italia ai primi di giugno; vedi *CTh* 2.30.1, emendato in Barnes (1982) 72. Quindi proseguì verso sud e a giugno, qualche giorno prima di fare il suo ingresso in Roma, era ad Aqua Viva, una cittadina a nord del ponte Milvio sulla Flaminia: vedi *CTh* 8.18.1, emendato in Seeck (1919) 163. Lasciata Roma a settembre andò a Milano. Nel 326 fu a Milano prima di proseguire per Roma. Quando lasciò Roma per tornare a Milano, passò per Spoleto, altra città sulla via Flaminia a circa venticinque chilometri a sud di Hispellum: vedi *CTh* 16.5.2, con Barnes (1982) 77. Nel 357 suo figlio Costanzo percorse la via Flaminia e si fermò a Ocriculum lungo il viaggio per Roma: vedi Ammiano Marcellino, *Res gestae* 16.10.4. Fu forse durante questo viaggio che Costanzo diede un contributo per la riparazione dei bagni di Spoleto: vedi *ILS* 1.166, n. 739 = Conti (2004) 144-145, n. 124.

Hispellum con ogni probabilità non era la sola tra le città della via Flaminia ad aver dedicato un memoriale in onore di Costantino. Si noti in particolare il grande arco trionfale a Malborghetto, a una quindicina di chilometri a nord del ponte Milvio. Toebelmann (1915) 30-31 e Kuhoff (1991) 156-157 ipotizzano che questo arco commemorasse il luogo dell'ultimo acquartieramento di Costantino prima della battaglia contro Massenzio. In questo caso sarebbe stato simile al monumento-trofeo che eresse Augusto per celebrare il sito del suo campo prima della sua vittoria ad Azio: vedi Zachos (2003). Messineo e Calci (1989) 81-83 datano questo arco all'inizio del IV secolo e associano la sua costruzione con il decimo o il ventesimo anniversario del regno di Costantino.

All'altra estremità della via Flaminia un arco imperiale a Fanum Fortunae (la moderna Fano) era stato riedicato a Costantino. Originariamente un'iscrizione su questo arco commemorava il patrocinio di Augusto per la costruzione delle mura cittadine: vedi *CIL* 11.2:925,

Le città umbre decisero di approfittare dell'auspicato ritorno dell'imperatore per elevare la propria posizione e liberarsi dagli obblighi a partecipare alla festività a Volsinii in Tuscia. Queste città chiedevano il permesso di erigere un tempio in onore della dinastia flavia dell'imperatore. Se Costantino aveva effettivamente risposto a questo petizione nel 334, poco dopo che il figlio minore aveva raggiunto lui e gli altri figli nel collegio imperiale alla fine del 333, allora la sua risposta favorevole avrebbe lasciato il tempo necessario per la costruzione del tempio. Questo tempio quindi si sarebbe trovato ad aspettare Costantino a Hispellum quando fosse tornato per il trentesimo anniversario. Nel 326 Costanzo aveva accompagnato il padre a Roma per il ventennale. Forse Costantino avrebbe portato con sé lui e gli altri figli per il trentesimo anniversario. Così due generazioni della dinastia flavia, la presente e la futura, avrebbero potuto celebrare presso questo tempio[27].

Gli studiosi moderni hanno spesso interpretato l'espansione del culto imperiale nel corso del primo impero romano come un indicatore della fedeltà che i provinciali nutrivano verso il governo romano. In cambio, la celebrazione delle feste relative e la venerazione delle immagini imperiali offrivano ai provinciali un senso di inclusione e di appartenenza al mondo romano. Il culto imperiale

n. 6218 = *ILS* 1:27, n. 104. Una nuova riga in onore di Costantino fu aggiunta prima di questa dedica originale: vedi *CIL* 11.2:6219 = *ILS* 1:159, n. 706 = Grünewald (1990) 216, n. 234. Poiché questa nuova dedica salutava Costantino come «padre dei signori», il commento in *ILS* suggerisce che la riga possa essere stata incisa sull'arco già durante l'interregno del 337 tra la morte di Costantino a maggio e la proclamazione dei suoi tre figli a settembre. Durante la sua carica come governatore del distretto di Flaminia e Piceno, Lucio Turcio Secondo Asterio aggiunse un'altra nuova riga dopo la dedica originale ad Augusto. In questa seconda nuova riga Secondo presenta il padre, Lucio Turcio Aprontiano, come prefetto di Roma; suo padre iniziò la prefettura nel luglio 339; vedi *PLRE* 1:88, «L. Turcius Apronianus 9», 817, «L. Turcius Secundus signo Asterius 6». Se Secondo era anche responsabile della prima nuova riga, allora aggiunse la nuova dedica a Costantino dopo l'estate del 339 ma prima del gennaio 350, quando la morte di Costante lascio Costanzo come unico figlio sopravvissuto di Costantino: vedi Amici (2000) 189. Si noti che il nome di Fanum Fortunae cambiò con la mutata dedica dell'arco. Sotto Augusto la città era stata «una colonia giulia»; verso la fine del IV secolo il suo nome commemorava la dinastia flavia di Costantino: vedi *Consultatio veteris cuiusdam iuriconsulti* 9.4, «Flavia Fanestri», in un editto emesso nel 365.

[27] Per la visita di Costanzo a Roma nel 326, vedi Barnes (1982) 85. Tabata (1995) 386-401 sottolinea correttamente l'impegno di Costantino ad «applicare la sua politica atta a rinvigorire la vita municipale nell'impero» (p. 386).

rendeva il governo romano al tempo stesso accettabile e accessibile, e grazie a esso le città provinciali trovavano il modo di «dare un senso a un'intrusione altrimenti incomprensibile dell'autorità nel loro mondo». Hispellum e le altre città dell'Umbria ora si trovavano di fronte al problema opposto. Stavano cercando di far fronte all'altrettanto incomprensibile allontanamento del favore imperiale dall'Italia centrale e dalle sue città. Anziché conquistate, venivano abbandonate; e anziché dover compiacere un nuovo sovrano, cercavano di rinfocolare un'antica intimità. La loro soluzione era ancora una volta cercata nello strumento del culto imperiale. Un nuovo nome per Hispellum, un nuovo tempio dedicato alla dinastia imperiale, una nuova festività, una nuova serie di sacerdoti annuali, il tutto approvato da Costantino; benefici che avrebbero costituito la prova che queste città godevano ancora di una relazione significativa con un imperatore lontano. In un imprevisto ribaltamento, queste città italiane ora stavano agendo come città provinciali, cercando di trovare un accomodamento con un potere remoto. Oltre a essere una richiesta di patronato imperiale, la petizione delle città dell'Umbria era un promemoria all'imperatore per una sua visita, la speranza che compisse quella visita, l'attesa che quella visita si realizzasse[28].

«Seconda Roma»

Costantino, si sa, non si fece più vedere, né in Umbria né a Roma. Arrivò qualche sporadica lettera, come quella inviata a nome di Costantino e dei cesari al «loro senato» e ai magistrati di Roma. Ma durante il prosieguo degli anni Venti e negli anni Trenta Costantino e i suoi figli trascorsero quasi tutto il loro tempo sulle frontiere o nei loro paraggi. Costantino stesso risiedeva sulle frontiere settentrionali o nella regione intorno all'Ellesponto, sovrintendendo alla trasformazione dell'antica Bisanzio nella sua nuova capitale. Una residenza occasionale fu Nicomedia, dove Dioclezia-

---

[28] Citazione da Price (1984) 247. Si veda anche Bowersock (1982) 172 «una garanzia di fedeltà senza pari», 182 «riuscì a far sentire moltitudini di cittadini delle regioni più remote vicine al potere che le controllava».

no aveva già patrocinato imponenti progetti edilizi che sperava mettessero la città «sullo stesso piano di Roma». Nel 330 Costantino presiedette all'inaugurazione ufficiale di Costantinopoli. Durante gli anni seguenti trascorse il suo tempo nella nuova capitale o portando campagne militari contro i goti nei Balcani. Il suo spostamento più a occidente fu un viaggio a Singidunum sul Danubio durante l'estate del 334, che comprese anche una visita nostalgica a Naissus, sua città natale[29].

In seguito Costantino celebrò il trentesimo anniversario, sia l'inizio nel luglio 335 sia la fine nel luglio 336, nella sua nuova capitale. Suo figlio Costanzo inoltre celebrò il suo matrimonio durante i festeggiamenti del 336. Ormai Costantinopoli era diventata chiaramente l'ambiente elettivo per le maggiori cerimonie imperiali. A suo tempo Diocleziano aveva contemplato la possibilità di istituire una nuova capitale orientale, e il suo generoso patrocinio aveva lasciato la durevole impressione che Nicomedia fosse diventata un altro distretto di Roma, la «Città eterna». Viceversa, Costantinopoli ora diventava molto di più di un semplice sobborgo di Roma. Il patronato di Costantino per la sua nuova capitale era così forte che questa sembrava meritare essa stessa il «nome eterno». Sembra che Costantino originariamente avesse pensato che il nome per la sua nuova capitale in Oriente sarebbe stato «Nuova Roma» o «Seconda Roma». La celebrazione del trentennale a Costantinopoli era una chiara indicazione che lui e la sua dinastia ora preferivano la Seconda Roma alla Prima[30].

La prima Roma probabilmente aveva ancora qualche speranza che, anche se Costantino non era stato presente per il trentennale

---

[29] Lettera: *L'année épigraphique 1934* (1935) 42, n. 158 = Grünewald (1990) 220, n. 260. Diocleziano e Nicomedia: Lattanzio, *De mortibus persecutorum* 7.10; con Millar (1977) 51.52, Foss (1995), e Mayer (2002) 29-31, sull'importanza di Nicomedia. Il viaggio di Costantino nel 334: *CTh* 10.15.2 Singidunum a luglio, 11.39.3 Naissus in agosto.

[30] Durante la celebrazione del luglio 336 Costanzo sposò una cugina di cui non conosciamo il nome, che era la figlia di Giulio Costanzo, fratellastro di Costantino: vedi Eusebio, *Vita Constantini* 4.49. Nicomedia come distretto di Roma: Ammiano Marcellino, *Res gestae* 22.9.3, «regio quaedam urbis... aeternae». «Nome eterno» per Costantinopoli: *CTh* 13.5.7, una costituzione emessa da Costantino nel 334. Nuova Roma: secondo Giovanni Lido, *De magistratibus* 2.30, Costantino non chiama Costantinopoli «Nuova Roma» prima della sua consacrazione. Seconda Roma: Porfirio, *Carm.* 4.6, «Ponti nobilitas, altera Roma»; Socrate *HE* 1.16.1.

della sua ascesa al trono, potesse almeno arrivare per il proprio funerale. I resti di Elena, la madre, erano stati portati a Roma per la sepoltura in un mausoleo adiacente alla chiesa dei Santi Marcellino e Pietro, in un sobborgo oltre le mura della città. Costantino aveva già destinato generosissimi regali e donazioni a questa chiesa, ed Elena ora era sepolta in un grande sarcofago di porfido che forse originariamente era stato realizzato per destinarlo all'imperatore stesso. La sepoltura di Elena avrebbe fatto pensare che nei tardi anni Venti Costantino contasse di usare questo sontuoso mausoleo circolare per se stesso e la sua intera dinastia. Un decennio dopo il popolo di Roma viveva ancora in questa attesa. Ricevuta la notizia della morte dell'imperatore nel 337, il senato e il popolo ordinarono un ritratto di Costantino che lo raffigurava «mentre gode di un etereo riposo sopra le arcate del cielo». Presumibilmente già non vedevano l'ora di celebrare il rituale di consacrazione consueto per un imperatore defunto. Di conseguenza, udire che invece era stato sepolto a Costantinopoli per il popolo di Roma fu motivo di grande frustrazione e collera[31].

Successivamente due figlie di Costantino furono sepolte in un mausoleo accanto alla chiesa di Sant'Agnese alla periferia di Roma. Una era Costantina, che era stata sposata successivamente con i suoi cugini Annibaliano e l'imperatore Gallo; l'altra era Elena, che era stata sposata con un altro cugino, l'imperatore Giuliano. Lo

---

[31] Chiesa dei Santi Marcellino e Pietro: *Liber pontificalis* 34.27, con Krautheimer (1937-1980) 2.2:193-206, Deichmann e Tschira (1957) 74, i quali ipotizzano che il mausoleo fosse inizialmente destinato a Costantino, Guyon (1987) 256-258, Krautheimer (1992) 526-530, 545, sui progetti di Costantino, e Holloway (2004) 86-93. Mausoleo di Elena: Deichmann e Tschira (1957), Pietri (1976) 31-33, Guyon (1987) 217-219, e Curran (2000) 102. Questa chiesa fu eretta su un terreno di proprietà imperiale appartenuto probabilmente a Elena: vedi *Liber pontificalis* 34.27; Drijvers (1992) 30-34, ne deduce che Elena risiedesse a Roma dopo il 312. Johnson (1992), il quale sostiene che il corpo di Elena fosse rimasto a Roma, è da preferire a Ebersolt (1929-1930), secondo il quale fu infine trasferito a Costantinopoli; per la successiva traslazione delle sue reliquie, vedi Drijvers (1992) 74-76 e Odahl (2004) 225. Ritratto: Eusebio, *Vita Constantini* 4.69.2, con Cameron e Hall (1999) 345-350, sulla cerimonia di consacrazione. Reazione del popolo romano: Aurelio Vittore, *De Caesaribus* 41.17, con Price (1987), sul ruolo tradizionale del senato nell'emettere giudizi postumi sugli imperatori. Poiché dediche e monete postume onoravano Costantino con il titolo di *divus*, il senato a Roma potrebbe comunque aver approvato un decreto in cui si riconosceva l'apoteosi divina dell'imperatore; vedi Bruun (1954), il quale discute le idee filosofiche e bibliche che stanno alla base delle immagini e delle diciture sulle monete, e Amici (2000), per le iscrizioni.

storico Ammiano ritiene che anche Giuliano avrebbe dovuto avere sepoltura lungo il Tevere nella «Città eterna». Era un'opinione decisamente singolare, in quanto Giuliano non era mai stato a Roma ed era stato il più «greco» di tutti gli imperatori costantiniani. Non si era mai inserito bene nell'Occidente latino, e mentre comandava le campagne in Gallia i suoi soldati lo deridevano come un «piccolo grechetto». Lo stesso Ammiano, che definiva anche se stesso un ex soldato e un greco, mostrava di avere scarso riguardo personale per la vecchia capitale. La stranezza del suo commento su Giuliano è quindi una eloquente indicazione della perdurante reputazione di Roma come l'unico luogo di sepoltura idoneo per un imperatore romano, sia pure un imperatore che così fortemente si identificava con la cultura greca[32].

Costantino invece costruì un mausoleo per la sua famiglia a Costantinopoli, mausoleo che finì poi per rimanere entro il complesso della chiesa dei Santi Apostoli. Successivamente suo figlio Costanzo fu anch'egli sepolto in questo mausoleo. I corpi di Costantino II e di Costante, gli altri due figli che succedettero a Costantino, andarono perduti in seguito a sconfitte militari. Dopo la sua morte in battaglia contro i persiani Giuliano fu sepolto inizialmente alle porte di Tarso, in una tomba posta di fronte a quella di Massimino. Per un singolare scherzo del destino, la tomba dell'ultimo imperatore pagano fronteggiava quella dell'ultimo degli imperatori persecutori. Anche se questa simmetria probabilmente lasciò molti cristiani alquanto perplessi sull'efficacia della giustizia divina, i resti di Giuliano furono successivamente trasferiti a Costantinopoli. La sua appartenenza alla dinastia costantiniana assumeva la priorità sulla sua apostasia dal cristianesimo e sulla simbolica prossimità del suo luogo di sepoltura accanto a uno dei più repressivi tra i tetrarchi pagani[33].

---

[32] Chiesa di Sant'Agnese: *Liber pontificalis* 34.23, con Krautheimer (1937-1980) 1.1:34-35, il quale ipotizza che fu Costantino II e non suo padre Costantino a fondare la chiesa. Ammiano Marcellino, *Res gestae* 15.12.1 «piccolo grechetto», 21.1.5 Costantina ed Elena, 25.10.5 Giuliano e la Città eterna, 31.16.9 soldato e greco, con Kelly (2003) 590-594 per la presunta tomba di Giuliano a Roma; Pietri (1967) 47-51, Curran (2000) 128 e Halloway (2004) 93-104 per il mausoleo delle figlie (oggi Santa Costanza); e Cap. VII per la grecità di Giuliano. Alla fine le mogli degli imperatori vennero sepolte accanto ai mariti nel mausoleo imperiale adiacente alla chiesa dei Santi Apostoli a Costantinopoli: vedi Procopio, *De aedificiis* 1.4.19, con il Cap. XII.

[33] Il corpo di Costantino II fu gettato in un fiume presso Aquileia: *Epitome de Caesari-*

Non soltanto questo mausoleo presso la capitale orientale era diventato il luogo di sepoltura preferito per i membri della dinastia costantiniana, ora divenne anche il luogo di sepoltura preferito per successivi imperatori: Gioviano morì in Galazia, ma le sue spoglie furono inviate a Costantinopoli; Valentiniano morì in Pannonia, ma anche il suo corpo fu portato nella capitale d'Oriente; il corpo di Valente non fu mai trovato dopo la battaglia di Adrianopoli; Teodosio morì a Milano, ma la sua salma fu mandata a Costantinopoli per essere sepolta nel mausoleo di Costantino; nel 312 il corpo di Massenzio, il rivale di Costantino, era stato ripescato dal Tevere, mutilato, e destinato alla sepoltura, forse nel suo mausoleo di famiglia sulla via Appia: Massenzio ha il dubbio onore di essere l'ultimo imperatore significativo a essere interrato a Roma durante il IV secolo. Dopo di allora le tombe imperiali più vicine alla capitale nel IV secolo furono quelle di Graziano e di Valentiniano II, probabilmente sepolti insieme a Milano[34].

bus 41.21. Costante fu ucciso a Helena (odierna Elne), a sud di Narbona: vedi *Epitome de Caesaribus* 41.23; ma molto probabilmente non fu sepolto alla villa di Centcelles presso Tarraco: vedi Kulikowski (2004) 147. Funerale di Giuliano a Tarso: Ammiano Marcellino, *Res gestae* 25.9.12, 10.4-5, Zosimo, *Historia nova* 3.34.4. Tomba di Massimino: Filostorgio, *HE* 8.1; con Gregorio Nazianzeno, *Orat.* 5.18, 21.33, per le reazioni sprezzanti dei cristiani, e Van Dam (2003b) 31, il quale suggerisce che il piano dell'eresiarca Eunomio di riportare la salma di Giuliano a Costantinopoli fu un tentativo di accattivarsi il favore di Teodosio fornendo all'imperatore l'opportunità di presiedere a un funerale imperiale.

[34] Sepoltura di Gioviano, Ammiano Marcellino, *Res gestae* 26.1.3. Ritorno del corpo di Teodosio a Costantinopoli: Ambrogio, *De obitu Theodosii* 55. Valentiniano II fu sepolto a Milano in una «magnifica vasca di porfido che era appropriatissima per questo scopo»: vedi Ambrogio, *Ep.* 25(53).4. Il suo sarcofago improvvisato probabilmente condivideva la tomba con Graziano: vedi Ambrogio, *De obitu Valentiniani* 79, «non vos [Graziano e Valentiniano] discrevit tumulus». Mentre Johnson ipotizza che Graziano e Valentiniano II fossero sepolti probabilmente nella cappella di Sant'Aquilino adiacente alla chiesa di San Lorenzo, McLynn (1994) 164n.25, 176-179 non è sicuro che Graziano fosse stato sepolto a Milano.

L'imperatore Severo, dopo essere stato sconfitto e catturato a Ravenna da Massimiano e Massenzio nel 307, fu ben presto ucciso fuori Roma. Venne sepolto nella tomba dell'imperatore Gallieno, situata sulla via Appia alcuni chilometri a sud di Roma; vedi *Epitome de Caesaribus* 40.3, *Origo Constantini imperatoris* 4.10. Massimiano era stato sepolto ai margini di Milano: vedi Ambrogio, *Ep* 25(53).4. Massenzio potrebbe essere stato sepolto con suo figlio Romolo: vedi Cap. III. L'usurpatore Nepotiano, nipote di Costantino decapitato a Roma dopo aver regnato per meno di un mese, fu probabilmente sepolto anch'egli a Roma: vedi Eutropio, *Breviarium* 10.11, e Cap. III. Per particolari sugli imperatori orientali, vedi Grierson (1962); all'inizio del V secolo Onorio fu sepolto a Roma in un mausoleo adiacente alla chiesa di San Pietro: vedi *infra*.

«*La piccola Roma gallica*»

Durante il IV secolo città che erano diventate residenze imperiali ottennero enormi benefici. Gli imperatori patrocinarono vastissimi progetti edilizi. Treviri, per esempio, divenne la più importante residenza imperiale lungo la frontiera del Reno. Sotto la tetrarchia Costanzo risiedette a Treviri o nei suoi dintorni per oltre un decennio, e Costantino vi si trasferì poco dopo la proclamazione a imperatore. Anche dopo aver cominciato a espandere la sua autorità al di là della Gallia, tornò frequentemente a Treviri, e finì per stabilirvi la corte di un figlio, prima Crispo e poi Costantino II. Per tale motivo, questa nuova residenza imperiale acquisì un nuovo complesso termale. L'anfiteatro fu restaurato, e il *circus maximus* fu ampliato tanto da essere considerato un rivale del leggendario circo di Roma: «Nel pomeriggio l'imperatore seguiva con passione gli spettacoli circensi». Gli imperatori costruirono inoltre una nuova basilica che poteva servire come immenso salone di ricevimento. Un panegirista avrebbe in seguito lodato Costantino per il suo sostegno alla realizzazione di questi «edifici imperiali»: «Tutte queste costruzioni sono con ogni evidenza i doni della tua presenza... Città e templi fioriscono nell'impronta del tuo piede, o Costantino»[35].

La Gallia del Nord era diventata un punto focale dell'impero occidentale, e Treviri in particolare era vista come la grande fortezza posta a protezione delle province dell'interno. In un calendario illustrato della metà del IV secolo Treviri era raffigurata come una possente amazzone, incombente su un prigioniero barbaro. Pur brontolando per dover sopportare quel clima gelido e nuvoloso, i senatori compivano debitamente il loro viaggio da Roma verso il Nord per rendere omaggio ai loro protettori imperiali sulla frontiera. La loro presenza sembrava implicare che lo stesso venerabile senato fosse stato trasferito da Roma a Treviri. Anche i galli da parte loro erano consapevoli della nuova importanza della loro regione, e alcuni di essi erano addirittura giunti alla conclusione che questa dovesse avere la priorità sull'Italia. A Roma un oratore gal-

---

[35] Edifici a Treviri: *Panegyrici latini* 6(7).22.5-6, con Wightman (1970) 98-123 sulle iniziative edilizie a Treviri. Presenza dell'imperatore: Agostino, *Confessiones* 8.6.15.

lo muoveva un garbato rimprovero all'imperatore Teodosio per aver indugiato a liberare la Gallia dall'usurpatore Magno Massimo. A suo parere, anche se i successi dell'imperatore contro i goti nei Balcani e contro i persiani sulla frontiera orientale erano imponenti, la Gallia doveva prendere il primo posto nelle sue preoccupazioni: «Noi galli siamo turbati dai tuoi trionfi»[36].
In seguito gli imperatori avrebbero lasciato la Gallia del Nord per altre città. Valentiniano fu «l'ultimo dei grandi sovrani militari dell'impero romano». Durante gran parte del suo regno risiedette a Treviri e fece campagne lungo la frontiera renana. In effetti, dopo la sua proclamazione a imperatore si era trasferito in Gallia così rapidamente che una delegazione di vescovi non riuscì a raggiungerlo nel Nord Italia. Quando arrivarono lì, «non si incontrarono con l'imperatore, che era indaffarato in Gallia». Dopo la morte di Valentiniano nel 375 suo figlio Graziano continuò a risiedere principalmente a Treviri, e durante il suo regno aristocratici galli detennero importanti cariche imperiali nell'impero occidentale. Grazie a questi successi militari e all'attiva partecipazione di aristocratici galli, i regni di Valentiniano e di Graziano segnarono un apice nell'importanza della Gallia settentrionale e centrale[37].
Una volta andato via Graziano, però, i cittadini di Treviri poterono solo sognare il ritorno di un imperatore forte. Invece dovettero accontentarsi dell'usurpatore Magno Massimo, l'ultimo imperatore che considerasse quella città la sua residenza principale. Duecento anni dopo lo storico Gregorio di Tours in effetti avrebbe ricordato solo l'usurpatore Massimo come «l'imperatore a Treviri». Anche se i generali di Massimo condussero con successo operazioni militari sulla frontiera del Reno, gli altri imperatori erano riluttanti a concedergli un riconoscimento ufficiale. Per qualche anno le Alpi furono presidiate da ambo le parti come una barriera, quasi una nuova frontiera tra Gallia e Italia, e Massimo fu ignorato come l'ennesimo usurpatore gallo delle regioni settentrionali.

---

[36] Illustrazione nel Calendario del 354: vedi Salzman (1990), fig. 5. Clima freddo: Simmaco, *Orat.* 1.16 pronunciata in onore dell'imperatore Valentiniano a Treviri nel febbraio 369. Senato a Treviri: Ausonio, *Mosella* 402. Teodosio: Pacato, *Panegirici latini* 2(12).23.1 noi galli, 24.3-6 indugio.
[37] Per Valentiniano e Graziano a Treviri, vedi Matthews (1975) 32-87; citazione su Valentiniano a p. 33. Indaffarato in Gallia: Socrate, *HE* 4.12.4; anche Sozomeno, *HE* 6.10.5.

Nel 387 invase l'Italia, come decenni prima aveva fatto Costantino. Questa volta l'esito fu differente. Anche se la sua avanzata disperse l'imperatore Valentiniano II e la sua corte, l'anno successivo Massimo fu ucciso dalle truppe di Teodosio. La reputazione di Treviri come importante residenza imperiale ora veniva anch'essa oscurata e, vista in retrospettiva, la sua posizione di più idonea capitale romana fu ritenuta dubbia quanto l'illegittima autorità del suo ultimo malfamato imperatore[38].

Già durante il IV secolo gli imperatori avevano occasionalmente seguito gli affari nella Gallia dal Sud. Verso la fine del 353 Costanzo II aveva celebrato il suo trentesimo anno da imperatore con fastosi intrattenimenti nel teatro e nel circo di Arles. Probabilmente aveva voluto lasciare un ricordo dell'occasione con l'erezione di un obelisco nel circo. Dopo aver sconfitto Massimo, Teodosio rimandò Valentiniano II in Gallia, dove risiedette a Treviri per almeno un anno. Durante questa permanenza Valentiniano II promulgò l'ultimo editto imperiale emesso da Treviri di cui abbiamo notizia, nel giugno 390. Ma quando morì, nel 392, si era già spostato a sud, a Vienne, e progettava di tornare a Milano. Il suo successore, l'usurpatore Eugenio, sembrò per un momento cambiare politica guidando una spedizione nella Gallia settentrionale. Fu l'ultimo imperatore romano a condurre una campagna oltre la frontiera del Reno, e il suo generale Arbogaste guidò l'ultima armata romana oltre il fiume. Nel 396 il potente generale Stilicone si mosse nuovamente lungo la frontiera renana. Nonostante il loro successo, queste campagne nei fatti prefiguravano un futuro sconcertante, perché entrambi i generali erano essi stessi barbari – Arbogaste franco e Stilicone vandalo – e le loro armate «romane» erano costituite in larga misura da contingenti di barbari. Sul confine del Reno generali barbari guidavano truppe barbare nel nome di Roma contro altri barbari. Per la Gallia settentrionale le vittorie di Stilicone furono disastrosamente controproducenti, perché alla sua partenza avrebbe rimosso, a quanto sembra, numerosi contingenti. Più o meno nello stesso periodo la sede del prefetto pretorio delle Gallie

---

[38] Reputazione di Massimo: Gregorio di Tours, *Historiae* 1.45, *De passione et virtutibus sancri Iuliani martyris* 4, *Vita patrum* 2.1. Generali di Massimo: Gregorio di Tours, *Historiae* 2.9. Presidio delle Alpi: Ambrogio, *Ep.* 24.7.

fu trasferita da Treviri a sud, ad Arles. Il Nord della Gallia era stato ormai abbandonato[39].

Agli aristocratici italici probabilmente la cosa non dispiacque affatto, considerando che ora non dovevano più preoccuparsi di dover compiere il lungo viaggio a nord fino alla frontiera del Reno. Come Simmaco, uno dei più illustri senatori a Roma, spiegò cortesemente a Protadio, un aristocratico gallo probabilmente di Treviri, «nessuno della nostra classe [senatoriale] visita la Renania, che ora l'eminentissimo imperatore e il potentissimo magistrato stanno abbandonando». Protadio fu abbastanza sveglio da cogliere il sottinteso, visto che lui stesso si spostò a sud, in Italia, prima diventando prefetto di Roma nel 401 o nel 402, e poi ritirandosi in una sua proprietà nei pressi di Pisa. Gli aristocratici galli che erano rimasti a casa riconobbero anch'essi che il regno di Valentiniano II aveva rappresentato un punto di svolta per la Gallia settentrionale e centrale. Successivamente gli imperatori non risiedettero più sulla frontiera del Reno, né visitarono la regione. In una retrospettiva composta oltre sessant'anni dopo Sidonio rilevava malinconicamente che persino la divina incarnazione di Roma doveva ammettere che dal regno di Valentiniano II «a tutt'oggi la mia Gallia ha scarsa familiarità con i signori onnipotenti». Già all'inizio del V secolo solo la Gallia meridionale mostrava di essere in contatto con gli imperatori romani, e quindi di far parte dell'impero romano. Quando nel 407 l'usurpatore Costantino III invase la Gallia dalla Britannia, anch'egli stabilì la sua corte ad Arles[40].

---

[39] Costanzo ad Arles: Ammiano Marcellino, *Res gestae* 14.5.1, con la discussione del mese, se ottobre o novembre, in Barnes (1993) 314 n. 32. Sull'obelisco ad Arles, vedi Henck (2001) 300; per l'ipotesi che l'obelisco fosse stato eretto già durante il regno di Costantino, vedi Hejimans (1999) 157, e Charron e Heijmans (2001). Ultimo editto da Treviri: *CTh* 8.5.50 = *CJ* 12.50.13, datato 17 giugno 390. Per i piani di Valentiniano II di tornare nell'Italia del Nord, vedi Ambrogio, *De obitu Valentiniani* 23-24, con McLynn (1994) 335-341, sull'opposizione di Teodosio al suo ritorno. Eugenio e Arbogaste: Gregorio di Tours, *Historiae* 2.9, con il Cap. XII. Arbogaste il franco: Paolino da Milano, *Vita Ambrosii* 30, «il conte Arbogaste fece la guerra al suo stesso popolo, i franchi», con *PLRE* 1:95-97. Stilicone il vandalo: Orosio, *Historiae adversum paganos* 7.38.1; sua madre era romana: *PLRE* 1:853-58. Campagne di Stilicone: Claudiano, *De consulatu Stilichonis* 1.188-245, campagne contro i franchi e altri barbari, 2.186, «limite... inermi», *De bello Gothico* 419-423, ritiro di truppe, con Jones (1964) 198. L'imperatore Onorio non accompagnò Stilicone: vedi Claudiano, *De quarto consulatu Honorii* 448, «Honoris absens». Trasferimento della sede prefettizia datato al 395 da Palanque (1973), al 407 da Chastagnol (1973) e Matthews (1975) 333.

[40] Protadio: Simmaco, *Ep.* 4.28.1, con Matthews (1975) 262, 326-327. La mia Gallia:

Nel 418 l'imperatore Onorio ripristinò un'assemblea provinciale che si riuniva ad Arles. L'«indolenza degli usurpatori» aveva interrotto un precedente tentativo di instaurare tale assemblea; ora, avendo istituito la sua corte a Ravenna, Onorio avrebbe cercato di usare questo concilio annuale per riaffermare la propria autorità in Gallia. L'imperatore volle che i delegati comprendessero governatori provinciali o loro rappresentanti, ex magistrati imperiali di rango senatoriale, possidenti locali e magistrati municipali: «Con questa disposizione pensiamo di offrire grande benevolenza e vantaggio ai nostri provinciali»[41].

In realtà, questo nuovo tentativo di integrare gli interessi della nobiltà gallica con la corte in Nord Italia rifletteva una visione molto più ristretta della partecipazione della Gallia nell'impero romano. Gran parte dei rappresentanti doveva venire dalle province nell'angolo sudorientale della Gallia, adiacente all'Italia settentrionale e più vicino al Mediterraneo. La regione meridionale era stata la prima parte della Gallia a essere stata incorporata nell'impero romano come un vasto territorio (distretto) noto semplicemente come *Provincia*. Questa regione era stata particolarmente ricettiva nei confronti dell'influenza di uno stile di vita romanizzato, e già nel primo impero la Provincia era stata caratterizzata come «più propriamente Italia che provincia». La Gallia occidentale, centrale e settentrionale, invece, era stata annessa più tardi all'impero, conquistata da Giulio Cesare, quindi organizzata in province da Augusto, successivamente fortemente influenzata dalla civiltà romana, ma sempre per certi versi distinta dal nucleo mediterraneo del mondo romano. Ora, nel definire la partecipazione in questa nuova assemblea, Onorio sembrava ripiegare su questa prospettiva più antica, preimperiale, che apparentemente tornava a escludere gran parte della Gallia occidentale, centrale e settentrionale dal mondo romano. L'Europa del Nord evidentemente non faceva parte del suo impero. Anni prima l'imperatore aveva risposto a una richiesta di aiuto del popolo di Britannia con lo scoraggiante suggerimento che si difendesse da solo. Nell'editto con cui annunciava la formazione di questa nuova

---

Sidonio, *Carm.* 5.356-57, in un panegirico per l'imperatore Maggioriano, pronunciato nel 458. Costantino III ad Arles: Zosimo, *Historia nova* 5.31.4.
[41] Editto di Onorio: *Epistulae Arelatenses* 8, ed. Gundlach (1982) 13-15.

assemblea provinciale Onorio accantonava allo stesso modo la partecipazione della maggioranza della Gallia, questa volta con un commento sarcastico e un altrettanto sprezzante silenzio. Anche se le province lungo la costa atlantica nel Sud-Ovest della Gallia potevano mandare anch'esse rappresentanti all'assemblea, l'imperatore riconosceva che queste province erano «più remote». In un'omissione più rivelatrice l'imperatore non menzionava mai le province della Gallia centrale e settentrionale. I loro abitanti evidentemente non erano più inclusi tra i «nostri provinciali». Viceversa, Onorio esaltava le virtù di Arles, il cui porto fluviale riceveva merci da tutto il mondo, fin da luoghi lontani come l'Arabia. Nella sua ottica il punto focale della Gallia era una città mediterranea vicina alla sponda meridionale[42].

I commenti di Onorio su questa rinata assemblea provinciale sembravano tracciare una tacita concessione d'autonomia alla Gallia. Non solo non mette nel conto la Gallia settentrionale e centrale, ma in più sembra riconoscere che Arles sia diventata l'equivalente di una nuova capitale nella Gallia del Sud. All'inizio del V secolo il senato a Roma continuava a riunirsi, benché prevedibilmente dominato dagli interessi di notabili italici; il senato a Costantinopoli, «Seconda Roma», forniva un luogo di dibattito per i notabili orientali; ora quest'assemblea nella Gallia meridionale funzionava praticamente come un «senato» per i notabili della Gallia meridionale. Non sorprende che Arles fosse nota, proprio in questo periodo, come la «piccola Roma gallica». Né sorprende che nel 455 la «devota assemblea del senato» in una cittadina non molto lontana da Arles dichiarasse imperatore l'aristocratico gallo Avito. Ora anche la Gallia meridionale avrebbe avuto il suo senato, il suo imperatore romano, e la sua Roma[43].

---

[42] «Italia verius quam provincia»: Plinio il Vecchio, *Historia naturalis* 3.4.31, con Drinkwater (1983) 5-8, 20 sul cambio di nome della provincia di Provincia come Narbonense, Van Dam (1985a) 37-40, 47-48 sui limiti della visione di Onorio, e Van Dam (1992), (1993) 11-12, 117-18 sulla specificità della Gallia meridionale.

[43] Lettera al popolo di Britannia: Zosimo, *Historia nova* 6.10.2. Arles come «Gallula Roma»: Ausonio, *Ordo urbium nobilium* 10.2, con Klingshirn (1994) 33-71, sulla crescente importanza della Arles tardoromana, e l'eccellente rassegna sulla trasformazione della Arles tardoantica in Loseby (1996): «La preminenza politica ed economica di Arles era... una creazione imperiale» (p. 364). Avito: Sidonio, *Carm.* 7.571, «pia turba senatus»; anche Idazio, *Chronica* 156: «Avito, un cittadino di Gallia, fu proclamato augusto dall'esercito di

La Gallia settentrionale, centrale e occidentale, intanto, doveva fare i conti con l'afflusso e l'insediamento di gruppi barbari. In secoli precedenti le guarnigioni e le campagne militari romane avevano cercato di mantenere una frontiera solidamente marcata che corrispondeva alla ferma distinzione ideologica tra «romani» e «barbari». Ora l'ideologia s'era fatta porosa non meno di quanto lo fossero sempre state quelle zone di frontiera. Mentre le istituzioni dello Stato romano crollavano, potenti aristocratici galli arrivavano ad assomigliare ai capi barbari in veste di comandanti militari locali, e l'uso indiscriminato della forza militare era in pratica divenuto un mezzo di assimilazione tra romani e barbari nella Gallia settentrionale e centrale. Intorno allo stesso periodo, tra la metà degli anni Quaranta e la metà degli Ottanta del V secolo, un re franco assunse il controllo di una antica provincia romana nel Nord della Gallia e fu sepolto con le insegne di un magistrato romano, mentre il discendente di una illustre famiglia gallica ereditava l'enclave militare del padre a Soisson e ottenne notorietà come «re dei romani». Con il fondersi tra loro di barbari romanizzati e romani barbarizzati, il denominatore comune divenne l'uso della violenza. Diversamente dalla Gallia meridionale, dove il concetto di un impero romano gallo sopravvisse fino al tardo V secolo, la Gallia settentrionale e centrale fu dominata da regimi illegali di signori della guerra, sia romani sia barbari[44].

In queste regioni periferiche l'uscita di scena della corte impe-

Gallia e dagli emeriti magistrati imperiali, prima a Tolosa e poi ad Arles». Per indicazioni del fatto che questa nuova assemblea fosse l'equivalente di un senato gallico, vedi Heather (1998) 203: «Divenne un'arena regionale attraverso la quale l'aristocrazia gallica poteva esprimersi come blocco di potere regionale»; e Kulikowski (2001) 32: «Il consiglio offriva ai galli un mezzo di affermare i propri interessi individuali al di fuori di un'aperta ribellione»; con Vanderspoel (1995) 53-70, per l'importanza di un senato indipendente nel trasformare Costantinopoli in un'idonea capitale imperiale. Si noti che dopo l'inizio del V secolo aristocratici gallici indigeni monopolizzarono la prefettura in Gallia: vedi Sundwall (1915) 8-20, con la lista dei prefetti in *PLRE* 2:1246-1247. Per la costruzione, con ogni probabilità all'inizio del V secolo, di una sala monumentale ad Arles forse adiacente a una residenza ufficiale, vedi Heijmans (1998).

[44] Per il re franco Childerico e l'aristocratico romano Siagrio, vedi Van Dam (2005) 196. Il quadro migliore sulla nascita del fenomeno dei comandanti militari nel Nord Europa è offerto da Whittaker (1994a) 248-253, 257-278; anche Innes (2000) 165-174. Van Dam (1985a) 169-172 discute il sorgere parallelo di culti di santi locali gallici che rimpiazzarono i culti di san Pietro e san Paolo.

riale portò a una contrazione nelle dimensioni delle città. A Treviri la popolazione trovò un nuovo uso per quei vecchi edifici imperiali: una tradizione successiva affermava che avevano fortificato l'anfiteatro per sconfiggere i barbari. In passato i prigionieri barbari venivano condannati a intrattenere i locali combattendo con le belve feroci in questo anfiteatro, in una rappresentazione simbolica e pienamente pubblica del successo delle truppe romane nello sgominare i nemici sulla frontiera renana. Tutto il subbuglio doveva starsene in sicurezza o al di fuori della frontiera o all'interno dell'anfiteatro. Ora, in un rovesciamento assai eloquente della sorte, i barbari avevano varcato la frontiera e i cittadini di Treviri si erano asserragliati nell'anfiteatro, nel disperato intento di tenerne fuori i barbari[45].

Nonostante le cattive acque in cui si trovavano, continuavano ugualmente a sostenere di essere ancora romani. All'inizio del V secolo gli aristocratici di Treviri «chiedevano giochi circensi agli imperatori, come se quella fosse la cura migliore per una città distrutta». Salviano, il prete che fa menzione di questa petizione, trattiene a stento la sua indignazione per questa palese assurdità. Tenere dei giochi adesso sembrava tanto immorale quanto irrealistico. Ma è possibile che questa petizione non fosse poi così oltraggiosa. Di fronte alle calamità la celebrazione dei giochi poteva essere un modo per riaffermare il giusto ordine delle cose, con i romani vittoriosi e i barbari sconfitti. I notabili locali inoltre speravano molto probabilmente che un imperatore presiedesse di persona ai nuovi giochi, come aveva fatto Costanzo tanto tempo prima ad Arles. Già in passato Treviri era stata residenza imperiale; forse poteva esserlo ancora. Questa petizione era un invito implicito rivolto all'imperatore perché venisse in visita[46].

---

[45] Per le città in Gallia, vedi Liebeschuetz (2001) 82-89; anche Halsall (1996), per una pregevole presentazione della trasformazione di Metz. Prigionieri barbari a Treviri: *Panegyrici latini* 6(7).12.3, 12(9).23.3. Fortificazione dell'arena: Fredegario, *Chronica* 2.60.

[46] Giochi a Treviri: Salviano, *De gubernatione Dei* 6.85, con Van Dam (19851) 42-45, 149 sull'indignazione di Salviano. Nel 416 l'imperatore Maggioriano presiedette di nuovo ai giochi in Gallia, ma – e la cosa non sorprende – ad Arles: vedi Sidonio, *Ep.* 1.11.10.

Varcare il Rubicone

Durante il IV secolo le città dell'Italia centrale avevano avuto sentore che anch'esse sarebbero state abbandonate a favore di capitali di frontiera nuove arrivate come Treviri e Costantinopoli. Il poeta Porfirio era convinto che l'istituzione di Costantinopoli fosse un bene per l'Italia centrale: «L'ornamento del Ponto, una Roma sorella, rafforza l'antico popolo di Tuscia». Aveva torto. Come sarebbe accaduto a Treviri un secolo dopo, Hispellum e le città dell'Umbria si erano ridotte a richiedere una nuova festa nella speranza che l'imperatore stesso vi si recasse in visita rilanciando il loro prestigio. E nonostante la risposta positiva di Costantino a questa specifica petizione, molte città dell'Italia centrale e meridionale continuavano a essere tenute in scarso conto. Dal momento che raramente gli imperatori le visitavano, le città contavano invece sulla generosità di notabili senatoriali o facevano appello all'assistenza di magistrati imperiali. Le città dell'Etruria potevano anche avere fama di rispettare i «costumi antichi», ma alla fine del IV secolo Pisa si sarebbe dovuta accontentare di innalzare una statua in onore di un ex governatore del distretto. Nell'Italia centrale la salvaguardia delle antiche tradizioni non comportava più la necessità di includere l'imperatore[47].

In un tempo molto lontano altre città dell'Italia centrale e meridionale avevano gareggiato con Roma per diventare dominanti in Italia. Durante la Repubblica, Capua era nota come «seconda Roma». Nel più tardo impero Capua era ancora il principale centro della Campania, la regione a sud di Roma in cui molti senatori possedevano tenute e dove andavano in villeggiatura nel golfo di Napoli. Come gesto di riconoscenza per il loro appoggio Costantino aveva contribuito a finanziare la ricostruzione di un acquedotto che riforniva l'intera regione del golfo. Ancora nel 387 l'imperatore Valentiniano II aveva teso una mano all'aristocrazia senato-

---

[47] Ornamento del Ponto: Porfirio, *Carm.* 18.33-34; questo carme è datato a poco dopo il 324 da Polara (1973) 2:103, 109, alla fine del 324 da Barnes (1975b) 182, 184. Rutilio Namaziano, *De reditu suo* 1.575-1.576 statua di Claudio Lacanio, 597 costumi antichi. Lacanio aveva servito come *consularis* di Tuscia e Umbria nel 389: vedi Matthews (1975) 327. Ausbüttel (1988) 122-125 discute dei notabili italici che servirono come governatori nelle loro regioni e Smith (2003) esamina i mecenati in Italia durante il IV secolo.

riale sanzionando l'istituzione di una serie di feste pagane a Capua. Ma solo pochi anni dopo Ausonio, senatore di origine gallica, nel classificare le città dell'impero notava che Capua stava arretrando: «Mantiene sì e no l'ottavo posto»[48].

Viceversa l'Italia settentrionale, l'Italia della frontiera, stava diventando sempre più importante per gli imperatori, e alcune delle sue città acquisirono un'elevata reputazione. Nella lista di Ausonio la città in Italia con la posizione più alta dopo Roma era Milano, al settimo posto. Al nono c'era Aquileia. Situata in cima all'Adriatico, Aquileia sorgeva in una terra di confine tra le due metà, orientale e occidentale, dell'impero. La sua collocazione la rendeva così strategicamente importante che un imperatore che controllava la città poteva procurarsi il sostegno degli «abitanti dell'Italia». Ma definendo Aquileia «una colonia italiana di fronte alle montagne dell'Illirico», Ausonio fornisce un eloquente commento sugli eventi di allora. La sua definizione sembra sottintendere che questa città dell'Italia settentrionale aveva per così dire rotto gli ormeggi e stava diventando, per orientamento, più balcanica che mediterranea[49].

Anche le affiliazioni politiche e culturali del Nord Italia in generale erano aperte a un riallineamento. Con il ritirarsi della presenza imperiale dalla frontiera del Reno, l'Italia del Nord, la vecchia Gallia Cisalpina, divenne un punto focale primario della ridotta frontiera settentrionale dell'impero. Quale nuovo centro delle frontiere galliche e balcaniche, presto divenne la sede di una corte imperiale, in città come Milano e Ravenna. Durante la lunga transizione dalla società antica alla civiltà medievale l'Italia settentrionale stava già ritrasferendo i propri legami politici e le influenze culturali dal Mediterraneo all'Europa settentrionale e centrale. In

---

[48] Capua come seconda Roma: Ausonio, *Ordo urbium nobilium* 8.16. Acquedotto: *L'année épigraphique 1939* (1940) 49, n. 151 = Grünewald (1990) 222, n. 277, datato alla fine del 324; anche *Liber pontificalis* 34.32. Vedi Bell (1997) 14, per la sfida a Roma durante la tarda Repubblica da parte di Capua, l'«Antiroma», e Trout (2001), per un'eccellente interpretazione del calendario delle feste a Capua.

[49] Aquileia come colonia italiana: Ausonio, *Ordo urbium nobilium* 9.3. Aquileia e gli abitanti dell'Italia; Ammiano Marcellino, *Res gestae* 21.11.3. Per Aquileia come porta tra il Nord Italia e le regioni balcaniche, si noti che Teodosio, marciando verso ovest da Costantinopoli, sconfisse due usurpatori presso la città, Massimo nel 388 ed Eugenio nel 394: vedi Cap. XII.

un rovesciamento dell'imperialismo romano, i barbari dell'Europa del Nord e del Centro stavano tornando a invadere l'Italia, e il Nord della penisola sarebbe diventato il territorio dei regni dei goti e poi dei longobardi in Italia. Come in un'anteprima della successiva espansione dell'impero franco di Carlo Magno, già durante il VI secolo un regno franco con epicentro sulla Renania, nel Nord della Gallia, avrebbe rivendicato il controllo sull'«Italia minore», ossia l'Italia settentrionale. Già nella tarda antichità questa regione continentale dell'Italia conservava la sua importanza diventando più settentrionale, più «gallica» nel suo orientamento. Grazie alle sue crescenti affiliazioni con l'Europa continentale, il Nord Italia era, ancora una volta, più Gallia che Italia[50].

Al contrario, l'Italia centromeridionale veniva marginalizzata. Il nucleo centrale dell'antica Repubblica romana e del primo impero ora era in misura considerevole più autenticamente provincia che centro. Quando Sidonio, poi vescovo di Clermont, venne a Roma nel 467, sembra si sia trattenuto nelle città dell'Italia del Nord. Arrivato al Rubicone, però, sapeva che stava lasciando la «Gallia», la Gallia Cisalpina, ed entrando nella «vecchia Italia». Nel dirigersi a sud, non c'era altro da vedere: «Appena entravo nelle altre cittadine sulla via Flaminia, ripartivo». Certamente non si fermò a visitare alcun tempio imperiale a Hispellum. Il viaggio nella «vecchia Italia» tra Ravenna e Roma lasciò in Sidonio una sensazione di malessere[51].

Anche Roma doveva fare i conti con il suo calo di prestigio.

---

[50] Per la distinzione tra *Italia minor* e *Italia maior*, vedi Gregorio di Tours, *Historiae* 3.32, sulle campagne in Italia del generale franco Buccellino durante gli anni Cinquanta del VI secolo, con la discussione delle ambizioni franche in Pohl (2002) 138-139. Per l'espansione dei Carolingi, vedi McCormick (1995) 361: «Rimossero con la forza l'Italia settentrionale dalla sfera bizantina e a tal punto rafforzarono i suoi legami politici, culturali ed economici transalpini che essa arrivò ad apparire sostanzialmente come l'estensione più meridionale dell'Europa settentrionale».

[51] Viaggio di Sidonio: Sidonio, *Ep.* 1.5.7 vecchia Italia, 8 via Flaminia. Per la preminenza del Nord Italia durante il IV secolo, vedi Humphries (1999) 42: «Il Nord Italia... aveva superato di gran lunga Roma e l'Italia meridionale da ogni punto di vista». Si noti che quando Filastrio, vescovo di Brescia durante gli anni Ottanta e Novanta del IV secolo, citava una mitica visita di Ermete Trismegisto alla «provincia dei Celti», probabilmente si riferiva alla sua regione di origine del Nord Italia: vedi Filastrio, *Diversarum hereseon liber* 10.2. Per l'inclusione dell'Italia settentrionale nelle discussioni politiche moderne sulla «Europa celtica», vedi J.H. Williams (2001) 6-14.

Durante il IV secolo certamente non era più una residenza imperiale regolarmente utilizzata, e sembrava mantenere a fatica la sua posizione di capitale imperiale. Se nel 248 la città aveva celebrato il suo millennio con grandi giochi e spettacoli, il centenario successivo passò quasi sotto silenzio: «A tal punto l'interesse per la città di Roma è andato scemando giorno per giorno», sospirava uno storico. Nella tarda primavera del 348 l'imperatore Costante era in Nord Italia, ma a quanto sembra non visitò Roma per il centenario in aprile. Nell'estate del 352 Costanzo riprese il controllo dell'Italia togliendolo all'usurpatore Magnenzio. A Roma il prefetto della città presto fece erigere una statua equestre dell'imperatore nel foro antico, e nella dedica elogiò Costanzo come il «restauratore della città di Roma». Il prefetto non stava solo esprimendo la gratitudine della città: probabilmente comunicava anche la propria fedeltà all'imperatore nella previsione che Costanzo venisse in città per la fine del 353 a celebrare il trentesimo anniversario della sua ascesa al trono. Invece, l'imperatore festeggiò l'evento ad Arles, e poi passò gli inverni immediatamente successivi a Milano. A differenza del padre, i figli di Costantino non si concessero neppure una fase iniziale del loro regno durante la quale mostrare la loro devozione a Roma, prima di prendere residenza altrove. Dopo Costantino furono pochi gli imperatori che varcarono il Rubicone per marciare su Roma[52].

---

[52] Diminuzione dell'interesse: Aurelio Vittore, *De Caesaribus* 28,2; anche 4.14, 15.4, 28.1 per le celebrazioni di centenari precedenti. Costante in Italia: *CTh* 10.14.2, emesso da Milano il 17 giugno 348, con Kent (1981) 238, sui medaglioni di Costante: «Sorprendentemente, non presentano alcun commento specifico sull'undicesimo centenario di Roma».
Costante aveva scarsi o nulli contatti diretti con Roma. Anche se forse visitò la capitale nel 340 (vedi Cap. III), nel 342 celebrò in Gallia il decimo anniversario della sua ascesa al trono imperiale: vedi l'iscrizione in versi su un piatto trovato a Colonia Augusta Raurica (odierna Augst), pubblicata in Kaufmann-Heinimann (1999) 339 e ripubblicata in *L'année épigraphique 1999* (2002) 371, n. 1123, con la discussione della sua traduzione in Gordon (2003) 234. I postulanti dovettero trovarlo invece in città vicine alla frontiera. Nell'estate del 339 il vescovo Atanasio di Alessandria si esiliò a Roma; ma per visitare Costante all'inizio degli anni Quaranta, si recò a Milano, Aquileia e Treviri; vedi Atanasio, *Apologia ad Constantium* 4 e 15, per la presenza di Costante in una chiesa in Aquileia; con Barnes (1993) 47-70, 224-226. Proaeresio, un famoso sofista di Atene, visitò anch'egli Costante in Gallia; quindi l'imperatore lo mandò a Roma: vedi Eunapio, *Vitae sophistarum* 492.
Dedica a Costanzo da Nerazio Cereale: *ILS* 1:164, n. 731, «restitutori urbis Romae adque orb[is]», con Barnes (1993) 221-222 sulla ubicazione di Costanzo e Chioffi (1995) sulla statua. Alla metà del 354 Eusebia, moglie di Costanzo, visitò Roma, dove «il popolo e il

In effetti Costanzo era stato già una volta a Roma, quando era bambino. Più di trent'anni dopo, nel 375, vi era tornato. Inizialmente si era comportato quasi come un turista di un Paese straniero, e durante la processione ufficiale che celebrava il suo arrivo si era mostrato di una rigidità assoluta, «come era uso apparire nelle sue province». Poi la città lo aveva riscaldato e per un mese, sembra, si era goduto pienamente il suo ruolo di «imperatore dei romani» a Roma. Tenne un discorso in senato, presiedette ai giochi e scambiò battute con la folla. Fu rispettoso verso gli edifici sacri pagani, leggendo accuratamente i nomi incisi sulle facciate dei templi e informandosi sui costruttori. Rimase adeguatamente senza parole quando vide per la prima volta il foro antico, e ancora più impressionato fu dalla visita al vasto foro di Traiano. Come contributo alla decorazione del foro Traiano restaurò la statua di un eminente senatore. I senatori erano comprensibilmente euforici e più che disposti a fargli da guida nelle sue visite: «Seguì l'esultante senato per tutte le strade della Città eterna». Ma nonostante queste piacevoli esperienze, Costanzo rimaneva un estraneo, assolutamente stupefatto da una grandiosità monumentale di cui sembra neppure immaginasse l'esistenza nel suo impero. Un principe persiano che faceva parte del suo *entourage* mostrava di saperne più di lui su Roma e le sue tradizioni. Questa volta, quando il prefetto della città commemorò la visita di Costanzo, lodò l'imperatore non per il suo ruolo a Roma, ma come l'«incrementatore dell'impero romano». Costanzo era un autentico imperatore provinciale, sia perché discendente di una famiglia provinciale sia in quanto più a suo agio a regnare nelle province. Vedeva se stesso come il «signore dell'intero mondo» e non semplicemente come imperatore di Roma. Quando arrivò la notizia che la frontiera danubiana stava subendo degli attacchi, lasciò immediatamente la capitale[53].

senato l'accolsero con gioia». Venne da sola, però, mentre «l'imperatore era impegnato in una campagna militare e attraversava il Reno su ponti e barche»: vedi Giuliano, *Orat.* 3.129B-C, con Ammiano Marcellino, *Res gestae* 14.10.6, per la battaglia di Costanzo contro gli alemanni sull'alto Reno presso Augst.
[53] Visita di Costanzo e principe Ormisda: Ammiano Marcellino, *Res gestae* 16.10. Imperatore dei romani: Temistio, *Orat.* 3.43d; per il contesto di questa orazione a Roma durante la visita di Costanzo, vedi Heather e Moncur (2001) 114-125. Santuari pagani, senato esultante: Simmaco, *Relationes* 3.7. Restauro della statua di Flavio Eugenio: *ILS* 1:274, n. 1244 = Conti (2004) 137-138, n. 114. Dediche a Costanzo, «propagatori imperii l Roma-

Durante la sua visita nell'estate del 389 Teodosio presentò il giovane figlio Onorio al senato. Dopo la morte del padre nel 395, Onorio stabilì in permanenza la sua corte nell'Italia settentrionale. Da Roma i senatori erano in corrispondenza con funzionari di corte e si recarono spesso in visita al sovrano nonostante il rischio di incontrare briganti barbari nei Balcani. In un viaggio a Milano Simmaco fu costretto a una deviazione per evitare i banditi visigoti. Lui e altri senatori continuavano a sperare che l'imperatore tornasse in visita a Roma. Nel 397 un'ambasciata del senato invitò l'imperatore a festeggiare il suo imminente consolato a Roma: «È necessario chiedere nuovamente l'arrivo del nostro signore, l'imperatore». Invece, per l'intervento del prefetto dell'Italia, che risiedeva a corte, Onorio rimase a Milano. Simmaco fu alquanto seccato del fatto che senatori come lui venissero ignorati con tanta disinvoltura: «I desideri dei provinciali hanno la meglio sulle petizioni del senato». Nella visuale di un senatore di Roma l'Italia settentrionale era ancora una provincia[54].

In realtà però era Roma a essere vista sempre di più come una «metropoli provinciale». Secondo una battuta che circolava, Roma ora era così insignificante che poteva essere tranquillamente messa da parte come niente di più che un «vicolo». Onorio ritornò a Roma nell'autunno del 403 per celebrare un trionfo e poi assumere il consolato per l'anno seguente. Questa visita però non fu probabilmente rassicurante quanto intendeva mostrarsi. Secondo il panegirista Claudiano, al momento della sua ascesa al trono l'imperatore Onorio aveva scelto intenzionalmente di non regnare nelle province orientali per poter invece risiedere nella «mia Roma». Ma queste parole che Claudiano mette in bocca all'imperatore erano la crudele parodia di un complimento, giacché la «mia Roma» risultò non essere affatto Roma. Onorio in realtà trascorse gran parte del suo

---

ni», da parte di Memmio Vitrasio Orfito: *CIL* 6.1:240, nn. 1161, 1162, 6.4.2:3095, n. 31395, con Humphries (2003) 38-41. «Orbis totius dominus»: Ammiano Marcellino, *Res gestae* 15.1.3. Per un'esposizione delle visite di imperatori a Roma durante il IV secolo, vedi Barnes (1975a), con le modifiche in Barnes (1999), 168, che qui confuta l'ipotesi di una visita di Graziano nel 376.

[54] Simmaco, *Ep.* 6.52 arrivo, auspici, 7.13 deviazione nel 402, con Humphries (2003), sui tentativi dei senatori di Roma di mantenere il contatto con gli imperatori, e Salzman, (2004) 85-87, 92 sulla riluttanza di Simmaco a visitare capitali imperiali come Treviri e Milano.

regno prima a Milano e poi a Ravenna. Con la sua incessante necessità di rifornimenti di grano e altre merci, Roma era diventata un'onerosa passività per gli imperatori. Roma era una città vecchia, in declino, «sulla china della senilità». Gli imperatori potevano addirittura auspicare che le sue esigenze scomparissero[55].

Verso la fine del 408 re Alarico e i suoi visigoti invasero l'Italia. Durante i primi anni del suo regno Onorio era stato elogiato a Roma per i suoi interventi nel restauro di edifici e di un acquedotto e nella ricostruzione delle mura, delle porte e delle torri cittadine. Nel 405 il senato aveva persino celebrato una vittoria su un re goto nel Nord Italia erigendo un arco di trionfo decorato con immagini degli imperatori in carica. Poiché Onorio stava ancora cercando di partecipare alla difesa di Roma e dell'Italia centrale, in un momento precedente di quello stesso 408 era stato nella capitale durante un dibattito al senato sul pagamento di un pesante sussidio ad Alarico. Al tempo dell'invasione, però, era di nuovo a Ravenna, città circondata da terreni acquitrinosi. Non aveva più la capacità, o la volontà, di offrire alcun aiuto. In queste aspre circostanze la richiesta di celebrare il culto imperiale presso un nuovo tempio imperiale sarebbe stata vana, dal momento che l'imperatore certamente non sarebbe stato in grado di parteciparvi. Durante il loro spostamento verso sud, i visigoti molto probabilmente attraversarono l'Umbria. Narnia, una cittadina sulla via Flaminia a una cinquantina di chilometri a sud di Hispellum, provò a ricorrere a una diversa tattica difensiva. I suoi abitanti si affidarono alla «preghiera alle divinità e al culto secondo il costume ancestrale». Questo appello ai rituali pagani tradizionali si rivelò efficace, visto che

---

[55] Per Roma sotto Onorio come «Provinzmetropole» vedi Mayer (2002) 203-206. Battuta: «Oracle of Baalbak», ed. Alexander (1967) 15, γίνεται ʽΡώμη ῥύμη. Claudiano, *De sexto consulatu Honorii* 73-76 Teodosio e Onorio, 87 la mia Roma. Onorio risiedette a Roma dall'autunno del 403 almeno fino all'estate del 404. Poco dopo il suo arrivo rese omaggio alla tomba di san Pietro: vedi Agostino, *Serm. Mayence* 61 = *Serm. Dolbeau* 25.26, ed. Dolbeau (1996) 266, «Si tolse il diadema e si batté il petto [presso la tomba] dove è sepolto il corpo del pescatore», e *Serm. Mayence* 55 = *Serm. Dolbeau* 22.4, ed. Dolbeau (1996) 557, «per pregare per la salvezza quel pio e cristiano imperatore si recò non al grandioso tempio di un imperatore ma alla tomba del pescatore», con la discussione della datazione in Dolbeau (1996) 6, 626-627, 640. Senilità: Ammiano Marcellino, *Res gestae* 14.6.4, con Markus (1970) 26, sulla percezione dell'antichità di Roma già prima del sacco del 410: «In nessun momento gli uomini sembrano essere stati così portati a parlare... di Roma nella sua antica età, quanto negli ultimi decenni del IV secolo e nei primi anni del V».

tuoni e fulmini tennero alla larga i visigoti. A Roma profughi dalla Tuscia raccomandarono che anche il prefetto della città approvasse l'uso di rituali pagani ancestrali[56].

Invece i notabili della città negoziarono con i visigoti e continuarono a lanciare appelli a Onorio perché venisse a soccorrerli. Nell'anno seguente Alarico costrinse il senato ad accettare Prisco Attalo, il prefetto di Roma, come suo imperatore fantoccio. Attalo annunciò immediatamente il suo piano per restaurare la posizione di Roma facendo «l'Egitto e l'intero impero d'Oriente soggetto agli italici». La sua millanteria sembrava una sfida non solo alla posizione eminente di Costantinopoli e dell'impero orientale, ma anche alla corte di Onorio sotto pressione a Ravenna. Questo nuovo imperatore a Roma mostrava di illudersi che l'Italia, l'Italia centrale, potesse nuovamente conquistare e governare un impero mediterraneo[57].

Presto però Alarico depose Attalo, nel 410 marciò su Roma, e questa volta mise a sacco la città. Con le loro ripetute incursioni i visigoti avevano condotto le campagne militari caratteristiche del margine periferico fin nell'Italia centrale. Per qualche anno l'Italia centrale stessa divenne una zona di frontiera, simile alla Gallia del Nord o ai Balcani. Durante il secolo precedente tra i rivali di Roma comparivano capitali di frontiera come la «Roma belgica» a Treviri e la «mia Roma» a Serdica. Poi «Roma» era stata esportata sulle frontiere; ora la frontiera si era spostata nell'Italia centrale. All'inizio del V secolo Roma stessa sembrava diventata una capitale di frontiera, e ora poteva essere vista come una «Treviri italiana» sotto la costante minaccia dei barbari circostanti. In contrasto con la Nuova Roma a Costantinopoli, Roma era diventata la Vecchia Roma[58].

A Ravenna l'imperatore Onorio fu forse più sollevato che sgomento. Sulle prime si sentì affranto quando gli recarono la notizia che Roma era perita per fame: «Ma come, se ha appena finito di

---

[56] *ILS* 1:175-77, nn. 793, 795, 797 assistenza di Onorio a Roma, n. 798 l'arco. Zosimo, *Historia nova* 5.29.5-9 Onorio a Roma, 37.3-4 percorso dei visigoti, 41.1-3 rituali pagani.
[57] Discorso di Attalo: Sozomeno, *HE* 9.8.2; anche Zosimo, *Historia nova* 6.7.3.
[58] Per l'uso di ἡ πεσβυτέρα Ῥώμη, «la Roma più antica», vedi Sozomeno, *HE* 2.3.2, 34.2; anche Concilio di Calcedonia, *Actio* 17.8, ed Schwartz (1933-1935) 3:89, che pone esplicitamente in contrapposizione ἡ πεσβυτέρα Ῥώμη con ἡ νέα Ῥώμη.

mangiare dalla mia mano!». Poi si confortò quando gli fu chiarito l'equivoco: non era morto il gallo preferito del suo pollaio, di nome Roma, ma la città. In un momento di panico Onorio aveva rivelato le sue vere priorità. Se una Roma doveva andare perduta, meglio la vecchia capitale che il suo pollo prediletto[59].

---

[59] Onorio e Roma: Procopio, *Bella* 3.2.25-26; si noti che Innocenzo, vescovo di Roma, aveva cercato anch'egli rifugio a Ravenna: vedi Orosio, *Historiae adversum paganos* 7.39.2. Per essere fedele a Onorio, visitò nuovamente Roma, forse nel gennaio del 411 per celebrare il ventesimo anniversario del suo regno (Marcellino Conte, *Chronicon* s.a. 411), nella tarda estate del 414 (*CTh* 16.5.55), e nella primavera del 416 per celebrare un trionfo (Olimpiodoro, *Frag.* 26.2 = Filostorgio, *HE* 12.5). Alla sua morte, nel 423, fu sepolto in una rotonda adiacente all'estremità sud del transetto della chiesa di San Pietro: vedi Paolo Diacono, *Historia Romana* 13.7, «corpusque eius iuxta beati Petri apostoli martyrium in mausoleo sepultum est», con Koethe (1931), che discute della trasformazione medievale del mausoleo, e Alchermes (1995) 7-8, il quale ipotizza che Onorio stesse istituendo un mausoleo per imperatori d'Occidente come corrispettivo del mausoleo imperiale a Costantinopoli. Le mogli di Onorio, le sorelle Maria e Termanzia, furono anch'esse sepolte in questo mausoleo: vedi Krautheimer (1937-1980) 5:179. Per la ripresa di Roma come residenza imperiale dal 440 al 475, vedi Gillett (2001).

III

«SPERANZA NEL SUO NOME»
LA DINASTIA FLAVIA

Durante il III secolo e all'inizio del IV, se gli imperatori non risiedevano a lungo a Roma o vi si recavano frequentemente, neppure la trascuravano del tutto. La città e il suo impero erano visti come un tutt'uno fin dall'inizio, e nel tardo IV secolo uno storico accreditava Romolo, il mitico primo re, come fondatore tanto di Roma quanto dell'impero romano. In questa ottica l'impero era antico quanto la città, e governare il primo implicava accettare la responsabilità della seconda[1].

Nonostante le frequenti campagne militari sulle frontiere, durante la parte finale del III secolo molti imperatori riconoscevano ancora il prestigio di Roma e si facevano protettori dei suoi abitanti. Quando nei tardi anni Novanta del III secolo arrivò Massimiano, il «popolo romano» gli si affollò intorno quando ancora non era entrato nelle mura cittadine. Allorché Diocleziano venne in visita nel 303, portò con sé spoglie di guerra dall'Oriente, compresi tredici elefanti che con ogni probabilità erano stati presi ai persiani. Il culmine di questo rapporto di benevolenza fu l'annuncio del completamento delle grandiose terme di Diocleziano nella zona nord della città, che Diocleziano, Massimiano e i tetrarchi successori dedicarono ai «loro romani». Questi imperatori più recenti erano ora in competizione con ciò che i loro predecessori avevano realizzato a Roma: la sola città che avesse alle spalle una storia di munificenza aristocratica e patronato imperiale tanto lunga da potersi permettere una sorta di classifica. Secondo un'indagine retro-

---

[1] Romolo quale fondatore di impero e città: Eutropius, *Breviarium* 10.1-2, con l'eccellente discussione delle intenzioni di Eutropio in Lenski (2002) 185-96.

spettiva, «ciascun imperatore, passato e presente, voleva costruire qualcosa a Roma, e ciascuno di essi eresse un qualche monumento a proprio nome». A Roma era possibile misurare e confrontare con grande precisione la generosità dei vari imperatori. Le imponenti terme di Caracalla avevano posti a sedere per milleseicento persone; queste nuove terme di Diocleziano potevano ospitarne quasi il doppio. Anche mentre l'importanza della capitale scemava, gli imperatori della tetrarchia continuarono ad accrescerne le attrattive[2].

Questi doni e progetti edilizi mostravano di confermare la posizione privilegiata dei cittadini di Roma e miglioravano la qualità della loro vita quotidiana. Per molti imperatori, però, i benefici pubblici costituivano probabilmente un vantaggio supplementare, in quanto il loro interesse primario era sempre la promozione di se stessi e della propria famiglia. Da questo punto di vista tali edifici, indipendentemente dalla loro grandiosità o utilità, rappresentavano semplicemente delle elaborate vetrine, destinate a mettere in mostra lapidi e statue che ricordavano ai cittadini la generosità e l'autorità degli imperatori. Anche quando competevano con le memorie dei loro predecessori, gli imperatori guardavano avanti, verso l'istituzione di una dinastia familiare di successori.

Costantino seguì l'esempio dei tetrarchi propagandando se stesso a Roma e altrove in Italia. Ma ruppe con la pratica di quelli promuovendo anche una nuova dinastia flavia, quella dei suoi figli. Alla fine il nome dei Flavi divenne ben noto in tutto l'impero. Dopo aver esteso il proprio controllo sulle province orientali, Costantino fondò altresì una nuova capitale che divenne una rivale di Roma. Non solo la nuova capitale ma anche successivi imperatori presero il nome da Costantino. La Nuova Roma divenne Costantinopoli, e vari imperatori assunsero il nome di Flavio.

---

[2] Massimiano a Roma: *Panegyrici latini* 7(6).8.7; questa visita è data probabilmente nel 299 da Barnes (1982) 59. Elefanti: Cronografo del 354, *Chronica urbis Romae*, s.v. Diocleziano e Massimiano, ed. Mommsen (1892) 148. Dedica delle terme di Diocleziano: *ILS* 1:148, n. 646, «Romanis suis». Ciascun imperatore: *Expositio totius mundi et gentium* 55. Numero di posti: Olimpiodoro, *Frag.* 41, con Purcell (1999), sul crescente divario tra offerta e domanda a Roma, e Papi (2004) 53, su un aumento della popolazione a Roma all'inizio del IV secolo.

Massenzio e Roma

L'imperatore Massenzio in particolare aveva coltivato con Roma una relazione speciale. Nel 285 Diocleziano aveva nominato Massimiano suo coimperatore. Mentre Diocleziano si era identificato con l'autorità di Giove, il dio supremo, aggiungendo il titolo di Giovio al proprio nome ufficiale, Massimiano rivendicava il patrocinio speciale di Ercole adottando il titolo di Erculeo. Poiché nella mitologia romana Ercole era associato con la fondazione della città di Roma, il suo discendente spirituale – «Ercole venerato come imperatore» – ora poteva asserire anche una singolare connessione con la capitale. In un panegirico pronunciato il 21 aprile, giorno anniversario della fondazione di Roma, Massimiano Erculeo veniva elogiato per aver preservato la tradizione «della tua famiglia e del tuo nome». «Celebri la fondazione di quella città che tu stesso hai fondato». Presente alla recitazione di questo panegirico sembra fosse il figlio minore di Massimiano, Massenzio. Una volta divenuto imperatore, nel 306, questo «divino e immortale rampollo» proclamò anch'egli la sua appartenenza alla dinastia erculea del padre. Sulle monete coniate a Roma ora Massenzio poteva presentare se stesso, se non come nuovo fondatore, certamente come il «preservatore della sua città»[3].

Un segno di una nuova fondazione era una nuova costruzione. I progetti edilizi più estesi di Massenzio a Roma sorgevano subito al di là del limite orientale del foro antico, sul lato nord della via Sacra. Ricostruì completamente il tempio distrutto di Venere e Roma, il tempio più grande della città, che commemorava l'eternità di Roma e l'onorabilità del suo *status* nell'ordine divino. Accanto a questo tempio fece erigere una enorme basilica, la basilica Nova. A un angolo di essa volle una rotonda sulla via Sacra, che proba-

---

[3] *Panegyrici latini* 10(2).1.3-4 famiglia, fondazione, 14.1 rampollo, con Rees (2002) 39-50, su quest'uso da parte dell'oratore del mito di Ercole a Roma. «Imperator Hercules»: *Panegyrici latini* 11(3).10.5. I tempi e il significato dell'uso da parte di Massimiano del titolo di Erculeo sono, com'è prevedibile, molto contestati; per una rassegna, vedi Nixon e Rodgers (1994) 44-51, e il Cap. IX. Sulla relazione speciale tra Massimiano e l'Italia, si veda anche *Panegyrici latini* 7(6).10.3: quando nel 305 Massimiano si è ritirato, «l'intera Italia e Roma stessa... tremò e quasi cadde». Per Massenzio quale imperatore erculeo, vedi Barnes (1982) 24n.11. Per le monete con la legenda «conservator urbis suae», vedi Sutherland (1967) 338-347 e Cullhed (1994) 46-96.

bilmente era un tempio dedicato in parte a un culto in onore del suo giovane figlio Romolo. Inoltre, probabilmente, la colossale statua bronzea (originariamente di Nerone), che si trovava ancora accanto al Colosseo, la fece ridedicare a suo figlio. Un figlio con un nome che ricordava il fondatore originario di Roma era un'occasione troppo buona per lasciarsela sfuggire nella capitale, soprattutto quando quel figlio era anche nipote di Massimiano e Galerio e pronipote di Diocleziano. Questi progetti edilizi erano una cospicua proclamazione della statura di Massenzio a Roma. Come membro della dinastia imperiale erculea e come padre di Romolo, adesso era il custode della capitale, e di conseguenza dell'intero impero. Purtroppo suo figlio morì giovane. Pochi chilometri a sud di Roma, lungo la via Appia, Massenzio costruì una nuova villa suburbana che comprendeva una rotonda separata. Poiché una dedica sul sito commemorava Romolo divinizzato, molto probabilmente Massenzio intendeva far diventare questa rotonda il mausoleo della sua dinastia imperiale[4].

Massenzio aveva usurpato il titolo di imperatore, essendo stato proclamato tale dalle guardie pretorie contro la riorganizzata tetrarchia che aveva escluso questo figlio di un tetrarca originario. Nel cercare quindi legittimazione dagli altri imperatori, sembrò aver trovato in questo senso una potente garanzia nell'associazione tra sé e Roma. Era diventato l'imperatore residente nella capitale, dedito a preservarne privilegi e prestigio e intento a innalzare un lascito di monumenti che connetteva la sua autorità con la reputazione della città. Aveva anche fatto porre una lapide dedicatoria in onore di Romolo e Remo, «i fondatori della Città eterna», lapide

[4] Sugli edifici di Massenzio a Roma, vedi l'esauriente rassegna in Coarelli (1986), Cullhed (1994) 49-60, e l'eccellente conclusione in Curran (2000) 50-63. Per l'archeologia recente del tempio di Venere e Roma, vedi Monaco (2000); per le opinioni sulla rotonda della via Sacra, vedi Richardson (1992) 333-334. Ensoli (2000), nel suo suggestivo esame delle alterazioni apportate al monumento colossale, sottolinea il significato che la statua ridedicata aveva per Massenzio: «Il colosso diverrebbe il fulcro architettonico della nuova piazza massenziana» (p. 87); ma l'iscrizione con la nuova dedica non è stata ancora pubblicata: vedi Marlowe (2006) 228. Dedica a Romolo divinizzato: *ILS* 1:153, n. 673, con Pisani Sartorio (2000) che discute la combinazione massenziana di palazzo, mausoleo e circo; per la genealogia di Romolo, vedi Barnes (1982) 31, 38. Massenzio continuò a identificare la sua dinastia con i miti fondativi di Roma, tant'è vero che dopo il 308 la sua zecca nella capitale emise monete che raffiguravano la lupa e i gemelli: vedi Sutherland (1967) 344.

inaugurata esattamente il 21 aprile, anniversario della fondazione della città. La presenza di Massenzio a Roma sembrava inoltre conferirgli priorità sugli altri imperatori, ed egli stesso avrebbe affermato che gli altri imperatori «combattevano sulla frontiera battaglie a suo nome». Anche un oratore che celebrava la dipartita di Massenzio avrebbe riconosciuto il vantaggio che gli veniva dal risiedere a Roma. «Massenzio ha beneficiato della maestà di questa città». Da qui Massenzio promosse un'ideologia in cui lui e Roma erano inseparabili, ed entrambi erano preminenti. Monete battute a Roma lo raffiguravano nell'atto di ricevere il globo, simbolo del dominio universale, direttamente dalla dea Roma. Secondo la leggenda, su una moneta d'oro coniata a Roma era ora *Princeps imperii romani*, il sovrano massimo nell'impero romano. Massenzio regnava a Roma; e poiché Roma era ancora la capitale dell'impero, gli spettava essere riconosciuto come l'imperatore *senior*[5].

Costantino, intanto, era uno di quegli altri «imperatori sulle frontiere». Aveva allo stesso modo dedicato i primi anni del suo regno a cercare la legittimità, ma nelle remote province settentrionali di Britannia e sulla frontiera del Reno. Anche lui aveva iniziato da usurpatore, sostenuto dall'esercito del padre in Britannia ma non accreditato dagli altri imperatori che formavano la nuova tetrarchia. Per poter diventare qualcosa di più che un comandante militare ribelle con pretese imperiali, aveva bisogno del riconoscimento degli altri imperatori. Galerio di malavoglia lo riconobbe come imperatore junior con il titolo di cesare. In Italia Massenzio era stato raggiunto dal padre, Massimiano, che si era ritirato ma ora riprendeva il titolo di augusto. Anche loro avevano bisogno di alleati. Nella tetrarchia originaria Costanzo aveva sposato una figlia di Massimiano; nel 307 Costantino seguì le orme del padre e sposò Fausta, un'altra figlia di Massimiano. Questo matrimonio non solo lo legava a un suocero e a un genero che erano coimperatori,

---

[5] Lapide dedicatoria: *ILS* 2.2:XXIII, n. 8935, con Wrede (1981) 140-142, il quale suggerisce che l'enfasi posta da Massenzio su Marte e i suoi figli Romolo e Remo fosse una deliberata promozione dell'idea di successione familiare contro i criteri di successione adottati dalla tetrarchia. *Panegyrici latini* 12(9).3.7 maestà, 14.6 frontiere, con Cullhed (1994) 63-67 sull'atteggiamento di Massenzio verso Roma. Monete che raffigurano Roma: Sutherland (1967) 372-78, nn. 166, 173, 212. *Princeps*: Sutherland (1967) 373, n. 172, con p. 343, «Il primo uomo in tutti i territori che guardavano a Roma come loro centro naturale».

ma lo associava anche alla loro mitica dinastia con Ercole per capostipite. Dopo il matrimonio di Costantino un panegirista avrebbe celebrato la sua nuova appartenenza alla dinastia imperiale erculea: «Imperatori erculei per sempre!»[6]. Questa associazione con Massimiano e Massenzio per Costantino divenne presto un peso. Verso la fine del 308 una riunione tra gli augusti, con Galerio e Diocleziano, riconosceva nuovamente Costantino come cesare. Ma in quella stessa occasione non veniva riconosciuto Massenzio, benché regnasse come imperatore a Roma, cosa che indusse Massimiano ad abdicare di nuovo. Anche Costantino cominciò ben presto a tagliare i suoi legami con la dinastia erculea. Nel 310 eliminò il suocero dopo un fallito complotto, e la sua designazione come discendente di Massimiano fu letteralmente cancellata da una lapide. Poco dopo in Gallia un panegirista offriva giustificazioni alternative per il suo governo. Questo oratore ora sosteneva che Costantino era discendente dell'imperatore Claudio il Gotico, un «restauratore del genere umano» che in seguito era diventato «compagno degli dei». Benché Claudio il Gotico fosse stato in realtà un imperatore sostanzialmente insignificante in carica alla fine degli anni Sessanta del III secolo, questa sorprendente rivelazione forniva a Costantino una rivendicazione ereditaria al trono che era più antica della tetrarchia. L'oratore sottolineava inoltre ciò che aveva realizzato Costanzo, un altro dei tetrarchi originari. Durante il suo regno Costanzo era stato identificato con Ercole grazie alla sua associazione con Massimiano. Ma dopo la morte era diventato «un dio nel cielo» per invito dello stesso Giove, che aveva accolto l'ex imperatore presso di sé «tendendogli la destra». Costanzo poteva anche essere stato un imperatore erculeo in vita, ma dopo la sua apoteosi era diventato una divinità gioviana. Come discendente di Claudio il Gotico e come figlio del divinizzato Costanzo, Costantino disponeva dunque di un duplice titolo alla rivendicazione del trono imperiale: «Hai meritato l'impero per nascita». Costantino era già il terzo imperatore della sua famiglia, e non soltanto il secondo. L'oratore menzionava anche la recente visita di Costantino a un tempio di Apollo in Gal-

---

[6] Imperatori erculei: *Panegyrici latini* 7(6).2.5; anche *ILS* 1:154, n. 681, «Erculeo Cesare, sii vittorioso!».

lia. Durante questa visita l'imperatore si era sostanzialmente identificato con Apollo in una visione. Con questa epifania di Apollo, Costantino si affiliava con ancora un'altra divinità per liquidare la sua (e di suo padre) precedente associazione con Ercole. Nella sua veste di dio Sole, Apollo era ora «il compagno di Costantino»[7].

Nel 312 Costantino troncava un altro legame con la dinastia erculea sconfiggendo Massenzio, suo cognato, alle porte di Roma. Massenzio era diventato imperatore con l'appoggio delle guardie pretoriane, e in questa battaglia finale avevano fatto parte delle sue truppe anche gli *equites singulares*, un'unità d'*élite* di cavalleria. Presto Costantino eliminò definitivamente le guardie pretoriane e demolì la loro guarnigione a Roma. Quale patrono della cristianità iniziò in breve anche la costruzione di chiese e santuari. Uno dei primi edifici sacri ad essere eretto fu la chiesa di San Giovanni in Laterano, che sarebbe diventata la sede ufficiale del vescovo della città. La chiesa era immensa, grande quasi quanto l'enorme basilica Nova di Massenzio. Costantino usò evidentemente il sito della chiesa per mandare un messaggio sulla sconfitta totale di Massenzio e dei suoi sostenitori, perché le strutture portanti della caserma degli *equites singulares* ora divennero le fondamenta di questa nuova chiesa. Poiché inizialmente questa chiesa di San Giovanni in Laterano era nota con il nome di *basilica Constantiniana*, ora una «basilica costantiniana» emergeva dalle macerie di un campo dei sostenitori di Massenzio[8].

---

[7] Riunione a Carnunto: Lattanzio, *De mortibus persecutorum* 29.1-3. Cancellazione: *ILS* 2:154, n. 684. *Panegyrici latini* 6(7).2.2 Claudio, 2.4 terzo imperatore, 3.1 per nascita, 4.2 dio nel cielo, 7.3 mano di Giove, 21.4-5 visione di Apollo, con Nixon e Rodgers (1994) 219-221, 248-251, che passano in rassegna le interpretazioni moderne, e Kolb (2001) 64, «die Inkarnation Apollons». Per una moneta d'oro battuta a Ticinum nel 316 con la legenda «Soli comiti Constantini Aug», vedi Bruun (1966) 368, n. 56; anche n. 53 per una moneta d'oro raffigurante il Sole e Costantino, discussa in Kolb (2001) 196-200. Sulla ricerca di legittimazione da parte di Costantino, vedi Leadbetter (1998).

[8] Scioglimento delle guardie pretoriane: Aurelio Vittore, *De Caesaribus* 40.25; guarnigioni: Zosimo, *Historia nova* 2.17.2. Per la partecipazione e la punizione degli *equites singulares*, vedi Speidel (2986). Basilica Costantiniana: *Liber pontificalis* 34.9, con Krautenheimer (1983) 12-15, il quale ipotizza che la chiesa di San Giovanni in Laterano fosse stata fondata già due settimane dopo la vittoria di Costantino; Curran (2000) 93-96 per i significati attribuiti alla chiesa; Liverani (2004) per una rassegna archeologica dei siti nelle vicinanze. La famiglia di Massenzio avrebbe avuto proprietà nei paraggi di queste caserme, dal momento che Fausta, sua sorella e moglie di Costantino, possedeva «una casa sul colle Laterano» dove un concilio di vescovi si riunì nell'autunno del 313: vedi Optato, *Contra*

La chiesa sorgeva sul limite sudorientale di Roma, appena all'interno delle mura cittadine. Molti dei progetti edilizi di Massenzio erano stati realizzati nel cuore della città, presso il foro antico. Ora Costantino allo stesso modo imprimeva il suo patronato e la sua reputazione sul centro simbolico della città. Rinnovò il Circo Massimo, completò ancora un altro nuovo complesso di terme a nord dei fori imperiali, ed eresse statue in oro e argento di se stesso. Inoltre, si appropriò del merito di progetti di costruzione del suo rivale. Un esempio è quello di un probabile cambio di dedica del tempio che Massenzio aveva fatto costruire in onore di suo figlio. L'esempio più lampante di questa confisca di credito fu la grande basilica Nova sul limite del foro. Costantino rimodellò l'edificio e nell'abside all'estremità della basilica eresse una statua colossale di se stesso che molto probabilmente andava a prendere il posto di una grande statua di Massenzio. «La vittoria militare di Costantino costò a Massenzio la sua eredità monumentale oltre che la vita». Per conseguenza, i cataloghi regionali di Roma si riferivano anche a questo edificio come a una *basilica Constantiniana*, un'altra «basilica costantiniana»[9].

Stabilitosi a Roma, Costantino ben presto si dedicò a pubblicizzare il proprio dominio riscrivendo la memoria del suo avversario. Contrariamente alla propaganda di Massenzio, questa interpretazione riveduta sosteneva che da sempre l'imperatore sconfitto era stato «l'assassino della città». Le immagini e le diciture sulle monete erano un'importante forma di autopromozione, e alcune monete di Costantino sembravano impegnarsi in un dialogo diretto

---

Donatistas 1.23.2, «in domum Faustae in Laterano». Barceló (1992) suggerisce che alcuni dei rilievi usati sull'arco di Costantino fossero stati presi da queste precedenti caserme degli *equites singulares*. Costantino eliminò anche un cimitero di *equites singulares* situato a est della città, sulla via Labicana, costruendo una nuova chiesa dedicata ai santi Marcellino e Pietro; vedi Deichmann e Tschira (1957) 68-70, Guyon (1987) 30-33, 230-239, Curran (2000) 99-102, e il Cap. II per la sepoltura di sua madre, Elena, in questa chiesa.

[9] Circo, terme, statue: *Panegyrici latini* 4(110).35.5, Aurelio Vittore, *De Caesaribus* 40.27-28. Citazione da Curran (2000) 90, che inoltre, pp. 76-90, fornisce un'eccellente rassegna degli edifici di Costantino a Roma; Curran accoglie l'identificazione della statua marmorea colossale nella basilica con la statua descritta da Eusebio, *HE* 9.9.10-11, *Vita Constantini* 1.40. Per una ricostruzione delle modifiche apportate da Costantino alla basilica, vedi Minoprio (1932); anche Kähler (1952), che discute la relazione tra la basilica e la statua di Costantino. La basilica Nova come basilica Costantiniana: *Curiosum* e *Notitia*, ed. Nordh (1949) 78,100, con la rassegna di Coarelli (1993) 170-173.

con gli *slogan* di Massenzio. Questi si era associato alla memoria di Romolo, fondatore di Roma e suo primo re, e le legende sulle monete lo avevano elogiato come il custode della città. La sua propaganda richiamava ricordi della monarchia originaria a Roma e lo presentava come un successore dei re originari. Viceversa, Costantino sembrava volersi collocare nel contesto della repubblica che era succeduta alla mitica monarchia. Le diciture sulle sue monete ora onoravano il nuovo sovrano a Roma non solo come «liberatore» della città, ma anche come suo «restauratore». Con questi *slogan* Costantino sembrava accennare alla propria volontà di promuovere un nuovo futuro per la capitale, più che limitarsi a difenderne la reputazione passata[10].

Un'altra tattica, ancora più scoperta, per eclissare la fama di Massenzio a Roma fu quella messa in atto mediante l'architettura. Sponsorizzando nuove costruzioni e sostituendo le dediche, Costantino metteva in chiaro che ora le preferenze dominanti erano le sue. Una delle basiliche costantiniane, la chiesa di San Giovanni in Laterano, rappresentava una cospicua segnalazione del suo patronato per il cristianesimo e del suo annientamento del sostegno militare di Massenzio. L'altra basilica costantiniana, la basilica Nova, segnalava l'altrettanto cospicuo furto della reputazione di Massenzio dal cuore simbolico della città.

Imperatori flavi

Massenzio era stato un discendente diretto della dinastia imperiale erculea, e cancellando la sua presenza in Roma Costantino stava sradicando anche ogni ricordo della sua famiglia. Uno storico notò che Costantino tendeva a sminuire le realizzazioni dei suoi

---

[10] Assassino: *Panegyrici latini* 12.(9).18.1, che menziona anche la morte di un «falso Romolo», riferendosi a Massenzio o a suo figlio. Monete di Costantino: Sutherland (1967) 387 nn. 303-304 «liberatori urbis suae», 388 n. 312 «restitutor urbis suae». Si noti che una fonte ostile avrebbe paragonato Massimiano, padre di Massenzio, a Tarquinio il Superbo, l'ultimo re di Roma il cui rovesciamento segnò l'istituzione della Repubblica: vedi Lattanzio, *De mortibus persecutorum* 28.4. De Decker (1968) sostiene che Costantino si sarebbe anche appropriato della politica religiosa di Massenzio, di tolleranza e pluralismo a Roma.

predecessori imperiali, per esempio chiamando Augusto un «balocco in mano alla fortuna», Adriano un semplice «pennello» e Marco Aurelio un «buffone». Costantino sprezzava anche Traiano come «edera rampicante» per essersi attribuito il merito di così tanti edifici apponendo dappertutto il proprio nome[11].

Questa schietta valutazione di Traiano apre un involontario spiraglio sulla sconfinata capacità di Costantino di appropriarsi dei monumenti dei suoi predecessori. L'arco trionfale destinato a celebrare la sua vittoria su Massenzio saccheggiava sculture e pannelli in rilievo da precedenti monumenti di Traiano, di Adriano e di Marco Aurelio, in parte per esibire un gradevole *pastiche* di stili e in parte per assicurarne la rapida costruzione. Cosa più importante, questa confisca di sculture precedenti mirava a identificare Costantino con le antiche tradizioni imperiali sovrapponendo le sue fattezze ai volti rielaborati dei suoi predecessori. In questo modo la statua colossale di marmo che lo raffigurava nella basilica Nova probabilmente era, all'origine, una statua di Traiano, spostata dal foro Traiano, o di Adriano, spostata dal tempio di Venere e Roma, o anche di Massenzio stesso, già nella basilica e ora abilmente rimodellata. Forse solo la testa originariamente era stata una testa di Adriano, con la barba accuratamente rasata e i capelli ordinatamente riacconciati. La mano destra originale della statua riciclata fu, con ogni evidenza, eliminata a favore di una nuova mano in grado di stringere l'asta di una croce. L'appropriazione da parte di Costantino di monumenti di Massenzio era dunque un altro esempio lampante del ladrocinio iconografico che egli mise in atto per tutta la vita. Nel caso della basilica Nova di Massenzio fu inoltre in grado di garantirsi il sostegno del senato che sanzionò questo trasferimento di meriti. «I padri [senatori] attribuirono tutti i monumenti che Massenzio aveva magnificamente eretto, [compreso] il santuario della città e la basilica, ai meriti di Flavio»[12].

---

[11] Valutazione degli imperatori: Anonymus post Dionem (= Dio Continuatus), *Frag.* 15.2, ed Müller (1851) 199; questo frammento termina prima di completare il giudizio di Costantino su Settimio Severo. Ammiano Marcellino, *Res gestae* 27.3.7, ripete la facezia su Traiano; un altro storico applica questa battuta su Traiano direttamente a Costantino come prova della sua vanità: vedi *Epitome de Caesaribus* 41.13.

[12] Per i rilievi e i pannelli riutilizzati nell'arco, vedi il Cap. II. Le discussioni interpretative sull'uso delle *spolia* nell'arco includono Brenk (1987) 103-107, Peirce (1989) 415:

Il nome imperiale ufficiale del padre di Costantino era Marco (o Gaio) Flavio Valerio Costanzo. Questo non era sicuramente il suo nome originale. Nel sistema tetrarchico gli imperatori cambiavano abitualmente il nome al momento dell'ascesa al trono, e il nome ufficiale completo di Costanzo apparve per la prima volta solo sulle lapidi dedicatorie dopo che fu promosso cesare, imperatore *junior*. Certamente aveva assunto il nome di Valerio dopo essere stato adottato nella tetrarchia originaria istituita da Diocleziano, il cui nome ufficiale era inizialmente Marco Aurelio Gaio Valerio Diocleziano, più tardi spesso Gaio Aurelio Valerio Diocleziano. Valerio funzionava a mo' di cognome della famiglia di Diocleziano

«Consapevolmente richiamando gli ideali del principato», Alchermes (1994), ed Elsner (2000a) 174: «L'atto dell'intervento sulla scultura... non rappresenta un rifiuto di questi precedenti imperatori... ma piuttosto un appoggio e un innalzamento di Costantino mettendolo letteralmente nei loro panni». Statua colossale di marmo: Stuart Jones (1926) 5-6 riesamina precedenti ipotesi secondo le quali la testa appartenesse in origine a una statua colossale di Apollo, Domiziano o Commodo; Harrison (1967) 94 suggerisce che Costantino si fosse appropriato inizialmente di una statua di Traiano o Adriano e successivamente vi avesse aggiunto una nuova testa e la mano destra, Fittschen e Zanker (1985) 149 che si trattasse della statua di un dio, Evers (1991) 794-799 che la sua testa fosse originariamente quella barbuta di Adriano, Coarelli (1993) 171-172 che fosse stata all'origine una statua di Adriano già ritoccata come Massenzio in guisa di Giove e poi come Costantino, Curran (2000) 82 che fosse un originale, e Kolb (2001) 208 che assomigliasse a una statua di Giove. Altra mano destra: Stuart Jones (1926) 12, n. 16, L'Orange (1984) 71-74, e Fittschen e Zanker (1985) 148; con il Cap. IV, per i moderni significati della testa e della mano. Meriti di Flavio: Aurelio Vittore, *De Caesaribus* 40.26; la basilica era la basilica Nova, e l'*Urbis Fanum* probabilmente il tempio di Venere e Roma che Massenzio aveva restaurato. Per la possibilità che Costantino si fosse appropriato anche della statua bronzea colossale adiacente al Colosseo, vedi Ensoli (2000) 86-90.

Gli studiosi continuano a dibattere se l'arco di Costantino fosse una nuova costruzione dell'inizio del IV secolo o (meno probabilmente) una versione rimodellata di un precedente arco flavio o adrianeo. La prossimità dell'arco ad altri progetti flavi potrebbe suggerire che fosse stato fatto erigere da un imperatore flavio come Domiziano, o a esso dedicato; il suo uso di rilievi traianei e di pannelli adrianei potrebbero far pensare a un'iniziativa di Adriano; e il suo sincretismo tipicamente tardoantico potrebbe suggerire persino una costruzione iniziale di Massenzio: vedi Melucco Vaccaro e Ferroni (1993-1994) che discutono di Domiziano e Adriano, Holloway (2004) 50-53 che si esprime a favore di Massenzio, e la riassegnazione della costruzione sotto Costantino da parte di Pensabene (1999) e Panella (1999), sintetizzata in Kleiner (2001). Wilson Jones (2000) sottolinea «l'eleganza delle proporzioni» dell'arco (p. 58); pertanto, «l'esistente configurazione viene spiegata più economicamente come un assemblaggio costantiniano» (p. 68). Marlowe (2006) fornisce un'eccellente analisi della relazione visiva e ideologica tra l'arco di Costantino e la statua colossale del dio Sole che gli sta dietro. Ma se la costruzione dell'arco fosse stata iniziata da Massenzio, molte delle osservazioni dell'autrice si applicherebbero ancor meglio alle sue pretese ideologiche, in quanto aveva ridedicato la statua colossale a suo figlio: vedi *supra*.

(il *nomen gentilicium*). Sembra anche che fosse diventato il più significativo dei suoi nomi, visto che nelle dediche il suo nome includeva sempre (o quasi) almeno Valerio Diocleziano, e lo storico Aurelio Vittore a volte si riferisce a lui semplicemente come Valerio. Diocleziano chiamò la sua unica figlia Valeria, e una delle nuove province risultanti dalla divisione della Pannonia Inferiore fu chiamata Valeria. Inoltre, come Costanzo, anche gli altri membri della tetrarchia originaria adottarono il nome di Valerio nella loro nomenclatura ufficiale: Massimiano come Marco Aurelio Valerio Massimiano, e Galerio come Gaio Galerio (Aurelio) Valerio Massimiano. Membri successivi della rinata tetrarchia – Severo, Massimino e Licinio – usarono anch'essi Valerio come parte dei loro nomi ufficiali; lo stesso fecero Massenzio e suo figlio Romolo. L'adozione del nome Valerio indicava la subordinazione a Diocleziano, oltre che l'appartenenza al collegio imperiale tetrarchico o quanto meno l'accettazione dei suoi ideali[13].

Ma l'origine del nome Flavio resta un mistero. Costanzo era nato non più tardi del 250 circa, e i primi passi della sua carriera erano stati fatti nell'esercito. Semmai, ci si sarebbe aspettato che avesse incluso «Aurelio» o «Marco Aurelio» nel suo nome come indicazione della cittadinanza romana che tutti i provinciali avevano ricevuto grazie all'editto emesso all'inizio del III secolo dall'imperatore Caracalla, ufficialmente noto come Marco Aurelio Antonino. In tal caso Costanzo sarebbe stato un discendente di uno di quei

---

[13] Per il nome completo di Costanzo, vedi i riferimenti in *PLRE* 1:227-228, «Constantius 12». Una lapide dedicatoria aggiungeva il prenome Marco, un'altra il prenome Gaio: vedi *ILS* 1:143, 148, nn. 637, 649. Una lapide che menzionava Costanzo durante il suo governatorato in Dalmazia ma includeva già il suo nome imperiale completo è un falso: vedi *CIL* 3, Supplementum 1:1623, n. 9860, con Barnes (1982) 36n.35. Per l'uso comune dei cambiamenti di nome, si veda il resoconto in Lattanzio, *De mortibus persecutorum* 19.4. Nel 305 Diocleziano annunciava Severo e Massimino come nuovi cesari. Poiché tutti si aspettavano che fosse scelto Costantino, «la gente si chiedeva se il nome di Costantino fosse stato cambiato». Diocleziano come semplicemente Valerio: Aurelio Vittore, *De Caesaribus* 39.1, 8, 13, 18, 29, 30, 36, 46, con Kolb (1987) 16-17 per l'uso di Diocleziano del nome Aurelio per associarsi agli imperatori antonini del II secolo, e Cambi (2004) 38: «Il significato politico per i loro nomi era volutamente presente». Provincia di Valeria: Aurelio Vittore, *De Caesaribus* 40.10, Ammiano Marcellino, *Res gestae* 19.11.4, con Barnes (1982) 223. Si veda anche Coarelli (1993) 171 per l'interessante ipotesi che la costruzione della basilica Nova sulla Velia esprimesse la volontà di Massenzio di richiamare la tomba ancestrale della famiglia di P. Valerio Publicola, uno dei leggendari padri fondatori della Repubblica.

«nuovi romani» di recente affrancati, il cui nome commemorava il loro benefattore imperiale. Invece, il nome di Costanzo prima della sua nomina a cesare potrebbe essere stato Giulio Costanzo. Quindi divenne Flavio Valerio Costanzo. Alla sua promozione all'interno della tetrarchia adottò il proprio nome, Valerio, che rappresentava la sua fedeltà al collegio degli imperatori. Ma adottò anche un altro nuovo nome, Flavio, che sembra rappresentasse le sue ambizioni, per sé e la sua famiglia. Benché nei loro ritratti di gruppo i tetrarchi tendessero ad assomigliarsi tutti, le immagini di Costanzo sottolineavano immancabilmente il lungo naso ricurvo come un suo caratteristico tratto identificativo. Il nome di Flavio era l'equivalente dinastico di questo peculiare carattere fisiognomico. Di conseguenza, mentre la posizione di Costanzo come Valerio indicava la sua solidarietà nella tetrarchia dioclezianea, la sua posizione come Flavio sembra rappresentasse le sue nuove pretese dinastiche[14].

Il nome ufficiale di suo figlio Costantino era Flavio Valerio Costantino. Dal momento che Costantino era nato circa quindici o vent'anni prima che suo padre diventasse cesare e cambiasse il nome, questo nome ufficiale molto probabilmente non era il suo nome originario. Gli altri tre figli di Costanzo, i fratellastri minori di Costantino, avevano nomi alquanto blandi, a quanto se ne sa:

[14] Data di nascita di Costanzo: Barnes (1982) 35. Per la diffusa adozione del nome Aurelio dopo la pubblicazione della *Constitutio Antoniniana*, vedi Salway (1994) 133-136. Giulio Costanzo: Aurelio Vittore, *De Caesaribus* 39.24. Si veda la risoluzione fin troppo netta di Piganiol (1932) 32, il quale ipotizza che il nome originale di Costanzo fosse stato Flavio Giulio Costanzo e che arriva a inventarsi i nomi dei suoi genitori anonimi, Flavius Delmatius [sic] e Julia Constantia. Il naso di Costanzo: Smith (1997) 180-1, 184-185, «un contrassegno dinastico costantiniano», e L'Orange (1984) 29-31, che sottolinea le differenze tra le immagini di Costanzo e quelle di altri tetrarchi. Per una discussione su come gli imperatori scegliessero le proprie immagini, vedi Price (1984) 174.
L'origine del nome Flavio di Costanzo è aperta alla speculazione. Una possibilità è che un antenato avesse cambiato il nome entrando nell'esercito romano. Nel primo impeto il fratello di un re germano adottò il nome di *Flavus*, «Biondo», quando servì nell'esercito romano: vedi Tacito, *Annales* 2.9. Tale soprannome, che riflettava l'aspetto di una recluta, potrebbe essere stato cambiato in seguito nel più distinto nome di *Flavius*, Flavio, con l'adozione della nomenclatura romana. Un'altra possibilità è che molto tempo prima un antenato avesse ricevuto la cittadinanza romana dopo il servizio militare sotto gli imperatori flavi e avesse per questo adottato il nome di Flavio. Un'altra possibilità ancora è quella che evidenzia una conseguenza della *Constitutio Antoniniana*. Salway (1994) 134 rileva che i pretoriani reclutati nelle province danubiane che usavano il nome di Marco Aurelio erano talvolta arruolati nella tribù elettrice Flavia. Flavia era una tribù elettrice fittizia; ma forse l'appartenenza ad essa aveva in qualche modo influenzato il nome di Costanzo.

uno era Dalmazio, presumibilmente dalla denominazione della provincia di Dalmazia che un tempo Costanzo aveva governato; un altro era Giulio Costanzo, forse a ricordo del nome originario di Costanzo prima che diventasse imperatore; un altro era Annibaliano. Il nome ufficiale di Costantino ovviamente non appare sulle lapidi dedicatorie finché non divenne imperatore. Ma forse questo nome, che assomigliava a un nome imperiale ufficiale, lo aveva già acquisito qualche anno prima, dopo che il padre era diventato imperatore. Se è così, era un nome che già recava una duplice valenza, come potenziale membro valeriano della tetrarchia e come possibile successore flavio a suo padre[15].

Ma quando nel 305 Costantino fu scavalcato nel riallineamento della tetrarchia, il suo nome lo rese un rivale anziché un successore. Costanzo divenne un imperatore *senior* con il titolo di augusto, mentre il nuovo cesare suo subordinato fu Severo. Come un'indicazione dell'autorità di Costanzo, Severo divenne sia un flaviano sia un valeriano adottando il nome ufficiale di Flavio Valerio Severo. Ma Costanzo forse aveva avuto qualche motivo per dubitare della lealtà di Severo, che era stato eletto come cesare perché era amico di Galerio, l'altro imperatore *senior* nella tetrarchia ricostituita. Severo forse non era la scelta che Costanzo avrebbe appoggiato. La sua preferenza molto probabilmente andava a suo figlio, che forse ormai aveva già assunto il nome appropriato per essere lui stesso imperatore. Il figlio, Flavio Valerio Costantino, era sostanzialmente un clone di suo padre, Flavio Valerio Costanzo. Costantino sarebbe stato un nuovo Costanzo, «quasi riportato in vita». I panegiristi espressero ripetutamente i loro commenti sulla somiglianza tra i due: «La natura ha impresso i caratteri celesti di Costanzo sul volto di Costantino». Aveva persino il naso a becco del padre! Con il suo naso caratteristico e il suo nome dal suono imperiale, Flavio Valerio Costantino sarebbe stato un naturale successore di suo padre[16].

---

[15] Alcune dediche a Costantino aggiungevano vari prenomi, Lucio, Marco o Gaio: vedi *ILS* 1:155, n. 690. Per il governatorato di Costantino della Dalmazia, vedi *Origo Constantini imperatoris* 1.2. Il nome di Annibaliano potrebbe essere un ricordo del nonno materno: vedi *PLRE* 1:407-408, «Afranius Hannibalianus 3», e Barnes (1982) 33-34.

[16] Per Severo quale amico di Galerio, vedi Lattanzio, *De mortibus persecutorum* 18.12, e *Origo Constantini imperatoris* 4.9. Riportato in vita: Eusebio, *Vita Constantini* 1.22.1. Somiglianza: *Panegyrici latini* 7(6).3.3 caratteri celesti, 14.5 indirizzato a Costanzo: «Que-

Dopo la vittoria su Massenzio nel 312, Costantino sembra aver colto i vantaggi di presentarsi apertamente, e sempre più esclusivamente, come un flaviano. Uno di tali vantaggi era il miglioramento nella sua posizione a Roma. Certamente non aveva incentivi per identificarsi a Roma con la dinastia valeriana dei tetrarchi di Diocleziano. In effetti, quasi un decennio prima lo stesso Diocleziano aveva lasciato la capitale disgustato. Benché fosse arrivato per celebrare il ventesimo anniversario della sua ascesa al trono imperiale e per assumere un consolato, il popolo di Roma lo aveva mandato via con i suoi espliciti insulti. Allora aveva invece assunto il suo consolato a Ravenna. Costantino inoltre intendeva distinguersi dalla dinastia erculea di Massimiano e Massenzio. E così si presentava come un flaviano. Questa identificazione inoltre gli offriva un legame simbolico con la precedente dinastia imperiale dei primi imperatori flavi: Vespasiano (ufficialmente noto come Tito Flavio Vespasiano) e i suoi due figli Tito e Domiziano[17].

La prima dinastia flavia era durata appena due generazioni, dall'acclamazione di Vespasiano nel 69 all'assassinio di Domiziano nel 96. Nella storiografia romana aveva avuto un buon inizio, considerando che alla «famiglia flavia» era attribuita la salvezza dell'impero dopo un periodo di guerre civili e di instabilità del trono imperiale. Alla fine, però, la sua reputazione s'era considerevolmente offuscata, in gran parte a causa delle politiche feroci e del comportamento scandaloso di Domiziano. I contemporanei lo attaccavano per aver terrorizzato l'*élite* senatoriale. Gli storici cristiani lo denunciavano come uno dei primi imperatori che avessero perseguitato i cristiani. Durante il regno di Costantino sia Eusebio sia Lattanzio denigrarono Domiziano come un imperatore persecutore, un autentico successore del malfamato Nerone. Inoltre, più tardi nel IV secolo il suo comportamento personale era ancora ricordato come talmente dissoluto che persino Giuliano, un altro oppositore a suo modo del cristianesimo, pensava comunque che

---

sta è la tua propria immortalità, un figlio simile nell'aspetto»; anche *Panegyrici latini* 6(7).4.3 «formae similitudo»; con Wright (1987), che discute i cambiamenti nell'aspetto di Costantino. Naso di Costantino: *Vita Constantini*, ed. Guidi (1907) 319, τήν ῥῖνα ἐπίλρυπον. Un panegirista affermò che appena Costantino tornò dal padre, fu visto «non come un candidato al governo imperiale ma come il successore designato»: vedi *Panegyrici latini* 6(7).4.2.

[17] Insulti a Diocleziano: Lattanzio, *De mortibus persecutorum* 17.1-3.

sarebbe stato il caso di rinchiuderlo. È possibile che Costantino apprezzasse la tradizione che elogiava la prima dinastia flavia per aver stabilizzato l'impero dopo le guerre civili, ma certamente non intendeva rinfocolare quegli altri ricordi sull'antagonismo verso i senatori (soprattutto a Roma), sull'ostilità al cristianesimo e sul riprovevole comportamento[18].

Preferì invece associarsi alla reputazione che questa omonima dinastia si era guadagnata con le costruzioni nella capitale. Poco dopo il suo arrivo a Roma Vespasiano aveva personalmente contribuito a sgomberare le macerie del tempio di Giove Ottimo Massimo sul Campidoglio, che era stato dato alle fiamme negli scontri di piazza durante le guerre civili, e aveva sollecitato la pronta ricostruzione del tempio. I due figli avevano seguito entrambi il suo esempio con un'intensa attività edilizia a Roma e in tutta Italia. In particolare, Domiziano aveva una tale ossessione per le costruzioni che si diceva che con il suo «tocco di Mida» trasformava in pietra tutto ciò che toccava. A Roma anche lui diede l'avvio a un vasto programma edilizio. Restaurò alcuni edifici, e nel farlo fissò un esempio per Costantino sostituendo i nomi dei costruttori originari con il suo. Tra i suoi restauri si segnala il tempio di Giove Ottimo Massimo, che era andato nuovamente distrutto poco dopo la recente ricostruzione di Vespasiano. Ora Domiziano ricostruì questo tempio secondo uno stile sontuoso, con colonne importate da Atene e dispendiose dorature sul tetto. I suoi nuovi progetti comprendevano un tempio in onore della sua famiglia, da lui fatto erigere sul sito della casa in cui era nato. I poeti contemporanei rimasero debitamente colpiti da questo tempio in onore della sua dinastia. Stazio si complimentò con Domiziano per aver onorato la sua «eterna famiglia» con un «cielo flavio». Marziale elogiò il tempio come «l'elevato splendore della famiglia flavia». Nonostante il recente restauro del suo imponente tempio sul Campidoglio, persino Giove aveva provato invidia[19].

---

[18] *Gens Flavia* come salvatrice: Svetonio, *Vespasianus* 1.1. Domiziano persecutore: Eusebio, *HE* 3.17-20, Lattanzio, *De mortibus persecutorum* 3. Rinchiuso: Giuliano, *Caesares* 311A.

[19] Tempio di Vespasiano a Giove Ottimo Massimo: Tacito, *Historiae* 3.72 incendio, 4.53 ricostruzione per mano di Vespasiano; Svetonio, *Vespasianus* 8.5 partecipazione di Vespasiano. Tempio di Domiziano a Giove: Plutarco, *Publicola* 15.3-4 dorature e colonne, 5

Nella Roma del IV secolo questo tempio della dinastia Flavia era ancora in grande evidenza, e Domiziano conservò la fama di uno dei grandi costruttori nella storia della città. Al punto che, alla metà del secolo, uno dei cronografi elencava più edifici per Domiziano che per qualsiasi altro imperatore, più ancora che per altri eminenti costruttori quali Augusto, Nerone, Traiano e Adriano. Alcuni dei più notevoli tra i monumenti eretti dalla prima dinastia flavia nei pressi del centro simbolico della città furono: il *forum Transitorium*, collocato a est degli altri fori imperiali; il tempio della Pace e la sua vasta corte colonnata adiacente al *forum Transitorium*; l'arco di Tito, all'estremità orientale del vecchio foro ai piedi del Palatino; le terme di Tito, sul fianco sud dell'Esquilino; e, ovviamente, il grande anfiteatro Flavio, il Colosseo, nella valle sotto l'Esquilino. Molti dei progetti di costruzione o di rinnovamento di Massenzio erano situati presso questi monumenti, tra cui la statua colossale probabilmente ridedicata in onore di suo figlio Romolo, il tempio di Venere e Roma, il tempio in onore di Romolo e la basilica Nova. Estendendosi su una linea in direzione nord-ovest dal Colosseo verso il tempio della Pace e appena a nord dell'arco di Tito, gli edifici e i monumenti di Massenzio avevano invaso questo settore di pertinenza flavia. Quale più clamorosa manifestazione di questa intrusione, la basilica Nova era costruita su un sito che in precedenza era occupato dagli *horrea piperataria* di Domiziano, i «magazzini delle spezie»[20].

Con ogni probabilità non era affatto una coincidenza che l'arco di Costantino venisse a suo tempo collocato nella stessa area, a ovest del Colosseo e quasi in linea con l'arco di Tito. L'iscrizione dedicatoria sull'arco costantiniano, accuratamente incisa sia sul fronte sia sul retro, lo chiamava Flavius Constantinus. La presenza

---

tocco di Mida. Sostituzione dei nomi: Svetonio, *Domitianus* 5. Tempio della dinastia flavia: Stazio, *Silvae* 4.3.19 «Flaviumque caelum», 5.1.240 «aeternae... genti»; Marziale, *Epigrammata* 9.1.8 «manebit altum Flaviae decus gentis», 9.34 invidia di Giove; anche 9.3.12, 20.1-6. Richardson (1992) 181 e Davies (2000a) 24-27, 79, (2000b) 32-33 suggeriscono che questo tempio fosse collocato probabilmente lungo l'Alta Semita. Darwell-Smith (1996) fornisce un'eccellente ed esauriente rassegna dell'attività edilizia flavia a Roma; tra le altre rassegne, Scheithauer (2000) 127-153 e Packer (2003).

[20] Reputazione di Domiziano nel IV secolo: Cronografo del 354, *Chronica urbis Romae*, s.v. Domitianus, ed. Mommsen (1982) 146; Anderson (1983) conclude che questa lista di edifici domizianei è per lo più affidabile.

di quest'arco sottolineava efficacemente il fatto che quest'intera area commemorava nuovamente i flavi, tanto della prima quanto della seconda dinastia. Per la loro prossimità, anche i progetti di Massenzio venivano «flavizzati», ora assegnati a Costantino e alla sua dinastia. Costantino era il liberatore vittorioso, Massenzio il tiranno deposto, e Roma tornava a essere una capitale flavia[21].

Una dinastia divina

Nel 305 Costantino era stato messo letteralmente in disparte quando erano stati introdotti nuovi imperatori per rimpiazzare Diocleziano e Massimiano in una tetrarchia riconfigurata; nel 315 la dedica di un arco trionfale celebrava il suo successo a Roma. Durante il decennio intercorso Costantino si era trasformato da erede presunto e rifiutato del potere imperiale in sovrano di gran parte dell'impero occidentale. In questo processo aveva ripetutamente reinventato la sua immagine di imperatore. In particolare, ogni vittoria su un rivale gli aveva permesso di eliminare sempre nuove parti dell'eredità ideologica della tetrarchia. Dopo il tradimento e la morte di Massimiano, Costantino aveva ordinato la distruzione delle statue e delle immagini di suo suocero. Poiché Massimiano era stato spesso rappresentato congiuntamente al suo coimperatore Diocleziano, la rimozione dell'immagine dell'uno comportava la rimozione anche dell'altro. Il fallito complotto di Massimiano, quindi, lasciava a Costantino il modo di prendere le distanze dalle memorie di entrambi gli imperatori maggiori della tetrarchia originaria. Dopo la vittoria su Massenzio un fregio di pannelli in rilievo sull'arco di trionfo a Roma commemorava la sua campagna vittoriosa e il suo arrivo alla capitale. Uno dei pannelli raffigurava Costantino sui rostri del vecchio foro nell'atto di rivolgere un discorso a un gruppo di senatori e a un più ampio pubblico di cittadini. Sullo sfondo dei rostri le statue di Giove e gli spiriti guardiani di quattro imperatori tetrarchi, ognuno sulla cima di un'alta

---

[21] Per l'importanza dell'ubicazione dell'arco di Costantino, vedi Peirce (1989) 405: «Neutralizzare l'influenza di Massenzio»; e Wilson Jones (2000) 69: «Un monumentale spazio celebrativo che mirò a far suo».

colonna, erano visibili al di sopra delle teste dei senatori. Diocleziano e Massimiano avevano eretto questo monumento delle Cinque Colonne nel foro per commemorare sia gli ideali dell'impero tetrarchico sia la devozione dei tetrarchi a Giove; e in effetti nel 305 i nuovi tetrarchi erano stati annunciati alla presenza di una statua di Giove alle porte di Nicomedia. Ma così come veniva presentato su questo pannello sull'arco dedicato a Roma, Costantino era volto risolutamente in avanti. Omaggio al culto di Giove, fedeltà alla tetrarchia e ai suoi ideali: tutto ciò era ormai chiaramente alle sue spalle[22].

Costantino poté anche cominciare a formulare piani di successione indipendenti dalle idee tetrarchiche. Presentarsi come un flavio comportava un altro vantaggio: gli consentiva di promuovere una sua personale dinastia imperiale, distinta dalla dinastia valeriana di Diocleziano e dei suoi coimperatori, distinta dalla dinastia erculea di Massimiano e Massenzio, distinta anche dall'intera dinastia gioviana della tetrarchia e dei suoi successori. Per la seconda volta Giove, divinità patrona degli imperatori tetrarchi, sarebbe stato eclissato da un imperatore flavio.

Al momento in cui arrivò a Roma, Costantino aveva già iniziato a rivendicare la discendenza da Claudio il Gotico, imperatore dal 268 al 270. Il nome ufficiale completo di Claudio era Marco Aurelio Valerio Claudio. Se Costantino avesse voluto identificarsi con Diocleziano e i tetrarchi, avrebbe potuto presentare il suo «antenato» Claudio come un altro imperatore «valeriano» dell'Illirico, un imperatore tetrarchico prima che esistesse una tetrarchia. Ma alla fine altre leggende su Claudio presero il sopravvento. Benché raccolte infine nella *Storia augusta* verso la fine del IV secolo, queste leggende molto probabilmente erano in circolazione già da tempo.

[22] Lattanzio, *De mortibus persecutorum* 19.2 statua di Giove, 4 messo in disparte, 42.1 distruzione delle immagini. Discussione e fotografie del pannello: L'Orange e von Gerkan (1939) 80-89 + tavole 14-15, Giuliano (1955) tavola 40, e Kähler (1964) tavola 1; per il monumento delle Cinque Colonne, vedi anche Capp. II e IX. Questa raffigurazione del discorso di Costantino sui rostri non era quindi un'indicazione della sua fedeltà al sistema tetrarchico, come suggeriscono L'Orange e von Gerkan (1939) 89. Massenzio in precedenza aveva stretto un'alleanza con Massimino, e furono diffuse immagini dei due insieme; dopo la sua vittoria su Massenzio, Costantino probabilmente distrusse anche queste «statue e immagini» di Massimino a Roma: vedi Lattanzio, *De mortibus persecutorum* 43.3, 44.10.

Una sosteneva che Claudio discendeva da un re troiano, un'altra che Costanzo era suo nipote. I senatori avrebbero salutato l'elevazione di Claudio a imperatore con acclamazioni nel tempio di Apollo. Aveva annunciato le sue vittorie sui barbari in una lettera al senato. Aveva ricevuto oracoli che proclamavano i suoi discendenti regnanti per sempre. Dopo la sua morte il senato e il popolo di Roma avevano votato per collocare uno scudo d'oro in suo onore nella sede del senato, una statua d'oro davanti al tempio di Giove sul Campidoglio e una statua d'argento sui rostri. Queste leggende facevano di Claudio il modello ideale dell'antenato di Costantino, come associato degli dei, come generale vittorioso onorato dal senato e dal popolo di Roma con statue, e, fatto più significativo, progenitore di una «dinastia divina» più antica della tetrarchia. A coronare questa costruzione, Claudio era anche ritenuto colui che aveva ampliato il tempio della dinastia flavia «come promemoria per il futuro». Pur non avendone avuto il nome ufficiale, anche Claudio era stato un imperatore «flavio»[23].

L'importanza della presenza di Claudio in qualità di progenitore nel *pedigree* imperiale di Costantino presto divenne un elemento di dominio pubblico. In componimenti in versi composti poco prima o subito dopo la sconfitta di Licinio nel 324, Porfirio collegava nettamente tutte e quattro le generazioni della dinastia imperiale di Costantino, le passate e le future. Secondo una poesia, Claudio si era guadagnato il titolo di Gotico, «conquistatore dei goti», perché era rimasto imbattuto nelle sue campagne militari, mentre Costanzo era noto per il suo senso di pietà, pace e giustizia. Costantino a sua volta avrebbe sorpassato i suoi antenati con le sue

---

[23] SHA, *Claudius* 3.2-6 scudo, statue, tempio Flavio, 4.2-4 acclamazioni, 7.1-5 lettera, 10.1-5 oracoli, 10.7 «Constantium, divini generis virum», 11.9 re troiano, 13.2 zio di Costanzo, 18.3 salutato come Valerio; anche SHA, *Heliogabalus* 35.2 «auctor tui generis Claudius». SHA, *Claudius* 7.8, *Aurelianus* 17.2 includevano Flavio come parte del nome di Claudio. Lippold (1981) 357-369, (1992) afferma che queste leggende che presentavano Claudio come antenato erano in circolazione già durante il regno di Costanzo; Baldini (1992) discute le interpretazioni di Claudio da parte degli storici del IV secolo; meno probabile è l'ipotesi di Schlange-Schöningen (2004) 182 che Costantino desiderasse enfatizzare la sua legittimità di imperatore tetrarchico presentando Claudio «als Vorgänger Diokletians». Si noti che Licinio avrebbe cercato di soverchiare il *pedigree* di Costantino affermando una discendenza da Filippo l'Arabo, un imperatore ancora precedente della metà del III secolo; vedi SHA, *Gordiani tres* 34.5.

doti ancor più rimarchevoli, e si sarebbe guadagnato acclamazioni grazie alle campagne militari dei figli. Un'altra poesia affermava che Crispo, il figlio maggiore di Costantino, aveva ricevuto il suo mandato imperiale direttamente dall'«impavido Claudio». Con questo genere di continuità diretta attraverso varie generazioni, Porfirio poteva evidenziare la longevità della dinastia. «Costantino, grazie all'editto e ai comandi di un dio, l'era del tuo pio governo sarà eterna. Tu sei benedetto»[24].

In due lapidi dedicatorie in Italia, una delle quali a Roma, Costantino era presentato non solo come «figlio del divino Costanzo» ma anche come «discendente del divino Claudio». Significativamente, in queste dediche che citavano tanto suo padre quanto Claudio, Costantino era chiamato semplicemente Flavio Costantino. Claudio, Costanzo, e adesso Costantino definivano una nuova dinastia flavia, e il nome Flavio apparve ripetutamente come carattere specifico dei suoi membri. Il nome ufficiale di Crispo, figlio maggiore di Costantino, era Flavio Giulio Crispo, a volte Flavio Claudio Crispo o Flavio Valerio Crispo. Il secondogenito di Costantino, Costantino II, era Flavio Claudio Costantino, a volte Flavio Giulio Costantino. I successivi due figli avuti dalla moglie Fausta, Costanzo II e Costante, erano Flavio Giulio Costanzo, a volte Flavio Valerio Costanzo, e Flavio Giulio Costante, a volte Flavio Giunio Costante. Persino Fausta, che un tempo rappresentava un legame con la dinastia erculea di suo padre Massimiano, divenne Flavia Massima Fausta. Uno dei fratellastri di Costantino era Flavio Dalmazio; uno dei figli di questi fu a sua volta chiamato Flavio Giulio Dalmazio. I figli di Giulio Costanzo, un altro dei fratellastri di Costantino, erano i futuri imperatori Gallo, noto ufficialmente come Flavio Claudio Costanzo, a volte Flavio Giulio Costanzo, e Giuliano, ufficialmente noto come Flavio Claudio Giuliano[25].

---

[24] Porfirio, *Carm.* 8.27-35 generazioni, regno pio, 10.24-31 Crispo e Claudio. Barnes (1982) 83n.153 suggerisce che le allusioni di Porfirio alle vittorie dei figli si riferissero alle campagne di Crispo sul Reno nel 323; Barnes (1975b) 184 sostiene che la raccolta comprendente quelle poesie fu donata a Costantino nell'autunno del 324.

[25] Dediche: *ILS* 1:157, n. 699, «Fl. Constantino I ...divi I Claudi nepoti, divi I Constanti filio», a Ravenna, datata dopo il 324, e *ILS* 1:158, n. 702, «Fl. Constanti[n]us... I filius divi C[o]nstanti, nepos I divi Claudi», a Roma, datata tra il 312 e il 324 = Grünewald (1990) 216 n. 233, 219 n. 256. Secondo Grünewald (1990) 274 queste sono le uniche due iscrizioni latine che presentano Costantino come discendente di Claudio. Ma dopo la morte di Co-

Un altro nipote di Costantino era Licinio il Giovane, figlio dell'imperatore Licinio. In passato l'imperatore Licinio era stato alleato di Costantino e aveva sposato Costanza, sua sorellastra. In seguito divennero rivali e si fecero guerra. Quando nel 316 Costantino sconfisse Licinio, tra i due fu negoziato un trattato. Secondo questo accordo, i due figli che Costantino aveva a quel tempo, l'adolescente Crispo e il bambino Costantino II, e il figlio piccolo di Licinio, Licinio minore, divennero tutti cesari. Nonostante questa armonia di facciata, Costantino distinse sempre accuratamente la sua dinastia da Licinio e suo figlio. Non è un caso che esattamente nel 317 e nel 318 le zecche in tutto il territorio di Costantino – Treviri, Arles, Roma, Aquileia, Siscia e Tessalonica – emisero le prime monete che commemoravano il «Divo Claudio». Costantino e Licinio avevano già adottato stili contrastanti per i ritratti ufficiali di se stessi e dei propri figli. Nei rispettivi rilievi e busti e sulle loro monete il volto di Costantino era lungo, magro e rasato, mentre quello di Licinio era carnoso e dalle guance piene, con la corta barba che era stata caratteristica dei ritratti ufficiali dei tetrarchi. Tetrarchici per stile e aspetto, Licinio e suo figlio rimasero tali anche nei loro nomi ufficiali. Mentre i nomi ufficiali dei figli e nipoti di Costantino ne facevano dei flavi, il giovane cesare Licinio non divenne un flavio. Sebbene anche lui fosse nipote di Costantino, il suo nome imperiale ufficiale comprendeva solo Valerio[26].

stantino una dedica ad Arles lo identifica come «nipote del divino Claudio»: vedi *L'année épigraphique 1952* (1953) 37 n. 107 e Amici (2000) 201 n. 6. Gli storici dell'antichità identificarono variamente Costanzo come figlio, nipote (di zio e di nonno) e pronipote di Claudio: vedi Syme (2983). Per riferimenti ai nomi ufficiali degli altri membri della dinastia costantiniana, vedi le singole voci in *PLRE* 1. Per l'imposizione di un nuovo nome come segno di autorità, vedi Aurelio Vittore, *De Caesaribus* 42.9, sulla nomina da parte di Costanzo di Gallo come imperatore *junior*: «Cambiò il nome di Gallo nel suo».

[26] Per l'ammissione di Costantino di aver mirato a eliminare Licinio e i suoi familiari durante la guerra del 316, vedi Pietro il Patrizio, *Frag.* 15, ed. Müller (1851) 189-90. *Divus Claudius* sulle monete: Bruun (1966) 180, 252, 310-312, 394-395, 429-430, 502-503. Alcune monete e iscrizioni inserivano Flavio nel nome di Licinio il Giovane: vedi Bruun (1966) 67n.9 e Chastagnol (1992) 322. Per i ritratti contrastanti, vedi Smith (1997) 191, «opposti stili personali e fisiognomici divennero opposti stili dinastici», e Kolb (2001) 205, «einen eigenen dynastischen Typus in Konkurrenz zum augusteischen Constantin-Apollon». La floridezza fisica era un carattere rischioso, aperto a interpretazioni contrastanti. Licinio presumibilmente sperava di comunicare giovialità personale e prosperità per l'impero: vedi

Alla fine, certo, Costantino eliminò Licinio e suo figlio. Nella società romana la condanna ufficiale della memoria di un ex imperatore includeva tipicamente sia la distruzione delle immagini sia l'abolizione del suo nome. La cancellazione del nome dalle lapidi e la rimozione dai documenti ufficiali trasformavano l'onore in infamia: «la stessa sua carica [di imperatore] dev'essere considerata come mai avvenuta». Con i suoi successi in queste guerre civili Costantino operò implacabilmente perché il nome tetrarchico di Valerio sparisse. L'epoca e il nome dei tetrarchi dovevano svanire dalla memoria e da ogni loro utilizzazione come paradigma. Di conseguenza, quando nel 350 Giulio Nepotiano, figlio di un'altra sorellastra di Costantino, si insediò brevemente come imperatore a Roma, il suo principale argomento per rivendicare il trono fu che era «un consanguineo di Flavio tramite la famiglia di sua madre». Giulio Nepotiano avrebbe avuto tutte le ragioni per occultare il legame familiare che aveva ereditato attraverso la madre, perché suo padre molto probabilmente era stato una delle vittime del massacro dei parenti collaterali di Costantino nel 337, massacro forse ordinato dai figli di Costantino, suoi cugini. Ma nonostante quell'orrore, volle ugualmente identificarsi con la dinastia di suo zio come imperatore costantiniano. Come nuovo simbolo di autorità imperiale, il nome costantiniano di Flavio avrebbe rimpiazzato il nome tetrarchico di Valerio[27].

Smith (1997) 191-202. Gli oppositori potevano interpretare la pinguedine come un segno di avidità e oppressione. Si veda Giovanni Lidio, *De magistratibus* 3.58, 61: all'inizio del VI secolo un corpulento magistrato imperiale noto per le sue estorsioni veniva irriso con il nome di Maxilloplumbacius, «Mascelle di piombo», e Πλατύλναθος, «Guance grasse».

[27] Per l'esecuzione di Licinio, vedi il Cap. VI. Durante la guerra Licinio aveva nominato il suo generale Valente come coimperatore «valeriano» con il nome imperiale ufficiale di Aurelio Valerio Valente; successivamente Costantino impose la rimozione e l'esecuzione di Valente; vedi *PLRE* 1:931, «Aur. Val. Valens 13». Carica: *CTh* 15.14.9, emesso nel 395 dopo l'esecuzione di Eugenio; con Wittinghoff (1936) 18-43 e Flower (2000) sull'abolizione di nomi, e il Cap. XII per il regno di Eugenio. Nepotiano, figlio di Eutropia: Aurelio Vittore, *De Caesaribus* 42.6, con *PLRE* 1:316, «Eutropia 2», 625 «Virius Nepotianus 7»; anche Barnes (1982) 108 per la probabile identificazione di suo padre con Virio Nepotiano, console nel 336, e Barnes (1981) 389n.11, per speculazioni sull'esecuzione di suo padre. Giuliano includeva suo cugino Nepotiano tra i membri della «dinastia imperiale»: vedi Giuliano, *Orat.* 2.58D.

Figli legittimi

Costantino pubblicizzò la sua connessione flavia allo scopo di rafforzare la propria posizione a Roma, cancellare il ricordo di Massenzio nella capitale e avviare la fondazione di una nuova linea di successione imperiale. Ma definire una nuova dinastia flavia era il compito facile; molto più difficile era organizzare concretamente la successione. Costantino si trovava di fronte due problemi pratici. Uno era il precedente della tetrarchia. La tetrarchia originale era stata una dinastia ideologica, una dinastia religiosa devota a Giove e a Ercole in cui un imperatore gioviano succedeva a un imperatore gioviano, uno erculeo a uno erculeo, e tutti assumevano il nome tetrarchico di Valerio. Poiché, nella selezione di uomini esperti come nuovi imperatori, il bene dello Stato doveva essere la prima preoccupazione, la tetrarchia non era stata ideata come dinastia rigidamente familiare. Costanzo era già sposato con una figlia di Massimiano e Galerio con una figlia di Diocleziano prima di essere promossi cesari nel 293. Ma nel 305, quando bisognò scegliere nuovi imperatori in seguito al ritiro di Diocleziano e Massimiano, ai «figli di imperatori» furono preferiti «uomini nuovi». Galerio riuscì a imporre la scelta di Massimino, suo nipote, e di Severo, suo amico. Benché avessero dei figli, nessuno di loro fu scelto come successore. Costantino era poco più che trentenne, figlio adulto di un tetrarca originario e dotato di notevole esperienza militare, avendo servito con Diocleziano e Galerio. Massenzio, sebbene di una decina d'anni più giovane di Costantino, era il figlio di un altro imperatore della tetrarchia originale ed era già genero di Galerio. Costanzo aveva altri tre figli, e Galerio aveva un figlio di circa nove anni. Tutti questi figli imperiali furono scavalcati nella scelta[28].

Anche se l'influenza di Galerio aveva ovviamente un forte peso

---

[28] Vedi Barnes (1982) 37, 125-126 per il matrimonio di Costanzo con Teodora prima del 293, 38 per il matrimonio di Galerio con Valeria, e Lattanzio, *De mortibus persecutorum* 18.9 per Massenzio come genero di Galerio. Uomini nuovi: Orosio, *Historia adversum paganos* 7.28.14, che contrappone Costantino e Massenzio, «filiis Augustorum», a Licinio e Massimino, «hominibus novis»; anche Lattanzio, *De mortibus persecutorum* 25.2, per i nuovi cesari come *ignoti*.

in queste decisioni, l'abbandono della successione ereditaria rifletteva apparentemente le preferenze di Diocleziano. Questi aveva annunciato personalmente i nuovi imperatori nel 305, e nel 308 era tornato dal suo ritiro per partecipare alla riunione che scelse Licinio come nuovo imperatore *senior* per sostituire Severo. Dopo la riunione Costantino fu riconosciuto anch'egli come membro ufficiale della tetrarchia. Ma lui aveva già forzato il suo ingresso, imponendo la propria accettazione a Galerio dopo la morte di Costanzo, nel 306. Benché a questo punto anche Massenzio fosse stato proclamato imperatore a Roma, non era ancora riconosciuto come membro della tetrarchia. Finché Diocleziano era coinvolto nella selezione di nuovi imperatori, nessun figlio legittimo era invitato volentieri a unirsi alla tetrarchia. Per qualche verso l'opposizione di Diocleziano alla successione ereditaria era una conseguenza della sua situazione personale, perché di tutti i tetrarchi, originali e subentranti, lui era stato l'unico che non avesse un figlio. Uno storico posteriore opinò che Diocleziano, eccellente imperatore, doveva sapere che «ben pochi dei grandi uomini hanno lasciato un figlio che fosse eccezionale e competente». Diocleziano guardava con sospetto alla successione ereditaria, e nella prospettiva di questo storico il fatto che non avesse un figlio da promuovere a suo successore era stato, in realtà, una buona politica. Dopo decenni di dominio tetrarchico sotto l'influenza di Diocleziano, la successione dei figli non era una prospettiva abbandonata[29].

Il secondo problema pratico per Costantino era il numero sovrabbondante di figli. Indubbiamente, con l'affievolirsi dell'influen-

---

[29] Lattanzio, *De mortibus persecutorum* 19.4 proclamazione nel 305, 29.2 partecipazione di Diocleziano alla riunione di Carnunto nel 308 che promuoveva Licinio. Per le idee di Diocleziano sulla successione, vedi Kolb (1987) 142: «Diocletian kleine dynastische Nachfolge im traditionellen Sinne wünschte»; (2001) 30, «Diocletian trennte sorgfältig die göttliche Familie der Herrschen von jener der Blutsverwandten». Si noti che secondo l'immaginario dialogo in Lattanzio, *De mortibus persecutorum* 18.8-11, nel 305 Diocleziano era pronto a promuovere Massenzio e Costantino, finché Galerio non si oppose. Barnes (1981) 25-26, (1996) 544-46, (1997) 102-5 afferma che i quattro tetrarchi originari si erano incontrati nell'Italia del Nord alla fine del 303, dove avevano concordato che Diocleziano e Massimiano si sarebbero in seguito ritirati e che i nuovi imperatori *juniores* sarebbero diventati Costantino e Massenzio; ma nel 305 Galerio diede inizio a un diverso progetto di successione. Grandi uomini: SHA, *Severus* 20.4, con Honoré (1987) 163 sulle idee riguardo alla successione dinastica in *Historia Augusta*. Per il riaffiorare dell'idea dell'impero come patrimonio familiare, soprattutto sotto Costantino, vedi Tantillo (1998).

za di Diocleziano e mentre il sistema tetrarchico cominciava a disintegrarsi, gli altri imperatori avevano ignorato le preferenze di Diocleziano promuovendo o sostenendo i propri figli, e avevano cercato di istituire autentiche dinastie ereditarie. La successione ereditaria era semplicemente l'ordine naturale delle cose. Secondo Giuliano, gli dei avevano votato Marco Aurelio come il miglior imperatore, sebbene questi avesse permesso all'immorale figlio Commodo di succedergli. «È consuetudine assegnare la successione ai figli. Ognuno si ripromette di farlo». Come Valentiniano qualche decennio più tardi, quando era sul punto di scegliere suo fratello Valente come coimperatore, gli altri imperatori tetrarchici avevano sempre preferito la promozione di parenti agli interessi dello Stato. «Se ami i tuoi familiari», dice un consigliere a Valentiniano, «scegli un fratello; se ami lo Stato, cerca qualcun altro a cui assegnare incarichi». Alcuni anni dopo Valentiniano privilegiò nuovamente la famiglia quando decise di promuovere il figlio adolescente Graziano come imperatore *senior*, contro le raccomandazioni dei suoi consiglieri che avevano elogiato le virtù di diversi magistrati avanti negli anni[30].

Evidente eccezione a questo modello fu Teodosio, che Graziano promosse imperatore poco dopo la morte di Valente, caduto in battaglia contro i goti. Valentiniano II, giovane fratellastro di Graziano, era già imperatore *senior*, proclamato tale alcuni anni prima, alla morte prematura del loro padre, da una cricca di funzionari di corte e ufficiali militari. Graziano non ne era stato contento, e pur accogliendo la promozione, aveva ripetutamente cercato di sminuire il suo «fratellino». Un panegirista sarebbe arrivato a elogiare Graziano, con una certa dose di sarcasmo, per aver accettato il fratello come collega, ma «in guisa di figlio». Nel 378 però, quando Graziano si trovò di fronte a una seria minaccia sulle frontiere, Teodosio risultò una scelta allettante a causa della sua esperienza militare: «Graziano ha scelto non il suo parente più prossimo qua-

---

[30] Marco Aurelio: Giuliano, *Caesares* 334D, con Hekster (2001) che sottolinea l'importanza delle relazioni familiari nella selezione degli imperatori durante il II secolo. Analogamente Ausonio elogia Marco Aurelio come il filosofo-governante di Platone ma critica la sua scelta del successore: vedi Ausonio, *Caesares*, M. Antoninus 4, «danneggiò la sua patria solo avendo un figlio». Valentiniano: Ammiano Marcellino, *Res gestae* 26.4.1 critica del fratello nel 364, 27.6 preoccupazioni per un figlio nel 367.

le uomo migliore, bensì l'uomo migliore quale suo parente più prossimo». Ma nell'arco di qualche anno anche Teodosio rientrò nella norma elevando unilateralmente il proprio giovane figlio Arcadio al titolo di imperatore. Durante il IV secolo le relazioni di sangue ebbero ripetutamente la meglio sull'anzianità, sull'esperienza e sull'ideologia, e gli imperatori quasi sempre decisero che figli, fratelli o cugini sarebbero stati i migliori colleghi o successori[31].

Il risultato fu che ogni volta che la collaborazione tra imperatori crollava trasformandoli in rivali, questi dovevano pensare non solo a eliminarsi a vicenda, ma a liquidare anche i figli (e altri familiari) dell'avversario. Un predicatore giunse a considerare queste carneficine un carattere ineluttabile del governo imperiale: «Senza dubbio il pavimento del [palazzo] imperiale è sempre coperto del sangue dei familiari». La maggior parte delle guerre civili tra imperatori tetrarchici e loro successori si era configurata come una serie di faide familiari. In una lotta di potere a Roma Massenzio costrinse il padre, Massimiano, a fuggire. «Nessuno ha mai amato Massenzio, nemmeno suo padre». Tanto per cambiare, anche Galerio, suo suocero, detestava Massenzio. Costantino fu responsabile della morte dei suoi parenti imperiali acquisiti, Massimiano e Massenzio. Dopo la morte di quest'ultimo, però, sembra che la madre avesse riconosciuto che Massimiano in realtà non era il suo vero padre. Dal momento che questo annuncio a sorpresa ridefiniva bruscamente Massimiano come un importante ex imperatore privo di un figlio naturale, Costantino poté in seguito riabilitare la fama del suocero e rivendicarlo come suo antenato. Dopo che ebbe sconfitto Massimino, Licinio si dedicò con impegno a eliminare il figlio e la figlia di Massimino, il figlio di Severo, il figlio di Galerio e, per buona misura, la vedova e la figlia di Diocleziano. Costantino, dopo aver sconfitto Licinio, fece passare per le armi lui e il figlio, benché la madre del ragazzo fosse sorellastra di Costantino. Risparmiare il figlio di un ex rivale era un segno di clemenza imperiale fuori del comune. Di solito le vedove degli imperatori

---

[31] Valentiniano II: Agostino, *De civitate Dei* 5.25, «parvulum... fratrem»; Ausonio, *Gratiarum actio* 2, «instar filii». Scelta di Teodosio: Temistio, *Orat.* 14,182b; anche Pacato, *Panegyrici latini* 2(12).12.1, indirizzato a Teodosio: «Non eri legato alla famiglia dell'imperatore».

vivevano in uno stato di costante apprensione per la sicurezza dei loro figli: «La vedova [di un imperatore] che aveva un figlio senza padre tremava dal terrore che uno degli imperatori [attuali] eliminasse suo figlio per paura del futuro». Poiché la sopravvivenza dei figli (e delle figlie, mogli e madri) di altre famiglie imperiali potevano generare pericolose aspettative sulla possibilità di imperatori alternativi e di un'alternativa successione dinastica, i nuovi sovrani si sentivano in dovere di sterminare totalmente le dinastie rivali[32].

[32] Pavimento: Giovanni Crisostomo, *Hom. In epistulam ad Philippenses* 15.5 (*PG* 62.295). *Epitome de Caesaribus* 40.14 Massenzio e suo padre; Lattanzio, *De mortibus persecutorum* 26.4 Galerio e Massenzio, 28 confronto tra Massimiano e Massenzio. Si noti che Costantino era anche responsabile della morte di Bassiano, il marito della sorellastra Anastasia. Costantino aveva proposto che il cognato diventasse cesare in Italia, ma Licinio aveva rifiutato. Dopo che Bassiano si fu ribellato, nel 316 Costantino lo fece giustiziare: vedi *Origo Constantini imperatoris* 5.14-15, con Barnes (1981) 66-67, Callu (2002) 111-118, e Lenski (2006b) 73 sui calcoli politici, e il Cap. VI. Smentita della paternità di Massimiano: *Panegyrici latini* 12(9).3.4, 4.3-4; *Epitome de Caesaribus* 40.13; *Origo Constantini imperatoris* 4.12; con Grünewald (1990) 122-124 sulla riabilitazione di Massimiano come antenato costantiniano. Le esecuzioni di Licinio: Lattanzio, *De mortibus persecutorum* 50-51, con Varner (2001) 85-86, (2004) 221, il quale nota che il ricordo della moglie e della figlia di Diocleziano fu cancellato così totalmente che gli studiosi moderni non sono in grado di identificare definitivamente un ritratto scultoreo dell'una o dell'altra. Esecuzione di Licinio il Giovane: Eutropio, *Breviarium* 10.6.3; per le speculazioni sulla sorte della vedova Costanza, vedi *infra*. Licinio probabilmente aveva anche un figlio illegittimo che fu in seguito ridotto di rango e mandato a lavorare in una manifattura tessile imperiale a Cartagine: vedi *CTh* 4.6.2-3 (entrambi gli editti datati al 336). Per il dibattito sulla paternità del ragazzo, vedi Barnes (1982) 44, il quale sostiene che era il figlio bastardo di Licinio, Castagnol (1992) 317-323, per il quale non lo era, e Corcoran (1996) 291, «nessuna relazione con Licinio». Clemenza: Giuliano, *Orat.* 1.49A, 2.99A, che elogia Costantino per aver risparmiato il giovane figlio dell'usurpatore Silvano; anche Ambrogio, *Ep.* 74(40).32, che elogia la pietà di Teodosio per aver risparmiato la madre e le figlie dell'usurpatore Magno Massimo. Vedova imperiale: Giovanni Crisostomo, *Ad viduam iuniorem* 4. *PLRE* 1:201, «Charito» suggerisce che questa temibile donna potesse essere la vedova di Gioviano, *PLRE* 1:111-112, «Artemisia», e Lenski (2002) 113, per il quale era Artemisia, vedova dell'usurpatore Procopio, e Glillet ed Ettlinger (1968) 138-139n.1, per i quali era Giustina, vedova di Valentiniano I.

Il comportamento di Costantina illustra succintamente le opportunità e i pericoli che toccavano a una donna nubile nella famiglia imperiale. Costantina era figlia di Costantino e sorella di Costanzo e Costante. Venne dapprima data in moglie al cugino Annibaliano, presumibilmente su iniziativa del padre; quindi il marito perse la vita nel massacro dei familiari di Costantino nel 337. Nel 350 avrebbe incoraggiato il generale Vetranio a opporsi all'usurpatore Magnenzio, che aveva ucciso Costante. Sembra che avesse persino insignito Vetranio del titolo di cesare: vedi Filostorgio, *HE* 3.22, «sembrava avere il potere di farlo, perché durante la sua vita il loro padre comune [Costantino] l'aveva incoronata con un diadema e l'aveva chiamata Augusta». Inizialmente Costanzo riconobbe Vetranio come imperatore; quindi lo spinse a ritirarsi. Magnenzio si era già offerto di sposare Costantina,

Dopo aver eliminato i rivali e i loro figli, Costantino aveva ancora da risolvere il problema dei figli suoi. Ne aveva quattro, da due (o, meno probabilmente, tre) madri. L'unico imperatore precedente che avesse avuto un numero maggiore di figli era stato Marco Aurelio, e quasi tutti i suoi figli erano morti in giovane età. Ne aveva promossi due a cesari mentre erano bambini, ma uno solo, Commodo, era vissuto tanto da diventare imperatore da adulto. Anche Costanzo aveva avuto quattro figli, nati da due madri. Benché tutti i figli fossero stati presenti al momento della morte del padre, solo il maggiore, Costantino stesso, era diventato imperatore. Ricostruzioni più tarde, tanto le favorevoli quanto le ostili, a volte si erano trovate nell'impossibilità di spiegare la successione unica di Costantino. Uno storico ostile allude a un colpo di mano militare. Secondo questa versione, i soldati intorno al letto di morte di Costanzo decisero che nessuno dei suoi «figli legittimi» era idoneo, acclamando invece Costantino. Viceversa, i racconti favorevoli evidenziavano la prevedibilità della primogenitura. Appena qualche anno dopo la sua successione, un panegirista affermava che non c'era mai stato alcun dubbio che Costantino sarebbe stato l'unico erede di suo padre perché a costui i «fati» avevano concesso Costantino come «primo figlio». Secondo un racconto successivo, Costantino aveva ereditato da solo l'intera fetta d'impero del padre grazie alla sua primogenitura, che era una «legge di natura»[33].

e inoltre suggerì che Costanzo sposasse sua figlia: vedi Pietro il Patrizio, *Frag.* 16, ed. Müller (1851) 190. Invece, prima ancora che sconfiggesse Magnenzio, Costanzo promosse suo cugino Gallo come cesare e gli diede in sposa Costantina. Dal punto di vista dell'opportunità politica Costantina era stata usata, due volte, per legare più strettamente i nipoti del padre nella sua linea diretta di discendenza; ma dal punto di vista dell'avanzamento personale Costantina aveva avuto un notevole successo nel promuovere la propria posizione, anche rispetto ai fratelli e ai cugini. Forse non sorprende che durante il suo matrimonio con Gallo, Costantina si guadagnò fama di «eccessiva arroganza»: vedi Ammiano Marcellino, *Res gestae* 14,1.2, con Bleckmann (1994) per un'eccellente discussione sull'influenza politica di Costantina.

[33] Per le madri dei figli di Costantino, vedi le posizioni contrastanti di Barnes (1982) 42-43, che ne ammette due sole: Minervina, madre di Crispo e Fausta, madre di Costantino II, Costanzo II e Costante, e *PLRE* 1:223, «Fl. Claudius Constantinus 3», che suggerisce che Costantino II fosse illegittimo. Ma Giuliano, *Orat.* 1.9C-D sostiene che Fausta era madre di tre imperatori. Per i figli di Marco Aurelio, almeno quattordici, vedi Birley (2000) 154, 157, 165, 170, 179; nel tardo VI secolo l'imperatore Maurizio aveva sei figli, ma Foca, suo successore, fece giustiziare tutta la famiglia: vedi *Chronicon Paschale* s.a. 602, con Dagron (1984) 179-180, per lo scherno sulla potenza generativa di Maurizio. Soldati, figli

In effetti gli altri tre figli potrebbero benissimo essere visti come dotati di un più solido diritto dinastico al trono. Da tempo circolava la voce che Elena, la madre di Costantino, fosse stata solo l'amante di Costanzo, non la moglie legittima. Quale che fosse la sua posizione, certamente Costantino era nato prima che Costanzo diventasse imperatore, e anche prima che avesse servito come prefetto pretorio di Massimiano. I suoi fratellastri invece erano molto probabilmente *porphyrogeniti*, «nati nella porpora», grazie al servizio di Costanzo con gli imperatori tetrarchici. Il loro *pedigree*, inoltre, includeva anche un altro antenato imperiale. Mentre Costantino poteva presentare Massimiano come suocero, i suoi fratellastri erano nipoti diretti di Massimiano per via materna. Ma nonostante queste credenziali, i fratellastri mantenevano un basso profilo. Benché Giulio Costanzo, uno di questi fratellastri, fosse ritenuto effettivamente più idoneo al governo imperiale, rimase fedele a Costantino. Anziché presentarsi come un'alternativa, divenne un girovago, «come Ulisse». Durante i primi anni dell'impero di Costantino lui e suo fratello Dalmazio si misero in pratica al bando, esiliandosi in lontani centri provinciali. Giulio Costanzo visse a Corinto e Dalmazio a Tolosa, «in quarantena, virtualmente in esilio». Solo verso la fine del suo regno, alla metà degli anni Trenta, Costantino sentì che la sua posizione era sufficientemente sicura da permettergli di onorare entrambi questi fratellastri con un consolato, e di includere alcuni dei loro figli nei suoi progetti di successione[34].

legittimi: Zosimo, *Historia nova* 2.9.1. Fati, primo figlio: *Panegyrici latini* 6(7).4.2. Figli presso il letto di morte, legge di natura: Eusebio, *Vita Constantini* 1.21.2. Giuliano successivamente attribuì la successione di Costantino alla decisione di Costanzo e a un voto dell'esercito: vedi Giuliano, *Orat.* 1.7D.

[34] Per una rassegna delle fonti contrastanti sulla condizione di Elena, vedi Drijvers (1992) 17-19, il quale conclude che era stata la concubina di Costanzo. Per l'argomento che Teodora, madre di Dalmazio, Giulio Costanzo e Annibaliano, fosse la figlia e non la figliastra di Massimiano, vedi Barnes (1982) 33-34, 37. Per l'uso di *purpuratus* come sinonimo di «imperatore», vedi Eutropio, *Breviarium* 9.24, con Kolb (2001) 49-50.

Durante i negoziati che nel 316 sfociarono nella guerra con Licinio, Costantino usò Costanzo come suo inviato: vedi *Origo Constantini imperatoris* 5.14. Poiché la sua sorellastra Costanza era già sposata a Licinio, Costantino forse scelse allo stesso modo il fratellastro per avvicinare il suo rivale, e questo inviato di nome Costanzo potrebbe essere Giulio Costanzo: vedi Barnes (1981) 66, ma anche il Cap. VII, per Flavio Costanzo. Di conseguenza, Kent (1981) 4 arriva a suggerire che questi fratellastri «potrebbero aver assunto la fun-

Ma Costantino non avrebbe potuto prevedere la stessa armonia e deferenza tra i suoi propri figli. Anche se aveva cercato di promuovere solo uno dei suoi figli, le rivalità tra loro, e tra i rispettivi sostenitori, erano pressoché inevitabili. Il ricordo della prima dinastia flavia avrebbe fornito un importante monito, perché secoli prima si diceva che due figli di Vespasiano si odiassero, e che Domi-

zione di partigiani di Licinio in quegli anni pericolosi». Ma al tempo stesso Costantino enfatizzava la propria dinastia, e quando nell'agosto 316 gli nacque Costantino II, Giulio Costanzo e gli altri fratellastri caddero evidentemente in disgrazia. Giulio Costanzo e il fratello Dalmazio andarono in esilio; la loro sorella Costanza molto probabilmente fece altrettanto dopo l'esecuzione del marito, Licinio; la sorella Anastasia, dopo l'esecuzione di suo marito Bassiano, finì per ritirarsi a Costantinopoli, dove il suo nome fu legato a un complesso di terme: vedi Ammiano Marcellino, *Res gestae* 26.6.14. Poiché Giuliano, figlio di Giulio Costanzo, avrebbe in seguito definito Elena «donna senza scrupoli», forse la preoccupazione di questa per la successione dei propri nipoti contribuì all'allontanamento di questi fratellastri: vedi Libanio, *Orat.* 14.30.
Valutazione favorevole di Giulio Costanzo: Libanio, *Orat.* 18.8. Giulio Costanzo come Ulisse e a Corinto: Giuliano, *Fragmenta breviora* 3, Libanio, *Orat.* 14.30-31; Giulio Costanzo potrebbe essere vissuto in Etruria, dove alla metà degli anni Venti del IV secolo nacque suo figlio Gallio: vedi Ammiano Marcellino, *Res gestae* 14.11.27. Dalmazio in quarantena a Tolosa: Ausonio, *Professores* 16.11-12; anche 17.9-11 sull'educazione dei figli di Dalmazio. Poiché Ausonio, *Professores* 16.11, accennava al fatto che i *Constantini fratres* risiedevano a Tolosa, *PLRE* 2:226, «Iulius Constantius 7», suggerisce che anche Giulio Costanzo fosse vissuto lì prima di spostarsi a Corinto. Barnes (1981) 251 ritiene che entrambi i fratellastri furono richiamati nel 326, Wiemer (1994) 517 che entrambi accompagnarono Costantino a Roma nel 326; secondo una storia presente in Libanio, *Orat.* 19.19, Costantino una volta si consultò con i due fratellastri su come reagire agli insulti del popolo a Roma. Dalmazio era console nel 333 e Giulio Costanzo nel 335; Dalmazio servì anche come inviato imperiale e forse come comandante militare sulla frontiera orientale alla metà degli anni Trenta del secolo: vedi *PLRE* 1:240-241, «Fl. Dalmatius 6». Dal momento che al loro fratello Annibaliano non sono attribuiti uffici o figli, forse era morto giovane: vedi *PLRE* 1:407, «Hannibalianus 1».
Verso la fine del 324 Costantino concesse a Elena il titolo di augusta: vedi Barnes (1982) 9. Elena divenne anche una flavia, poiché il suo nome imperiale era Flavia Giulia Elena. Costantino potrebbe aver promosso il rango di sua madre in parte per indebolire la posizione dei suoi fratellastri, perché se lui era uno dei quattro figli di Costanzo, era però l'unico figlio di Elena: vedi Grünewald (1990) 138-139, e il Cap. II. Invece Teodora, la madre dei fratellastri di Costantino, nella sua vita non ricevette mai il titolo di augusta: vedi Kent (1981) 3-7, 126, 234, 442, e Vanderspoel e Mann (2002) 354-55 per le monete raffiguranti Teodora augusta coniate dopo la morte di Costantino. E non era neppure una flavia. Alcune monete coniate a Roma e a Treviri la chiamano Flavia Massima Teodora. Ma queste monete sembrerebbero coniate nel 337, durante il periodo di caos scoppiato poco dopo la morte di Costantino, forse nel tentativo di accrescere il *pedigree* flavio del nipote di Teodora Flavio Giulio Dalmazio, che era già cesare e si aspettava di succedere come coimperatore accanto ai tre figli di Costantino: vedi Kent (1981) 7, 79, 126, 143-144, 234, 250-251 per le monete, e la discussione in Drijvers (1992) 43-44. Il massacro di quasi tutti i discendenti di Teodora, compreso il cesare Dalmazio, mise fine a quella aspettativa.

ziano avrebbe cospirato alla morte di Tito. Nel 326 Costantino aveva dato il beneplacito all'esecuzione di Crispo, il figlio maggiore, in circostanze misteriose apparentemente imperniate in qualche modo su questioni di successione. Costantino a quell'epoca aveva circa cinquant'anni, forse qualcuno di più. In base alle aspettative, e alle realtà, della società antica, era già un vecchio, con un'aspettativa di vita di ancora pressappoco un decennio. Come presagio della propria mortalità poteva ricordare che il padre era morto tra i cinquantacinque e i sessant'anni. Ma non poteva ancora sentirsi sicuro sul futuro, dal momento che il maggiore dei suoi figli ancora in vita aveva appena una decina d'anni. Nel corso del decennio finale del suo regno Costantino cercava un modo per assicurare non solo la successione dei suoi figli, ma anche l'armonia tra i suoi successori[35].

Costante e Flavia Costante

In tutto l'impero Costantino andava propagandando la sua dinastia. Una tattica consolidata a cui ricorse fu quella di assegnare nuovi nomi alle città. Costantinopoli, la «città del suo nome», era solo l'esempio più palese di questa sua tendenza a cambiare la denominazione di determinate città attribuendo loro un nome che ricordava la sua famiglia includendo la parola Flavia o qualche variante di Costan-. Già nel 311 un panegirista gallico non solo ricordava a Costantino che Autun un tempo aveva fatto appello all'assistenza dell'imperatore Claudio il Gotico, ma evidenziava anche con fierezza che la città ora si era rinominata con «il tuo

---

[35] Tito e Domiziano: Dione, *Historiae Romanae* 66.26. Morte di Crispo: per un'ulteriore discussione, vedi il Cap. XI; anche Barnes (1981) 220-221 sulle dicerie e le accuse; Elliott (1996) 233, «l'ipotesi che le considerazioni dinastiche fossero critiche in questo momento è attraente»; Woods (1998), il quale sostiene che Crispo aveva commesso adulterio con Fausta, la matrigna; e, per esaurienti rassegne delle possibili interpretazioni, Pohlsander (1984) 99-106, Drijvers (1992) 60-63 e Paschoud (1979-2000) 1:234-237. Giuliano, *Orat.* 1.54C, suggerisce a Costanzo che Costantino lo aveva considerato il più capace dei suoi figli: «Tuo padre ha affidato a te solo la supervisione degli affari riguardanti l'impero e i tuoi fratelli, anche se tu non eri il più anziano dei figli»; *Orat.* 2.94B: «Alla fine della sua vita [Costantino] affidò a lui [Costanzo] tutti gli affari riguardanti l'impero». Età avanzata e aspettativa di vita: Saller (1994) 12-25.

nome», chiamandosi Flavia Aeduorum. I cittadini di Arles avrebbero affermato più tardi che la loro città era stata onorata da Costantino e «aveva adottato il nome di Costantina dal suo nome». In Italia, Porto fu rinominata Flavia Costantiniana. In Africa, Citra fu rinominata Costantina, e Costantino stesso diede istruzioni per la costruzione di una nuova chiesa. Una fortezza sulla frontiera danubiana fu chiamata Costanza. Quando i persiani distrussero una città di frontiera nell'Osroene, tra l'Eufrate e il Tigri, Costantino la fece ricostruire con il nuovo nome di Costantina. Poiché in precedenza tale città aveva avuto il suo nome in onore dell'imperatore Galerio, questa mutata denominazione promuoveva la nuova dinastia e contemporaneamente cancellava il ricordo di uno dei suoi primi avversari[36].

Suo figlio Costanzo non solo proseguì su questa linea, ma a volte parve anche mettersi in competizione con la reputazione del padre. Sulla frontiera orientale ricostruì Amida e «auspicò che venisse rinominata con il suo nome»; rifondò anche un'altra città di frontiera come Costanza. Durante gran parte del suo regno risiedette ad Antiochia, la quale fu così grata della sua benevolenza che si rinominò con «il tuo nome» (forse Costanza). Salamina, una città di Cipro che era andata distrutta in seguito a un terremoto, fu ribattezzata Costanza dopo aver ricevuto l'assistenza di Costanzo. Anche a Costantinopoli Costanzo diede inizio a un così grande numero di progetti edilizi che un oratore poté affermare che «la città che da tuo padre ha preso il nome» era ora «più tua che di tuo padre». Costantinopoli, Costantina, Costanza: i nomi di queste città celebravano una dinastia, non uno specifico imperatore[37].

---

[36] Nome di Costantinopoli: *ILS* 1:165, n. 736, righe 5-6, «hoc decus ornatum genitor cognominis urbis l esse volens», riferendosi all'obelisco fatto erigere da Costantino a Roma. Autun: *Panegyrici latini* 5(8).1.1, 2.5, 14.5. Arles: papa Leone I, *Ep.* 65.3 (*PL* 54.882A) = *Epistolae Arelatenses* 12, ed. Gundlach (1892) 19. Si noti anche l'editto di Onorio del 418: *Epistolae Arelatenses* 8, ed. Gundlach (1892) 14, con la discussione di Klingshirn (1994) 53, Burgess (1999a) 278-79, e il Cap. II. L'antico nome di Coutances nella Gallia occidentale era Costanza (*Notitia dignitatum in partibus Occidentis* 37.9, 20) o Costantina (Gregorio di Tours, *Historiae* 8.31). Porto: *CIL* 14, Supplementum, 639, n. 4449. Cirta, vedi il Cap. II. Costanza sul Danubio, presso Margum: Prisco, *Frag.* 2. Costantina nell'Osroene, precedentemente chiamata Massiminiapoli: Giovanni Malalas, *Chronographia* 13.12, con Millar (1993) 209.

[37] Amida: Ammiano Marcellino, *Res gestae* 18.9.1; Antoni(n)opoli: Teofane, *Chronographia* a.m. 5832, con la discussione di Burgess (1999a) 274-282. Antiochia: Giuliano,

A volte queste nuove denominazioni furono associate alla transizione dal paganesimo al cristianesimo. Poiché Costantino inviò messaggeri con lettere imperiali che esortavano le città ad abbandonare i loro culti tradizionali, nell'Oriente greco in particolare alcune città distrussero i loro templi pagani nella speranza di ricevere favori imperiali. «Successivamente popoli e città si convertirono di buon grado abbandonando le loro precedenti credenze». La cittadina di Antaradus era un punto di sosta lungo la strada che costeggiava la Siria meridionale. Costantino probabilmente la sottrasse al controllo di Arados, forse in seguito alla conversione al cristianesimo della località. Antaradus inoltre ricevette il rango di città, insieme al nome imperiale di Costantina o Costanza, «il nome dell'imperatore». In Palestina gli abitanti del centro portuale di Maiuma si convertirono tutti al cristianesimo. Poiché Costantino rispose con un rescritto, dovevano aver fatto appello al patronato dell'imperatore. E poiché il vescovo Eusebio di Cesarea era al corrente di questo rescritto, molto probabilmente era stato fatto incidere su un monumento pubblico. Costantino premiò la loro devozione sottraendo Maiuma al controllo di Gaza e attribuendole il rango di città. Maiuma ricevette anche il nuovo nome imperiale di Costanza, un «nome superiore», reminiscenza della «pia sorella» dell'imperatore. Eusebio si rese conto immediatamente della duplice implicazione di questo avanzamento nella posizione della città, in quanto Costanza «era ritenuta degna di un più grande onore sia verso Dio sia verso l'imperatore». Il nuovo nome di questa città rispecchiava al tempo stesso l'approvazione divina e il patronato imperiale[38].

Orat. 1.40D, con Downey (1961) 356, 582, e Henck (2001) 297. Salamina: Giovanni Malalas, *Chtronographia* 12.48, che attribuisce la ricostruzione a Costanzo I; ma per la distruzione di Salamina in seguito a terremoti nel 331/332 e 341/342, vedi Teofane, *Chronographia* a.m. 5824, 5834. La tua città: Temistio, *Orat.* 3.40c.

Nel promuovere il villaggio di Drepanum in Bitinia a città indipendente, Costantino gli assegnò il nuovo nome di Elenopoli, da sua madre: vedi Socrate, *HE* 1.17.1, 18.13; anche Filostorgio, *HE* 2.12, con Mango (1994). Secondo Sozomeno, *HE* 2.2.5, rinominò anche un'altra città in Palestina da sua madre.

[38] Sozomeno, *HE* 2.5.2, lettere, 7, popoli e città. Antaradus: *Itinerarium Burdigalense* 582.10, «mansio Antaradus»; nome dell'imperatore: Sozomeno, *HE* 2.5.8, «Costantina tra i fenici»; anche Teofane, *Chronographia* a.m. 5838, Costanza; con Jones (1971) 267, 459n.54, e Rey-Coquais (1974) 141, 196. Maiuma: Eusebio, *Vita Constantini* 4.37, βασιλεώς ἀντιφώνησις, 38, nome superiore, sorella, onore; Socrate, *HE* 1.18.13, «Dal nome di sua sorella Costanza»; con Van Dam (1985b) 6-13.

Nel caso di Hispellum, anziché concedere un nuovo nome come segno di conversione al cristianesimo, Costantino sembra aver usato un'altra tattica nella promozione della sua dinastia. Hispellum era vicina alla zona di origine della prima dinastia flavia in Italia centrale. Vespasiano era nato a Reate (Rieti), un'ottantina di chilometri più a sud, sua madre era di Nursia (Norcia), e la cittadina di Vespasiae, poco più di trenta chilometri a sud-est, era ricca di monumenti eretti in onore della famiglia. L'ascesa della famiglia di Vespasiano aveva segnato il culmine del processo di promozione di notabili di città italiane, un processo che aveva rappresentato un carattere assai marcato delle politiche di Augusto e dei suoi successori giulio-claudi. Un risultato di lungo termine della rivoluzione romana di Augusto era stata la salita al trono di imperatori di un'antica famiglia italica. Permettendo ora la fondazione di un tempio e l'istituzione di una festività a Hispellum, Costantino poteva promuovere le sue ambizioni dinastiche associando la sua seconda dinastia flavia con il luogo di origine italiano della prima dinastia flavia. In questo processo tale associazione con la prima dinastia di imperatori italici avrebbe in pratica «italianizzato» la sua famiglia provinciale di provenienza balcanica. Un risultato della rivoluzione romana di Costantino fu l'inserimento di un'altra dinastia apparentemente «italiana» di imperatori flavi[39].

Secondo la tradizione papale Costanza, sorellastra di Costantino, fu battezzata con la nipote Costantina in un battistero adiacente alla chiesa di Sant'Agnese a Roma: vedi *Liber pontificalis* 34.23. Ma il nuovo nome di Maiuma è forse un'indicazione della sua presenza in Palestina, dove potrebbe essersi ritirata dopo l'assassinio del marito, l'imperatore Licinio. La residenza di Costanza nell'area potrebbe spiegare la sua richiesta di un'icona di Cristo a Eusebio di Cesarea: vedi Eusebio, *Epistula ad Constantiam Augustam*, ed. *PG* 20.1545-1549, e ed. Hennephof (1969) 42-44, con Gero (1981), il quale afferma che la lettera era autentica, e Lenski (2004), per la tendenza delle donne imperiali rimaste vedove o ripudiate a ritirarsi in Palestina.

Si noti che una tradizione affermava che Costantino aveva dato a Maiuma il nome di suo figlio Costanzo, non quello della sorella Costanza: vedi Sozomeno, *HE* 2.5.8, «il figlio prediletto tra i suoi nati», 5.3.6, «la chiamò così per suo figlio Costanzo». È il caso di considerare questa etimologia alternativa, perché Sozomeno e la sua famiglia erano originari di quella zona. Il nonno di Sozomeno era stato tra i primi cristiani a Bethelea, una cittadina nei pressi di Gaza, e lui e la sua famiglia avevano subìto la persecuzione di Giuliano: vedi Sozomeno, *HE* 5.15.14-17. D'altra parte, i contemporanei probabilmente erano fin troppo pronti a sfruttare la somiglianza dei nomi nella dinastia costantiniana per rivendicare l'affiliazione con un particolare imperatore.

[39] Famiglia di Vespasiano: Svetonio *Vespasianus* 1.3, 2.1.

Costantino inoltre consentì che Hispellum mutasse il nome in Flavia Costante, un nome che ricordava Flavio Giulio Costante, il suo figlio minore. Costante era nato nei primi anni Venti del IV secolo, e fu proclamato cesare il 25 dicembre 333. Questo rescritto alle città dell'Umbria fu probabilmente uno dei primi a presentarlo come membro del collegio imperiale accanto a suo padre e ai fratelli maggiori ancora in vita, Costantino II e Costanzo. Alla metà degli anni Trenta, quando aveva circa sessant'anni, il loro padre stava finalmente prendendo le misure ufficiali per la successione. Nel settembre 335 Costantino promosse un nipote, il giovane Dalmazio, a quarto cesare. Assegnando ai quattro cesari particolari regioni dell'impero, diede vita alla sua tetrarchia familiare di imperatori *juniores*. Questi cesari erano ora la squadra dei «quattro puledri» sotto «l'unico giogo del carro imperiale». Il Costantino minore prese residenza a Treviri e amministrò la Britannia, la Gallia e la Spagna. Dalmazio ebbe la responsabilità della frontiera lungo il basso corso del Danubio nei Balcani, e Costanzo prese dimora ad Antiochia, un punto di raccolta militare per le campagne sulla frontiera orientale. La tetrarchia originale forse non offriva un precedente per la successione familiare, ma aveva definito un modello per risolvere il problema dei molteplici successori come concomitanti legittimi imperatori[40].

Costante, sembra, crebbe a Costantinopoli. Qui aveva ricevuto una vera educazione in cultura classica, per cui era «esperto nella pratica di quella retorica che è appropriata per i romani». A differenza dei tetrarchi originari, Costante era una persona civilizzata, non un semibarbaro. Benché cresciuto in una città orientale, la sua educazione aveva compreso in misura significativa lo studio del latino con un retore gallico. Costante non veniva semplicemente

---

[40] Tanto *PLRE* 1:220, «Fl. Iul. Constans 3», quanto Barnes (1982) 45, ipotizzano che Costante fosse nato nel 320 o nel 323. Per i piani di successione di Costantino alla metà degli anni Trenta, vedi Eusebio, *Vita Constantini* 4.51-52 e, per la divisione dell'impero tra i quattro cesari, vedi *Epitome de Caesaribus* 41.20, *Origo Constantini imperatoris* 6.35, con Barnes (1982) 84-87, 198-200. Quattro puledri, carro: Eusebio, *De laudibus Constantini* 3.4. Chantraine (1992) 17 avanza l'ipotesi che Costantino intendesse che i suoi quattro successori formassero una vera e propria tetrarchia, con Costantino II e Costanzo come imperatori *seniores* e Costante e Dalmazio come imperatori *juniores*; Kolb (2001) 63 suggerisce che la sua intenzione fosse rendere tutti e tre i figli imperatori *seniores*, e solo Dalmazio imperatore *junior*.

istruito: veniva formato come imperatore per l'Occidente, specificamente come un imperatore italico. Consentendo che Hispellum adottasse il nome di Costante, Costantino stava aprendo la via. Prima autorizzò una città italiana a prendere il nome di uno dei suoi figli; quindi inviò il figlio stesso[41].

Dopo la metà degli anni Trenta Costante venne in Italia, dove all'inizio risiedette probabilmente a Milano. A Roma, una targa dedicatoria lo elogiava per aver consolidato il benessere pubblico con le sue virtù, ed è probabile che fosse stato in visita alla capitale. Dediche collocate altrove lo salutavano come figlio di Costantino, nipote di Costanzo e discendente di Claudio. Dal momento che la reputazione di Massimiano era stata a questo punto riabilitata, Costante poteva essere salutato anche come suo nipote. Costante era ormai il pieno titolare dell'eredità di un imperatore pretetrarchico, di due tetrarchi originari, e della dinastia flavia di Costantino[42].

Hispellum cominciò ben presto a usare il suo nuovo nome di Flavia Costante. Alla fine «l'intera popolazione urbana di Flavia Costante» onorava uno dei suoi notabili locali come «degnissimo patrono». Tra i tanti servizi prestati da questo notabile alla sua comunità c'era la sua carica di «sacerdote della dinastia flavia». Questo sacerdozio era presumibilmente l'indicazione che Hispellum aveva effettivamente eretto il suo nuovo tempio in onore di Costantino e della sua famiglia. Ormai la città celebrava anche la sua nuova festività, dato che questa iscrizione laudatoria elogiava il sacerdote come «produttore di felicità nel teatro». La carriera di questo notabile procedeva parallelamente alla mutata condizione, e all'accresciuta importanza, di Hispellum e della regione dell'Umbria. In precedenza questo notabile aveva servito come funzionario, molto probabilmente sacerdotale, del consolidato distretto di Tuscia

---

[41] Retorica: Libanio, *Orat.* 59.34. Per lo studio (probabile) di Costante con Arborio, vedi Ausonio, *Professores* 16.13-15, con *PLRE* 1:98, «Aemilius Magnus Arborius 4».

[42] Lapide a Roma: *ILS* 1:163, n. 725. Per la possibilità di una visita di Costante a Roma, vedi *Passio Artemii* 9 = Filostorgio, *HE* 3.1ª: Costantino II «attingeva all'eredità del fratello minore [Costante] che era lontano, in visita a Roma». Costantino II rimase ucciso presso Aquileia all'inizio del 340: vedi Barnes (1975a) 327-328, (1993) 315n.47, il quale ipotizza che Costante avesse visitato Roma dopo questa battaglia, e Gasperini (1988), che discute della lapide di Ostia, ora in *L'année épigraphique 1988* (1991) 61, n. 217. Lapidi dedicatorie in altri luoghi: *ILS* 1:162-163, nn. 723, 725, 730.

e Umbria quando le due regioni avevano una festività in comune. Quindi era diventato il sacerdote del culto imperiale con sede a Hispellum. Anziché doversi sobbarcare il difficile viaggio fino a Volsinii, ora il sacerdote poteva presiedere alla cerimonia nella sua stessa cittadina. L'Umbria adesso disponeva della sua festa regionale, e Hispellum aveva il suo tempio e il suo sacerdote in onore della dinastia flavia[43].

«La famiglia della più eccelsa levatura»

Alla morte di Costantino, nel 337, alcune sue disposizioni per la successione vennero modificate. La versione costantiniana di nuova tetrarchia basata sulla famiglia non ebbe mai la possibilità di realizzarsi. Quando le truppe a Costantinopoli decisero che solo i suoi tre «figli legittimi» sarebbero stati imperatori, massacrarono molti membri collaterali della famiglia, tra cui il cesare Dalmazio e i due fratellastri sopravvissuti di Costantino. Quasi quattro mesi dopo la sua morte a Costantino succedette finalmente una «trinità» di figli, non una tetrarchia che avrebbe incluso un nipote[44].

[43] Patrono: *ILS* 2.1:631, n. 6623, in onore di C. Matrinio Autelio Antonino, *coronatus Tusciae et Umbriae*, poi *pontifex gentis Flaviae*. La carica di *coronatus* è difficile da definire. Durante il regno di Giuliano un governatore della Numidia classificava i funzionari nell'ordine in cui dovevano ricevere il saluto: vedi «Edictum de ordine salutationis sportularumque», in Riccobono (1941) 331-332, n. 64. I *coronati provinciae* venivano dopo senatori, *comites*, ex *comites*, amministratori, il capo del personale dell'ufficio del governatore, il segretario dell'ufficio e i funzionari palatini, ma prima degli altri burocrati del personale governativo. Dopo aver identificato il *coronatus* come «le grand-prêtre du conseil fédéral de Tuscie et d'Ombrie», Gascou (1967) 640 suggerisce che Matrinio avesse rivestito questa carica prima della divisione tra le due regioni, e che fosse diventato *pontifex gentis Flaviae* successivamente; Tabata (1995) 384-385 pensa che possa essere stato Matrinio a prendere l'iniziativa della petizione a Costantino. Per l'importanza del culto imperiale nella promozione di famiglie imperiali e non di specifici imperatori, vedi Price (1984) 159-162.

[44] Eusebio, *Vita Constantini* 4.40.2 tre figli come trinità, 71,2 figli legittimi. Per la politica dinastica alla base di questo massacro, vedi *supra* e il Cap. XI, con Klein (1999a) per un'eccellente analisi delle fazioni in contrasto.

Le dicerie sul sangue cattivo all'interno della dinastia costantiniana si protrassero per secoli. Di Giuliano si diceva che avesse una forte memoria. In un successivo fantasioso resoconto Giuliano spiegava il motivo che aveva avuto per ribellarsi contro il cugino Costanzo II: vedi *Passio Artemii* 41, «Il governo imperiale è più appropriato per la nostra [= mia] famiglia. Perché mio padre, [Giulio] Costanzo, era stato dato a mio nonno Costante [ossia Costanzo I] da Teodora, figlia di Massimiano. Ma Costantino gli [a Costanzo I] era

Né i tre figli di Costantino regnarono in armonia. Benché già da anni rivestissero cariche imperiali, alla loro successione erano ancora giovanissimi: Costantino II e Costanzo poco più che ventenni, Costante ancora adolescente. Nel 340 Costantino II fu ucciso dopo aver invaso il territorio di Costante. Costanzo prontamente svilì il «nostro nemico» come un «nemico pubblico», e tanto lui quanto Costante ratificarono la cancellazione del nome del loro fratello dalle dediche pubbliche. Costantino II scomparve così dalle memorie ufficiali. Di lì a pochi anni l'oratore Libanio pronunciò un panegirico in cui parlava di Costanzo e di Costante come unici figli di Costantino. La religione fu un altro fattore di divisione. Sostenitori di differenti indirizzi del cristianesimo, Costante e Costanzo vennero quasi alle mani, e Costante una volta minacciò il fratello di fargli guerra se non avesse rimesso al loro posto alcuni vescovi che erano stati deposti. Quando nel 350 Costante fu ucciso in seguito al colpo di Stato di Magnenzio, Costanzo avrebbe ricevuto l'ordine in sogno da Costantino stesso di vendicare «il discendente di tanti imperatori, mio figlio e tuo fratello»[45].

Forse Costanzo aveva bisogno di un energico promemoria dall'ombra del padre sulla fragilità della successione ereditaria, essendo egli ormai l'ultimo sopravvissuto dei figli di Costantino e, intorno ai trentacinque anni, non avendo ancora un figlio suo. Quando Costanzo riconobbe la necessità di un coimperatore, non

---

nato da Elena, che era una donna comune non diversa dalle prostitute. Questo [la nascita di Costantino] avvenne non quando lui [Costanzo I] era cesare, ma mentre aveva il rango di privato cittadino. Costantino quindi s'impossessò del potere imperiale grazie all'audacia della sua ambizione, e ingiustamente uccise mio padre ed entrambi i suoi fratelli». Bidez (1913) XLIV e Kotter (1988) 187 datano la composizione di questa *Passio* a qualche tempo prima del X secolo; una delle sue fonti primarie era l'*HE* di Filostorgio.

[45] Nemico: *CTh* 11.12.1, emanato nell'aprile 340; per la contestazione di Costante alla priorità di Costantino II, vedi Bruun (1987); per l'eliminazione del nome di Costantino II, vedi Chastagnol (1976) e Cahn (1987). Solo due figli: Libanio, *Orat.* 59.43, 75. Per la scomparsa di Costantino II dalle memorie ufficiali, si veda anche Atanasio, *Vita Antonii* 81.1, il quale afferma che Antonio aveva ricevuto una lettera da Costantino e dai suoi due figli, Costanzo II e Costante. A Costantinopoli una statua con tre teste fu identificata come una composizione di Costantino affiancato da Costanzo II e da Costante; vedi *Parastaseis syntomoi chronikai* 43, con Cameron e Herrin (1984) 231-232, e Bassett (2004) 239-240. Minaccia di Costante: Socrate, *HE* 2.22, con Barnes (1993) 89-90, Portmann (1999), e Kolb (2001) 243-249, sulla discordia tra i fratelli. Sogno di Costantino: Pietro il Patrizio, *Frag.* 16, ed. Müller (1851) 190.

ebbe altra scelta che nominare i suoi cugini, prima Gallo nel 351 a causa della sua «relazione con la dinastia imperiale», poi Giuliano nel 355. Nel presentare Giuliano all'esercito, sembra che Costanzo si rivolgesse al cugino come suo «amatissimo fratello». Nonostante questa dichiarazione di cooperazione fraterna, qualche anno dopo anche loro erano sull'orlo di una guerra civile. Le rivalità personali avevano mandato in frantumi la speranza riposta da Costantino dapprima nell'armonia fraterna tra i suoi successori, e poi nella sopravvivenza nel lungo termine della sua dinastia[46].

La morte di Giuliano segnò la fine della dinastia ereditaria dei discendenti flavi. Giuliano aveva per nonno Costanzo I e per zio Costantino. In sogno lui stesso una volta aveva presagito il futuro troncato della sua famiglia: sarebbe stato lui l'ultimo getto spuntato da quella radice. Alla dinastia flavia estesa, la generazione di Giuliano aveva partecipato con almeno undici figli: i quattro figli di Costantino (Crispo, Costantino II, Costanzo II e Costante), i due figli di Dalmazio (Dalmazio il Giovane e Annibaliano il Giovane), i tre figli di Giulio Costanzo (Gallo, un suo fratello maggiore di cui non conosciamo il nome, e il loro fratellastro Giuliano), il figlio di Costanza e Licinio (Licinio il Giovane), e il figlio di Eutropia (Giulio Nepotiano). Ma questa ampia generazione di cugini fu singolarmente incapace di dare vita ad altri figli[47].

Uno dei motivi furono le micidiali rivalità sulla successione. Costantino stesso autorizzò l'esecuzione di Crispo e di vari parenti acquisiti; diversi tra quei cugini furono assassinati nel corso dell'operazione di liquidazione di rivali dinastici seguita alla morte di Costantino, sembra prima che questi avessero generato figli; Costantino II fu ucciso in un conflitto con il fratello Costante; più tardi Costanzo fu responsabile dell'esecuzione di suo cugino Gallo. L'autore di una valutazione successiva mostra di sapere esattamen-

---

[46] Ammiano Marcellino, *Res gestae* 14.1.1 promozione di Gallo, 15.8.12 amatissimo fratello.
[47] Sogno di Giuliano a Parigi: Giuliano, *Ep.* 4. Giuliano annota che il massacro dei suoi familiari aveva colpito tra gli altri il padre (Giulio Costanzo), il fratello maggiore (in realtà un fratellastro, di cui non conosciamo il nome), uno zio (Dalmazio) e sei cugini: vedi Giuliano, *Epistula ad Athenienses* 270C-271A, con Barnes (1981) 389nn.10-11, per le ipotesi sull'identità di questi cugini. Giuliano afferma anche che Costanzo stesso attribuì la sua impossibilità di avere figli al ruolo avuto in questo massacro.

te che cosa era andato storto: «L'imponente fertilità di questa dinastia fu distrutta dall'ossessione di [acquisire] la sovranità unica»[48]. Una seconda ragione per la fine della dinastia fu la sua vulnerabilità agli *handicap* di fondo della demografia romana, tra cui la tarda età del primo matrimonio per gli uomini e gli alti tassi di mortalità infantile. Dei figli di Costantino, Crispo aveva una sola figlia, e forse un altro bambino; sua figlia molto probabilmente era la madre della seconda moglie dell'imperatore Valentiniano. Costantino II era sposato ma non abbiamo notizie di figli, e Costante morì meno che trentenne, prima di sposarsi. Il primo matrimonio di Costanzo, con una cugina che era la figlia di Giulio Costanzo, non diede figli; successivamente sposò Eusebia «per produrre figli che ne ereditassero il prestigio e il potere», ma anche quel matrimonio rimase infruttuoso. Con la terza moglie, Faustina, ebbe una figlia, ma nata dopo la morte del padre. Dei figli di Giulio Costanzo, Gallo era sposato con Costantina, una figlia di Costantino, e da lei aveva avuto una figlia. Giuliano fu l'ultimo figlio della dinastia costantiniana. Per qualche anno fu sposato con Elena, un'altra delle figlie di Costantino. Ebbero un figlio, che morì subito dopo la nascita; Elena stessa morì nel 360. I contemporanei sentivano che questa famiglia aveva esaurito i suoi eredi. Meno di un anno dopo la sua morte, Giuliano era visto come niente di più che il «residuo della successione di Costantino»[49].

---

[48] Imponente fertilità: Temistio, *Orat.* 6.74C. Giuliano analogamente attribuisce la scomparsa della «moltitudine di figli» all'ambizione di ciascuno di regnare come imperatore unico «proprio come il padre»: vedi Giuliano, *Orat.* 7.228A-B.

[49] Figlia di Crispo e di Elena; vedi Barnes (1981) 72-73, (1982) 44. Se Giustina era realmente nonna di Crispo, allora l'imperatore Valentiniano II, uno dei quattro figli da lei avuti con Valentiniano, era bis-bisnipote di Costantino per discendenza diretta. Per differenti interpretazioni sulla connessione tra Giustina e la famiglia costantiniana, vedi Lenski (2002) 103 (il padre di Giustina era un cugino di Gallo) e Frakes (2006) 97 (la madre di Giustina era una sorella di Gallo). Moglie di Costantino II e primo matrimonio di Costanzo: Eusebio, *Vita Constantini* 4.49. Da adolescente Costante fu fidanzato con Olimpia, figlia di Flavio Ablabio, potente prefetto sotto Costantino; vedi Ammiano Marcellino, *Res gestae* 20.11.3, con Chausson (2002a) 211-217, il quale ipotizza che la madre di Olimpia fosse una nipote di Costantino. In attesa del matrimonio Costante mantenne Olimpia «come propria moglie»: vedi Atanasio, *Historia Arianorum* 69.1. Dopo la morte di Costantino, Costanzo fece giustiziare Ablabio; dopo la morte di Costante, Olimpia venne data in moglie al re Arsace d'Armenia: vedi *PLRE* 1:3-4, «Fl. Ablabius 4», 642, «Olympias 1». Matrimonio di Costanzo con Eusebia: Giuliano, *Orat.* 3.109.B; Costanzo avrebbe cercato una cura per la sterilità della moglie: vedi Filostorgio, *HE* 4.7, con Holum (1982) 21-44, sull'importanza

Stando a Libanio, uno dei paladini dell'imperatore, successivamente Giuliano si lodò per non essersi risposato e per non aver avuto figli perché aveva deliberatamente voluto mettere fine alla successione ereditaria. «Quando i suoi sostenitori lo esortavano a risposarsi per mettere al mondo dei figli che avrebbero ereditato l'impero, rispondeva che quella prospettiva era terrificante, perché essi potevano essere malvagi e succedergli ugualmente, distruggendo lo Stato». Alla sua morte Giuliano era ancora così giovane che probabilmente non aveva riflettuto abbastanza sulla successione imperiale. Se lo avesse fatto, forse avrebbe concluso che i requisiti più importanti per un nuovo imperatore erano le stesse qualità che lui mirava a privilegiare nella nomina dei magistrati imperiali: la familiarità con la cultura classica e la devozione al paganesimo. «La filosofia, non la tradizione dinastica, era la legittimazione del suo regno». La rinascita dell'impero grazie alla promozione del suo progetto religioso e culturale molto probabilmente avrebbe assunto la priorità rispetto alla continuazione della dinastia flavia di suo zio[50].

L'idea di una dinastia imperiale flavia tuttavia dominò il resto del IV secolo proseguendo anche nel V e oltre: «Anche dopo la fine dalla sua vita si continuò a udire il nome di Costantino». La sua eredità dinastica divenne la pietra di paragone per successivi imperatori e pretendenti. Gioviano, Valentiniano e i suoi figli, Valente, e Teodosio e i suoi figli, oltre a usurpatori come Magnenzio ed Eugenio, adottarono tutti Flavio come parte della loro denomi-

---

della gravidanza nella raffigurazione delle donne imperiali. Figlia di Gallo e Costantina: Giuliano, *Epistula ad Athenienses* 272D. Morte del figlio di Giuliano: Ammiano Marcellino, *Res gestae* 16.10.19, il quale ipotizza che l'interruzione della gravidanza fosse il frutto di una manovra di Eusebia, moglie di Costanzo, che non poteva avere figli. Giovanni Crisostomo, *Hom. in epistulam ad Philippenses* 15.5 (*PG* 62.295), fa un elenco di recenti sventure di imperatori: «Un altro [imperatore] assisté alla rovina di sua moglie a causa dei farmaci. Poiché non riusciva a concepire, era una moglie devastata e infelice. Nella sua infelicità e disperazione, sperava di produrre un dono di Dio [ossia un figlio] ricorrendo alla propria ingegnosità. Dispensando farmaci, distrusse la moglie di un imperatore e fu ugualmente distrutta essa stessa». Questa storia potrebbe essere un confuso ricordo della vicenda di Eusebia ed Elena. Residuo: Temistio, *Orat.* 5.65B, in un'orazione in onore del consolato di Gioviano nel gennaio 364; con Chausson (2002B) per importanti congetture sui discendenti collaterali dei figli di Costantino.

[50] Libanio, *Orat.* 18.157-159 qualificazioni di magistrati, 181 nuove nozze. Citazioni sulla filosofia da Elm (2003) 500.

nazione imperiale ufficiale. Persino l'usurpatore Procopio, che in quanto lontano parente di Giuliano per via materna sarebbe potuto essere ostile alla linea costantiniana della famiglia, posava a legittimo erede della «famiglia della più eccelsa levatura» mostrandosi con la vedova e la figlia bambina di Costanzo. Dopo che Graziano, un figlio di Valentiniano, in seguito ebbe sposato quella figlia di Costanzo, donò a un nuovo console una veste ricamata con un'immagine del defunto suocero, che ora poteva dichiarare «mio antenato». Alla metà del IV secolo, e dopo, l'oratore Temistio s'ingraziò accortamente ogni nuovo imperatore esprimendo favorevoli paragoni con Costantino. Gioviano era «in tutto Costantino», anzi un Costantino più autentico di quanto fossero stati lo stesso suo figlio Costanzo e suo nipote Giuliano; Valentiniano e Valente sarebbero stati in grado di superare Costantino grazie all'equanimità del loro comportamento a Costantinopoli; Teodosio sarebbe diventato, per Costantinopoli, un terzo fondatore, superando sia il leggendario Byzas sia Costantino stesso. Successivi imperatori vollero associarsi con Costantino, se possibile attraverso le loro attività o i legami di famiglia, o al limite anche solo mediante il nome. Le immagini ufficiali di questi imperatori integravano i loro nomi ufficiali, in quanto disponevano anche che i loro ritratti assomigliassero a quelli di Costantino. Erano tutti progenie flavia[51].

Durante il IV secolo Flavio era diventato sostanzialmente un titolo imperiale, analogo a quello di Augusto. In seguito gli imperatori bizantini continuarono a usarlo nelle loro denominazioni ufficiali, come un mezzo per associarsi alla «dorata aureola dell'eredità di Costantino». Alcuni dei re barbari nell'Europa occidentale

---

[51] Nome di Costantino: Eusebio, *Vita Constantini* 4.72. Ammiano Marcellino, *Res gestae* 26.7.10 vedova e figlia, 16 famiglia, 29.6.7 matrimonio di Graziano e Costanza; con Lenski (2002) 98-104 sulle rivendicazioni di appartenenza alla dinastia costantiniana. Le fonti citate in *PLRE* 1:401, «Fl. Gratianus 2», non appoggiano l'ipotesi che Graziano e Costanza avessero un figlio. Veste: Ausonio, *Gratiarum actio* 11. Temistio, *Orat.* 5.70D Gioviano, 6.83b-c Valentiniano e Valente, 18.223b Teodosio; con la rassegna sulla reputazione di Costantino in Magdalino (1994). Galla Placidia, nipote di Valentiniano I (nonno), nipote di Valentiniano II (zio) e figlia di Teodosio, enfatizzava i suoi legami con la dinastia di Costantino; vedi Brubaker (1997) e il Cap. XII per il legame matrimoniale di Teodosio con la dinastia costantiniana. Sulla continuità delle immagini imperiali, vedi Smith (1985) 221: «La connessione diretta con Costantino fu mantenuta davanti agli occhi dei sudditi dell'impero dalla continuità, praticamente senza soluzione, dell'immagine nei ritratti dell'imperatore».

postromana, in particolare i re visigoti, ostrogoti e longobardi, lo usarono persino come titolo regale. Ma, a differenza di Augusto, Flavio era in più un nome che poteva essere adottato anche dalla gente comune. Tra la fine del III e l'inizio del IV secolo magistrati, comandanti e soldati romani avevano adottato Valerio come un indicatore onomastico di stato e rango che li collegava a Diocleziano e ai tetrarchi. Dopo il regno di Costantino, però, l'uso di Flavio rimpiazzò ampiamente quello di Valerio come segnale di privilegio e come titolo onorario di prestigio, adottato soprattutto nell'impero orientale da magistrati imperiali, generali, notabili municipali in ascesa e persino soldati. Il primo volume della *Prosopografia del tardo impero romano* comprende circa 270 magistrati e altri notabili, non appartenenti alla famiglia di Costantino, con Flavio nel loro nome durante il IV secolo, il secondo volume ben oltre 200 per il V secolo e l'inizio del VI; successivamente, il terzo volume semplicemente cessa di presentare riferimenti incrociati a questo nome onnipresente[52].

Un nome di risonanza imperiale poteva persino essere sufficiente credenziale per fare un imperatore. Nel lontano Nord, in Britannia, nel 407 l'esercito proclamò imperatore Costantino III. Poiché questo nuovo imperatore fino ad allora non era stato che un comune soldato, uno storico ritenne che la sua unica rivendicazione al trono consistesse nella «speranza nel suo nome». Questo nuovo imperatore aveva adottato un nome ufficiale che ne faceva una replica del Costantino originale: Flavio Claudio Costantino. Davanti alle rinnovate invasioni barbariche sulla frontiera settentrionale, i suoi sostenitori presumibilmente speravano che questo novello Costantino sapesse ripetere i successi militari del Costantino originale. Poiché dei figli dell'imperatore uno fu chiamato Giuliano e un altro Costante, i suoi sostenitori potrebbero aver sperato ancor più che questo nuovo Costantino stesse formando anche una sua nuova dinastia costantiniana. In un momento di

---

[52] Aureola: Brubaker (1999) 171, che commenta i tentativi dell'imperatore Basilio I di rivendicare Costantino per la sua nuova dinastia. Per l'uso di Flavio, vedi la panoramica in Mócsy (1964), la dettagliata elaborazione in Keenan (1973-1974), (1983), e il sommario in Salway (1964) 137-141. Per le questioni se Flavio debba essere considerato parte di un nome o semplicemente un titolo onorifico, vedi Bagnall *et al.* (1987) 36-40, ripreso in Cameron (1988) 33: «Il marchio del *recentemente* importante».

pericolo, forse, ci sarebbe stata un'altra dinastia costantiniana di imperatori flavi[53].

«Tutta la tua famiglia»

Nei primi anni del suo regno Costantino era stato in ansia per la propria legittimità. Una soluzione fu l'invenzione di una dinastia flavia che includesse tanto suo padre quanto il precedente imperatore Claudio il Gotico, e che fosse ben distinta dalla dinastia valeriana di Diocleziano e dei tetrarchi. In anni successivi del suo regno a crucciare Costantino era stata la successione. Questa volta una soluzione fu la promozione della dinastia flavia, nei suoi figli e nipoti come successori, nei nomi delle città, nei nomi della gente comune. Una nuova dinastia flavia era la soluzione per le preoccupazioni sulla legittimità e sulla successione, dal momento che riforniva Costantino di un passato e di un futuro, di distinti antenati imperiali e di degni eredi imperiali originari della sua famiglia. Persino Giuliano, che era in forte disaccordo con il comportamento e le politiche religiose di suo zio Costantino, apprezzava comunque di essere membro della dinastia che aveva avuto origine con Claudio. «Tutti gli dei hanno concesso la sovranità imperiale alla famiglia di Claudio. Hanno ritenuto opportuno che i discendenti di un tale patriota rimanessero al potere il più a lungo possibile». Giuliano avrà anche nutrito dei dubbi sulla successione ereditaria dopo essere diventato imperatore, ma apprezzava ugualmente il ruolo delle connessioni dinastiche nella sua ascesa al trono. Un tempo un *pedigree* flavio era un lascito di Claudio e Costantino; poi era diventato un destino per i discendenti di Costantino[54].

---

[53] Speranza nel suo nome: Orosio, *Historiae adversum paganos* 7.40.4, con *PLRE* 2:316-317, «Fl. Claudius Constantinus 21». Anche Sozomeno, *HE* 9.11.2: i soldati di Britannia «pensavano che poiché aveva questo nome, avrebbe governato l'impero con fermezza».

[54] Dei: Giuliano, *Caesares* 313D; anche *Orat.* 1.6D, 2.51C: «Gli affari della nostra famiglia ebbero inizio con Claudio»; con Castritius (1969) 43-47 sull'apprezzamento di Giuliano per la sua eredità dinastica. D'altra parte, l'idea di questa presunta discendenza da Claudio potrebbe non aver avuto un'ampia circolazione dopo il regno di Costantino. Si noti che alcuni contemporanei di Giuliano erano ignari, o non ne erano troppo colpiti, della connessione dinastica. In un'orazione rivolta a Costanzo e a Costante probabilmente nel 344 Libanio afferma che l'impero apparteneva a loro «dalla terza generazione» e

Nella loro petizione Hispellum e le altre città dell'Umbria speravano di rinfocolare l'antica intimità con gli imperatori presentando un invito indiretto a Costantino perché andasse a visitarle. Nel promuovere la loro richiesta queste città sembravano percepire che Costantino era più interessato al futuro della sua famiglia che all'imposizione di una specifica religione. Nella sua risposta l'imperatore dava il permesso di costruire un nuovo tempio della dinastia flavia. Questa concessione appare singolare nel contesto del suo appoggio al cristianesimo, ma piuttosto prevedibile nel contesto della sua determinazione, quasi un'idea fissa, di promuovere la propria dinastia. La successione dinastica aveva la meglio sulla religione. L'aver iniziato come usurpatore sembra rendesse in Costantino più acuta la consapevolezza della necessità di legittimare se stesso e i suoi discendenti, e le sue esigenze politiche ripetutamente assunsero la priorità rispetto a qualsiasi preferenza religiosa[55].

Anche il clero dovette riconoscere questa priorità. Quasi un secolo dopo la morte di Costantino il vescovo Agostino di Ippona offriva una reinterpretazione della storia romana nella sua *Città di Dio*. Agostino sarà anche stato uno dei maggiori sostenitori di una visione specificamente cristiana della storia, ma pure lui dovette riconoscere quale maggiore importanza avessero per gli imperatori le preoccupazioni politiche rispetto ai temi religiosi. Come primo imperatore cristiano Costantino poneva un problema spinoso di valutazione, e quando Agostino definiva gli «imperatori cristiani», riconosceva che la successione dinastica era ancora un elemento cruciale di successo. Secondo questa interpretazione, solo gli im-

---

paragonava i fratelli a uomini che ereditavano «le proprietà del padre e del nonno»: vedi Libanio, *Orat.* 59.13, con Lieu e Montserrat (1996) 161-162, per la data. In un'orazione diretta a Costanzo alla fine degli anni Quaranta o nei primi Cinquanta Temistio lo presentava analogamente come rappresentante solo della «terza generazione del governo imperiale»: vedi Temistio, *Orat.* 1.2b, con Heather e Moncur (2001) 69-71, sulla data. Negli anni Settanta del IV secolo Epifanio, vescovo di Salamina a Cipro, affermava che Costanzo I era figlio dell'imperatore Valeriano, predecessore di Claudio; vedi Epifanio, *Panarion* 69.1.3.

[55] Per conclusioni simili sulle priorità di Costantino riguardo al culto a Hispellum, vedi de Dominicis (1963) 211: «Un carattere prevalentemente civile e laico»; e Gascou (1967) 645: «Le culte de la famille impériale n'a pas un caractère d'adoration religieuse, mais seulement de fidélité dynastique». Per la continua ossessione di Costantino per la successione dinastica, vedi Grünewald (1990) 157: «Dem ältesten Thema der constantinischen Propaganda... der Dynastie».

peratori cristiani che «temevano, amavano e veneravano Dio» potevano essere considerati felici e floridi. Poiché Costantino era un esempio di tale devozione, Dio lo aveva premiato con «doni in questo mondo», come la fondazione di una nuova capitale, l'amministrazione dell'intero mondo romano quale unico imperatore, grandi vittorie nelle campagne militari e una lunga vita. L'ultima di queste benedizioni era stata la successione dei suoi figli come imperatori[56].

Agostino elencava questi doni anche se arrivavano molto vicino a minare le sue idee sul monarca cristiano ideale. Nella sua ottica questi doni erano stati conseguenze incidentali dell'amore di Costantino per Dio. Nell'ottica di Costantino, invece, queste conseguenze, la successione dinastica in particolare, erano state fin dall'inizio i suoi obiettivi primari. Di conseguenza, questa ossessione di preservare la propria fama con la continuazione della posizione imperiale della famiglia potrebbe benissimo essere interpretata come un'indicazione di quelle bramosie che Agostino aspirava a eliminare dalla funzione di governo di un cristiano. La successione dinastica era il segno del «desiderio di plauso» di un imperatore, della sua «passione per la gloria», e finanche dell'«amore di sé». Come vescovo, ovviamente Agostino non vedeva di buon occhio tali ambizioni egoistiche, enfatizzando invece l'amore per Dio. Ma le realtà del governo imperiale esigevano che ogni imperatore, anche un imperatore cristiano, non ignorasse la reputazione futura sua e della sua famiglia[57].

Anche nel pieno della sua conversione al cristianesimo, tra le sue prime visite a Roma e la sua partecipazione alle dispute ecclesiastiche, Costantino aveva costantemente messo in primo piano la famiglia, e in particolare i figli. Tre piccoli episodi sottolineano succintamente la sua ossessione per la successione dinastica. In primo luogo, lui stesso più tardi sostenne che prima della sua campagna

---

[56] Agostino, *De civitate Dei* 5.24 imperatori cristiani, 25 doni per Costantino; con McLynn (1999) 32 sulle posizioni di Agostino verso gli imperatori, e Dagron (2003) 23-24 sulla successione dinastica come segno dell'approvazione di Dio.

[57] Agostino, *De civitate Dei* 5.12 desiderio e passione, 14.28 amore di Dio e amore di sé. Si noti che già Lattanzio aveva annoverato la successione dinastica tra i premi per l'appoggio dato da Costantino al cristianesimo: vedi Lattanzio, *Institutiones divinae* 1.1.14, con Bowen e Garnsey (2003) 3, 48-51 sugli ultimi pensieri di Lattanzio su Costantino.

del 312 contro Massenzio aveva avuto la visione di una croce nel cielo. Immediatamente dopo, affermò inoltre, aveva istituito uno stendardo militare a forma di croce. Questo stendardo era qualcosa di più di un simbolo religioso, però, perché oltre alle altre decorazioni recava «un ritratto dorato dell'amico di Dio l'imperatore, e dei suoi figli». Poiché nel 312 Costantino aveva un figlio soltanto, una versione più tarda di questo stendardo militare si era evidentemente spostata in direzione della successiva riformulazione che l'imperatore aveva offerto della visione originale e delle sue conseguenze. Secondo Eusebio di Cesarea, questo «segno di salvezza», lo stendardo militare, «rafforzava l'intera casa e dinastia dell'imperatore». Poiché gli aspetti politici della sua conversione erano importanti da pubblicizzare non meno dell'affiliazione religiosa, Costantino usò tanto la storia sulla sua visione della croce quanto l'istituzione di uno stendardo militare per sanzionare la successione dei suoi figli. In secondo luogo, durante la sua visita a Roma nell'estate del 315 Costantino emise un editto nel nome di se stesso e del cesare. L'incongruenza in questo caso è che, sebbene avesse ancora un solo figlio, non lo aveva ancora nominato cesare. Evidentemente stava già in anticipo progettando la promozione di suo figlio. In terzo luogo, a un determinato momento Costantino compose una preghiera per il suo esercito. La preghiera era simile a quella che un tempo aveva composto l'imperatore Licinio per il suo esercito, e forse derivava da essa. Ma la versione di Costantino differiva nettamente dalla preghiera del rivale in quanto includeva un'ulteriore e rivelatrice supplica che le truppe dovevano recitare a garanzia della loro lealtà alla sua intera dinastia: «Preghiamo che il nostro imperatore Costantino e i suoi figli, amici di Dio, ci siano conservati salvi e vittoriosi per lunghissimo tempo». Questa preghiera, con la sua implorazione per la famiglia imperiale di Costantino, era l'equivalente liturgico dello stendardo militare, con il suo ritratto della famiglia imperiale di Costantino. L'assillo di Costantino per la successione dinastica permeava il suo rapporto con l'esercito, la sua autorità politica e persino la celebrazione della liturgia. Lo stendardo, l'editto e la preghiera militare propagandavano non soltanto Costantino stesso ma anche la sua progenie dinastica[58].

---

[58] Stendardi militari: Eusebio, *Vita Constantini* 1.31.2. Segno di salvezza: Eusebio, *De*

Costantino avrebbe piegato le sue politiche religiose, e forse persino la sua devozione personale, per adattarle alle circostanze. Ma la successione dinastica era il solo impegno su cui non avrebbe accettato compromessi, e il nome della sua famiglia divenne un segnale non necessariamente di conformismo religioso, bensì di fedeltà politica. Il suo sostegno a una specifica ortodossia cristiana, o al cristianesimo stesso, era di importanza secondaria. Hispellum e le altre città dell'Umbria avevano fatto efficacemente leva sulla sua preoccupazione per la successione dinastica allo scopo di ricevere il permesso di costruire un nuovo tempio pagano. Allo stesso modo anche il clero cristiano dovette percepire quanto fosse vantaggioso fare appello a questa ossessione. Due anni dopo che il concilio di Nicea aveva gettato l'anatema sulle sue dottrine teologiche, il famigerato sacerdote Ario chiedeva a Costantino una riconciliazione. Dopo aver riferito delle loro tesi rivedute, lui e un suo associato toccavano l'argomento risolutivo: una volta reintegrati, avrebbero potuto ricongiungersi con il resto della Chiesa pregando «per tutta la tua famiglia». La loro petizione ebbe successo[59].

---

laudibus Constantini 9.18, con Drake (1976) 72, che commenta il monogramma del Chi-Rho presente sullo stendardo militare: «Durante la vita di Costantino il monogramma era associato non con Cristo ma... con l'imperatore e la sua casata». Editto emesso il 13 settembre 315: *CTh* 10.1.1, «Imp. Constantinus A. et Caes. ad populum»; nel 315 non erano presenti cesari nel collegio imperiale; vedi Barnes (1982) 7. Preghiera di Costantino: Eusebio, *Vita Constantini* 4.20.1; preghiera di Licinio: Lattanzio, *De mortibus persecutorum* 46.6; con Sozomeno, *HE* 1.8.10-11, per la nomina da parte di Costantino di chierici come cappellani per le unità dell'esercito.

[59] Lettera di Ario ed Euzoio a Costantino, verso la fine del 327: Urkunde 30.5, ed. Opitz (1934-1935) 64, cit. in Socrate, *HE* 1.26, Sozomeno, *HE* 2.27; con il Cap. X per un'ulteriore discussione sul reintegro di Ario. Per l'assenza di connotazioni religiose nel nome Flavio, vedi Mócsy (1964) 259: «es keine religiösen Unterschiede gibt».

IV.

UNA TESTA, TRE LETTURE

Nel nostro tempo postmoderno regna il paradosso, e si presume che ogni lettura del passato abbia una sua validità. Per sostenere le loro interpretazioni gli storici ricorrono a varie tecniche, come la selezione, l'enfatizzazione, e la ridisposizione di testi e manufatti. In base a questi criteri il passare del tempo può qualificarsi come interprete della storia, dal momento che anch'esso ha disposto la materia del passato in configurazioni inattese. Il passare del tempo non è solamente il soggetto della storia; ha anche, con i suoi modi misteriosi, fornito «letture» e interpretazioni del passato. Né queste memorie vanno sottovalutate come fortuite, e quindi prive di senso per l'impresa storica. Anzi, da determinati punti di vista il passare del tempo ha offerto letture che sono realmente stimolanti nella loro imprevedibile giocosità. Mentre molte narrative storiche moderne sono appesantite dal loro gergo teorico e dalla loro greve seriosità, il passare del tempo sembra dotato di un malizioso senso dell'umorismo[1].

La sorte dell'iscrizione a Hispellum è uno degli esempi del carattere scherzoso del tempo. Il popolo di Hispellum aveva voluto un proprio tempio imperiale e una propria festività. Dopo la risposta favorevole di Costantino gli abitanti della cittadina costruirono il tempio, nominarono i sacerdoti, celebrarono la festa e cambiarono il nome alla città. Incisero anche una riproduzione permanente del rescritto dell'imperatore su una grande lapide di pietra alta più

---

[1] Per questa nozione empirica di memoria, vedi Klein (2000) 136: «La nuova "materializzazione" della memoria porta l'elevazione della memoria allo statuto di agente storico, ed entriamo in una nuova era in cui gli archivi ricordano e le statue dimenticano».

di un metro e mezzo e larga più di mezzo metro. Come altre città antiche che esponevano i responsi degli oracoli che avevano consultato o le risposte degli imperatori alle loro petizioni, Hispellum mise in mostra il rescritto di Costantino come pegno della sua nuova autonomia. Questa iscrizione fu riportata alla luce all'inizio del Settecento. Oggi è esposta su una parete in una sala riunioni del Palazzo Comunale Vecchio di Spello, ed è citata nelle guide turistiche sulle vicende storiche della città. Anche se la festività è scomparsa da tempo, il monumento di pietra con il rescritto dell'imperatore sopravvive come fonte di orgoglio locale, reliquia di tempi migliori. L'uso di appellarsi al passato ha ancora le sue ricompense, e la documentazione del rescritto favorevole di Costantino è diventata nuovamente un emblema dell'importanza di Spello.

Anche a Roma il passare del tempo ha modificato da vari punti di vista la reputazione di Costantino. Diventando Roma una città sempre più cristiana e papale, le chiese che Costantino aveva eretto ai margini della città vecchia divennero più centrali. Come l'Italia tardoantica subiva un ribaltamento totale, con la frontiera settentrionale che per gli imperatori diventava più importante di Roma e dell'Italia peninsulare, così la Roma tardoantica veniva rovesciata come un guanto, con le chiese vicine alle mura o esterne a esse e i santuari dei santi nei sobborghi che diventavano più importanti dei vecchi templi pagani nel centro monumentale. Nell'impero, città di frontiera assumevano il rango di capitale. A Roma, chiese e santuari periferici dell'«hinterland cristiano intorno alla città» definivano nuovi centri di devozione. Uno di questi santuari suburbani assurti a nuova importanza era, ovviamente, la chiesa di San Pietro, che sorgeva all'esterno delle mura cittadine, oltre il Tevere, su un colle che non entrava nel novero dei sette originali. Questo colle Vaticano aveva inoltre una tale reputazione di degrado che un prefetto di Roma ebbe a liquidarlo come un luogo di malaffare dove si raccoglievano gli accattoni. Poi Costantino e i suoi figli finanziarono la costruzione di una nuova grandissima chiesa che commemorava il santuario del martire sul colle. Ora cimiteri periferici che avevano preso il nome dai santi Pietro e Paolo venivano trasformati in «monumenti di eccelsa magnificenza»[2].

---

[2] Citazione sull'*hinterland* cristiano da Curran (2000) 148; vedi anche Hunt (2003), che

A mano a mano che le nuove chiese mettevano in secondo piano i vecchi templi, gli osservatori potevano formarsi una diversa immagine della topografia urbana di Roma. Girolamo allude a queste nuove priorità religiose e topografiche quando ricorda la sua precedente residenza nella capitale. «Il fulgore dorato del colle Capitolino s'è insudiciato, e tutti i templi di Roma sono coperti di fuliggine e ragnatele. La città viene rimossa dalle fondamenta. Il popolo passa veloce davanti alle rovine dei templi e si affretta verso le tombe dei martiri». Girolamo stesso, da giovane studente a Roma durante gli anni Sessanta del IV secolo, la domenica usava recarsi in visita alle catacombe. In lui e nei suoi amici entrare nelle cripte provocava un fremito, passare tra le file dei cadaveri, rabbrividire nel buio. Dal suo rifugio in Campania all'inizio del V secolo, Paolino di Nola riconosceva il primato di Roma, ma non più a causa delle sue conquiste militari. «Un tempo Roma era al primo posto solo grazie al suo impero e alle sue armate vittoriose; ma ora ha la priorità nel mondo per le tombe degli apostoli». Come la crescente importanza della Seconda Roma scompaginava le dinamiche dell'impero, allo stesso modo la sempre maggiore rilevanza del Vaticano e di altri santuari cristiani suburbani riordinava la topografia simbolica della Prima Roma[3].

---

associa queste chiese suburbane alla celebrazione della liturgia, e l'efficace analogia di Hansen (2003) 43 sull'ubicazione di queste chiese: «Quasi come fossero una macchina da assedio, che conquistava la città circondandola». Krautheimer (1983) 29 sostiene che Costantino fondò chiese ai margini di Roma «nell'abito di una politica attenta a non offendere i sentimenti pagani»; anche Santangeli Valenzani (2000), che mette a confronto le costruzioni di Massenzio nel centro di Roma e le chiese di Costantino alla periferia. Per la rinascita di santuari e catacombe sotto il vescovo Damaso, vedi l'eccellente rassegna in Trout (2003): «L'essenza della città, e le fonti della sua immagine e identità, ora si trovano al di fuori delle sue mura» (p. 528). Accattoni: Ammiano Marcellino, *Res gestae* 27.3.6, con l'Introduzione alla sezione «Imperatore e Dio» per un approfondimento sulla chiesa di San Pietro.

Per la crescente importanza delle chiese a Roma, si noti la transizione dalla storia ecclesiastica di Eusebio alla versione di Rufino. Scrivendo prima della vittoria di Costantino a Roma, Eusebio, *HE* 2.25.5, menzionava «il nome di Pietro e Paolo, che ancora oggi prevale nei cimiteri del luogo»; quasi un secolo dopo, traducendo questo passo, Rufino ometteva ogni riferimento ai cimiteri e parlava invece di «ancor oggi monumenti di eccelsa magnificenza».

[3] Colle Capitolino: Girolamo, *Ep.* 107.1, con Curran (1994) 49 sul «progresso della conversione che lasciò il Campidoglio meno visitato che in periodi precedenti». Catacombe: Girolamo, *Commentarii in Ezechielem* 412, su Ezechiele 40,5-13, ed. Glorie (1964) 556-557. Tombe degli apostoli: Paolino di Nola, *Carm.* 13.29-30, con l'eccellente rassegna di immagini di Roma nei poeti in Roberts (2001). Per la continuazione del sostegno imperiale a

La reputazione dei monumenti secolari di Costantino a Roma non raggiunse lo stesso livello. L'imponente basilica Costantiniana adiacente al vecchio foro divenne una sorta di cava, soprattutto per i pontefici medievali e i costruttori del Rinascimento. Un papa del VII secolo articolò con precisione il nuovo riallineamento delle priorità quando rimosse le tegole di bronzo dalla basilica per dotare di un nuovo tetto la chiesa di San Pietro. Riparare una chiesa al di fuori delle mura cittadine era più importante che mantenere un edificio imperiale nel cuore della città, fosse pure un edificio associato con il primo imperatore cristiano. Nel corso dei secoli nei quali questa basilica crollava e veniva gradualmente (e letteralmente) decostruita, il suo nome è ritornato al suo patrono originario. Oggi molte guide e cataloghi di mostre si riferiscono ai suoi imponenti ruderi con il nome di basilica di Massenzio[4].

Nel XV secolo tra le rovine della basilica furono trovati i resti della statua colossale di Costantino, resti che comprendevano la testa, la mano destra, la parte superiore del braccio destro, il ginocchio destro, la gamba destra e i piedi. Questi frammenti furono in seguito trasferiti sul colle Capitolino, e nel XVII secolo ricollocati nella corte del palazzo dei Conservatori. Questo cortile è oggi una sorte di obitorio che raccoglie una miscellanea di membra che sembrano in attesa di essere rimesse insieme: come in quella storia apocrifa secondo la quale la moglie di Domiziano aveva ricucito i pezzi del marito ucciso e fatto a brani, ultimo dei primi imperatori flavi. Per uno strano scherzo del destino, mentre Costantino stesso, durante una delle sue visite a Roma, aveva declinato l'invito a salire sul colle Capitolino e a partecipare a una festa pagana, la sua testa e le sue membra colossali hanno oggi trovato la loro casa sul Campidoglio[5].

---

giochi e intrattenimenti a Roma, vedi l'acuta discussione di Lim (1999). Di conseguenza, Ammiano Marcellino, *Res gestae* 28.4.29, classificava il circo Massimo come un «tempio» per gli spettatori a Roma.

[4] Tegole del tetto: *Liber pontificalis* 72.2, ed. Duchesne (1886) 232, «de templo qui appellatur Romae», con Ward-Perkins (1984) 222 e Coarelli (1993) 171 che discutono dell'identificazione di questo *templum Romae* con la basilica Costantiniana.

[5] Moglie di Domiziano: Procopio, *Anecdota* 8.15-20, con Kaldellis (2004) 134, «Uno dei brani più macabri della letteratura antica». Procopio riferiva questa storia perché pensava che a Giustiniano si addicesse una simile mostruosità! In realtà il corpo di Domiziano era stato cremato, anche se alcune delle sue statue vennero decapitate e smembrate: vedi

Leggere una testa e una mano

La monumentale testa e la mano destra di Costantino sono diventate importanti reliquie della sua presenza a Roma. Spostate dalla loro collocazione originaria, allontanate dal loro contesto originario, questa testa e questa mano suscitano oggi almeno tre diverse letture del ruolo di Costantino nella capitale: come usurpatore, come antenato e come benefattore.

Una lettura sottolinea la sua condizione di *outsider*. Dopo la morte del padre Costantino aveva proclamato la propria ascesa al trono imperiale inviando una tradizionale immagine laureata di se stesso a Galerio, il sopravvissuto imperatore *senior*. Accettando l'immagine, per quanto controvoglia, Galerio accoglieva Costantino nella «società» degli imperatori. Altri imperatori pubblicizzarono allo stesso modo la loro autorità mandando immagini, statue e persino monete d'oro recanti il proprio ritratto. Ma se ritratti, statue e busti annunciavano l'inizio del regno di un nuovo imperatore, allora proprio questa testa senza corpo annunciava la fine. Massenzio era annegato nel Tevere durante la battaglia del ponte Milvio. Le truppe di Costantino, recuperato il cadavere, gli avevano tagliata la testa e l'avevano portata in giro nella loro processione trionfale. Costantino quindi mandò l'«odiosa testa del tiranno» in Africa per dimostrare che ora era lui al comando. Le statue di un imperatore sconfitto abitualmente subivano la stessa sorte. «Dopo che un tiranno viene ucciso, le sue immagini e le sue statue vengono

---

Svetonio, *Domitianus* 17.5, morte; Plinio, *Panegyricus* 52.5, statue. Discussione sulla testa di Costantino e la storia dei frammenti: Stuart Jones (1926) 5-6, 11-14, e Fittschen e Zanker (1985) 147-152. Mancata partecipazione alla festa: Zosimo, *Historia nova* 2.29.5. La bibliografia sul rifiuto di Costantino di salire sul Capitolino, in particolare a proposito della data e del più ampio significato, è ricca; per una panoramica, vedi Paschoud (1979-2000) 1:238-240, (1992) e Nixon e Rodgers (1994) 323n.119.

Otto pannelli di uno o più archi precedenti dedicati a Marco Aurelio furono riutilizzati sull'arco di Costantino. Su questi pannelli, che raffiguravano varie attività imperiali, la testa dell'imperatore fu ritoccata per farla rassomigliare a Costantino o a suo padre, Costanzo: vedi il Cap. II. Tra i pannelli della stessa serie che *non* furono usati sull'arco di Costantino ce n'era uno che mostrava Marco Aurelio nell'atto di celebrare un sacrificio davanti al tempio di Giove sul colle Capitolino; vedi Ruysschaert (1962-1963b). Per un'eccellente interpretazione della deliberata soppressione di una raffigurazione dell'imperatore sul Capitolino, vedi Ruysschaert (1962-1963a): «Païen par ce qu'il exprime, l'arc de Constantin est crétien par ce qu'il taît» (p. 399).

abbattute. Quando solo le fattezze del volto sono cambiate, la testa [del tiranno] viene rimossa e il busto del vincitore viene collocato in cima [alle statue] di modo che il corpo rimane mentre un'altra testa sostituisce quella eliminata». Un nuovo imperatore era una nuova faccia e un nuovo capo di governo; un imperatore deposto perdeva la faccia e il capo. La decapitazione segnava la morte di un imperatore finito e contemporaneamente di ogni memoria di lui. La decapitazione era l'equivalente simbolico della cancellazione dei nomi e della cessazione del lignaggio; senza la testa, il cadavere di un usurpatore era «senza nome»[6].

Durante il IV secolo e all'inizio del V, la decapitazione fu sorte comune di imperatori deposti e altri ribelli. Quando Costanzo si dispose ad affrontare Giuliano, sperava di rimandare ad Antiochia la testa del cugino ribelle. Gli usurpatori Magnenzio e Procopio furono decapitati; lo furono anche Magno Massimo, Eugenio, Costantino III e suo figlio Giuliano, e Jovino e suo fratello Sebastiano: le loro teste esposte. A Costantinopoli la testa di un generale goto rinnegato era in mostra permanente, accuratamente conservata in salamoia. A volte la pena comprendeva anche l'amputazione di una mano.

L'usurpatore Attalo perse le dita della mano destra. L'usurpatore Giovanni perse la testa e una mano. Quando i soldati uccisero Rufino, il prefetto che si pensava avesse delle mire sul trono d'Oriente, gli mozzarono la testa e ambo le mani. Quindi sfilarono

---

[6] Immagine di Costantino: Lattanzio, *De mortibus persecutorum* 25.1-3; con Zosimo, *Historia nova* 2.9.2 per la reazione rabbiosa di Massenzio all'esibizione dell'immagine di Costantino a Roma, e Bruun (1976) sulla trasmissione e accettazione delle immagini di nuovi imperatori. Monete d'oro: vedi Ammiano Marcellino, *Res gestae* 26.7.11, per il tentativo di Procopio di suscitare un movimento di sostegno nell'Illirico distribuendo monete d'oro «con il ritratto del nuovo imperatore»; con López Sánchez (2003) che discute le immagini sulle monete di Procopio. Testa di Massenzio: *Panegyrici latini* 12(9).18, 4(10).31.4, «tyranni ipsius taeterrimum caput», Zosimo, *Historia nova* 2.17.1; mandata in Africa: *Panegyrici latini* 4(10).32.6-8; anche Prassagora di Atene, sintetizzato da Fozio, *Bibliotheca* 62: «Alcuni romani gli tagliarono la testa, l'affissero a un palo e girarono per la città», con Malosse (2000), che afferma che Prossagora era la fonte di Libanio, *Orat.* 59. Statua del tiranno: Girolamo, *Commentarium in Abacuc prophetam* 2, su Abacuc 3,14 (*PL* 25.1329A-B), con il commentario in Stewart (1999). Corpo senza nome di Magno Massimo: Pacato, *Panegyrici latini* 2(12).45.2; anche Rufino, *HE* 8.13.15, sulle statue di Massimiano: «Negli edifici pubblici le parole del suo nome vennero cambiate». Richlin (1999) è una suggestiva meditazione sul significato della decapitazione nel mondo romano.

per Costantinopoli portando la testa del prefetto e la sua mano destra protesa[7].

Certamente Costantino aveva cercato di ingraziarsi Roma. Ma per quanto sollevato fosse il popolo per il rovesciamento di Massenzio, Costantino era pur sempre un militare, un imperatore dei Balcani, un invasore dal Nord, un sovrano dichiaratamente cristiano. A Roma Costantino era un intruso. Una volta, molto probabilmente in occasione della sua ultima visita a Roma, nel 326, «il popolo lo irrise sommergendolo di grida di scherno». Forse furono questi cittadini della capitale gli stessi che tempestarono di sassi una statua dell'imperatore. Secondo questo episodio, Costantino si tastò il volto e poi liquidò il loro scherno con una battuta sarcastica: «Vedo che non ho ammaccature sulla fronte; la mia testa è intatta e il mio viso non ha il minimo graffio». Benché ostentasse indifferenza, però, Costantino potrebbe anche aver frainteso il disagio provocato dalla sua presenza nella capitale. Quando lasciò definitivamente Roma, «aveva fatto sì che il senato e il popolo lo detestassero»[8].

Suoi successori, persino imperatori della sua stessa famiglia, non mancarono di criticare la sua presenza a Roma. Una volta Costantino aveva deciso di rendere omaggio alla capitale con il dono di un obelisco proveniente dall'Egitto. Nella sua visita a Roma nel 357 suo figlio Costanzo ordinò finalmente l'installazione dell'obelisco. Ma nella lapide dedicatoria inscritta alla base prese sottilmente le distanze affermando che suo padre in realtà aveva destinato originariamente l'obelisco a Costantinopoli. Costantino s'era

---

[7] Ammiano Marcellino, *Res gestae* 22.14.4 Giuliano e Magnenzio, 26.9.9 Procopio. Altri usurpatori: Olimpiodoro, *Frag.* 20. Testa di Gaina: Filostorgio, *HE* 11.8. Attalo: Olimpiodoro, *Frag.* 14. Giovanni: Filostorgio, *HE* 12.13. Rufino: Zosimo, *Historia nova* 5.7.6; testa e mano: Claudiano, *In Rufinum* 2.433-453, Filostorgio, *HE* 11.3.

[8] Grida: Libanio, *Orat.* 19.19; anche *Orat.* 20.24: «è nota la sua capacità di sopportare la villania del popolo romano»; con Wiemer (1994) 517-518, che colloca questo scontento durante la visita di Costantino del 326. Sassi e battuta: Giovanni Crisostomo, *Homiliae de statuis* 21.11 (*PG* 49.216), pronunciata ad Antiochia a fine aprile del 387. Nel suo sermone Giovanni attribuiva questo aneddoto su Costantino a un'orazione che a suo dire Flaviano, vescovo di Antiochia, avrebbe dedicato all'imperatore Teodosio a Costantinopoli un mese prima. Anche se Giovanni commentava che «ancora oggi tutti elogiano la facezia», presumibilmente cioè ad Antiochia, non collocava l'episodio in una particolare città. Detestato: Zosimo, *Historia nova* 2.29.5 (ma è fonte dichiaratamente ostile).

guadagnato la fama di aver provveduto alla Nuova Roma a spese di altre città; in questa dedica ora Costanzo poteva sottintendere che lui invece aveva riportato la priorità alla Vecchia Roma a spese della Nuova Roma. Finalmente parte delle spoglie dell'Oriente tornavano a Roma. Criticando tacitamente il padre, Costanzo aveva rafforzato la propria posizione a Roma[9].

Nel 361 Giuliano cercava appoggi per la sua guerra civile contro Costanzo. In una lettera al senato di Roma denunciava aspramente il comportamento scandaloso del cugino. Questo attacco non ebbe alcun effetto sulla reputazione di Costanzo nella capitale, visto che i senatori reagirono esigendo che Giuliano mostrasse rispetto per l'imperatore che a suo tempo l'aveva promosso. Ma Giuliano nella sua lettera procedeva censurando lo zio Costantino come «un innovatore e disturbatore delle leggi antiche e dei costumi tradizionali». A Roma, quella di distruggere l'antichità era un'accusa forte, e Giuliano conosceva il suo pubblico. Ed era un'accusa con un certo fondamento. Costantino era venuto a Roma da *outsider* e l'aveva abbandonata a favore della Nuova Roma. Per gli storici moderni l'esibizione della testa e della mano di Costantino è un colossale promemoria del fatto che anche lui era stato un usurpatore che non s'era mai inserito davvero a Roma[10].

Al tempo stesso questa testa può fornir una lettura alternativa della posizione di Costantino a Roma, e più in generale nella storia

---

[9] Installazione dell'obelisco di Costanzo: Ammiano Marcellino, *Res gestae* 17.4.12-15, che però afferma che Costantino l'aveva destinato fin dal primo momento a Roma; lapide dedicatoria; *ILS* 1:165, n. 736; per la discussione, vedi Fowden (1987), il quale suggerisce che Costantino intendesse riconciliarsi i pagani di Roma; Klein (1999b) 60-63, il quale afferma che Costanzo stava risolvendo divergenze con Roma in un momento in cui stava promuovendo anche il prestigio di Costantinopoli; Hunt (1998) 21-22, che illustra la difficile relazione tra Costanzo e la classe dirigente romana; e G. Kelly (2003) 603-606, (2004) 154-155, che sottolinea la deliberata soppressione da parte di Ammiano di qualsiasi riferimento a Costantinopoli. Costantinopoli rifornita: vedi Girolamo, *Chronicon* s.a. 330, «Costantinopoli fu equipaggiata denudando quasi tutte le altre città».

[10] Lettera di Giuliano: Ammiano Marcellino, *Res gestae* 21.10.7-8, con Weiss (1978) 136: «L'Apostat veut... constituer une sorte de front de défense autour du *mos maiorum*». Durante la guerra civile contro Costanzo, Giuliano fornì grano a Roma dalle sue risorse: vedi *Panegyrici latini* 3(11).14.1-2. Dopo la vittoria finale fece concessioni ai senatori a Roma: vedi Ammiano Marcellino, *Res gestae* 21.12.24-25. Più tardi spiegò anche l'abolizione di alcuni degli editti costantiniani come una restaurazione della «legge antica»: vedi *CTh* 2.5.2, 3.1.3. Per la reputazione di Costantino a Roma, vedi Käler (1952) 25: «Dieser Sieger aber ist... als Mensch eine die Römer überraschende Ersheinung».

imperiale. Eminenti aristocratici romani riempivano le loro case di «immagini di antenati»: busti, ritratti, maschere di cera. Questi trofei servivano a ricordare loro il lascito che avevano ereditato e informavano gli ospiti della distinzione delle loro famiglie. Spesso queste immagini erano esposte nell'*atrium*, la corte interna dove il padrone di casa riceveva i visitatori. Uomini con pochi antenati illustri dovevano compensare la propria umile discendenza. La prima dinastia di imperatori flavi era stata «oscura e priva di immagini di antenati». Vespasiano stesso, prima di iniziare la carriera militare e rivestire alti uffici, aveva fatto il conduttore di muli; si riteneva che fosse diventato imperatore grazie a un semplice colpo di fortuna[11].

La seconda dinastia flavia era partita con il medesimo *handicap*, quello delle origini oscure. Di Elena, la madre di Costantino, si diceva addirittura che un tempo avesse lavorato in una stalla o in una taverna. Ma dopo il regno di Costantino imperatori successivi, anche quelli non connessi con la sua dinastia, vollero adottare il nome di Flavio. Costantino era diventato il loro antenato comune. Molto tempo prima la famiglia dei Corneli aveva tenuto un'immagine di Scipione l'Africano, il grande generale che aveva sconfitto Annibale, nel tempio di Giove Ottimo Massimo sul colle Capitolino: «Per lui soltanto il Campidoglio è simile a un *atrium*». Molto più tardi la testa colossale di Costantino fu trasferita sul Campidoglio. Oggi la si può ancora vedere come uno smisurato busto ancestrale ora comodamente in esposizione nell'*atrium* della capitale, il piccolo cortile sul Campidoglio. In questa lettura Costantino era l'antenato di tutti i successivi imperatori[12].

---

[11] «Maiorum imagines»: *CJ* 5.37.22, un editto emesso da Costantino nel 326 sulla responsabilità giuridica di un tutore. Svetonio, *Vespasianus* 1.1 oscurità della famiglia di Vespasiano, 4.3 conduttore di muli; anche 12 per il rifiuto di Vespasiano di inventarsi una linea genealogica che lo avrebbe legato a Ercole. Colpo di fortuna di Vespasiano: Tacito, *Agricola* 13.5.

[12] Presunti precedenti di Elena come *stabularia*: Ambrogio, *De obitu Theodosii* 42, con la discussione di altri testi che riferiscono della sua condizione insignificante in Drijvers (1992) 15-19. Immagine di Scipione: Valerio Massimo, *Facta et dicta memorabilia* 8.15.1, con Flower (1996) 48-52, il quale suggerisce che questa immagine fosse la maschera di un antenato. Per l'esposizione di immagini ancestrali nelle case, vedi Flower (1996) 185-222; anche Hillner (2003) 138-139, per la creazione di gallerie di antenati da parte degli aristocratici a Roma durante il IV secolo.

Un'ultima lettura riporta Costantino nel contesto delle petizioni. Nel loro trepidante accostamento i postulanti guardavano con la massima intensità il volto dell'imperatore e le sue mani. La loro prima speranza era che l'imperatore tendesse una mano per ricevere loro e la loro petizione. Un oratore notava che, quando i consiglieri municipali che lo avevano accompagnato da Autun si inchinarono davanti a Costantino, l'imperatore indicò loro di risollevarsi con un gesto della sua «invincibile mano destra». Il vescovo Eusebio di Cesarea distingueva Costantino dai suoi rivali notando che aveva «proteso la destra, la mano della salvezza per tutti». Costantino stesso una volta pregò Dio che «tendesse la sua mano destra»; dopo la sua morte, comparvero monete che raffiguravano l'accoglienza di Costantino nei cieli «con una mano destra che si protendeva dall'alto». Con un gesto d'invito, la mano di un sovrano rappresentava clemenza e indulgenza[13].

Il secondo auspicio dei postulanti era che l'imperatore indicasse il suo assenso annuendo e sorridendo. Un oratore aspettò il cenno di assenso di Costantino prima di iniziare a parlare di un argomento delicato; un altro capì che Costantino era bendisposto quando vide le lacrime nei suoi occhi; un altro postulante ebbe la certezza che Costanzo II aveva accolto la sua supplica quando sorrise. Avvicinandosi all'imperatore, i postulanti aspettavano di vedere un gesto della sua mano, augurandosi che fosse di accettazione, e l'espressione, augurandosi che fosse di approvazione. Un ex sostenitore di Massenzio sperava di placare il vittorioso Costantino con il dono di una composizione poetica «che ha raggiunto la tua mano vittoriosa, per essere letta dai tuoi occhi benevoli». Quando i turisti moderni visitano i frammenti della statua colossale di Costantino in Campidoglio, imitano ancora questi supplici con il loro sguardo intenso sul placido volto dell'imperatore e sulla sua mano dalle dita flesse. A Roma il passare del tempo ha oggi ridotto questa statua di Costantino alla sua essenza fisica di benefattore: il volto e la mano destra[14].

---

[13] *Panegyrici latini* 5(8).1.3 mano destra. Eusebio, *HE* 10.9.4 mano destra di Costantino, *Vita Constantini* 1.28.1 preghiera, 4.73 monete, con la discussione di Cameron e Hall (1999) 348-50, e Kolb (2001) 253-254, sull'appropriazione di motivi pagani in questa raffigurazione dell'accoglimento di Costantino in cielo.

[14] *Panegyrici latini* 5(8).9.5 lacrime, 6(7).14.1 cenno di assenso. Atanasio, *Apologia ad Constantium* 16, sulla preferenza di Costanzo per un luogo in cui esercitare il culto ad

Eusebio di Cesarea conosceva di prima mano il beneficio del cenno di approvazione del capo di Costantino, perché durante una delle prolisse e monotone orazioni del vescovo l'imperatore aveva sorriso. Eusebio aveva goduto anche della protezione e dell'ospitalità dell'imperatore. Dopo il concilio ecumenico di Nicea, Costantino celebrò il ventesimo anniversario della sua ascesa al trono offrendo un banchetto per i vescovi. Eusebio rimase profondamente colpito dalla guardia del corpo imperiale. Le sue precedenti esperienze con i soldati erano state invariabilmente terrificanti, perché erano sempre stati gli agenti incaricati di far applicare gli editti ostili di qualche imperatore. Nel suo racconto sulle persecuzioni sotto Massimino aveva narrato di un martire in Palestina fatto a pezzi dalle guardie del corpo del governatore, che avevano agito «come belve feroci». Questa volta, benché i soldati si trovassero all'ingresso del palazzo con le spade sguainate, Eusebio e gli altri uomini di chiesa erano passati in mezzo a loro «senza paura». Questo era il sogno di ogni postulante, avvicinarsi all'imperatore direttamente e senza timore, deporre una petizione nelle sue mani, attendere il suo sorriso. Eusebio era talmente abbagliato da questo banchetto che gli parve che adombrasse il futuro regno di Cristo sulla terra. Grazie alla benevolenza di Costantino, la sua preghiera era stata esaudita. Davvero quello era il regno a venire[15].

Alessandria: «So che tu preferisci il luogo con il tuo nome [Caesarion]. Perché stai sorridendo; e con quel sorriso tu lo annunci». Composizione poetica: Porfirio, *Epistula ad Constantinum* 2, con Barnes (1975b) 185, il quale suggerisce che Porfirio era stato sostenitore di Massenzio e aveva scritto questa lettera nel novembre o dicembre del 312. Per la risposta favorevole di Costantino, vedi Costantino, *Epistula ad Porfyrium*. Nicholson (2001) discute lo sguardo rivolto al cielo della statua.

[15] Eusebio, *Vita Constantini* 3.15 banchetto, 4.46 sorriso; *De martyribus Palaestinae*, recensio brevior 4.10, belve feroci; con Elton (2006) 328-29, per l'onnipresenza delle guardie imperiali.

SECONDA PARTE

UN IMPERO ROMANO GRECO

Eusebio di Cesarea rifiuta di ammettere qualsiasi continuità tra Costantino, il primo imperatore cristiano, e i tetrarchi, i suoi predecessori pagani che avevano iniziato le persecuzioni dei cristiani. Nella biografia dell'imperatore preferisce invece ricorrere al raffronto con un eroe biblico. Come modello per l'esperienza del giovane Costantino, evidenzia le prime fasi della vita del grande legislatore dell'Antico Testamento Mosè, il trovatello che era cresciuto fra «tiranni» forestieri prima di sottrarsi d'un tratto con la fuga ai loro complotti. La conversione di Costantino al cristianesimo era ritenuta altrettanto improvvisa, conseguenza della visione abbagliante che aveva avuto nel 312, prima della battaglia alle porte di Roma. L'individuazione da parte di Eusebio di un netto momento di discontinuità all'inizio del regno dell'imperatore conserverà la sua potente influenza sulle interpretazioni moderne, e non solo di Costantino. Il fascino della novità costituita dall'appoggio di Costantino al cristianesimo pesa sulla nostra valutazione anche rispetto agli antecedenti del suo regno. In termini di caratteri strutturali, come l'amministrazione imperiale, i suoi uffici e i suoi magistrati, si può dire che Diocleziano e Costantino abbiano condiviso un «nuovo impero». In termini di convinzione religiosa personale, però, solo Costantino rappresentava una novità. L'enfasi posta tradizionalmente sulla repentinità della conversione e sulle fondamentali differenze tra le sue politiche religiose e quelle dei tetrarchi suoi predecessori ingigantisce l'impressione di significativo contrasto, di mutamento improvviso, persino di brusca discontinuità già all'inizio del suo regno[1].

[1] Costantino come Mosè: Eusebio, *De vita Constantini* 1.12, 20. Nell'ambito dell'ampia

In realtà, Costantino fu lo scrupoloso erede di Diocleziano e dei suoi coimperatori tetrarchici, e anche se sostenne una religione differente, quelle che portò avanti furono le politiche basilari dei tetrarchi. Molte di tali politiche si erano concentrate su una rigida nozione di romanità. Nonostante le loro origini in arretrate province balcaniche, Diocleziano e i suoi coimperatori miravano a presentarsi come paladini delle «antiche leggi e della disciplina pubblica dei romani». Questa intransigente dedizione alla romanità fu la base di numerose iniziative militari e amministrative. Le campagne contro l'impero persiano parvero rappresentare, in parte, un tentativo di estendere la romanità nel Medio Oriente. Dopo una vittoria importante l'imperatore Galerio si definì un «secondo Romolo», il fondatore di Roma. Diocleziano ambiva anche a centralizzare taluni aspetti della società romana sviluppando un'amministrazione imperiale più ampia e pervasiva. Durante il medio III secolo la pressione sulle frontiere aveva condotto a ripetuti atti di usurpazione del potere imperiale, alla frammentazione territoriale, e persino alla comparsa di imperi regionali secessionisti. Diocleziano rispose all'anarchia dei molteplici imperatori illegittimi creando una tetrarchia di molteplici imperatori legittimi. Analogamente, sperava di migliorare l'efficienza dell'amministrazione centrale espandendone le dimensioni e nominando un maggior numero di magistrati per governare le nuove province, diocesi e prefetture. Varò un nuovo censimento per registrare i contribuenti e le loro proprietà, inasprì la riscossione delle imposte e usò queste nuove entrate per accrescere la consistenza dell'esercito. Cercò di controllare l'inflazione fissando i livelli massimi dei prezzi: «gli im-

---

discussione su questo paragone, vedi Hollerich (1990) 316-324, Cameron (1997) 157-161, Wilson (1998) 112-121, Rapp (1998), (2005) 129-131, Cameron e Hall (1999) 35-39, e Drake (2000) 376-277. «New empire» è il titolo di Barnes (1982), che si concentra esplicitamente sugli imperatori, i magistrati imperiali e il meccanismo dell'amministrazione imperiale; per la continuità con i tetrarchi, si noti Cameron (2005) 108, «Costantino stesso fu un prodotto del sistema tetrarchico». Per alcuni esempi dell'enfasi sull'improvviso mutamento religioso, vedi: Vogt (1963) 39, «la battaglia del ponte Milvio fu un punto di svolta»; Barnes (1981) 43, «il momento del convincimento psicologico»; MacMullen (1984) 102, «Nulla ha maggiore importanza dell'anno 312»; e Odahl (2004) 106, «In questo momento, Costantino si convertì»; Baglivi (1992) analizza le interpretazioni dell'elemento di novità rappresentato da Costantino. Per la teoria che la convinzione religiosa di Costantino andrebbe interpretata come un prolungato processo di formazione dell'identità, vedi Van Dam (2003c).

peratori insistevano sull'economicità». Un'amministrazione ampliata e più centralizzata era ora una caratteristica precipua non solo delle realtà del governo romano, ma anche dell'idea stessa di romanità[2].

Diocleziano e i tetrarchi collegavano in maniera ancor più esplicita il proprio potere imperiale alla promozione delle corrette pratiche religiose, e affiancavano iniziative militari e innovazioni amministrative all'insistenza sulle tradizioni religiose e sull'antichità. Appoggiavano i culti delle divinità classiche tradizionali, identificandosi per esempio con Giove ed Ercole e aggiungendo i titoli di Giovio ed Erculeo ai loro nomi ufficiali. L'intima affiliazione con questi dei pagani garantiva così la prosperità dell'impero. Secondo un oratore, «l'età d'oro è rinata sotto l'eterna guida di Giove ed Ercole». Altri culti furono messi al bando. Alla metà del III secolo il profeta Mani aveva lanciato una nuova religione mondiale in Mesopotamia, e le dottrine del manicheismo si diffusero in breve dall'impero persiano alle province orientali di quello romano. Diocleziano e i tetrarchi presto emisero un editto che definiva i manichei oppositori delle «antiche religioni» e li condannava per aver infettato il «casto popolo romano» con la loro malizia[3].

Il cristianesimo era un altro bersaglio della correttezza religiosa. Già durante una precedente persecuzione generale un eminente vescovo era stato giustiziato come «nemico degli dei romani». A partire dal 303 gli imperatori tetrarchici emisero una serie di editti che penalizzavano i cristiani e li privavano di alcuni dei diritti civili di cui godevano in quanto romani. Il primo di questi editti li spogliava esplicitamente di ogni rango e carica ufficiali e li rendeva passibili di sanzioni legali; successivi editti ordinavano ai chie-

---

[2] Lattanzio, *De mortibus persecutorum* 9.9 secondo Romolo, 34.1 antiche leggi, in un editto attribuito a Galerio; con il Cap. II per i pregiudizi culturali su questi imperatori. Per l'impatto della tetrarchia sulla frontiera orientale, vedi Millar (1993) 205: «La consistenza fisica delle forze romane, erigendo magniloquenti iscrizioni in latino, è più evidente che mai». Economicità: *Consularia Constantinopolitana* s.a. 302.

[3] Età d'oro: *Panegyrici latini* 9(4).18.5, con un approfondimento sulla teologia della tetrarchia nel Cap. IX; anche SHA, *Heliogabalus* 35.4, «Diocleziano, padre di un'età d'oro». Manichei: «Edictum de maleficis et Manichaeis», in *Collatio legum Mosaicarum et Romanarum* 15.3.4. Grant (1980) 95 ipotizza che Eusebio fosse a conoscenza di questo editto e quindi condannò il manicheismo come un'eresia in *HE* 7.31: «Lettori non cristiani... avrebbero preso atto che il cristianesimo ortodosso era responsabilmente romano».

rici, e poi a chiunque, di sacrificare agli dei. Dal punto di vista dei cristiani erano editti repressivi e persecutori che mettevano in discussione non solo la loro religione ma anche la loro identità di romani. «Sempre più frequentemente, i cristiani si trovavano in contrasto con un mondo religioso che almeno le autorità centrali potevano definire *romano*». Dal punto di vista dei tetrarchi, viceversa, questi editti corrispondevano ad altrettanti tentativi di restaurare le tradizionali pratiche religiose romane e di rafforzare il proprio prestigio e l'autorità dell'amministrazione imperiale centrale. In Africa un governatore spiegava apertamente a una tenace matrona cristiana in che modo evitare l'esecuzione: «Segui la religione romana osservata dai nostri signori, i sempre invitti cesari». Come il popolo doveva registrarsi per il censimento e ricevere una ricevuta per il pagamento delle tasse, così ora aveva anche bisogno di un documento attestante che fosse stato celebrato il sacrificio. Legando il centralismo politico alla conformità religiosa, i tetrarchi fecero della corretta religione un altro aspetto della romanità[4].

Né si fermarono alla conformità religiosa. Tutti loro erano di lingua madre latina e avevano servito in quella istituzione supremamente latina che era l'esercito. Gli imperatori tetrarchici che regnarono in Oriente, prima Diocleziano e Galerio, poi i loro successori Massimino e Licinio, usarono costantemente il latino come lingua del potere. «La presenza del latino in Oriente avrebbe toccato l'apice con Diocleziano, che incluse l'uso del latino nel suo programma politico come lingua dell'amministrazione per l'intero

[4] Nemico: *Acta proconsularia sancti Cypriani* 4.1. Editti di persecuzione: Lattanzio, *De mortibus persecutorum* 13.1 (primo); Eusebio, *HE* 8.2.4 (primo), 8.2.5, 6-10 (sacrificio), *De martyribus Palaestinae* 3.1 (a chiunque), con Digeser (2000) 55: «Quelle misure in pratica privavano i cristiani della loro cittadinanza romana». Citazione sui cristiani da Beard, North e Price (1998) 1:241. Per i punti di vista contrapposti sugli editti, vedi L'Orange (1938) 33: «Was für den Christen *ferocitas* ist, das heißt in der offiziellen staatlichen Propaganda *pietas*». Religione romana: *Passio Crispinae* 2.4. Per la connessione tra censimento e sacrificio, si noti in particolare Eusebio, *De martyribus Palaestinae*, recensio brevior 4.8: a Cesarea in Palestina i soldati imponevano l'ordine di sacrificare chiamando tutti per nome da un ἀπογραφή, un registro anagrafico; con Millar (1993) 193-198, 535-544, sulla registrazione per il sistema fiscale tetrarchico. Rives (1999) 152-54 è un'eccellente discussione dell'ortoprassi religiosa come segno di romanità; anche Rives (1995) 258, «Diocleziano credeva chiaramente che esistesse un'identità religiosa specificamente romana», e Kolb (1995) 28, per l'enfasi posta dai tetrarchi su «eine religiös fundierte Loyalität aller Untertanen zum Herrscherhaus und zum Staat».

impero». Anche se questi imperatori avevano in generale scarsa familiarità con la cultura classica, come imperatori «romani» dovevano essere «latini». Diventando imperatore, sembra che Diocleziano avesse cambiato il suo nome originale «greco» di Diocles semplicemente per adeguarsi al «costume romano». I tetrarchi definivano l'autentica romanità in termini sia di religione sia di cultura, sia di sacrifici pagani sia di uso del latino[5]. Questa loro promozione del latino poneva dunque i provinciali nell'Oriente greco di fronte a un dilemma. Se gli imperatori erano pronti a imporre ai loro sudditi l'adozione delle proprie preferenze religiose, forse si aspettavano anche un'uniformità culturale. Alcuni greci erano già arrivati alla conclusione che la conoscenza del latino avrebbe migliorato per loro la prospettiva di acquisire una carica nell'amministrazione imperiale. Forse le città, nelle loro petizioni alla corte e ai magistrati imperiali, dovevano seguire questa strada. Anche Costantino era di madrelingua latina. Poteva anche avvertire i vantaggi che sarebbero derivati dal legare l'autorità imperiale alla religione. Anche se poi decise di promuovere il cristianesimo in luogo dei culti pagani, il suo appoggio a una specifica religione seguiva ancora il precedente tetrarchico. In realtà, fu semmai ancor più restrittivo dei tetrarchi, sostenendo l'idea di un'ortodossia all'interno del cristianesimo. Nell'Oriente greco il regno di Costantino sollevò dunque analoghe preoccupazioni riguardo all'imposizione della correttezza religiosa, tanto per gli individui quanto per le città. La questione ulteriore era se si aspettasse anche la correttezza culturale.

Nel corso del suo lungo regno Costantino ritoccò ripetutamente la sua rappresentazione ufficiale di sé, prima copiando le immagini dei tetrarchi, poi modellandosi su Augusto, e infine raffigurandosi incoronato con un diadema. Parimenti vacillò nei suoi tenta-

---

[5] Citazione sulla promozione del latino da parte di Diocleziano da Rochette (1997) 9, anche 327: «Dioclétien... s'appliqua à étendre l'usage du latin à toute la *Romania*». Si noti anche Liebeschuetz (1972) 253, «il governo cercò di mantenere il carattere latino e romano dell'impero»; Corcoran (1996) 183: «La gran parte dei testi degli editti di questo periodo è in latino»; e Corcoran (2002) 229, «l'evidente sciovinismo latino di Galerio e altri imperatori tetrarchici». Il nuovo nome imperiale di Diocleziano: *Epitome de Caesaribus* 39.1, «Graium nomen in Romanum morem convertit»; dopo l'abdicazione tornò ad assumere il nome di Diocles: vedi Lattanzio, *De mortibus persecutorum* 19.5, con Cambi (2004) 38-41, sui cambiamenti nel nome di Diocleziano. Un sofista greco come Libanio preferiva tuttavia riferirsi a lui come Diocles, anche durante il suo regno: vedi Libanio, *Orat.* 19.45-46.

tivi di definirsi imperatore cristiano, in parte perché l'occuparsi delle dispute ecclesiastiche lo portò a cambiare idea e a modificare le proprie convinzioni. Connettere esplicitamente l'autorità imperiale con la religione e la cultura costituì un prolungato processo di sperimentazione, tanto per i tetrarchi quanto per Costantino, e i loro sudditi dovettero sopportare le titubanze degli imperatori. Queste preoccupazioni erano particolarmente acute quando individui e città sottoponevano una petizione all'imperatore. Perché le loro richieste avessero successo, i postulanti si proponevano di fare appello direttamente alle preferenze di un imperatore. Per farlo, bisognava che tali preferenze fossero loro note[6].

I nuovi imperatori costituivano particolarmente un problema, perché non avevano avuto ancora il tempo di esternare le proprie intenzioni. Nel 324 Costantino assunse il controllo dell'impero orientale. A quel punto regnava già come imperatore cristiano in Italia e nelle province occidentali da ben oltre un decennio. In Palestina, Eusebio, che aveva prolungato la sua *Storia ecclesiastica* fino a includere le attività di Costantino in Occidente, certamente era al corrente del fatto che il nuovo imperatore aveva già emesso editti in sostegno del cristianesimo. Ma molti in Oriente erano ben poco informati su di lui e sulle sue politiche: «Separati da grandi estensioni di terra e mare, gli abitanti dell'Oriente poco conoscevano dell'Italia». Inoltre, dopo aver imposto il suo dominio sulle province orientali Costantino continuava in diverse occasioni a tollerare i culti pagani e permetteva le pratiche pagane. Nell'Oriente greco Costantino fu inizialmente un imperatore sconosciuto e successivamente un imperatore apparentemente incostante, dalle politiche a volte altalenanti. Se noi storici moderni spesso discordiamo nell'interpretare le intenzioni religiose di Costantino, i suoi contemporanei erano non meno disorientati. E le loro incertezze non erano pure e semplici dispute accademiche. Per loro, l'errata lettura di un imperatore poteva avere conseguenze svantaggiose, quando non addirittura pericolose[7].

---

[6] Ritratti di Costantino: Smith (1997) 185-187, con l'Introduzione, per il suo diadema.

[7] Nel decimo libro della sua *Historia* Eusebio cita una serie di editti emessi da Costantino, individualmente o con Licinio; per la cronologia delle revisioni eusebiane della *Historia* e delle sue fonti, vedi il Cap. VI e l'Introduzione alla terza parte «Imperatore e Dio». Separati: Erodiano, *Hist.* 6.7.4.

A metà degli anni Venti del IV secolo Orcistus (oggi Ortaköy), una cittadina dell'Asia Minore centrale, sottopose a Costantino una petizione in cui presentava le sue lagnanze e chiedeva benefici. Il dialogo che seguì tra l'imperatore e la città comprende una serie di lettere e un'altra petizione (Cap. V). Nella sua petizione iniziale il popolo di Orcistus rimaneva sul vago riguardo alle proprie preferenze religiose. Poiché tanto gli imperatori tetrarchici quanto Costantino continuarono a sperimentare con i rapporti tra politica e religione per tutta la durata dei loro regni, spesso le città e gli individui non sapevano bene come accostarsi (Cap. VI). Inviando quindi la sua petizione a Costantino, Orcistus sapeva di correre un rischio e cercava di indovinare la posizione del nuovo imperatore orientale. La petizione si basava su due congetture, una sulla cultura e l'altra sulla religione. Orcistus decise di formulare la petizione in latino ma di non far cenno al cristianesimo. Visto che la petizione ebbe successo, possiamo pensare che Orcistus abbia indovinato. Sul lungo termine, però, Orcistus sbagliava tanto sul futuro del cristianesimo quanto su quello del latino nell'impero romano d'Oriente. Il cristianesimo divenne la religione ufficiale, e l'Oriente rimase greco (Cap. VII).

Il pilastro su cui Orcistus incise questi documenti ebbe una sua notevole vita successiva (Cap. VIII). A quel tempo la città aveva voluto esporre una copia dei documenti semplicemente come testimonianza del nuovo patronato imperiale di cui godeva. Ma perché quei documenti diventassero fonti storiche, secoli dopo gli studiosi moderni dovettero dapprima recuperare il pilastro da un mulino ad acqua.

V

IL DIALOGO DI COSTANTINO CON ORCISTUS

Nel mese di settembre del 324 Costantino sconfisse finalmente Licinio e acquisì il controllo sulle province che circondavano il Mediterraneo orientale. Con questa vittoria aveva eliminato il suo ultimo rivale imperiale e riunificato l'impero romano. Costantino non era presente in Oriente da almeno vent'anni, da quando nel 305 aveva lasciato Nicomedia per raggiungere il padre in Gallia. Ora era tornato a Nicomedia per accettare la resa di Licinio. Subito diede inizio a un turbine di attività per stabilire la sua autorità come imperatore in Oriente e la sua reputazione come paladino del cristianesimo. Solo due mesi dopo consacrava il sito di Bisanzio per preparare la città alla trasformazione nella nuova capitale Costantinopoli. Durante l'inverno o forse nella primavera del 325 transitò due volte per l'Asia Minore, da e verso Antiochia. A maggio e giugno partecipò al grande concilio di vescovi che si riuniva a Nicea. Quindi rimase a Costantinopoli e Nicomedia, o nei loro dintorni, fino a quando, nella primavera del 326, si recò in Italia[1].

Durante i viaggi di Costantino la gente del luogo lungo la strada in Asia Minore dovette avere l'opportunità di incontrarsi personal-

[1] Costantino era a Nicomedia il 25 febbraio 325; vedi *CTh* 1.15.1. Bruun (1966) 70, 664-69 colloca la visita di Costantino ad Antiochia alla fine del 324 o all'inizio del 325, Barnes (1978b) 54-56, (1981) 212, (1982) 76 al dicembre del 324, prima di tornare a Nicomedia; Lane Fox (1986) 638-43 sostiene che Costantino partì da Nicomedia e raggiunse Antiochia nell'aprile del 325; sulla data del concilio di Antiochia, vedi anche Burgess (1999a) 189, «impossibile esserne certi». Costantino aveva evidentemente in animo di visitare l'Egitto in questo viaggio per mediare sul conflitto dottrinale tra il vescovo di Alessandria e il suo sacerdote Ario: vedi il Cap. X. Scrisse invece per spiegare perché non fosse andato; vedi Eusebio, *Vita Constantini* 2.72.2, «recentemente quando mi sono fermato a Nicomedia, ho subito progettato [di viaggiare] immediatamente verso l'Oriente».

mente con lui e i membri del suo *entourage*, o almeno di informarsi sulle sue preferenze. L'accesso a un nuovo imperatore offriva a città e individui l'occasione propizia per presentare petizioni e fare richieste di nuove onorificenze, nuovi titoli e nuovi servizi. Molto tempo prima, varie comunità e individui dell'Oriente greco avevano inviato ambasciate e petizioni ad Augusto quasi immediatamente dopo la sua vittoria definitiva sul rivale Marco Antonio. Re Erode di Giudea si incontrò a Rodi con Augusto per farsi perdonare il suo iniziale appoggio a Marco Antonio e garantire la propria fedeltà; una delegazione proveniente da Rhosus in Siria incontrò Augusto a Efeso per donargli una corona celebrativa; un villaggio di pescatori sull'isolotto di Gyarus mandò un ambasciatore ad Augusto a Corinto per lamentarsi delle tasse. Successivi imperatori furono abitualmente altrettanto magnanimi. Alla metà del I secolo la città di Perge in Panfilia aveva dedicato una lapide a Vespasiano poco dopo che questi era uscito vittorioso dalla guerra civile. Alla metà del IV secolo, mentre viaggiava per l'Asia Minore, l'imperatore Giuliano era stato avvicinato da postulanti lungo la strada; e il primo funzionario di corte che avesse espresso il suo plauso alla scelta di Valentiniano, di Graziano come imperatore, sarebbe stato promosso sul posto! Non solo un nuovo imperatore era solitamente in uno stato di buona disposizione d'animo, ma poteva anzi essere lieto dell'occasione di dimostrare la propria benevolenza e imporre la propria autorità modificando le decisioni dei suoi predecessori. Una piccola città nell'entroterra montuoso tra la Frigia e la Galazia ora decideva di approfittare della riapparizione di Costantino in Oriente appellandosi direttamente alla sua assistenza[2].

---

[2] Re Erode: Giuseppe, *Bellum Iudaicum* 1.20.1-3, *Antiquitates Iudaicae* 15.187-196, con la discussione dei viaggi di Augusto nell'Oriente greco in Millar (2000): «le comunità dell'Oriente greco riconobbero immediatamente... che il loro mondo ora aveva un nuovo sovrano individuale» (p. 20). Rhosus: Sherk (1969) 297-298, n. 58, documento III. Gyarus: Strabone, *Geographia* 10.5.3. Lapide dedicatoria di Perge: Eck (2000) 650-655, che discute Sahin (1999) 69, n. 54. Ammiano Marcellino, *Res gestae* 22.9.8, viaggio di Giuliano, 27.6.14, promozione di Euprassio.

Memorie

Orcistus affermava di aver rivestito un tempo il rango di città, essendo successivamente caduta sotto la dipendenza della città vicina di Nacolea. Orcistus riportava questa memoria della sua passata eccellenza, assieme alla lagnanze sulla sua attuale infelice condizione, in due petizioni all'imperatore. Successivamente la cittadina scolpiva copie della prima di queste petizioni, e le risposte favorevoli dell'imperatore a entrambe le petizioni, su un pilastro che era alto più di un metro e mezzo, largo mezzo metro e spesso una quarantina di centimetri. Questo *dossier* di documenti comprendeva:

1. Una decisione sulla prima petizione, indirizzata evidentemente al popolo di Orcistus. Questa risposta diretta era l'*adnotatio* di Costantino, la breve opinione in cui indicava la propria reazione alla petizione. Alla fine di questa opinione confermava la decisione con una sottoscrizione autografa: «Ho firmato». Un imperatore poteva emettere una *adnotatio* direttamente verso un individuo o a una comunità «per fornire deroghe a procedure legali e amministrative consuetudinarie, e… per conferire privilegi speciali». Costantino successivamente menzionava e poi citava questa *adnotatio* alla fine della sua lettera ad Ablabio[3].

2. Una lettera di Costantino ad Ablabio, un magistrato imperiale di alto rango, in cui l'imperatore sintetizza alcune delle rivendicazioni e delle lagnanze della petizione e poi parafrasa la propria *adnotatio*, la decisione. Decenni prima Costantino stesso aveva decretato che una *adnotatio* non fosse vincolante se non accompagnata da un rescritto a un magistrato imperiale. La lettera sul pilastro è in gran parte intatta, con solo poche lettere illeggibili e parole mancanti[4].

---

[3] Per l'identificazione di questo documento come un'*adnotatio*, vedi Feissel (1999), soprattutto le pp. 261-62, per l'emendamento di *scribti* in *scrib<s>i*. Citazione da Mathisen (2004) 26. Altre discussioni includono Millar (1977) 266, Chastagnol (1981a) 392-393 e Corcoran (1996) 57-58.

[4] Necessità del rescritto: *CTh* 1.2.1, promulgato nel 313, con Mathisen (2004) 27, sull'emissione di «un rescritto attuativo indirizzato a un funzionario imperiale», e Feissel (1999) 266-67, (2004) 35-36, per rescritti diretti indirizzati a postulanti, sostenuti da rescritti indiretti indirizzati a magistrati imperiali.

3. La prima petizione. La versione inscritta sul pilastro include solo il saluto e le prime frasi, interrompendosi poi bruscamente al fondo del pilastro. La petizione originale sicuramente diceva di più sui servizi chiesti da Orcistus e sulle sue lagnanze, a giudicare dalla lettera di Costantino ad Ablabio che contiene un sommario[5].

4. Un'altra lettera da Costantino al Consiglio municipale di Orcistus, in gran parte intatta, scritta qualche anno dopo i primi tre documenti. Questa lettera era evidentemente una risposta a un'altra petizione presentata da Orcistus, anche se questa non fu incisa sul pilastro[6].

Questo dialogo tra la cittadina e l'imperatore si protrasse per alcuni anni. Orcistus presentò la sua prima petizione tra i primi di novembre del 324 e il maggio del 326. Poco dopo Costantino annotava la sua decisione in una *adnotatio*, e poi segnalava la decisione in una lettera ad Ablabio, che la inoltrava a Orcistus. Qualche anno dopo, probabilmente nella prima metà del 331, Orcistus inviava una seconda petizione all'imperatore. Questa volta Costantino rispondeva direttamente ai cittadini di Orcistus con una lettera datata 30 giugno 331.

Il primo di questi documenti e i primi tre quarti del secondo erano inscritti sulla facciata anteriore del pilastro, il resto del secondo e il terzo documento sul lato destro, il quarto sul lato sinistro. Il risultato più importante – la decisione favorevole di Costantino sulla prima petizione – era presente due volte sul pilastro, in cima al pannello frontale e vicino alla parte superiore del pannello destro. Allo scopo di evidenziare la decisione, l'incisore ignorò sia la cor-

---

[5] L'incisore avrebbe potuto aggiungere qualche riga del documento sul piede sporgente sul lato destro, come aveva fatto sul piede della faccia anteriore del pilastro. In una lettera a T. Mommsen W.M. Ramsay riteneva che il testo della petizione potesse continuare sulla faccia posteriore del pilastro, «ma un attento esame in diversi punti non mi ha permesso di trovare alcuna traccia di lettere». Mommsen quindi ipotizzava che il pilastro originariamente fosse collocato contro un muro, e che il testo della petizione continuasse su una seconda pietra: vedi Mommsen (1887) 314, 316. Per le circostanze della corrispondenza tra Mommsen e Ramsey, vedi il Cap. VIII.

[6] Secondo Millar (1977) 544n.40, questa seconda risposta era una lettera più che una *adnotatio* perché Orcistus a questo punto aveva acquisito il rango di città. Ma gli imperatori seguivano comunque il modello di transazione più antica, promettendo di far seguire alla risposta diretta alla città un rescritto di conferma a un magistrato imperiale, in questo caso il *rationalis* della diocesi di Asiana, il quale successivamente avrebbe applicato la loro nuova decisione.

retta sequenza cronologica dei primi tre documenti sia l'ordine di questi documenti nel *dossier* ufficiale. Nella giusta sequenza, prima Orcistus presentò la sua petizione, poi Costantino indicò la sua decisione con l'*adnotatio*, e successivamente scrisse ad Ablabio la lettera che sintetizzava la petizione e la sua decisione. Il *dossier* ufficiale che conteneva la risposta favorevole dell'imperatore doveva includere prima la lettera ad Ablabio, e poi «copie... allegate qui sotto» della decisione dell'imperatore e della petizione della cittadina. La lettera di Costantino al consiglio di Orcistus segnava una ripresa di questo scambio qualche anno dopo, e la sua conclusione. Questa lettera era incisa forse sul fianco di un monumento preesistente che già esponeva i primi tre documenti; oppure il suo arrivo potrebbe aver fatto da catalizzatore all'istituzione di una registrazione permanente dell'intero *dossier*[7].

Dal momento che lo scalpellino aveva così palesemente mutato l'ordine dei primi tre documenti allo scopo di offrire il posto d'onore alle decisioni di Costantino, il monumento stesso era un'interpretazione del dialogo tra imperatore e città. Questo memoriale di passate decisioni imperiali doveva essere anche un promemoria per futuri benefici imperiali. Sul pilastro l'incisore riportò la decisione favorevole iniziale di Costantino in cima al pannello frontale sull'ampia fascia della cornice sporgente. Costantino essenzialmente ripeteva questa decisione verso la fine della sua lettera ad Ablabio. Ma nell'impaginazione del pilastro l'incisore fece in modo che la ripetizione di questa stessa decisione favorevole nella lettera ad Ablabio comparisse comunque in cima al pannello di destra, iniziando subito sotto la cornice. Incise inoltre altre quattro righe di questa lettera sul piede sporgente del pannello di destra. La cima del pannello di sinistra mostrava l'inizio della definitiva risposta

---

[7] Per l'ordine dei documenti del *dossier* ufficiale trasmesso a Orcistus da Ablabio, vedi Feissel (1999) 267. Altre città avevano in precedenza esposto i *dossier* di due o tre editti tetrarchici, e non solo singoli documenti: vedi Feissel (1996) 288-289 e Corcoran (2000) 348, 350-352. Chastagnol (1981a) 391-392 suggerisce che Orcistus avrebbe deciso di esporre tutti i documenti sul pilastro solo dopo aver ricevuto il quarto documento, la seconda lettera di Costantino. Ma il professor Kent Rigsby fa notare che quest'ultima sembrerebbe incisa da una mano diversa; se è così, allora questa lettera successiva potrebbe essere stata aggiunta sul lato sinistro di un monumento già esistente. Per l'aggiunta di una versione riveduta di un capitolo a una copia dell'Editto sui prezzi di Diocleziano già inscritta sulla facciata di una basilica ad Afrodisia, vedi Crawford (2002).

favorevole di Costantino alla seconda petizione di Orcistus, con la data sulla cornice e i nomi di Costantino e di due suoi figli subito sotto. Se questo pilastro era posto sul terreno, la sporgenza in cima sarebbe stata facile da leggere, circa al livello dell'occhio. Non c'era quindi bisogno di leggere tutti i pannelli fino in fondo. Tutte le informazioni importanti, comprese due versioni della decisione iniziale favorevole, i nomi degli imperatori che la confermavano per la seconda volta e la data della risposta favorevole finale, si trovavano in cima al pilastro.

La disposizione delle iscrizioni sul pilastro era quindi una forma di *editing* interpretativo che sottolineava i punti realmente importanti dei documenti, e le facce del pilastro potevano essere lette sia dall'alto in basso, per tutti i dettagli, sia da sinistra a destra, per gli elementi salienti. Intorno alla cima del pilastro, sulla cornice sporgente e subito sotto, i tre lati potevano essere letti in un arco orizzontale che sottolineava il ripetuto patronato di Costantino e dei suoi figli per Orcistus[8].

Onori e subordinazione

Nella sua prima petizione Orcistus sperava di influenzare Costantino usando diversi argomenti e tattiche. Quelle tattiche comprendevano una ricapitolazione degli onori della città e lagnanze sulla sua attuale subordinazione.

Orcistus era una piccola cittadina di una regione di dubbia reputazione dell'Asia Minore. La Frigia aveva antica fama di essere carente in quegli emblemi della civiltà greca che sono le vere e proprie città e la cultura classica, e insieme con la Galazia rappresentava l'«Anatolia rurale per eccellenza». Non per questo però Orcistus si sarebbe lasciata scoraggiare, e nella sua prima petizione decise ugualmente di ricordare all'imperatore i propri pregi e le proprie attrattive. Orcistus assicurava di avere un tempo goduto

---

[8] Si noti che poiché le edizioni e le traduzioni *standard* pubblicano il documento come testo continuo – prima la faccia anteriore del pilastro, poi il lato destro, e poi il lato sinistro – tutte trascurano gli aspetti tridimensionali del pilastro e la possibilità di leggere le facce del pilastro in senso orizzontale. Per una suggestiva discussione degli aspetti visivi degli antichi monumenti e dell'interazione tra immagini e iscrizioni, vedi Woolf (1996).

ufficialmente del rango e del titolo di città, di *civitas* (o, in greco, *polis*). Per dimostrare di essere ancora degna di tale rango, la petizione rilevava che Orcistus aveva cittadini, magistrati annuali e decurioni (membri del Consiglio municipale). Era una tappa importante su strade che portavano a quattro città vicine. Disponeva degli appropriati edifici municipali, tra cui bagni pubblici, un foro e un teatro (se i posti di cui parlava dicendoli occupati dai suoi cittadini erano quelli di un teatro). Vantava anche i suoi numerosi mulini ad acqua[9].

Una conferma alle affermazioni sulle attrattive è, prevedibilmente, difficile da trovare. I mulini ad acqua erano piuttosto comuni tra le città dell'Oriente, e Orcistus era situata su un pianoro ondulato attraversato da piccoli corsi d'acqua che si versavano nell'alto corso del fiume Sangario. L'importanza di Orcistus per gli antichi viaggiatori è più dubbia. La petizione sosteneva che fosse un luogo di sosta lungo le strade per quattro città: Pessinus a nord-est, Midaion a nord-ovest, Amorium a sud e un'altra città (l'iscrizione si interrompe prima di fare il nome della quarta città, ma presumibilmente si tratta di Nacolea, a nord-ovest di Orcistus). In realtà, nessuno degli esistenti itinerari menzionava Orcistus come stazione intermedia, e le strade importanti che attraversavano l'Asia Minore centrale provenendo da occidente mantenevano tutte una certa distanza rispetto a Orcistus, a nord passando per Dorileo e Midaion verso Ancyra (Ankara) in Galazia, a sud per Docimium e Amorium verso Ancyra. Nella sua petizione Orcistus indubbiamente esagerava la propria importanza locale; forse intendeva solo ricordare a

---

[9] Citazione sull'Anatolia rurale da Mitchell (1993) 1:178, con una fotografia del sito brullo di Orcistus a p. 6. Per una rassegna della sfavorevole reputazione della Frigia, vedi Gnoli e Thornton (1997). Chastagnol (1981b) discute le attrattive di Orcistus; vedi anche Yegül (2000), per un'eccellente panoramica dei requisiti materiali per le città nell'Asia Minore romana.

[10] Per i mulini ad acqua in Oriente, vedi Wilson (2001), con Horden e Purcell (2000) 256: «tali macchinari [i mulini ad acqua] potevano accrescere il prestigio di una comunità antica allo stesso modo del tradizionale repertorio di edifici destinati alla munificenza civica». Per Nacolea come quarta città, vedi Chastagnol (1981a) 403, (1981b) 376. Per una rassegna delle strade nell'Asia Minore centrale, vedi Mitchell (1993) 1:127-136. Jacques (1992) confronta le affermazioni di questa petizione con le raccomandazioni dei retori sul contenuto delle pubbliche orazioni e conclude che la petizione era «un pamphlet redatto secondo i canoni della retorica classica» (p. 436); per la crescente influenza della retorica sullo stile delle petizioni nella tarda antichità, vedi Fournet (2004).

Costantino che in suoi viaggi recenti attraverso l'Asia Minore centrale era passato nelle vicinanze, e che la cittadina aveva partecipato al graveoso impegno di rifornire l'imperatore e il suo seguito[10]. Nella sua petizione Orcistus accenna alle statue di ex imperatori che ornano il suo foro. Un blocco trovato in un villaggio vicino era probabilmente il basamento di una statua dell'imperatore Commodo. L'iscrizione dedicatoria indica che la statua era stata eretta originariamente a Orcistus: «la cittadinanza e il senato del popolo di Orcistus [onorano] il divo Commodo». Un'alta colonna proveniente da Orcistus, con una dedica all'imperatore Marco Aurelio, era molto probabilmente il piedistallo di una statua di quell'imperatore. L'iscrizione elenca anche alcuni dei funzionari attivi al momento a Orcistus, tra cui «esattori», «direttori» e «magistrati»[11].

Un'altra serie di iscrizione riportava l'atto di una donazione a Orcistus da parte di Aurelio Marco, uno dei suoi riconoscenti cittadini, e una risoluzione del popolo di Orcistus in onore di questo benefattore. Verso la fine del maggio 237 Aurelio Marco depositava un documento della sua donazione negli archivi del *demos*, la comunità. Per riconoscenza verso «Orcistus, mio paese natale», Aurelio Marco donava una somma di denaro che andava utilizzata per prestiti a beneficio della propria cittadina. Parte degli interessi doveva essere destinata all'acquisto di grano e a sostenere l'annuale distribuzione di pane agli altri cittadini, e parte al finanziamento di una festività annuale nel Giorno della Gioia, da celebrarsi nel locale *gymnasium*. Erano presenti alla donazione il primo arconte (il magistrato più alto in grado), altri due arconti minori, e un impiegato del *demos*. Uno o due giorni dopo, la comunità di Orcistus approvò una risoluzione di gratitudine nella sua *ekklesia*, l'assemblea, con l'appoggio della *gerousia*, il Consiglio degli anziani. Questa risoluzione elogiava Aurelio Marco per

---

[11] Commodo: *MAMA* 1:219, n. 416 = *IGR* 4:204, n. 550, da Baghlija, Θεὸν Κόμμο|δον Ὀρκιοτη|νῶν ὁ δῆμος | καὶ ἡ γερονσί|α; in cima alla base è impressa l'orma di un piede a grandezza naturale. Marco Aurelio: *MAMA* 7:69, n. 304 = *IGR* 4:203, n. 547, da Orcistus, con un'iscrizione dedicatoria a Marco Aurelio Antonino dagli Ὀρκιοτηνοί, seguita da una lista di funzionari, εἰσηγνσάμενοι ἐπιμεληθέντες e ἄρχιντες. Price (1984) 85-86, associa queste statue a un culto imperiale a Orcistus.

[12] Testo e traduzione dell'atto e del decreto, con un accurato commento, in Buckler (1937).

le liturgie e gli uffici già rivestiti, lo lodava per il suo dono e proponeva l'erezione di una statua «nel punto più visibile». I garanti di questa risoluzione erano il primo arconte, altri due arconti, l'impiegato e l'archivista[12].

Queste iscrizioni suggeriscono che tra la fine del II secolo e l'inizio del III Orcistus aveva effettivamente alcuni di quei pubblici monumenti, di quelle istituzioni politiche e di quei magistrati municipali che erano caratteristici delle città greche. Ma almeno fino al 237 non aveva il rango ufficiale di città. Nell'atto di donazione Aurelio Marco parlava di Orcistus non come di una *polis*, una città a tutti gli effetti formali, ma solo come di un *demos*, una comunità, e di *patris*, suo paese natale. Inoltre, forse, la designava con una parola che probabilmente significa «villaggio». A quel tempo Orcistus era «un centro abitato privo dello *status* di città»[13].

Orcistus potrebbe avere un tempo posseduto il rango di città ma era comunque un centro piccolo e insignificante. A un certo punto era finita sotto il controllo di una città vicina più grande. Un'altra tattica usata da Orcistus nella sua petizione a Costantino fu quella di lamentarsi di Nacolea e del suo accrescimento. Nacolea era una città notevole. Le sue leggende si erano appropriate di Ercole come suo mitico fondatore. Disponeva dei consueti magistrati e istituzioni municipali. Innalzava lapidi dedicatorie e statue in onore di imperatori. Annoverava tra i suoi residenti liberti e funzionari che amministravano le vicine proprietà imperiali. Uno di questi liberti era tanto ricco e tanto devoto alla sua «amatissima patria» da lasciare in eredità fondi per assicurare il rifornimento di grano e per celebrare una festività[14].

---

[13] Buckler (1937) completa la seconda riga dell'atto leggendo ἐν 'Ορκιστῷ, Οὐαρ[ιος]; quindi, il nome del patrono sarebbe Vario Aurelio Marco. Ramsay (1937) legge invece ἐν 'Ορκιστῷ, ο'ὐᾶι, e interpreta il raro vocabolo ο'ὐᾶι κώπη come l'equivalente di «villaggio». Ruge (1939) 1094 è riluttante su entrambe le ricostruzioni di questa riga, ma conclude che il possesso di tali istituzioni e magistrati implicava effettivamente che Orcistus fosse già una città. Kolb (1993) 333-38 suggerisce che non solo Orcistus non era una città all'inizio del III secolo, ma che potrebbe aver mentito dicendo a Costantino che un tempo lo era stata. Citazione sul centro abitato da Buckler (1937) 10.

[14] Leggende e istituzioni: *MAMA* 5:XXVI-XXX. Ercole come fondatore: Ruge (1935) 1601. Lapidi a imperatori: *MAMA* 5:92, n. 197, a Commodo; 93, n. 199, a Quieto. Testamento di P. Elio Onesimo: *MAMA* 5:95, n. 202 = *ILS* 2.1:734, n. 7196 = Kearsley (2001) 70-71, n. 97.

Il territorio di Nacolea era molto vasto e comprendeva numerosi piccoli villaggi. Questi villaggi dipendenti dovevano presumibilmente contribuire alle spese della città. Nel II secolo inoltrato Nacolea potrebbe persino aver nominato un *exactor rei publicae Nacolensium*, per riscuotere gli arretrati di questi contributi. Un altro mezzo che Nacolea potrebbe aver impiegato per estendere la propria influenza fu il culto di Zeus Bronton, Giove Tonante. Molte delle lapidi funerarie di Nacolea, della vicina città di Dorileo a una quarantina di chilometri a nord, e dei villaggi circostanti accompagnavano l'epitaffio per il defunto con una dedica a Zeus Bronton. Alcuni villaggi posero lapidi dedicatorie presso il santuario di Zeus Bronton presso Marlakkou Kome (moderna Avdan), un sito nella campagna a metà strada circa tra Nacolea e Dorileo. Nacolea sfruttò il suo predominio in questo culto per estendere la propria egemonia sugli insediamenti circostanti. Come altre città del tempo, Nicolea perseguiva una politica espansionista e autoritaria nei confronti dei suoi vicini[15].

In qualche modo Orcistus era diventata una di queste dipendenze. L'occasione di un simile mutamento di posizione poteva essere stata una riorganizzazione delle province. Gli imperatori continuavano a introdurre modifiche nell'amministrazione provinciale dell'Asia Minore. Una nuova provincia che accorpava le regioni di Frigia e Caria era separata dalla grande provincia dell'Asia fin dalla metà del III secolo, mentre sotto Diocleziano la Caria divenne una provincia separata e la Frigia fu suddivisa in due province, e sotto Galerio la Pisidia divenne una provincia separata. Alcune città beneficiarono da questa sorta di riorganizzazione delle province, in particolare le città più grandi che divennero nuovi capoluoghi metropolitani. Anche i centri minori potevano trarne beneficio. All'interno della Frigia il villaggio di Meirus (una settantina

---

[15] Esteso territorio di Nacolea: *MAMA* 5:XXX-XXXI. *Exactor*, *MAMA* 5:92, n. 197, con l'interpretazione alle pp. XXIX-XXX; Mitchell (1993) 1:159 suggerisce che questo *exactor* fosse uno dei magistrati imperiali «con il compito di riscuotere tributi o prodotti agricoli dalle proprietà locali e trasferirli al tesoro». Sul culto di Zeus Bronton a Nacolea e Dorileo, vedi *MAMA* 5:XXXVIII-XLIII. Dediche dai villaggi: *MAMA* 5:61-63, 74-75. nn. 124-127, 157 e nuovi ritrovamenti in Drew-Bear e Naour (1990) 1992-2013.

[16] Provincia di Frigia e Caria: Roueché (1981), (1989) 2-4, 12-19. Provincia di Caria: Roueché (1989) 21. Province di Phrygia Prima e Phrygia Secunda: *Latercululs Veronensis* 3.3-4, con Barnes (1982) 215 e Mitchell (1993) 2:160-1. Belke e Mersich (1990) 78 sugge-

di chilometri a ovest di Orcistus) acquisì il rango ufficiale di città (*polis*), evidentemente in seguito alla riorganizzazione di Diocleziano. Altre cittadine dovettero rimanere indietro. Orcistus ora lamentava il fatto che, avendo Nacolea «richiesto» un'alleanza, essa aveva perso i suoi privilegi «a causa delle depredazioni dei più potenti»[16].

Mettendo in contrasto i suoi pregi con i motivi delle sue lagnanze, Orcistus evidentemente sperava di suscitare le simpatie di Costantino. Inoltre la cittadina sembrava sottintendere che se l'imperatore avesse risposto in maniera favorevole alla sua petizione, una sua statua sarebbe andata a raggiungere nel foro quelle dei suoi predecessori. Altre città avevano proposto lo stesso scambio tra onori e favori. Atene, per esempio, pagò il suo tributo a Costantino con «una statua con un'iscrizione». Salutandolo come *strategos*, «generale», questa dedica cooptava l'imperatore come magistrato municipale locale. Costantino parve autenticamente compiaciuto di essere in tal modo onorato in quel prestigiosissimo centro della cultura greca: «Era più deliziato che se fosse stato insignito del più grande dei premi». In cambio, istituì una distribuzione annua di grano per Atene. Nel 324, durante la sua campagna contro Licinio, radunò la flotta nel Pireo, il porto di Atene. Prassagora, un giovane storico ateniese, successivamente commemorò i successi militari di Costantino in un racconto composto probabilmente verso la fine del regno dell'imperatore. In questa storia encomiastica Costantino era in buona compagnia: l'ateniese scrisse anche storie sui re di Atene e su Alessandro Magno. Pur insistendo sulla storia militare,

---

riscono che le due province frigie potessero essere state temporaneamente riunificate sotto Costantino; si noti che Giovanni Malalas, *Chronographia* 13.11, attribuisce a Costantino la formazione della Phrygia Salutaris. Per il cambiamento di nome di Phrygia Secunda in Phrygia Salutaris, vedi Pietri (1997b) 613. Formazione della provincia di Pisidia collocata tra la fine del 309 e il 310 da Christol e Drew-Bear (1999) 70. Meirus: Anderson (1897) 422-24, per i testi delle due dediche, una della metà del III secolo che definisce Meirus una κατοικία, l'altra di un momento «successivo alla riorganizzazione di Diocleziano» (p. 424) che dice Meirus una πόλις; Jones (1971) 69 data la seconda iscrizione al «regno di Costantino o di uno dei suoi immediati successori». Per spiegare la subordinazione di Orcistus Chastagnol (1981a) 399-400 avanza l'ipotesi di un declino nella popolazione o di una riorganizzazione della provincia; Chastagnol (1981b) 373, «peut-être en punition pour motifs politiques ou politico-religieux»; e Jones (2006) 161 suggerisce che in precedenza Nacolea avesse avanzato con successo una petizione per ottenere il controllo.

[17] Statua di Costantino ad Atene: Giuliano, *Orat.* 1.8c-d, con Oliver (1981) 423, il qua-

Prassagora affermava comunque che Costantino aveva superato precedenti imperatori per valore, eccellenza e buona sorte. Il popolo di Atene portò avanti questa interazione fin nella successiva generazione di imperatori, quando un eminente sofista che insegnava ad Atene chiese a uno dei figli di Costantino di donare alcune fertili isole alla città[17].

In modo simile questo scambio di richieste e repliche con Orcistus era un altro esempio del «dialogo costante di petizione e risposta» che da tempo caratterizzava i rapporti tra imperatori e città provinciali. Alludendo alla possibilità di onori in cambio della sua autonomia, Orcistus non stava semplicemente sollecitando un favore quanto implicitamente negoziando con l'imperatore, «creando un processo di dialogo e quindi un'interazione il cui linguaggio era di tipo politico... implicando una qualche forma di parità». Orcistus poteva anche essere un piccolo centro senza importanza, ma ora suggeriva di poter offrire qualcosa che persino un potente imperatore avrebbe potuto trovare desiderabile. In un momento in cui le piccole città perdevano il loro *status* e la loro importanza per l'amministrazione centrale, i cittadini di Orcistus potevano continuare a comportarsi come se vivessero in una capitale provinciale o in un rinomato centro culturale come Atene. Ora offrivano al nuovo imperatore l'occasione di dimostrare la sua generosità e di guadagnarsi la loro stima. In cambio, se Costantino avesse elevato la posizione di Orcistus, la neopromossa città avrebbe innalzato la sua reputazione erigendogli una statua e un'iscrizione dedicatoria. Un imperatore fresco di vittoria che aveva ancora bisogno di consolidare la propria base di sostegno in Asia Minore, e un piccolo centro pronto a riconoscere un nuovo imperatore, potevano avvantaggiarsi reciprocamente[18].

---

le suggerisce che Costantino in realtà detenne l'arcontato eponimo ad Atene. Pireo: Zosimo, *Historia nova* 2.22.2-3, 23.2. Prassagora e i suoi «due libri di storia su Costantino il Grande»: Fozio, *Bibliotheca* 62. Richiesta di Proeresio a Costante: Eunapio, *Vitae sophistarum* 492.

[18] Citazione su petizione e risposta da Millar (1983) 80; citazione sul linguaggio della politica da Ma (1999) 241, in un'eccellente discussione sulle interazioni tra re ellenistici e città in Asia Minore. Per il ruolo declinante delle città ordinarie, vedi Liebeschuetz (2001) 38-39: «Dopo i primi decenni del IV secolo, era raro che una città ordinaria dedicasse un monumento agli imperatori».

VI

«LA SANTA, SANTISSIMA RELIGIONE»
APPELLARSI ALL'IMPERATORE

Allo scopo di differenziarsi da Nacolea, un argomento che Orcistus usa nella sua petizione è l'appello all'affiliazione religiosa. Costantino stesso rileva che questo punto costituiva l'apice della petizione, e sembra che stia citando o parafrasando dall'appello quando nella sua lettera afferma che «tutti coloro che risiedono lì sono detti sostenitori della santa, santissima religione». Questa definizione era ovviamente alquanto vaga. In realtà, se in qualche modo la versione di questo *dossier* riportata sulla pietra era stata mutilata al punto che i saluti sono andati perduti e le lettere e la petizione risultano anonime, sarebbe possibile interpretare questa descrizione del popolo di Orcistus nei termini di un'affiliazione generale a un qualche culto pagano, certamente qualcosa d'altro dal cristianesimo. Forse il popolo di Orcistus era incerto su come accostare Costantino.

Tolleranza e persecuzione

La storia recente doveva averli indotti alla prudenza. Nell'impero d'Oriente Diocleziano, il suo coimperatore tetrarca Galerio e i loro successori non erano stati affatto coerenti nei loro pronunciamenti sulle religioni. Non solo avevano promosso culti pagani e ordinato la persecuzione dei cristiani, ma avevano anche compiuto numerosi voltafaccia nelle loro politiche religiose. Persino quando gli immediati predecessori di Costantino avevano espresso e cercato di imporre chiare preferenze religiose, nessuna delle loro politiche era durata a lungo senza subire ulteriori modifiche.

Pur essendosi guadagnato la reputazione di scrupoloso difensore delle «religioni più tradizionali», per gran parte del suo regno Diocleziano si era mostrato disposto a tollerare il cristianesimo: «La persecuzione non faceva parte del grande progetto di Diocleziano relativo all'impero romano». Poi Galerio, un imperatore *junior*, lo spinse a emanare editti contro il cristianesimo. Diocleziano si ritirò nel 305, e Galerio divenne imperatore *senior* in Oriente. Ma nell'aprile del 311 Galerio emise un editto a Nicomedia che metteva fine alla persecuzione dei cristiani. Nell'editto affermava che il suo modo di agire in precedenza era dipeso solo dalla volontà di assicurare la restaurazione di «antiche leggi» e «dei costumi degli antenati». In passato aveva cercato di costringere i cristiani a conformarsi; ora chiedeva loro di «pregare il loro Dio per la nostra salvezza, la salvezza dello Stato, e la loro stessa salvezza». Quindi prometteva di rafforzare il suo editto di tolleranza inviando una lettera ai «giudici», ossia, molto probabilmente, ai governatori provinciali[1].

Galerio morì qualche giorno dopo, e Massimino, l'imperatore *junior* di stanza ad Antiochia, si precipitò ad assumere il controllo dell'Asia Minore. Anche se Massimino nominalmente si era unito a Galerio nel pubblicare l'editto che poneva fine alla persecuzione, era riluttante a consentire la libertà religiosa. In anni precedenti era stato durissimo nella sua applicazione degli editti imperiali di persecuzione. A Cesarea in Palestina l'imperatore aveva persino presieduto di persona all'esecuzione di un martire, e di sua autorità probabilmente emise un editto aggiuntivo che imponeva a tutti di celebrare il sacrificio. Ma dopo che nel 311 Massimino ebbe ampliato la sua sfera di autorità fino a includere l'Asia Minore, il prefetto Sabino comunicò i suoi nuovi orientamenti in una lettera ai governatori provinciali. In questa lettera Sabino ordinava che i cristiani non corressero più pericoli, e dava istruzioni ai governatori perché informassero i funzionari minori che ora dovevano ignorare «quel documento», ossia presumibilmente una precedente

---

[1] Religioni: Aurelio Vittore, *De Caesaribus* 39.45. Citazione su Diocleziano da Barnes (1981) 19. Galerio come istigatore: Lattanzio, *De mortibus persecutorum* 10.6, 31.1, Eusebio, *HE* 8, Appendix 1,4, con il Cap. IX. Editto di Galerio del 311: Lattanzio, *De mortibus persecutorum* 34, e la versione greca in Eusebio, *HE* 8.17.3-10.

direttiva che ordinava la persecuzione. Anche se questa lettera non includeva tutte le concessioni dell'editto di tolleranza di Galerio, sembra che corrispondesse alla lettera che quest'ultimo aveva promesso di inviare come approfondimento del suo editto. Massimino aveva dunque iniziato il suo regno in Asia Minore proclamando, sia pure malvolentieri, la propria tolleranza verso il cristianesimo[2].

Entro la fine dell'anno aveva cambiato idea, e sembra rendesse noto che avrebbe apprezzato una dimostrazione di sostegno da parte di pagani solidali. I postulanti subito raccolsero questa rinascita dell'ostilità dell'imperatore nei confronti del cristianesimo e la sua protezione dei culti pagani. Arrivarono ambasciate da varie città, tra le quali una da Nicomedia e una dal popolo di Antiochia in Siria, che chiedevano «che non permettesse ad alcun cristiano di risiedere nella loro terra». Una petizione dalla provincia di Licia e Panfilia coniugava nettamente la fedeltà agli dei tradizionali e l'ostilità verso i cristiani. Indirizzata a Massimino e agli altri imperatori, questa petizione lodava la generosità «degli dei, vostri congiunti». Chiedeva inoltre l'imposizione ai cristiani di restrizioni che impedisse loro di infangare «l'onore che si deve agli dei», e chiedeva un «divino e sempiterno decreto» che limitasse le attività degli «atei»[3].

Nell'aprile del 312 Massimino emise un rescritto da Sardi che incoraggiava le città a espellere i cristiani. Secondo Eusebio di Cesarea, «i decreti delle città contro di noi [cristiani] furono esposti nel centro delle città, incisi su targhe di bronzo, assieme ai rescritti con le decisioni imperiali su questi temi». Iscrizioni con copie frammentarie del rescritto di Massimino in latino sono state

---

[2] Massimino: Eusebio, *De martyribus Palaestinae* 6. Cesarea, recensio brevior 9.2, editto imperiale, con Barnes (1981) 153, che data questo editto all'autunno del 309. Lettera di Sabino: Eusebio, *HE* 9.1.3-6. Eusebio scrisse la prima, lunga recensione di *De martyribus Palaestinae* tra l'editto di tolleranza di Galerio e la ripresa della persecuzione di Massimino verso la fine del 312: vedi Barnes (1980) 194, (1981) 149. Al tempo pensava che la persecuzione fosse finita: vedi Eusebio, *De martyribus Palaestinae*, «recensio prolixior» 13.11, che si riferisce a «l'intero tempo della persecuzione», trad. ingl. Lawlor e Oulton (1927-1928) 1:399.

[3] Eusebio, *HE* 9.2, ambasciata da Antiochia, 9.9a.6, ambasciata da Nicomedia. Per il testo frammentario della petizione di Licia e Panfilia, vedi l'edizione e ricostruzione di Sahin (1994) 13-14, n. 12. Tra le precedenti ricostruzioni di questa petizione, *CIL* 3. Supplementum 3:2056, n. 12132: *OGIS* 2:252-255, n. 569; Grégoire (1922) 95-96, n. 282; *TAM* 2.3:291, n. 785; e *ILCV* 1:1-2, n. 1a-b.

rinvenute a Colbasa in Pisidia e ad Aricanda in Licia, ed Eusebio fornisce una traduzione in greco di parte della copia del rescritto che era esposta a Tiro. Nella copia di questo rescritto indirizzato al popolo di Colbasa l'imperatore concedeva che «coloro che hanno persistito in questa abominevole superstizione vengano espulsi dalla vostra città e dal vostro territorio, proprio come chiedete». L'ampia diffusione di questo rescritto lascia pensare che Massimino lo considerasse un editto generale più che una risposta mirata alle preoccupazioni di solo poche specifiche delegazioni[4].

Questa persecuzione sotto Massimino certamente si estese fino al Ponto. Alcuni cristiani fuggirono. Un vescovo del Ponto trascorse sette anni nascosto in Palestina. Quelli che rimasero erano altrettanto terrorizzati. I nonni paterni di Basilio, che in seguito sarebbe diventato l'eminente vescovo di Cesarea in Cappadocia, si nascosero per sette anni tra i monti del Ponto durante quello che il fratello di Basilio, Gregorio di Nissa, avrebbe definito «il tempo delle persecuzioni». La loro resistenza conferì un tale prestigio alla loro famiglia che quando più tardi Gregorio Nazianzeno commemorò la vita del suo amico Basilio, lo lodò quale discendente di «martiri viventi». Questa resistenza divenne anche un punto di riferimento per la successiva ostilità da parte di un imperatore, perché Gregorio avrebbe di proposito definito «tetrarchi» l'imperatore Valente e gli altri magistrati imperiali che negli anni Settanta del IV secolo si erano opposti a Basilio. Il lungo isolamento dei nonni si sarebbe protratto durante i regni di vari tetrarchi che avevano controllato l'Asia Minore. Ma l'unico imperatore che Gregorio citava per nome era Massimino. La persecuzione da lui avviata «fece sembrare al paragone benevole tutte le [precedenti] persecuzioni, perché questa proruppe con forza inaudita e fu pronta ad assumere la forza dell'empietà»[5].

---

[4] Eusebio, *HE* 9.7.1, decreti, 3-14, traduzione. Per i testi frammentari del rescritto esposto pubblicamente a Colbasa e Aricanda, vedi le edizioni e ricostruzioni di Mitchell (1988) 108, 110, ora in *L'année épigraphique 1988* (1991) 281-282, nn. 1046-1047, con la minore correzione di una lettura in Konrad (1989). Mitchell (1988) fornisce un'eccellente discussione delle politiche religiose di Massimino; per l'impatto di queste politiche ad Ancira, vedi Mitchell (1982).

[5] Eusebio, *HE* 7.32.26-28 vescovo Melezio di Ponto, 8.12.1, 6 torture in Cappadocia e Ponto. Gregorio di Nissa, *Vita Macrinae* 2 persecuzioni. Gregorio Nazianzeno, *Orat.* 43.5 «martiri viventi», persecuzione di Massimino, 6-8 sette anni, monti, 31 tetrarchi; anche il

Oltre a sollecitare l'espulsione dei cristiani, Massimino promosse attivamente culti e sacrifici pagani. Mirava a istituire un clero gerarchico di sacerdoti pagani. Ogni città avrebbe dovuto avere un sacerdote capo che celebrasse quotidianamente i sacrifici a tutti gli dei e, in associazione con i sacerdoti dei vari culti, impedisse ai cristiani di riunirsi. In ogni provincia sarebbe stato presente un sacerdote di rango ancora superiore, «una sorta di pontefice», che doveva indossare un manto bianco. Questa supervisione gerarchica dei sacerdoti locali era un'altra manifestazione di due caratteristiche peculiari del governo tetrarchico: l'estensione del raggio di azione dell'amministrazione imperiale e l'associazione della religione con le decisioni imperiali. Massimino voleva che il clero locale, quello tradizionale come quello di nuova istituzione, mettesse in atto le sue politiche centralizzatrici, sia amministrative sia religiose[6].

Durante la primavera del 312 Massimino attraversò l'Asia Minore occidentale e meridionale in viaggio per Antiochia in Siria. In parte, questa processione era un'affermazione pubblica della sua rinfocolata devozione per i culti pagani, e in particolare per quelli di Giove. In Caria visitò Stratonicaea, dove la sua «natura divina» in qualche modo «sradicò il banditismo». Durante questo viaggio l'imperatore probabilmente visitò il santuario di Giove a Panamara, dove il sommo sacerdote fornì una dimostrazione di come si sarebbe dovuto comportare il clero sotto questo nuovo regime, sovvenzionando una celebrazione particolarmente fastosa. Come gli altri tetrarchi, Massimino sembra aver coltivato un rapporto speciale, addirittura un'identificazione, con la divinità maggiore, Zeus o Giove. La devozione a Zeus o Giove era un segno di fedeltà politica, non solo a Diocleziano ma anche agli ideali della tetrarchia: «un amico di Zeus era suo amico; un nemico di Zeus suo nemico». Poco prima di morire Diocleziano avrebbe, pare, riconosciuto Massimino come suo legittimo erede. Massimino era già

---

giudizio in *Orat.* 4.96: Diocleziano fu il primo a screditare i cristiani, Galerio fu peggiore, e Massimino li superò entrambi come persecutore. Per i ricordi della persecuzione nella famiglia di Basilio, vedi Van Dam (2003a) 15-18, 34-39.

[6] Sacerdoti: Eusebio, *HE* 9.4.2-3; pontefice: Lattanzio, *De mortibus persecutorum* 36.4-5, con Nicholson (1994) 9. «Il culto tradizionale veniva adattato alle nuove forme e realtà politiche». Per un eminente sacerdote pagano in Frigia, vedi Mitchell (1993) 2:47, 64.

stato scelto come imperatore *junior* alla presenza di una statua di Giove, e aveva già ricevuto il titolo imperiale di Giovio che lo associava con Giove o Zeus. Una tradizione locale affermava che Sardi era stata il luogo di nascita di Zeus; nel rescritto che Massimino aveva emesso di recente da Sardi, aveva lodato Zeus come protettore di città, culti e famiglie. Nella sua battaglia finale contro Licinio faceva voto a Zeus di sradicare, in caso di vittoria, anche il nome di cristiano. Ora, dopo la sua visita in Caria, la lapide che elencava le realizzazioni del sommo sacerdote a Panamara onorava appropriatamente Massimino come «Giovio»[7].

Ormai Massimino era l'unico imperatore giovio rimasto nelle province orientali. Dal momento che i culti di Zeus, in svariate forme, erano così comuni in tutto l'Oriente greco, anche altre città molto probabilmente dovettero prendere atto del patronato dell'imperatore per i culti di Zeus o Giove. Ad Antiochia uno dei sostenitori di Massimino eresse una statua a Zeus Philios, Zeus Amico, e presentò oracoli contro i cristiani. Con il suo culto di Zeus Bronton forse anche Nacolea si sentiva in grado di irrigidire i controlli su centri minori dipendenti quali Orcistus[8].

Alla fine del 312, tuttavia, Massimino faceva nuovamente marcia indietro. Dopo la vittoria sul suo rivale imperiale Massenzio a Roma nel mese di ottobre, congiuntamente a Licinio, l'imperatore nei Balcani, Costantino emetteva un'altra legge a favore dei cristiani. Massimino rispondeva con una lettera nella quale ordinava nuovamente ai governatori provinciali di tollerare i cristiani, ma anche questa volta per via indiretta: «Nessuno è autorizzato a tormentare i nostri provinciali con insulti e percosse». Ma l'imperatore stesso mostrava di essere il peggior molestatore dei suoi sudditi: «Trattava l'Oriente come un suo giocattolo». Dopo che Licinio ebbe attaccato e sbaragliato le sue forze all'inizio della primavera del 313,

---

[7] Dedica per M. Sempronio Auruncio Teodoto a Panamara: Sahin (1981) 170-1, n. 310; edizione precedente in *SIG*³ 2:617-619, n. 900. Amico e nemico: Libanio, *Orat*. 18.125, in una descrizione delle politiche religiose di Giuliano. Erede legittimo: *Epitome de Caesaribus* 39.7, «Diocleziano ribadì ripetutamente che aveva favorito Massenzio e ora favoriva Massimino». Statua di Giove: Lattanzio, *De mortibus persecutorum* 19.2. Sardi come luogo natale di Zeus: *Anthologia graeca* 9.645, con l'eccellente commento di Weiss (1995). Rescritto a Sardi: Eusebio, *HE* 9.7.7. Voto; Lattanzio, *De mortibus persecutorum* 46.2.

[8] Zeus Philios ad Antiochia: Eusebio, *HE* 9.3, 9.11.5, con Mitchell (1993) 2:22, «La divinità più diffusamente venerata nell'Asia Minore centrale era certamente Zeus».

Massimino compì un ultimo tentativo di salvarsi emettendo ancora un altro editto di tolleranza. Nell'editto concedeva la generale libertà di fede religiosa, e più specificamente il diritto per i cristiani di costruire chiese e chiedere l'attribuzione di proprietà confiscate. Ormai Massimino aveva esaurito le sue opzioni, e di lì a poco subì una misera fine. Alcuni dei suoi sostenitori vennero giustiziati. La sua memoria venne letteralmente cancellata, con raffigurazioni pubbliche e statue distrutte e sfigurate. Decenni dopo in Cappadocia «le sue icone sono ancora in mostra in luoghi pubblici, e fanno conoscere la mutilazione del suo corpo». Città dell'impero orientale che avevano onorato Massimino dovettero ripartire da zero. Ora proclamavano pubblicamente che era stato «il nemico di tutti» e «il tiranno che odiava Dio». Dovevano anche affrontare un nuovo imperatore e le sue preferenze[9].

Nell'estate del 313 Licinio diede inizio al suo regno nell'impero orientale promulgando la versione del suo editto di tolleranza su cui s'erano accordati lui e Costantino qualche mese prima. Licinio si mantenne forse di proposito sul vago riguardo al proprio orientamento religioso, dal momento che questo editto giustificava le sue direttive insistendo sul rispetto dovuto esclusivamente alla «divinità» o alla «suprema divinità». Tuttavia il documento consentiva a ciascuno, e specificamente ai cristiani, di praticare il culto a suo piacimento, e insisteva sulla restituzione delle proprietà ai cristiani. Ora sembrava che a essere cristiani non si corresse alcun pericolo. In Asia Minore i vescovi ripresero a riunirsi in concilio per discutere di questioni dottrinali e relative all'ordinamento della Chiesa: a Cesarea forse nel 314, ad Ancira molto probabilmente nel 314, in una città della Bitinia per esaminare le dottrine di Ario. Poiché molti dei canonici del concilio di Ancira dibatterono sulle punizioni da infliggere a chieri-

---

[9] Eusebio, *HE* 9.9.12 legge di Costantino e Licinio, 9a.1-9 lettera di Massimino della fine del 312 (citazione da 9.9a.9), 10.6-11 editto di Massimino del maggio 313, 11.2-6 sostenitori, ritratti, proclamazioni. Lattanzio, *De mortibus persecutorum* 38.7 giocattolo, 50 esecuzione di sostenitori di Massimino. Per un editto imperiale che limita le accuse di tradimento, vedi Riccobono (1941) 458-461, n. 94, e *Cth* 9.5.1, con Corcoran (1996) 190-191, 288-291, (2000) 349-352, che discute l'attribuzione di questo editto a Licinio all'indomani delle purghe dei sostenitori di Massimino ai primi del 314, anche se Corcoran (2002), (2004) 66-70 ora attribuisce questo editto all'iniziativa di Galerio nell'estate del 305. Icone in Cappadocia: Gregorio Nazianzeno, *Orat.* 4.96.

ci e altri che erano caduti in errore celebrando sacrifici, questi vescovi presumibilmente ritenevano che le persecuzioni fossero terminate e che fosse giunto il momento di affrontare gli effetti derivanti da questa nuova situazione. Diventare vescovo ora era una carriera più allettante per i notabili municipali. Marco Giulio Eugenio aveva sposato la figlia di un senatore e serviva nello *staff* del governatore di Pisidia. Quando Massimino aveva emesso un editto secondo il quale «i cristiani dovevano sacrificare e non lasciare il servizio civile», Eugenio aveva sopportato «molte sofferenze, spesso ripetute» sotto il suo governatore. Severo, «glorioso premiato del Padre nei cieli», evidentemente non sopravvisse alla persecuzione. Eugenio sì, ma abbandonò la carriera nella burocrazia imperiale. Invece, «secondo il volere di Dio onnipotente», presto divenne vescovo di Laodicea Catacecaumene in Pisidia, molto probabilmente succedendo a Severo. Durante il suo episcopato Eugenio celebrò la propria nuova eminenza locale costruendo una magnifica chiesa circondata da colonnati, cortili, una fontana e un cancello d'ingresso, tutti decorati con dipinti, mosaici e sculture[10].

Eugenio costruì questa chiesa probabilmente durante il decennio del regno di Licinio in Asia Minore. Ma poiché servì come vescovo per venticinque anni, è possibile anche che abbia atteso fino al regno di Costantino. Nel corso degli anni, infatti, con il crescere delle tensioni tra Licinio e Costantino, crebbe anche l'intolleranza del primo nei confronti dei cristiani. Con la speranza di vincere il rivale, si diceva che Licinio avesse fatto ricorso ai sacrifici pagani consultando il famoso oracolo di Apollo di Didima. All'inizio degli anni Venti aveva ordinato a militari e magistrati imperiali di offrire sacrifici durante le feste pagane pena la perdita dei gradi e delle cariche, e aveva imposto restrizioni ai vescovi e alle loro comunità cristiane. Alla fine i governatori provinciali consentirono la distru-

---

[10] Editto di Licinio: Lattanzio, *De mortibus persecutorum* 48.2-12, *summa divinitas*; Eusebio, *HE* 10.5.1-14, τὸ θεῖον. Concilio di Cesarea: Barnes (1981) 65 e Parvis (2001a). Concilio di Ancira: Logan (1992) e il Cap. XI per il ruolo del vescovo Marcello. Concilio in Bitinia: Sozomeno, *HE* 1.15.10 = Urkunde 5, ed. Opitz (1934-1935) 12, con il Cap. X sulla controversia ariana. *MAMA* 1:89-92, n. 170, epitaffio di Eugenio, n. 171, epitaffio di Severo, con Wischmeyer (1990) che sottolinea il più ampio contesto dei notabili municipali, e Tabbernee (1997a) 426-444 che connette i due epitaffi in una singola narrazione.

zione delle chiese e l'esecuzione di alcuni vescovi nel Ponto, e si verificarono nuove fughe tra le montagne[11].

Gli imperatori originari della tetrarchia e i loro successori in Oriente – Diocleziano, Galerio, Massimino e Licinio – avevano tutti oscillato tra tollerare e perseguitare il cristianesimo. Alla metà del IV secolo l'oratore pagano Temistio commentava con l'imperatore cristiano Gioviano che in questioni di devozione religiosa gli «editti umani» degli imperatori erano «restrizioni momentanee», «con la stessa frequenza rimosse dal passare del tempo che imposte». Le politiche religiose degli imperatori tetrarchici erano certamente un esempio di quella tendenza all'oscillazione. Di conseguenza, poiché le preferenze degli imperatori sui culti pagani e il cristianesimo fluttuavano così rapidamente, le città delle province orientali non potevano mai essere sicure su come, e se, fare riferimento alla religione nelle loro petizioni[12].

Duplicità di Costantino

Intanto Costantino non si vedeva da decenni nelle province orientali. Aveva servito nell'esercito come tribuno, un ufficiale subalterno, e sembra avesse passato gran parte del suo tempo alla corte di Diocleziano o di Galerio quando questi avevano viaggiato attraverso l'Oriente, effettuato campagne militari in Mesopotamia, o risieduto in varie città come Antiochia. All'inizio del 303 Diocleziano e Galerio avevano cominciato a promulgare una serie di editti che avevano riacceso la persecuzione dei cristiani. Alcuni militari, tribuni compresi, avevano distrutto la chiesa di Nicomedia; Costantino stesso avrebbe successivamente riconosciuto di essersi trovato a quel tempo alla corte di Diocleziano a Nicomedia. Nella primavera del 305, poco dopo il ritiro di Diocleziano, Costantino era partito per raggiungere il padre in Gallia. Le sue precedenti apparizioni nell'impero d'Oriente non avevano lasciato presagire un suo appoggio al cristianesimo. Semmai, i cristiani probabilmen-

---

[11] Sacrifici pagani, oracolo di Apollo: Sozomeno, *HE* 1.7.2-3; intolleranza di Licinio: Eusebio, *HE* 10.8.10-19, *Vita Constantini* 1.51-53, 2.1-2, con Barnes (1981) 70-72.
[12] Restrizioni: Temistio, *Orat.* 5.67c-d.

te ricordavano Costantino come uno dei tanti sostenitori di un regime imperiale ostile[13].

Anni dopo, quando finalmente tornò in Oriente dopo la vittoria del 324 su Licinio, è comprensibile che i cristiani dell'Asia Minore usassero cautela a proposito delle intenzioni del nuovo imperatore. Inizialmente, quando avevano assunto il controllo sull'Asia Minore, tanto Massimino quanto Licinio avevano tollerato il cristianesimo, ma entrambi prima o poi avevano finito per perseguitare i cristiani. Anche un uomo di chiesa come Eusebio di Cesarea, che ammirava Costantino, era perfettamente consapevole dell'incostanza del patronato imperiale in fatto di religione. Nella prima edizione della sua *Storia ecclesiastica*, pubblicata nel 313 o poco dopo, Eusebio sosteneva che Costantino si fosse avvalso dell'aiuto di Dio e di Gesù Cristo nella sua vittoria su Massenzio a Roma nel 312, e attribuiva sia a Costantino sia a Licinio il merito di aver costretto Massimino a mettere fine alle sue persecuzioni di cristiani. Qualche anno dopo, prima dell'autunno del 316, produsse un'edizione riveduta della *Storia* che comprendeva un nuovo libro nel quale citava sei lettere imperiali emanate in appoggio al cristianesimo. Costantino era l'autore unico di cinque di queste, ma lui e Licinio insieme avevano formulato la lettera che nel 313 concedeva la tolleranza religiosa ai cristiani e a tutti gli altri. Poiché a quel punto Licinio era diventato l'imperatore per tutte le province orientali, a quel tempo Eusebio presumibilmente sarebbe stato interessato soprattutto al suo patronato nei confronti del cristianesimo, e non necessariamente all'appoggio di Costantino. Erano gli editti di Licinio ad avere un effetto diretto su di lui e sul suo vescovado, non quelli di Costantino[14].

Ma quando Eusebio tornò ancora una volta a rivedere la sua narrazione, Licinio si era rivoltato contro i cristiani, e Costantino

---

[13] Tribuni e Chiesa: Lattanzio, *De mortibus persecutorum* 12.2. Costantino a Nicomedia: Costantino, *Oratio ad sanctorum coetum* 25.2.

[14] Eusebio, *HE* 9.9.2 ricorso di Costantino, 12 Costantino e Licinio, 10.5-7 nuove lettere; versione latina del rescritto di Costantino e Licinio in Lattanzio, *De mortibus persecutorum* 48.2-12. Per la prima edizione di *HE* di Eusebio, pubblicata nel 313-314, vedi Louth (1990) e Burgess (1997) 483-486, accettato da Drake (2000) 356; per successive revisioni ed edizioni, Barnes (1981) 150; con ulteriore discussione nell'Introduzione alla terza parte «Imperatore e Dio».

lo aveva sconfitto. Appena visto il futuro, Eusebio tranquillamente corresse il suo precedente racconto trasformando Licinio da paladino del cristianesimo in persecutore. In questo caso poté semplicemente infilare nella sua narrazione storica qualche capitolo spregiativo supplementare e qualche commento peggiorativo su Licinio. La possibilità di riscrivere e correggere le sue precedenti interpretazioni faceva sì che la prospettiva storica di Eusebio non fosse mai completamente errata. Nella vita reale, però, scegliere il partito sbagliato aveva conseguenze più cruente. Come era avvenuto tra i sostenitori di Massimino alla fine del suo regno, ora alla sconfitta di Licinio fece seguito un altro bagno di sangue tra chi lo appoggiava[15].

Costantino si mosse tempestivamente per rassicurare la popolazione dell'impero orientale cercando di reclutare alcuni tra i sostenitori di Licinio. Dal momento che questi aveva regnato da solo in Oriente per oltre un decennio, ormai tutti i magistrati imperiali delle province orientali erano di sua nomina. Anziché sostituirli immediatamente, Costantino decise di usare la loro esperienza e le loro reti di patronato. Come più notevole esempio di questa sua politica di riconciliazione, nel 325 onorò Giulio Giuliano, che aveva servito per quasi un decennio come prefetto pretorio sotto Licinio, con l'attribuzione di un consolato. Durante la sua lunga carica era stato «un retto e saggio prefetto che il suo vittorioso nemico [Costantino] rispettava, esortando i suoi magistrati a prendere esempio da lui come modello di buona amministrazione». Presto Costantino arrivò persino a inserire lui e i suoi familiari nella propria famiglia, quando la figlia di Giulio Giuliano sposò Giulio Costanzo, uno dei fratellastri di Costantino. Dopo la vittoria, Costantino aveva teso la mano a uno dei più eminenti sostenitori di Licinio. Da Giulio Giuliano venne quindi un futuro imperatore della dinastia costantiniana, il nipote Giuliano[16].

---

[15] Esecuzioni: Eusebio, *Vita Constantini* 2.18; per l'esecuzione di Martiniano, che servì come *magister officiorum* di Licinio e brevemente come cesare, vedi *PLRE* 1:563, «Martinianus 2».

[16] Saggio prefetto e matrimonio di Basilina: Libanio, *Orat.* 18.9; con Barnes (1982) 102-103 per la carriera di Giulio Giuliano, Grünewald (1990) 135-136 per le sistemazioni di Costantino e Kelly (2006) sulle aperture di Costantino ai notabili provinciali in Oriente. Il filosofo pagano Sopater, che aveva visitato la corte di Licinio, divenne in seguito consi-

Allo stesso tempo, però, Costantino cominciò ben presto a distinguersi dal suo predecessore. Richiamò dall'esilio gli oppositori di Licinio e restituì le proprietà confiscate. Presto emise editti che revocavano o modificavano quelli di Licinio. Inviò anche lettere ai provinciali in Oriente. In una di queste missive esprimeva l'appoggio al cristianesimo e attribuiva il proprio successo militare al sostegno del Dio dei cristiani. Con l'aiuto del Dio onnipotente era stato in grado di eliminare «il male che prima soggiogava tutta l'umanità», ossia Licinio e il suo regime. Secondo il commento con cui Eusebio accompagnava la citazione di questa lettera, in questa occasione «il popolo nelle nostre regioni» ricevette la conferma di ciò «che aveva già appreso dalle voci che circolavano su quanto stava accadendo nell'altra metà dell'impero romano». Da allora in poi l'opinione di Costantino assunse una grande importanza nelle province orientali. Eusebio citava le copie di lettere che erano state specificamente inviate alle autorità provinciali della Palestina, o forse direttamente a lui. Presumibilmente la corte aveva trasmesso copie simili ad altre regioni e ad altri vescovi. Forse la pubblicazione di tali lettere ed editti, con la prospettiva della nuova apertura e generosità dell'imperatore, ora induceva la popolazione di Orcistus a fare appello all'assistenza di Costantino[17].

Ma il popolo era in grado anche di vedere che le parole del nuovo imperatore potevano non essere affidabili. Nel corso di tutto il suo regno Costantino mostrò di trattare i matrimoni più come pretesti per aprire le ostilità con i coimperatori che come pegni di garanzia nelle alleanze con loro. Le sue mani erano abbondantemente macchiate del «sangue di familiari». Durante la sua ascesa come imperatore nelle province occidentali si era alleato con Massimiano e Massenzio sposando la figlia di Massimiano. Poi si era rivoltato contro i parenti acquisiti. Nel 316 aveva proposto che il cognato Bassiano assumesse il ruolo di cesare in Italia; ma quando poco dopo Bassiano fu accusato di cospirare con Licinio, Costan-

---

gliere di Costantino: vedi Eunapio, *Vitae sophistarum* 462-463, con la discussione di Barnes (1978a).

[17] Revoca: *CTh* 15.14.1-2. Modifica: vedi Barnes (1982) 234-237 per un editto promulgato nell'autunno del 324 che modificava l'età di esenzione dai carichi fiscali. Eusebio, *Vita Constantini* 2.22 conferma, 30-39 esuli e proprietà, 42 il male. Per l'autopresentazione di Costantino dopo la vittoria su Licinio, vedi Pietri (1997a) 263-272.

tino ne ordinò l'esecuzione. Il suo rapporto con Licinio, anch'egli cognato, seguì un percorso analogo, dall'iniziale amicizia all'aperta ostilità. I critici attaccavano l'abituale doppiezza dell'imperatore: «Come al solito, Costantino ha tradito il suo accordo con Licinio»[18]. Per la popolazione d'Oriente la sorte finale di Licinio in particolare contraddiceva ogni affermazione sull'affidabilità di Costantino. In passato Licinio aveva stretto un'alleanza sposando Costanza, sorellastra di Costantino; poi era diventato rivale di Costantino. Dopo la vittoria nel settembre 324, Costantino aveva in un primo momento mostrato clemenza. Aveva accolto la richiesta di grazia di Costanza per il marito, aveva diviso il pasto con Licinio, e poi l'aveva spedito a Tessalonica. Ma alla fine dell'anno aveva emanato un editto che marchiava Licinio come «tiranno» e abrogava tutta la legislazione promulgata dal suo rivale. Poco dopo fece giustiziare il cognato. Le circostanze dell'esecuzione erano probabilmente poco chiare, connesse forse con una sollevazione tra i militari o con la possibilità di una ribellione, ma era di sicuro evidente che Costantino aveva infranto il sacro vincolo della sua promessa. I suoi detrattori pensavano anzi che questo particolare mutamento di opinione fosse il segno di un fondamentale vizio di carattere dell'imperatore. «Ha calpestato il suo giuramento; cosa consueta per lui». Persino gli stretti consiglieri di Costantino cercavano ansiosamente di tenere sotto controllo la sua «impulsività» e la sua tendenza a comportarsi come «una turba indisciplinata». Di conseguenza, se era evidente che le sue garanzie personali e politiche erano inaffidabili, se le sue decisioni sembravano costantemente oscillanti e mutevoli, la solidità del suo patronato religioso era forse anch'essa sospetta[19].

---

[18] Sangue di familiari: Giuliano, *Caesares* 336b, nello spiegare l'interesse di Costantino per la promessa di redenzione offerta da Gesù. Per il trattamento di Massimiano e Massenzio da parte di Costantino, vedi il Cap. III. Bassiano, marito di Anastasia sorellastra di Costantino: *Origo Constantini imperatoris* 5.14-15, con supplementare discussione nel Cap. III. Come al solito: Zosimo, *Historia nova* 2.18.1. Ma si noti che Prassagora di Atene sosteneva che fosse stato Licinio a violare i giuramenti fatti a Costantino sul mantenimento del loro trattato: vedi Fozio, *Bibliotheca* 62.

[19] Grazia, pasto ed esecuzione: *Origo Constantini imperatoris* 5.28-29, con Barnes (1981) 214 per le congetture sulle circostanze. Per il possibile ruolo del vescovo Eusebio di Nicomedia in questi negoziati, vedi il Cap. X. Tiranno: *Cht* 15.14.1 con l'emendamento della data al 16 dicembre 324 da parte di Seeck (1919) 99. Promessa infranta: Eutropio, *Brevia-*

Settarismo

La popolazione di Orcistus poteva dunque seguire l'inizio del regno di Costantino con grande speranza ma anche con cauta preoccupazione. Poteva prevedere che avrebbe avuto un facile accesso alla corte imperiale, visto che il nuovo imperatore era già passato nei pressi della cittadina nei suoi viaggi per l'Asia Minore da e per Antiochia, e il concilio ecumenico programmato per la metà del 325 doveva tenersi ad Ancira (ma poi come è noto fu spostato a Nicea). Gli abitanti di Orcistus s'erano messi a studiare con diligenza per imparare i titoli imperiali più recenti di Costantino e i ranghi attuali dei suoi figli. Probabilmente sapevano che Costantino aveva con impegno preso le distanze da alcune delle scelte politiche di Licinio e aveva annunciato la sua preferenza per il cristianesimo. D'altra parte, i suoi recenti predecessori erano stati oscillanti nelle loro politiche religiose, e Costantino aveva già mostrato di non essere affidabile rispetto al giuramento fatto a Licinio. Una volta cambiata idea, Costantino pretendeva inoltre di far credere che niente fosse mutato. Dopo la vittoria sul suo rivale ordinò la rimozione delle immagini di Licinio e del figlio: «Persino i loro nomi furono dimenticati». Se fosse stato altrettanto disinvolto sui culti, allora una petizione che comprendesse uno specifico appello a una particolare affiliazione religiosa era rischiosa. Per questi motivi, benché gli abitanti di Orcistus intendessero trarre vantaggio dalla benevolenza di Costantino all'inizio del suo regno nell'impero orientale, la definizione che davano di se stessi come «sostenitori della santa, santissima religione» era forse intenzionalmente criptica[20].

Spesso gli studiosi moderni sostengono che la popolazione di Orcistus fosse cristiana. Tale interpretazione dà per acquisito che

---

rium 10.6.1, «contra religionem sacramenti»; Girolamo, *Chronicon* s.a. 323, «contra ius sacramenti». Cosa consueta: Zosimo, *Historia nova* 2.28.2. Si noti anche Themistio, *Orat.* 6.83b, per un contrasto tra Costantino, che strappò la porpora al cognato, e Valentiniano, che la divise con suo fratello. Eunapio, *Vitae sophistarum* 462 impulsività, 464 turba.

[20] Per la confusione sui titoli di Costantino dopo il 324, vedi Grünewald (1990) 136: «Bei den Provinzialen gab es nach dem *victor*-Erlaß anfängliche Unsicherheiten im Umgang mit der neuen Kaisertitulatur». Il concilio originariamente previsto ad Ancira: Urkunde 18.15, 20, ed. Opitz (1934-1935) 40-42. Nomi: Eusebio *HE* 10.9.5, con Corcoran (1993), (1996) 274-292 sulla rimozione del nome di Licinio dalle raccolte di leggi.

a questo punto Costantino trattasse favorevolmente solo con i cristiani. In effetti, l'imperatore era all'apparenza ancora piuttosto aperto sull'argomento e in un'altra lettera, inviata ai provinciali d'Oriente poco dopo la vittoria su Licinio, aveva predicato la tolleranza religiosa. Pur ribadendo la sua preferenza per il cristianesimo, non insisteva sulla conversione universale. «Coloro che persistono nei loro errori riceveranno un dono di pace e tranquillità non diversamente dei credenti». Costantino continuò ad appoggiare occasionalmente i non cristiani. Permise agli abitanti di Hispellum in Italia di costruire un nuovo tempio, e un sacerdote pagano di Atene lo ringraziò per aver finanziato parte delle sue ricerche in Egitto: «Sono grato agli dei e al piissimo imperatore Costantino». Poco dopo il concilio di Nicea l'imperatore emanò un editto a tutti i provinciali in cui si diceva speranzoso di assicurarsi la benevolenza della «suprema divinità». Anche se ovviamente promuoveva il cristianesimo, Costantino tollerava anche i culti pagani e usava un linguaggio ambiguo nel parlare della propria fede. All'inizio del regno in Oriente, Costantino si mostrò vago sulle sue preferenze religiose quanto inizialmente lo era stato Licinio; e ancora fresco era il ricordo di come Licinio successivamente avesse fatto marcia indietro sulla sua tolleranza per il cristianesimo[21].

[21] Per la comune, ma non sostanziata, tesi che la popolazione di Orcistus fosse cristiana, vedi Dörries (1954) 214, «vor allem ist es... das christliche Bekenntnis der Petenten als ausschlaggebendes Argument»; Lane Fox (1986) 587, «è popolazione totalmente cristiana»; Tabbernee (1997a) 99, «nessun motivo per dubitare che Orkistos fosse come minimo prevalentemente cristiana»; Mitchell (1998) 53, «i suoi abitanti erano tutti cristiani»; Galsterer (2000) 356, «il popolo era fervidamente cristiano»; Bleckmann (2006) 17, «la comunità cristiana di Orcistus»; Edwards (2006) 139, «l'unanime cristianità degli abitanti... di Orcistus». Avendo suggerito che Orcistus potrebbe aver esagerato nel dichiarare che un tempo godesse del rango di città, Kolb (1993) deve concludere che il responso favorevole di Costantino era motivato interamente dalla religione: «Er vollte den Orkistenern den *polis*-Status verleihen, weil sie Christen waren». Lettera ai provinciali: Eusebio, *Vita Constantini* 2.56.1, con Drake (1976) 63, che sottolinea come Costantino tenesse distinta la fede dalla politica imperiale. Per il tempio a Hispellum, vedi i Capp. I-III. Sacerdote pagano Nicagora: *OGIS* 2:462, n. 721, con Fowden (1987), il quale afferma che Costantino inviò Nicagora in Egitto nel 326 per negoziare l'acquisizione di un obelisco da un santuario a Tebe. Lane Fox (1986) 640-641, il quale ipotizza che Costantino avesse inviato Nicagora come ornitologo per trovare la mitica fenice, e Bassett (2004) 43, il quale suggerisce che Nicagora era alla ricerca di monumenti da trasferire a Costantinopoli. «Summa divinitas»: *CTh* 9.1.4, promulgato da Nicomedia nel settembre 325, con Digeser (2000) 125-33, per una panoramica delle politiche religiose inclusive di Costantino dopo il 324.

Essendo forse incerti, o imbarazzati, sulle tendenze religiose di Costantino, i cittadini di Orcistus evidentemente decisero che la tattica migliore era rispondere con una simile vaghezza a proposito della propria fedeltà religiosa. Un'indicazione così imprecisa era certamente aperta a diverse interpretazioni. Tra le aspre alture dell'Asia Minore centrale, Frigia compresa, molte città continuavano a conservare i loro culti pagani. «Le iscrizioni... testimoniano eloquentemente della vitalità del paganesimo a Dorileo e Nacolea». Queste città potrebbero aver pensato che era ancora consentito, se non addirittura preferibile, onorare Costantino con un culto pagano. In Pisidia i cittadini di Termesso innalzarono una statua di Costantino, a lui dedicata in quanto «Helios onniveggente». Non erano i soli ad associare Costantino con il dio Sole. Poco dopo la sconfitta di Licinio il poeta aristocratico Porfirio sperava di assicurarsi il ritorno dall'esilio donando al vittorioso Costantino una raccolta di poesie. Anziché sottolineare la fede cristiana di Costantino, questi componimenti collocavano i suoi successi nel contesto di allusioni alla letteratura classica e delle divinità pagane: «Nello splendore della sua veste purpurea il conquistatore dev'essere venerato come il Sole». In effetti Porfirio riuscì nel suo intento formulando quelle lodi di Costantino-Sole, visto che gli fu concesso di ritornare. In modo analogo, dal momento che Costantino stesso conservò la devozione per Helios, divinità solare, ben oltre la sua vittoria su Licinio, gli abitanti di Termesso potrebbero aver pensato che la loro dedica fosse gradita all'imperatore. La durata sul lungo termine della preferenza di Costantino per il cristianesimo non apparve tanto sicura dopo che ebbe consolidato il suo potere sull'impero orientale. Di conseguenza, anche se Orcistus si riferiva alla propria devozione religiosa nella prima petizione che chiedeva autonomia da Nacolea, non è necessario concludere che quell'affiliazione corrispondesse senza dubbio al cristianesimo. Forse, con quella vaga descrizione della loro affiliazione religiosa, i suoi cittadini alludevano in realtà a una persistente devozione al paganesimo. In questo caso la loro petizione non era un tentativo di identificarsi con il cristianesimo di Costantino, bensì una messa alla prova della sua dichiarazione di tolleranza[22].

---

[22] Citazione sul paganesimo da *MAMA* 5:XXXIII. Dedica a Termesso: *TAM* 3.1:39,

Anche se la cittadinanza di Orcistus fosse stata cristiana, la natura esatta del suo cristianesimo è aperta ai dubbi. La Frigia in particolare era famosa per la varietà e per il reciproco intreccio di numerosi culti religiosi. «In Frigia, pagani, cristiani ed ebrei, vivendo assieme nelle stesse comunità... trovarono il modo e i mezzi per adeguarsi alle rispettive altrui credenze». Come in altre province in tutto l'impero romano, anche in Frigia nel corso dei secoli i cristiani si erano adeguati alle situazioni locali adottando, modificando o opponendosi alle fedi locali. È possibile che la nebulosa descrizione della devozione religiosa in questa petizione di Orcistus abbracciasse, e nascondesse, diversi scenari sul loro cristianesimo[23].

Un'ipotesi possibile è che i cittadini di Orcistus si fossero convertiti solo di recente. Dopo che Costantino ebbe diramato le lettere in cui auspicava che si abbandonassero i templi, i cittadini di Maiuma sulla costa della Palestina si convertirono al cristianesimo. Dovettero aver fatto appello all'assistenza dell'imperatore, dal momento che questi rispose con un rescritto in cui sottraeva la cittadina al controllo di Gaza e le assegnava il rango di città. Nell'Asia Minore centrale in questo momento alcuni provinciali, d'un tratto, fecero allo stesso modo il punto sul futuro. Gregorio il Vecchio, padre del celebre teologo Gregorio Nazianzeno, era un notabile locale a Nazianzo in Cappadocia e faceva parte della setta degli ipsistariani. Questi «adoratori dell'Altissimo» avevano formato un culto religioso sincretistico combinando pratiche giudaiche con il monoteismo pagano. Ma avendo osservato tutti i vescovi che si erano uniti all'imperatore cristiano al concilio di Nicea, Gregorio il Vecchio mostrò di aver capito che i cristiani, e in particolare i vescovi e i chierici, avrebbero beneficiato del patronato imperiale.

---

n. 45: κωνσταντείνω Σεβ(αστῶ) | 'Ηλίω | Παντεπόπτη | 'ο δῆμος; con Wallraff (2001) su Costantino e Helios dopo il 324. Costantino come Sole: Porfirio, *Carm.* 18.25, con il Cap. II per la data. Per l'ipotesi che il cristianesimo non esistesse a Orcistus prima del regno di Costantino, vedi *MAMA* 7:XXXVIII: «Non fosse per la dichiarazione di Costantino, sarebbe da classificare... come uno spazio vuoto sulla mappa della Frigia protocristiana». Mitchell (1998) sottolinea il ruolo limitato di Costantino nella trasformazione delle città dell'Asia Minore: «Le decisioni imperiali prese centralmente non furono un fattore decisivo nel determinare le pratiche religiose locali» (p. 54).

[23] Citazione da Mitchell (1993) 2:49, nella rassegna di gran lunga migliore sui culti religiosi nell'Asia Minore centrale.

Gregorio il Vecchio presto si convertì al cristianesimo, e nel 329 divenne vescovo della sua cittadina. La conversione contribuì certamente a rafforzare la sua posizione locale. In modo simile, e più o meno nello stesso periodo, i cittadini di Orcistus potrebbero aver sperato che una nuova devozione al cristianesimo potesse essere l'argomento decisivo a favore dell'autonomia e della promozione. Come Maiuma, anche la loro cittadina poteva essere liberata dal dominio di una città vicina. In questo scenario quella petizione rappresentava una celebrazione della loro recente conversione[24].

Un'altra possibilità è che fossero cristiani, in un modo o nell'altro, da lungo tempo. Il cristianesimo si era diffuso in gran parte della Frigia già nel II secolo, anche se in svariate versioni diverse tra loro che più tardi gli storici ecclesiastici, quando ebbero visto i nuovi *standard* di ortodossia, ovviamente liquidarono come «deliranti eresie» che «si sono insinuate nell'Asia e in Frigia strisciando come serpi velenose». Forse la più famigerata di queste più antiche versioni del cristianesimo fu la «nuova profezia», più tardi nota come montanismo ma ripetutamente stigmatizzata come l'«eresia frigia». Il profeta Montano aveva cominciato a predicare nella Frigia del Nord Ovest verso la fine del II secolo, e già nel secolo successivo s'erano formate comunità montaniste a Dorileo e Cotieo, città non lontane da Nacolea e Orcistus. Vale la pena di notare di passaggio che, quale che fosse il valore teologico delle dottrine montaniste, l'accettazione di questo nuovo culto poteva conferire più o meno gli stessi vantaggi politici che Orcistus avrebbe in seguito chiesto a Costantino. Prive di attrattive o di accesso diretto alle vie principali, le piccole città potevano cercare di migliorare la propria posizione o facendo appello al patronato di un imperatore o di un magistrato imperiale o diventando il centro di un nuovo culto religioso. Pepusa e Timione, due cittadine frigie assolutamente prive di rilievo, poterono assistere all'enorme passo avanti compiuto dalla loro reputazione locale una volta che Montano le ebbe ribattezzate entrambe «Gerusalemme». Nel delirio delle sue visioni estatiche Montano ambiva addirittura a rac-

---

[24] Maiuma: vedi il Cap. III. Gregorio il Vecchio: Gregorio Nazianzeno, *Orat*. 18.5, con Van Dam (2003a) 41-47 su Gregorio il Vecchio e gli ipsistariani; per i vari culti del Dio Supremo, vedi Treblico (1991) 127-144, 163-164 e Mitchell (1993) 2:49-51, (1999).

cogliere gente «da ogni dove» in queste due «minuscole città della Frigia»[25]. Altre comunità cristiane in Frigia prima del regno di Costantino si possono individuare grazie alle formulazioni tipiche presenti nelle loro iscrizioni, come la setta dei «cristiani per i cristiani» nella Frigia occidentale o il gruppo nella Frigia meridionale che adottavano la «formula eumenea», secondo la quale i predatori di tombe andavano lasciati al giudizio di Dio. Al tempo del regno di Costantino la Chiesa scismatica novaziana s'era guadagnata una grande importanza in Frigia. Benché la loro teologia fosse molto simile al complesso delle dottrine in seguito approvate come ortodosse, i cristiani novaziani si differenziavano per il rigore dei loro canoni di condotta e di disciplina morale. La Frigia era un'importante roccaforte del cristianesimo novaziano, in particolare a Cotieo. In effetti, più avanti nel IV secolo alcuni vescovi novaziani si riunirono in concilio presso un piccolo centro frigio situato alle sorgenti del Sangario presso Orcistus. Di conseguenza, già all'inizio del IV secolo, e anche nei secoli successivi, di sicuro non esisteva alcuna versione uniforme del cristianesimo in Frigia né nelle regioni circostanti nelle alture centrali. Presso Laodicea Catacecaumene, per esempio, il sacerdote commemorato sulla lapide funeraria come membro della «santa Chiesa dell'ortodossia» non può essere assegnato con sicurezza ad alcuna specifica versione del cristianesimo. Tutte le sette cristiane si vedevano come «ortodosse», «cattoliche» e «apostoliche». In Frigia, analogamente, l'intera regione intorno a Nacolea e Orcistus era costellata di numerose comunità cristiane che differivano considerevolmente tra loro per credo e comportamento[26].

---

[25] Montanismo: Eusebio, *HE* 5.14.1 eresie e serpi, 18.2 Gerusalemme e minuscole città, 19.2 nuova profezia. Per la sopravvivenza del montanismo in Frigia prima e durante il regno di Costantino, vedi Trevett (1996) 198-232 e Tabbernee (1997a) 219-334, 345-347, 359-444; la posizione di Pepusa e Timione, Trevett (1996) 15-26 e Tabbernee (2003). Strobel (1980) sottolinea il carattere specificamente frigio del montanismo.

[26] Novazianismo: panoramica in Mitchell (1993) 2:96-104. Concilio a Pazon: Socrate, *HE* 4.28.18, il quale riferisce che il vescovo di Cotieo, che non vi partecipò, era uno dei capi della Chiesa novaziana. Belke e Mersich (1990) 357 suggeriscono che il concilio possa essere datato al 368 ca.; per un'ipotesi sull'ubicazione di Pazon, vedi la mappa in Mitchell (1993) 2:94. Sacerdote: *MAMA* 1:154, n. 290, datato al tardo IV secolo; con Hübner (2005) 197, per altri esempi da luoghi circostanti.

Sotto i tetrarchi alcune comunità cristiane in Frigia avevano sofferto pesantemente. Durante un'esplosione di ostilità i soldati avevano bruciato un villaggio in Frigia massacrando tutti gli abitanti. «Tutti nel villaggio erano cristiani». Anche se questa persecuzione sotto Costantino ebbe termine, il suo regno ora poneva un problema nuovo per i cristiani, non essendo chiaro quale varietà di cristianesimo l'imperatore avrebbe avallato come ortodossa. Orcistus inviò la sua prima petizione più o meno al tempo del concilio di Nicea. In un momento di così forte instabilità dottrinale, quando non era chiaro se l'imperatore stesso avesse o meno un'idea precisa delle proprie preferenze teologiche, persino una città che era cristiana già da qualche tempo avrebbe potuto voler dissimulare le proprie convinzioni. Se la sua versione di cristianesimo era considerata eterodossa, i suoi abitanti potevano comunque sperare di essere trattati come Acesio, uno dei capi della Chiesa novaziana. Al concilio di Nicea, Acesio ribadì che le divergenze sulla disciplina, anche quando non sulla dottrina non esistevano dissidi, potevano ugualmente rappresentare la motivazione per uno scisma. Questa posizione lasciò perplesso Costantino, il quale tuttavia mantenne un atteggiamento rispettoso. D'altra parte, se la loro versione di cristianesimo era considerata ortodossa, gli abitanti di Orcistus potevano presentare l'oppressione subita da parte di Nacolea come l'equivalente di una persecuzione. In questo caso potevano sperare di presentarsi a Costantino come il vescovo egiziano che aveva sofferto pesantemente durante le persecuzioni tetrarchiche. Al concilio di Nicea Costantino onorò questo vescovo e baciò le sue cicatrici[27].

---

[27] Incendio del villaggio: Eusebio, *HE* 8.9.1; anche Lattanzio, *Institutiones divinae* 5.11.10, il quale riferisce di un uomo che aveva dimostrato la propria empietà «bruciando un'intera comunità in Frigia con la sua casa di riunione». L'ipotesi di Chastagnol (1981a) 411, che questo villaggio dato alle fiamme fosse Orcistus, è assolutamente implausibile. Acesio: Socrate, *HE* 1.10, Sozomeno, *HE* 1.22; anche *CTh* 16.5.2, impegno di Costantino alle concessioni a novaziani promulgato nel settembre 326. Vescovo Pafunzio: Rufino, *HE* 10.4, Socrate, *HE* 1.11. Si noti che inoltre il concilio di Nicea non condannò il montanismo esplicitamente: vedi Girolamo, *Ep.* 84.4.
   A un determinato momento Costantino trasmise effettivamente ai governatori provinciali un editto contro gli eretici, e inviò una lettera «agli eretici» nella quale criticava le loro pratiche e spiegava le punizioni previste dall'editto. Nella lettera menzionava, tra gli altri, i novaziani e «quelli che prendono il nome dalle regioni della Frigia» (ossia i «catafrigi»): vedi Eusebio, *Vita Constantini* 3.63-66. Se lo si può datare subito prima o subito dopo il concilio di Nicea, l'editto precedeva la successiva posizione di tolleranza di Costantino;

Un annoso attaccamento a una qualche forma di cristianesimo, una recente conversione, una persistente devozione ai culti pagani: quale che fosse la motivazione, nella loro petizione i cittadini di Orcistus rimanevano sul vago nel definire le proprie preferenze religiose. Desideravano usare la loro devozione per «la santissima religione» come un argomento per ricevere l'autonomia dal controllo di Nacolea, ma erano anche apparentemente riluttanti a mostrarsi troppo precisi sulle sue caratteristiche esatte. Potevano avere delle certezze a proposito degli attuali titoli imperiali di Costantino e dei suoi figli, ma non sulle sue preferenze religiose. Nella loro petizione i cittadini di Orcistus avevano evidentemente deciso di lasciare che Costantino interpretasse a suo piacimento quale fosse la loro affiliazione religiosa. La vaghezza ha i suoi vantaggi. Purché fossero liberati dal controllo di Nacolea, il loro nuovo benefattore poteva credere quel che voleva a proposito della loro fede religiosa.

ma se datato ai tardi anni Venti del IV secolo, segnava una svolta verso l'intolleranza: vedi la rassegna delle possibili date in Cameron e Hall (1999) 306-307. Datati prima o dopo, l'editto e la lettera di accompagnamento indicano comunque l'incertezza di Costantino sugli affari religiosi.

VII

«LA LINGUA DEI ROMANI»
IL LATINO E L'ORIENTE GRECO

Nella sua petizione Orcistus ricorse anche a un'altra scaltra tattica. Questa non era esplicitata ma di immediata evidenza: la petizione era in latino. Nella sua petizione Orcistus si descriveva come una cittadina situata sulla frontiera tra la Frigia orientale e la Galazia occidentale. In questa regione di confine erano utilizzate comunemente diverse lingue. La lingua madre dei frigi rimase in uso durante buona parte dell'impero romano. Non solo alcune dediche erano scritte in frigio, ma nel tardo IV secolo un vescovo la cui madre proveniva da quella regione era ancora in grado di predicare in frigio. Il latino era la lingua dell'amministrazione imperiale romana. Alcune iscrizioni locali erano in latino, in primo luogo le pietre miliari e alcune delle lapidi dedicatorie in onore degli imperatori. Gli schiavi e i liberti imperiali che si erano insediati a Nacolea presumibilmente usavano il latino nelle loro comunicazioni ufficiali, e un liberto scrisse in latino alcune disposizioni del suo testamento. Ma «in Frigia il latino non divenne mai una lingua popolare». La cultura greca aveva la meglio sull'amministrazione imperiale, persino quella romana. La lingua comunemente parlata, certamente per quanto riguardava i notabili locali e probabilmente anche molte persone comuni, era il greco, e la gran parte delle iscrizioni municipali e private nella regione era in greco[1].

---

[1] Per il territorio di confine tra Frigia e Galazia, vedi anche Zosimo, *Historia nova* 4.7.3, «Galazia accanto alla Frigia». Predica in frigio: Socrate, *HE* 5.23.8. *MAMA* 1:XIII, «i cittadini e i funzionari romani del servizio imperiale generalmente scrivevano in greco»; *MAMA* 7:X, iscrizioni neofrigie a Orcistus, XXX, stragrande maggioranza di iscrizioni in greco, XXXII, citazione sul latino. Sulla sopravvivenza del tardo- o neofrigio, vedi Neumann (1980) 174-176 e Michell (1993) 1:174; anche Petrie (1906), per il «greco frigio», e Brixhe (2002), per il «greco frigizzato».

La lingua della cultura e la lingua del potere

Essendo le lingue indicatori così precisi di idee essenziali sul potere, l'amministrazione, la cultura e la religione, la loro imposizione e interazione sono sempre state contestate. Come in altri imperi, l'uso di una nuova lingua non familiare era un segno di dominio culturale e politico, pretendendo i conquistatori che i conquistati si conformassero alle loro preferenze, o decidendo i nuovi sudditi che conveniva porsi al seguito dei loro sovrani. All'inizio del V secolo il vescovo Agostino di Ippona avrebbe riconosciuto apertamente che l'uso del latino nell'amministrazione imperiale era un riflesso di superiorità politica. «La città dominante ha imposto non solo la sua autorità ma anche la sua lingua ai popoli conquistati, come un mezzo per assicurare la pace nella società». Nelle province orientali imperatori precedenti erano rimasti legati all'uso del latino, anche quando questo indeboliva l'efficacia dell'amministrazione in regioni in cui il latino non era la lingua comunemente parlata. Imperatori successivi mantennero questa scomoda linea politica, nonostante le sue fastidiose conseguenze. Verso la fine del IV secolo, per esempio, il celebre retore greco Libanio liquidava senza mezzi termini un certo governatore della Siria, che era originario dell'Italia settentrionale e non conosceva il greco, come un «truffatore». Lo stesso Agostino riconobbe la contraddizione quando ammise che questa politica era non solo miope ma anche autodistruttiva, dato che nella pratica l'impossibilità di comunicare aveva portato a guerre e spargimenti di sangue. Elevare una simbolica esibizione di potere al di sopra delle esigenze pratiche poteva diventare un serio inconveniente, tanto per gli amministratori imperiali quanto per i loro sudditi nelle province. Come risultato, nell'Oriente i provinciali potevano benissimo preferire la nomina di qualche locale, qualsiasi locale, all'imposizione di qualcuno venuto da fuori, in particolare se non greco. «Un uomo è più felice con il suo cane che con un forestiero». Un cane che abbaiasse in greco era più gradito di un magistrato che parlava in latino[2].

---

[2] Festo, governatore di Siria: Libanio, *Orat*. 1.156. Città dominante, cane: Agostino, *De civitate Dei* 19.7, con Lafferty (2003), un'eccellente panoramica dello sviluppo della liturgia in latino a Roma e a Milano. Per il latino come lingua del potere, vedi Adams (2003)

Dal tardo III secolo diversi fattori rafforzarono o modificarono la tensione presente nel rapporto tra latino e greco nell'impero orientale. Uno di tali fattori era costituito dalle decisioni degli imperatori sulla lingua appropriata per l'amministrazione imperiale. Tramite le loro varie riforme Diocleziano e i tetrarchi cercarono di consolidare la propria autorità di imperatori. Nell'Oriente greco uno dei mezzi per conseguire quell'obiettivo era evidentemente l'uso del latino come lingua del dominio imperiale. Durante le loro protratte residenze nell'impero orientale Diocleziano, Galerio e Massimino dovettero certamente aver imparato e usato almeno un po' il greco. Ma essendo il latino la loro lingua madre, e provenendo i tetrarchi dalle regioni balcaniche, questo idioma rimaneva il loro preferito. Secondo una più tarda storia apocrifa, quando il fantasma dell'illustre sapiente greco Apollonio era apparso ad Aureliano a Tiana, si era rispettosamente rivolto all'imperatore in latino, «così che un uomo della Pannonia potesse capire»[3].

Questa preferenza per il latino durante i regni di Diocleziano e dei suoi colleghi tetrarchi si presentò sotto svariate forme in tutte le province orientali. I soldati e i loro comandanti tendevano a usare il latino. In Egitto, a Luxor, un ufficiale pose una serie di lapidi dedicatorie in latino in onore di imperatori tetrarchici, forse come ricordo dell'autorità di Diocleziano e di successivi tetrarchi dopo una rivolta fallita. Dediche in latino accompagnarono una riforma nelle procedure per l'esazione delle imposte in Egitto. Magistrati imperiali, e in particolare governatori provinciali, eressero dediche agli imperatori formulate in latino. Ad Antiochia di Pisidia, per esempio, una di tali dediche salutava Galerio, in latino, come

---

545-576: «Di regola era scelto il greco, persino nell'esercito. Ma il latino era dietro l'angolo, pronto alla chiamata *ad hoc* per la potente simbologia del potere romano» (p. 557); ed Eck (2004), che sottolinea la tensione nel primo impero tra l'arroganza dell'uso del latino e la necessità pragmatica di essere compresi. Per la protratta tensione sull'identità delle province greche nel primo impero, vedi Woolf (1994) 130: «I romani non furono mai pienamente riconciliati con la cultura greca, e i greci non smisero mai di essere greci».

[3] Fantasma di Apollonio: SHA, *Aurelianus* 24.3. Diocleziano tuttavia sapeva apprezzare la cultura greca. Elencando gli imperatori che avevano onorato i filosofi, Temistio incluse due volte Diocleziano, che aveva promosso «il fondatore della mia famiglia» (*Orat.* 5.63d) e lodato «un filosofo che a quel tempo si trovava a Bisanzio» (*Orat.* 11.173b). Questo fondatore e filosofo era molto probabilmente il nonno di Temistio: vedi Vanderspoel (1995) 33.

il «restauratore dell'impero romano». Gli imperatori stessi sembravano allo stesso modo identificare la romanità con l'uso del latino. Nei loro editti ufficiali i tetrarchi proclamarono ripetutamente la loro devozione alla «dignità e maestà romana», al «casto e pacifico popolo romano», al «diritto romano», al «nome romano», e alla «prosperità del mondo romano». Dappertutto nell'impero orientale le comunità esposero copie marmoree di questi editti in latino. Copie del famoso editto sui prezzi, per esempio, sono state ritrovate in quasi quaranta località nell'Oriente greco. Un governatore provinciale cercò di rendere questo editto imperiale in latino più accessibile per una città della Frigia aggiungendovi un proprio editto in greco, in cui esaltava le intenzioni degli imperatori. Ma solo in Achea la lunga lista dei prezzi fu tradotta in greco, forse su iniziativa del governatore a beneficio dei provinciali di lingua greca. Anche in questo caso, però, il preambolo dell'editto, in cui gli imperatori inveivano contro i deleteri effetti dell'avidità e della lussuria, veniva lasciato in latino. Anche se le realtà economiche bastarono da sole ad affossare in breve questo ambizioso tentativo di fissare i prezzi, l'averlo pubblicato in latino certamente non ne aumentò le probabilità di successo nell'impero orientale. Questo editto era un veicolo destinato più a propagandare il potere che a intervenire sull'economia, e la sua pubblicazione in latino era invece una energica dichiarazione sull'essenza della romanità. L'uso del latino definiva il criterio preferito di correttezza politica (e in questo caso economica) sotto i tetrarchi[4].

[4] Per le iscrizioni a Luxor, vedi il Cap. IX, con l'interpretazione di Lacau (1934) 43: «Il s'agit d'une unification voulue et systématique, car personne ne comprenait le latin en Egypt». Per il nuovo sistema di tassazione in Egitto, vedi Barnes (1982) 230-231. Dedica a Galerio: Levick (1967) 105, n. 9 = *L'année épigraphique 1967* (1969) 156, n. 494 = Christol e Drew-Bear (1999) 65-66, «restau|ratori imperii Roma|ni», con ulteriori esempi a p. 70: «Dans les provinces d'Orient ce sont les fonctionnaires de l'Empire, et surtout les gouverneurs, qui nous ont laissé à l'époque tétrarchique des inscriptions latines élogieuses pour les princes de leur temps». *Edictum de pretiis*, pref., «Romana dignitas maiestasque», ed. J. Reynolds, in Roueché (1989) 266, con l'eccellente discussione in Corcoran (1996) 205-233. «Edictum de maleficis et Manichaeis», in *Collatio legum Mosaicarum et Romanarum* 15.3.4, «Romanam gentem modestam atque tranquillam». «Edictum de nuptiis», in *Collatio legum Mosaicarum et Romanarum* 6.4.1, «Romanis legibus», «Romano nomini», con il commento di Evans Grubbs (1995) 101 su questo editto: «È in gioco la conservazione stessa dell'impero». Primo editto sui cesariani, ed. Feissel (1996) 285, «beatitudo <o>rbis Roman<i>», con Feissel (1995) 51-52 che giustifica la correzione da *urbis Romanae*, e

Nei successivi libri della sua *Storia ecclesiastica* Eusebio cita un gran numero di editti e lettere ufficiali, emanati soprattutto dai tetrarchi, qualcuno da magistrati imperiali. In diversi casi avverte esplicitamente che quella che cita è una traduzione in greco: «Questi [sono i contenuti] secondo la lingua dei romani, tradotti in lingua greca per quanto possibile». Per implicazione, anche gli altri pronunciamenti imperiali erano stati promulgati originariamente in latino. Anche quando ricevevano petizioni in greco, gli imperatori rispondevano in latino. Quando Diocleziano ricevette gli inviati di Antiochia, il loro portavoce presentò la petizione in greco, e l'imperatore rispose in latino. Un altro esempio rivelatore è il dialogo bilingue tra Massimino e le città nelle regioni da lui controllate. L'imperatore aveva sollecitato petizioni, che varie città e province presentarono in greco. Massimino emanò il suo rescritto in latino. Diverse città avevano affisso copie marmoree di questo rescritto in latino. Per agevolare i lettori della sua *Storia* Eusebio citava la propria traduzione in greco della copia esposta a Tiro. Ma nella città la maggioranza degli abitanti dovette essere niente di più che spettatrice di questo decreto in latino, non lettrice. Potevano guardare il monumento pubblico e dedurne il messaggio simbolico sulla maestà del potere imperiale, ma ben pochi tra loro erano in grado di comprenderne le parole. In tutto l'Oriente greco i tetrarchi preferivano propagandare se stessi e le loro politiche in una lingua straniera[5].

Corcoran (2000) 347-348 per una rassegna di opinioni. Editto di Fulbio Astico ad Aezani: vedi Crawford e Reynolds (1975), con le correzioni di Oliver (1976).
[5] Citazione da Eusebio, *HE* 8.17.11 in riferimento all'editto di tolleranza di Galerio del 311; per l'originale latino, vedi Lattanzio, *De mortibus persecutorum* 34. Eusebio include il preambolo che elenca gli imperatori che avevano emesso il decreto con Galerio; per una comparazione dettagliata tra la traduzione e l'originale, vedi Coleman-Norton (1966) 1:20-22. Altre traduzioni dichiarate nella *HE* di Eusebio: 9.1.2 «copia di una traduzione», 9.9.13 «copia di una traduzione», 9.10.6 «copia di una traduzione effettuata dalla lingua romana in greco», 10.2.2 «i pronunciamenti tradotti dalla lingua dei romani in greco», 10.5.1 «traduzioni dei decreti imperiali di Costantino e Licinio fatte dalla lingua dei romani». Dialogo di Diocleziano: *CJ* 10.48.2. Per la discussione sull'uso del latino sotto la tetrarchia, vedi Feissel (1995) 34, «la prépondérance du latin est d'autant plus frappant que notre documentation épigraphique est presque entièrement orientale»; Corcoran (1996) 254-255 e Adams (2003) 636, «La scelta del latino in talune occasioni in presenza di greci come atto di potere non fu un'invenzione di Diocleziano, ma le sue radici risalivano alla Repubblica». Per i limiti all'uso del latino nell'amministrazione dell'Egitto, vedi Turner (1961) e Bagnali (1993) 231: «nel IV secolo il latino fu più usato che in precedenza... tuttavia il testo principale è in greco».

Un secondo fattore che influì sulla relazione tra latino e greco fu l'accresciuta dimensione dell'amministrazione centrale. Anche se questa un tempo era stata imposta da stranieri, ormai offriva anche ai provinciali greci l'opportunità di detenere cariche amministrative. Diocleziano e i tetrarchi avevano ampliato in maniera spettacolare l'amministrazione imperiale con la creazione di nuove province e diocesi e con la presenza di nuove corti imperiali istituite nelle province orientali. Questa più vasta amministrazione aveva bisogno di un maggior numero di magistrati e ufficiali di corte, oltre che di un gran numero di funzionari di livello inferiore e di segretari. Nella prospettiva di occupare queste posizioni i figli dei notabili greci provinciali cominciarono a studiare sempre di più il latino e il diritto romano, e anche i sistemi stenografici la cui conoscenza era necessaria per ottenere una posizione impiegatizia. Diocleziano apparentemente incoraggiò queste aspettative. Conferendo l'esenzione dalle imposte municipali ai giovani studenti di legge a Beirut, l'imperatore stesso sostenne lo studio del latino e del diritto romano nell'Oriente greco[6].

Ogni primavera i figli dei notabili locali di Antiochia e di altre città delle province orientali partivano per studiare diritto romano a Beirut o la lingua latina a Roma. Inizialmente Libanio era pronto a inoltrare potenziali studenti al suo amico Domnio, che insegnava legge a Beirut: «È opinione prevalente che un avvocato che non abbia attinto alle fonti di quel luogo sia inefficace». A un padre a Tarso spiegava che i futuri compensi provenienti dall'istruzione giuridica del figlio avrebbero compensato abbondantemente le alte spese sostenute per i suoi studi, in quanto a quel punto suo figlio avrebbe avuto «speranze di ricchezza, cariche e altro potere». Queste speranze erano spesso realizzate con posizioni di consulenza nel servizio civile. «Uomini istruiti provenienti da Beirut assistono governatori provinciali nell'intero mondo, e in qualità di esperti di diritto proteggono le province». Qualcuno arrivava a detenere alte cariche. Ad Afrodisia, per esempio, nel tardo IV secolo una lapide dedicatoria del Consiglio municipale onorava un governatore della provincia di Caria. Anche se questo governatore era, a quanto sem-

---

[6] Esenzione: *CJ* 10.50.1, con Butcher (2003) 230-236, sulle caratteristiche latine di Beirut nella tarda antichità.

bra, greco di nascita, la primissima riga della dedica lo elogiava per la sua conoscenza delle leggi e la sua facilità con la «musa italica». In questa dedica la familiarità con il diritto romano e con il latino aveva ancora più importanza del «dolce miele della sua parlata attica». In una discussione sull'importanza dell'educazione Giovanni Crisostomo ammetteva inavvertitamente il vantaggio di conoscere il latino per i giovani greci. La familiarità con la cultura greca permetteva a un uomo di conseguire alte cariche, prendere in moglie una donna ricca e costruirsi una magnifica casa. Ma la conoscenza del «linguaggio degli italici» permetteva di esercitare influenza nelle corti imperiali. La competenza in latino e in diritto romano era diventata un pratico mezzo di avanzamento sociale, un segno di fedeltà e di correttezza politica, ma anche il segnale di una nuova correttezza culturale[7].

Nel seguito del IV secolo, però, Libanio si mostrò sempre più impensierito da questo abbandono della cultura greca (e dal parallelo declino nel numero dei suoi studenti) a favore dello studio di una lingua e una cultura rivali o, nel caso della stenografia, di una pura e semplice abilità tecnica. Libanio avrebbe voluto che i greci tornassero agli usi antichi, come in effetti era successo tra i membri della sua famiglia. Uno dei suoi bisnonni conosceva il latino così bene che qualcuno pensava che fosse nativo dell'Italia. Ma la generazione del padre di Libanio, nato all'epoca dell'ascesa al trono imperiale di Diocleziano, aveva compiuto dei passi indietro, tornando a conoscere solo il greco. Uno degli zii di Libanio ignorava il latino e poteva discorrere con i magistrati imperiali solo attraverso un interprete. Libanio stesso non leggeva il latino. Nonostante la crescente onnipresenza dell'amministrazione centrale e le opportunità che essa offriva ai cittadini delle province orientali, maestri come Libanio ambivano a preservare lo studio della lingua e della cultura greca. Nella loro visione delle cose, anche se l'ammi-

---

[7] Libanio, *Orat*. 48.22 ogni primavera, *Ep*. 1203.1 opinione prevalente, 1539.1 speranze, con Liebeschuetz (1972) 242-255 per un'eccellente rassegna delle idee di Libanio sugli studi contrapposti: «Un deliberato e protratto tentativo del governo romano di far prevalere il carattere romano dell'impero contro tutte le difficoltà» (p. 252). Uomini istruiti: *Expositio totius mundi et gentium* 25. Dedica a Ecumenio: Sevcenko (1968), e Roueché (1989) 54-55, con l'eccellente discussione della statua in Smith (2002). Lingua degli italici: Giovanni Crisostomo, *Adversus oppugnatores vitae monasticae* 3.5 (*PG* 47.357).

nistrazione imperiale non poteva non essere latina, la dominante cultura letteraria e retorica nelle province d'Oriente doveva rimanere greca[8].

La preferenza culturale di Libanio ricevette l'appoggio da alleati imprevisti. Fattori finali che influenzavano la relazione tra latino e greco erano la crescente diffusione del cristianesimo e le opportunità da esso offerto per una carriera nel clero. Nel corso dei secoli servire nella gerarchia ecclesiastica era diventato una prospettiva sempre più attraente, ed esponenti di famiglie localmente eminenti avevano cominciato a svolgere il servizio come chierici e vescovi. Il patronato di Costantino per i chierici cristiani rendeva l'amministrazione della Chiesa ancora più allettante nelle città orientali. Questo servizio clericale non richiedeva nuove capacità linguistiche oltre alla conoscenza del greco. Anzi, poiché il cristianesimo delle origini nell'impero orientale era stato così fortemente influenzato dalla cultura greca, pochi padri della Chiesa greci conoscevano qualcosa di latino. Secondo Basilio di Cesarea, non solo il latino era semplicemente inadeguato a esprimere le sottigliezze della teologia, ma persino gli uomini di Chiesa latini ammettevano i «ristretti limiti della loro lingua». Gregorio Nazianzeno ammetteva di non conoscere il latino: «Non sono "romano" per quanto riguarda la lingua». Giovanni Crisostomo aveva un tempo preso in considerazione l'idea di seguire la carriera del padre ed entrare nell'amministrazione civile, ma non aveva studiato formalmente il latino. Divenne invece prete e poi vescovo[9].

---

[8] Libanio, *Orat.* 1.3, bisnonno; *Orat.* 49.29, zio; per le lettere in latino, Libanio si serviva di traduttori: vedi Libanio, *Ep.* 1004.4, 1036.2. La discussione più stimolante sull'interazione tra greco e latino nell'impero orientale durante il IV secolo resta ancora Dagron (1969); per una panoramica, vedi Jones (1964) 986-91, Zgusta (1980) 131-135 e Rochette (1997) 116-141. Per il tentativo di Libanio di promuovere un «impero greco-romano», vedi Van Dam (2008).

[9] Ristretti limiti: Basilio di Cesarea, *Ep.* 214.4. Non romano: Gregorio Nazianzeno, *Ep.* 173.1. Per l'educazione di Giovanni Crisostomo e le sue prime ambizioni, vedi Kelly (1995) 5-16. Per la limitata familiarità con il latino tra gli ecclesiastici in Oriente, vedi Rochette (1997) 150-154: «Les évêques et les théologiens de langue grecque ne surent jamais le latin» (p. 153). Un'eccezione è costituita dal vescovo Atanasio di Alessandria, che visse diversi anni in esilio in province di lingua latina: vedi Barnes (1993) 13. Altra eccezione potrebbe essere quella di Eusebio, che servì successivamente come vescovo di Beirut, centro di studio del diritto romano, Nicomedia, capitale imperiale sotto Diocleziano, e Costantinopoli, capitale imperiale sotto Costantino. Forse la conoscenza del latino contribuì all'influenza esercitata da Eusebio presso gli imperatori: vedi il Cap. X.

Il servizio nella gerarchia ecclesiastica come chierico o vescovo era quindi qualcosa di più di una scelta religiosa. Come il servizio nell'amministrazione imperiale, rappresentava anche un dilemma culturale per gli aristocratici locali greci. Alla metà del III secolo un giovane notabile come Gregorio Taumaturgo si era trovato di fronte proprio a questa scelta tra greco e latino. Gregorio era un contemporaneo più anziano del bisnonno di Libanio, che possedeva perfettamente la lingua latina. Gregorio lasciò il suo luogo di nascita nel Ponto per studiare diritto romano a Beirut. Poiché aveva l'ambizione di diventare avvocato, ed eventualmente anche di servire nell'amministrazione imperiale, razionalizzò la sua decisione sostenendo che il diritto romano era «assai greco» a causa della sua sapienza e precisione. Ma per studiare la legge di Roma doveva anche padroneggiare il latino, «la lingua dei romani». Questo era un po' più di quanto fosse in grado di sopportare. Il latino era scoraggiante: «Mi sembrava volgare». Allora Gregorio passò invece a studiare le dottrine cristiane con Origene, un illustre teologo greco residente a Cesarea in Palestina. Quando tornò nel Ponto, Gregorio diventò vescovo di Neocesarea. Anche se da qui in avanti la sua carriera avrebbe costituito un primo esempio della crescente attrattiva del servizio ecclesiastico rispetto a quello imperiale per gli aristocratici greci locali, la conversione più significativa nella sua vita non fu necessariamente l'adozione dell'ascetismo cristiano o l'accettazione di una sede episcopale. Fu piuttosto la decisione di abbandonare il latino a favore del greco. Studiare il diritto romano gli avrebbe richiesto di diventare un romano «latino». Studiare la teologia cristiana gli permetteva di rimanere un romano «greco». La devozione di Gregorio Taumaturgo al cristianesimo segnalava una decisione culturale più che una conversione strettamente religiosa[10].

Nel momento stesso in cui il cristianesimo stava affermandosi, l'amministrazione centrale diventava più invadente, e ora le città delle province orientali si trovavano sospese tra le corti imperiali che usavano il latino e i loro vescovi che usavano il greco. Dal momento che i tetrarchi preferivano il latino, è possibile che la

---

[10] Diritto e lingua latina: Gregorio Taumaturgo, *Oratio panegyrica in Origenem* 1.7, con Van Dam (1982) 271-273 e Millar (1999) 105-8, sui greci che studiavano il diritto romano.

loro ostilità nei confronti dei cristiani nell'impero orientale apparisse più come una manifestazione di sprezzo per la loro grecità che una persecuzione della loro religione. L'uso del latino era non solo un segno di correttezza politica e culturale, era anche un'etichetta di correttezza religiosa. Nelle province orientali la familiarità con la lingua latina era ora associata con l'autorità politica degli imperatori, con le competenze culturali necessarie per rivestire incarichi nell'amministrazione imperiale e con l'opposizione al cristianesimo. La promozione da parte dei tetrarchi di una romanità latina, nelle sue svariate dimensioni, era un incentivo perché le città dell'Oriente greco cominciassero a usare il latino.

Le pretese di imperatori di lingua latina e la seduzione del servizio nell'amministrazione imperiale avrebbero promosso la diffusione del latino tra aristocratici e città nell'Oriente greco, mentre l'affermarsi del cristianesimo e le lagnanze di maestri pagani come Libanio avrebbero spinto notabili e città greci a rimanere greci. In una lettera a Libanio il vescovo Gregorio di Nissa condivideva il disprezzo del grande sofista per coloro che avevano «a torto abbandonato il greco a favore di quel barbaro linguaggio». Questi disertori non erano meglio dei mercenari, dal momento che preferivano mettere in vendita i loro servigi anziché dedicarsi allo studio della cultura e dell'eloquenza retorica delle loro radici greche. Di fronte alla minaccia di questa invadente diffusione del latino, nelle province orientali gli ecclesiastici cristiani e i retori pagani avevano formato un'insolita alleanza a sostegno dell'uso del greco[11].

Costantino e il greco

Due imperatori in particolare, Costantino e suo nipote Giuliano, incarnarono limpidamente questa tensione sui rispettivi ruoli del latino e del greco nell'impero d'Oriente durante il IV secolo. Costantino era nato a Naissus in Dacia, proprio sul versante latino della linea che separava le due lingue nei Balcani, e anche lui ave-

---

[11] Gregorio di Nissa, *Ep.* 14.6. Questa alleanza aveva ovviamente i suoi limiti. Dopo essersi lamentato con Libanio per i *logoi* (la cultura), trascurati, Gregorio avanzava un argomento sul «nostro Logos», Gesù Cristo, il «Verbo».

va raggiunto l'età adulta nell'esercito. La preghiera che più tardi compose per le sue truppe era in latino, la «lingua romana». Ma parlava e leggeva anche il greco. Sua madre Elena era, a quanto si diceva, nativa della Bitinia. Tra i venti e i trentacinque anni circa Costantino aveva servito come ufficiale sotto Diocleziano e Galerio nell'Oriente greco. Al concilio di Nicea partecipò ai dibattiti teologici parlando in greco. Costantino poteva anche apprezzare le orazioni e i panegirici in greco. Dopo una delle interminabili orazioni di Eusebio l'imperatore avanzò la sua critica. Durante un'altra orazione, sorrise persino. Benché di madrelingua latina, Costantino ovviamente conosceva, capiva e parlava il greco[12].

Come imperatore nell'Oriente greco, tuttavia, Costantino sembra conducesse gran parte dei suoi affari ufficiali in latino. Quando presiedette a un procedimento legale tenuto davanti al suo consultorio imperiale di consiglieri, il querelante parlò in greco e lui rispose in latino. Poco dopo la vittoria su Licinio nel 324 inviò una serie di lettere. Una era una missiva generale ai provinciali. Eusebio cita la versione di questa «legge imperiale» inviata specificamente ai provinciali di Palestina, e afferma di essere in possesso di una copia «autentica» con la firma dell'imperatore. Afferma anche che questa e altre lettere di Costantino erano state composte «sia nella lingua romana sia nella lingua greca». Questa annotazione sembra implicare che la cancelleria imperiale aveva fatto tradurre la lettera in greco prima di spedire le copie (forse copie bilingui) alle varie regioni. Costantino inviò anche un'altra lettera generale ai provinciali nell'Oriente. Eusebio cita questa lettera da una copia autografa «tradotta dalla lingua romana». Tale annotazione sembra implicare che uno dei segretari di Eusebio aveva tradotto questa lettera da una versione originale in latino. Un'altra ancora delle lettere di Costantino fu mandata a Shapur, sovrano dell'impero persiano.

---

[12] Per la distinzione tra regioni di lingua latina e di lingua greca nei Balcani, vedi le mappe in Gerov (1980) 149 e Rochette (1997) 391. La nascita di Elena a Drepanum, in seguito ribattezzata Elenopoli: Eusebio, *Vita Constantini* 4.61.1, Procopio, *De aedificiis* 5.2.1-2, con la discussione, scettica, in Drijvers (1992) 9-12. Il latino e il greco di Costantino: Eusebio, *Vita Constantini* 3.13.2, al concilio di Nicea «parlò greco, poiché non ignorava quella lingua», 4.19 preghiera, 33.1 critica, 46 sorriso. Istruzione limitata: *Origo Constantini imperatoris* 2.2, «litteris minus instructus»; in contrasto, lo storico Prassagora di Atene sosteneva che Costanzo avesse inviato Costantino alla corte di Diocleziano a Nicomedia per venire educato, presumibilmente nella cultura greca: vedi Fozio, *Biblioteca* 62.

Eusebio afferma che una copia di questa lettera, «scritta dall'imperatore in persona», era disponibile «a me nella lingua romana». Quindi commenta che questa lettera sarebbe stata più comprensibile se fosse stata tradotta «nella lingua greca». Presumibilmente uno dei suoi segretari gli fornì anche questa traduzione[13]. La familiarità diretta che Eusebio aveva con le lettere di Costantino lascia pensare che l'imperatore e il suo *staff* le componessero in latino. Quindi la cancelleria imperiale ne traduceva qualcuna in greco prima di inviarle; altre, erano i provinciali stessi, o magistrati imperiali nelle province, a doverle tradurre. Anche in occasioni pubbliche sembra che Costantino preferisse tenere le sue orazioni in latino. Al concilio di Nicea pronunciò in latino il discorso di apertura. Nelle orazioni ufficiali sulla sua teologia parlava in latino, e gli interpreti traducevano le sue parole in greco, forse in una sorta di simultanea. Nella biografia dell'imperatore Eusebio annunciava l'intenzione di fornire in appendice uno dei discorsi di Costantino, «come esempio delle sue orazioni tradotte». Questo discorso, da Eusebio intitolato «All'assemblea dei santi», si può identificare con una orazione giunta fino a noi e attribuita a Costantino. Poiché molto probabilmente Costantino aveva pronunciato questa orazione originariamente in latino, l'esistente versione in greco è una traduzione più tarda. Sembra anche che preferisse leggere trattati teologici in latino. Una volta ringraziò Eusebio per una copia del suo trattato sulla Pasqua. Poiché la versione da lui letta era in latino, ringraziava inoltre il segretario di Eusebio, «che ha tradotto la tua opera nella lingua romana». Benché dovesse aver trascorso una quantità sempre maggiore del suo tempo nell'Oriente greco, come imperatore Costantino era ancora un tipico amministratore romano che usava il latino nei suoi affari ufficiali[14].

---

[13] Processo: *CTh* 8.15.1, con Corcoran (1996) 259-260. Lettera ai provinciali di Palestina: Eusebio, *Vita Constantini* 2.23. Lettera ai provinciali in Oriente: Eusebio, *Vita Constantini* 2.47.2. Lettera a Saphur: Eusebio, *Vita Constantini* 4.8. Sulla qualità delle traduzioni di Eusebio, vedi Lawlor e Oulton (1927-1928) 2:37: «La sua conoscenza del latino non era molto grande», e Carriker (2003) 18, «quando necessario, era in grado di tradurre in greco un testo latino».

[14] Eusebio, *Vita Constantini* 3.13.1 concilio di Nicea, 4.32 esempio e orazioni in latino e traduzione, 35.3 trattato sulla Pasqua. Il dibattito sulla lingua originale dell'orazione di Costantino, intitolata *Oratio ad sanctorum coetum*, verte sulla sua familiarità con una traduzione in greco della quarta ecloga di Virgilio. Bardy (1948) 124-125, Wigtil (1981),

Costantino dunque sarebbe stato in grado di leggere una petizione in greco. Ma a quanto sembra gli abitanti di Orcistus pensarono che presentandogli la petizione in latino avrebbero dimostrato la loro romanità. Dopo una precedente guerra civile un'altra città greca aveva fatto lo stesso nella sua dichiarazione pubblica di fedeltà. Decenni prima, quando i cittadini di Perge in Panfilia eressero una lapide dedicatoria a Vespasiano, usarono, eccezionalmente, il latino: «Nel contesto di una guerra civile il latino sembrava la lingua più adatta per un'espressione di fedeltà politica». Forse gli abitanti di Orcistus subirono l'influenza di altre dediche al nuovo imperatore. Ad Ancira il prefetto pretorio Flavio Costanzo affisse una breve dedica in onore del «più clemente e perpetuo imperatore, nostro Signore, Costantino, Massimo, Vincitore, sempre Augusto». Il prefetto molto probabilmente eresse questa dedica quando accompagnò Costantino nel suo viaggio attraverso l'Asia Minore ad Antiochia alla fine del 324 o all'inizio del 325. Flavio Costanzo era un membro influente dell'*entourage* di Costantino, forse anche un parente, e i minimi dettagli del suo comportamento saranno stati esaminati attentamente alla ricerca di indizi sulle preferenze del nuovo imperatore. In questa dedica, come l'enfasi del prefetto sulla clemenza dell'imperatore probabilmente rifletteva la nuova ideologia di indulgenza del regime, così il suo uso del latino potrebbe essere apparso come un elemento significativo. Ancira si trovava a circa centosessanta chilometri a nord-est di Orcistus, e la popolazione di quest'ultima cittadina potrebbe aver concluso che se un magistrato imperiale di alto rango commemorava Costantino in latino, a loro conveniva fare lo stesso. Anche se la cittadina era ancora incerta sulle preferenze del nuovo imperatore in fatto di fede, o insincera sulle proprie affiliazioni religiose, poteva comunque condividere la romanità latina con l'imperatore[15].

Rochette (1997) 315-319 ed Edwards (1999) 254-60, (2003) XXVI sostengono che Costantino pronunciò questa orazione in latino, Lane Fox (1986) 629-654 in greco. Per la data dell'orazione, vedi Cap. XI. Alla metà del VI secolo Giovanni Lido, un funzionario dell'amministrazione civile a Costantinopoli, trovò una copia dei discorsi di Costantino «scritti nella sua lingua» (ossia in latino): vedi Giovanni Lido, *De magistratibus* 2.30, con Dubuisson (1992) sulla familiarità di Giovanni con il latino.
[15] Citazione su Perge tradotta da Eck (2000) 652. Dedica ad Ancira: *CIL* 3. Supplementum 1:1234, n. 6751 = Grünewald (1990) 244, n. 417, «[C]leme[n]tissimo adquale perpetuo imperatori I d. n. Co[nsta]ntino I maxi[mo] victori sem[p]er A[ug.] Fl. Constantiu[s] I v. c.

Dal momento che nella sua petizione la cittadina rimaneva vaga sulla sua religione ma esplicita sulla sua nuova cultura, la scelta a favore del latino rispetto al greco era più significativa di qualsiasi conversione dal paganesimo al cristianesimo. Orcistus aveva fatto la scelta opposta rispetto alla decisione di Gregorio Taumaturgo. Orcistus viceversa era l'equivalente municipale di tutti quegli aristocratici greci che ora imparavano il latino e studiavano il diritto romano per fare carriera. Per loro, città e notabili, il regno di Costantino sembrava segnare più una rivoluzione culturale che una rivoluzione religiosa. Orcistus guardava al regno di Costantino e decise che il futuro andava in direzione non necessariamente del cristianesimo ma dell'uso del latino.

Questa petizione ebbe esito positivo, perché Costantino ordinò ad Ablabio di concedere a Orcistus il rango di città. Ma, fatto si-

praefectus praetorii [sic] I pietati eius semper I dicatis[sim]u[s]». Si notino le somiglianze tra questa dedica e il saluto nella prima petizione di Orcistus: «domini impp. Constantine I [maxi]me victor semper Aug. Et...». Per la novità della scelta del latino, vedi Feissel (1995) 47n.79: «Ce n'est apparemment pas avant l'époque constantinienne que les pétitions elles-mêmes seront rédigées en latin».

Chausson (2002b) 138-40, 145-146 ipotizza che Flavio Costanzo fosse l'inviato di Costantino a Licinio nel 316: vedi Cap. III. Sostiene anche che Flavio Costantino fosse un altro figlio di Costanzo ed Elena, e quindi fratello di Costantino, e che potrebbe essere stato il padre della moglie di Crispo, chiamata anch'essa Elena. Se è così, allora poiché Flavio Costanzo rimase prefetto fino al 327, potrebbe aver dovuto collaborare allo sgradevole compito di rimuovere Crispo, suo genero, e Fausta, moglie di Costantino: vedi il Cap. XI. Per la stretta relazione tra Costantino e Flavio Costanzo, vedi Grünewald (1990) 135.

Flavio Costanzo era prefetto già nel dicembre 324: vedi CTh 15.14.1, con la data corretta in Seeck (1919) 99, 174, e Barnes (1982) 131. Nell'agosto o settembre del 325 ricevette CTh 1.5.1. Secondo la scritta conclusiva, questo editto era «dat... Antiochiae». Nella tarda estate e nel primo autunno del 325 Costantino si trovava a Nicomedia o nei suoi dintorni: vedi Barnes (1982) 76. Quindi, più che «emanato ad Antiochia», forse l'editto fu «spedito ad Antiochia». In tal caso, Flavio Costanzo presumibilmente era rimasto ad Antiochia dopo averi accompagnato Costantino: vedi Barnes (1982) 139, il quale suggerisce che, come prefetto ad Antiochia, «operava indipendentemente da un imperatore».

Secondo Giovanni Malalas, Chronographia 13.3, quando lasciò Antiochia dopo una guerra contro i persiani, Costantino nominò Plutarco «governatore di Antiochia in Siria». PLRE 1:707, «Plutarchus 2» suggerisce che Plutarco fosse probabilmente il governatore provinciale; ma dal momento che Costantino visitò Antiochia solo durante l'inverno del 324-325 e non condusse mai una campagna persiana, la cronologia è incerta. Giovanni Malalas afferma che Plutarco fece fondere una statua bronzea di Poseidone per realizzare una statua di Costantino, che pose davanti alla sua residenza ufficiale. Sotto la statua fece incidere una dedica: «Al buon Costantino». Sebbene Giovanni citi la dedica in lettere greche (Βόνω Κωνσταντίνω), l'originale era ovviamente in latino. Downey (1961) 349n.144 esprime dei dubbi sul momento in cui Giovanni avrebbe visto personalmente la statua e la dedica.

gnificativo, nella sua risposta l'imperatore non formulò la sua decisione in termini di religione sottolineando il proprio patrocinio al cristianesimo. Già nella sua *adnotatio*, la risposta iniziale alla petizione di Orcistus, aveva messo l'accento sul suo riguardo per l'«antico onore». Nella lettera ad Ablabio approfondiva la questione collocando la decisione nel contesto del suo generale rispetto per le città. «[Per noi] il cui desiderio è o di fondare nuove città o di civilizzare città antiche o di rianimare città senza vita, questa petizione è assai gradita». Al tempo della petizione Costantino aveva certamente in mente la fondazione e la rinascita di città. Una preoccupazione immediata era sorpassare Licinio, il suo predecessore sul trono imperiale d'Oriente, che s'era guadagnato la fama di «aiutare le città a fiorire». Un'altra preoccupazione era la fondazione di Costantinopoli, poiché verso la fine del 324 aveva disegnato i confini della nuova capitale e successivamente, in quello stesso decennio, si stava preparando alla sua consacrazione ufficiale. Tra la sconfitta di Licinio e la consacrazione di Costantinopoli nel 330, l'imperatore stava chiaramente pensando all'eredità che, in fatto di città, avrebbe lasciato. La richiesta di Orcistus sul proprio rango municipale gli era arrivata proprio al momento giusto[16].

Questa petizione di Orcistus poteva anche attingere a una tradizione molto più antica di patronato imperiale per le città, e da questo punto di vista Costantino stava reagendo come i suoi predecessori non cristiani. La cittadina di Tymandus, nella fascia di confine tra la Frigia meridionale e la Pisidia occidentale, si era un tempo appellata allo stesso modo a un imperatore perché la promuovesse a «legale condizione e rango di città». Nella sua risposta questo (anonimo) imperatore aveva evidenziato il suo interesse per il benessere delle città. «È nostro intimo desiderio che in tutto il nostro mondo l'onore e il numero delle città sia accresciuto». Poiché alla fine della sua lettera l'imperatore chiedeva «il favore degli dei immortali», era certamente un pagano. Alla fine del 307 o all'inizio del 308 gli imperatori Galerio e Massimino rispondevano a una petizione di Heraclea Sintica in Macedonia concedendole il titolo di città. Anch'essi esprimevano un «interessamento per la nostra repubblica» e predicevano che lo Stato sarebbe fiorito una

---

[16] Reputazione di Licinio: Libanio, *Orat*, 30.6.

volta che «le città siano state migliorate dalla volontà della nostra lungimiranza e benevolenza». Tutti gli imperatori condividevano l'attenzione per il benessere delle città. Questa attenzione sembrava anzi prendere la precedenza sulle preferenze religiose[17]. Le città che in queste dispute avevano la peggio potevano decidere di ignorare la decisione di un imperatore e presumere che amministratori locali troppo indaffarati o compiacenti avrebbero chiuso un occhio su eventuali trasgressioni. Nella sua disputa con Orcistus Nacolea sembra aver preso male la sconfitta. Anche dopo la prima decisione di Costantino, evidentemente continuò a chiedere un'imposta per il finanziamento di suoi culti. Orcistus dovette mandare una seconda petizione all'imperatore, perché nel 331 Costantino rispose nuovamente «alla vostra richiesta e alla vostra petizione». Questa volta riaffermò i diritti e l'autonomia di Orcistus come città e contestò apertamente «il torto del popolo di Nacolea che si è protratto al di là dei benefici della nostra indulgenza». Chi doveva far applicare questa decisione era il *rationalis*, l'amministratore capo responsabile della supervisione delle proprietà imperiali nella diocesi di Asiana. Costantino ora diede istruzione a questo magistrato imperiale di assicurare l'immunità di Orcistus dalle pretese di Nacolea[18].

Giuliano e il latino

Anche allora Nacolea potrebbe aver continuato a sognare di riguadagnare il controllo su Orcistus. Visto che Orcistus aveva finito

---

[17] Tymandus: *MAMA* 4:86-87, n. 236 = *ILS* 2.1:526, n. 6090 = Riccobono (1941) 454-455, n. 92. Poiché l'intestazione e il preambolo di questa lettera sono andati perduti, non abbiamo alcuna indicazione sulla data e sull'imperatore (o gli imperatori) che mandarono questa risposta. Feissel (1995) 37 sostiene che la datazione della lettera dovrebbe essere anteriore alla conversione di Costantino a causa dell'invocazione agli «dei immortali». Il destinatario del rescritto era un «carissimo Lepido». Riccobono (1941) 454 e Corcoran (1996) 139 ipotizzano che Lepido fosse il governatore di Pisidia nel tardo III secolo o nell'inizio del IV; questa ipotesi implica che l'imperatore potesse essere Diocleziano o uno dei suoi immediati successori pagani in Oriente. Ma *PLRE* 1:504, «Lepidus 2», suggerisce che Lepido potesse invece aver servito sotto Giuliano. Rescritto a Heraclea Sintica: Mitrev (2003), ora in *L'année épigraphique 2002* (2005) 454, n. 1293, con il commento di Lepelley (2004), che data il rescritto tra il 10 dicembre 307 e il 30 aprile 308.

[18] Chastagnol (1981a) 412 interpreta la *pecunia pro cultis* che Orcistus continuava a pagare come «un impôt local».

per ottenere il beneficio da un imperatore schierato dalla sua parte, forse Nacolea non doveva far altro che aspettare un nuovo imperatore con diverse preferenze. Il regno di Giuliano sembrava offrire l'opportunità di ribaltare decisioni precedenti, in particolare sulla religione. Costantino aveva premiato la cittadina portuale di Maiuma per la sua conversione al cristianesimo rendendola città autonoma; dopo essere diventato unico imperatore Giuliano abrogò questa decisione e riportò Maiuma alle dipendenze di Gaza. Nel 362 Giuliano attraversò l'Asia Minore centrale diretto ad Antiochia. All'inizio dell'anno era stato elogiato a Costantinopoli per aver contribuito a restituire una «inattesa giovinezza» a diverse città dei Balcani e della penisola greca. Aveva già reso noto il proprio appoggio alle divinità e ai culti pagani, e si stava impegnando a promuovere l'influenza di sacerdoti locali e sommi sacerdoti provinciali. Nei suoi ritratti pubblici e nei suoi trattati filosofici sembrò ravvivare ulteriormente taluni aspetti dell'ideologia politica tetrarchica associando il suo nome a Giove ed Ercole[19].

È possibile che Nacolea, visto che promuoveva il culto di Zeus Bronton e dichiarava Ercole suo fondatore, percepisse una buona occasione per caldeggiare le proprie rivendicazioni. Un governatore in Frigia assecondò la preferenza di Giuliano per i culti pagani ordinando che un tempio a Meirus (a una quarantina di chilometri a sud-ovest di Nacolea) venisse riaperto, e le sue statue ripulite. Quando alcuni zelanti cristiani fracassarono le statue, l'indignato governatore li fece giustiziare. Quando Giuliano passò per l'Asia Minore centrale diretto ad Ancira, la sua presenza mise in primo piano la questione dei culti pagani. Durante il viaggio fece una breve deviazione al santuario della Madre degli dei, Cibele, a Pessinus, che si trovava a un'ottantina di chilometri a est di Nacolea e non lontano da Orcistus. Giuliano era un devoto di Cibele, e l'orazione che pronunciò in suo onore fu un tentativo di combinare la religione pagana e la filosofia antica in un unico quadro generale. Presentandosi come sacerdote filosofo, l'imperatore poteva offrire questa sintesi religiosa «come un'enciclica indirizzata all'alto cle-

---

[19] Giuliano e Maiuma: Sozomeno, *HE* 5.3.6-7, con Van Dam (1985b) 10-17, e il Cap. III. Assistenza a città di Macedonia, Illirico e Peloponneso: Claudio Mamertino, *Panegyrici latini* 3(11).9. Per Giuliano e l'ideologia tetrarchica, vedi il Cap. IX e l'Epilogo.

ro pagano dal loro superiore gerarchico». Collegava anche esplicitamente la sua munificenza e benevolenza alla devozione della comunità per la sua dea. Di conseguenza, le sue chiare preferenze potrebbero aver dato coraggio a una cittadina vicina in Frigia. Come i cittadini di Orcisto a suo tempo avevano presentato una petizione all'imperatore cristiano Costantino intorno al periodo in cui aveva viaggiato per l'Asia Minore centrale, così i cittadini di Nacolea ora potevano tentare di approfittare della presenza nelle vicinanze di un imperatore pagano. Nacolea produsse una breve dedica in onore di Giuliano: «Al nostro signore Flavio Claudio Giuliano, Vincitore e Celebratore di trionfi, Perpetuo Augusto»[20].

Nonostante la sua brevità, questa dedica presentava talune implicazioni significative. In primo luogo, la sua formulazione era pressoché identica a quella di una dedica incisa su una pietra miliare posta davanti a Laodicea Catacecaumene, poco più di duecento chilometri a sud-est di Nicolea: «A Flavio Claudio Giuliano, Vincitore e Celebratore di trionfi, Perpetuo Augusto». Durante il IV secolo le pietre miliari giunsero anch'esse a costituire «un apparato di comunicazione imperiale tra lo Stato centrale e i suoi sudditi». Gli imperatori di norma riportavano la formula ufficiale dei loro titoli e imprese sulle pietre miliari allo scopo di comunicare legittimità e autorità, mentre le comunità locali potevano usare le dediche sulle pietre per esprimere pubblicamente la loro fedeltà. Altre pietre miliari in quei paraggi usarono indubbiamente dediche simili per il nuovo imperatore Giuliano. La duplicazione della formula quindi fa pensare che gli abitanti di Nacolea avessero ricavato il testo della loro dedica da un segnalatore stradale ufficiale, perché altrimenti sarebbero stati incerti sulle parole da usare per rivolgersi all'imperatore. Secondo, anche se erano incerti sui titoli di Giuliano, intendevano ugualmente fare una dichiarazione sulla loro devozione a un culto pagano. Altre città affermavano di essere custodi di un famoso tempio antico o accoglievano Giuliano celebrando sacrifici; la popolazione di Nacolea incise la sua dedica

---

[20] Meirus: Socrate, *HE* 3.15, Sozomeno, *HE* 5.11.1-3. Visita a Pessinus: Ammiano Marcellino, *Res gestae* 22.9.5. Citazione su Giuliano, *Orat.* 5, da Athanassiadi (1981) 141. Munificenza e devozione: Giuliano, *Ep.* 22.432A. Dedica a Nacolea: *CIL* 3.1:62, n. 350 = Conti (2004) 91, n. 46, «d(omino) n(ostro) | F[l(avio)] C[l(audio)] | Iuliano | victori ac | t[r]iumfatori | perpetuo Auglusto».

su un grande altare marmoreo. Questa dedica era quindi una dichiarazione di fedeltà tanto al nuovo imperatore quanto alle sue preferenze religiose pagane. Infine, questa dedica aveva una certa somiglianza con la formula di apertura della petizione inviata da Orcistus a Costantino oltre trentacinque anni prima. Forse la somiglianza era intenzionale, anche se non come rispettosa reminiscenza ma piuttosto come battuta leggermente sarcastica, nell'attesa di un esito opposto. Forse Nacolea sottintendeva che, in cambio di questo onore, Giuliano poteva riprendere il controllo su una precedente dipendenza come Orcistus. In passato questo genere di appello aveva dato risultati contrari agli interessi di Nacolea; con un diverso imperatore, ora poteva operare a suo vantaggio[21].

Nacolea non era sola in Asia Minore a onorare Giuliano. Ad Ancira, il prefetto d'Oriente Secondo Saluzio gli eresse una dedica, e probabilmente una statua. Benché Secondo Saluzio fosse nativo della Gallia, Giuliano stesso elogiò il prefetto per la sua familiarità con la retorica e la filosofia greche. Ma come magistrato imperiale di alto rango, Secondo Saluzio pose tuttavia questa dedica in latino. Nelle province orientali le dediche a Giuliano patrocinate da un governatore provinciale potevano essere in greco (come ad Afrodisia) o in latino (come a Efeso e nei pressi di Pergamo). Ma quando era la città stessa a prendere l'iniziativa, la sua dedica era in greco. A Magnesia la città onorò Giuliano come il «supremamente divino imperatore», a Mileto come «il sovrano della terra, del mare e dell'intera razza umana». A Iasos in Caria il Consiglio e il popolo onorarono Giuliano per aver «governato con la filosofia». In questo caso un complimento che Gregorio Nazianzeno avrebbe rivolto al colto retore Temistio solo pochi anni dopo era

---

[21] Per la dedica simile a questa presente su una pietra miliare sulla strada a est di Laodicea Catacecaumene, vedi *MAMA* 7:2, n. 9 = Conti (2004) 89, n. 43: «Fl. Cl. Iuliano | victor(i) ac | triumfatori | [p]erpet(uo) Aug(usto). | Mi(lia) θ». Citazione sulle pietre miliari da Laurence (2004) 56, in una suggestiva discussione sulla «strada romana come arena di comunicazione e propaganda» (p. 57). Arce (1984) 111, 163-164 e Conti (2004) 91 affermano che l'iscrizione a Nacolea era su una pietra miliare; in realtà, apparentemente era una dedica su un altare: vedi Christol e Drew-Bear (1986) 53, «L'inscription est gravée sur un grand auteul de marbre gris», 55, «notre dédicace fut érigée par les autorités municipales à l'occasion du séjour de l'empereur dans cette partie de la Phrygie». Mileto come custode del tempio di Apollo a Didima: *SIG*³ 2:624, n. 906a = Conti (2004) 85, n. 36. Sacrifici per Giuliano a Barnae: Giuliano, *Ep.* 58.400C.

probabilmente più appropriato per Giuliano. Iasos aveva in sostanza salutato Giuliano come «l'imperatore della cultura». La sua dedica lo commemorava esattamente come un imperatore che seguiva i dettami della filosofia. Iasos adulava Giuliano come studioso e paladino della cultura greca[22].
Viceversa, la dedica di Nacolea era in latino. Forse anche questa città ora stava cercando di esibire le sue credenziali «romane». Ma in questo caso l'uso del latino rovinò non poco l'effetto. Giuliano fu l'altro imperatore che nel IV secolo cristallizzò la tensione tra latino e greco nell'impero orientale. Ma se era l'opposto di Costantino in fatto di preferenze religiose, aveva anche differenti preferenze culturali. Giuliano si sentiva orgoglioso di essere un imperatore pienamente «ellenico», non soltanto dedito ai culti pagani ma anche profondo conoscitore della cultura greca. In effetti la sua familiarità con questa cultura era un'eredità diretta del ramo non costantiniano della sua famiglia. Giulio Costanzo, padre di Giuliano e fratellastro di Costantino, era stato ucciso nel massacro dei familiari di Costantino seguito alla sua morte. Dei tre figli di Costantino che erano diventati imperatori, Costanzo assunse la responsabilità per il suo giovane cugino. I mentori e i tutori che scelse per Giuliano erano uomini di chiesa, come Eusebio, vescovo di Nicomedia e successivamente di Costantinopoli, e Giorgio, più tardi vescovo di Alessandria. «L'imperatore Costanzo volle che Giuliano non deviasse nella superstizione dopo aver studiato con un maestro "greco"». Viceversa, il maestro che inizialmente lo aveva introdotto ai piaceri dei poemi omerici era Mardonio, il tutore che originariamente suo nonno Giulio Giuliano aveva assunto perché istruisse sua figlia, la madre di Giuliano. Di conseguenza, Giuliano

---

[22] Familiarità di Secondo Saluzio con la cultura greca: Giuliano, *Orat.* 8.252A-B; sua dedica ad Ancira: *ILS* 1.168, n. 754 = Conti (2004) 73, n. 20. Dedica a Giuliano ad Afrodisia: Roueché (1989) 39, n. 20 = Conti (2004) 82, n. 33, con illustrazione in Smith (1999) 163, e discussione della statua in Smith (2001). A Efeso: Börker e Merkelbach (1979) 114, n. 313A = Conti (2004) 77, n. 26, e Meriç, Merkelbach, Nollé e Sahin (1981) 1:19, n. 3021 = Conti (2004) 78, n. 27. Presso Pergamo: *ILS* 1:167, n. 751 = Conti (2004) 79, n. 28. A Magnesia: *SIG*³ 2:624, n. 906b = Conti (2004) 84, n. 35. A Mileto: *SIG*³ 2:624, n. 906a = Conti (2004) 85, n. 36. A Iasos: *OGIS* 2:174-175, n. 520 = Blümel (1985) 1:33-34, n. 14 = Conti (2004) 83, n. 34, righe 2-3, τόν ἐκ φιλοσοφίας βα|σιλεύοντα. Descrizione di Temistio: Gregorio Nazianzeno, *Ep.* 24.1, βασιλεύς... τῶν λόγων); Gallay (1964-1967) 1:32 data questa lettera tra il 365 e il 369.

nutrì sempre risentimento per Costanzo per averlo costretto ad abbandonare «le scuole» della sua educazione classica per studiare testi cristiani con gli ecclesiastici. Il ramo giulianeo della famiglia di Giuliano rappresentava la cultura greca, e quello costantiniano il cristianesimo. Già da adolescente Giuliano aveva usato la sua familiarità con la cultura greca classica come un mezzo per distinguersi dal suo stesso *pedigree* costantiniano[23].
Da imperatore, Giuliano riaffermò questa distinzione nei confronti sia della cultura sia della famiglia. La sua identificazione con la cultura greca ora gli permetteva di seppellire il lato «occidentale», costantiniano del suo retroterra familiare: «anche se la mia famiglia era trace, io nel mio comportamento sono greco». Giuliano aveva letto e studiato testi latini già negli anni giovanili, dal momento che la sua istruzione aveva incluso «molto della lingua greca e non poco dell'altra lingua». Durante il suo comando militare in Gallia aveva certamente mostrato «un'adeguata sciolt ezza nel parlare latino». Ma pur avendo familiarità con alcuni aspetti della cultura latina ed essendo diventato un *miles* latinizzato, Giuliano tuttavia volle sempre presentarsi come un *graecus*. A differenza di molti suoi recenti predecessori sul trono imperiale, che erano stati in primo luogo militari con scarsa dimestichezza con la cultura classica, Giuliano era un ufficiale e un gentiluomo. Appena ne ebbe la possibilità, preferì presentarsi come un colto intellettuale greco più che come un nativo dei Balcani di lingua latina o come un soldato latinizzato. Giuliano era orgogliosamente greco anziché latino, un uomo di cultura più che un militare. In contrasto con Costantino, quando Giuliano si rivolgeva al concistoro imperiale dei suoi consiglieri, si esprimeva in greco. Giuliano si distinse chiaramente da Costantino e dalla sua dinastia imperiale non solo per il suo rifiuto del cristianesimo, ma ancor più significativamente con la sua affermazione di grecità[24].

---

[23] Decisione di Costanzo: Socrate, *HE* 3.1.11. Mardonio tutore di Giuliano: Giuliano, *Misopogon* 352A-353A, con Athanassiadi (1981) 14-21 sulla devozione di Giuliano per Mardonio. Giuliano non era il solo dal lato materno della famiglia ad aver rifiutato taluni aspetti dell'eredità costantiniana. Si noti che un altro Giuliano, zio materno di Giuliano, respinse anch'egli il cristianesimo durante il regno di Giuliano: vedi Filostorgio, *HE* 7.10. Scuole: Giuliano, *Epistula ad Athenienses* 271B, con Van Dam (2002) 98-99, 159-160, 163-164, sull'istruzione di Giuliano.
[24] Traci e greci: Giuliano, *Misopogon* 367C. Altra lingua: Libanio, *Orat.* 18.21. Ammiano Marcellino, *Res gestae* 16.5.7 sciolt ezza, 31.16.9 soldato e greco, con Adams (2003) 609,

Una volta diventato imperatore unico, Giuliano poté ulteriormente cercare di tradurre le sue preferenze culturali in politica ufficiale. Dal momento che anch'egli era interessato alla rinascita delle città nell'impero orientale, le sue proposte comprendevano la promozione della cultura greca, e il suo senso di «ellenismo» combinava cultura e religione. Secondo Libanio, Giuliano annunciò che il punto della cultura greca e quello della venerazione per i culti pagani erano «fratelli». Il suo viaggio per l'Asia Minore centrale voleva essere una dimostrazione trionfale del potenziale successo della sua ambizione di ridar vita alle città, ai loro consigli e ai loro notabili municipali, di rivitalizzare i culti pagani e promuovere l'insegnamento della cultura classica greca. A differenza dei tetrarchi, che rafforzando il potere dell'amministrazione centrale avevano indebolito il ruolo delle città, Giuliano cercava di promuovere la loro vitalità ripristinandone almeno in parte l'autonomia a livello locale e le risorse di cui disponevano. Di conseguenza, benché assomigliasse ai tetrarchi nella promozione dei culti pagani, non condivideva le loro priorità in fatto di lingua e cultura. Quale che fosse la lingua adottata dall'amministrazione imperiale, Giuliano si aspettava che le città greche usassero il greco[25].

Giuliano preferì la grecità come reazione al suo *pedigree* costantiniano, come tattica per stimolare le città e la vita urbana, e come espressione generale delle sue priorità culturali e religiose. Poiché non tutte queste intenzioni potevano risultare di immediata evidenza, spesso i provinciali furono costretti a cercare di indovinare le sue preferenze. Decenni addietro Costantino aveva ordinato la distruzione di templi pagani nella regione della Fenicia, tra cui i santuari di Afrodite ad Aphaca ed Eliopoli. Poiché per Eliopoli aveva emesso una «nuova legge», inviato una «lettera personale» e finanziato la costruzione di una nuova chiesa, presumibilmente queste iniziative erano prese come risposta a una petizione di cittadini locali. Con Giuliano, però, altri locali tentarono un approccio diverso. Ora l'assemblea provinciale della regione di Fenicia ono-

---

su «l'uso del latino in momenti chiave per simboleggiare la romanità del comando». Giuliano e il suo concistoro: *CTh* 11.39.5, datato 23 marzo 362, a Costantinopoli.

[25] Fratelli: Libanio, *Orat.* 18.157. Per le idee di Giuliano su grecità e romanità, vedi Bouffartigue (1991) e Van Dam (2002) 163-180.

rava Giuliano come «il liberatore del mondo romano, il restauratore dei templi, e il rinnovatore dei consigli [municipali] e della repubblica». In parte questa dedica era una petizione sotto mentite spoglie, un tentativo di adulare Giuliano convincendolo a migliorare la posizione di Tiro, la più eminente città della regione. Come gli abitanti di Nacolea, che avevano prontamente dimostrato che i culti pagani della loro città erano ancora in pieno rigoglio scolpendo la loro dedica a Giuliano su un altare, l'assemblea di Fenicia aveva nettamente evidenziato alcune delle significative ambizioni religiose e amministrative dell'imperatore, come la promozione dei culti pagani e il rafforzamento delle istituzioni municipali. Ma anche qui, come a Nacolea, la dedica era in latino. Tanto i cittadini di Nacolea quanto la popolazione della Fenicia presumibilmente speravano di dimostrare all'imperatore la loro «romanità» usando il latino. In entrambi i casi, però, l'uso del latino probabilmente fu un passo falso. Dal momento che Giuliano si presentava come un imperatore romano «greco» anziché «latino», una città greca e un'assemblea greca avrebbero dovuto porre una dedica in greco. Giuliano fu ucciso in battaglia prima di poter rispondere alla dedica dell'assemblea fenicia. E poiché Orcistus conservava la sua autonomia, il tentativo di Nacolea di riaffermare la propria egemonia appellandosi a Giuliano non ebbe successo[26].

Di lì a pochi anni il popolo di Nacolea avrebbe ricevuto una conferma inequivocabile che la sua valutazione era errata. Un anno dopo la morte di Giuliano l'imperatore Valentiniano scelse suo

---

[26] Santuari ad Aphaca (= Aphrodite Aphakitis) e a Eliopoli (Baalbek): Eusebio, *Vita Constantini* 3.55, 58, con Sartre (2001) 853-54 sui limiti del latino in Siria e nel Vicino Oriente romano. Dediche in Fenicia, una da Biblo (ora a Beirut), l'altra dalle vicinanze di Caesarea Philippi (Paneas): per testi e discussione, vedi Dietz (2000), che commenta l'uso sorprendente del latino: «Zweifellos sollte die Verwendung der Reichssprache den offiziellen Charakter der Äußerung des *Foenicum genus* betonen, vermutlich wollte man dadurch das "römische" Element Phöniziens zusätzlich herausstellen» (p. 812); il testo dai pressi di Caesarea Philippi è confermato da Eck (2000); entrambi i testi sono ora in Conti (2004) 70-71, nn. 17-18: «Dabei betonte der Landtag, dass er sowohl hinter den politischen wie religiösen Beschlüssen des Kaisers stand» (p. 72). Sull'intento politico delle dediche, vedi Gordon (2003) 266: «tale voto fu pronunciato dall'*élite* di Tiro non solo in appoggio alle riforme religiose di Giuliano ma anche nella speranza di ottenere dall'imperatore vantaggi politici su Antiochia». Si noti che non tutte le reazioni furono altrettanto benevole. A Eliopoli un diacono che aveva distrutto statue pagane durante il regno di Costantino fu poi ucciso durante il regno di Giuliano: vedi Teodoreto, *HE* 3.7.2-3.

fratello Valente come imperatore per le province orientali. Valente era sostenitore del cristianesimo e di madrelingua latina originario della regione balcanica; non prese mai familiarità con la cultura e la lingua greche, nonostante gli anni di residenza a Costantinopoli e ad Antiochia. All'inizio del suo regno il sostegno che trovò nelle province orientali fu limitato. Verso la fine del 365 Procopio fu acclamato imperatore usurpatore a Costantinopoli. Procopio era un parente di Giuliano, molto probabilmente dal lato materno della famiglia. Nell'intento di presentarsi come erede legittimo di Giuliano sottolineò il suo appoggio alla cultura greca presentandosi anch'egli come un imperatore filosofo greco, un sosia di Giuliano, in netto contrasto con Valente, imperatore cristiano latino che di Giuliano era l'antitesi. Poiché Procopio e Valente cercavano entrambi sostegno in Frigia e in generale nell'Asia Minore centrale, Nacolea poteva aver sperato che il suo precedente tentativo di onorare Giuliano potesse avere effetto presso l'usurpatore. Invece, nell'arco di un anno Valente aveva sconfitto e decapitato Procopio. Lo scontro finale tra i loro due eserciti ebbe luogo nei pressi di Nacolea. In quel momento gli abitanti della città avrebbero dovuto evitare di fare ipotesi sulle preferenze di un imperatore lontano. Avrebbero potuto invece seguire la strada dei comandanti che avevano abbandonato Procopio e cominciare a riconsiderare immediatamente il loro rapporto con Valente[27].

Garanzie di autonomia

Una volta che la benevolenza di Costantino ebbe reso libera la comunità di Orcistus, i cittadini decisero di pubblicizzare il loro successo incidendo i documenti su robusti pilastri. «L'erezione di un monumento con un testo iscritto in latino in un luogo che sarebbe stato notato dagli altri membri della comunità fu solo una parte della generale adozione della cultura urbana romana da parte di sudditi provinciali». Dal momento che Costantino stesso

[27] Battaglia presso Nacolea: Ammiano Marcellino, *Res gestae* 26.9.7, Zosimo, *Historia nova* 4.8.3; sulla rivolta di Procopio, vedi Van Dam (2002) 103-106 e Lenski (2002) 68-115.

aveva sottolineato le clamorose differenze che il suo regno prevedeva per le province orientali, questo monumento divenne un segno visibile della nuova identità romana della città in un nuovo impero. Simili momenti di radicale trasformazione politica, culturale o religiosa segnarono epoche in cui le comunità e gli individui abitualmente ridefinivano se stessi in pubblici monumenti ed edifici: «I periodi di monumentalizzazione spesso sembrano caratterizzare più i periodi formativi di culture, civiltà o Stati, che non il loro apogeo». Su questo monumento Orcistus creò una scintillante nuova identità per se stessa come città indipendente, che partecipava alla cultura latina e godeva della protezione di Costantino e dei suoi figli[28].

Orcistus presto individuò anche un altro sistema per assicurarsi la posizione di città autonoma. In precedenza aveva enfatizzato la sua romanità appellandosi in latino alla protezione dell'imperatore; in seguito aveva scoperto i vantaggi della grande burocrazia. La regione della Frigia a suo tempo aveva fatto parte della grande provincia dell'Asia, e poi della più piccola provincia di Frigia e Caria. Nella riorganizzazione delle province attuata sotto Diocleziano la Frigia si era trovata scissa in due province separate, *Phrygia Prima* (*Pacatiana*) a occidente e *Phrygia Secunda* (*Salutaris*) a oriente. Frigia Seconda comprendeva le città di Midaion, Nacolea e Dorileo. Città un po' più a est, come Pessinus, Amorium e Orcistus, in passato erano state anch'esse incluse nelle più antiche e più ampie province. Ma ora era in discussione la loro posizione amministrativa.

Alla fine del IV secolo anche la grande provincia adiacente di Galazia fu divisa in province di minori dimensioni, *Galatia Prima* a oriente e *Galatia* (*Secunda*) *Salutaris* a occidente. Pessinus divenne la capitale metropolitana della nuova provincia di Galazia Seconda, che ora includeva anche Amorium e Orcistus. Un tempo cittadina frigia, Orcistus era diventata una cittadina galaziana. A partire dal regno di Diocleziano le province erano state ulteriormente raggruppate in unità amministrative più ampie, le diocesi. L'Asia Minore fu spartita diagonalmente in due vaste diocesi. Fri-

---

[28] Citazione sul monumento e il testo da Edmondson (2002) 47, che commenta le iscrizioni latine in Lusitania; citazione sulla monumentalizzazione da Woolf (1996) 30-31.

gia Seconda si trovava nella diocesi di Asiana, che includeva le province dell'Asia Minore occidentale e sudoccidentale, e la Galazia Salutaris nella diocesi di Pontica, che includeva le province dell'Asia Minore centrale, settentrionale e orientale. Orcistus ovviamente beneficiò di questi riassetti amministrativi. Venendo trasferita in una diversa provincia, che a sua volta era assegnata a una diversa diocesi, Orcistus non correva più il rischio di trovarsi ancora subordinata a Nacolea. Un doppio confine amministrativo, provinciale e diocesano, separava ora le due città[29].

Orcistus acquisì anche il suo vescovo. Nel 325, nello stesso momento circa in cui Orcistus stava preparandosi a inviare la sua petizione, Costantino aveva convocato i vescovi dell'impero orientale riunendoli in un grande concilio generale. Originariamente questo concilio ecumenico si sarebbe dovuto tenere ad Ancira, a nord-est di Orcistus; poi fu trasferito a Nicea, a nord-ovest di Orcistus. Poiché per raggiungere il concilio molti dei vescovi provenienti dal Levante avrebbero viaggiato lungo le strade dell'Asia Minore centrale, la popolazione di Orcistus poté vedere che gli ecclesiastici ora godevano dell'uso del sistema di trasporti imperiale. Questa assistenza con i mezzi di trasporto era un beneficio così notevole che il suo abuso da parte degli uomini di chiesa dovette far infuriare gli osservatori pagani. Tra i partecipanti al concilio c'erano alcuni vescovi della Frigia. Molti venivano da città della Frigia occidentale e meridionale; dal nord della Frigia giunse il vescovo di Dorileo. Una volta diventata città a tutti gli effetti, però, Orcistus divenne anche sede vescovile, e i vescovi di Orcistus cominciarono a comparire nelle liste degli ecclesiastici presenti ai concili durante il V secolo e i seguenti. Anche vescovi di Nacolea parteciparono a queste assemblee successive. Ma dal momento che la struttura amministrativa ecclesiastica tendeva a seguire la struttura imperiale, questi vescovi si trovavano in diverse province ecclesiastiche, ciascuno di essi suffraganeo di un diverso vescovo metropolitano. Sia l'amministrazione imperiale sia la gerarchia

---

[29] Per liste delle città in queste province, vedi Jones (1971) 530-533. Per la divisione della Galazia, vedi Belke e Restle (1984) 55; per la creazione di Galatia Salutaris, vedi Pietri (1997b) 623-627. Si veda la chiara osservazione in Ammiano Marcellino, *Res gestae* 26.9.1, sulla riattribuzione di Pessinus: «Phrygiae quondam, nunc Galatiae oppidum».

ecclesiastica ora garantivano la posizione di Orcistus come città libera[30].

Gli studiosi moderni hanno esibito la garanzia definitiva dell'autonomia di Orcistus. In *Tabula Imperii Byzantini*, la ricchissima rassegna di città nell'impero bizantino, la voce Orcistus compare nel volume su Galazia e Licaonia, e quella per Nacolea nel volume su Frigia e Pisidia. Oggi che le rilegature dei moderni libri accademici hanno separato le due città, Orcistus non ha più motivo di preoccuparsi per la subordinazione a Nacolea. Una diversa provincia civile, una diversa diocesi civile, il suo vescovado in una diversa provincia ecclesiastica, la presentazione da parte degli storici moderni in diversi volumi della *TIB*: Orcistus probabilmente non aveva mai sognato che la sua petizione a Costantino potesse avere tanto successo[31].

«La nostra lingua»

Nonostante questo successo, riguardo al futuro Orcistus si sbagliava. Anche se Costantino palesava sempre più chiaramente la sua preferenza per il cristianesimo, Orcistus avrebbe continuato a scantonare evitando di dire qualcosa di specifico sulle proprie affiliazioni religiose. Rispetto alla religione, l'imperatore poteva leggere quel che voleva nei vaghi accenni presenti nella petizione. Al

---

[30] Invito di Costantino a usare il trasporto imperiale: Eusebio, *Vita Constantini* 3.6.1. Indignazione: Ammiano Marcellino, *Res gestae* 21.16.18. Per i vescovi frigi al concilio di Nicea, vedi Gelzer, Hilgenfeld e Cuntz (1898) 36-37, 67. Vescovi successivi di Orcistus: Belke e Restle (1984) 211; di Nacolea: Belke e Merisch (1990) 344-346.

Come sedi episcopali, queste città cristiane ora potevano cominciare a competere tra loro in acquisizione di reliquie ed erezione di santuari. Nulla si sa di santuari cristiani a Orcistus. Ma almeno dal V secolo Germia, una città in Galazia a una sessantina di chilometri a est di Orcistus, aveva costruito una grande chiesa dedicata all'arcangelo Michele. Giuliano in una occasione aveva compiuto una deviazione per visitare il vicino tempio di Cibele a Pessinus; questo santuario di San Michele divenne con il tempo così importante che nel 563 l'imperatore Giustiniano vi si recò in visita: vedi Teofane, *Chronographia* a.m. 6056, con Mitchell (1993) 2:128-129.

[31] Orcistus ha anche prevalso nelle opere generali di consultazione sul mondo antico, come la *Paulys Real-Encyclopädie der classischen Altertumswissenschaft*, in cui la discussione della sua corrispondenza con Costantino rende la sua voce quasi due volte più lunga di quella per Nacolea: vedi Ruge (1935) e (1939).

contrario, Orcistus aveva scommesso esplicitamente sulla cultura, greca o latina. Sul momento la sua petizione in latino aveva avuto successo. L'uso del latino in Oriente assicurava ulteriormente il sostegno imperiale durante il IV secolo, dato che successivi imperatori nelle province orientali, con l'importante eccezione di Giuliano, erano anch'essi di lingua madre latina. Gioviano e Valente venivano da zone di frontiera nei Balcani, come i tetrarchi e la famiglia di Costantino, e Teodosio era nativo della Spagna. In loro la conoscenza del greco e la simpatia per la cultura greca erano decisamente limitate. Gioviano aveva fatto bruciare la biblioteca di Giuliano ad Antiochia «con tutti i suoi libri». I panegiristi greci si sarebbero scusati con Valente se usavano una lingua che lui non era in grado di capire. Teodosio cercò di migliorare la sua istruzione limitata imparando della storia romana quel tanto che gli evitasse il comportamento dispotico di famosi generali romani come Mario e Silla. Ma la sua conoscenza del greco era ancora così rudimentale che usava l'incerta recitazione dell'alfabeto greco come tecnica per placare la rabbia. Anche se i magistrati provinciali impiegavano il greco nelle loro attività quotidiane e le corti imperiali spesso ricorrevano al greco per lettere e rescritti a città e individui, durante i regni di questi imperatori occidentali il latino era ancora la lingua ufficiale dell'amministrazione imperiale nell'impero d'Oriente[32].

Durante il IV secolo la familiarità con il latino rimase un importante requisito per accedere al servizio nell'amministrazione imperiale. Molti degli uomini che erano stati favoriti nella carriera dalla competenza in entrambe le lingue erano dei nativi delle province orientali della Grecia che avevano imparato il latino studiandolo come seconda lingua. Già da giovane Ermogene aveva servito presso una corte imperiale come segretario. Successivamente aveva studiato retorica e filosofia greche; in più aveva imparato «la lingua italica», ossia il latino. Di conseguenza, divenne consigliere di Costantino, «il più giusto imperatore», a Co-

---

[32] Gioviano e la biblioteca di Giuliano: Eunapio, *Fragmenta historica* 29.1 = *Suda* I.401. Per l'ignoranza del greco in Valente, vedi Van Dam (2002) 107-108, 119-121 e Lenski (2002) 94-96. Istruzione di Teodosio: *Epitome de Caesaribus* 48.11-12, 15. Per la relazione tra il latino e il greco nell'amministrazione imperiale, vedi Jones (1964) 988: «In effetti... il latino era usato solo per scopi molto limitati».

stantinopoli. Più tardi, probabilmente durante il regno di Costanzo, divenne governatore dell'Acaia, e in seguito forse prefetto d'Oriente. Strategio era noto per la sua «facilità in entrambe le lingue». Dopo che ebbe servito come interprete nell'indagine su vari culti religiosi in Oriente, Costantino e Costanzo lo promossero a uffici sempre più elevati, tra cui una prefettura alla metà degli anni Cinquanta del IV secolo. Pur essendo la sua formazione quella del militare di carriera, Costantino tuttavia apprezzava la cultura di questo magistrato, e anzi cambiò il suo nome militare di Strategio (derivato dal vocabolo greco per «generale») in Musoniano, un nome che rifletteva la sua familiarità con la cultura erudita. Musoniano ora era un uomo delle muse. Flavio Domizio Leonzio, che servì come prefetto d'Oriente e console durante i primi anni Quaranta, ricevette una dedica laudatoria dal Consiglio municipale di Beirut, probabilmente suo luogo di nascita. Poiché Beirut era un importante centro di studio del diritto romano, questa dedica era in latino. Due parenti di un'illustre famiglia di Beirut riuscirono entrambi a portare avànti con successo la loro carriera. Anatolio studiò diritto romano a Beirut prima di trasferirsi a Roma, diventando infine prefetto dell'Illirico alla metà degli anni Quaranta. Il suo parente, anch'egli di nome Anatolio, studiò ugualmente il diritto romano. Dopo aver declinato l'offerta di una nomina come prefetto di Roma, divenne prefetto dell'Illirico negli anni Cinquanta inoltrati del IV secolo. In una lettera a quest'ultimo Anatolio, Libanio raccomandava Teodoro, un nativo d'Arabia che aveva studiato legge a Beirut. Qualche anno dopo Teodoro serviva come governatore provinciale nell'Asia Minore occidentale. Giuliano era un nativo della Siria che Libanio raccomandò per uffici imperiali durante gli anni Sessanta, in parte per la sua eccellenza sia in retorica greca sia nella «lingua dei sovrani». I greci che detennero cariche in Occidente certamente avevano imparato il latino. Martiniano era un nativo della Cappadocia che servì come governatore di Sicilia e vicario d'Africa verso la fine degli anni Cinquanta e come prefetto di Roma nel 378. Publio Ampelio era un nativo di Antiochia che servì come governatore d'Africa nel 364 e prefetto di Roma nei primi anni Settanta. Flavio Ipazio era un nativo di Tessalonica. Sua sorella sposò l'imperatore Costanzo II e suo fratello servì come governatore di alcune province orientali. Lui stesso rivestì la carica di prefetto di Roma nel 379 e di prefetto d'Italia nei primi anni Ottanta[33].

Il greco, com'è noto, finì per prendere il posto del latino quale lingua ufficiale dell'amministrazione imperiale nelle province orientali. Come anticipazione di questa tendenza, durante il IV secolo i detentori bilingui di cariche pubbliche erano sempre più abitualmente parlanti di madrelingua latina che imparavano il greco e svolgevano il loro ufficio in Oriente. Aradio Rufino era un nativo di Roma che servì in un'ambasciata inviata dalla «Città eterna» a Giuliano in Antiochia. Poiché questi ambasciatori erano sostenitori di culti pagani, l'imperatore compensò molti di loro con alte cariche in Occidente. Ma poiché Aradio Rufino aveva anche familiarità con «i saggi antichi, sia quelli della tua lingua [il latino] sia quelli della lingua greca», Giuliano lo tenne alla sua corte nominandolo conte d'Oriente nel 363. Come governatore di Acaia nominò Vezio Agorio Pretestato, un eminente senatore di Roma noto per le sue traduzioni di opere poetiche e trattati filosofici greci. Nicomaco Flaviano era il rampollo di un'illustre famiglia senatoriale di Roma che nei primi anni Ottanta servì come governatore della provincia d'Asia. Viaggiando per la Grecia per assumere il governatorato, fu il destinatario di tre orazioni in greco di Imerio,

---

[33] Ermogene: Imerio, *Orat.* 48.18 corte imperiale, 28 «greco e italiano», imperatore a Costantinopoli, con *PLRE* 1:424-425, «F. Hermogenes 9». Se lo si può identificare con l'Ermogene che servì come prefetto d'Oriente verso la fine degli anni Cinquanta, allora era nativo del Ponto: vedi Ammiano Marcellino, *Res gestae* 19.12.6, con *PLRE* 1:423, «Hermogenes 3». Strategio Musoniano: Ammiano Marcellino, *Res gestae* 15.13.1-2, con *PLRE* 1:611-612, e Drijvers (1996), il quale suggerisce che Strategio conoscesse l'aramaico oltre al, o forse al posto del, latino. Leonzio; *ILS* 1:271-272, n. 1234, con *PLRE* 1:502-503, «Fl. Domitius Leontius 20». Anatolio, prefetto durante gli anni Quaranta: Eunapio, *Vitae sophistarum* 490; Anatolio, prefetto durante gli anni Cinquanta: Libanio, *Ep.* 391.13-14, prefettura a Roma; con Bradbury (2000), che distingue questi due uomini contro l'identificazione in *PLRE* 1:59-60, «Anatolius 3». Teodoro: Libanio, *Ep.* 339.6-7, con *PLRE* 1:897, «Theodorus II». Giuliano, Libanio *Ep.* 668.1 lingua dei sovrani, 1296.1 un siriano, 2 «preparato nella nostra cultura e anche familiare con la cultura degli italici»; con *PLRE* 1:472, «Iulianus 15». Per Beirut come centro giuridico durante il IV secolo, vedi Hall (2004) 195-209, 282-283. Martiniano: Van Dam (2002) 58-59, 120-121. Secondo Gregorio Nazianzeno, *Epitaph.* 52 (*PG* 38.36) = *Anthologia Graeca* 8.116, Martiniano era diventato il «capo dei nobili cappadoci di Roma»; interpretato da Métivier (2005) 344 come l'indicazione dell'esistenza di una comunità di cappadoci a Roma. Publio Ampelio: Ammiano Marcellino, *Res gestae* 28.4.3, con *PLRE* 1:56-57 e Van Dam (1996) 27-28. Flavio Ipazio: Giuliano *Orat.* 3.106B-107D, da Tessalonica; con *PLRE* 1:308-309, «Fl. Eusebius 40» (suo fratello), 448-449, «Flavius Hypatius 4».

un famoso maestro che operava ad Atene. Postumiano era molto probabilmente nativo dell'Italia, e detenne vari uffici prima di diventare prefetto d'Oriente nel 383, quando Gregorio Nazianzeno lo elogiò per la sua portentosa facilità in «entrambe le culture». Flavio Rufino era nativo della Gallia meridionale e servì come *magister officiorum* alla corte di Teodosio. Poco dopo la sua nomina, avvenuta nel 388, ebbe bisogno di un traduttore per leggere una lettera di Libanio; ma quando visitò Antiochia come prefetto d'Oriente durante l'inverno del 392-393 fu in grado di sostenere una conversazione con Libanio nella «nostra lingua»[34].

L'uso del greco divenne gradatamente più comune nell'amministrazione imperiale dell'Est. I timori di Libanio sulla nascita di una cultura rivale risultarono infondati, perché al tempo del regno di Teodosio quasi l'ottanta per cento degli alti magistrati imperiali in Oriente – prefetti, vicari e governatori – aveva una formazione avanzata nella cultura greca. Alla fine del IV secolo gli imperatori Arcadio e Onorio concessero ai governatori provinciali la libertà di pubblicare le loro decisioni giudiziarie in latino o in greco. A Beirut la scuola di diritto cominciò a tenere lezioni in greco, e famosi giuristi scrissero manuali di studio e commentari sul diritto romano in greco. Nei tardi anni Trenta del V secolo Ciro, prefetto d'Oriente, emetteva i suoi decreti ufficiali in greco. Durante il lungo regno di Teodosio II nell'ambiente di corte si diffondeva sempre di più l'uso del greco. Quando l'imperatore d'Occidente Valentiniano III desiderò comunicare con la corte di Costantinopoli, mandò come suo inviato Consenzio, un nativo della Gallia meridionale che tuttavia parlava greco come fosse greco di nascita. All'inizio del VI secolo il prefetto Giovanni di Cappadocia decise che anche

---

[34] Aradio Rufino: Ammiano Marcellino, *Res gestae* 23.1.4, ambasciata; Libanio, *Ep.* 1493.2 saggi, 5 «tu sei un frutto della Roma migliore». Aradio Rufino tornò in Italia per servire come prefetto di Roma nel 376; all'inizio del V secolo le sue figlie possedevano ancora proprietà nell'Italia meridionale: vedi Simmaco, *Ep.* 7.126, con *PLRE* 1:775-776, «Aradius Rufinus II». Pretestato: vedi il suo epitaffio, *ILS* 1:278-279, n. 1259, *a tergo* 8-12, per la sua capacità di editare «nell'una e nell'altra lingua»; con Bloch (1945) 203-209 e *PLRE* 1:722-724, per le sue traduzioni del commento di Temistio a trattati di Aristotele. Flaviano: Imerio, *Orat.* 12, 36, 43, con Barnes (1987) 213-14, 224-225. Il padre di Flaviano, Virio Nicomaco Flaviano, tradusse la *Vita di Apollonio* di Filostrato in latino: vedi Sidonio, *Ep.* 8.3.1. Postumiano: Gregorio Nazianzeno, *Ep.* 173.1, con *PLRE* 1:718, «Postumianus 2». Flavio Rufino: Libanio, *Ep.* 865.3 traduttore, 1106.5 la nostra lingua; con *PLRE* 1:778-781, «Flavius Rufinus 18».

gli affari ufficiali per quelle parti dell'Italia ancora sotto la sovranità dell'impero orientale sarebbero stati condotti in greco[35].

L'espansione del cristianesimo nell'impero d'Oriente andrebbe quindi interpretata come un aspetto di un più vasto fenomeno culturale e non semplicemente come una trasformazione religiosa. Nei primi tempi dell'impero le città greche avevano dovuto adattarsi a un'amministrazione imperiale latina. Orcistus previde, esattamente, che la cosa sarebbe continuata sotto il regno di Costantino. Viceversa, sebbene si fosse appellata alle preferenze religiose di Costantino, Nacolea sbagliò nella previsione sulla cultura. Il greco era il futuro dell'Oriente greco. Non solo, ovviamente, il greco rimase la lingua dell'amministrazione comunale: alla fine sarebbe diventato anche la lingua preferita dell'amministrazione imperiale nell'Oriente greco, e il latino sarebbe stato a poco a poco degradato alla posizione di linguaggio antiquario, necessario per leggere la più antica legislazione imperiale, ma non fu più la lingua principale per la nuova legislazione. Nell'impero bizantino il greco sarebbe diventato «la lingua dei romani». Anche se Costantino aveva definito il futuro della religione in Oriente promuovendo il cristianesimo, Giuliano, con il suo appoggio alla grecità, aveva previsto il futuro tanto della cultura quanto dell'amministrazione. La preferenza religiosa di Costantino e la preferenza culturale di Giuliano forgiarono ciascuna l'eredità di quell'impero bizantino che fu il successore dell'impero romano d'Oriente, ed è a tali preferenze che va attribuito il titolo di cofondatori della società bizantina. Dopo il IV secolo le città delle province orientali dovettero trattare con un'amministrazione che era tanto cristiana quanto greca[36].

---

[35] Per la percentuale di «élites cultivées et sensibles aux impératifs de la paideia» tra i magistrati imperiali, vedi Petit (1955) 368-370, 413. In latino o in greco: *CJ* 7.45.12, datato 397. Rochette (1997) 173-174, ipotizza che a Beirut l'istruzione passasse dal latino al greco tra il 381/382 e il 410/420; per gli insegnanti, vedi Hall (2004) 210-13. Giovanni Lido, *De magistratibus* 2.12, 3.42 Ciro, 3.68 Giovanni di Cappadocia, con C. Kelly (2004) 32-36, per l'avversione di Giovanni Lido nei riguardi della riforma di Ciro. Consenzio: Sidonio, *Carm.* 23.228-240, con *PLRE* 2:308-309.

[36] Per il riaffermarsi del greco in Oriente, vedi Zgusta (1980): «die stärkere Rolle des Lateinischen in der Zeit von Diokletian und Konstantin war nur vorübergehend» (p. 136) e Millar (1998), sul Vicino Oriente romano dopo Costantino: «Né un'etnia "romana" né la lingua latina… svolsero in questo periodo un ruolo significativo nel determinare l'identità di gruppo nel Vicino Oriente, tanto nella società in generale quanto all'interno della Chiesa cristiana» (p. 160). Per il greco come «lingua dei romani», vedi Dagron (1994) 220n.6.

VIII

SOTTO L'ACQUA

A perenne ricordo del successo conseguito i cittadini di Orcistus avevano iscritto la loro petizione e le lettere di Costantino su un grande pilastro che probabilmente serviva da piedistallo per una statua dell'imperatore. Inizialmente questo monumento era stato eretto per annunciare l'autonomia della città, dare un avvertimento alle città circostanti, e pubblicizzare la generosità di Costantino. Commemorava anche il sorprendente colpo di fortuna della città. In un'epoca in cui era difficile aspettarsi anche solo una risposta da magistrati imperiali sommersi dalle richieste, in qualche modo quel piccolo centro aveva ricevuto non una, ma due risposte favorevoli direttamente dall'imperatore in persona[1].

Poi il pilastro sbiadì nell'oscurità per ben più di un millennio, fino a quando Richard Pococke lo ritrovò fortuitamente durante un viaggio nell'Asia Minore centrale tra la fine dell'inverno e l'inizio della primavera del 1740. In una vasta pianura «di bianco terreno argilloso assai brullo» portò alla luce alcuni ruderi e qualche iscrizione, «una delle quali in latino… risalente al tempo di Costantino». Quasi un secolo dopo William Hamilton tornò sul sito e riscoprì il pilastro, ma questa volta in funzione di pietra angolare usata per una nuova chiusa in un mulino ad acqua. Poiché era collocato capovolto e sotto l'acqua che cadeva, all'archeologo fu possibile leggere dell'iscrizione solo quel tanto di cui aveva bisogno per avere conferma che era proprio quella pubblicata da Pococke. Nel 1859 l'infaticabile Theodor Mommsen, mentre era impegnato a

---

[1] Sugli ostacoli per i postulanti, vedi C. Kelly (2004) 128: «Il facile accesso al governo nell'impero romano rimase un grandioso ideale più che una realtà amministrativa».

raccogliere iscrizioni latine in Asia Minore da includere nel terzo volume del *Corpus inscriptionum latinarum*, inviò J. Mordtmann sul sito per farne un'altra copia. Mordtmann cercò in quattro mulini, ma ripartì senza aver trovato il pilastro. Mommsen rimase profondamente deluso, quasi imbarazzato, come se sentisse di aver fallito nel suo compito di curatore. Dovendo quindi basare la sua edizione sulle precedenti parziali trascrizioni di Pococke e Hamilton, nell'introduzione espresse l'augurio che altri archeologi portassero avanti quella ricerca[2].

Poco dopo arrivarono William Ramsay e J.R.S. Sterrett a cercare il pilastro. La loro visita, nel 1883, rappresenta un misto alquanto sconcertante di romanticismo sull'Oriente e di senso di superiorità intellettuale sulla propria erudizione occidentale. Sterrett descrisse il loro viaggio come l'escursione in un mondo di fiaba: «Ha sempre un suo fascino il pittoresco immutabile Oriente». Ramsay si compiacque di spiegare come abbindolavano gli anziani locali: «È regola universale in Oriente che se desideri ottenere qualcosa devi mostrare una assoluta indifferenza nei suoi confronti». Oggigiorno questo loro atteggiamento paternalistico li esporrebbe all'accusa di «orientalismo». Dopo aver offerto un banchetto a base di pecora arrostita, convinsero i locali a guidarli al mulino giusto. Un ulteriore ampliamento della strada aveva ormai occultato la pietra alla vista. Ramsay pagò il proprietario del mulino per rimuovere il pilastro, ma lo trovò coperto di incrostazioni calcaree. Nel mondo antico i fabbricanti di tombe spesso aggiungevano sulla lapide un'ammonizione contro i furti nei sepolcri. In Cappadocia, per esempio, Gregorio Nazianzeno compose tutta una serie di epitaffi ammonitori di questo genere, che lasciavano le pietre tombali par-

[2] Scoperta: Pococke (1745) 85. Pococke pubblicò una trascrizione parziale del testo, soprattutto quello del pannello frontale, in Pococke (1752) 10. Mulino: Hamilton (1842) 1:447 scoperta, 2:432-433 n. 154 parziale trascrizione del testo. Delusione: Mommsen (1887) 309.

Sul riciclaggio di monumenti già nella tarda antichità, si noti un pilastro proveniente da Adrianopoli nell'Asia Minore settentrionale, descritto in Feissel e Kaygusuz (1985). Questo pilastro, leggermente più alto, più largo e più spesso del pilastro di Orcistus, fu iscritto inizialmente con una dedica a Commodo sulla facciata anteriore all'inizio degli anni Ottanta del II secolo e utilizzato come base per una statua dell'imperatore. Successivamente il pilastro fu trasferito in un villaggio vicino, dove alla metà del VI secolo una lettera della corte imperiale a proprietari terrieri locali fu incisa sulle altre tre sue facce.

lare da sé. «Un tempo ero una tomba intatta... Ora una belva feroce del mio stesso casato mi ha demolito per avidità di oro». Ramsay temette che, se avesse mostrato troppo interesse, i locali avrebbero concluso che c'era dell'oro all'interno del pilastro e l'avrebbero distrutto. Quindi lo fece rimettere al suo posto nell'argine[3].
Tre anni dopo Ramsay tornò. Questa volta distribuì qualche dono simbolico (anche dei «piccoli revolver»!) e pagò per far rimuovere nuovamente il pilastro. Lui e Mommsen avevano sperato di poterlo spedire in Germania, ma Ramsay dovette far asportare sul posto le incrostazioni. La trascrizione che ne fece formò la base di una nuova edizione di Mommsen. Nel 1928 William Calder e i suoi collaboratori studiarono ancora una volta il pilastro. Esposero una parte maggiore del pannello frontale facendo raschiare via uno strato di malta da costruzione, e nel 1956 Calder pubblicò un testo completo.
Questo pilastro ha avuto molte vite. Inizialmente celebrava il successo della petizione di Orcistus e il successivo avanzamento di rango della città. Poi la pietra in sé divenne più utile delle parole, e fu cementata in una costruzione. Un tempo il piccolo villaggio di Orcistus aveva gonfiato la propria reputazione citando i mulini ad acqua; millecinquecento anni dopo il pilastro che registrava il successo della petizione era diventato un elemento costruttivo di un nuovo mulino. A volte il passaggio del tempo sembra possedere un suo malizioso senso dell'umorismo. I documenti riguadagnarono finalmente la loro importanza storica quando gli studiosi rinvennero ed editarono i testi. Ora la petizione e le risposte di Costantino occupano una posizione centrale nelle discussioni accademiche sulle politiche religiose e culturali dell'imperatore nell'Oriente greco. Purtroppo il pilastro stesso non è più in grado di partecipare della sua reputazione moderna. Qualche tempo dopo la visita di

---

[3] Sterrett (1889) 3. Il resoconto di Ramsay sulle sue due visite fu pubblicato in Mommsen (1887) 310-314 e ripubblicato parzialmente in Sterrett (1889) 11-12; per una valutazione delle esplorazioni pionieristiche di Ramsay e dei suoi collaboratori in Asia Minore, vedi Frend (1996) 91-107, 130-137. Epitaffio: Gregorio Nazianzeno, *Epigram.* 51 (*PG* 38.110) = *Anthologia Graeca* 8.178, con Morrison (1981), sul saccheggio delle tombe e la legislazione sulle scoperte casuali in epoca bizantina, e Rebillard (2003) 73-95, sulle preoccupazioni per la protezione delle tombe. Per una panoramica sulla storia moderna dell'iscrizione, vedi Chastagnol (1918a) 381-384.

Calder i locali lo fecero a pezzi nella speranza di trovarlo pieno d'oro. Oggi, a quanto pare, i frammenti si troverebbero ammassati in una cassa di legno. Questa specie di feretro si trova in un museo di Afyon Karahisar, l'antica Akroenos, a una settantina di chilometri a sud-ovest di Orcistus. All'inizio del IV secolo una petizione aveva liberato Orcistus dalla subordinazione a una città vicina; oggi, ironia della storia, una città vicina detiene i frammenti dell'iscrizione di quella petizione. L'unica consolazione è che, almeno, non si tratta di Nicolea[4].

Il mutevole destino di questa iscrizione è una spia di quanto ampiamente il nostro interesse erudito per il contenuto dei testi diverga dalle preoccupazioni dei locali, tanto antichi quanto moderni. Tanto tempo fa il popolo di Orcistus aveva eretto il pilastro allo scopo di esibire le parole della sua petizione e delle risposte imperiali. Nei tempi moderni i residenti del posto sembrano aver pensato che le parole antiche fossero l'indicazione di un tesoro nascosto. Cittadini greci allora, cittadini turchi oggi: in entrambi i casi la maggioranza dei locali non era in grado di leggere un testo in latino. Di gran lunga più importante dei testi era ciò che le parole rappresentavano, il patronato imperiale allora, la speranza di una grande ricchezza oggi.

---

[4] Quando Calder tornò a vedere il monumento nel 1951, questo era già distrutto, e i suoi pezzi «contribuivano a sostenere la gora dell'*aquimolina* accanto al quale Pococke, Hamilton e Ramsay l'avevano visto»: vedi Calder (1954) 285. Per i frammenti e il museo, vedi la lettera di T. Drew-Bear citata in Chastagnol (1981a) 383. Su Akroenos, vedi Belke e Mersich (1990) 177-178, e Brixhe e Drew-Bear (1997) 80-83.

TERZA PARTE

IMPERATORE E DIO

Dopo la vittoria del 312 Costantino diede inizio all'edificazione a Roma di una serie di chiese e cappelle. La costruzione più imponente era un enorme complesso monumentale sul colle Vaticano. L'accesso a questo complesso, una volta completato, includeva un'ampia corte e un portico che conduceva a una grande chiesa dedicata a san Pietro. All'interno della chiesa il transetto divideva dall'abside la lunga navata centrale e quelle laterali. Di fronte all'abside, nel centro del transetto, sorgeva una cappella a commemorazione della tomba di san Pietro. Questa chiesa divenne in breve una delle predilette destinatarie del patronato imperiale. Tradizioni successive affermano che Costantino l'avesse dotata di estese proprietà, e che lui e sua madre Elena donarono alla cappella una grande croce aurea[1].

Benché in primo luogo opera in memoria di san Pietro, questa chiesa commemorava anche Costantino. Sopra l'arco di separazione tra la navata dal transetto un'iscrizione ne ricordava il successo e la generosità. «Sotto la tua guida il mondo si è innalzato trionfante alle stelle. E quindi Costantino il vincitore ha per te costruito questo luogo». Con una dedica che attribuiva le vittorie militari alla guida di Dio questo arco diventava l'equivalente di una risposta cristiana all'arco di Costantino che sorgeva nel cuore simbolico della città. Su quell'arco di trionfo il senato e il popolo di Roma

---

[1] *Liber pontificalis* 34.17 croce, 19-20 donazioni, con Krautheimer (1937-1980) 5:171-285 per una panoramica completa della chiesa, e Curran (2000) 109-114 per una rassegna della sequenza costruttiva: «un esempio dell'autopromozione di Costantino tramite un *medium* monumentale cristiano» (p. 112). Holloway (2004) 120-155 presenta un sommario dei recenti studi archeologici sul sito tombale.

avevano interpretato la vittoria dell'imperatore in un contesto «repubblicano» come la liberazione della capitale. Su questo arco ecclesiale l'imperatore vittorioso esprimeva invece la sua gratitudine a Dio per la guida da lui offerta[2]. Nell'abside della chiesa un'altra iscrizione celebrava la costruzione stessa. «Questa [chiesa] che vedi è una sede di giustizia, una casa di fede, e una sala di modestia. Tutte la pietà la possiede. Questa celebrata [chiesa] gode delle virtù del padre e del figlio, e fa il suo *auctor* pari nelle lodi del *genitor*». La formulazione suggestivamente imprecisa di questa dedica è aperta a interpretazioni contrastanti. Una possibilità interessante è che la dedica celebri le virtù del Padre e del Figlio, ossia di Dio e di Gesù Cristo, e che sostanzialmente assimili Gesù Cristo il «Creatore» a Dio il «Progenitore». In questa prospettiva la dedica era una dichiarazione teologica, un puntuale contributo alla controversia in corso tra gli uomini di chiesa sulla formulazione esatta della relazione tra Dio il Padre e Gesù Cristo il Figlio. Un'altra possibilità è che il figlio di Costantino che controllava l'Italia dopo la morte del padre (o Costante fino alla sua morte nel 350 o Costanzo successivamente) ambisse al dovuto riconoscimento per il completamento della chiesa. In tal caso la dedica pone sullo stesso piano il figlio, il «costruttore» che finalmente ha completato il progetto, e il padre, il «fondatore» della chiesa. Questa lettura dell'iscrizione trasformerebbe la chiesa in uno dei tanti monumenti che mettono in evidenza le successive generazioni della dinastia imperiale, e alluderebbe nuovamente a una tensione latente tra Costantino e uno dei suoi figli a Roma. Poiché alla fine del suo regno la popolarità di Costantino nella capitale era scemata, un figlio poteva volersi distinguere anche nel completamento di questa chiesa[3].

---

[2] Dedica sull'arco: *ICUR* 2.1:20, n. 6 = *ICUR* nova series 2:5, n. 4092 = *ILCV* 1:340, n. 1752 = Grünewald (1990) 221, n. 263. L'uso del titolo di *victor* lascia pensare che la dedica sia stata aggiunta dopo la vittoria di Costantino su Licinio nel 324; per il contesto repubblicano dell'arco di Costantino, vedi il Cap. II. Ad accompagnare l'iscrizione dedicatoria era un mosaico che raffigurava Costantino nell'atto di presentare a Gesù Cristo e a san Pietro un modellino della chiesa: vedi Frothingham (1883) e Krautheimer (1937-1980) 5:177.

[3] Dedica nell'abside: *ICUR* 2.1:21, n. 10 = *ICUR* nova series 2:6, n. 4094 = *ILCV* 1:340, n. 1753. Ruysschaert (1967-1968) interpreta questa dedica in termini di Dio Padre e Dio Figlio e suggerisce che fosse stata aggiunta all'abside come affermazione della teologia

Questa dedica è dunque aperta tanto a un'interpretazione teologica, quale affermazione sulla fondamentale uguaglianza tra Padre e Figlio, quanto a un'interpretazione politica, quale commento sullo spinoso tema della dinamica tra padre e figlio. Un'altra interpretazione ancora, però, rimescolerebbe parte di questi attori in una diversa combinazione suggerendo che la dedica riconoscerebbe Costantino, l'edificatore della chiesa, quale pari al suo Creatore, Dio Padre. In tal caso la dedica intendeva assimilare l'imperatore a Dio. Forse l'ambiguità era voluta, e agli antichi lettori si chiedeva di cogliere simultaneamente tutti questi significati. Se così è, anziché cercare di risolvere la tensione interpretativa insistendo su un'unica prospettiva, gli studiosi moderni debbono comprendere il ruolo dell'ambiguità stessa nella società tardoromana. Padre e Figlio, l'imperatore e uno dei suoi figli, Dio e l'imperatore: queste interpretazioni antagoniste suggeriscono che nella società tardoromana il discorso sulla filosofia politica di un imperatore cristiano si era fuso con le discussioni sulla teologia trinitaria del Dio cristiano.

All'inizio del IV secolo un imperatore cristiano era certamente una novità. Tre secoli dopo la crocifissione del suo fondatore, il cristianesimo era ancora un culto relativamente ristretto nel mondo romano, e ancora di recente, sotto gli imperatori tetrarchici, i cristiani avevano subito persecuzioni. Eusebio di Cesarea, per esempio, era stato imprigionato durante una visita in Egitto e, si dice, gli era stato imposto di celebrare un sacrificio pagano. Questa esplosione di diretta ostilità imperiale aveva avuto una consistente influenza nella formazione di Eusebio come storico, il quale in quello stesso periodo stava mettendo insieme documenti e riordinando le idee sulla storia della Chiesa delle origini. Raccolse i racconti su martiri locali in un trattato intitolato *Martiri di Palestina*. Incluse una versione condensata di questo trattato come l'ottavo libro della prima edizione pubblicata della sua *Storia ecclesiastica*, e un resoconto delle persecuzioni sotto l'imperatore Massi-

---

nicena dopo la morte di Costanzo; Krautheimer (1937-1980) 5:177-178, (1987) propende per un riferimento a Costantino e a uno dei suoi figli; per una rassegna, vedi Pietri (1976) 56-57. Bowersock (2002) sostiene che fu Costanzo a iniziare la costruzione della chiesa. Per la promozione della dinastia costantiniana, vedi il Cap. III; per la reputazione di Costantino a Roma, il Cap. II.

mino come nono (e ultimo) libro. Persecuzione e martirio furono ovviamente temi importanti per la vita di Eusebio e per la sua visione storica. Nelle province orientali quell'ostilità ebbe finalmente termine con la sconfitta di Massimino nel 313[4]. Eusebio pubblicò la prima edizione della sua *Storia* poco dopo la morte di Massimino. Già allora mostrava di riconoscere in Costantino un imperatore di nuovo genere, pur non avendo di lui una conoscenza diretta. Eusebio cita di sfuggita la proclamazione di Costantino imperatore da parte delle truppe di suo padre, affermando che era stato destinato in precedenza al trono imperiale da Dio stesso. Nota che Costantino aveva mosso su Roma dopo aver pregato per ricevere l'aiuto «da Dio nel cielo e dal suo Verbo, il Salvatore di tutti, Gesù Cristo». Paragona Costantino, che era stato vittorioso al ponte Milvio sul Tevere, a Mosè, che aveva distrutto l'esercito del faraone presso il mar Rosso. Descrive una statua di Costantino nella capitale e la sua iscrizione dedicatoria, in cui l'imperatore asseriva di aver liberato Roma grazie alla potenza della croce, «il segno della salvezza». Alla conclusione di questa prima edizione Eusebio elogia sia Costantino sia Licinio, l'imperatore che aveva sconfitto Massimino, per la loro «devozione alla Divinità»[5].

---

[4] Per le voci su un comportamento sospetto di Eusebio, vedi Atanasio, *Apologia contra Arianos* 8.3, secondo il quale Eusebio era stato accusato di compiere sacrifici, ed Epifanio, *Panarion* 68.8.3-5, per un racconto su Potamon, un vescovo d'Egitto che in seguito si sarebbe chiesto come avesse fatto Eusebio a sopravvivere all'incarcerazione: «Durante la persecuzione, non eri con me in prigione? Io ho perso un occhio per amore della verità. Ma tu non sembra sia stato menomato nel tuo corpo, e non sei stato martirizzato. Invece, sei vivo e senza danni. Come hai fatto a uscire di prigione, se non promettendo, a quelli che infliggevano la tortura della persecuzione su di noi, di eseguire qualcosa di male, o se non eseguendolo?». Vedi Grant (1980) 114-125, sull'interesse di Eusebio per la persecuzione e il martirio, e Tabbernee (1997b), per un'eccellente esposizione dello sviluppo del pensiero di Eusebio sulla persecuzione nelle edizioni successive della sua *Storia*.
Secondo Sirinelli (1961), solo dopo il 313 Eusebio interpretò la coincidenza cronologica tra la nascita di Gesù e la fondazione dell'impero romano da parte di Augusto come una manifestazione della divina provvidenza: «L'affirmation, après 313, d'une action divine dans un domaine tout autre... celui de la politique, représente un élément nouveau» (pp. 407-408). L'ampia analisi di Sirinelli sulla prospettiva storica di Eusebio prima del concilio di Nicea è particolarmente singolare in quanto non fa mai menzione di Costantino.
[5] Per il contenuto e la datazione della prima edizione della *Storia* di Eusebio, vedi il Cap. VI. Eusebio, *HE* 8.13.14 proclamazione, 9.9.2 preghiera, 5-8 Mosè, 11 segno di salvezza, 9.11.8 devozione. Eusebio era venuto molto presto a conoscenza della vittoria di Costantino del 312, ma la sua fonte non è chiara. Christensen (1989) 287-292 sostiene che Eusebio basasse la sua narrazione dell'arrivo trionfale di Costantino in *HE* 9.9.9-11 su un «resocon-

In questa prima edizione della *Storia* Eusebio appariva profondamente sollevato dalla cessazione delle persecuzioni nelle province orientali. Qualche anno dopo ampliava il suo testo aggiungendo un decimo libro in cui compariva un lungo sermone che aveva pronunciato da poco in occasione della consacrazione di una chiesa a Tiro, e una serie di costituzioni imperiali emesse a favore del cristianesimo. Nel sermone nominava a malapena gli imperatori, limitandosi a lodarli di sfuggita per aver onorato l'Unico e Solo Dio e Cristo, il Figlio di Dio, e per aver servito da agenti del Verbo, il Salvatore. Nella maggior parte quegli editti imperiali enumeravano una serie di doni e privilegi concessi da Costantino a varie chiese e al loro clero nelle province occidentali. Solo una delle costituzioni riguardava direttamente le province orientali: l'editto di tolleranza formulato congiuntamente da Costantino e Licinio. Anche con il vantaggio della prospettiva offerta dal trascorrere di qualche altro anno, Eusebio evidentemente non pensava ancora all'importanza di un imperatore cristiano nelle province orientali[6].

Nel 324 Costantino sconfisse Licinio e assunse il controllo dell'Oriente. Un anno dopo Eusebio incontrò per la prima volta Costantino al concilio di Nicea, dove difendeva le proprie dottrine teologiche. Oltre un decennio dopo, nella sua postuma *Vita di Costantino*, ricordava l'imperatore al concilio come un «celeste angelo di Dio», e a volte parve paragonarlo a Gesù Cristo. Queste comparazioni fanno pensare che al momento in cui compose questa *Vita*, e probabilmente già al tempo del concilio, Eusebio stava riflettendo sul significato di un imperatore cristiano in relazione alle sue dottrine su Gesù Cristo[7].

Gli studiosi moderni abitualmente discutono lo sviluppo della teologia cristiana separatamente dalla filosofia politica. In termini di comportamento concreto, nel primo impero alcuni imperatori si

---

to di ispirazione politica di origine pagana» da lui modificato con commenti sul ruolo del cristianesimo.

[6] Eusebio, *HE* 10.4.16, imperatori, 59-60, Logos, 10.5-7, costituzioni. Per l'ampliamento della *Storia* di Eusebio prima dell'autunno 316, vedi Barnes (1981) 150. Warmington (1985) 93-94 ipotizza che Eusebio avesse acquisito questi documenti imperiali da un burocrate imperiale cristiano che si trovava in viaggio in Oriente, Barnes (1992) 648 da Siracusa, Carriker (2003) 285 forse da un vescovo implicato nella controversia donatista.

[7] Angelo celeste: Eusebio, *Vita Constantini* 3.10.3, con Cap. XI.

opposero al cristianesimo, in epoca più tarda alcuni imperatori si immischiarono nelle dispute sull'ortodossia e l'eresia, e i loro intrighi politici certamente rafforzarono le lotte intestine tra vescovi. E invece, le analisi dell'idea di un imperatore cristiano e dell'idea di un Dio cristiano sono tenute nettamente distinte. Nella ricerca moderna *la ricerca della dottrina cristiana di Dio* corre parallela, ma raramente si interseca, con lo sviluppo simultaneo della *filosofia politica protocristiana e bizantina*[8].

Alla luce delle realtà della società tardoromana, e anche dell'efficacia della ricerca moderna, si può dire che si tratta di una ben strana separazione. Non solo gli stessi imperatori e gli stessi ecclesiastici partecipavano alle concomitanti discussioni sulla filosofia politica e sulla teologia durante il IV secolo e i secoli successivi; in più, le questioni, il lessico e le immagini si sovrapponevano in maniera considerevole. Pensare a Dio (o agli dei) e pensare agli imperatori erano due aspetti dello stesso discorso sull'intersezione tra divino e umano nella società romana, e quindi sull'acquisizione dell'autorità, la rappresentazione del potere e l'imposizione dei corretti dogmi religiosi e politici. Le dottrine religiose, pagane e cristiane, fornirono idiomi simbolici per costruire gli imperatori e il loro potere; le immagini di imperatori, tetrarchici o cristiani che fossero, fornirono analogamente idiomi simbolici per costruire la divinità, tanto gli dei pagani quanto il Dio cristiano. Ciascuna poteva essere usata per immaginare l'altra.

I capitoli di questa sezione esaminano la sovrapposizione di questi dialoghi concomitanti. L'invenzione della tetrarchia, i quattro imperatori che regnavano contemporaneamente, aveva condotto al riesame di due questioni accese da tempo, la posizione relativa dei coimperatori e l'affiliazione tra imperatori e divinità pagane (Cap. IX). Una generazione dopo, le controversie dottrinali tra cristiani sulla relazione tra Dio il Padre e Gesù Cristo il Figlio a volte adottarono idee e terminologia simili al linguaggio impiegato per definire questo collegio di coimperatori (Cap. X). Articolare il ruolo di Costantino allora significò rivedere il problema della correlazione tra imperatore e divinità, ma ora tra imperatore cristiano e Dio cristiano, e nei panegirici e nella biografia Eusebio modellò l'imperatore in base alla sua propria teologia. Eusebio non favorì semplicemente un generico imperatore cristiano; promosse piuttosto un tipo specifico di imperatore cristiano che corrispondeva alle sue dottrine (Cap. XI). La morte di Costantino, però, non mise fine al suo ruolo in questo processo di ripensamento su imperatori e Dio. Mentre gli uomini di chiesa rispondevano a circostanze mutate con una nuova lettura di un testo classico come la *Vita di Costantino* di Eusebio, imperatori come Teodosio si presentavano quali imitatori di Costantino. Tanto la *Vita di Costantino* quanto la vita di Costantino influenzarono generazioni successive (Cap. XII). A quel punto, ovviamente, il Costantino storico era scomparso da tempo dai concorrenti ordini del giorno di storici, ecclesiastici e imperatori successivi. La fondazione di Costantinopoli come Nuova Roma aveva modificato l'importanza della Prima Roma. Allo stesso modo ogni imitatore di Costantino era un nuovo Costantino, e ogni nuovo Costantino alterava ulteriormente il significato del primo Costantino.

---

[8] Per i titoli, vedi le magistrali rassegne di Hanson (1988) e Dvornik (1966). Poiché la filosofia politica e la teologia erano entrambe tecniche di rappresentazione, anche la competenza degli storici dell'arte sull'iconografia degli imperatori è di grande importanza: vedi L'Orange (1984).

IX

«GENERATO DAGLI DEI»
LA TETRARCHIA IMPERIALE

Diocleziano faceva parte della lunga serie di usurpatori che nel corso del III secolo divennero imperatori in seguito a un colpo di Stato militare. Dopo la morte misteriosa dell'imperatore Numeriano in Bitinia, verso la fine del 284 i comandanti militari scelsero Diocleziano, anch'egli ufficiale, come imperatore d'Oriente. Nella primavera seguente lui e le sue truppe erano schierati in battaglia contro l'imperatore Carino, fratello di Numeriano, sul medio corso del Danubio. Dopo la vittoria Diocleziano dovette affrontare occasionali usurpatori rivali e rivolte di barbari alle frontiere. Rispose scegliendo coimperatori con cui spartire il comando. Già nel 285 nominò Massimiano imperatore *junior*, e l'anno successivo lo promosse coimperatore, concedendogli il suo stesso titolo di augusto. Nel 293 questi due imperatori *seniores* nominarono due imperatori *juniores*, Costanzo e Galerio, ciascuno con il titolo di cesare. Il regno di Diocleziano divenne celebre per la spietata repressione degli oppositori e la generosa promozione dei coimperatori in una tetrarchia, un collegio di quattro imperatori. Questa singolare combinazione di repressione e collegialità ebbe successo, e il lungo regno di Diocleziano – durato oltre un ventennio – ridiede stabilità al dominio imperiale.

Non è chiaro se Diocleziano avesse un suo piano per la tetrarchia fin dall'inizio, nei suoi dettagli istituzionali o come un derivato di precedenti esempi di condivisione dell'impero. I suoi obiettivi immediati erano profondamente pratici: sopravvivenza come imperatore, legittimazione della sua autorità, efficace amministrazione di un vasto Stato, riforma del sistema fiscale e protezione delle frontiere esposte agli attacchi. Il sistema tetrarchico di governo fu quindi una risposta pragmatica con cui Diocleziano, tramite ponderata deliberazione o improvvisata buona sorte, apparentemente risolse alcuni dei problemi sistemici della metà del III secolo. In termini di amministrazione, la persistente tendenza al separatismo regionale ora si trasformò nella divisione delle province esistenti in entità più piccole e nell'imposizione di un maggior numero di governatori e ulteriori strati di magistrati di alto livello a cui fu assegnata la supervisione di più ampie regioni amministrative. In termini di finanze, le precedenti irregolari requisizioni di beni ora divennero regolari versamenti di imposte sia in natura sia in denaro. In termini di comando imperiale, l'anarchia ora divenne tetrarchia, i multipli imperatori illegittimi divennero multipli imperatori legittimi, ciascuno dei quali poteva effettuare campagne militari su una frontiera senza il timore che le truppe su un'altra frontiera si sentissero abbandonate e appoggiassero un loro imperatore rivale. Diocleziano aveva il dono di avviare i problemi alle loro soluzioni[1].

Ma l'esistenza di una tetrarchia sollevava anche nuovi problemi. Uno riguardava la giustificazione alla base del dominio imperiale. Poiché Diocleziano e i suoi colleghi imperatori portarono avanti la tendenza a collegare il potere imperiale all'appoggio religioso e divino, i loro regni acuirono le spinose questioni legate alla necessità di articolare la corrispondenza tra imperatori e dei. Una seconda preoccupazione, connessa alla prima, riguardava le relazioni tra gli imperatori stessi. L'enfasi sull'armonia e la collegialità in qualche modo teneva insieme gli imperatori, e permise anzi la continuazione del sistema tetrarchico fino al ritiro e alla sostituzione nel 305. Ma pur sottolineando essi stessi la concorde e ferma cooperazione esistente tra loro, gli imperatori accettavano anche una fondamentale gerarchia. Non solo c'erano due imperatori *seniores* e due *juniores*, ma Diocleziano era più alto in grado dell'altro *se-*

---

[1] Lo storico Eutropio, scrivendo nei tardi anni Sessanta del IV secolo, esprime il parere che il regno congiunto di Marco Aurelio e Lucio Vero fosse stato il primo impero condiviso: vedi Eutropio: *Breviarium* 8.9.2; «Allora per la prima volta lo Stato romano obbediva a due uomini che governavano l'impero con pari autorità, mentre fino a quel momento c'erano sempre stati singoli imperatori». Per una panoramica delle discussioni sulle intenzioni di Diocleziano, vedi Kolb (1987) 1-9; per le opinioni contrastanti, vedi Kolb (1995) 31, «Diocletian recht früh weitreichende Reformen in Angriff nimmt»; Rees (2004) 89, «un'improvvisata alleanza di imperatori affiliati»; e Bowman (2005) 88, «una giudiziosa mescolanza di conservatorismo e reazione a problemi pressanti».

nior, Massimiano. La consapevolezza di questa graduatoria poteva apparire la via sicura al disastro, dato che sollevava potenzialità di disaccordi, faide e persino frammentazione. Quattro imperatori potevano facilmente corrispondere a quattro distinti imperi. Invece, l'impero romano rimase unitario, «quadripartito» ma sempre uno. In passato l'unicità dell'imperatore aveva garantito l'unità dell'impero; ora l'armonia degli imperatori avrebbe assicurato l'integrità dell'impero. Anche se gli imperatori erano molteplici, l'ideologia dominante del potere imperiale esigeva che il mondo romano rimanesse «patrimonio indiviso»[2].

Una teologia del ruolo imperiale

Diocleziano e Massimiano ben presto si identificarono con divinità: con Giove (o Zeus), il signore degli dei, e con il suo assistente Ercole. Secondo un panegirista, Giove era il «fondatore celeste o padre della tua famiglia». In particolare, poiché Giove era il «creatore di Diocleziano», questi aggiunse ai suoi il nome di Giovio; e poiché Massimiano condivideva il «potere del tuo Ercole», aggiunse il nome di Erculeo. Dopo le loro promozioni Galerio aggiunse il nome di Giovio e Costanzo di Erculeo. Giove in particolare fu la divinità protettrice di questa prima tetrarchia, dall'inizio alla fine. Nel 305, prima di ritirarsi nella sua villa a Spalato, Diocleziano si spogliò del manto di porpora su una collina a qualche chilometro di distanza da Nicomedia. Una statua di Giove in cima a una colonna presiedette alla cerimonia dell'abdicazione[3].

Diocleziano e i suoi colleghi imperatori avevano forti motivi per sottolineare la loro selezione e il loro appoggio da parte di una

---

[2] Aurelio Vittore, *De Caesaribus* 39.30, «quadripartito imperio»; *Panegyrici latini* 11(3).6.3, «indiviso patrimonio».

[3] *Panegyrici latini* 11(3).3.2 fondatore celeste, 3 «Diocletiani auctor», 6 tuo Ercole. Ritiro di Diocleziano: Lattanzio, *De mortibus persecutorum* 19.2. Per la precedente associazione di Diocleziano con Giove, vedi Kolb (1987) 19-21; per il ruolo di Giove nella successione tetrarchica, vedi Kolb (1997) 37: «Im Prinzip... ist nicht Diocletian der *auctor imperii* der anderen Herrscher, sondern Jupiter». Temistio, *Orat.* 11.145b, una volta si riferì a Diocleziano come al «nome derivato da Dios». Poiché Δῖος, «dio», era Zeus, Temistio qui presumibilmente stava facendo un gioco di parole con Dio-cleziano, o il suo precedente nome greco di Dio-cles.

divinità chiave. In secoli precedenti gli imperatori avevano per consuetudine giustificato la propria autorità mediante l'associazione con il prestigio del senato romano, il potere dell'esercito, o il loro benevolo interesse per i sudditi, soprattutto quelli che si trovavano in Italia e a Roma. Augusto si era stabilito come regnante unico e primo imperatore dopo aver eliminato i rivali e sostanzialmente riconquistato gran parte dell'impero mediterraneo di Roma. Per mascherare il colpo di Stato militare aveva personalmente affermato che in realtà egli aveva ridato vita alle istituzioni e ai valori dell'antica Repubblica, e dopo i primi anni onorò generosamente il senato e il popolo romani. Poiché spesso i senatori si presentavano come i custodi delle tradizioni della Repubblica, successivi imperatori presentarono loro analogo omaggio.

Ma alla metà del III secolo questa idea di aver riportato in vita la Repubblica andava sfumando. I senatori venivano esclusi sempre di più dai posti di comando militare, e poi dai governatorati provinciali. Avevano scarsa voce in capitolo sulla scelta di nuovi imperatori: «Il potere dell'esercito cresceva, e l'impero e il diritto di selezionare un imperatore venivano strappati al senato». Inoltre, ormai quasi tutti gli imperatori venivano dalle province, di solito militari che passavano gran parte del loro tempo sulle frontiere e solo raramente si recavano in visita in Italia. Per tali imperatori soldati non era facile integrarsi con la tradizionale mitologia della repubblica romana, con il suo senato a Roma e le sue precedenti conquiste. Il loro potere veniva dall'appoggio delle truppe. «Arricchite i soldati», avrebbe consigliato un imperatore ai suoi figli, «e ignorate tutti gli altri». Ma anche questo appoggio aveva un prezzo, perché gli eventi caotici della seconda parte del III secolo avevano dimostrato definitivamente che gli imperatori che non riuscivano ad assicurarsi la fedeltà delle truppe presto perdevano la vita. Gli imperatori erano alla ricerca di un'ideologia del potere imperiale che fosse in grado di trascendere ogni dipendenza da sorpassati sentimenti repubblicani, dalle pretese senatoriali e dalla volubilità delle fedeltà militari[4].

---

[4] Potere dell'esercito: Aurelio Vittore, *De Caesaribus* 37.5, con Curran (2000) 26-35 sui soldati e il senato, e Kulikowski (2006) sul nesso tra le usurpazioni e le invasioni barbariche. Consiglio di Settimio Severo: Dione, *Historiae Romanae* 77.15.2. Durante le guerre civili

Un'alternativa era un'ideologia che collocasse la fonte del potere imperiale nella sua associazione o addirittura identificazione con il potere divino. Nelle province c'erano già comunità che avevano fondato culti in onore di imperatori e membri delle loro famiglie. Ma alla fine del III secolo gli imperatori stessi si avviavano a identificarsi più strettamente con il potere divino e talvolta direttamente con gli dei. Imperatori pagani si affiliavano con i maggiori dei pagani. Nel tardo III secolo si diceva che l'imperatore Aureliano avesse sventato una sollevazione tra i soldati sostenendo che non avevano alcun diritto di iniziare o terminare il suo regno. «Disse che i soldati erano in errore se pensavano che il destino degli imperatori fosse nelle loro mani. Affermò infatti che dio [Giove] soltanto aveva assegnato il manto di porpora e aveva misurato la lunghezza di un regno». In questa ottica la sanzione dell'autorità divina aveva la meglio sul potere militare[5].

Una generazione dopo, Diocleziano e gli altri imperatori tetrarchi continuavano in questa tendenza a sottolineare la loro associazione con gli dei. Ma anziché limitarsi ad affermare che il loro potere derivava dalle divinità, si identificarono apertamente con Giove, «il sovrano del cielo», e con Ercole, «il pacificatore della terra». «Diocleziano usava la nuova nomenclatura per indicare che lui e i suoi partner partecipavano in qualche modo direttamente

tanto Licinio quanto Costantino offrirono concessioni finanziarie ai veterani: vedi la lettera di Licinio emessa nel 311, ed. Riccobono (1941) 456-58, n. 93, e il pronunciamento di Costantino in *CTh* 7.20.2, datato al 320 da Corcoran (1996) 257-259.

[5] Dichiarazione di Aureliano: Anonymus post Dionem (= Dio Continuatus), *Frag.* 10.6 = [Pietro il Patrizio], *Frag.* 178, con Watson (1999) 186-187.

Si noti che il coinvolgimento dell'esercito nella proclamazione di imperatori cristiani rimase un elemento di inquietudine tra gli uomini di chiesa. Quando Eusebio descrisse per la prima volta l'ascesa di Costantino, sottolineò il ruolo del solo esercito: vedi Eusebio, *HE* 8, Appendix 5, «fu subito acclamato, fin dal primissimo momento, come imperatore massimo e augusto dai soldati». Ma nella versione da lui rivista di questo passo pubblicato qualche anno più tardi, prima dell'autunno del 316, minimizzava il ruolo dell'esercito a favore della scelta di Dio: vedi Eusebio, *HE* 8.13.14, «Costantino... fu subito acclamato, fin dal primissimo momento, come imperatore massimo e augusto dai soldati e, molto prima che da loro, da Dio stesso, l'Imperatore supremo». Per la discussione su questa revisione, vedi Christensen (1983) 186, 198-99, 203-204, (1989) 121-22; anche il Cap. VI per le edizioni della *HE* di Eusebio. Decenni dopo la morte di Costantino Eusebio enfatizzò esclusivamente il ruolo di Dio: vedi Eusebio, *Vita Constantini* 1.24, «Il suo Dio, re dell'intero universo, scelse Costantino». A quel punto Eusebio aveva trasformato il comandante alla testa di un colpo di Stato militare nel sovrano scelto da Dio.

della natura divina di Giove e di Ercole». In un momento in cui precedenti rappresentazioni del potere imperiale erano inefficaci o inaccettabili, gli imperatori si appropriarono di un idioma fatto di divinità pagane allo scopo di articolare la loro autorità. Questo linguaggio religioso fornì un veicolo mediante il quale potevano modellare la loro autorità e negoziare le relazioni con i senatori, i notabili locali e l'esercito. In realtà, ovviamente avevano ancora bisogno dell'appoggio del loro esercito, e la successione dinastica rimaneva un potente elemento di conferma per chi mirasse ad assumere il potere imperiale. Ma in teoria il loro *status* di divinità permetteva di trascendere la dipendenza dal senato a Roma e l'acclamazione delle truppe. Ora ogni opposizione al loro dominio poteva essere rappresentata non come semplice sedizione, ma come sacrilegio, empietà, addirittura ateismo. Una teologia del ruolo imperiale tetrarchico poté contribuire a stabilizzare la politica degli imperatori tetrarchi[6].

Successivi imperatori apprezzarono istintivamente l'efficacia dell'identificazione con le divinità, e questo idioma teologico tetrarchico rimase attraente per gli imperatori non cristiani per tutto il IV secolo. Dopo che Diocleziano e Massimiano ebbero abdicato nel 305, Costanzo e Galerio, i nuovi imperatori *seniores*, promossero Massimino e Severo come nuovi imperatori *juniores*, i quali a loro volta adottarono rispettivamente i nomi di Giovio ed Erculeo. Quando Licinio divenne imperatore, aggiunse il nome di Giovio; per breve tempo, mentre era alleato con Massimiano e Massenzio, Costantino aggiunse il nome di Erculeo. Ben presto, però, Costantino abbandonò questo nome dalle tonalità pagane, e successivi imperatori cristiani naturalmente seguirono il suo esempio. Ma anche questi imperatori cristiani mantennero il paradigma tetrarchico perché, mentre rifiutavano ogni associazione con divinità pagane, conservarono una stretta connessione, al limite dell'identificazione, con il Dio cristiano. Una teologia del ruolo imperiale tetrarchico poté mutarsi prontamente in una teologia del ruolo imperiale cristiano[7].

---

[6] Giove ed Ercole: *Panegyrici latini* 10(2).11.6. Citazione sulla nomenclatura da Digeser (2000) 27; anche Kolb (1987) 90, «Teilhabe am göttlichen Wesen», 93, «eine göttliche Familie».

[7] Per Massimino e Giove, vedi il Cap. VI.

Non sorprende che durante il suo breve regno Giuliano ridiede vita a queste precedenti associazioni con gli dei tetrarchici. Convertendosi dal cristianesimo al paganesimo aveva percorso l'itinerario opposto a quello di suo zio Costantino. Di conseguenza, i suoi antenati ideologici per certi versi furono gli imperatori della tetrarchia. Giuliano quindi evidenziò le sue connessioni con il divino nei ritratti pubblici, che raffiguravano «Giove mentre appare dal cielo per offrirgli le insegne imperiali, un diadema e un manto di porpora». Associò se stesso anche con Ercole nei suoi ruoli di mediatore con gli dei e di salvatore dell'umanità. Giuliano in pratica si presentò come un imperatore neotetrarchico che stava riportando in essere aspetti di quella teologia politica tetrarchica che aveva delineato un influente modello di autorità connettendo direttamente gli imperatori con gli dei pagani. Per i cristiani come per i pagani, la conferma da parte della divinità, l'associazione e persino l'identificazione con essa ora fornivano un potente idioma per costruire l'autorità imperiale durante il IV secolo[8].

Armonia

Una pluralità di imperatori, anche quando tutti loro riconoscevano la reciproca legittimità, aveva sempre comportato il potenziale rischio di scatenare guerre civili. Si diceva, anzi, che Diocleziano fosse tanto preso dalla «paura dei conflitti» da mantenere dei segreti con i suoi colleghi. Per un imperatore cristiano come Costantino l'esistenza di molteplici dei pagani offriva un significativo parallelo per l'inevitabile esito di una molteplicità di imperatori: «Orgoglio e avidità distruggevano l'armonia e l'accordo in ogni cosa... Chi per primo sarebbe stato onorato con preghiere e offerte, e chi per ultimo?». Ma una peculiarità del collegio di imperatori fondato da Diocleziano era la sua apparente immunità da conflitti laceranti. Al fine di incoraggiare quella cooperazione, Diocle-

---

[8] Ritratti di Giuliano: Sozomeno, *HE* 5.17; anche Gregorio Nazianzeno, *Orat.* 4.81, «fece dipingere gli dei sulle sue icone». Su Giuliano ed Ercole, vedi Athanassiadi (1981) 132-33, in un esame su filosofia e religione greche. Alla luce del suo sostegno per la teologia politica tetrarchica non sorprende che Giuliano affermasse che i soldati che erano stati di Costantino «continuavano a venerarlo come un dio»: vedi Giuliano, *Orat.* 1.8A.

ziano e i suoi colleghi imperatori promossero un'immagine di se stessi che mirava a minimizzare le divergenze e a enfatizzare l'armonia come caratteristica distintiva, naturale persino, di un governo imperiale plurale[9].

Prima che vi fosse una tetrarchia, Diocleziano e Massimiano governarono insieme per otto anni. Durante questo periodo di «diarchia», di potere di due imperatori, pubblicizzarono la loro armonia in vari modi. Precedenti imperatori avevano caratterizzato i loro successori prescelti come «figli»; Diocleziano ora riconosceva che Massimiano era un vero coimperatore designandolo come «fratello». Le legende sulle loro monete commemoravano la concordia, la prosperità, la pace, e la vittoria «di due imperatori *seniores*», e sottolineavano che entrambi gli imperatori si trovavano sotto la protezione di Giove il Difensore. Almeno uno tra gli intellettuali cristiani intuì che la terminologia teologica adottata nella disputa sulla relazione tra Dio Padre e Gesù Cristo suo Figlio poteva essere usata anche per descrivere la relazione tra imperatori. Lattanzio, un retore cristiano che conosceva Diocleziano, non poteva cogliere differenze tra i due imperatori: «Massimiano non era dissimile da Diocleziano»[10].

In Gallia diversi oratori commemorarono i successi dei due imperatori in panegirici pubblici. Essendo indirizzati a Massimiano, i due panegirici sopravvissuti di questo periodo tendevano a mettere in luce le sue realizzazioni e la sua reputazione, a volte, apparentemente, persino a discapito di Diocleziano. Di conseguenza, entrambi i panegirici presentavano Massimiano come un imperatore coordinato con Diocleziano, sottolineando in particolare che erano «fratelli». Un panegirista, in un'orazione pronunciata a Treviri probabilmente nel 289, enfatizzava l'associazione di Massimiano con Ercole. Poiché Diocleziano associava se stesso con Giove, il maggiore degli dei, le loro rispettive identità divine sembrerebbero suggerire che Massimiano era diventato l'aiutante di Diocleziano. «Tu [Massimiano] hai aiutato il vacillante nome ro-

---

[9] Paura: Aurelio Vittore, *De Caesaribus* 39.46. Orgoglio: Costantino, *Oratio ad sanctorum coetum* 3.2-3.
[10] *Panegyrici latini* 6(7).15.6, adozione come fratello, con Kolb (1987) 46, «*Augusti fratres* hatten sich vor der tetrarchischen Epoche nur M. Aurelius und L. Verus Gennant». Monete: Webb (1933) 221-295. Non dissimile: Lattanzio, *De mortibus persecutorum* 8.1.

mano al fianco dell'imperatore [Diocleziano] con quella stessa opportuna assistenza con cui il tuo Ercole un tempo assisté il vostro Giove in una guerra contro i nati sulla terra [i Giganti]». In effetti, nella prospettiva di questo oratore Massimiano, sotto il nome adottato di Erculeo, era pari a Diocleziano, sotto il suo nome adottato di Giovio. Poiché alcune leggende avevano dato a Ercole un certo ruolo nella fondazione di Roma, Massimiano poteva essere visto ulteriormente come fondatore della capitale. In modo più significativo, questo oratore affermava che Massimiano dovesse considerarsi fondatore e restauratore dell'impero accanto a Diocleziano, «tuo fratello». Poiché Massimiano aveva accettato di buon grado le responsabilità offerte dal «migliore dei fratelli», «tu governi una porzione equivalente dello Stato». Quando, di recente, i due imperatori si erano incontrati, la loro conversazione era stata «fraterna», e avevano «stretto le loro invincibili mani destre». Come «fratelli in valore», regnavano insieme «in concordia»[11].

L'altro panegirista, in un'orazione pronunciata probabilmente a Treviri nel 291, corroborava questi temi. Massimiano veniva nuovamente presentato come pari di Diocleziano: «Gli dei immortali non possono dividere le loro benedizioni tra voi: tutto ciò che spetta all'uno, spetta all'altro». Le loro vittorie militari li avevano resi «fratelli», e anche se non erano della stessa età, condividevano un «duplice consenso». Ciascuno di essi aveva la capacità di proteggere l'impero romano grazie alla propria natura divina. «Questo mondo può essere colmato da Giove, e anche da Ercole»[12].

Poco dopo la promozione di Massimiano a coimperatore *senior* con Diocleziano, un usurpatore cercò di insinuarsi con la forza come terzo imperatore. Carausio serviva come comandante navale lungo la costa atlantica della Gallia quando fu acclamato augusto, imperatore *senior*, in Britannia. Essendosi formata una situazione di stallo militare, Diocleziano e Massimiano parvero tollerare il suo governo. Carausio rispose inserendosi nel linguaggio verbale e figurativo dei suoi coimperatori. Alcune sue monete presentavano i

---

[11] *Panegyrici latini* 10(2).1.5 tuo fratello, 4.1 migliore dei fratelli, 4.2 nome romano, 9.1 mani, conversazione, 9.3 valore, concordia, 9.4 porzione equivalente, con Nixon e Rodgers (1994) 43 che datano il panegirico al 21 aprile 289.

[12] *Panegyrici latini* 11(3).7.3 dei immortali, 7.5 fratelli, 7.7 consenso, 14.4 questo mondo, con Nixon e Rodgers (1994) 76-79 per la datazione del panegirico.

profili di tre imperatori, identificati come «Carausio e i suoi fratelli», e salutavano la «pace di tre imperatori *seniores*». Le legende su altre monete menzionavano le varie virtù, come la prosperità, la provvidenza, la salvezza e la forza di «tre imperatori *seniores*». Questa accesa propaganda sulla parità con i suoi fratelli imperatori, però, non ebbe successo, e infine Carausio fu assassinato da uno dei suoi stessi magistrati. Nel 296 le truppe di Costanzo avevano riconquistato la Britannia. Diocleziano e Massimiano avevano rifiutato di accogliere Carausio nella loro confraternita imperiale. Avrebbero invece promosso i loro «figli» come imperatori *juniores*[13].

Nel 293 Costanzo e Galerio si unirono a questo dinamico duo di imperatori formando una tetrarchia. Come cesari, questi nuovi imperatori erano naturalmente subordinati per anzianità, e uno storico arrivò persino a definirli «attendenti». Nonostante queste ovvie distinzioni in rango e posizione, l'ideologia dell'armonia e collegialità si estese fino ad abbracciare quattro imperatori coordinati. Ora le diciture sulle monete annunciavano la «concordia di due imperatori *seniores* e due imperatori *juniores*». In un panegirico a Costanzo pronunciato più avanti nell'ultimo decennio del III secolo, molto probabilmente a Treviri, l'oratore sottolineava la corrispondenza tra cielo e terra. «La maestà imparentata di Giove ed Ercole imponeva una similarità tra l'intero mondo e gli affari celesti negli imperatori Giovii ed Erculei». Poiché Costanzo aveva aggiunto il nome di Erculeo alla sua nomenclatura ufficiale e Galerio il nome di Giovio, tutti e quattro gli imperatori erano Giovii ed Erculei. Questa correlazione consentiva all'oratore di associare gli imperatori con varie quadruplici meraviglie della natura e con l'ordine celeste: i quattro elementi naturali, le quattro stagioni, le quattro zone del mondo, i quattro cavalli che tiravano il carro del sole, i quattro corpi celesti di sole, luna, stella del mattino e stella della sera. Da governanti complementari i quattro imperatori erano diversi ma uguali, essenzialmente manifestazioni di un singolo ruolo imperiale la cui unità assicurava la solidità dell'impero: «Quell'immensità si fonde infine in un impero indiviso». Nonostante l'esistenza di molteplici imperatori, l'impero ora era «solido» come una

---

[13] Monete di Carausio: Webb (1933) 442-443 («pax Auggg»), 550-556, con Carson (1987).

delle nuove monete di oro puro, nota come *solidus*, che sarebbe stata battuta per stabilizzare le finanze imperiali[14].

Quando verso la fine del 303 si incontrarono a Roma, Diocleziano e Massimiano inaugurarono un monumento per commemorare la loro devozione a Giove e ricordare gli anniversari dell'ascesa al trono degli imperatori della tetrarchia. Questo monumento era costituito da cinque colonne erette sul retro dei rostri nel vecchio foro. Una statua di Giove era sulla colonna centrale, e una statua dello spirito custode di ciascun imperatore in cima a ognuna delle altre quattro. L'iscrizione su uno dei piedistalli commemorava il «felice ventennale degli augusti». Anche se Massimiano in realtà era diventato augusto oltre un anno dopo l'ascesa di Diocleziano, i due condividevano l'anniversario da imperatori *seniores*. Un'altra iscrizione dedicatoria commemorava il «felice decimo anniversario dei cesari». Anche se Costanzo era stato molto probabilmente nominato imperatore *junior* poco prima di Galerio, anche loro due condividevano l'anniversario. Un'altra dedica ancora commemorava il «ventesimo anniversario degli imperatori». Questa dedica era stata iscritta molto probabilmente sul piedistallo della colonna centrale, quella che portava la statua di Giove. In questo caso tutti e quattro gli imperatori, *seniores* e *juniores*, erano inclusi per condividere un anniversario comune del collettivo ruolo imperiale. Anche se questo monumento riconosceva una distinzione di rango e di anzianità tra gli imperatori, sottolineava anche, sotto l'egida di Giove, la loro concordia e armonia. Le discrepanze nelle date di calendario non costituivano un ostacolo alla loro fondamentale similarità[15].

[14] Attendenti: Ammiano Marcellino, *Res gestae* 14.11.10. «Concordia Augg et Caess»: Sutherland (1967) 279, 300, 310. *Panegyrici latini* 8(5).4.1 maestà, 4.2 fenomeni quadruplici, 20.2 «solido... imperio», con Nixon e Rodgers (1994) 105-106 che datano questo panegirico al 297 oppure al 298. Per l'importanza del *solidus*, vedi Depeyrot (2006) 237-244.

[15] Dediche: *CIL* 6.1:1251, n. 1203 = 6.4.2:3081, n. 31261, «Caesarum I decennalia I feliciter» (ancora esistente); 6.1:251, n. 1204 = 6.4.2:3081, n. 31262, «Augustorum I vicennalia I feliciter» (oggi perduta); 6.1:252, n. 1205 = 6.4.2:3081, n. 31262, «vicennalia I imperatorum» (oggi perduta); con Alföldy (1996) 4335, per la bibliografia recente, e L'Orange (1938) 20-31, che discute queste iscrizioni e le congetture sulle altre due dediche che non sono mai state trovate: «die Nebeneinanderreihung der vier Imperatoren und ihre symmetrische Unterordnung unter Jupiter» (p. 28). Per un'ulteriore interpretazione del monumento delle cinque colonne, vedi i Capp. II-III. Una cittadina in Numidia celebrò analogamente il ventesimo anniversario con una dedica a tutti e quattro gli imperatori, augusti e cesari: vedi *ILS* 1:147, n. 644.

Gerarchia

A due anni dalla sua acclamazione a imperatore Diocleziano aveva diviso il titolo di augusto con Massimiano, suo coimperatore. Ma non sembra che avesse diviso tutto il suo potere. Anche se Massimiano molto probabilmente aveva l'autorità di inviare lettere ufficiali ed emettere rescritti, e forse poteva promulgare editti, in pratica sembra che fosse Diocleziano stesso a prendere l'iniziativa per tutti gli editti a noi noti relativi al loro regno congiunto. E anche se questi editti erano emessi con il nome di entrambi gli imperatori nelle intestazioni, quello di Diocleziano era sempre il primo. Nonostante la similarità dei loro titoli ufficiali e la loro consociazione nell'autorità imperiale, Diocleziano tuttavia rimase il *senior* dei due imperatori *seniores*. L'autorità di Diocleziano era preminente, «alla maniera del grande dio», Giove: «tutto era amministrato al cenno del suo capo»[16].

Nel 293 Diocleziano e Massimiano scelsero Costanzo e Galerio come imperatori aggiuntivi. Anche se ora condividevano i titoli di conquista che tutti gli imperatori assumevano quando uno di loro era vittorioso, questi nuovi nominati erano chiaramente imperatori *juniores* con il titolo di cesare. Costanzo inoltre era genero di Massimiano, e Galerio genero di Diocleziano. L'ideologia trovava riscontro nella realtà, poiché tra i quattro imperatori Diocleziano e Massimiano ora erano ciascuno un «padre» e Costanzo e Galerio erano ciascuno un «figlio». Alla base di questa simmetria, però, si trovava ancora il tacito riconoscimento che Diocleziano era in qualche modo il progenitore di tutti loro. «Gli imperatori videro sempre Valerio [Diocleziano] come un padre»[17].

Di questi quattro imperatori, a quanto sembra solo Diocleziano emetteva editti. In alcuni casi un altro imperatore poteva proporre

---

[16] Aurelio Vittore, *De Caesaribus* 39.1 acclamazione, 29 «dei magni... modo», 36 «cuius nutu». Per la disputa sui titoli di Massimiano e le date delle sue promozioni, vedi l'approfondita rassegna in Kolb (1987) 22-67.

[17] Aurelio Vittore, *De Caesaribus* 39.29, «ut parentem»; anche *CTh* 13.10.2, «sub domino et parente nostro Diocletiano seniore A(ugusto)», con Corcoran (1996) 151-152, il quale afferma che questo editto fu emesso da Massimino nel 312. Per Diocleziano come «zio» di Costanzo, vedi *Panegyrici latini* 8(5).1.3. Per l'assunzione dei titoli della vittoria da parte di tutti i membri della tetrarchia, vedi Barnes (1982) 27.

un'iniziativa politica, ma era Diocleziano a promulgare gli editti che la attuavano. Nel suo racconto sullo scoppio della persecuzione nel 303, Lattanzio afferma che nel corso di consultazioni a Nicomedia Galerio spinse il «vecchio poco partecipe» a opporsi al cristianesimo. Diocleziano alla fine si lasciò convincere ed emise una serie di editti. Ma non sembra si fosse consultato con i suoi colleghi imperatori nelle province occidentali. Invece, inviò semplicemente delle lettere a Massimiano e a Costanzo dando istruzioni che seguissero il suo esempio. Secondo la tradizione storiografica cristiana, Costanzo sarebbe stato riluttante a farlo. Da parte sua l'applicazione di questi editti fu molto superficiale, appena quel tanto «perché non apparisse in dissenso con le istruzioni dei suoi superiori»[18].
L'iconografia rafforzava questa collocazione gerarchica degli imperatori. Sull'arco commemorativo fatto erigere da Galerio a Tessalonica, uno dei pannelli raffigurava tutti e quattro gli imperatori circondati da immagini di varie divinità. I quattro imperatori erano vestiti tutti allo stesso modo, con la tunica, la cintura e il manto, ed erano approssimativamente della stessa dimensione. Ma Diocleziano e Massimiano erano seduti nel centro, e Diocleziano si distingueva ulteriormente dal suo collega per l'alto scettro che impugnava nella mano sinistra. In piedi ai due lati stavano Galerio e Costanzo. Pur celebrando l'armonia dei quattro imperatori, questo pannello elevava Diocleziano al di sopra di Massimiano, ed entrambi al di sopra dei due imperatori *juniores*[19].
Nell'Egitto meridionale, a Luxor, un affresco raffigurava una simile gerarchia di imperatori. Molto tempo prima i faraoni avevano ripetutamente ampliato e rimodellato il grande tempio di Amon in questa città che i greci chiamavano Tebe o Diospolis Magna, la

---

[18] Lattanzio, *De mortibus persecutorum* 10.6 vecchio, 15.6 lettere, 15.7 dissenso; anche 10.4 per lettere agli ufficiali militari. Si noti che nel corso degli anni Eusebio minimizzò sempre di più il coinvolgimento di Costanzo: vedi *De martyribus Palaestinae*, «recensio brevior» 11.12. Persecuzione in Gallia solo per i primi due anni; *HE* 8.13.13, «non partecipò alla guerra contro di noi»; *Vita Constantini* 1.13.2, «mantenne le mani pulite dalla loro abominevole empietà». Per l'autorità degli imperatori tetrarchici oltre Diocleziano, vedi Corcoran (1996) 270-274.

[19] Per la disamina di questo pannello, vedi Laubscher (1975) 69-78, con le tavole 51, 58-60: «Das Bild der Wiederherstellung des Römischen Reiches ist zugleich Ausdruck der den Tetrarchen von Jupiter verliehenen Kosmokratie» (p. 78); con l'eccellente sommario in Kolb (2001) 158-162.

Grande Città di Zeus. Nel 297 Diocleziano aveva effettuato una campagna militare in Egitto contro varie rivolte, e nell'anno successivo aveva risalito il Nilo per stringere trattati con tribù locali. Quindi riorganizzò tanto l'amministrazione provinciale dell'Egitto quanto la difesa della sua frontiera meridionale. Forse fu nell'ambito di questa riorganizzazione che le truppe romane cinsero l'antico santuario di Amon con un muro trasformandolo in guarnigione. Questa ricostruzione includeva un nuovo monumento in onore degli imperatori, consistente, a quanto sembra, in statue dei quattro tetrarchi originari, ciascuno di essi in cima a una colonna eretta ai quattro angoli dell'intersezione di due strade. Le dediche iscritte sulle basi delle colonne sono frammentarie, ma ognuna era chiaramente diretta a uno specifico imperatore, e ognuna si concludeva con un voto di devozione eterna alla «sua divina autorità e maestà». Qualche anno più tardi, dopo il ritiro di Diocleziano e Massimiano e altri mutamenti nel collegio degli imperatori, un simile monumento di quattro colonne e quattro statue presso un altro crocevia commemorava la rinata tetrarchia degli imperatori *seniores* Galerio e Licinio e degli imperatori *juniores* Costantino e Massimino. Le dediche sui basamenti delle colonne commemoravano ciascun imperatore in ruoli particolari: Galerio come «propagatore dell'eterna pace e custode della sicurezza pubblica», Licinio come «promotore di pietà e distruttore di popoli barbari» e Costantino come «promotore di giovinezza e custode di eterna pace». Ma queste iscrizioni rispettavano ulteriormente la condivisa autorità degli imperatori, giacché ciascuna dedica a un singolo imperatore si concludeva con un'espressione di devozione alla «*loro* divina autorità e maestà». Questo più recente monumento includeva una più chiara commemorazione dell'individualità e al tempo stesso della collegialità nella tetrarchia[20].

Questi due monumenti in importanti punti di intersezione all'interno del campo celebravano il ruolo della tetrarchia, sia nella ver-

---

[20] Per le azioni di Diocleziano in Egitto in seguito alle rivolte del 297, vedi Barnes (1981) 17-18 (1982) 54-55, 211, 230-231. Per le dediche, vedi Lacau (1934) 22-23 (secondo monumento) e Deckers (1979) 604-606n.16. Lacau e Deckers datano il secondo monumento tra il novembre 308 (proclamazione di Licinio come augusto) e il maggio 309 (promozione di Costantino da cesare ad augusto). In realtà la data del riconoscimento di Costantino come augusto nelle province orientali è incerta: vedi Grünewald (1990) 57-58.

sione originale sia nella successiva versione riveduta. Il tempio di Amon fu ulteriormente rimodellato per enfatizzare il sistema tetrarchico e i suoi singoli imperatori. All'interno del tempio una sala fu adattata a camera imperiale. Dal cortile un camminamento passava in mezzo alle file di colonne in una sala interna fino all'ingresso di questa camera. Dentro la camera, di fronte all'ingresso, un varco che conduceva ad altre sale nel santuario ora era sbarrato e ricostruito in forma di piccola abside, fiancheggiata su ciascun lato da una colonna decorativa. Sulle pareti laterali della camera erano raffigurate processioni di soldati e cavalli che avanzavano verso la parte frontale della stanza. La parete di fondo era decorata sui due lati dell'abside con immagini di gruppi di magistrati, o forse comandanti militari, riuniti per rendere omaggio forse a una coppia di imperatori seduti sui loro troni. All'interno dell'abside vera e propria un dipinto raffigurava quattro imperatori, collocati in piedi e di faccia. I due imperatori laterali erano di statura leggermente più bassa dei due interni. Una delle due figure centrali reggeva un globo con la mano sinistra e teneva nella destra una lunga asta (o uno scettro). Questo imperatore era molto probabilmente Diocleziano, munito del simbolo del suo dominio universale e dello scettro che aveva ricevuto da Giove in persona. Il soffitto dell'abside raffigurava un'aquila con le ali aperte che stringeva una saetta tra gli artigli. Essendo l'aquila l'emblema di Giove, l'abside rappresentava i quattro imperatori della tetrarchia che governavano sotto la sanzione divina della suprema divinità. L'immagine sottolineava i ruoli di una divinità e di quattro distinti imperatori, differenziando accuratamente questi ultimi per rango[21].

[21] La figura dell'altro imperatore in posizione interna fu cancellata. La figura rappresentava molto probabilmente Massimiano, le cui immagini successivamente erano state fatte rimuovere o distruggere da Costantino: vedi Lattanzio, *De mortibus persecutorum* 42.1, con il Cap. III. Kalavrezou-Maxeiner (1975) sostengono che i dipinti parietali raffigurassero una cerimonia di celebrazione per l'arrivo di Diocleziano, che i quattro imperatori nell'abside fossero i quattro tetrarchi originari, e che la sala dipinta servisse da camera delle udienze: «a Luxor, Diocleziano stava in primo piano tra le austere figure dei tetrarchi» (p. 250). Deckers (1979) aggiunge altri dettagli sui dipinti della parete anteriore ai due lati dell'abside e fornisce il miglior disegno di come andrebbero ricostruiti. Kolb (2001) 175-186 ipotizza che i dipinti sulle pareti rappresentassero una cerimonia di omaggio ai nuovi imperatori in seguito a un mutamento all'interno della tetrarchia, e che il dipinto nell'abside raffigurasse Diocleziano e Massimiano da imperatori uscenti, fiancheggiati dai nuovi imperatori *seniores* subentranti.

Il senso della gerarchia tra gli imperatori certamente continuò a restare vivo anche dopo l'abdicazione di Diocleziano e Massimiano, avvenuta nel maggio del 305. Secondo il racconto di Lattanzio, Diocleziano una volta offrì anche a Galerio il titolo di augusto. Galerio rispose che era meglio preservare l'assetto attuale, con due imperatori «maggiori» responsabili degli affari dell'impero e due «minori» ad assisterli. Aggiunse che per far posto alla sua promozione, Diocleziano avrebbe dovuto ritirarsi. Dopo che Diocleziano e Massimiano si furono dimessi, Costanzo e Galerio passarono a rimpiazzarli come imperatori *seniores*, ciascuno con il titolo di augusto[22].

Ma, nonostante la similitudine dei loro titoli, Galerio dovette riconoscere, con sdegnosa costernazione, che Costanzo aveva comunque la priorità su di lui. Sembra che Galerio fosse sempre stato profondamente irritato dal fatto che fin dall'inizio era stato «il [cesare] minore e l'ultimo [tra gli imperatori]». Durante la sua carica in qualità di cesare, non solo mal tollerava la sua condizione di meno importante dei quattro imperatori, ma era stato anche pubblicamente umiliato da un imperatore *senior*. Furioso che all'inizio del 297 i loro eserciti congiunti fossero stati sconfitti dai persiani, Diocleziano aveva cercato di scaricare la propria responsabilità costringendo il suo subordinato, con ancora indosso la tunica di porpora, a marciare accanto al suo carro. Questo tentativo di «scrostare la corrosione dell'arroganza imperiale» forse sortì l'effetto contrario, perché Galerio contestò ripetutamente la gerarchia imperiale. Secondo l'imperatore Giuliano, Galerio «non cantò mai in armonia con la melodia delle quattro note». Si identificava invece con Dioniso, uno dei più incorreggibili e disturbatori tra gli dei pagani. Dopo una successiva vittoria sui persiani, ottenuta senza il contributo di Diocleziano, sembra che Galerio rivendicasse una discendenza da Marte, il dio della guerra, lamentandosi poi di essere ancora appena un cesare. L'arco di trionfo che fece erigere a Tessalonica commemorava il suo successo personale sui persiani. Un pannello di questo arco celebrava in effetti l'impresa collettiva, raffigurando tutti e quattro gli imperatori. Al tempo stesso, però, l'iconografia sull'arco ribaltava l'ideologia tetrar-

---

[22] Lattanzio, *De mortibus persecutorum* 18.4-7, Diocleziano e Galerio.

chica del comando imperiale collettivo glorificando il ruolo guida di Galerio nella campagna contro i persiani. Altri pannelli evidenziavano le sue ammirevoli imprese individuali, mostrando episodi in cui guidava una carica della cavalleria romana, catturava l'harem del re persiano, riceveva i prigionieri, entrava in processione vittoriosa in una città, dimostrava la sua clemenza, arringava le truppe, negoziava con una delegazione persiana e sacrificava insieme con Diocleziano. Apice di questo suo successo personale, un pannello lo mostrava mentre sconfiggeva il re persiano in un corpo a corpo diretto. Benché questo combattimento fosse totalmente immaginario, l'immagine elevava Galerio a campione del mondo classico. Adesso era il nuovo Alessandro, il prototipo del trionfatore sui persiani. Il cesare minore apparentemente sorpassava i suoi colleghi più anziani[23].

Benché nel 305, promosso augusto, Galerio fosse tecnicamente ancora *junior* rispetto al collega Costanzo. Di conseguenza fu anche un augusto frustrato con piani ambiziosi. Dopo la promozione i nuovi imperatori *seniores* scelsero Severo e Massimino come nuovi imperatori *juniores*. In realtà, sembra fosse Galerio a controllare queste scelte, dal momento che Severo era suo amico e Massimino un parente, mentre il figlio adulto di Costanzo, Costantino, fu lasciato da parte. Anche se i suoi intrighi mostravano di rispettare i protocolli tetrarchici, Galerio era evidentemente già pronto a fare piani per un futuro in cui avrebbe avuto la priorità quale au-

[23] Lattanzio, *De mortibus persecutorum* 9.8-9 Marte, lagnanza, 18,6 «minor et extremus». Umiliazione di Galerio: Eutropio, *Breviarium* 9.24, Ammiano Marcellino, *Res gestae* 14.11.10, con la ricostruzione delle campagne di Persia in Barnes (1976a) 182-186, e l'emendamento della cronologia in Zuckerman (1994), appoggiato da Barnes (1996) 543-544. Corrosione: Orosio, *Historiae adversum paganos* 7.25.10. Melodia: Giuliano, *Caesares* 315C. Associazione con Dioniso: Nicholson (1984). Per un'eccellente discussione dei pannelli sull'arco, vedi Pond Rothman (1977), con Pond Rothman (1975) 21 sul pannello degli imperatori in trono: «Un'illustrazione del dogma, non della storia, della tetrarchia». Mayer (202) 47-65 rileva l'assenza di allusioni al senato e alle sue tradizioni repubblicane; Kolb (1987) 159-176 interpreta l'arco come un'indicazione della durata attrazione del sistema tetrarchico e minimizza il rilievo di Galerio. Ma già da cesare Galerio aveva fatto erigere una statua di sé ad Antiochia, nell'atto di sostenere un globo: vedi Ammiano Marcellino, *Res gestae* 25.10.2, con Srejovic (1994) 146-152 che discute di una statua simile di Galerio nel suo palazzo a Romuliana (Gamzigrad, a una settantina di chilometri a nord di Naissus, luogo natale di Costantino). Galerio sembra non associasse se stesso con la mitologia di Alessandro: vedi *Epitome de Caesaribus* 40.17.

gusto *senior*. Secondo il racconto di Lattanzio, pur desiderando che il suo amico Licinio diventasse imperatore, Galerio non voleva nominarlo cesare, potendo così evitare di doverlo designare come «figlio». Sperava invece di rimpiazzare al più presto Costanzo con Licinio come coaugusto, in modo da poterlo designare come «fratello». A quel punto sarebbe stato finalmente il più alto in grado degli imperatori, sostenuto sia da Licinio come augusto collaterale sia da Massimino e dal suo giovane figlio come cesari detentori del «secondo nome». Il piano di Galerio era una precisa indicazione della sottostante realtà di rango e gerarchia nella tetrarchia, tanto nella sua configurazione originale quanto nella sua replica. Anche se inizialmente la graduatoria nel rango degli imperatori era un ostacolo al suo progetto di promuovere il suo amico, alla fine mirò a usare a suo vantaggio quella gerarchia[24].

Dopo che l'usurpazione di Costantino ebbe sconvolto i suoi piani sul riallineamento della tetrarchia in seguito alla morte di Costanzo avvenuta nel 306, Galerio professò nuovamente la sua lealtà al sistema. Declinò l'ipotesi di prendere Licinio come nuovo augusto proveniente dall'esterno dell'esistente collegio degli imperatori, promuovendo invece l'attuale cesare, Severo. Licinio divenne augusto solo nel 308 dopo la morte di Severo. Galerio riconobbe Costantino come cesare, ma rifiutò di riconoscere Massenzio dopo la sua usurpazione a Roma. In questo caso l'ideologia aveva avuto la meglio sulla famiglia. Massenzio poteva anche essere suo genero, ma «lui non poteva nominare tre cesari». Una tetrarchia doveva avere solo quattro imperatori, che seguivano tutti un preciso ordine di rango[25].

L'ossessione galeriana di preservare una corretta gerarchia di imperatori era però ben difficilmente destinata al successo, in parte perché dopo il 305 c'erano imperatori che, pur avendo abdicato, conservavano la loro influenza. Poiché in teoria gli imperatori dovevano governare a vita, né l'ideologia tradizionale né la ter-

---

[24] Lattanzio, *De mortibus persecutorum* 20, piani di Galerio, con il Cap. III, sulla selezione di nuovi cesari nel 305. In questa seconda tetrarchia Costanzo aveva la priorità forse perché nel 293 era stato nominato cesare prima di Galerio, anche se successivamente condivisero l'anniversario: per il dibattito, vedi Kolb (1987) 72-85, e Nixon e Rodgers (1994) 112n.8.

[25] Lattanzio, *De mortibus persecutorum* 25,4-5 promozione di Severo, 26,4 tre cesari.

minologia convenzionale del ruolo imperiale erano in grado di conciliarsi con degli ex imperatori. Di conseguenza, dopo la loro abdicazione, Diocleziano e Massimiano furono classificati con l'etichetta curiosamente ibrida di «imperatori privati cittadini». Benché non più ufficialmente regnanti, presero i titoli di «imperatori *seniores* maggiormente *seniores*» e di «padri degli imperatori e degli imperatori *juniores*». In termini ideologici Diocleziano e Massimiano venivano a questo punto resi letteralmente i «nonni» della gerarchia tetrarchica. Continuarono anche a occuparsi degli affari imperiali, Massimiano tornando per aiutare il figlio Massenzio e il genero Costantino, Diocleziano presiedendo alla scelta effettuata da Galerio di Licinio come nuovo imperatore *senior*. Irritati per la loro condizione di imperatori soltanto *juniores*, Massimino e Costantino assunsero in seguito anch'essi il titolo di augusto. Nel 310 c'erano sei imperatori *seniores* (quattro attivi, due ufficialmente ritirati), più Massenzio a Roma, e nessun imperatore *junior*. Diocleziano si accontentò di tornare a occuparsi del suo orto durante il ritiro; gli altri imperatori si diedero immediatamente a complottare e a combattersi l'un l'altro. Il paradossale esito di questo protratto esperimento di collegiale ruolo imperiale fu un ritorno all'epoca pretetrarchica delle guerre civili tra imperatori[26].

Tenersi al passo con tutti questi cambiamenti nei rapporti gerarchici e nell'ideologia doveva essere sconcertante già nel mondo antico. Presso la guarnigione di Luxor un monumento formato da quattro colonne e quattro statue commemorava i tetrarchi originari. Ma fu eretta anche una statua separata dell'imperatore *junior*

---

[26] Massimiano come «privatus princeps»: *Panegyrici latini* 7(6)10.5. Diocleziano e Massimiano come «seniores Augg., patres impp. et Caess.»: *ILS* 1:148, n. 646, la dedica sulle terme di Diocleziano a Roma. Diocleziano come «patrem Augustoru[m]»: *CIL* 3, Supplementum 2:2046, n. 12049. Imperatori plurimi: Lattanzio, *De mortibus persecutorum* 29.2, «in un determinato momento erano sei». Medaglioni su pilastri rinvenuti a Romuliana raffiguravano tre coppie di imperatori, molto probabilmente la tetrarchia dopo il 305 più Diocleziano e Massimiano: per la discussione, vedi Srejovic (1994) 145-146, «una sestuplice immagine della medesima persona», e Kolb (2001) 163-167, 186-191. Orto di Diocleziano: *Epitome de Caesaribus* 39.6, con Nakamura (2003), il quale sostiene che Diocleziano morì nel dicembre 312. Bleckmann (2004) sottolinea la frequenza delle guerre civili tra imperatori dopo Diocleziano: «Die fatalen Folgen des Mehrherrschaftssystems bereits zu einer irreversiblen Schädigung der Integrität des Reiches geführt haben» (p. 75).

Galerio, forse in onore delle sue vittorie sulla frontiera orientale. Un secondo monumento di quattro colonne e quattro statue commemorava la tetrarchia riveduta tra la fine del 308 e il 309. In quel momento di unanimità Galerio e Licinio come imperatori *seniores* e Costantino e Massimino come imperatori *juniores* condivisero gli onori del comando imperiale. Ma quando nel 313 Licinio sconfisse Massimino, l'intera dedica a Massimino fu cancellata dalla base della sua colonna. Quando nel 324 Costantino ebbe sconfitto Licinio, il nome di quest'ultimo fu cancellato dalla sua dedica. Intanto furono erette tre statue di Costantino, forse in previsione di una visita in Egitto già preannunciata dall'imperatore. In questo campo i magistrati imperiali, gli ufficiali e i soldati si diedero da fare per mantenere il più aggiornate possibile le espressioni monumentali della loro fedeltà. Per farlo, non solo era loro necessario conoscere gli esiti delle guerre civili; dovevano anche essere informati sui ranghi relativi degli imperatori[27].

Unicità e quadruplicità, unicità e triplicità

Un idioma religioso era un potente *medium* per articolare il ruolo degli imperatori tetrarchici. Legittimava la loro autorità imperiale tramite l'identificazione con gli dei; separava il loro possesso del potere dall'incostante sostegno del senato, del popolo e dell'esercito; tendeva a eliminare le dispute personali tra imperatori definendo chiaramente i loro rispettivi ranghi; e operava per mantenere l'unità dell'impero ribadendo la fondamentale concordia tra gli imperatori. La teologia politica tetrarchica affermava che l'Unicità di un singolo ruolo imperiale era compatibile con la Quadruplicità degli imperatori. Nonostante tutti i successi conseguiti sotto il primato di Diocleziano, però, questa soggiacente ideologia del dominio tetrarchico mostrò fin dall'inizio anche una certa instabilità, in quanto gli imperatori cercavano di conciliare potenti

---

[27] Per questi cambiamenti a Luxor, comprese le dediche iscritte sulle basi delle statue di Galerio e Costantino, vedi Lacau (1934); le tre dediche per Costantino sono pubblicate in Grünewald (1990) 257-258, nn. 489-491. Grünewald data le dediche e le statue tra il 312 ca. e il 315, ma Lacau le associa con l'annunciata visita di Costantino un decennio dopo. Per i preparativi per la visita annullata in Egitto ai primi del 325, vedi Barnes (1981) 212.

forze contrapposte quali la gerarchia e l'armonia. L'ideologia tetrarchica poteva essere facilmente fraintesa o manipolata, in particolare da parte di imperatori scontenti o ambiziosi. Di conseguenza, un idioma religioso che tanto efficace era nel costruire relazioni era altrettanto efficace nel decostruirle.

L'ascesa di Costantino coincise con la fine dell'epoca tetrarchica, e Costantino stesso si disimpegnò solo gradualmente dall'ideologia politica della tetrarchia e dalla teologia a essa collegata. Il suo affermarsi come imperatore cristiano certamente indebolì la rilevanza che la teologia tetrarchica aveva avuto per quegli imperatori che si erano identificati con Giove ed Ercole adottando i nomi di Giovio ed Erculeo: «In verità il Signore ha distrutto questi [nomi] cancellandoli dalla faccia della terra». Tuttavia il soggiacente tema della corrispondenza tra imperatori e divinità rimaneva, ma in un formato nuovo: quello della correlazione tra imperatore cristiano e Dio cristiano. Parlare dell'uno equivaleva a parlare dell'altro: in tale contesto cristiano il discorso politico sugli imperatori rimaneva simultaneamente un discorso su Dio. Intanto, proprio durante questo periodo di transizione, i teologi greci stavano discutendo delle dottrine della Trinità. Per certi versi questi ecclesiastici avevano, sembra, trasposto il dibattito sui molteplici imperatori detentori di un singolo potere imperiale, trasformandolo nella controversia sulle molteplici manifestazioni di un solo Dio. Identità e differenza, gerarchia e armonia, definizione dell'intervento del potere divino negli affari umani: i teologi cristiani e le loro congregazioni stavano cercando ora di articolare la relazione tra Dio Padre e Gesù Cristo il Figlio, oltre che il ruolo dello Spirito Santo nella Trinità. Come il discorso politico e religioso sugli imperatori e la loro divinità, questo discorso teologico cristiano mirava anche ad accomodare le multiple manifestazioni del potere divino. E poiché entrambe le discussioni usavano termini e idee simili, un dibattito sulle dottrine era contemporaneamente un dibattito sul ruolo imperiale cristiano[28].

Nella mente degli imperatori tetrarchici era sempre stato costante il pensiero della legittimità, tanto la loro quanto quella dei loro successori scelti. Non avendo essi stessi ereditato il trono come

---

[28] Nomi: Lattanzio, *De mortibus persecutorum* 52.3.

figli di imperatori, e tralasciando i propri figli reali nel momento della scelta dei successori, non potevano basarsi su quel bastione che era la diretta successione dinastica. La discendenza degli imperatori dagli dei avrebbe invece fornito un solido *pedigree* alternativo. Un panegirista sottolineava che Diocleziano e Massimiano erano «generati da dei». Una dedica a Colossi nella Frigia occidentale commemorava analogamente Costanzo e un altro imperatore come «generati dagli dei». Avendo ereditato la divinità, questi imperatori potevano anche trasmettere divinità. Se l'associazione di Diocleziano e Massimiano con Giove ed Ercole era una conferma del loro diritto a regnare, allora grazie alla loro identificazione con quegli dei potevano trasmettere la divinità ai loro successori. Una dedica posta presso Dyrrhacium, sulla costa adriatica, commemorava quindi Diocleziano e Massimiano come «generati dagli dei e creatori di dei». Questa ottica arrivò a permanere fino ai primi anni dell'ascesa di Costantino. In Italia una dedica a Sepino commemorava Costantino in termini similari poco dopo la sua vittoria a Roma nel 312: «Al restauratore della libertà pubblica, generato dagli dei, nostro signore imperatore Cesare, Flavio Valerio Costantino, pio, fortunato, invitto augusto, per decreto dei consiglieri cittadini»[29].

---

[29] Generati dagli dei: *Panegyrici latini* 11(3).2.4, «vos dis esse genitos... approbatis». Colossi: *MAMA* 6:15, n. 38 = *L'année épigraphique 1940* (1941) 58, n. 182, «diis genitis l orbis terra|rum domino l nostro Fl(avio) l Valerio l Constantio l p(io) f(elici) invicto l Aug(usto) [et...]». Dyrrhacium (moderna Durazzo – o Durres – in Albania): *ILS* 1:141, n. 629, «diis genitis et l deorum creatoribus l dd. nn. Diocletiano et l [Maximiano invict]is Augg.». Sepino: *L'année épigraphique 1984* (1987) 94, n. 367 = Grünewald (1990) 222, n. 272, datato tra il 28 ottobre 312 e il 315 ca., «Restitutori l p(ublicae) libertatis l di(i)s genito d(omino) n(ostro) l imp(eratori) Caes(ari) Flavio l Val(erio) Constantino l pio felici inv(icto) Aug(usto) l d(ecreto) d(ecurionum)». Per un'ulteriore discussione sui concetti tetrarchici di successione, vedi il Cap. III.
  Si potrebbe pensare che questa definizione degli imperatori come «discendenti degli dei» li mettesse in rotta di collisione con i cristiani e le loro idee su Dio Padre e sul suo Figlio unigenito. Per una possibile conseguenza, vedi Kolb (2001) 37, che suggerisce un motivo per l'avvio delle persecuzioni: «Die Tetrarchie war mithin eine *domus divina* von fleischgewordenen Göttersöhnen und somit natürlicher Rivale des christilichen Gottessohnes; die diocletianische Christenverfolgung war schon aus diesem Grunde unvermeidlich»; anche Kolb (1987) 113: «Die tetrarchischen "Gottesöhne" konnten den Monopolanspruch des christlichen Gottessohnes nicht tolerieren». Per una connessione esplicita tra persecuzione e blasfemia contro Gesù Cristo, si noti l'apparizione di *Memorie di Pilato e il Nostro Salvatore*, un racconto apocrifo sul processo di Gesù davanti a Pilato. Eusebio afferma che questo resocon-

Queste autorità municipali di Sepino sembra avessero deciso che l'uso della terminologia consueta e di un'ideologia ormai di *routine* fosse un modo sicuro per commemorare un nuovo imperatore che era ancora in gran parte sconosciuto in Italia, e continuavano a vedere Costantino in una prospettiva tetrarchica. Evidentemente non avevano saputo che era un sovrano di fresca cristianità. Ma se dei notabili pagani erano ancora pronti a immaginare Costantino come un altro imperatore tetrarchico, i cristiani erano incerti su come definirlo. Poiché Gesù era il loro prototipo di sovrano cristiano sulla terra, l'apparizione di un imperatore cristiano tra loro li spingeva a riconsiderare tanto i criteri di governo imperiale quanto le dottrine sulla sovranità divina. Ora improvvisamente dovevano ridefinire sia Gesù Cristo sia un imperatore romano. La conseguente confusione su queste questioni interconnesse comportava che la formazione di una teologia cristiana si sovrapponesse alla formazione di una nuova filosofia politica. Di conseguenza, i teologi cristiani che stavano cercando di formulare le loro dottrine sull'Unità e la Trinità di Dio potevano benissimo aver provato interesse per una teologia tetrarchica che combinava «generazione» e «creazione» nelle definizione dell'origine divina dei sovrani e della promozione dei successori.

---

to ostile era stato pubblicato di recente, «ieri o ieri l'altro» (*HE* 1.9.3), durante la persecuzione di Massimino del 312. Massimino stesso ordinò che le *Memorie* avessero un'ampia circolazione e fossero insegnate dai grammatici. Di conseguenza, «ogni giorno i bambini recitavano [i nomi di] Gesù e Pilato, oltre che le *Memorie* che erano state falsificate come un insulto»: vedi Eusebio, *HE* 9.5.1, 7.1, con Carriker (2003) 281-282, sugli *Atti di Pilato*.

X
«GENERATO DAL PADRE»
LA TRINITÀ CRISTIANA

All'inizio del IV secolo gli insegnamenti di Ario e di teologi idealmente a lui vicini offrirono molte qualità attraenti. Questi teologi erano accurati interpreti delle Scritture, e usavano rispettosamente numerose citazioni e allusioni bibliche per sostenere le loro dottrine sulla essenziale subordinazione di Gesù Cristo il Figlio a Dio il Padre. Sostenevano che i preesistenti Logos e Sophia di Dio, «Verbo» e «Sapienza», non erano semplicemente attributi divini ma si erano incarnati come entità divina distinta, il Figlio. Invocavano l'autorità di precedenti illustri teologi. Affrontavano i concetti dei filosofi classici. Erano preoccupati degli interessi pratici dei comuni credenti e delineavano le appropriate dottrine di soteriologia ed ecclesiologia. Con i suoi appelli alla Bibbia, alla tradizione, alla ragione e al discepolato, la teologia ariana avrebbe potuto costituire un cristianesimo ortodosso assolutamente rispettabile. Retrospettivamente, gli storici moderni della dottrina avrebbero visto il suo radicamento quale ortodossia come un esito logico, anzi necessario, delle tendenze teologiche del primo cristianesimo[1].

Invece, l'arianesimo finì vituperato come una dottrina totalmente eterodossa, «il principe delle eresie». Il concilio di Nicea del 325 stabilì la fondamentale coordinazione di Dio e Gesù Cristo; fissò

---

[1] Per letture favorevoli nei confronti di Ario, vedi in particolare le rassegne in Williams (1987) 1-25 e Wiles (1996) 9-26; del successivo «arianesimo», i contributi in Barnes e Williams (1993); di Ezio ed Eunomio, Vaggione (2000) e Van Dam (2003b) 15-45. Per la soteriologia ariana, vedi Gregg e Groh (1981) 43-67. Per la permanente popolarità degli insegnamenti di Ario sulla precedenza del Padre sul Figlio, vedi Williams (1993) 162: «Come se, in questo campo, la teologia dei vescovi fosse sempre meno in sintonia con il sentimento popolare».

anche il tono dell'acceso antagonismo munendo il proprio credo di anatemi che colpivano apertamente le tesi di Ario. Nonostante questa ostilità, le dottrine ariane e neoariane sopravvissero e anzi prosperarono. Alla metà del IV secolo vescovi arianizzanti ebbero più successo nell'acquisire il patronato imperiale, ivi compreso l'appoggio di Costantino, di Costanzo e di Valente, e per un certo periodo la teologia arianizzante (sotto forma di dottrine ariane omousiane) sembrò sulla soglia del successo. Poi nel 381 il concilio di Costantinopoli riaffermò la teologia nicena (o neonicena) come forma dell'ortodossia. Teodosio e successivi imperatori ribadirono quella dichiarazione con una legislazione autoritaria contro «quelle malevole abitudini che sono detestabili a Dio e all'umanità». Retrospettivamente, le ricostruzioni moderne oggi vedono le dottrine nicene come l'unico esito possibile di precedenti tendenze teologiche[2].

Ma una spiegazione retrospettiva non equivale, e non assomiglia neppure, a una corretta interpretazione storica di questa controversia sulla dottrina cristiana e del suo esito, e un catalogo di antecedenti intellettuali e conseguenze ecclesiastiche non può prendere il posto di un'autentica analisi critica. La difficoltà fondamentale risulta immediatamente evidente: il credo niceno è al tempo stesso un «simbolo della verità normativa cristiana» e «un esplicito ripudio di Ario», contemporaneamente trascendente e contingente. Le nostre spiegazioni sullo sviluppo dell'ortodossia dottrinale si affannano a conciliare la prospettiva atemporale delle verità religiose normative con la prospettiva, legata al tempo, della critica storica. La nostra storia della teologia talvolta comincia ad assomigliare all'oggetto di quella teologia, simultaneamente Dio imperturbabile e «uomo che ha condiviso le nostre passioni», simultaneamente eterno e partecipe delle nostre effimere esperienze, simultaneamente divino e umano. Il vescovo Eusebio di Cesarea accennava precisamente a questa tensione iniziando la sua *Storia ecclesiastica* con una confessione dottrinale in cui esponeva la sua versione di corretta teologia, e poi ammettendo che le dottrine su Gesù Cristo erano «al di là dell'uomo». Di conseguenza, la sua

---

[2] Citazione sul principe delle eresie da Wiles (1996) VI. Malevole abitudini: *CTh* 16.5.12, promulgato nel 383.

Storia offriva un prototipo di narrativa confessionale, pietistica. Poiché Gesù un tempo aveva fatto la sua apparizione nella storia umana, Eusebio concludeva che avrebbe potuto considerare di mutare gli affari umani in base agli *standard* di un reame immutabile al di fuori di quegli affari umani. Nella sua ottica, «ortodossia» ed «eresia» erano semplicemente categorie normative incontestate di descrizione, ed erano utili termini di analisi sociale. Ovviamente Eusebio non aveva letto Foucault e la sua progenie postmoderna[3].

Al fine di conciliare questa tensione tra trascendenza e transitorietà, le moderne narrazioni adottano tipicamente approcci contrastanti allo studio dell'ortodossia e dell'eresia. Riconosciuta o meno come tale, la *Storia* di Eusebio è il modello. Nella visuale di Eusebio l'ortodossia era singolare ma le eresie erano plurali. Le eresie erano effimere, e la loro storia poteva essere presentata come una sequenza di fugaci innovazioni attribuite a una serie di incauti maestri. Le eresie si moltiplicavano e mutavano nel tempo. Viceversa l'ortodossia, benché solo gradualmente esposta, elaborata e delucidata nel corso del tempo, era pur sempre unica e immutabile. L'ortodossia era preesistente e originaria. Negli anni Settanta del IV secolo il vescovo Epifanio di Salamina arrivò a sostenere che le dottrine ortodosse esistevano «dall'inizio», ossia già al momento della creazione: «Adamo sapeva di Dio Padre, del Figlio e dello Spirito Santo, perché era un profeta». Adamo era un cristiano niceno. Una prospettiva così inerte non consente una corretta storia interpretativa dell'ortodossia, né come costruzione concettuale né come emergente consenso su specifiche dottrine. Come la *Storia* di Eusebio, la critica storica moderna ha difficoltà a fronteggiare la presunta permanenza e atemporalità della teologia ortodossa[4].

---

[3] Citazioni sul Simbolo Niceno da Wiles (1996) 2. Eusebio, *HE* 1.1.1 innovazione, 1.1.7 al di là dell'uomo, 1.2.1 passioni; con Williams (1987) 243 sulle implicazioni teologiche del «coinvolgimento di Gesù nelle limitazioni necessariamente tragiche della storia». Per altri tentativi di formulare e risolvere questa tensione, vedi Elm *et al.* (2000) XVII, che mette in contrasto «l'ortodossia come categoria duratura» e «formulazioni specifiche dell'ortodossia»; Vaggione (2000) 374-375, che mette in contrasto materia e ritmo, proposizioni e «le strutture che governano la loro scelta»; e Ayres (2004) 429, che mette in contrasto «i più ampi impegni della fede» e «gli oggettivi criteri storiografici».

[4] Per la dedizione di Eusebio a una ortodossia fissa, vedi Grant (1980) 87: «Le sue idee erano dominate dal concetto di un deposito fisso»; anche Barnes (1981) 132, sulla «sua incapacità di concepire lo sviluppo teologico. Per Eusebio non potevano esserci migliora-

Il risultato paradossale è che le eresie possono disporre di una vera e propria storia critica, nella quale rispondevano a eventi esterni, cambiavano, oscillavano nella loro popolarità, ed eventualmente sparivano. Gli storici moderni sono riusciti a collocare diverse eresie all'interno della storia sociale e culturale evidenziando l'interazione tra città e campagna, le pressioni claustrofobiche delle piccole comunità, l'uso delle accuse di devianza nelle udienze pubbliche per rafforzare il conformismo, l'influenza dei ruoli di genere, e l'importanza delle reti di patronato. Molti degli studi più interessanti sulle dimensioni sociali del cristianesimo delle origini sono stati testi su eresie, come lo gnosticismo, il montanismo, il donatismo, il priscillianesimo, l'origenismo e il monofisismo. Anche se sulle conclusioni di questi studi si può discutere, è chiaro che l'eterodossia spesso tira fuori il meglio dagli studiosi della tarda antichità. Ma purtroppo non esistono analoghe consapevoli interpretazioni sociali e culturali dello sviluppo dell'ortodossia. Questa di consueto viene presentata semplicemente come l'esito più logico di un processo razionale, la meta prevedibile di una singola autentica narrativa lineare. I libri sulle eresie sottolineano la «costruzione» e la «realizzazione»; i libri sull'ortodossia sottolineano l'«affioramento» e la «ricerca». Mentre le prime eresie erano fatte e rifatte da capo, l'ortodossia sembra venuta alla luce in una sola volta, e poi gradualmente rivelata[5].

Il prete Ario pubblicizzò la sua teologia in opposizione ad Alessandro, il suo vescovo ad Alessandria. Anche se altri ecclesiastici ben presto si schierarono da una parte o dall'altra, molti rimasero presi in mezzo. Al concilio di Nicea, per esempio, Eusebio di Cesarea si batté per spiegare come le proprie dottrine subordinazioniste potessero comunque rientrare in un quadro niceno. Ma questa disputa comportava qualcosa di più della pura e semplice teologia,

---

menti nelle verità rivelate imperfettamente nell'Antico Testamento e pienamente nel Nuovo». Adamo: Epifanio, *Panarion* 2.3-4. Per un'eccellente critica all'idea che l' «ortodossia» fosse preesistente, pura, e unificata, vedi King (2003) 218-236.

[5] Costrutto culturale: Clark (1992); costruzione: Burrus (1995); ricerca: Hanson (1988); affioramento: Pelikan (1971). Per una migliore spiegazione della formazione dell'ortodossia, vedi Williams (1987) 25: «L'ortodossia continua a essere *fatta*... questo non comporta necessariamente una visione interamente relativista della verità dottrinale»; riflesso nel titolo e nella prefazione di Williams (1989) IX: «L'ortodossia è *costruita*, nei processi del conflitto tanto teologico quanto politico».

perché sullo sfondo c'erano i concomitanti sviluppi politici dell'uscita di scena dei tetrarchi e l'affermarsi di un imperatore cristiano. Il ruolo imperiale tetrarchico aveva esso stesso sollevato questioni teologiche sulla raffigurazione degli imperatori come dei; la controversia su cristianesimo ariano e niceno era anche una disputa politica sulla rappresentazione di un imperatore cristiano; e all'intersezione di tutti questi temi c'era Costantino.

Perché non l'arianesimo?

Già durante il IV secolo sarebbe stato difficile classificare l'arianesimo come un movimento dottrinale coerente. Ario era stato ordinato prete ad Alessandria nello stesso periodo in cui Licinio stava preparando la sua campagna contro Massimino, l'imperatore suo rivale nelle province orientali. Dopo le persecuzioni in atto sotto i tetrarchi, l'ascesa di Licinio sembrava promettere un'esplicita accettazione di tutti i cristiani in Oriente, indipendentemente dalle loro specifiche credenze: una speranza basata sul fatto che aveva reso pubblico l'editto di tolleranza da lui concordato con il suo coimperatore Costantino. Diversi anni dopo, Ario si dichiarava apertamente in dissenso con le posizioni teologiche del suo nuovo vescovo, Alessandro di Alessandria, sulla relazione tra Dio Padre e il Figlio. Alessandro potrebbe aver iniziato questa discussione teologica allo scopo di valutare le credenziali dei suoi preti e quindi estendere la propria autorità episcopale. Da parte sua, la palese insubordinazione di Ario verso il suo vescovo potrebbe aver costituito un catalizzatore della successiva ostilità, non meno importante delle eventuali devianze presenti nelle sue dottrine. La disputa tra i due covò per anni e ben presto si propagò al di fuori dell'Egitto. Un concilio ad Alessandra, forse nel 321, scomunicò Ario e alcuni sostenitori; altri concili di vescovi in Bitinia e in Palestina appoggiarono lui e le sue posizioni. Poco dopo aver sconfitto Licinio nel 324, Costantino inviò una lunga lettera ad Ario e ad Alessandro sollecitando la loro riconciliazione. Pur non comprendendone fino in fondo le circostanze, il nuovo imperatore nelle province orientali avrebbe voluto che la disputa cessasse. «Tornate alla reciproca amicizia e disponibilità, e restaurate la giusta intimità verso tutti». Avendo riunificato politicamente l'impero, Costantino non era disposto a tollerare l'eventualità di fratture teologiche[6]. Certamente Costantino non era il solo a sentirsi sconcertato dalle questioni teologiche. Le dottrine di Ario erano oscure. Pochi dei suoi scritti sono sopravvissuti, e i suoi avversari lo presentavano nei loro trattati con tale velenosità che lui e le sue idee furono in breve ridotti a una caricatura. Le circostanze della sua morte, avvenuta nel 336, non fecero che dare man forte alla satira. Ario morì a Costantinopoli mentre si serviva, sembra, di una latrina pubblica. Il vescovo Atanasio di Alessandria, un critico eccezionalmente aspro, si disse convinto che la sua morte fosse stata la risposta della Provvidenza a una preghiera, e paragonò la sua squallida sorte alla morte infame di Giuda, il traditore di Gesù. Storici successivi reiterarono le circostanze della sua morte con divertimento e caricandola di sensi di presagio, come se la sua sordida scomparsa fosse stata un'indicazione del giudizio divino sulla sua vita e le sue dottrine. «Si dice che dopo, per lungo tempo, nessuno usasse la seggetta su cui era morto». Secondo una tradizione, alla fine del IV secolo l'imperatore Teodosio eresse statue di Ario e di altri famigerati eretici sul sito di quel servizio pubblico nella capitale, invitando la popolazione a lordarle di orina ed escrementi. Già durante la sua vita un vilipeso Ario apocrifo aveva messo in ombra il vilipeso Ario storico[7].

Inoltre, anche uomini di chiesa che la pensavano allo stesso modo erano riluttanti a concedere troppo credito ad Ario. Questi era stato un predicatore assai efficace, e tra i suoi sostenitori in Egitto

---

[6] Iniziativa di Alessandro: Socrate, *HE* 1.5. Lettera di Costantino: Urkunde 17.14, ed. Opitz (1934-1935) 35, cit. in Eusebio, *Vita Constantini* 2.71.8, con S.G. Hall (1998) 86-97, il quale ipotizza che in realtà Costantino inviò questa lettera ai vescovi riuniti in concilio ad Antiochia nel 325. Per gli esordi della carriera di Ario, vedi Williams (1987) 29-61 e Hanson (1988) 3-5. Gli «Urkunden» (documenti) editi in Opitz (1934-1935) forniscono le basi per determinare la cronologia degli eventi anteriori al 325. Hanson (1988) 129-138 discute e sintetizza le conclusioni di Opitz; per revisioni in proposito, vedi Williams (1987) 48-66 e Burgess (1999a) 183-191.

[7] Morte di Ario: Atanasio, *Epistula ad episcopos Aegypti et Libyae* 19 (*Parigi* 25.581B-584C), *Epistula de morte Arii* 3.3 (che attinge alla testimonianza oculare del prete Macario); con Leroy-Molinghen (1968) per la discussione sulle fonti. Ario morì nell'estate del 336: vedi Barnes (1981) 242. Dicerie: Sozomeno, *HE* 2.30.6. Statue: *Parastaseis syntomoi chronikai* 39, con Dagron (1984) 141-143. Per l'oscuramento dell'Ario storico, vedi Kannengiesser (1997) 225, «un arianesimo fantasma», «uno spettro dogmatico».

si contavano diaconi, preti e persino vescovi, per non parlare delle centinaia di vergini. Dopo la sua morte, però, gli ecclesiastici si fecero più circospetti, e nei primi anni della controversia «le dottrine di Ario non erano state ancora attribuite al nome del fondatore». Giacché Ario era stato solo un prete, anche i vescovi che appoggiavano le sue idee si rifiutavano di dirsi suoi seguaci, e alcuni erano urtati dal fatto che la sua persistente cattiva reputazione precludesse una seria valutazione delle loro dottrine. I vescovi che si erano riuniti in concilio ad Antiochia nel 341 erano letteralmente indignati. «Non eravamo seguaci di Ario. Essendo vescovi, potevamo forse seguire un prete?» Analogamente, gli avversari si davano da fare per orientarsi in mezzo all'enorme varietà delle opinioni teologiche. A quanto sembra, il termine «arianesimo» fu usato per la prima volta, come nome collettivo per designare un sistema dottrinale, in un sermone di Gregorio Nazianzeno poco prima che il concilio ecumenico riunito a Costantinopoli nel 381 riaffermasse l'ortodossia del credo di Nicea. Per poter condannare l'arianesimo, occorreva trasformarlo in un sistema ordinato, e a farlo furono ovviamente i suoi avversari. Durante il IV secolo la formazione della teologia ortodossa e la costruzione di una coerente eterodossia chiamata arianesimo furono processi complementari[8].

La controversia sulle dottrine trinitarie all'inizio del IV secolo si concentrò su diversi temi importanti. Il più carico di conseguenze riguardava la relazione tra Dio Padre e Gesù Cristo il Figlio. Partendo dai testi dell'Antico Testamento, sostenuti dalle storie di Gesù narrate nei Vangeli e dagli insegnamenti su Cristo dell'apostolo Paolo, i primi cristiani avevano a lungo enfatizzato la nozione di un Dio consistente di Padre e Figlio. La celebrazione della

---

[8] Sostenitori: Epifanio, *Panarion* 69.3.2. Dottrine di Ario: Sozomeno, *HE* 2.32.1. Concilio di Antiochia: Atanasio, *De synodis* 22.3. Per gli atteggiamenti di teologi non niceni verso Ario, vedi Hanson (1988) 123-128 e Vaggione (2000) 37-49; Lienhard (1999) 28-46 discute le difficoltà di caratterizzare i punti di vista e gli schieramenti contrapposti durante il IV secolo. L'unico esempio di Ἀρειανισμός citato in Lampe (1961) 224 è in Gregorio Nazianzeno, *Orat.* 21.22, che critica il risultato del concilio di Seleucia del 359: «Sostituendo un arianesimo che non aveva sostegno nella Bibbia». Bernardi (1968) 155 data il sermone di Gregorio al maggio 379, Mossay e Lafontaine (1980) 99-103 lo datano più genericamente all'epoca del suo servizio pastorale a Costantinopoli tra il 379 e il 381. Per la correlazione tra la formazione di ortodossia e non ortodossia, vedi Cameron e Hall (1999) 258, sul concilio di Nicea: «Il suo effetto fu più quello di cristallizzare qualcosa che poteva essere etichettato come "arianesimo" che non di condannare una setta esistente».

liturgia aveva ripetuto e rafforzato questa raffigurazione paterno-filiale. Ma la definizione dei dettagli della relazione tra Padre e Figlio era profondamente contestata. Non soltanto questi teologi stavano discutendo di concetti, come l'eternità e il nulla, per i quali le parole apparivano inadeguate. In più, nell'intento di preservare tanto un senso di connessione quanto un senso di distinzione tra Padre e Figlio, tanto la coordinazione quanto la subordinazione, tanto il monoteismo quanto un carattere di divinità che in qualche modo Padre e Figlio condividevano, stavano cercando di combinare prospettive apparentemente antitetiche[9].

Ario e i suoi sostenitori sottolineavano chiaramente la distinzione tra i due, e quindi l'inferiorità e la subordinazione del Figlio al Padre. Ario stesso formulò questa distinzione e subordinazione in vari modi. In una lettera al suo sostenitore Eusebio, vescovo di Nicomedia, conveniva sul fatto che «Dio esiste prima del Figlio senza un inizio». Approfondiva l'argomento affermando che «il Figlio non è non generato, non fa parte comunque di un [Dio] non generato, e non viene da alcun precedente. Esiste invece per una volontà e una decisione prima del tempo e prima delle età. È Dio, unigenito, immutabile. Prima che fosse generato, creato, determinato, o stabilito, non era. Non era non generato». In una lettera al suo rivale Alessandro, vescovo di Alessandria, Ario enfatizza l'unicità di Dio, che era «uno, solo non generato, solo eterno, solo senza inizio». Questo Dio generò un Figlio unigenito che era «progenie del Padre» e «una perfetta creatura di Dio, ma non come le [altre] creature»[10].

In queste formulazioni Ario sosteneva che il Figlio era in qualche

---

[9] Ayres (2004) 41 identifica due distinte tendenze tra i teologi del IV secolo: «Alcuni preferiscono il linguaggio che enfatizza l'*identità* tra Padre e Figlio, mentre altri enfatizzano la *diversità* tra i due». Molti teologi del primo cristianesimo erano sottili pensatori; alcuni solo confusi. Nel cercare di comprendere le sfumature e le oscurità, non specialisti come me hanno un debito di riconoscenza verso la guida offerta dai moderni studi sulla patristica. Particolarmente preziose sono le esaurienti rassegne sullo sviluppo della teologia di Kelly (1960), Pelikan (1971), Ayres (2004) e, in particolare, Hanson (1988).

[10] Lettera di Ario a Eusebio di Nicomedia; Urkunde 1, in Opitz (1934-1935) 1-3. cit. in Epifanio, *Panarion* 69.6. Per i punti di vista di Eusebio di Nicomedia, vedi la sua lettera al vescovo Paolino di Tiro: Urkunde 8, ed. Opitz (1934-1935) 15-17, cit. in Teodoreto, *HE* 1.6.1-8. Lettera di Ario ad Alessandro: Urkunde 6, ed. Opitz (1934-1935) 12-13, cit. in Epifanio, *Panarion* 69.7.

modo derivato dal Padre, ed era a esso successivo nel tempo e inferiore nell'essenza. Per definire questa subordinazione Ario si era già concentrato su due comuni modalità di formazione, una che evidenziava nascita e generazione, l'altra creazione e realizzazione. Per i teologi il concetto di generazione era un ovvio corollario ai titoli di Padre e Figlio, mentre il processo di creazione era stato necessario per l'esistenza degli esseri umani e animali. Ario in sostanza legava i due processi e concludeva che entrambi indicavano subordinazione e dipendenza. Inoltre insisteva sulla priorità di Dio Padre nella sequenza. Il Figlio poteva anche essere stato «generato dal Padre al di fuori del tempo e creato prima delle epoche», ma «prima della sua generazione non era». Come generatore e creatore, Dio era prima del generato e della creatura: «Dio è antecedente al Figlio». Per concludere le sue argomentazioni Ario affermava, alquanto impudentemente, che l'autorità a cui si rifaceva era il vescovo Alessandro stesso: «Lo impariamo da te, così come andavi predicando nel mezzo della chiesa»[11].

Alessandro stesso sintetizzò alcune delle dottrine di ciò che già chiamava «un'eresia nemica di Cristo». Secondo una lettera in cui motivava la propria opposizione ad Ario e ai suoi sostenitori, questi «apostati» avevano affermato che «è esistito un tempo in cui Dio non era Padre». Quindi Dio creò il Figlio come creatura «dal non esistente». Di conseguenza, poiché il Figlio «non era simile al Padre in essenza», era «mutevole e alterabile nella sua natura, come tutti gli altri esseri razionali». Secondo la formulazione di Alessandro, queste sospette dottrine affermavano che il Figlio divenne un intermediario tra Dio e noi, in particolare nel processo di creazione: «Il Figlio fu fatto per noi, così che Dio potesse crearci tramite lui, come mediante a uno strumento». Benché suprema tra le creature, il Figlio era comunque una parte del mondo creato. Questa sottolineatura poi si allargava fino a toccare la visione di Ario della soteriologia. La salvezza dell'umanità certamente richiedeva la partecipazione di Dio, finanche la sofferenza di Dio, ma quella partecipazione doveva essere da parte di Dio il Figlio, Gesù Cristo, una creazione della volontà divina la cui divinità era già stata in

---

[11] Lettera di Ario ad Alessandro: Urkunde 6, in Opitz (1934-1935), 13, cit. in Atanasio, *De synodis* 16, ed Epifanio, *Panarion* 69.7-8.

qualche modo sminuita. L'essenza divina di Dio Padre doveva essere messa al riparo da ogni esposizione alle passioni umane. In termini di cosmologia, ontologia e soteriologia, Ario e i suoi sostenitori erano chiaramente determinati a non consentire che l'essenza trascendente di Dio Padre venisse compromessa in alcun modo[12]. Dall'altra parte, i loro oppositori erano altrettanto intenti ad assicurare lo stato di eminenza del Figlio enfatizzandone la coordinazione e partecipazione con il Padre. In una delle sue lettere Ario sintetizzava alcuni punti di dottrina che Alessandro aveva espresso in pubblico. «Sempre Dio, sempre Figlio; simultaneamente Dio, simultaneamente Figlio; il Figlio coesiste con Dio senza generazione, sempre nato, ingenerato-creato; Dio non precede il Figlio né per un pensiero né per qualche istante [di tempo]; sempre Dio, sempre Figlio, il Figlio da Dio stesso». Con questa insistenza sulla coordinazione, coesistenza, persino identità, Alessandro respingeva la priorità di Dio il Padre, qualsiasi dissimilarità in essenza, qualsiasi mutabilità del Figlio, e la nozione che il Figlio fosse creato o fatto. Anche se l'uso dei termini Padre e Figlio potrebbe lasciar intendere una priorità e superiorità tra i due, dal punto di vista di Alessandro essere Padre sembra richiedere l'eterna presenza di un Figlio. Come scrive a uno dei suoi sostenitori, «il Figlio è un'immagine esatta e identica del Padre». Anche se teologi come Alessandro e Ario ovviamente intendevano Paternità e Figliolanza in modi diversi, entrambi tendevano a rivendicare a sé quella terminologia, ad appropriarsene per la propria interpretazione. «Come gli ortodossi preferiscono "Figlio" perché garantisce lo *status* del Figlio, mentre gli ariani obiettano perché questo compromette la natura del Padre, così gli ariani preferiscono creatura perché garantisce l'unicità del Padre, e gli ortodossi obiettano perché questo compromette lo *status* del Figlio»[13].

Nella sua lettera iniziale ad Alessandro e ad Ario, Costantino era

---

[12] Lettera di Alessandro ad altri vescovi: Urkunde 4b, in Opitz (1934-1935) 6-10, cit. in Socrate, *HE* 1.6.4-30. Οὐσία e vocaboli imparentati vengono abitualmente tradotti come «essenza» o «sostanza».

[13] Sintesi di Ario: Urkunde 1, in Opitz (1934-1935) 2, cit. in Epifanio, *Panarion* 69.6. Controargomentazione di Alessandro: Urkunde 4b.11-15, in Opitz (1934-1935) 8-9. Lettera di Alessandro al vescovo Alessandro: Urkunde 14-47, ed. Opitz (1934-1935) 27, cit. in Teodoreto, *HE* 1.4.47. Citazione su Padre e Figlio da Osborne (1993) 165.

irritato e perplesso, in parte per l'evidente divario tra l'esiguità delle questioni e la passione della disputa. «Sicuramente non è giusto né legittimo che così tanti tra il popolo di Dio siano in disaccordo mentre voi discutete tra voi su piccoli dettagli e questioni totalmente insignificanti». La frustrazione dell'imperatore non era semplicemente un'indicazione delle sue preoccupazioni per gli affari militari o un segno di ignoranza teologica. Anche gli storici moderni potrebbero chiedersi per quale motivo i teologi orientali mostrassero un tale accanimento su questo particolare punto di teologia trinitaria, in quel momento specifico[14].

In rappresentanza di Dio

Definire ortodossia ed eresia era ovviamente cosa problematica già nella Chiesa delle origini. Una volta che Costantino fu diventato un partecipante schierato, la posta si fece tanto più alta in quanto gli ecclesiastici si contendevano anche il patronato dell'imperatore. Molto prima di aver assunto il controllo sulle province orientali, Costantino aveva avuto modo di verificare di persona quanto violente potessero essere le dispute ecclesiastiche, perché dopo la sua vittoria a Roma nel 312 aveva ereditato la controversia in corso tra i cristiani in Nord Africa. In effetti, nella lettera ad Alessandro e Ario aveva alluso alla «intollerabile follia che si è impadronita dell'Africa tutta» e al proprio desiderio di «curare quel morbo». Questo riferimento era un modo singolare per esporre le proprie capacità di mediatore. Non solo le questioni erano diverse, ma il coinvolgimento di Costantino era stato molto poco convincente[15].

Un tema significativo che attraversava questa disputa in Africa riguardava comportamenti biasimevoli tenuti durante le persecuzioni tetrarchiche. Gli avversari di Ceciliano, il vescovo di Carta-

---

[14] Lettera di Costantino: Urkunde 17.9, ed. Opitz (1934-1935) 34, cit. in Eusebio, *Vita Constantini* 2.71.1, non giusto; vedi Gregg e Groh (1981) 162, «un illetterato in fatto di Scritture come l'imperatore Costantino».

[15] Urkunde 17.2, ed. Opitz (1934-1935) 32, cit. in Eusebio, *Vita Constantini* 2.66, follia, morbo; con Barnes (1981) 54-61, per un eccellente resoconto sintetico dei primi anni della controversia donatista.

astratte convinzioni su una divinità trascendente a più immediati interessi su senso e identità[20].

Un altro vantaggio di questo approccio alle antiche controversie dottrinali è un'acuita sensibilità nei confronti della sostanziale contingenza e imprevedibilità del processo. La contingenza non va confusa con la selezione casuale, che sfiderebbe qualsiasi tentativo di analisi storica. Ma è anche l'opposto della teleologia, che preclude in non minore misura ogni analisi storica critica. In una visione retrospettiva si può avere l'impressione che la dottrina seguisse un percorso preordinato; ma poiché i partecipanti del tempo guardavano avanti, non esistevano certezze sull'esito. «Non c'era alcuna ortodossia predeterminata che fosse semplicemente lì in attesa di essere definita più accuratamente». Lo sviluppo della teologia non fu determinato al di fuori (o prima) degli eventi storici; al contrario, interagiva e reagiva a fattori tanto religiosi quanto non religiosi. All'inizio del IV secolo due fattori in particolare influenzarono il pensiero sulla teologia cristiana: uno fu l'influenza residua di una teologia tetrarchica, che identificava gli imperatori negli dei; l'altro fu la comparsa sulla scena di un imperatore cristiano, che a suo modo poteva essere analogamente identificato con Dio. Ora Costantino sembrava rivestire ruoli un tempo previsti per un trionfante Gesù Cristo, mentre Gesù Cristo ora sembrava trovarsi in competizione con un imperatore cristiano[21].

---

[20] Citazione sul sistema culturale da Geertz (1975) 89; anche Price (1984) 247, sul culto imperiale nel mondo greco: «L'imposizione della distinzione convenzionale tra religione e politica mette in ombra la fondamentale similarità... entrambe sono modi per costruire sistematicamente il potere». Si noti che sebbene Ayres (2004) 274-278 suggerisca un'analoga definizione delle convinzioni cristiane come «un sistema appreso di modelli di comportamento... idee e prodotti che insieme danno forma a concezioni dell'ordine di esistenza e a interazioni con altre culture» (p. 274), la sua discussione successiva si limita alla sola «struttura dell'ortodossia pronicena» (p. 276). Questa restrizione autoimposta compromette l'obiettivo di definire la religione come sistema culturale, che consiste nell'effettuare possibili confronti significativi non solo tra il cristianesimo e un altro sistema culturale come i culti pagani o la cultura greca (la «grecità»), ma anche all'interno del cristianesimo tra diverse formulazioni dottrinali. Per la relazione di reciprocità tra ortodossia ed eresia, vedi King (2003) 24: «Questo discorso non soltanto determina il sé ma costruisce anche l'altro».

[21] Citazione sull'ortodossia da King (2003) 25. Anche illustri studiosi della patristica oggi riconoscono l'inadeguatezza di una semplice narrativa lineare sulle dottrine; vedi, per esempio, Wiles (1996) 180, che critica Hanson (1988): «Riesce a presentare la controversia come se fosse... apparentemente poco toccata dal suo immediato contesto storico»; Vag-

L'identificazione con gli dei pagani aveva costituito un linguaggio simbolico assai efficace ai fini di immaginare e costruire una nuova forma di funzione imperiale, la tetrarchia di quattro imperatori, e per articolare al tempo stesso gerarchia e concordia tra coimperatori. Un imperatore cristiano non era meno difficile da immaginare di quanto lo fosse stato un collegio di molteplici imperatori. Di conseguenza, l'emergere di Costantino come imperatore cristiano continuò e ampliò il discorso tetrarchico su imperatori e dei. Almeno inizialmente, tra gli uomini di chiesa gran parte della successiva riconsiderazione prese forma in termini dottrinali. I primi teologi avevano già sviluppato ampie tradizioni sulle questioni dottrinali, ma non avevano a disposizione nozioni esplicitamente cristiane pronte a favorire l'articolazione dell'idea di un imperatore cristiano. Finché non svilupparono questa sorta di separata filosofia politica cristiana, i dibattiti teologici avrebbero dovuto svolgere la funzione sostitutiva di un *medium* simbolico. Improvvisamente un dibattito locale sulla teologia tra Alessandro e Ario, un vescovo e il suo prete in Egitto, assunse implicazioni molto più vaste. La disputa diretta sul Padre e il Figlio poté servire come discorso indiretto su un imperatore cristiano[22].

gione (2000) 98: «Le proposizioni in sé non sono in grado di spiegare il dibattito»; e R. Williams (2001) 248: «Con lo spostarsi degli studi di patristica in generale… da un modello semplice di "storia delle idee" al nuovo tonificante clima di interpretazione culturale, politica e orientata sul genere, è diventato più difficile isolare questioni di influenza e sviluppo "puramente" intellettuali». Ma resta difficile evitare di percepire un senso di direzione teleologica nello sviluppo della teologia: si noti Williams (1987) 91, sulla possibilità che Ario rappresentasse «uno stile teologico condannato alla sterilità spirituale». Sulla contingenza nello sviluppo della teologia, si noti l'apprezzamento di Bauer (1972) da parte di Le Boulluec (2000) 308: «L'une des conséquences du travail de W. Bauer est d'attirer l'attention sur le caractère contingent du concept de l'hérésie et, corrélativement, du concept d'hortodoxie». Per una pregevole critica alla periodizzazione convenzionale della storia del primo cristianesimo, vedi Nasrallah (2003) 11-19, 201-204, che respinge l'idea una transizione diretta dagli inizi carismatici a istituzioni di routine.

[22] Diversi importanti studi precedenti offrono ispirazione per cercare di connettere le controverse teologiche con il discorso sugli imperatori cristiani durante il IV secolo. Williams (1951a), (1951b) sostiene che la controversia sull'arianesimo fu contemporaneamente un tentativo di chiarire la relazione tra la Chiesa e autorità ufficiali cristiane, imperatore compreso; vedi anche l'eccellente, benché schematica, critica di Beskow (1962) 313-330. Leach (1972) sostiene che la teologia ariana sottintendesse l'appoggio all'autonomia locale e le dottrine nicene l'appoggio a un regime centralista. Leach è stato uno dei maggiori antropologi sociali e culturali del XX secolo; per una valutazione della sua analisi strutturalista delle cosmologie dottrinali da parte di un antropologo altrettanto illustre, vedi Tambiah (2002)

Uomo di Dio

Alessandro e Ario certamente non erano gli unici uomini di chiesa alla ricerca della terminologia idonea a definire Gesù Cristo il Figlio come una manifestazione del Dio Padre. Le analogie e le sfumature andavano dall'ingegnoso all'involontariamente comico: «Secondo Dio», «Figlio-Padre», «germoglio», «eruttazione», una «potenza di Dio» simile a una locusta o a un bruco, alla ruggine che si forma sul ferro. Alcuni ecclesiastici arrivavano a mettere in discussione l'adeguatezza dei termini «Padre» e «Figlio» per caratterizzare la relazione. Se, come affermavano i loro avversari, il Figlio era eterno e coesisteva con il Padre, allora non sarebbero dovuti essere... Fratelli? Un simile malizioso scetticismo era probabilmente inevitabile nel coacervo di dialettiche e metafore retoriche che caratterizzavano le controversie teologiche. Forse è anche possibile speculare sull'influenza dei dibattiti sulla gerarchia paterna e l'armonia fraterna che avevano caratterizzato la teologia della tetrarchia. All'inizio del IV secolo gli uomini di chiesa discutevano di teologia cristiana sotto un'ombra tetrarchica[23].

319-328. Gli studiosi della patristica tendono a ignorare questi studi precedenti, quando non a denigrarli. Williams (1987) 15 liquida l'argomentazione di Leach come «imprecisa e impressionistica», ma poi riafferma le contrastanti implicazioni della controversia per l'autorità episcopale nei termini di un modello «accademico» scissionistico che si concentrava sulla personalità di un maestro e un modello «cattolico» omogeneizzante che enfatizzava la comune pratica del culto (pp. 86-87). Definendo «cattolica» una delle due opzioni, questa formulazione solleva nuovamente la questione di ortodossia ed eresia. Tra gli altri importanti pionieri si trovano Pagels (1979) 55-56, il quale suggerisce che «svariate convinzioni sulla natura di Dio producono inevitabilmente differenti implicazioni politiche»; e Gager (1982) 361, che vede le dottrine come simboli incarnati dotati del «potere... di modellare la realtà».

[23] Secondo Dio, attribuito al vescovo Narciso di Neronia: vedi Eusebio, *Contra Marcellum* 1.4.53 = Urkunde 19, ed. Opitz (1935-1935) 41. Anche Eusebio di Cesarea si riferì a Cristo come al «Secondo Dio»: vedi Kopecek (1979) 47n.2. Figlio-Padre, come è presentato da Sabellio: Urkunde 6.3, ed. Opitz (1934-1935) 12, cit. in Atanasio, *De synodis* 16.3, ed Epifanio, *Panarion* 69.7.6, con Feige (1993), sull'uso errato di questo termine contro Marcello di Ancira. Eruttazione e rampollo, attribuiti da Ario ad alcuni avversari: Urkunde 1.3, ed. Opitz (1934-1935) 2, cit. in Epifanio, *Panarion* 69.6.4: «germoglio» spiegato in Socrate, *HE* 1.8.32, «come nuovi getti dalle radici». Locusta e bruco, presentati da Asterio, basato su Gioele 2,25; Atanasio, *De synodis* 18.3, 7, Socrate, *HE* 1.36.2; con Wiles e Gregg (1985) 115-18. Ferro e ruggine: *Historia acephala* 4.6, in un credo attribuito a Ezio, con Martin (1985) 55-62, e Vaggione (2000) 283-284. Fratelli: Atanasio, *Orat. Contra Arianos* 1.14: «Il Padre e il Figlio non furono generati dall'origine preesistente di qualcuno, e quindi sono considerati Fratelli».

Nel giugno del 325 un erede di questo sistema imperiale tetrarchico presiedeva alle sedute di un concilio ecumenico di vescovi. Costantino stesso aveva trasferito questo concilio a Nicea «affinché io possa esservi presente come spettatore e partecipare agli eventi». Anche se l'imperatore sosteneva che Nicea avesse un clima migliore e fosse più accessibile ai vescovi provenienti dalle province occidentali, è significativo che a ben vedere la città vantava una stretta associazione con gli imperatori tetrarchici. Nicea si rifaceva a Ercole, una delle divinità protettrici della tetrarchia, come suo mitologico fondatore. Nella città, o forse su un colle vicino, sorgeva un arco di trionfo eretto a commemorare le vittorie di Diocleziano sugli alemanni. Durante il concilio i vescovi si riunivano in una vasta sala di un palazzo imperiale probabilmente fatto edificare da un imperatore della tetrarchia. In secoli precedenti Nicea era stata in competizione con la vicina città di Nicomedia per titoli, rango, privilegi e attrattive. Imperatori tetrarchici come Diocleziano e Galerio, e anche il loro successore Licinio, avevano favorito Nicomedia come residenza imperiale; Costantino stesso vi si sarebbe recato occasionalmente in visita. In questo caso, pur distinguendosi dai suoi predecessori tetrarchici evitando Nicomedia, Costantino convocò questo concilio presso una località ricca di ricordi dell'era tetrarchica[24].

Il vescovo Alessandro di Alessandria era presente con qualche centinaio di altri vescovi, quasi tutti provenienti da sedi nelle province orientali. Anche se un piccolo gruppo tra loro sosteneva ancora Ario e la sua teologia, alla conclusione delle sessioni il concilio aveva respinto quelle dottrine. Il credo che promulgarono affermava esplicitamente che Gesù Cristo, il Figlio di Dio, era «nato dal Padre», «unigenito», «Dio vero da Dio vero», «generato, non creato», e «della stessa sostanza del Padre». Inoltre, una serie di anatemi condannava le affermazioni proprie della teologia di Ario e dei suoi sostenitori. Non era più lecito dire del Figlio che «c'era

---

[24] Lettera di Costantino: Urkunde 20, ed. Opitz (1934-1935) 41-42. Per Ercole quale fondatore di Nicea, vedi Mitchell (1993) 1.207. Per la discussione sui rilievi frammentari dell'arco, vedi Laubscher (1993): «Seine Aussage läßt sich nur aus der Ideologie des tetrarchischen Systems schlüssig erklären» (p. 378). Palazzo imperiale: Eusebio, *Vita Constantini* 3.10.1; anche Sozomeno, *HE* 1.19.1, Teodoreto, *HE* 1.7.7; con Robert (1977), sull'antica rivalità tra Nicomedia e Nicea.

un tempo in cui egli non era», «non esisteva prima di essere generato», «venne in essere dalla non esistenza». Il concilio di Nicea enfatizzava l'identità e la coordinazione di Dio Padre e Gesù Cristo il Figlio[25].

La combinazione di credo e anatemi doveva servire da necrologio alle dottrine di Ario. L'imperatore aggiungeva poi il peso del proprio avallo. Una lettera inviata dal concilio alle Chiese di Egitto e di Libia sottolineava che l'«empietà e illegittimità» di Ario erano state condannate «in presenza di Costantino, un imperatore assai amato da Dio». Costantino stesso inviò una lettera alla Chiesa di Alessandria in cui riconosceva di sentirsi sollevato per l'eliminazione degli scismi e il ripristino dell'unità intorno a «una e una sola confessione». Nella sua valutazione «Ario da solo» era stato la causa di ogni male. Costantino, sembra, ora emise un editto che lo mandava in esilio. In una lettera generale lodava inoltre un'altra decisione del concilio, quella sulla data della Pasqua. Avendo eliminato di recente Licinio, il suo ultimo rivale come imperatore, Costantino era assillato dall'idea di rafforzare l'unità dell'impero. Forse ora avvertiva che l'imposizione di un «tempo pasquale standard» avrebbe costituito un solido fondamento. In questa combinazione di armonia religiosa e unità politica Costantino stava ancora una volta adottando il modello degli imperatori tetrarchici. I tetrarchi avevano usato la religione per assicurare il centralismo politico esigendo che tutti celebrassero sacrifici pagani. Costantino ora fece sua la decisione del consiglio secondo la quale tutti i cristiani, dovunque si trovassero, erano tenuti a celebrare il sacrificio di Gesù Cristo nello stesso giorno. Una sola ortodossia, una sola Pasqua, un solo impero: la celebrazione di una sola Pasqua sincronizzata avrebbe commemorato non solo la resurrezione di Gesù Cristo ma anche la riunificazione dell'impero[26].

---

[25] Credo niceno e anatemi: Urkunde 24, ed. Opitz (1934-1935) 51-52, cit. in Atanasio, *De decretis Nicaenae synodi* 33.8.

[26] Lettera del concilio: Urkunde 32.2, ed. Opitz (1934-1935) 47, cit. in Atanasio, *De decretis Nicaenae synodi* 36.2, e Socrate, *HE* 1.9.3. Lettera di Costantino ad Alessandria: Urkunde 25.1-2, 5, ed. Opitz (1934-1935) 52-53, cit. in Atanasio, *De decretis Nicaenae synodi* 38, e Socrate, *HE* 1.9.17-25. Editto di Costantino: Socrate, *HE* 1.8.33. Lettera generale di Costantino: Urkunde 26, ed. Opitz (1934-1935) 54-57, cit. in Eusebio, *Vita Constantini* 3.17-20, e Socrate, *HE* 1.9.31-46, con Petersen (1992), per le idee di Eusebio sulla Pasqua.

Pressoché immediatamente, però, queste dottrine nicene vennero contestate, e la disputa teologica proseguì. Costantino stesso sembrò oscillare nelle sue preferenze dottrinali, e spesso privilegiò ecclesiastici ariani o arianizzanti che temporeggiavano, rispetto ai sostenitori più rigidi delle dottrine nicene. L'ambivalenza che mostrò dopo il concilio era un ritorno alla sua neutralità su questa disputa durante l'anno precedente. In una lettera scritta poco dopo la vittoria su Licinio aveva criticato sia il vescovo Alessandro per aver messo in difficoltà i suoi preti, sia Ario per la sua reazione troppo esplicita: «Non è stato bene né fare inizialmente domande su queste materie né rispondere alle domande». Poiché la preoccupazione principale di Costantino era l'unità dell'impero, la sua reazione iniziale venendo a sapere della controversia era stata semplicemente quella di cercare di far combaciare un singolo punto di vista su Dio con l'armonia nell'impero[27].

Ma al concilio di Nicea si era schierato con i vescovi nell'opposizione alle dottrine ariane. Un fattore concorrente potrebbe essere stata la sua ostilità verso il vescovo Eusebio di Nicomedia. Una volta perso il controllo dei Balcani a favore di Costantino, l'imperatore Licinio stabilì nel 317 la sua residenza a Nicomedia. Più o meno nello stesso tempo Eusebio si era trasferito dalla sua sede di Beirut diventando vescovo di Nicomedia. Eusebio di Nicomedia ora acquistava una forte influenza alla corte di Licinio, forse in primo luogo a causa della sua capacità persuasiva nei confronti

---

Si noti che alcuni cristiani proposero che la Pasqua venisse celebrata ogni anno il giorno del compleanno di Costantino, il 27 febbraio: vedi Epifanio, *Panarion* 70.9.4, con Barnes (1982) 39, per la data. Imperatori successivi considerarono la riluttanza «a riunirsi in obbediente osservanza religiosa il giorno di Pasqua» come un segno sicuro di devianza: vedi *CTh* 16.5.9, promulgata nel 382.

[27] Lettera di Costantino ad Alessandro e Ario: Eusebio, *Vita Constantini* 2.65.1, singolo punto di vista e armonia, 69.2, non bene = Urkunde 17, ed. Opitz (1934-1935) 32-35.

Costantino espose le sue idee su filosofia e teologia in un'orazione intitolata *Oratio ad sanctorum coetum*. La data precisa e il luogo di questa orazione sono contestati: vedi il Cap. XI. E lo sono anche le sue implicazioni teologiche: vedi Barnes (1985) 390, il quale nota che un certo commento «lo avvicina alla teologia di Eusebio di Cesarea, che i suoi avversari hanno sempre visto come un ariano»: Bleckmann (1997) 200, «die arianisierenden Passagen»; ed Edwards (2003) XXVII «Tutte le affermazioni di una coloritura ariana che si riscontrerebbe nel discorso sono... infondate». Davies (1991) ipotizza che Eusebio stesso avesse interpolato i commenti teologici dubbi quando inserì il discorso nella sua *Vita di Costantino*.

della moglie dell'imperatore, Costanza. Durante questi ultimi anni del regno di Licinio nelle province orientali, Eusebio aveva evidentemente tentato di trasformare la sua influenza politica in preminenza ecclesiastica. In un momento in cui l'organizzazione della Chiesa era ancora fluida, sembra che Eusebio giungesse alla conclusione che il vescovo di una sede imperiale potesse reclamare una *leadership* complessiva sugli affari ecclesiastici. Secondo il suo acceso avversario Alessandro, vescovo di Alessandria, «Eusebio pensa che gli affari della Chiesa dipendano dalla sua opinione». Poiché Eusebio aveva appoggiato apertamente Ario, Alessandro poteva malignare di lui presentandolo come il capo di «questa scandalosa eresia che è nemica di Cristo». Di conseguenza, una volta che Costantino ebbe sconfitto Licinio nel 324, le obsolete fedeltà politiche di Eusebio poterono diventare un *handicap* anche religioso. Costantino ora potrebbe essersi rivoltato contro le dottrine di Ario in parte come ritorsione per la collaborazione di Eusebio con Licinio. Nel medesimo processo con cui degradava un sostenitore di Licinio Costantino diventava un oppositore della sua teologia al concilio di Nicea. In questa prospettiva la prima opposizione dell'imperatore alle dottrine di Ario e di Eusebio di Nicomedia potrebbe essere stata non il riflesso di una valutazione strettamente teologica, ma in primo luogo una rappresaglia politica[28].

In effetti, pochi mesi dopo il concilio di Nicea Costantino inviò una missiva alla Chiesa di Nicomedia, nella quale ricordava la nuova ortodossia alla congregazione. Elencava anche una serie di accuse contro il vescovo Eusebio. Costantino connetteva Eusebio con

---

[28] Lettera di Alessandro su Eusebio di Nicomedia: Urkunde 4b, ed. Opitz (1934-1935) 6-11, cit. in Socrate, *HE* 1.6.4-30. Influenza a corte: Socrate, *HE* 1.6.33: «A quel tempo Eusebio era particolarmente influente perché l'imperatore allora risiedeva a Nicomedia». Eusebio e Costanza: Socrate, *HE* 1.25, Sozomeno, *HE* 2.27, Filostorgio, *HE* 1.9, con il Cap. VI per la discussione su Costanza e il suo fratellastro Costantino. Tradizioni più tarde sostenevano che il vescovo Eusebio di Nicomedia fosse coinvolto anche nei negoziati sulla resa di Licinio nel settembre 324. Secondo una bizantina *Vita di Costantino*, Licinio richiese l'assistenza di Eusebio di Nicomedia appellandosi alla clemenza di Costantino; vedi *Vita Constantini* 17, ed. Opitz (1934) 555; anche nell'edizione di Bidez di Filostorgio, *HE*, p. 180.

Ammiano Marcellino, *Res gestae* 22.9.4, afferma che Eusebio di Nicomedia era imparentato alla lontana con l'imperatore Giuliano. Barnes (1981) 321n.79 ipotizza che il legame di parentela esistesse tramite la madre di Giuliano, una figlia di Giulio Giuliano, il quale servì come prefetto sotto Licinio e come console sotto Costantino: vedi i Capp. VI-VII.

Licinio sostenendo che era stato un «complice della crudeltà del tiranno» e un «protetto del tiranno». Durante la guerra dell'anno precedente Eusebio avrebbe mandato «occhi» per spiare Costantino, e sarebbe stato sul punto di reclutare uomini armati per aiutare Licinio. Dopo il concilio aveva dato ospitalità a ecclesiastici deposti. Erano accuse gravi, politiche e dottrinali, e Costantino ora mandò in esilio Eusebio di Nicomedia e altri. «Ho ordinato che vengano arrestati e banditi il più lontano possibile»[29].

Alcuni anni dopo, però, Costantino permise ad Eusebio di tornare come vescovo di Nicomedia. Ma prima aveva invitato Ario in visita a corte perché verificasse la sua benevolenza. Verso la fine del 327 Ario e un suo sostenitore portarono un credo da sottoporre all'esame dell'imperatore. Questa esposizione delle loro dottrine evitava accuratamente gran parte della controversa terminologia del credo niceno. Costantino quindi esaminò di persona ciò in cui credevano. «Molti erano presenti quando parlai con loro sul senso della vita». Con la sua approvazione, un concilio riammise Ario. Allora Eusebio di Nicomedia e un collega chiesero di essere anch'essi reintegrati, e Costantino ordinò il loro richiamo in un editto imperiale[30].

Nel 328 Atanasio succedette ad Alessandro come vescovo di Alessandria e come aperto avversario di Ario e delle sue dottrine. Potente sostenitore della teologia nicena, era anche ostile a Eusebio di Nicomedia, che chiamava il «capo dell'eresia ariana». Non sorprende che Atanasio ed Eusebio ora si contendessero l'appoggio di Costantino. Non solo Eusebio presto avanzò la pretesa che Atanasio restituisse ad Ario l'accesso ai sacramenti, ma per deviare l'attenzione dai sospetti sulla sua passata slealtà accusò anche Atanasio di aver «complottato contro gli affari dell'imperatore». Quando

---

[29] Lettera di Costantino: Urkunde 27.9-10 complice, protetto, occhi, uomini armati, 16 ospitalità, arresto, ed. Opitz (1934-1935) 58-62, cit. in Atanasio, *De decretis Nicaenae synodi* 41.

[30] Lettera di Costantino ad Ario: Urkunde 29, ed. Opitz (1934-1935) 63, cit. in Socrate, *HE* 1.25.7-8. Lettera di Ario ed Euzoio: Urkunde 30.5, ed. Opitz (1934-1935) 64, cit. in Socrate, *HE* 1.26, Sozomeno, *HE* 2.27. Conversazione: Urkunde 32.3, ed. Opitz (1934-1935) 66, con Barnes (1978b) 60-61, (1981) 229, il quale sostiene che il concilio si riunì a Nicomedia. Lettera di Eusebio di Nicomedia e Teognio di Nicea: Urkunde 31, ed. Opitz (1934-1935) 65-66, cit. in Socrate, *HE* 1.14.2-6, Sozomeno, *HE* 2.16.3-7. Editto imperiale: Socrate, *HE* 1.14.1.

Costantino gli scrisse minacciandolo di esilio, nel 332 Atanasio si recò a Costantinopoli per un'udienza sulle accuse relative al suo agire dispotico in Egitto. Eusebio e i suoi alleati in Egitto confermarono tali accuse; ma questa volta Costantino sostenne Atanasio, e in una lettera alla Chiesa di Alessandria elogiò il loro vescovo come «uomo di Dio». Due anni dopo l'imperatore ordinò ai vescovi di riunirsi a Cesarea in Palestina per udire nuove accuse contro Atanasio, accuse che questa volta comprendevano anche l'omicidio. Eusebio di Nicomedia progettava di partecipare a questo concilio. Ma dopo che Atanasio ebbe scritto a Costantino che la presunta vittima era stata ritrovata viva, l'imperatore sospese l'indagine. Nel 335 Eusebio tornò ad associarsi agli oppositori di Atanasio in Egitto presentando ancora nuove accuse. Questa volta un concilio riunitosi a Tiro depose Atanasio; inserì anche Eusebio di Nicomedia nella delegazione inviata a presentare i suoi rilievi a Costantino. Arrivati a Costantinopoli, questi vescovi scoprirono che Atanasio si trovava nella capitale e aveva già avuto un abboccamento con l'imperatore. Costantino ora invitò tutti i vescovi che avevano partecipato al concilio di Tiro a presentarsi davanti alla sua corte perché dimostrassero «la purezza del vostro giudizio». I delegati del concilio sostennero invece che Atanasio aveva minacciato di ostacolare il trasporto del grano dall'Egitto alla capitale. Eusebio ribadì pubblicamente che Atanasio sarebbe stato capacissimo di fare una cosa del genere; Atanasio negò; ma Costantino era così in collera alla sola idea di una possibile interferenza con la fornitura di grano che mandò Atanasio in esilio a Treviri. A questo punto Eusebio di Nicomedia aveva chiaramente superato l'antagonismo della sua precedente relazione con Costantino, diventando una significativa influenza a corte. Nella primavera del 337 battezzò l'imperatore sul letto di morte. Quando succedette al padre come imperatore per le province orientali, Costanzo favorì la nomina di Eusebio a vescovo a Costantinopoli. Sotto Licinio, Eusebio era diventato vescovo presso la residenza imperiale di Nicomedia; ora era vescovo di Costantinopoli. La sua carriera episcopale lo aveva portato da una capitale tetrarchica alla nuova capitale costantiniana[31].

---

[31] Atanasio, *Apologia contra Arianos* 9.3 fornitura di grano, 9.4 smentita, 59.4 capo, lettera di Eusebio, 59.6 lettera di minaccia di Costantino ad Atanasio, 60.4 udienza e accu-

In questi intrighi tra potenti vescovi spesso Ario fu una semplice pedina. Nel 332 scrisse a Costantino lamentandosi che fosse ancora escluso dalla Chiesa egiziana. Accludeva un'altra formulazione delle sue idee religiose, molto più stridente del precedente tentativo di accomodamento. Adesso Ario riconosceva che c'era «un solo Dio», ma attribuiva una «sostanza estranea» al Figlio. Questa formulazione enfatizzava non soltanto la subordinazione del Figlio, ma anche una netta distinzione tra il Figlio e il Padre. Costantino rispose infuriato. Non solo riaffermava la dottrina nicena secondo la quale Padre e Figlio condividevano «una sola essenza»; in più respingeva con sdegno la richiesta di Ario e lo scherniva per il suo aspetto trascurato: «fa' un bagno nel Nilo». Insieme a questa lettera l'imperatore emetteva un editto generale che ordinava il rogo dei libri di Ario. Considerando il trattamento riservato agli imperatori rivali che aveva già deposto, Costantino sapeva bene come si cancellano le memorie: «Assolutamente nessun ricordo di Ario venga preservato». Ma nel corso di un altro incontro Ario fu capace di convincere Costantino della sua ortodossia, e nel 335 l'imperatore raccomandò a un concilio riunitosi a Gerusalemme che Ario venisse riammesso alla comunione. Nell'anno seguente l'imperatore interrogò nuovamente di persona Ario a Costantinopoli e gli chiese se fosse disposto a riconoscere le dottrine del concilio di Nicea. Ario acconsentì, firmò una dichiarazione e formulò un giuramento. Solo la morte prematura impedì la sua riammissione[32].

---

se, 62.5 uomo di Dio, 65.4 fine dell'indagine, 86.9 purezza, 87.1 delegazione, fornitura di grano, 87.2 collera dell'imperatore; con Williams (1987) 75-81, sulla «guerra civile ecclesiastica» tra Eusebio di Nicomedia e Atanasio. Accusa di complotto: Socrate, *HE* 1.27.9, Sozomeno, *HE* 2.22.8. Anche se Atanasio fu accusato di aver fatto arrivare una «borsa piena d'oro» a Filomeno, un magistrato imperiale di alto rango, la base di questa accusa è oscura. Barnes (1993) ipotizza una connessione con un tentativo da parte di una guardia del corpo di assassinare Costantino: vedi Socrate, *HE* 1.13.4-10. Traduzione di Eusebio: Socrate, *HE* 2.7.

[32] Nella risposta Costantino citava dalla lettera di Ario: Urkunde 34.13 un solo Dio, 14 sostanza estranea, una sola essenza, 37 Nilo, ed. Opitz (1934-1935) 69-75, cit. in Atanasio, *De decretis Nicaenae synodi* 40; datato all'inverno del 332-333 da Barnes (1981) 232-33. Editto: Urkunde 33, ed. Opitz (1934-1935) 66-68, cit. in Atanasio, *De decretis Nicaenae synodi* 39, e Socrate, *HE* 1.9.30-31. Concilio di Gerusalemme: Atanasio, *Apologia contra Arianos* 84, *De synodis* 21. Interrogatorio a Costantinopoli: Socrate, *HE* 1.38.

Una perfetta creatura di Dio

Un altro uomo di chiesa che beneficiò della protezione di Costantino fu Eusebio di Cesarea. Sul nascere della controversia Eusebio aveva appoggiato Ario, e nella sua lettera al vescovo Alessandro Ario aveva presentato Eusebio come uno dei suoi sostenitori. A quel tempo Eusebio era vescovo di Cesarea in Palestina. Già passata la cinquantina, in precedenza aveva servito come prete per oltre vent'anni, e s'era guadagnato la reputazione di meticoloso studioso biblico. Le sue dottrine sulla subordinazione del Figlio al Padre erano molto simili a quanto andava insegnando Ario. In una lettera Eusebio aveva sostenuto che, poiché il Padre esisteva prima del Figlio, il Figlio non coesisteva con il Padre. Di conseguenza, «il primo è considerato anteriore e superiore al secondo per rango e prestigio». Secondo Eusebio il Figlio era Dio, ma non il vero Dio; al massimo, il vero Figlio era un'immagine del vero Dio. In un'altra lettera Eusebio aveva redarguito il vescovo Alessandro di Alessandria per aver malamente presentato le dottrine di Ario. Eusebio concordava con Ario che il Figlio di Dio era «una perfetta creatura di Dio, ma non come una delle altre creature». Tuttavia, con il crescere del sostegno raccolto da Alessandro, Eusebio si trovava sempre più isolato. All'inizio del 325 partecipò al concilio di Antiochia che si concluse con un esplicito appoggio ad Alessandro e con la censura di Ario. Il credo di questo concilio proclamava che il Signore Gesù Cristo era il Figlio unigenito, generato dal Padre non come qualcosa di creato ma come qualcosa di realmente generato. Tranne tre, tutti i vescovi appoggiarono questo credo. Dopo averli interrogati, il concilio li condannò come «favorevoli alle dottrine di Ario». Uno di questi dissidenti era Eusebio[33].

Eusebio quindi era giunto al concilio di Nicea come eretico con-

---

[33] Lettera di Ario a Eusebio di Nicomedia: Urkunde 1.3, «Eusebio, tuo fratello a Cesarea, [e altri ecclesiastici in Oriente] dicono che Dio esisteva prima del Figlio senza un inizio», ed. Opitz (1934-1935) 2, cit. in Epifanio, *Panarion* 69.6. Lettera di Eusebio al vescovo Eufrazio di Balanea: Urkunde 3, ed. Opitz (1934-1935) 4-5. Lettera ad Alessandro: Urkunde 7, ed. Opitz (1934-1935) 14-15. Concilio di Antiochia: Urkunde 18, ed. Opitz (1934-1935) 36-41. Alcuni studiosi moderni tentano di salvare la reputazione di Eusebio ponendo una certa distanza tra lui e Ario: si noti Luibhéid (1981) 122: «Era un perdente, non perché seguisse la stessa strada di Ario»; e Hanson (1988) 59: «Una posizione teologica che potrebbe definirsi di arianesimo modificato».

dannato. Arrivò pronto a sostenere la sua posizione. Portò il suo credo, che molto probabilmente era il credo battesimale in uso presso la sua sede vescovile di Cesarea. Questo credo era sostanzialmente neutrale, affermando che il Signore Gesù Cristo era il Verbo di Dio, «il Figlio unigenito, il primo nato di tutto il creato, generato dal Padre prima di tutte le età, tramite il quale ogni cosa venne in esistenza». La moderazione ha i suoi vantaggi, soprattutto in presenza dell'imperatore. Eusebio affermò che quando aveva presentato il suo credo al concilio non c'era stata opposizione. In effetti Costantino stesso «fu il primo a riconoscere che questo credo includeva affermazioni assolutamente corrette». Inoltre, secondo Eusebio, l'imperatore «confessò di pensarla allo stesso modo, e sollecitò tutti i presenti ad accettare e sottoscrivere quelle dottrine». L'unico suggerimento di Costantino fu di includere l'attributo *homoousios*, «della stessa essenza», nel definire Gesù Cristo nella sua relazione con Dio Padre. Quale che fosse il reale ruolo di Costantino nella risoluzione di queste dispute dottrinali, ora Eusebio poteva come minimo sostenere che questo termine vitale era semplicemente un'elaborazione delle sue dottrine[34].

Il credo di Eusebio forse offrì un punto di partenza alla struttura e allo stile del credo finale del concilio. Ma il vocabolario e le intenzioni di quel credo niceno erano in realtà molto diversi dalle dottrine di Eusebio, e questi ora dovette barcamenarsi per giustificare la propria accettazione di esso. In una lettera alla sua congregazione a Cesarea, da cui traspare un certo impaccio, spiegava accuratamente la sua interpretazione della controversa terminologia, incluso ovviamente il concetto di «della stessa essenza». Questo termine, sosteneva, implica solo che il Figlio «viene dal Padre, non che esista come parte del Padre». Accettava anche la nozione del Figlio come «generato non creato» affermando che partecipava a un'essenza che era più grande di quella di qualsiasi creatura. Eusebio poteva anche sostenere con la sua congregazione di aver mantenuto il suo punto «fino all'ultimo momento», ma ora poteva salvare la faccia. Una volta che tutti questi temi erano stati spiega-

---

[34] Lettera di Eusebio a Cesarea: Urkunde 22.4 Figlio unigenito, 7 il primo, *homoousios*, ed. Opitz (1934-1935) 42-47, cit. in Atanasio, *De decretis Nicaenae synodi* 33.1-17, e Socrate, *HE* 1.8.35-54.

ti in maniera soddisfacente alla presenza di Costantino, lui aveva adottato il credo niceno. Almeno nominalmente, ora Eusebio era un vescovo niceno[35].

Nonostante questa impacciata accettazione, Eusebio rimase ovviamente fedele alle sue fondamentali dottrine subordinazioniste sulla relazione tra Gesù Cristo il Figlio e Dio il Padre. Per alcuni anni, dopo il concilio di Nicea, sembra moderasse accuratamente la propria terminologia teologica. Poi riscosse un successo sempre maggiore nel trovare appoggi. Forse già al banchetto che Costantino offrì ai vescovi Eusebio aveva «preso la scena al concilio dei ministri di Dio» pronunciando un panegirico in previsione dell'imminente ventesimo anniversario del regno dell'imperatore. Una conseguenza fu che ora uno dei suoi sostenitori era Costantino, e riuscì a trionfare sui suoi avversari. Anche se il vescovo Eustazio di Antiochia lo accusava di aver «imbastardito» il credo niceno con la sua tormentata interpretazione, Eusebio finì per presiedere un concilio ad Antiochia che depose Eustazio. Quando successivamente Eusebio respinse l'opportunità di diventare lui stesso vescovo di Antiochia, Costantino elogiò il suo rispetto per le tradizioni dell'ordine ecclesiastico in una lettera lusinghiera. L'imperatore gli chiese anche di incaricare i suoi scribi di comporre cinquanta copie della Bibbia; inoltre, Eusebio mandò all'imperatore una copia del suo trattato sulla Pasqua. Mentre da parte sua beneficiava della protezione dell'imperatore, Eusebio era diventato una fonte importante per le idee di Costantino sulla teologia cristiana[36].

---

[35] Lettera di Eusebio a Cesarea: Urkunde 22.9 dal Padre, 11 essenza, 14 presenza dell'imperatore, 17 ultimo momento.

[36] Eusebio, *Vita Constantini* 1.1.1 scena, 3.15 banchetto, 61 lettera di Costantino, 4.35 Pasqua, 36 Bibbie; con Skeat (1999), il quale afferma che il Codex Sinaiticus e il Codex Vaticanus erano tra le copie della Bibbia composte in quell'occasione a Cesarea. Conflitto con Eustazio: Socrate, *HE* 1.23.8 imbastardimento, 24 concilio; Atanasio, *Apologia contra Arianos* 45.2, presidenza di Eusebio; con Barnes (1978b) 59-60, che data il concilio ad Antiochia al 327, e Burgess (1999a) 191-196, (2000), alla fine del 328. Per la moderazione di Eusebio della sua teologia dopo il concilio di Nicea, vedi Hollerich (1999) 24-26, 61-66.

Il dio della guerra

Dopo la vittoria su Licinio nel 324 e fino al 337, anno della sua morte, Costantino era stato un energico partecipante alle continue controversie sull'ortodossia dottrinale nelle province orientali. Non solo aveva usato la sua autorità imperiale per promuovere determinati ecclesiastici e opporsi ad altri; aveva anche fornito sue interpretazioni teologiche personali. Ma come patrono e teologo era stato decisamente incostante. In particolare, nella sua lunga e velenosa lettera ad Ario aveva vigorosamente difeso la teologia nicena e criticato le dottrine di Ario; ma durante gli ultimi anni del suo regno si era anche riconciliato con Ario, con il suo mentore Eusebio di Nicomedia, e con un sostenitore di vedute simili, Eusebio di Cesarea. La coerenza nelle politiche di Costantino non aveva riguardato le dottrine ma il sogno dell'unità politica e religiosa. Quando Ario aveva affermato di avere il supporto di «tutto il popolo della Libia», Costantino s'era sentito offeso. Alludendo a un potenziale scisma, Ario sembrava essersi mutato in «Ares», il dio della guerra sul punto di dare l'avvio a nuove discordie civili. Ma davanti a un Ario più discreto e conciliante, Costantino era stato ben disposto a raccomandare il suo reintegro. A Costantino era occorso quasi un ventennio per eliminare i suoi rivali imperiali. Dopo quelle guerre si era aspettato che il cristianesimo fosse una forza unificante. Di conseguenza, nella sua lettera ai vescovi riuniti in concilio a Tiro li aveva sollecitati a restaurare «la giusta armonia nelle province» e a offrire «il dono della pace a coloro che ora sono in contrasto»[37].

Come i suoi predecessori tetrarchici, Costantino incoraggiò la stretta correlazione tra religione e ruolo imperiale. Ciascuna delle due cose poteva rafforzare l'altra, e la sua esibizione dominatrice al concilio di Nicea ne fece il prototipo dell'energico imperatore cristiano per le future generazioni. Viceversa, il comportamento maldestro di Eusebio di Cesarea al concilio avrebbe dovuto appiop-

---

[37] Lettera di Costantino ad Ario: Urkunde 34.6 Ario come Ares, 20 Libia, ed. Opitz (1934-35) 69-75, cit. in Atanasio, *De decretis Nicaenae synodi* 40. Lettera di Costantino al concilio di Tiro: Eusebio, *Vita Constantini* 4.42.1 armonia, 5 pace. Per l'affermazione secondo la quale Costantino era riluttante a usare la coercizione per imporre un'ortodossia cristiana, vedi Drake (2000), in anteprima in Drake (1996), ora in Drake (2006).

pargli l'etichetta di voltagabbana per le future generazioni. Invece, poiché Costantino finì per farsi protettore di vescovi come Eusebio di Nicomedia ed Eusebio di Cesarea che sostenevano Ario, le dottrine ariane conservarono la loro influenza. Eusebio di Cesarea divenne una rispettata conoscenza dell'imperatore, e continuò a promuovere la sua teologia sulla fondamentale subordinazione di Gesù Cristo il Figlio. Cominciò anche a pensare alla portata simbolica di un imperatore cristiano. Come Costantino era arrivato alla conclusione che le dottrine teologiche avevano importanti implicazioni sulla sua statura politica come imperatore, così Eusebio poteva sentire che le idee sull'imperatore potevano sostenere le sue dottrine non nicene. Forse una teologia di un imperatore cristiano sarebbe riuscita a rafforzare la sua peculiare teologia di Gesù Cristo.

XI

«FIGLIO UNIGENITO»
LA STORIA DIVENTA TEOLOGIA

Eusebio portò a termine la sua *Vita di Costantino* dopo i funerali dell'imperatore nel 337 e verso la fine della sua lunga vita. A quel punto, ovviamente, aveva una consolidata reputazione di storico, quale autore della *Cronaca* e della *Storia ecclesiastica*. Ma la composizione originale di quelle opere storiche era avvenuta decenni prima, e anche le revisioni più recenti erano ormai piuttosto datate. L'annotazione finale nella sua *Cronaca* riveduta aveva citato la celebrazione del ventesimo anniversario del regno di Costantino nel 325-326, e le revisioni finali della *Storia* avevano incluso forse la cancellazione dei riferimenti a Crispo, il figlio maggiore di Costantino, dopo la sua esecuzione nel 326. Per il racconto dei primi anni di Costantino nella *Vita*, Eusebio aveva naturalmente usato come fonte la propria *Storia* e spesso semplicemente ripetuto il precedente racconto con poche modifiche. Ma al tempo in cui compilava la sua *Vita di Costantino*, scrivere storia non era la sua preoccupazione più pressante[1].

---

[1] Per le revisioni finali della *Cronaca* e della *Storia ecclesiastica*, vedi Barnes (1981) 113, 150 e Burgess (1999a) 56-57, 66-74; anche Grant (1980) 165-167, il quale ipotizza che Eusebio avesse riscritto alcuni passi in *HE* 1-7 dopo il concilio di Nicea, e Barnes (1984), il quale afferma che non mutò parere su questioni importanti in *HE* 1.7. Per l'utilizzo di Eusebio di suoi scritti precedenti come fonti per la *Vita Constantini*, vedi Hall (1992).
Eusebio cita Crispo per nome in *HE* 10.9.4.6. La traduzione siriaca di *HE*, composta forse intorno al 400, omette questi riferimenti a Crispo; per la data, vedi Schwartz (1909) XLII. Schwartz (1909) L, seguito da Barnes (1980) 197-198, e altri studiosi moderni concludono che Eusebio stesso aveva già eliminato questi riferimenti. Un'altra possibilità è che il responsabile della rimozione sia il traduttore siriaco, e in parte per motivi teologici più che politici. In *HE* 10.9.6 Eusebio aveva descritto Crispo come «somigliante al padre sotto tutti gli aspetti». Nel 359 l'imperatore Costanzo promulgava una dichiarazione di ortodossia trinitaria, oggi per lo più nota con il nome di «Credo datato», che evita accuratamente ogni

Invece, Eusebio passò i suoi ultimi anni a difendere se stesso e le sue dottrine non nicene. A quel tempo uno dei maggiori oppositori era Marcello vescovo di Ancira, devoto paladino della teologia nicena. Eusebio compose una spietata critica delle dottrine di Marcello e anche un ampio trattato, intitolato *Teologia ecclesiastica*, che presentava la sua propria teologia. Più o meno nello stesso periodo in cui scriveva questi testi teologici, stava componendo la *Vita*. Questo contesto lascia pensare che Eusebio scrivesse la *Vita* avendo in mente in misura preponderante non la storia bensì la teologia. Di conseguenza, più che pensare, come verrebbe spontaneo di fare, alla *Vita* come una continuazione, o anche una conclusione, della sua *Storia ecclesiastica*, è opportuno considerarla come un trattato supplementare che rinforzava gli argomenti dottrinali già esposti nella *Teologia ecclesiastica*.

Spesso gli studiosi moderni hanno letto la *Vita* come un'apologia politica in cui si forniva una giustificazione logica all'imperatore cristiano che regnava nell'immagine di Dio. Non c'è dubbio che nella *Vita*, come in altri suoi scritti, Eusebio unisca religione e politica. Ma durante i suoi anni finali le controversie dottrinali assunsero certamente la priorità, ed è possibile leggere la *Vita* invece come un'apologia teologica che forniva una giustificazione logica alle dottrine di Eusebio sulla subordinazione di Gesù Cristo a Dio. In quest'ottica il Costantino della *Vita* è, più che il soggetto di una biografia, un personaggio costruito nel *continuum* di un discorso teologico. Nel difendere la sua versione dell'eredità di Costantino, Eusebio difendeva se stesso e la propria dottrina. Eusebio non pensa solo *a* Costantino; pensa anche *con* lui come a un'altra categoria simbolica atta a favorire l'articolazione della propria teologia. In vari panegirici aveva già iniziato a manipolare la sua immagine di imperatore cristiano in modo da farla corrispondere alle proprie dottrine; in questa biografia l'imperatore era ora

uso del controverso termine «essenza» affermando che il Figlio era «somigliante al padre sotto tutti gli aspetti»: vedi Atanasio, *De synodis* 8.7. Questa formulazione fu successivamente accantonata. Di conseguenza, un traduttore siriaco che fosse al corrente del futuro sviluppo dell'ortodossia potrebbe aver voluto apportare correzioni anche alla filosofia politica. Quando Eusebio riciclò questi passi dall'*HE* nella *Vita Constantini* 2.3.2, 19.2, certamente ignorò Crispo. Ma potrebbe aver lasciato i riferimenti in *HE*. Si noti che storici greci posteriori continuarono a includere il nome di Crispo nelle loro citazione di questi passi: vedi Evagrio, *HE* 3.41, che cita Eusebio, *HE* 10.9.6.

un'altra rappresentazione della teologia personale dell'autore. Un'apologia per il regno di Costantino poté diventare un'apologia per la teologia di Eusebio. Nella *Vita* l'autore poté immaginare l'imperatore come un mezzo per promuovere le proprie dottrine[2]. Né fu il solo, Eusebio, a fabbricare una biografia. Dopo il concilio di Nicea Costantino s'era interessato sempre di più alla vita di Gesù Cristo in Palestina, e presto finanziò la costruzione di chiese che commemoravano i punti fondamentali della vita di Gesù sulla terra, come la nascita, la morte, la resurrezione e l'ascensione. Il patronato di Costantino contribuì a trasformare la Palestina, con i suoi siti, in una Terra Santa cristiana. Nel farlo, promuoveva se stesso e la sua dinastia. Costantino si appropriò della vita di Gesù per utilizzarla ai suoi scopi politici; Eusebio si appropriò della vita di Costantino per utilizzarla ai suoi obiettivi teologici.

Il panegirico come teologia

Dopo il concilio di Nicea Eusebio si era lentamente introdotto nelle grazie di Costantino, nonostante la sua posizione teologica. Ma altri vescovi continuarono a opporsi a Eusebio, proprio a cau-

---

[2] Per la *Vita* come apologia politica a favore di Costantino, vedi Cameron (1997) 152: «L'opera così come la possediamo mostra un filo unico e ben distinguibile che corre in ogni sua parte, ossia il desiderio di difendere Costantino, presentare tutte le sue azioni e le sue motivazioni sotto quella che per Eusebio è la miglior luce possibile, e affermare e raccomandare la continuazione delle sue politiche». Per un'efficace critica a questa caratterizzazione di Eusebio come puro e semplice propagandista politico, vedi Hollerich (1990), (1999) 192-93.
Lettori posteriori, della tarda antichità e dell'epoca bizantina, hanno spesso lodato Eusebio per la sua erudizione di storico ma lo hanno anche criticato come teologo eterodosso. In base a questa distinzione tendevano a classificare la sua *Vita di Costantino* come un trattato dottrinale più che come un trattato storico: vedi Winkelmann (1964) 111 «Die *Vita Constantini* gehörte nicht zu den historisch-objektiven Schriften Eusebs, sie wirkte außerdem nicht dogmatisch einwandfrei, galt als unerwünscht». Come esempio, si noti che nel IX secolo Fozio, vescovo di Costantinopoli, era particolarmente critico nei confronti del fuorviante resoconto sulle controversie teologiche presentato da Eusebio nella *Vita*: vedi Fozio, *Bibliotheca* 127, «rispetto all'eresia ariana, non dice chiaramente se condivideva quella dottrina». Fozio riteneva che questa dissimulazione teologica macchiasse l'interpretazione storica eusebiana di Costantino. «Eusebio afferma che tra Ario e Alessandro scoppiò una "disputa". Definendo così questa eresia, compie una dissimulazione. Perché l'imperatore, amico di Dio, era molto turbato da questa "disputa"... Il racconto non è né accurato né chiaro».

sa di quella posizione. Uno dei rivali fu Marcello, il vescovo di Ancira che da decenni era noto come eminente teologo. Marcello molto probabilmente aveva presieduto al concilio che si era riunito ad Ancira forse nel 314, poco dopo che l'imperatore Licinio aveva assunto il controllo dell'Asia Minore. La posizione di *leadership* in questo concilio lo avrebbe aiutato ad allargare i propri contatti, dal momento che i vescovi che vi partecipavano rappresentavano sedi di tutta l'Asia Minore centrale e orientale, e anche della Siria. Marcello sembra dunque diventato un sostenitore del vescovo Alessandro di Alessandria, nell'opposizione ad Ario e alle sue dottrine. La sua teologia personale enfatizzava una forma alquanto estrema d monoteismo: «La divinità del Padre e del Figlio è indivisibile». Nella sua interpretazione il Logos, il «Verbo», era coeterno con Dio e non generato, anche se dopo la sua incarnazione veniva chiamato Figlio, Gesù Cristo, Salvatore, o Re. Inizialmente «silente», il Verbo divenne «articolato» come Figlio incarnato. «Se l'aggiunta della carne è esaminata rispetto al Salvatore, la Divinità sembra essere ampliata solo per attività. Quindi è molto probabilmente un'unità veramente indivisa». Dopo aver abbandonato questo corpo, il Verbo sarebbe tornato a Dio. Marcello desiderava chiaramente aggirare la necessità di istituire distinzioni all'interno dell'«unico Dio». Di conseguenza, il tentativo «di evitare ... ogni dottrina che subordinasse il Figlio al Padre, gli impedì di distinguere il Figlio dal Padre»[3].

Durante questi primi anni di manovre per il miglior piazzamento, Eusebio di Cesarea rese chiara la sua opposizione a Marcello viaggiando per predicare a favore delle dottrine di Ario. Fu certamente accolto bene a Laodicea in Siria, dove il vescovo Teodoto era un amico e un sostenitore di Ario. Ma nella zona di influenza di Marcello, nell'Asia Minore centrale, l'accoglienza fu ben diver-

---

[3] Per mancanza di certezze sulla *leadership* di Marcello al concilio di Ancira, vedi Hanson (1988) 217, e Parvis (2001b). Le fonti primarie sulle dottrine di Marcello sono le citazioni frammentarie dal suo trattato riportate nei trattati di Eusebio, e la lettera che scrisse al vescovo di Roma Giulio (Frammento 129), cit. in Epifanio, *Panarion* 72.2-3. Marcello, Frammento 71, Salvatore, cit. in Eusebio, *De ecclesiastica theologia* 2.4.1; Frammento 128, un solo Dio, cit. in Eusebio, *Epistula ad Flacillum*; Frammento 129, indivisibile, cit. in Epifanio, *Panarion* 72.3.2. Per sommari complessivi della teologia di Marcello, vedi Luibhéid (1981) 64-97, Hanson (1988) 217-35, Lienhard (1999) 47-68 e Ayres (2004) 62-69; citazione su Figlio e Padre da Hanson (1988) 235.

sa. Nella chiesa di Ancira Eusebio pronunciò un sermone in cui criticava il popolo di Galazia per aver respinto la sua dottrina secondo la quale c'erano «due essenze, due entità, due poteri e due Dei». Marcello, sembra, era presente, e molto probabilmente dovette risentirsi per questi commenti provocatori. Oltre un decennio dopo, nel ricordare e attribuire queste osservazioni a Eusebio, era ancora «irritato»[4].

All'inizio del 325 un concilio ad Antiochia sostenne Alessandro di Alessandria opponendosi ad Ario. Anche se Marcello a questo concilio non partecipò, il suo punto di vista teologico piuttosto estremo sembra averne influenzato l'esito. Marcello potrebbe aver suggerito che il concilio si concentrasse sulla questione dell'essenza divina. A questo concilio alcuni vescovi vennero interrogati esattamente su questo tema. Uno disse di credere in tre essenze distinte; Eusebio dichiarò nuovamente di credere in due. Eusebio era stato messo in una posizione scomoda e, non essendo in grado di accettare il credo di questo concilio, andò via coperto da una nube di sospetto. Né poteva essere ottimista sul futuro delle sue dottrine, in quanto la prossima occasione di fare chiarezza l'avrebbe avuta proprio nella sede episcopale di Marcello. Questi probabilmente aveva già proposto che Ancira fosse il sito di un «grande concilio di uomini di chiesa», capace di offrire a vescovi caduti in disgrazia come Eusebio «un luogo per pentirsi e riconoscere la verità». Anche se l'imperatore poco dopo trasferì il concilio a Nicea, Marcello fu anche qui un partecipante di rilievo. Mentre Eusebio si sforzò di armonizzare le sue dottrine con il credo niceno, Marcello respinse nettamente le dottrine di Ario e dei suoi sostenitori: «Le ho confutate al concilio di Nicea»[5].

---

[4] Sermoni di Eusebio: Eusebio, *Contra Marcellum* 1.4.42, 45-46 (= Marcello, Frammento 83), con Logan (1992) 436-438, il quale afferma che Eusebio di Nicomedia aveva organizzato questa visita di sostenitori di Ario durante il 322-323. Eusebio dedicò a Teodoto sia la sua *Praeparatio evangelica* sia la sua *Demonstratio evangelica*, che compose tra il 313 e il 324: vedi Barnes (1981) 178 e Carriker (2003) 72-73.

[5] Grande concilio: Urkunde 18.15, ed. Opitz (1934-1935) 40; due o tre essenze: Urkunde 19.1, ed. Opitz (1934-1935) 41 = Marcello, Frammento 81, cit. in Eusebio, *Contra Marcellum* 1.4.39; con Logan (1992) 434-36, che evidenzia l'influenza di Marcello nella formulazione dei temi dottrinali al concilio di Antiochia. Confutazione: Marcello, Frammento 129, cit. in Epifanio, *Panarion* 72.2.1; anche Atanasio, *Apologia contra Arianos* 23.3, 32.2, per la presenza di Marcello al concilio di Nicea.

Durante gli anni Venti del IV secolo Marcello ed Eusebio si erano dunque già scontrati, direttamente e ripetutamente, sulle dottrine, sul sostegno dell'imperatore, su questioni di orgoglio personale. La loro animosità si protrasse nel corso degli anni più tardi del regno di Costantino. Nel 335 Marcello rifiutò di accettare le decisioni di due concili convocati dall'imperatore in persona. Il concilio di Tiro aveva ordinato la rimozione del vescovo Atanasio di Alessandria, fermo sostenitore della teologia nicena, e il concilio di Gerusalemme aveva concordato di riammettere Ario ai sacramenti. Marcello era turbato da quello che considerava un arretramento rispetto alla teologia di Nicea, e per tutta risposta compose un voluminoso trattato che promuoveva le sue dottrine e condannava diversi avversari. Tra questi teologi malconsigliati, citava per nome Eusebio di Cesarea per aver insegnato che Dio consistesse in due distinte essenze. A suo avviso, la teologia di Eusebio era simile a quelle più antiche dottrine dei cristiani gnostici che avevano postulato l'esistenza di molteplici dei. Marcello quindi mandò questo trattato all'imperatore, nella speranza che Costantino riprendesse i suoi avversari. L'imperatore rimandò la questione a un concilio di vescovi che si riunì alla sua presenza a Costantinopoli nel luglio del 336. A questo concilio il trattato di Marcello non riscosse successo, tanto che nuovamente questi vescovi decisero di reintegrare Ario. Inoltre, questa volta deposero lo stesso Marcello[6].

Eusebio reagì alle critiche di Marcello servendosi di diversi *media*. Una risposta fu la composizione di due dettagliati trattati in cui attaccava il suo avversario e promuoveva la propria teologia. Avendo presenziato al concilio di Costantinopoli, Eusebio aveva partecipato alla decisione contro Marcello. Di conseguenza, uno dei suoi trattati, *Contro Marcello*, rappresentava un tentativo di «difendere le decisioni del santo concilio». In questa lunga critica Eusebio riportava ampi brani del trattato di Marcello allo scopo di condannare il suo avversario citando alla lettera le sue proprie affermazioni presentate come oltraggiose. «Anziché [proporre] un'al-

---

[6] Eusebio, *Contra Marcellum* 1.3, voluminoso trattato. Critica a Eusebio: Marcello, Frammento 81, due essenze, cit. in Eusebio, *Contra Marcellum* 1.4.39 (= Urkunde 19); Frammento 85, somiglianza con il maestro gnostico Valentino, cit. in Eusebio, *Contra Marcellum* 1.4.41. Deposizione al concilio di Costantinopoli: Socrate, *HE* 1.36, Sozomeno, *HE* 2.33.

ternativa complessiva, ho raccolto una chiara confutazione delle sue parole dalle parole stesse». Queste citazioni si concentravano, prevedibilmente, sullo *status* di Dio Figlio. «Questo santo concilio di Dio ha respinto il suo [di Marcello] trattato, e giustamente, perché lui non ammetteva né l'inizio né la pia consumazione del Figlio di Dio». Apparentemente però questa raccolta di affermazioni di Marcello non ebbe un impatto sufficiente, ed Eusebio decise poco dopo di integrarla con una discussione più consistente in un trattato corrispondente, *Teologia ecclesiastica*, che era una riaffermazione delle sue proprie dottrine. In una lettera dedicatoria al vescovo Flacillo di Antiochia spiegò la sua nuova intenzione di contestare il «frivolo e verboso» trattato di Marcello con i suoi «brevi scritti». «Noi che veneriamo la santissima e tre volte benedetta Trinità abbiamo raccolto l'intero nostro argomento in quello stesso numero [di libri, ossia i tre libri di questo trattato], evitando ogni prolissità e presentando la vera teologia in brevi sommari». Come al solito, però, Eusebio sottovalutava la sua predilezione per la verbosità, visto che ciascuno di questi trattati era in realtà piuttosto prolisso e ciarliero[7].

Eusebio adottò anche un'altra tattica per integrare questa confutazione delle dottrine del suo avversario. Nel suo trattato Marcello aveva combinato un'esposizione apologetica della sua teologia con l'adulazione di Costantino. Come un panegirista, sperava con i suoi complimenti di guadagnarsi l'appoggio dell'imperatore. «Grazie ai tributi rivolti all'imperatore, forse sperava di acquisire per sé la sua benevolenza e di far sottoporre a castigo i vescovi che

---

[7] Eusebio, *Contra Marcellum* 2.4.29-31, decisioni, concilio; *Epistula ad Flacillum*, chiara confutazione. Poiché Eusebio, *Contra Marcellum* 2.4.29, definiva Costantino «tre volte benedetto», Barnes (1978b) 64-65 ritiene che Eusebio abbia scritto questo trattato dopo la morte di Costantino, avvenuta nel maggio 337. Poiché Eusebio, *De ecclesiastica theologia* 2.22.4, ricorda che Marcello «era cresciuto in età nell'episcopato della chiesa di Cristo», Barnes (1981) 263-65 sostiene che Eusebio cominciò a scrivere anche questo trattato solo dopo la morte di Costantino, quando i suoi figli concessero il perdono a tutti i vescovi deposti. Viceversa, Hanson (1988) 217-218 ipotizza, in maniera più plausibile, che Eusebio cominciò a comporre *Contra Marcellum* immediatamente dopo la destituzione di Marcello nell'estate del 336. Una volta Costantino aveva invitato Eusebio a mandargli altri suoi trattati recenti: vedi Eusebio, *Vita Constantini* 4.35.3. Poiché Marcello aveva già inviato il suo trattato a Costantino, forse allo stesso modo Eusebio aveva in mente l'imperatore come potenziale lettore. Drake (2000) 355 ritiene che Eusebio avesse completato entrambi i trattati prima della morte di Costantino.

aveva attaccato». Anche se non aveva avuto successo, molto probabilmente l'appello di Marcello aveva richiamato l'attenzione di Eusebio sull'importanza di conquistare la protezione dell'imperatore con la piaggeria. Dopo il concilio del 336 si fermò a Costantinopoli per celebrare, il 25 luglio, il trentesimo anniversario dell'ascesa al trono dell'imperatore, e durante i festeggiamenti pronunciò un panegirico in onore di Costantino[8].

Il panegirico di Eusebio degli «inni imperiali» naturalmente adulava l'imperatore. Ma nell'«intrecciare ghirlande di parole» stava al tempo stesso, e ancora una volta, promuovendo le proprie dottrine. Eusebio iniziò il suo panegirico con una armoniosa transizione dal «Grande Imperatore», il Dio Padre che dimorava nel suo palazzo celeste, al «nostro imperatore». A regnare con il Grande Imperatore era il suo Logos unigenito, il «Verbo». Questo Logos poteva anche essere «il Figlio unigenito», «governatore dell'intero cosmo», «più antico di tutto il tempo», e persino un «Coimperatore con suo Padre», ma Eusebio sottolineava anche che era ciononostante subordinato a Dio. Il Logos era «eminente al secondo posto nel regno di suo Padre». Corrispondente al Logos era l'imperatore, «l'amico di Dio» che promuoveva la vera devozione sulla terra. Mentre il Logos comandava gli eserciti celesti, Costantino comandava gli eserciti che sbaragliavano sia i barbari sia i demoni dei culti pagani[9].

Questo parallelismo con il Logos del Grande Imperatore certamente lusingò l'imperatore durante la celebrazione del suo giubileo. Ma tali paragoni erano inoltre un riflesso della peculiare teologia subordinazionista di Eusebio su Dio e il suo Logos, e anche un rafforzamento di quelle dottrine. In questo panegirico Eusebio non citava mai Gesù Cristo per nome. Di conseguenza, sembra dare l'impressione che Costantino fosse l'unico rappresentante di Dio sulla terra, analogo al Logos di Dio nel cielo. Eusebio era inoltre assolutamente esplicito sulla similarità tra i due usando la stessa similitudine. Nella sua ottica, il Logos che comandava le

---

[8] Eusebio, *Contra Marcellum* 2.4.30, benevolenza dell'imperatore.
[9] Eusebio, *De laudibus Constantini* Prologo 2, inni; 1.1 Grande Imperatore, 1.3 nostro imperatore, 1.6 governatore, più antico, secondo posto, 2.1 coimperatore, 3.6 Figlio unigenito; *Vita Constantini* 1.1.1 ghirlande. Per l'ipotesi che Eusebio avesse pronunciato questa orazione a Costantinopoli nell'estate del 336, vedi Drake (1976) 30-45.

schiere celesti e Costantino che avanzava contro i suoi nemici sconfitti agivano l'uno e l'altro «come un prefetto del Grande Imperatore». A conclusione del suo panegirico Eusebio menzionava tre soli regnanti, Dio il Grande Imperatore, l'unigenito e unico Salvatore, e il solo imperatore sulla terra. In questa triade Costantino non era subordinato sia a Dio sia al Logos; invece, «la gerarchia... non è tanto Dio-Logos-Imperatore quanto Dio che opera tramite due poteri coordinati nel Cielo e sulla terra». Costantino aveva evidentemente lo stesso accesso diretto a Dio di cui godeva il Logos. Secondo Eusebio, «Dio stesso, il Grande Imperatore, tendeva a lui la mano destra all'alto». Mentre adulava l'imperatore mettendolo in correlazione con il Logos, Eusebio sottolineava chiaramente che sia il Logos sia l'imperatore erano subordinati a Dio il Padre. La coordinazione dell'imperatore e del Logos implicava la subordinazione di entrambi a Dio Padre. L'adulazione dell'imperatore era al tempo stesso teologia su Dio Padre e il Logos[10].

Meno di un anno prima Eusebio aveva pronunciato un'altra orazione davanti a Costantino a Costantinopoli. Benché il soggetto principale di quell'orazione fosse la nuova chiesa del Santo Sepolcro a Gerusalemme, Eusebio rivolgeva complimenti all'imperatore quale promotore della sua edificazione. Costantino aveva ascoltato attentamente l'orazione, e alla fine aveva «affermato la verità delle sue dottrine teologiche». Ora, in questo più recente panegirico sul trentesimo anniversario del regno di Costantino Eusebio inseriva nuovamente dichiarazioni sulle proprie dottrine, questa volta intrecciate con elogi per l'imperatore. Costantino certamente gradì quella forma di adorazione. «Mentre ascoltava, l'amico di Dio mostrava di essere un uomo felice. Dopo aver ascoltato disse proprio questo mentre cenava alla presenza dei vescovi». Eusebio indub-

---

[10] Eusebio, *De laudibus Constantini* 3.5 Logos come prefetto, 7.13 imperatore come prefetto, 10.6-7 tre regnanti, mano destra. Citazione sulla gerarchia da Drake (1976) 57, il quale ritiene che Eusebio non menzionasse Gesù Cristo in questa orazione perché Costantino stesso non aveva ancora avallato Cristo come un principio della politica imperiale; per una formulazione lievemente diversa, vedi Drake (2000) 529n.98: «In pratica Costantino appare tanto coordinato quanto subordinato al Logos». Anche Barnes (1981) 254: «La gran parte del *Panegirico* consiste in variazioni ed elaborazioni su un unico tema: la similarità tra Costantino e Cristo», e Kolb (2001) 69 su Costantino come «die dritte Person in einer göttlichen Trinität».

biamente sperava che Costantino, soddisfatto del panegirico, tornasse ad approvare anche la teologia[11].

Il trattato di Marcello che combinava apologia dottrinale e piaggeria imperiale era stato un potente catalizzatore per diversi degli scritti ultimi di Eusebio, e forse anche un modello da imitare. Eusebio aveva cercato di seppellire le dottrine di Marcello sotto il fuoco di sbarramento dei suoi due trattati teologici, e aveva contrattaccato con le sue lodi a Costantino in un panegirico che celebrava il trentesimo anniversario dell'imperatore. Nella sua orazione Eusebio aveva accuratamente sottolineato che l'imperatore era un analogo del Logos, e che entrambi erano subordinati a Dio Padre. Poiché il Costantino onorato nel suo panegirico aveva un senso solo nel contesto delle dottrine subordinazioniste di Eusebio, questo panegirico era diventato un trattato teologico sotto mentite spoglie.

Inoltre, altri avversari avevano scritto a varie Chiese esortando a cercare e distruggere copie del trattato di Marcello. Ma nonostante questa forte opposizione, Marcello rimaneva un rivale assai impegnativo, e dopo la morte di Costantino nel marzo 337 gli fu permesso di tornare alla sua precedente sede vescovile di Ancira. Poiché Basilio era già stato nominato vescovo di Ancira, il ritorno di Marcello ora portò a rappresaglie e scoppi di violenza. I suoi avversari lo accusavano di aver incendiato case, di aver fatto sfilare preti e vergini nudi nel foro, e di aver profanato gli elementi della liturgia. La smodata isteria di queste accuse era forse un segno del successo di Marcello. Di conseguenza, Marcello era di nuovo in grado di comunicare la sua teologia, e lui e i suoi insegnamenti erano una rinata minaccia per Eusebio e le sue dottrine. Avendo già cercato di contestare Marcello con due trattati teologici e un panegirico imperiale, Eusebio ora considerò l'idea di promuovere la sua teologia con un nuovo genere letterario, una *Vita* di un regnante cristiano[12].

---

[11] Eusebio, *Vita Constantini* 4.33.1 verità, 46 uomo felice. Per un'ulteriore discussione sull'orazione di Eusebio sulla chiesa del Santo Sepolcro, vedi *infra*.

[12] Cercare e distruggere: Sozomeno, *HE* 2.33.1. Violenze ad Ancira: *Decretum sinodi orientalium apud Serdiciam [sic] episcoporum a parte Arrianorum* 9, cit. in Ilario di Poitiers, *Excerpta ex opere historico deperdito*, ed. CSEL 65, p. 55; Barnes (1993) 71 data questo concilio di Serdica alla tarda estate del 343.

Figlio di sua madre

Da giovane ufficiale dell'esercito Costantino aveva visitato le rovine di Menfi e Babilonia. Tanto tempo prima Menfi era stata una capitale e un centro religioso dell'Antico Regno dei faraoni egizi, e Babilonia la capitale dell'antico impero babilonese e caldeo. Dopo il loro declino ciascuna delle due città aveva finito per rappresentare lo svanito splendore di antiche civiltà: Menfi dei potenti regni in Egitto lungo il Nilo, Babilonia dei grandi regni in Mesopotamia lungo l'Eufrate e il Tigri. Costantino aveva esplorato le due città molto probabilmente durante le campagne di due imperatori, Galerio quando aveva invaso l'impero persiano durante il 297-298, e Diocleziano quando aveva visitato l'Egitto durante l'inverno del 301-302. Decenni dopo Eusebio avrebbe ricordato ancora che in quest'ultimo viaggio aveva intravisto la figura di Costantino mentre l'*entourage* imperiale attraversava la Palestina[13].

Nella tarda antichità le piramidi di Egitto e le mura di Babilonia erano diventate simboli evocativi di magnificenza, di «ricchezza, possesso, lusso, e di una mente infiammata dall'ambizione». Ma quando successivamente Costantino ricordò queste sue visite in una pubblica orazione, adottò una prospettiva cristiana e pensò solo alle implicazioni religiose. Per delle città così devote agli dei ancestrali, la distruzione e l'abbandono erano il prevedibile, e più giusto, destino. Inoltre stabilì una connessione tra queste città ed eventi paradigmatici dell'Antico Testamento, la vittoria di Mosè sulle armate del faraone e gli scontri di Daniele con il re Nabucodonosor. Una possibilità è che l'interesse di Costantino per le implicazioni bibliche di questi siti risalisse alle sue visite originarie. Se è così, sarebbe appropriato ipotizzare che in lui le simpatie per il cristianesimo fossero antecedenti all'ascesa al trono imperiale. Un'altra possibilità è che iniziò a percepire l'utilità dei prototipi biblici solo durante il suo regno. Al momento in cui pronunciò questa orazione, aveva già sconfitto alcuni dei suoi rivali imperiali,

---

[13] Costantino, *Oratio ad sanctorum coetum* 16.2, Menfi e Babilonia: «Non dico questo basandomi su un sentito dire; io stesso invece ero presente come testimone, indagando sulla deplorevole sventura di queste città». *Entourage* in Palestina: Eusebio, *Vita Constantini* 1.19.1, con Barnes (1982) 41-42, per una ricostruzione dei primi tempi della carriera di Costantino.

se non tutti. In queste circostanze, potrebbe benissimo aver iniziato a vedersi, vittorioso imperatore cristiano, come un nuovo Mosè o un nuovo Daniele[14].

Indipendentemente da quanto presto Costantino cominciò a occuparsi del cristianesimo, va comunque notato che sulle prime fosse interessato principalmente a eroi ed eventi dell'Antico Testamento. Mentre la corte di Diocleziano compiva la sua marcia nella Palestina, Costantino dovette passare accanto o attraverso varie città e regioni associate con la vita di Gesù Cristo. Ma il paesaggio in sé avrebbe offerto pochi elementi di ricordo, essendo ancora scarsi o nulli i memoriali o le reliquie della vita di Gesù. I più notevoli di cui Eusebio fa menzione erano due antiche statue in bronzo di Gesù e una donna da lui guarita, situate tra le alture nell'entroterra a Cesarea di Filippo (Panias). «Dicevano che quella statua presentava un'immagine di Gesù; è sopravvissuta fino alla nostra epoca». In mostra a Gerusalemme si trovava il trono di Giacomo, il primo vescovo della città, che si diceva fosse fratello di Gesù. Nell'insieme, erano tributi insignificanti alla vita di Gesù. Quando Costantino la visitò, la Palestina non era una importante Terra Santa cristiana[15].

Invece, la gran parte dei ricordi biblici che potrebbe aver visto commemorava personaggi ed eventi relativi all'Antico Testamento. Lungo la strada costiera tra Cesarea e Beirut avrebbe potuto visitare il monte Carmelo, dove il profeta Elia aveva sfidato i sacerdoti di Baal, e il luogo dove era stato nutrito dalla vedova. Un po' più verso l'interno c'era la pianura dove Davide aveva ucciso Golia e la montagna dove si diceva che Abramo avesse sacrificato. Ancora

---

[14] Ricchezza: Giuliano, *Orat.* 2.83C. Costantino, *Oratio ad sanctorum coetum* 16.2 Mosè, 17.2-3 Daniele. La datazione di questa orazione è incerta; per un ventaglio di possibilità, vedi Edwards (2003) XXIII-XXIX, che opta per la Pasqua del 315, Barnes (1976b) per il Venerdì Santo nel mese di aprile del 317, Barnes (1981) 323 n. 115 per il 321, Drake (2006) 126 per alcuni mesi dopo la vittoria su Licinio, Lane Fox (1986) 631-635 per il Venerdì Santo nell'aprile 325, Barnes (2001) per le celebrazioni della Pasqua nell'aprile 352 e Bleckmann (1997) per la primavera del 328. Barnes (1985) 380 cita la visita a Babilonia per suggerire che «il giovane Costantino era già interessato alla storia biblica»; Elliott (1996) 29-38 analogamente sostiene che Costantino fosse cristiano prima di diventare imperatore. A Costantino successivamente fu attribuita la collocazione, a decorazione di uno dei fori a Costantinopoli, di «un[a statua di] Daniele tra i leoni, realizzato in bronzo e luccicante di foglia d'oro»: Eusebio, *Vita Constantini* 3.49.

[15] Eusebio, *HE* 7.18 statue, 19 trono.

più nell'entroterra c'erano i siti della tomba di Giuseppe, del pozzo di Giacobbe e del sogno di Giacobbe. Nelle vicinanze di Gerusalemme c'erano memoriali di grandi re, come Davide e Salomone, e tombe di grandi profeti, come Isaia. Verso l'inizio del IV secolo la Palestina era ancora un paesaggio da Antico Testamento[16].
Sotto il dominio romano, però, gli ebrei avevano già dovuto modificare il loro concetto di terra promessa. In maniera più evidente, a Gerusalemme, tutto ciò che era rimasto del grande tempio di Salomone erano macerie carbonizzate. Nel 70 il futuro imperatore Tito aveva distrutto il tempio dopo aver represso una rivolta degli ebrei; dopo un'altra rivolta alla metà degli anni Trenta del II secolo l'imperatore Adriano aveva edificato una nuova città. Adriano aveva progettato di rimpiazzare il tempio con un santuario a Giove e aveva fatto erigere sul sito due statue di se stesso, ma aveva collocato la nuova città a occidente del monte del tempio devastato. Questa nuova città fu chiamata Aelia Capitolina, dalla dinastia aelia dell'imperatore e dalle divinità protettrici venerate sul Campidoglio a Roma. «La Gerusalemme ebraica sembrava estinta». All'inizio del IV secolo il nome romano di Aelia Capitolina era ormai così radicato che un magistrato romano non ricordava più come si chiamasse in precedenza la città. Durante la persecuzione in Palestina nel 310 un cristiano annunciò in tono di sfida che la sua città era Gerusalemme «una patria solo per i pii», collocata «in Oriente, verso il sole nascente». Il governatore provinciale rimase perplesso davanti a quel nome poco familiare e «pensò che i cristiani avessero fondato da qualche parte una città che era molto pericolosa e ostile ai romani». Il governatore aveva interpretato la visione del cristiano di una Gerusalemme celeste come un riferimento a una base segreta dei ribelli. La terra promessa un campo di terroristi: assente in maniera notevole in questo dialogo era ogni riconoscimento di una Gerusalemme associata con la vita di Gesù[17].

---

[16] *Itinerarium Burdigalense* 583.12-13 Elia e la vedova, 585.1 monte Carmelo, 586.6 Davide e Golia, 587.3 Abramo, 587.5-588.1 tomba di Giuseppe, 588.3-4 pozzo di Giacobbe, 588.9-10 sogno di Giacobbe, 589.7-9 piscine di Salomone, 590.5 palazzo di Salomone, 592.6 palazzo di Davide, 595.2-4 tomba di Isaia; con Bowman (1999) sul ruolo dell'*Itinerarium* nella spiegazione delle relazioni tipologiche e storiche tra Antico e Nuovo Testamento.
[17] Fondazione di Aelia Capitolina: Goodman (2000) 671-75. Tempio di Giove: Dione, *Historiae Romanae* 69.12.1; due statue: *Itinerarium Burdigalense* 591.4; cit. da Wilken

L'idea di una Gerusalemme cristiana si presentò finalmente solo al concilio di Nicea del 325, quando i vescovi discussero della posizione relativa del rango del vescovo di Gerusalemme. Anche se chiamavano ancora Aelia la città, decisero che il suo vescovo dovesse avere una posizione più elevata, pur rispettando il rango del vescovo metropolitano di Cesarea. L'organizzazione delle province ecclesiastiche tendeva a seguire quella della struttura romana delle province civili, e poiché Cesarea era la capitale della provincia di Palestina, il suo vescovo era il metropolita. Ma dal momento che la promozione della posizione di Gerusalemme e del suo vescovo ora metteva in secondo piano il suo basso prestigio di ordinaria cittadina provinciale, presumibilmente la cosa rifletteva una nuova visione alternativa dell'importanza della città come centro cristiano. Al concilio di Nicea i vescovi stavano evidentemente cominciando a immaginare una Palestina in cui la storia cristiana assumeva la preminenza sull'amministrazione romana. Poi Costantino aggiunse il suo appoggio. Poiché l'imperatore aveva partecipato ad alcune sedute del concilio, il suo interesse era una naturale conseguenza dell'aver udito i dibattiti sulle dottrine di Gesù Cristo Figlio e di suo Padre. Forse l'imperatore ora era incuriosito dal Gesù storico che stava alla base del Gesù teologico[18].

Poco dopo il concilio Costantino diede forma pratica al suo interesse per i siti della vita di Gesù. Emise un editto che ordinava la demolizione degli edifici sul Golgota a Gerusalemme e sollecitò gli scavi che portarono alla luce una caverna identificata come la tomba di Gesù. Diede ordine ai magistrati imperiali nelle province orientali di contribuire alla costruzione sul sito di una magnifica chiesa. Con una lettera diede incarico a Macario, il vescovo di Gerusalemme, di procurarsi tutto ciò che era necessario – artigiani, manovali, colonne, pannelli di marmo, lamine d'oro – per costruire «una chiesa più spettacolare di ogni altra in qualsiasi luogo». Il risultato finale fu un esteso complesso di edifici e monumenti. All'estremità occidentale c'era il sepolcro stesso, circondato da

---

(1992a) 43. Patria: Eusebio, *De martyribus Palaestinae* 11.11 (recensio prolixior), 9-12; per il governatore Firmiliano, vedi *PLRE* 1:338, «Firmilianus 2». In *Demonstratio evangelica* 8.3 (*PG* 22.636B), Eusebio afferma che i romani stavano coltivando sul monte del tempio, e che lui l'aveva visto arare con i buoi.

[18] Rango: Concilio di Nicea, Canone 7.

colonnati. In un angolo del vasto cortile antistante la tomba uno spuntone roccioso segnava il punto della crocifissione. Dall'altro lato del cortile c'era l'immensa chiesa del Santo Sepolcro. All'estremità orientale di questa chiesa un altro cortile si apriva su una strada trafficata. Secondo Eusebio la chiesa, i cortili, i colonnati e la glorificazione della crocifissione e della tomba avevano tutti contribuito alla creazione della «Nuova Gerusalemme»[19].

L'interesse di Costantino per la vita di Gesù diede risultati immediati. «Dietro suo ordine» furono costruite chiese non solo a Gerusalemme, sul sito della crocifissione e del sepolcro di Gesù, ma anche a Betlemme presso il luogo della sua nascita e sul monte degli Ulivi sul sito della sua ascesa al cielo. Ben presto cominciarono a sorgere santuari e monumenti che ricordavano anche altri luoghi santi della vita di Gesù. Quando nel 333 un pellegrino di Bordeaux arrivò in Palestina, ovviamente visitò quelle tre grandi chiese, che molto probabilmente erano ancora in costruzione. Inoltre, durante il suo viaggio visitò, o almeno ne prese nota, il punto in cui Gesù ricevete il battesimo da Giovanni Battista, la tomba di Lazzaro, il pinnacolo su cui Gesù fu tentato, la palma i cui rami avevano coperto la strada durante l'ingresso trionfale di Gesù, il colle su cui Mosè ed Elia erano apparsi a Gesù, il luogo dove Giuda aveva tradito Gesù, la casa di Ponzio Pilato e la colonna alla quale Gesù era stato legato e fustigato. Nel settembre 335 un concilio ecclesiastico celebrava la consacrazione della chiesa del Santo Sepolcro a Gerusalemme. In una serie di sermoni vari vescovi spiegarono passi biblici, discussero di teologia ed elogiarono la chiesa. Tra questi predicatori c'era Eusebio, il vescovo metropolitano di Cesarea, che pronunciò diversi sermoni[20].

---

[19] Eusebio, *Vita Constantini* 3.26.7 editto, 27-28 scavo e grotta, 29.2 magistrati, 30-32 lettera a Macario, 33.1-2 nuova Gerusalemme, 34-40 descrizione del complesso, con Wilkinson (1981) 39-46, 164-171 che discute gli edifici; Hunt (1982) 7-8 e Holum (1996) 141-43, che sottolineano il ruolo di guida di Macario; e Wilken (1992a) 88-100, (1992b), per un'eccellente analisi della reinterpretazione eusebiana di profezie bibliche per adeguarle a questi sacrari cristiani.

[20] «Iussu Constantini»: *Itinerarium Burdigalense* 594.2 tomba, 595.6 monte degli Ulivi, 598.7 Betlemme. Altri siti: *Itinerarium Burdigalense* 589.11-590.2 pinnacolo, 592.4-5 colonna, 593.2-3 casa di Pilato, 594.7 Giuda, 595.1-2 palma, 595.6-596.1 colle, 596.1-3 Lazzaro, 598.1-2 battesimo; con l'eccellente discussione dell'innovazione concettuale dell'*Itinerarium* in Elsner (2000b): «La notevole operazione con cui un oscuro villaggio provin-

Il patronato di Costantino era una «pia e devota confessione», e non c'è motivo di mettere in dubbio l'autenticità della sua devozione. Essa tuttavia si intrecciava comunque con le supplementari motivazioni politiche che lo spingevano alla promozione del culto di Gesù Cristo in Palestina. Una era la necessità di prendere le distanze, ancora, dai precedenti, dalle immagini e dalle azioni dei suoi predecessori tetrarchici. Nella lettera al vescovo Macario aveva sottolineato la sua venerazione per i martiri. Tanto tempo prima la crocifissione di Gesù aveva fornito il paradigma del martirio quale atto di sfida ai dominatori romani. Nel cristianesimo delle origini la tradizione del martirio aveva un'illustre reputazione, e a Roma Costantino era stato pronto a onorare alcuni dei primi martiri, san Pietro e san Paolo. Tra l'altro, su come si producono i martiri aveva anche un'esperienza diretta. La legislazione degli imperatori tetrarchici contro i cristiani era stata applicata innanzitutto nelle province orientali, e le loro persecuzioni, come anche la più recente ostilità sotto Licinio, avevano prodotto nuovi martiri. I cristiani ricordavano il regno tetrarchico per le persecuzioni subite. Di conseguenza, la decisione di Costantino di venerare i martiri era un'altra esplicita abiura di una specifica politica tetrarchica. Onorava «i memoriali dei defunti e delle loro tombe»; dedicava Costantinopoli, la «sua città», al «Dio dei martiri»; e a Gerusalemme venerava l'esemplare martire originario, Gesù Cristo. La sua grande chiesa del Santo Sepolcro a Gerusalemme fu quindi nota anche come Martyrium, «il luogo del martirio». Onorando le vittime, Costantino poteva ripudiare gli autori delle persecuzioni[21].

ciale nel bel mezzo del nulla veniva elevato a centro ideologico dell'impero cristiano» (p. 194). Eusebio, *Vita Constantini* 4.45, sermoni a Gerusalemme. Più tardi, sempre nel 335, Eusebio pronunciò un sermone sul tema del sepolcro del Salvatore in presenza di Costantino nel palazzo di Costantinopoli: vedi Eusebio, *Vita Constantini* 4.33. Per il contesto dell'orazione sopravvissuta di Eusebio su questa chiesa, *De laudibus Constantini* 11-18, vedi Drake (1976) 30-45. Holum (1990) 75 suggerisce che «Costantino stesse tentando di elaborare una nuova concezione dell'impero, con Gerusalemme in un certo senso al suo centro fisico»; Wharton (1995) 85-100 offre un'acuta discussione sull'appropriazione da parte di Costantino della città di Adriano come un esempio di «territorio colonizzato» (p. 97); Jacobs (2004) 139-199 situa lo sviluppo cristiano di Gerusalemme all'interno delle teorie degli studi postcoloniali.

[21] Eusebio, *De laudibus Constantini* 11.3 memoriali, 18.2 confessione; *Vita Constantini* 3.48.1 Costantinopoli. Martyrium: Egeria, *Itinerarium* 30.1: «[La chiesa] è chiamata Martyrium perché è sul Golgota, cioè dietro la croce su cui patì il Signore».

Costantino si dissociò ulteriormente dai ricordi del regime tetrarchico dando il proprio patrocinio alla costruzione di chiese cristiane a Gerusalemme. Nelle operazioni di sgombero del terreno per la chiesa del Santo Sepolcro i costruttori avevano rimosso un luogo di culto pagano dal sito della tomba di Gesù Cristo. Questo luogo di culto poteva essere stato un «oscuro santuario» dedicato ad Afrodite, o una statua di Giove. Dal momento che Giove era stato una divinità protettrice degli imperatori della tetrarchia, la sostituzione di quell'elemento con una nuova chiesa che commemorava la morte e la resurrezione di Gesù sarebbe stata un'altra chiara indicazione della diversità delle preferenze di Costantino. A Roma, una volta, Diocleziano e Massimiano si erano incontrati presso il tempio di Giove in Campidoglio; ma Costantino successivamente aveva declinato l'invito a partecipare a una festività pagana su quel colle. Ora, a Aelia Capitolina, avrebbe ripetuto il suo ripudio di Giove demolendo il santuario che era stato qui eretto a imitazione di quello in Campidoglio. Non solo non ci sarebbero state più persecuzioni di cristiani, ma la sua divinità protettrice ora era il Dio cristiano. Adesso anche nelle province orientali Costantino stava cercando di mettere fine all'era tetrarchica[22].

L'ombra della tetrarchia era solo una delle considerazioni politiche di Costantino; un'altra era l'interesse per la promozione della sua dinastia e per il problema della successione. Nel luglio del 326 ordinò l'esecuzione di Crispo, il figlio maggiore, per motivi che non conosciamo. Crispo potrebbe essere in realtà caduto vittima di un piano organizzato da Fausta, l'attuale moglie di Costantino, che aveva forse intenzione di promuovere le prospettive dei suoi figli a spese di Crispo, suo figliastro. Una volta scoperto l'intrigo, Fausta fu costretta a suicidarsi. A un anno dal concilio di Nicea Costantino aveva perso il figlio maggiore e la madre degli altri suoi tre figli. In quel concilio aveva cercato disperatamente di rafforzare l'unità politica del suo impero imponendo l'armonia re-

---

[22] Santuario di Afrodite: Eusebio, *Vita Constantini* 3.26.3. Statua di Giove: Gerolamo, *Ep.* 58.4: «Durante i circa centottanta anni dal tempo di Adriano fino al regno di Costantino, una statua di Giove era venerata sul luogo della resurrezione, e una statua marmorea di Venere fu eretta dai pagani e venerata sul monte della croce».

ligiosa all'interno del cristianesimo. Ora doveva vedersela con la discordia entro la sua stessa famiglia[23].

Costantino rispose usando lo sviluppo dei santuari cristiani in Palestina come un mezzo per mettere in chiaro e propagandare le sue idee sulla successione. Primo, c'era Eutropia, madre di Fausta. Entrambe le donne gli erano state d'aiuto agli inizi della sua ascesa al potere. Il matrimonio con Fausta nel 307 aveva consolidato la sua alleanza con gli imperatori Massimiano e Massenzio, rispettivamente padre e fratello della donna. Quando nel 312 Costantino ebbe sconfitto Massenzio, Eutropia si affrettò a dichiarare che il padre di suo figlio era stato in effetti un anonimo siriano; questa opportuna confessione permise a Costantino di riabilitare Massimiano, il suocero, come suo illustre antenato. Dopo aver sconfitto Licinio, però, Costantino non aveva più bisogno di questo particolare *pedigree* imperiale. Rispetto al passato, la morte di Fausta era ancora un'altra conferma della separazione di Costantino dagli imperatori tetrarchici e dalla loro ideologia. Rispetto al futuro, inoltre, Fausta era ugualmente sacrificabile, perché la discendenza da sua madre era non meno esclusiva. Eutropia quindi conservava una certa importanza politica in quanto nonna dei tre figli viventi di Costantino. Le permise di ritirarsi in Palestina, e continuò a onorarla come la sua «santissima suocera». In Palestina, sembra, Eutropia visitò siti biblici. Quando scrisse a Costantino sui sacrifici pagani che macchiavano il sito di Mamre, a sud di Gerusalemme, l'imperatore inviò lettere ai vescovi locali, compresi Macario di Gerusalemme ed Eusebio di Cesarea, raccomandando la costruzione di una nuova chiesa[24].

---

[23] Per le leggende sulle morti di Crispo e Fausta, vedi Barnes (1981) 220-221; Frakes (2006) 95 collega l'esecuzione di Crispo all'eliminazione dei sostenitori di Licinio.

[24] Per una discussione sui precedenti intrighi dinastici, vedi il Cap. III. Lettera di Costantino: Eusebio, *Vita Constantini* 3.52, santissima suocera; anche Sozomeno, *HE* 2.4. Cameron e Hall (1999) 300 suggeriscono che l'adulazione di Eutropia da parte di Costantino «diventa meno imbarazzante se la visita [in Palestina] ebbe luogo prima della morte della figlia Fausta, avvenuta nel 326». È più probabile che Eutropia si ritirasse in Palestina dopo la morte di Fausta. Nella lettera ai vescovi Costantino dava istruzione ad Acacio, «nostro eminentissimo *comes*», di collaborare alla costruzione della chiesa; Acacio serviva ancora come *comes* alla fine del terzo decennio del secolo; vedi Eusebio, *Vita Constantini* 3.62.1, con *PLRE* 1:6, «Acacius 4», che data la sua carica di *comes* al 326/330 ca. Per la «meravigliosa bellezza» della chiesa di Costantino a Mamre, vedi *Itinerarium Burdigalense* 599.5-6.

Eutropia era diventata un fattore importante nel patrocinio costantiniano in Palestina. Ma è significativo che il suo ruolo fosse limitato al sito di un famoso evento dell'Antico Testamento, che in seguito fu interpretato come una predizione della teologia del Nuovo Testamento. Secondo il racconto della Genesi, a Mamre tre sconosciuti erano apparsi ad Abramo profetizzando il suo ruolo determinante nella costituzione di Israele. Poiché i teologi cristiani avrebbero interpretato l'apparizione di questi tre visitatori come una teofania, lo stesso fece l'imperatore. «In quel luogo il Salvatore stesso con due angeli per la prima volta concesse ad Abramo un'apparizione della propria persona», annotò Costantino. «In quel luogo Dio apparve per la prima volta agli uomini». Il ruolo di Eutropia come patrona in Palestina si legava quindi al suo precedente ruolo politico. In passato aveva aiutato a confermare le credenziali di suo genero come erede del sistema imperiale tetrarchico successivamente da lui ripudiato. Ora promuoveva un sito, importante per la storia degli ebrei, che i cristiani avrebbero venerato come un'anteprima della nuova era di Gesù Cristo. Mentre Costantino onorava la suocera per il suo contributo ai primi passi della sua carriera, lei non avrebbe avuto un ruolo personale altrettanto importante nella formulazione dei suoi piani per il futuro: in religione come in politica, continuava a rappresentare un vecchio ordinamento che era stato ormai superato[25].

Secondo, c'era sua madre, Elena. Dopo l'esecuzione di Crispo, Costantino II, il maggiore dei tre figli sopravvissuti di Costantino, non aveva ancora compiuto i dieci anni. Se Costantino fosse morto, i naturali successori adulti sarebbero stati Flavio Dalmazio e Giulio Costanzo. Questi due fratellastri disponevano di un notevolissimo *pedigree*. Come Costantino stesso, erano figli di Costanzo; come i figli di Costantino, erano nipoti dell'imperatore Massimiano. Per preparare i suoi piani di successione, Costantino quindi doveva decidere quali antenati enfatizzare e quali accantonare. Aveva già ridotto l'importanza di Massimiano a favore di Eutropia, che

---

[25] Eusebio, *Vita Constantini* 3.53.3, in quel luogo. In *Demonstratio evangelica* 5.9 (*PG* 22.384A-B), Eusebio annota che a Mamre un dipinto raffigurava i tre visitatori di Abramo; poiché l'ospite centrale era più grande, Eusebio conclude che era il Signore e Salvatore. In *HE* 1.2.7-8 Eusebio suggeriva che il Signore Iddio che era apparso a Mamre poteva essere stato soltanto «il suo Logos».

era la nonna dei suoi tre figli ma non dei suoi fratellastri. Ora probabilmente avrebbe preferito anche minimizzare l'importanza di suo padre, Costanzo, che aveva in comune con i fratellastri. Costantino poteva invece evidenziare la rilevanza di sua madre. La discendenza da Elena escludeva i fratellastri e i loro figli; i suoi soli discendenti diretti erano Costantino, i suoi figli sopravvissuti e le sue due figlie, una delle quali era stata chiamata anch'essa Elena. Nella sua rappresentazione ideologica di se stesso, in passato Costantino era stato figlio di suo padre. Ora diventava soprattutto figlio di sua madre[26].

Costantino era già adolescente quando, verso la fine degli anni Ottanta del III secolo, il padre Costanzo aveva sposato Teodora, la figlia di Massimiano. Sua madre, Elena, era in seguito sparita dalla scena per decenni. Fece la sua riapparizione solo dopo che il figlio fu diventato imperatore, vivendo forse alla sua corte di Treviri, forse a Roma dopo il 312. Alla fine del 324, dopo aver sconfitto il suo ultimo rivale, Costantino promosse il rango della madre attribuendole il titolo di augusta, e la sua immagine cominciò ad apparire sulle monete. Cosa forse più significativa, almeno una comunità ora riconobbe la legittimità della sua precedente relazione con Costanzo. Una dedica a Salerno la definiva non solo madre di Costantino e nonna dei cesari, ma anche «la castissima moglie di Costanzo». Il riconoscimento del matrimonio di Elena costituì un ulteriore rafforzamento della legittimità di Costantino e della sua dinastia. Nell'estate del 326 Elena si incontrò con Costantino dopo l'esecuzione di Crispo, convincendolo, sembra, della complicità di Fausta. In Italia la notizia viaggiò veloce, e gli abitanti di Sorrento presto avrebbero riconosciuto la nuova posizione eminente di Elena all'interno della famiglia imperiale. Da una lapide dedicatoria in onore della famiglia di Costantino cancellarono accuratamente le parole «Fausta» e «moglie» e le sostituirono con «Elena» e «madre». Poco dopo Elena partì per visitare le province orientali, con il pieno consenso del figlio. Nel corso del viaggio distribuì doni a individui, città e soldati, si occupò dei poveri e dei carcerati, e fu generosa con chiese e santuari. I suoi contributi più significativi andarono a sostegno della nuova chiesa della Natività

---

[26] Per i rapporti tra Costantino e i fratellastri, vedi il Cap. III.

a Betlemme e alla nuova chiesa dell'Ascensione sul monte degli Ulivi. Dopo il concilio di Nicea, dopo lo scompiglio all'interno della dinastia in seguito all'esecuzione di Crispo, Elena divenne il rappresentante più visibile del regno di Costantino nelle province orientali[27]. Le dispute in corso tra teologi cristiani su Dio Padre e Figlio ben si amalgamarono con questa nuova posizione della madre di Costantino. A Betlemme una madre eccellente, Elena, onorò un'altra madre benedetta, Maria Vergine, quando «la piissima imperatrice adornò la gravidanza della "Genitrice di Dio" con meravigliosi memoriali». Sul monte degli Ulivi un «vero racconto» affermava che Gesù avesse istruito qui i suoi discepoli prima di ascendere al cielo. Elena ora si fece madrina di questi due siti associati in particolare con la nascita e l'ascensione, l'inizio e la fine della vita di Gesù sulla terra. Per Costantino e la sua dinastia lei rappresentava gli stessi punti di transizione, la nascita di suo «figlio, un sì grande imperatore», e il passaggio ai suoi successori, «i nipoti di lei». La presenza di Elena quindi enfatizzava la lunga continuità della dinastia di Costantino e la sua fusione con un nuovo fratello. Il risultato fu la costruzione di un'improvvisata «famiglia» dal simbolismo affascinante, costituita da un Padre, una madre e un Figlio di questa, e un'altra madre con figlio e nipoti. Questa famiglia immaginaria era simile a varie famiglie imperiali miste, come quelle di Costanzo o di Costantino stesso, che consistevano in un imperatore, successive mogli e una serie di figli. In questo caso, tramite sua madre, ora Costantino sembrava rivendicare l'affiliazione con un'altra famiglia regnante dotata di connessioni divine[28].

---

[27] Barnes (1982) 37, 125-126 sostiene che Costanzo era sposato con Teodora prima dell'aprile 289; per una panoramica sulle questioni relative, vedi Nixon e Rodgers (1994) 70n.38. Titolo di augusta: vedi il Cap. III. Dedica a Salerno: *ILS* 1:160, n. 708. Elena e Fausta: *Epitome de Caesaribus* 41.12, Zosimo, *Historia nova* 2.29.2, con il Cap. II, sulla possibilità della residenza di Elena a Roma. Lapide dedicatoria a Sorrento: *ILS* 1.160, n. 710, con Drijvers (1992) 49. Eusebio, *Vita Constantini* 3.43 Betlemme e il monte degli Ulivi, 44 doni, 45 chiese, 47.2 augusta, monete, con Bruun (1966) 26, e Barnes (1982) 9, per il conio; Drijvers (1992) 39-54, per monete e iscrizioni; e Hunt (1997a) 418, sul «carattere pubblico e ufficiale» del viaggio di Elena. Tradizioni più tarde attribuiscono a Elena un merito molto maggiore per questa costruzione in Terra Santa, includendo la scoperta della Vera Croce: vedi Drijvers (1992) 79-145 e Pietri (2001).

[28] Eusebio, *Vita Constantini* 3.42.1 figlio e nipoti, 43.2 imperatrice, 43.3 vero racconto. Si noti che anche Gesù, secondo tradizioni più tarde, sarebbe cresciuto in una famiglia

Un decennio più tardi, riferendo delle attività di Elena in Palestina, Eusebio sembra incoraggiare ancora questo carattere di elusività nelle connessioni familiari di Costantino e di sua madre. Secondo il racconto che fa della fine della vita di Elena, costei aveva lasciato i suoi averi «al suo figlio unigenito, l'imperatore che da solo governava il mondo, e ai suoi figli, i cesari, che erano i nipoti di lei», Nel contesto delle correnti dispute dottrinali, un riferimento a un «Figlio unigenito» non poteva che richiamare alla mente Gesù Cristo; ma, nel caso specifico, questo «figlio unigenito» era Costantino. Inoltre, presente al suo letto di morte era «un così gran figlio, che la confortò e le tenne le mani». Se Elena era davvero morta in presenza di Costantino, allora anche il figlio di cui si parla qui era l'imperatore. Ma la descrizione di Eusebio era al tempo stesso così imprecisa e così imbevuta della terminologia tecnica della disputa teologica che lascia anche l'impressione che fosse stato presente il Figlio stesso. Nel compiere la transizione dalla «vita sulla terra» alla «vita nel cielo», l'anima di Elena «si trasformò nell'incorruttibile essenza di un angelo». Nell'essere «trasportata presso il suo Salvatore», Elena sembra aver vissuto una sua ascensione, recuperando la propria essenza divina. Forse era stata da sempre una Madre divina[29].

Alla metà del terzo decennio Costantino ebbe l'occasione di riscrivere la propria vita, tanto il passato quanto il futuro. La sconfitta di Licinio, suo ultimo rivale, gli permetteva di rivalutare i suoi antenato; l'esecuzione del figlio Crispo lo spingeva a riconsiderare il ruolo di successori dei figli sopravvissuti. Un nuovo testo pubblico era la Terra Santa in Palestina, dove a Gerusalemme e in altri siti iscrisse un resoconto del suo regno. Onorando momenti centrali nella vita di Gesù, poté anche sottolineare aspetti significativi

---

mista. I suoi fratellastri «secondo la carne» comprendevano Giacomo e Giuda, figli di Giuseppe: vedi Eusebio, *HE* 2.1.2, 2.23.1, 3.19-20, 7.19. Giacomo sarebbe stato eletto primo vescovo di Gerusalemme. Il suo successore fu Simone, un «cugino del Salvatore», il cui padre, Cleofa, era fratello di Giuseppe: vedi Eusebio, *HE* 3.11, 32.6.

[29] Eusebio, *Vita Constantini* 3.46.1 επί μονογενεῖ υἱῷ βασιγεῖ, 2 così gran figlio; per μονογενής riferito al Figlio di Dio, vedi *Vita Constantini* 1.32.2. Si noti che Cameron e Hall (1999) offuscano questo parallelismo con diverse traduzioni di μονογεής: «il Figlio Unigenito» (p. 82) quando applicato a Gesù, ma «il suo unico figlio» (p. 139) quando applicato all'imperatore. Il luogo e la data della morte di Elena sono incerti: vedi Drijvers (1992) 73 e il Cap. II.

della propria vita. La fondamentale figura transizionale fu sua madre. Mediante il suo patronato per varie chiese, Elena parve offrire un punto di congiunzione tra suo figlio, Costantino, e il Figlio, Gesù Cristo, che collocava i suoi discendenti come membri di una dinastia regnante divina. I santuari a Gerusalemme e dintorni quindi commemoravano sia la biografia di Gesù sia l'autobiografia di Costantino.

Figlio di una vergine

Un altro veicolo di autobiografia fu Costantinopoli, che Costantino stava proprio allora sviluppando. Allo stesso modo in cui Costantino aveva avuto bisogno ripetutamente di reinventare la propria discendenza imperiale, questa nuova capitale imperiale richiedeva analogamente una storia bell'e fatta che collocasse convenientemente la città nell'antichità greca e romana. Per essere accettata come nuova capitale, Costantinopoli doveva mostrarsi antica. Costantino quindi importò statue e monumenti antichi da Roma e da province di tutto il Mediterraneo orientale. Molte di queste antichità confiscate furono messe in mostra nell'ippodromo: tra queste la Colonna del Serpente da Delfi, che era servita a commemorare una famosa vittoria dei greci sui persiani, e una statua bronzea da Nicopoli, che ricordava la vittoria finale di Augusto. Questi celebri monumenti ribadivano la posizione di Costantino come autentico protettore dei greci e come vero erede degli imperatori romani. Questi riaffermava ulteriormente il proprio *pedigree* imperiale, compresa la sua provenienza tetrarchica. Una statua di Diocleziano venne collocata in un punto dell'ippodromo, e nella sala del senato Costantino pose una statua di bronzo che raffigurava se stesso e la moglie Fausta. Commemorava, ovviamente, anche la madre. In particolare, ribattezzò una piazza esistente che si trovava nel centro della città adiacente all'ippodromo, al palazzo imperiale e alla chiesa di Hagia Sophia. Questa grande piazza ora prese il nome di Augusteum, in onore di Elena Augusta. Accanto all'Augusteum, Costantino eresse una statua di sua madre[30].

---

[30] Per la Colonna del Serpente e la statua vedi Bassett (2004) 62, 213, 224-27, in un

Nella rappresentazione della sua vita a Gerusalemme e a Costantinopoli, Costantino mise in chiara evidenza l'importanza del ruolo della madre. Spiccava per il notevole contrasto la corrispondente vaghezza su suo padre. Dopo il 324, quando non doveva più preoccuparsi di rivali imperiali che potessero rappresentare dinastie alternative, ridusse il numero delle dediche che lo ricordavano come «figlio del divino Costanzo». Né c'era un monumento pubblico in memoria di sua padre a Costantinopoli. Costantino ora sembrava essere il figlio di una vergine[31].

Invece, nel corso degli anni successivi l'imperatore sviluppò nuove idee sulla propria speciale posizione e intimità con Dio Padre e Gesù Cristo, arrivando talvolta ad appropriarsi di ruoli divini. Nel 330 espresse le scarse speranze che nutriva sui vescovi donatisti scismatici in Africa la cui ostinazione, a suo parere, li aveva accecati impedendo loro di vedere la necessità di pensare alla propria futura salvezza. Nella sua lettera l'imperatore sembrava attribuirsi un potere soteriologico che avrebbe potuto avvantaggiare questi vescovi se solo essi avessero voluto ascoltarlo. Invece, nonostante gli inviti e gli ammonimenti, la sua grande frustrazione era che non fosse riuscito a salvarli. «Se avessero deciso di sottostare ai miei ordini, si sarebbero salvati da ogni male». Qualche anno dopo Costantino inviò una lunga lettera al prete Ario caduto in disgrazia, che conteneva una sconcertante miscela di irrisione e conciliazione. Alla fine della lettera l'imperatore offriva ad Ario aiuto per purificare la sua coscienza. «Vieni da me, vieni, dico, da un uomo di Dio. Sta' certo che con le mie domande esaminerò i misteri del tuo cuore. E se mi sembrerà di scorgervi qualche follia in agguato, richiamerò la grazia di Dio e ti purificherò». Questo invito a visitarlo suonava come un richiamo a confessare i suoi peccati. In queste controversie dottrinali l'imperatore ora si presentava come un salvatore[32].

eccellente resoconto tanto dei singoli monumenti quanto del significato dell'intera collezione di Costantino. Statue di Fausta e Diocleziano: *Parastaseis syntomoi chronikai* 43, 76, con Cameron e Herrin (1984) 232, 270. Augusteum: *Notitia urbis Constantinopolitanae* 5.7, 16.52, con Cameron e Herrin (1984) 262-263. Statua della madre «su una snella colonna di porfido»: Giovanni Malalas, *Chronographia* 13.8.

[31] Figlio di Costanzo: per un calcolo sul numero delle iscrizioni, vedi Grünewald (1990) 122n.59, 146.

[32] Vescovi donatisti: Optato, Appendix 10.37a, data febbraio 330. Lettera di Costantino ad Ario: Urkunde 34-42, ed. Opitz (1934-1935) 74, cit. in Atanasio, *De decretis Nicaenae*

Costantino sviluppò inoltre un forte interesse, soprattutto verso la fine del regno, ad associarsi direttamente con Gesù Cristo. Donò ornamenti e ricami alle nuove chiese di Betlemme e sul monte degli Ulivi, e certamente valorizzò la chiesa del Santo Sepolcro a Gerusalemme. Dalla nascita alla morte all'ascensione, Costantino aveva sostanzialmente incorporato l'intera vita terrena di Gesù nelle tradizioni della sua famiglia. Né la morte li avrebbe separati. Dopo la cerimonia della dedica per la chiesa del Santo Sepolcro nel 335, uno dei vescovi arrivò addirittura a proclamare che Costantino, essendo stato ritenuto degno del governo imperiale in questa vita, avrebbe in quella futura regnato al fianco del Figlio di Dio. Insieme, avrebbero regnato come diarchi, come Diocleziano e Massimiano decenni prima, indistinguibili fratelli[33].

Promemoria di questa intima associazione tra imperatore e Gesù Cristo dilagarono nella nuova capitale. Benché chiamata con il nome dell'imperatore, Costantinopoli era nota anche come «Cristopoli», la città di Cristo. In un nuovo foro l'imperatore eresse una statua colossale di se stesso in cima a un'alta colonna di porfido. Gli abitanti della città in seguito dicevano che avesse posto anche una reliquia della Vera Croce in questa statua, e qualcuno le rivolgeva anche preghiere «come a un dio». Sopra l'ingresso del palazzo Costantino installò un dipinto che raffigurava lui e i suoi figli con una croce al di sopra delle teste e un serpente sotto i piedi. Questo ritratto commemorava il successo militare dell'imperatore su Licinio, un rivale imperiale che a suo tempo lui stesso aveva definito «un serpente». Presentava anche l'imperatore come un altro salvatore che aveva sconfitto il male con l'aiuto della croce. Di conseguenza, Eusebio interpretò questo ritratto nei termini di una profezia dell'Antico Testamento che veniva convenzionalmente applicato al ruolo soteriologico di Gesù Cristo[34].

---

synodi 40.42. Per l'iniziativa di Costantino nel definire un imperatore cristiano, vedi Pietri (1997a) 280: «C'est l'empereur qui a consciemment donné le départ à toute cette imagerie du roi chrétien».

[33] Eusebio, *Vita Constantini* 3.41-43 chiese a Betlemme e al monte degli Ulivi, 3.25-40, 4.43-46 chiesa del Santo Sepolcro, 48 vescovo, con Walker (1990) 184-198 sulla teologia di questi tre siti in Palestina, 235-81 sul significato della tomba e della chiesa del Santo Sepolcro.

[34] Costantinopoli come città di Cristo: Sozomeno, *HE* 2.3.8. Statua e reliquia: Socrate, *HE* 1.17, con Fowden (1991). Preghiere: Filostorgio, *HE* 2.17. Eusebio, *Vita Constantini*

Infine Costantino eresse un edificio sacro (un mausoleo o una chiesa) che servisse da suo monumento funebre nella nuova capitale. Questo santuario conteneva una nicchia per il sarcofago circondata da dodici cenotafi che rappresentavano i dodici apostoli, e su cui probabilmente erano incisi i loro nomi. Poiché l'imperatore stesso aveva donato alla chiesa del Santo Sepolcro a Gerusalemme le dodici colonne che circondavano l'abside e commemoravano i dodici apostoli, sicuramente era consapevole di che cosa significasse porre la sua propria tomba nel mezzo di queste dodici tombe simboliche. Durante la sua malattia finale Costantino riconobbe di aver sempre sperato di poter imitare il Salvatore facendosi battezzare nel Giordano. Ora, anche dopo la sua morte, la collocazione del sarcofago avrebbe continuato a ricordare alla gente la sua posizione di equivalente di Gesù Cristo[35].

Uno dei contributi alle dispute dottrinali in corso consistette nell'esporre pubblicamente questa corrispondenza tra Gesù Cristo il Figlio e se stesso. Promuovendo i luoghi santi del ministero di Gesù in Palestina, commemorando Gesù nella sua nuova capitale, e sperando di rivivere momenti della vicenda di Gesù, Costantino si era inserito nella vita di Gesù come protettore e come simile. La sua sincera devozione era indubbiamente un fortissimo motivo; obiettivi altrettanto potenti erano il rafforzamento della propria autorità imperiale e la promozione dei suoi progetti per la successio-

3.3 ritratto (citando Isaia 27,1), con 2.46.2 descrizione di Licinio da parte di Costantino in una lettera a Eusebio; anche Eusebio, *Commentarii in Isaiam* 27.1 (*PG* 24.280A-B), per il commento di Eusebio su questo versetto: «Secondo le sue istruzioni, Dio non vuole distruggere quelli che si sono pentiti, ma purificarli e santificarli». Per l'interpretazione di Isaia da parte di Eusebio, vedi Leeb (1992) 51 sul ritratto: «Im Konstantinopler Bild setzte sich aber Konstantin an die Stelle Christi und vollbringt dessen Werk»; Wilken (1992a) 79 sul commento: «Eusebio usa il simbolismo trionfante di Isaia sull'età messianica per descrivere il regno del nuovo imperatore cristiano»; e Hollerich (1999) 200 sul versetto: «Questa era l'espressione del trionfo finale di Cristo».

Un monumento a Costantinopoli potrebbe aver voluto raffigurare la nuova «famiglia» di Costantino. Secondo una tradizione posteriore, presso una nuova chiesa dedicata alla Theotokos, la Vergine Maria nel suo ruolo di Madre di Dio, Costantino eresse statue di se stesso, di sua madre, di Gesù e della Vergine: vedi *Parastaseis syntomoi chronikai* 53, con Cameron e Herrin (1984) 240.

[35] Eusebio, *Vita Constantini*, 3.38 dodici colonne nella chiesa del Santo Sepolcro, 4.58-60 santuario, 62.2 Giordano; con Dagron (1974) 407 sulle «prétentions véritables de Constantin qui, dans sa ville, se veut l'égal du Christ»; e Krauthimer (1983) 3 sulla «topografia politica» di Costantinopoli.

ne. Nel corso di questo processo, però, aveva mescolato intimamente filosofia politica e teologia cristiana. Fin dal regno di Augusto storici e intellettuali avevano usato *basileus*, «re», come appropriato equivalente greco per «imperatore»; predicatori cristiani da tempo applicavano questo medesimo titolo a Dio e a Gesù; ora Costantino mostrava di essersi appropriato di alcune funzioni divine. Il risultato finale fu un Gesù Cristo simile a un imperatore e un imperatore simile a Cristo.

Biografia come teologia

È probabile che il patronato di Costantino su questi luoghi santi in Palestina suscitasse in Eusebio sentimenti contrastanti. Certamente apprezzava la promozione da parte dell'imperatore delle dottrine su Gesù Cristo e le sue iniziative per favorire la costruzione di nuove chiese. D'altra parte, non gli sfuggiva il fatto che la crescente reputazione della chiesa del Santo Sepolcro poteva suggerire al vescovo di Gerusalemme di sfidare l'autorità metropolitana detenuta da lui, vescovo di Cesarea. Eusebio si sarebbe trovato anche ad affrontare obiezioni alle sue dottrine da parte di persone come Marcello di Ancira, nonostante il successivo tentativo di diffamare la teologia dell'avversario. In realtà, fu possibile per qualcuno leggere i trattati di Eusebio contro Marcello come l'ennesima prova che dopotutto era lui stesso un autentico «arianizzatore»[36].

Dopo il concilio di Nicea Eusebio aveva beneficiato dell'appoggio di Costantino. In cambio, aveva sperato di indirizzare le azioni e il pensiero dell'imperatore attraverso lettere, occasionali panegirici e trattati dottrinali. Inoltre, dopo la morte dell'imperatore si dedicò a comporre una biografia. Sembra che stesse raccogliendo da tempo il materiale per questa *Vita*. Rilesse i propri scritti, e in vari punti della biografia, in particolare nei primi due libri, riciclò passi di opere precedenti quale la *Storia ecclesiastica*. Inserì nella *Vita* molte delle lettere di Costantino che aveva ricevuto come de-

---

[36] Eusebio come arianizzatore: Socrate, *HE* 2.21.1. Marcello visse fino agli anni Settanta del IV secolo; vedi Barnes (1993) 93.

stinatario o che nel corso degli anni era riuscito a procurarsi. Incluse anche storie che aveva udito direttamente dall'imperatore. Questa *Vita* era dunque un miscuglio alquanto confuso di biografia, panegirico, dossier di documenti imperiali e antologia di tradizioni orali. Eusebio, si direbbe, aveva inventato un nuovo genere letterario[37].

Reperire un modello per la vita di un imperatore cristiano era a sua volta cosa non facile, ed Eusebio considerò varie differenti opzioni. Per la prima parte del regno in particolare, accostò Costantino a Mosè, il grande leader dell'Antico Testamento. Nel raccontare la vittoria dell'imperatore su Massenzio, per esempio, Eusebio pensò immediatamente al trionfo di Mosè sul faraone. All'inizio della biografia considerò anche l'idea, poi scartandola però, di ricorrere a un parallelo con il re Ciro, fondatore dell'impero persiano, o con Alessandro Magno. L'unico imperatore romano da lui menzionato come meritevole di imitazione fu Costanzo, il padre di Costantino. Inoltre si soffermò sulla possibilità di presentare l'imperatore come un equivalente secolare dei vescovi. Nel cercare un modello appropriato per un imperatore cristiano Eusebio pensò a un campione dell'Antico Testamento, a grandi conquistatori, a un imperatore romano, e persino a vescovi come lui stesso[38].

Un altro possibile paradigma per un grande sovrano cristiano era Gesù Cristo. Quella con Gesù era un'analogia naturale, per due motivi. Uno riguardava le tradizioni della filosofia politica greca. I filosofi greci avevano già articolato una filosofia politica, persino una teologia politica, sui monarchi, teorie che autori successivi avevano applicato a imperatori romani. Le loro idee identificavano il sovrano con il legislatore, o con la legge stessa, facendo di lui la «legge animata». Avevano suggerito che un sovrano non solo rap-

---

[37] Sulla *Vita* come «esperimento di agiografia», vedi Barnes (1989b) 110, il quale sostiene che Eusebio combinò la bozza di un panegirico composto dopo la morte di Costantino con una narrazione storica precedente che già comprendeva una raccolta di documenti storici: «La *Vita di Costantino* ebbe origine come continuazione dell'edizione finale della *Storia ecclesiastica*» (p. 114); approfondito in Barnes (1994b). Drake (1988), (2000) 374-375 afferma che Eusebio fece ricerche a Costantinopoli dopo l'estate del 336, forse durante la Pasqua del 337.

[38] Eusebio, *Vita Constantini* 1.7 Ciro e Alessandro, 12 Costanzo, 38 Mosè e il faraone, 44.2 «come un comune vescovo ordinato da Dio», 4.24 «Io sono un vescovo ordinato da Dio per quelli che sono fuori». Per la natura sperimentale della *Vita di Costantino*, vedi Cameron e Hall (1999) 27-34; la comparazione con Mosè, l'Introduzione alla sezione «Un impero romano greco»; la comparazione con i vescovi, Rapp (1998), (2005) 129-131.

presentava o imitava un dio, o gli dei, sulla terra, ma che poteva anche diventare egli stesso divino. E avevano sostenuto che, conseguendo la perfetta armonia interna, il sovrano poteva diventare virtualmente un salvatore grazie alla sua capacità di trasmettere questa armonia al suo regno e ai suoi sudditi. Le idee della filosofia politica greca sembravano dunque applicabili tanto a un imperatore cristiano quanto a Gesù Cristo. Di conseguenza, un secondo motivo per cui Eusebio potrebbe aver trovato attraente questa analogia era, non troppo sorprendentemente, che essa costituiva un'apologia a favore della sua teologia personale. Quanto più Gesù Cristo e Costantino si rassomigliavano, tanto più Gesù era nettamente diverso da Dio Padre e a esso subordinato[39].

Nella *Vita* a volte Eusebio descrive Costantino ricorrendo alla terminologia utilizzata nelle controversie dottrinali in corso. Definisce costantemente l'imperatore come «amico di Dio», e afferma che Dio soltanto ha scelto Costantino come sovrano. Quando l'imperatore si rivolge ai provinciali in un editto, Eusebio lo paragona allo «squillante araldo del Signore». Quando entra nel concilio dei vescovi a Nicea, Eusebio, che vi partecipa, lo paragona a «un celestiale angelo di Dio». Nella confessione di fede all'inizio della *Storia ecclesiastica* Eusebio aveva descritto Gesù Cristo il Figlio come «l'angelo della grande guida». In un panegirico che nel 336 celebrava il trentennale dell'imperatore, nuovamente definiva il Logos «angelo della grande guida». Nell'ottica interpretativa di Eusebio, e nella sua teologia, Gesù Cristo e l'imperatore erano entrambi «angeli», messaggeri di Dio in terra. Il culmine della sua presentazione di Costantino come speciale rappresentante di Dio è la sua estatica descrizione del banchetto offerto dall'imperatore ai vescovi dopo il concilio. Eusebio era tra gli ospiti: «Si poteva pensare che si stesse presentando un'immagine del regno di Cristo». Come nei panegirici di Eusebio, anche nella *Vita* Gesù Cristo e Costantino erano simili, ed entrambi erano subordinati al Dio Padre[40].

---

[39] Vedi Dvornik (1966) 243-277 sulla filosofia politica greca, 614-622 sulla sua applicazione da parte di Eusebio a Gesù Cristo e Costantino, e Drake (2000) 384-392 sul tentativo di Eusebio di ridefinire il buon governo in termini di valutazione da parte dei vescovi.

[40] Eusebio, *Vita Constantini* 1.24 scelta, 2.61 araldo, 3.10.3 angelo celestiale, 15.2 regno di Cristo, con ulteriore discussione del banchetto nel Cap. IV; *HE* 1.2.3 angelo; *De laudibus Constantini* 3.6, angelo della grande guida, con Van Dam (2003c), per le motivazioni di

La *Vita* di Eusebio era quindi un altro trattato teologico sotto mentite spoglie, un altro tentativo di difendere le proprie dottrine, questa volta trasformando Costantino nell'incarnazione della sua teologia. Eusebio aveva mutato il soggetto della *Vita* in un veicolo per rappresentare le sue dottrine. Dopo il concilio di Nicea Costantino aveva appoggiato Eusebio; dopo la morte dell'imperatore Eusebio lo convertiva in una personificazione della propria teologia. Nella *Vita* aveva immaginato un Costantino che poteva essere compreso solo nel contesto di una teologia ariana subordinazionista che permetteva di vederlo come un analogo di Gesù Cristo.

Tale analogia con Gesù Cristo offre agli storici moderni un'interessante opzione aggiuntiva per rintracciare un antecedente al nuovo genere letterario della *Vita*. Se Costantino era come Gesù Cristo, allora la *Vita* eusebiana era diventata qualcosa di simile a un Vangelo di un imperatore cristiano. Questa *Vita* era un vero testimone per l'imperatore, al tempo stesso confessione di fede ed esortazione al lettore. Di conseguenza, come i Vangeli del Nuovo Testamento si concludevano con le apparizioni di Gesù dopo la morte e la resurrezione, questa *Vita* analogamente includeva un resoconto della vita dell'imperatore dopo la morte. I figli di Costantino furono dichiarati imperatori *seniores* più di tre mesi dopo la morte del padre. Eusebio sorvola su questo protratto interregno assicurando che Costantino aveva continuato nel suo ruolo di imperatore: «Unico tra i mortali, il benedetto regnò anche dopo la sua morte». Anzi, Eusebio accenna persino alla possibilità di una resurrezione: «Governò l'intero impero come dopo un ritorno alla vita». Come il Salvatore era apparso ai discepoli dopo la resurrezione, così Costantino assicurava il protrarsi del suo regno grazie alla successione dei suoi figli. Lui, però, come Gesù, era poi asceso al cielo. Alla notizia della sua morte, il popolo romano espose un ritratto a colori raffigurante Costantino «che godeva dell'etereo riposo al di sopra dell'arcata del cielo». Questo ritratto fu affisso presumibilmente in previsione della celebrazione del funerale e della sepoltura dell'imperatore. Ma con loro grande delusione, un

---

Eusebio nel sottolineare questa somiglianza. Per le frequenti descrizioni di Costantino come ὁ τῷ θεῷ φίλος e θεοφιλής, vedi Winkelmann (1991) 195, 226, con Drake (1976) 158n.1 sulla grammatica; per l'uso di «angelo» in Eusebio, vedi Hanson (1988) 48-49.

ritratto fu tutto ciò che i cittadini di Roma avrebbero avuto, perché il corpo di Costantino non sarebbe stato sepolto nel mausoleo accanto a sua madre. Come Gerusalemme, Roma ora poteva commemorare solo un sepolcro vuoto[41].

Il Battista

Mentre giaceva moribondo, Costantino ricordò che una volta aveva sperato di seguire l'esempio di Gesù facendosi battezzare nelle acque del Giordano. Nel 337, poco dopo aver celebrato la Pasqua a Costantinopoli, s'era ammalato. Cercando sollievo, si recò alle terme nei pressi di Elenopoli, una città vicina che aveva preso il nome da sua madre, dove probabilmente pregò anche in una cappella dedicata ai martiri. Dopo aver viaggiato fino alle porte di Nicomedia convocò alcuni vescovi e annunciò il desiderio di ricevere il battesimo. «Un tempo intendevo accogliere il sigillo della salvezza nelle acque del fiume Giordano, dove si ricorda che il Salvatore ricevette il battesimo come esempio per noi». Adesso invece avrebbe accettato il battesimo da questi vescovi. Costantino morì poco dopo, il 22 maggio, giorno di Pentecoste[42].

I soldati della cerchia imperiale immediatamente acclamarono Costantino come «padrone, signore e imperatore», e alcuni piansero la perdita del loro «buon pastore». La salma di Costantino fu esposta nel palazzo imperiale di Costantinopoli finché suo figlio Costanzo arrivò per guidare il corteo funebre. La descrizione di Eusebio del funerale è così vibrante che dà l'impressione che lui stesso fosse presente. In questo caso, forse avrà visto la cosa come un'occasione perduta[43].

Il patrocinio di Costantino per lo sviluppo della Palestina come

---

[41] Eusebio, *Vita Constantini* 4.67.3 unico, 69.2 ritratto, 71.2 dopo il ritorno, 72 «come il suo Salvatore», con Cameron e Hall (1999) 348, «l'apoteosi dell'imperatore defunto era molto vicina a una resurrezione cristiana».

[42] Eusebio, *Vita Constantini* 4.60.5-64.2 morte e battesimo, 62.2 fiume Giordano, con Burgess (1999a) 219-32, (1999b), che chiarisce i particolari del viaggio finale di Costantino. Costantino presumibilmente avrebbe fatto una deviazione per la Palestina prima o subito dopo la progettata invasione dell'impero persiano: vedi Fowden (2006).

[43] Eusebio, *Vita Constantini* 4.65.1-2 acclamazioni, 66-71 funerale, con Cameron e Hall (1999) 346, «scrive come se egli stesso fosse stato lì».

Terra Santa cristiana aveva elevato in notevole misura la posizione di Gerusalemme. E aveva elevato anche il prestigio del vescovo di Gerusalemme, che ora poteva cominciare a presentarsi come pari del vescovo metropolitano di Cesarea, Eusebio stesso. E Costantino, se la salute gli avesse permesso di recarsi in Palestina, avrebbe certamente visitato importanti santuari in Gerusalemme e dintorni con il vescovo locale. Ma quella visita avrebbe dato a Eusebio un'ulteriore opportunità di mettersi in mostra. Se Costantino fosse stato in grado adesso di seguire le orme di Gesù facendosi battezzare nel Giordano, Eusebio, in quanto vescovo metropolitano, avrebbe con molta probabilità presieduto alla cerimonia. In questo caso Eusebio avrebbe rivestito il ruolo di Giovanni Battista, di messaggero del regno di Costantino imperatore cristiano e, forse, l'araldo della teologia dell'imperatore.

Vescovi come Eusebio, che vedevano Costantino come la realizzazione della storia cristiana e l'incarnazione della giusta teologia cristiana, avevano evidentemente apprezzato l'ascesa al trono di un imperatore cristiano. Ma allora come ora, gli storici e i teologi sono più bravi a riconfigurare il passato che a predire il futuro. Anche se successivi imperatori continuarono a proteggere la Terra Santa, al tempo stesso ne minarono sottilmente il prestigio. Non solo non vi si recarono in visita da pellegrini; poco a poco ne rimossero un numero sempre più grande di reliquie. Nella chiesa dei Santi Apostoli a Costantinopoli, che faceva parte del complesso in cui sorgeva il mausoleo di Costantino, l'imperatore Costanzo dedicò reliquie di Andrea apostolo, di Luca evangelista e del missionario Timoteo. Nel tardo IV secolo l'imperatore Teodosio importò la testa di Giovanni Battista. A quel punto la nuova capitale conteneva santuari che commemoravano tanto il precursore di Gesù quanto i suoi successori. Alla fine Costantinopoli acquisì così tante reliquie bibliche che sembrò aver soppiantato la stessa Terra Santa. La Nuova Roma era diventata anche la «Nuova Gerusalemme»[44].

---

[44] Burgess (2003) ipotizza che già nel 336 Costantino avesse importato le reliquie di Andrea e Luca per quello che divenne il suo mausoleo, e che Costanzo le trasferisse nella nuova chiesa dei Santi Apostoli nel 357 affiancandole alle reliquie di Timoteo; Hunt (1997b) sottolinea l'assenza di coinvolgimento di Teodosio nella Terra Santa. Per le reliquie di Giovanni Battista, vedi il Cap. XII. Costantinopoli come Nuova Gerusalemme: *Vita Danielis stylitae* 10.

Eusebio aveva pensato che la Gerusalemme cristiana che rimpiazzava la romana Aelia fosse la Nuova Gerusalemme. Probabilmente non avrebbe immaginato che a un certo punto un'altra Nuova Gerusalemme sul Bosforo potesse diventare un contrappeso, anzi una rivale, della Gerusalemme in Palestina. Né la sua convinzione che l'istituzione di un ruolo imperiale cristiano fosse un segno della divina provvidenza gli aveva permesso di simpatizzare con le tese relazioni che si sarebbero sviluppate tra alcuni vescovi e imperatori. Anche in questi casi Giovanni Battista poteva nuovamente servire da modello spirituale, visto che una volta aveva sfidato un sovrano poco raccomandabile. Nella loro volontà di opporsi a un imperatore sia pure cristiano, questi uomini di chiesa di un tempo posteriore erano pronti, come Giovanni Battista, a subire il martirio. Come onorata reliquia, la testa di Giovanni Battista costituiva dunque un promemoria del suo peculiare duplice ruolo di precursore di una nuova era e di oppositore di un regime nefando. Gli ecclesiastici potevano interpretare il paradigma della sua vita in modi contrastanti, come adulazione per un imperatore ammirevole o come opposizione a un imperatore dispotico. Eusebio poteva immaginare se stesso come il Battista che aveva precorso gli insegnamenti del monarca scelto dal Signore; vescovi successivi potevano invece vedersi come il Battista che aveva sfidato un sovrano tirannico[45].

---

[45] Per la comparazione applicata al vescovo Basilio di Cesarea, vedi Gregorio Nisseno, *In Basilium fratrem* 14, «Giovanni [il Battista] parlò apertamente a Erode [il re], e Basilio a Valente [l'imperatore]», con Van Dam (2002) 118-135 per il contesto.

XII

ALLA RICERCA DELLA DOTTRINA CRISTIANA DELL'IMPERATORE

Secondo la leggenda, dopo l'esecuzione Giovanni Battista era stato sepolto a Sebaste (al tempo Samaria), sulla sponda occidentale del fiume Giordano. Durante il regno di Giuliano alcuni nemici del cristianesimo ne profanarono la tomba e ne dispersero le ossa. Stando allo storico Rufino, alcuni monaci di Gerusalemme riuscirono a raccogliere le sacre reliquie di Giovanni e le portarono al loro monastero. Mandarono le reliquie, perché le tenesse al sicuro, ad Atanasio, vescovo di Alessandria. Secondo lo storico Sozomeno, monaci di Gerusalemme che erano migrati in Cilicia trovarono la testa di Giovanni. L'imperatore Valente ordinò che fosse portata a Costantinopoli, ma la reliquia non arrivò più in là di un villaggio nei pressi di Calcedonia. Verso la fine del suo regno l'imperatore Teodosio visitò il villaggio e portò la testa a Costantinopoli. A quel punto Giovanni Battista era già salutato come riverito fondatore del monachesimo e della vita ascetica. Ora uno scarmigliato profeta che un tempo aveva vissuto di locuste e miele selvatico nel deserto veniva onorato in una nuova chiesa nella capitale orientale[1].

Eusebio aveva concluso l'edizione definitiva della sua *Storia ecclesiastica* con la vittoria di Costantino sul suo ultimo rivale imperiale. Quando, negli anni seguenti, fu chiaro che il cristianesimo avrebbe continuato a godere del sostegno imperiale, gran

---

[1] Sepoltura a Sebaste: Girolamo, *Ep.* 46.13, 108.13. Profanazione: Rufino, *HE* 11.128, con Thélamon (1981) 290-294, sull'idea di Rufino di sacrilegio pagano; anche Filostorgio, *HE* 7.4. Sozomeno, *HI* 1.12.9 Giovanni come fondatore della «miglior filosofia», 7.21.1-5 Valente e Teodosio. Nuova chiesa a Hebdomon: *Chronicon Paschale* s.a. 391.

parte dei testi eusebiani sulla storia della Chiesa delle origini dovette essere riconsiderata. Questa rivalutazione includeva anche l'importanza di Costantino. Eusebio stesso, nella *Vita* dell'imperatore e nei panegirici, riconosceva la necessità di un nuovo apprezzamento mettendo praticamente sullo stesso piano Costantino e Gesù Cristo. La sua speranza era usare biografia e panegirico allo scopo di consolidare la propria teologia.

A causa di questa correlazione tra storia e teologia, i cristiani che disapprovavano le dottrine di Eusebio erano portati a modificare anche la sua interpretazione di Costantino. Dopo la morte di Costantino Eusebio aveva trasformato l'imperatore in un'incarnazione della sua teologia; ora i critici teologici di Eusebio dovevano costruire loro versioni storiche di Costantino. Contestare la teologia rendeva necessario riscrivere la storia. Non sorprende che gli stessi gruppi, talvolta gli stessi uomini che avevano le maggiori responsabilità dell'adattamento della storia leggendaria di Giovanni Battista, fecero qualcosa di simile riscrivendo la storia della vita e dei tempi di Costantino al fine di promuovere i propri interessi.

Il vescovo Atanasio di Alessandria certamente si opponeva alle dottrine di Eusebio. Ma per rendere pubblica la propria teologia seguì ugualmente la strategia retorica di Eusebio iscrivendo le sue dottrine nella vita di un acclamato guerriero, questa volta non un imperatore ma Antonio, un famoso monaco egiziano. Al tempo stesso proponeva un quadro storico completamente diverso per il periodo tetrarchico e quello costantiniano, sostituendovi un'età di Antonio. Atanasio rimpiazzò Costantino con Antonio come tramite simbolico alternativo per articolare teologia e storia. Storici ecclesiastici come Rufino, Socrate e Sozomeno riconsiderarono allo stesso modo l'importanza di Costantino lavorando direttamente sugli scritti storici di Eusebio, traducendone la *Storia*, continuandola fino a tutto il IV secolo, o usando la sua *Vita* come fonte. Ma a differenza di Atanasio, che aveva riscritto il periodo alla luce dell'importanza dell'ascetismo egiziano, questi storici continuarono a concentrarsi sul ruolo degli imperatori, e reinterpretarono l'età di Costantino come un preludio a successivi regni imperiali. Eusebio mostrava di aver immaginato Costantino come il compimento della storia; questi storici posteriori sapevano che invece il suo regno aveva segnato l'inizio di una sequenza di imperatori cristiani. Un successore importante nel prosieguo del IV secolo fu Teodosio, che si presentò come un imitatore di Costantino ma al tempo stesso con le sue azioni modificò profondamente l'idea di imperatore cristiano. Presto il suo regno divenne un nuovo modello sul cui metro valutare gli imperatori cristiani, ivi compresi imperatori precedenti come Costantino. I regni di Teodosio e di ogni successivo imperatore che si vedeva come un nuovo Costantino rimodellarono i ricordi del primo imperatore cristiano.

Nel corso del tempo molti particolari del regno di Costantino vennero dimenticati. In un sermone ad Antiochia nel 387 il prete Giovanni Crisostomo attribuì una particolare facezia a Costantino, ma di lui sapeva ben poco d'altro. «Fondò molte grandi città e sconfisse molte popolazioni barbare. Non ricordiamo nessuna di esse». Ma le dispute teologiche tennero viva la storia. Poiché Eusebio aveva così intimamente intrecciato storia e teologia, nell'intento di rigettarne o modificarne le dottrine, vescovi, storici della Chiesa e successivi imperatori avvertirono tutti l'esigenza di riscrivere la vita di Costantino. Molto tempo dopo la morte dell'imperatore le immagini di Costantino rimanevano al centro delle dispute sulla teologia e la filosofia politica di un imperatore cristiano[2].

«È un uomo»

Antonio crebbe in un piccolo villaggio egiziano sulla sponda occidentale del Nilo. Se è vero che morì centenario, doveva essere nato nei primi anni Cinquanta del III secolo. Questa cronologia lo renderebbe un contemporaneo degli imperatori della tetrarchia originaria, di qualche anno più giovane di Diocleziano, coetaneo circa di Massimiano e di Costanzo, e di qualche anno più anziano di Galerio. I genitori di Antonio erano ricchi proprietari terrieri che educarono il figlio nel cristianesimo. Morirono nei primi anni Settanta del secolo, e Antonio assunse la responsabilità della sorella minore. Qualche mese dopo cambiò completamente la direzione della sua vita affidando la sorella a una comunità di monache, di-

---

[2] Ricordo: Giovanni Crisostomo, *Hom. De statuis* 12.11 (*PG* 49.216), con il Cap. IV per la facezia di Costantino, e Van Dam (2008) per il contesto dei sermoni di Giovanni.

sperdendo le proprietà della famiglia, e adottando una vita di rigida disciplina ascetica. Più o meno nello stesso periodo Costanzo festeggiava la nascita del suo primogenito, Costantino. Mentre una famiglia aveva davanti a sé la prospettiva di una continuazione dinastica, la continuità dell'altra era già cessata. La famiglia di Antonio non avrebbe avuto una generazione successiva[3].

In un primo tempo Antonio visse vicino al suo paese natale sotto la supervisione di un maestro spirituale; in seguito risiedette in un cimitero lontano, dove ripetutamente lottò contro le tentazioni. Alla metà degli anni Ottanta si trasferì nuovamente, in un luogo ancora più remoto, nel deserto. Nello stesso periodo circa in cui Diocleziano e Massimiano andavano istituendo il loro dominio imperiale congiunto, Antonio «corse sulla montagna». Sui monti remoti a est del Nilo prese dimora in una fortezza abbandonata. Per vent'anni, nell'arco dell'intero regno congiunto di Diocleziano e Massimiano, quasi nessuno lo vide. Infine, più o meno al tempo in cui, nel 305, questi imperatori si ritirarono, Antonio riemerse venendo accolto da visitatori a cui non parve minimamente toccato dalle prove fisiche e che speravano di ricevere la guarigione grazie alla sua intercessione. Altri uomini seguirono il suo esempio e diventarono monaci vivendo nel deserto o sulle montagne. Anche se Antonio non stabilì una dinastia di figli, ebbe comunque una discendenza ascetica. Nel visitare i monasteri e gli insediamenti della sua progenie spirituale, Antonio «guidava tutti i monaci come un padre»[4].

Qualche anno più tardi Antonio decise di trasformare nuovamente la sua vita, passando questa volta dall'ascetismo al martirio. Durante le persecuzioni avviate dall'imperatore Massimino, molto probabilmente nel 312, si recò ad Alessandria con il «desiderio di diventare martire». Anche se cercò di guadagnarsi la morte scon-

---

[3] Secondo Atanasio, *Vita Antonii* 89.3, Antonio affermava di avere quasi 105 anni quando morì; secondo Girolamo, *Chronicon* s.a. 356, morì nel 356. Sozomeno, *HE* 1.13.2, lo dava come nato a Koma, dall'altra parte del fiume e qualche chilometro a sud di Afrodito. Atanasio, *Vita Antonii* 1 genitori, 2.1 loro morte quando Antonio aveva «circa diciotto o vent'anni», 3.1 sorella. Per le età degli imperatori, vedi Barnes (1982) 30-32, 35, 37,39-41.

[4] Atanasio, *Vita Antonii* 3.2, «non lontano dal suo paese natale», 8.1, «le tombe site lontano dal suo paese natale», 10.4, «aveva allora circa trentacinque anni», 11.2, montagna, 12.3, fortezza abbandonata, 14.1, «quasi vent'anni», 14, riemersione, 15.4, padre.

trandosi con un magistrato imperiale, alla fine si accontentò di aiutare i cristiani che erano stati incarcerati o condannati alle miniere, prima di ritornare alla sua solitaria residenza. Poco dopo andò di nuovo via per sfuggire alla folla dei visitatori, questa volta verso le montagne più a est verso il mar Rosso. Qualche decennio dopo Antonio discese ancora una volta dalla sua fortezza di solitudine. Nell'estate del 338 fu di nuovo ad Alessandria, dove denunciò le dottrine ariane e compì miracoli di guarigione prima di «tornare alla montagna, come alla sua casa». In seguito tornò anche a visitare il suo eremo originario rispondendo alle pressanti richieste di aiuto di magistrati e gente comune. Ma Antonio aveva anche critici e avversari, tra cui filosofi pagani, alcuni magistrati imperiali e persino qualche ecclesiastico. Una volta ammonì un bellicoso comandante militare sull'ira di Dio; poco dopo questo ufficiale rimase mortalmente ferito in un incidente di viaggio, probabilmente nel 345. Antonio morì nel 356, meno di un anno dopo che l'imperatore Costanzo aveva promosso suo cugino Giuliano alla carica di imperatore *junior*. Questo schivo monaco era durato di più dell'intera dinastia imperiale costantiniana[5].

Uno dei vescovi che aveva ricevuto Antonio ad Alessandria nel 338 era Atanasio. Da giovane diacono aveva partecipato al concilio di Nicea come assistente del vescovo Alessandro. Nel 328 era succeduto al suo mentore, e come vescovo di Alessandria era diventato un eminente paladino della teologia nicena e avversario delle dottrine di Ario e dei suoi alleati. Uno di questi alleati era Eusebio di Cesarea, il quale nel 335 aveva partecipato a un concilio a Tiro che si era espresso a favore della deposizione di Atanasio. Per tut-

---

[5] Atanasio, *Vita Antonii* 46.1 persecuzione di Massimino, Alessandria, 46.2 desiderio, prigioni, 69.2 Alessandria, 71,2 alla sua casa, 86 morte di Valacio. Per le persecuzioni sotto Massimino, vedi il Cap. VI; per la data della seconda visita di Antonio ad Alessandria, Barnes (1993) 45 e Brakke (1995) 204-206; per la data della morte di Valacio, Barnes (1993) 96.

Si noti che nei suoi altri scritti Atanasio citava Antonio una sola volta. In *Historia Arianorum* 14 criticava Gregorio, che lo aveva sostituito come vescovo di Alessandria dal 339 al 345. Atanasio censurò Gregorio come «un amico dei magistrati imperiali anziché dei vescovi e dei monaci», Non solo Gregorio ignorò le lettere di Antonio, ma convinse anche il generale Valacio a sputare su una di esse. Valacio dopo poco fu ucciso dal suo cavallo. Questo racconto del ruolo di Antonio nella morte di Valacio diverge dalla versione presente nella *Vita Antonii*, in cui Atanasio non parla mai di Gregorio. Atanasio scrisse la *Historia Arianorum* verso la fine del 357, un anno circa dopo la morte di Antonio: per la data, vedi Barnes (1993) 126.

ta risposta Atanasio era ricorso alla critica personale diretta contro il «comportamento bizzoso» di Eusebio. A suo parere, Eusebio aveva maliziosamente mal rappresentato la propria teologia per mostrarla conforme al concilio di Nicea. Atanasio cercò anche appoggi tra i monaci in Egitto. Uno dei motivi della visita di Antonio ad Alessandria fu mostrare il proprio supporto ad Atanasio, che era appena tornato dal difendersi davanti all'imperatore Costanzo. Atanasio gli fu profondamente grato, e quando il celebre monaco ripartì, «noi lo scortammo». Forse in questa occasione Atanasio donò ad Antonio un nuovo saio[6].

Dopo la morte di Antonio Atanasio scrisse una *Vita* del monaco. All'inizio del 365 i magistrati imperiali lo avevano mandato nuovamente in esilio, e l'imperatore Costanzo appoggiava articoli di fede che minavano la teologia di Nicea. Atanasio difese se stesso e le sue dottrine nicene in numerosi trattati, ivi compresa questa *Vita*. Mentre la *Vita* combinava una biografia del percorso di Antonio con una difesa del suo comportamento, patrocinava anche gli obiettivi dell'autore. Al tempo in cui Antonio morì, Atanasio stava asserendo la liceità per vescovi come lui stesso di intervenire negli affari monastici. Durante il suo esilio in effetti Atanasio visse in monasteri sparsi in tutto l'Egitto. Contava anche di integrare più pienamente i monaci del deserto negli affari ecclesiastici nominando vescovi alcuni loro. A complemento di questa integrazione dei monaci, Atanasio articolò una spiritualità più complessiva che promuoveva l'importanza dei valori dell'ascetica anacoretica per i comuni cristiani. Tutti questi obiettivi a loro volta rafforzavano ulteriormente gli argomenti che avanzava a favore delle sue dottrine e del suo coinvolgimento in controversie teologiche più ampie. Come Eusebio s'era appropriato della vita di Costantino per articolare e promuovere la sua teologia, così Atanasio ora si appropriava della vita di Antonio per la stessa ragione. L'Antonio che Atanasio immaginò nella *Vita* poteva allo stesso modo diventare un veicolo per esprimere una teologia[7].

---

[6] Atanasio, *De synodis* 13.2-3 comportamento di Eusebio; *Vita Antonii* 71.1 scorta, 91.8 nuovo saio; con il Cap. X per un'ulteriore discussione sulla carriera di Atanasio durante il regno di Costantino.

[7] Per una conferma di Atanasio come autore della greca *Vita Antonii* e della sua priorità rispetto a posteriori versioni siriache e copte, vedi Bartelink (1994) 27-42, Brakke (1994) e

Nella sua *Vita* Atanasio riscrive la storia del tardo III secolo e dell'inizio del IV da un punto di vista manifestamente diverso. In primo luogo presenta una visione geografica che contrasta con quella di Eusebio dalla Palestina e con quella di Costantino da Costantinopoli. «Per nascita Antonio era egiziano». Nella *Vita* Atanasio evidenzia una prospettiva egiziana sugli eventi in cui i monaci d'Egitto, e in particolare Antonio, avevano ereditato il prestigio dei martiri. Secondo, impone un differente quadro cronologico. Eusebio aveva collocato gli eventi ecclesiastici in una cornice di imperatori con le loro attività; Atanasio ora ignora quasi del tutto gli imperatori, le loro manovre politiche, le loro campagne militari. Non cita mai Diocleziano e la tetrarchia, l'ascesa di Costantino come imperatore cristiano, l'eliminazione dei rivali imperiali, la fondazione di Costantinopoli, il patronato di Costantino per Gerusalemme. Invece, attribuendo una grande longevità ad Antonio, Atanasio è in grado di discutere dello stesso periodo alla luce di momenti decisivi nella vita del monaco. Questi punti di svolta spesso trovavano una comoda corrispondenza con importanti momenti di transizione nella storia imperiale. L'adozione di Antonio dello stile di vita ascetico, per esempio, coincideva con la nascita di Costantino, e i decenni durante i quali visse in una fortezza abbandonata coincidevano con l'intero regno di Diocleziano. Più importante, i punti chiave della carriera ascetica di Antonio potevano rimpiazzare la cornice del regno di Costantino. Approssimativamente al tempo in cui Costantino veniva acclamato imperatore, Antonio sarebbe stato «ispirato da Dio» quando riemerse dalla sua reclusione. Approssimativamente al tempo in cui Costantino era a Roma vittorioso, Antonio visitava Alessandria nella speranza di diventare martire. Poco dopo la morte di Costantino tornò ad Alessandria per denunciare l'arianesimo e altre eresie. Il racconto di Atanasio quindi conservava la narrazione cronologica di base per il periodo, anche se la vita miracolosamente lunga di Antonio offriva una cornice alternativa di significativi momenti di transizione. L'enfasi di Eusebio sul regno di Costantino aveva connesso il pa-

---

Rubenson (1995) 126-132. Per l'obiettivi di Atanasio di integrare tanto l'ascetismo quanto gli ascetici, vedi l'eccellente discussione in Brakke (1995). Barnes (1993) 121-135 passa in rassegna i trattati apologetici di Atanasio della fine degli anni Cinquanta del IV secolo.

tronato dell'imperatore per il cristianesimo al suo successo militare; concentrandosi sulla carriera di Antonio Atanasio connetteva la benedizione di Dio con la disciplina ascetica. Atanasio essenzialmente sostituiva le intere epoche tetrarchiche e costantiniane con un'età di Antonio[8].

Una volta ricostruita la narrazione storica su questa impalcatura monastica ed egiziana, Atanasio può presentare Antonio come potente portavoce della teologia nicena. Eusebio era stato colpito dalle orazioni di Costantino; Antonio ora attribuisce ad Antonio vari commenti e sermoni, in particolare moniti contro le dottrine ariane. «Disprezzava l'eresia degli ariani, e raccomandava che nessuno si accostasse a costoro o accettasse la loro fede perversa». Quando Antonio visitò Alessandria nel 338, disdegnò pubblicamente le dottrine ariane. Secondo questa *Vita*, anche se Antonio aveva un'istruzione limitata e parlava solo «la lingua egiziana», era arrivato in qualche modo a padroneggiare la sofisticata terminologia della controversia dottrinale. Ora insegnava che il Figlio di Dio non era una creatura, che non era stato creato dal non esistente, e che era l'eterna Parola e Sapienza dall'essenza del Padre. «Tutti erano lieti di udire un simile uomo condannare questa eresia che sminuiva Cristo». In una conversazione finale in attesa della morte Antonio raccomandò nuovamente che i suoi compagni evitassero ogni contatto con gli ariani[9].

Le dottrine di Antonio erano in sintonia non solo con la teologia adottata al concilio di Nicea, ma anche con le dottrine dello stesso Atanasio. In questa *Vita* Antonio era presentato come un portavoce

---

[8] Atanasio, *Vita Antonii* 1.1 per nascita, 14.2 ispirato. La storicità di alcuni aspetti della vita di Antonio è discutibile, in particolare durante la prima metà della sua vita prima che Atanasio divenisse chierico ad Alessandria nei primi anni Venti del secolo. Particolarmente problematica è l'età di Antonio al momento della morte. Atanasio certamente ebbe la libertà di manipolare la cronologia, dal momento che Antonio stesso probabilmente non conosceva la propria età: vedi Rubenson (1995) 43. Atanasio aveva anche un'evidente ragione per prolungare l'età di Antonio, dato che ciò gli permetteva di rimpiazzare il periodo tetrarchico, il regno di Costantino e il regno della pressoché intera dinastia costantiniana con una cornice cronologica basata esclusivamente sulla vita ascetica di Antonio adulto. Ma le probabilità di diventare centenari nella società antica erano scarsissime: vedi Frier (2000) 796-97, e Parkin (1992) 105-11, (2003) 50 «solo pochissimi antichi greci e romani avrebbero potuto genuinamente vantarsi di aver varcato la soglia del secolo».

[9] Atanasio, *Vita Antonii* 16.1 lingua (ossia il copto), 68.2 disprezzo, 69.3 insegnamenti, 70.1 tutti, 73 Antonio deriso come privo di istruzione, 89.4 raccomandazione finale.

della teologia di Atanasio. Ma le tecniche retoriche di Atanasio andavano al di là del semplice mettere in bocca ad Antonio attacchi alle dottrine ariane e avalli della sua propria teologia nicena. Trasformò anche Antonio in un'incarnazione di quelle dottrine nicene. Come Eusebio aveva presentato un imperatore che aveva un senso solo alla luce della teologia ariana, così Atanasio ora immaginava un monaco che poteva essere compreso solo nel contesto della teologia nicena. Le dottrine ariane affermavano che Gesù Cristo, pur essendo una parte del mondo creato, una creatura come gli altri uomini, era stato elevato a una Filialità perfetta che era «un compenso per l'esecuzione». Questa teologia che enfatizzava il progresso in obbedienza e nel favore divino presentava a sua volta la possibilità che una simile filialità per adozione fosse a disposizione di tutti i veri credenti, e in particolare di quelli che, come i monaci e gli asceti, tanto impegno dedicavano a una perfezione frutto di disciplina. Atanasio, ovviamente, respingeva sia questa teologia ariana sia le sue implicazioni nell'interpretazione della vita di Antonio, e nella *Vita* costruiva un Antonio i cui risultati erano totalmente dipendenti dalla grazia di Dio. Antonio stesso, veniva detto, aveva riconosciuto la necessità del sostegno divino declinando di assumersi il merito di aver guarito una ragazza. «Questo successo non è mio... La guarigione, piuttosto, è dovuta al Salvatore». In questa prospettiva, pur essendo la vita di Antonio un modello di disciplina e di impegno, la sua reputazione di bontà era totalmente un dono di Dio: «La santità di Antonio non è conseguita, è ricevuta». A dirlo sarebbe stato Antonio; e Atanasio volutamente interpretò in modo analogo l'intera sua carriera. «Era a tutti evidente che non era lui a compiere [queste guarigioni], ma era il Signore a essere generoso con l'umanità e a guarire i sofferenti tramite Antonio»[10].

---

[10] Atanasio, *Vita Antonii* 58.4 successo, 84.1 evidente. Citazioni da Gregg e Groh (1981) 57 compenso, 147 santità, in un'importante discussione sull'interazione tra dogma e biografia nella *Vita*. «Gli *acta* di Antonio sono stati costruiti e narrati in modo tale da impedire l'interpretazione ariana di Cristo» (p. 153). Si notino anche le eccellenti analisi in Brakke (1995) 216-244, sull'inserimento delle dottrine di Atanasio nella *Vita*, 248-249, sul ruolo centrale dell'immagine di Antonio nello sviluppo del pensiero cristiano «da una teologia che enfatizzava la libertà e la virtù umane a una che enfatizzava il potere e la grazia divini».

Pur non avendo mai avuto rapporti di stretta familiarità con Costantino, Eusebio s'era ugualmente appropriato della vita dell'imperatore allo scopo di pubblicizzare le proprie dottrine. Allo stesso modo Atanasio non era un intimo compagno di Antonio, e tralasciò alcune delle opere del monaco. Nelle sue lettere Antonio in realtà si presenta come una persona istruita, un capo di comunità monastiche, conoscitore di alcune delle teorie del più antico teologo Origene e delle idee di Platone sull'importanza dell'autoconoscenza come percorso di salvezza. Ma, come Eusebio, Atanasio ora convertiva la vita del suo soggetto in un veicolo simbolico per asserire una teologia: «La caratteristica maggiore non è la messa in disparte di qualcosa di autentico ma la sua trasformazione per un nuovo scopo». Come la *Vita di Costantino* di Eusebio, questa *Vita di Antonio* era un implicito trattato teologico sulla relazione tra Dio Padre e Gesù Cristo suo Figlio. Al fine di promuovere le dottrine ariane Eusebio aveva costruito un imperatore che era un analogo di Gesù Cristo e aveva subordinato entrambi a Dio Padre. Al fine di promuovere le sue dottrine nicene Atanasio aveva coordinato Padre e Figlio e raffigurato un monaco che era chiaramente dipendente da Gesù Cristo[11].

Atanasio però non si accontentò semplicemente di presentare un'immagine «nicena» di un monaco come Antonio messa a contrasto con un'immagine «ariana» di un imperatore come Costantino. Anche se raramente nomina gli imperatori, la sua *Vita* offre ugualmente una prospettiva alternativa sugli imperatori cristiani. In particolare, Atanasio sembra usare la sua *Vita* come una risposta diretta ad affermazioni sulla potenziale divinità di un imperatore cristiano suggerendo che anche Costantino, come Antonio, non era stato in realtà un analogo di Gesù. Secondo un racconto, una volta Antonio stabilì una netta distinzione tra se stesso e Gesù Cristo. Quando un ufficiale chiese una guarigione miracolosa per sua figlia, Antonio si schermì: «Io sono un uomo, esattamente come te». Raccomandò all'ufficiale di pregare Cristo, piuttosto. Secondo un'altra storia Antonio applicò la stessa distinzione all'imperatore

---

[11] Citazione da Rubenson (1995) 144, in un'importante comparazione tra la *Vita* e le lettere di Antonio; ma Rousseau (2000) minimizza le differenze nei ritratti di Antonio come maestro della tecnica pedagogica presentato nelle lettere e nella *Vita*.

quando ricevette una lettera da Costantino e da due dei suoi figli. Nel discutere di questa lettera con i suoi compagni monaci, Antonio non appariva colpito. «Perché vi sorprende che l'imperatore ci scriva? È un uomo. Meravigliatevi piuttosto che Dio abbia scritto la legge per l'umanità e ce l'abbia rivelata attraverso suo Figlio». Quando Antonio acconsentì a mandare una risposta, esortò l'imperatore a venerare Cristo e a ricordare che «Cristo è l'unico vero ed eterno imperatore». Questa storia era una «Vita di Costantino» in miniatura in cui un Antonio che aveva criticato la teologia ariana ora era anche presentato come critico di una filosofia politica arianizzante. Secondo la visione alternativa di Antonio, solo Dio Padre e Figlio erano coordinati, mentre gli imperatori, come i monaci e come anche tutti gli altri, erano subordinati a Gesù Cristo. Nella *Vita* il sostegno di Antonio alla teologia nicena aveva generato una filosofia politica nicena sugli imperatori cristiani[12].

Molto probabilmente Atanasio non aveva familiarità con la *Vita di Costantino* di Eusebio. Ma nella sua *Vita di Antonio* sembrerebbe rispondere all'immagine eusebiana di un sovrano cristiano. Per certi versi il suo Antonio divenne un riflesso invertito del Costantino di Eusebio, in cui ogni attività del monaco puntualmente sovverte aspetti fondamentali del regno dell'imperatore. Per Antonio l'acquisizione della virtù spirituale era più importante dei successi militari. Nella *Vita* di Eusebio Costantino aveva combattuto contro imperatori rivali; nella *Vita* di Atanasio Antonio combatte contro i demoni. Costantino aveva trasformato la croce in uno stendardo militare per le sue truppe. Antonio fornisce un'interpretazione teologica della croce e della crocifissione alla luce dell'incarnazione di Gesù e della possibilità che gli individui possano «condividere la natura santa e spirituale». Cosa più notevole, anche Antonio, come Costantino, era diventato il fondatore di una nuova città. La Costantinopoli di Costantino era stata semplicemente una versione più ampia della città classica convenzionale, così fondamentale per le nozioni tradizionali del conseguimento della buona vita, e aveva rafforzato la posizione della sua nuova capitale politica importando monumenti e trofei che commemoravano grandi eventi della storia greca e romana. Ma nella prospettiva di Atanasio, come capitale

---

[12] Atanasio, *Vita Antonii* 48 ufficiale, 81 lettera dell'imperatore e risposta.

imperiale Costantinopoli era ancora un altro aspetto trascurabile di quella narrazione storica imperiale da lui sostituita nella sua *Vita di Antonio*. La sua nuova narrazione non aveva spazio per Costantinopoli. Nella *Vita*, invece, Antonio era apparso interamente al di fuori del mondo delle città classiche, nei deserti dell'Egitto: «Il deserto divenne una città di monaci». Attirando altri sostenitori e persuadendoli a diventare monaci, Antonio si guadagnò il merito di aver trasformato il deserto in «una città di ascetismo». Nel corso dei decenni questa rappresentazione del ruolo del deserto come promotore di valori ascetici divenne sempre più diffusa nella società romana, al punto che uno dei modelli influenti per una vera città cristiana era ora il deserto. In effetti, quando i monaci si trasferirono in aree urbane, presto sembrarono trasformare le città in deserto. Con il crescere dell'influenza dei valori ascetici, con l'arrivo dei monaci e la fondazione dei monasteri, persino Costantinopoli, la nuova città imperiale di Costantino, poteva arrivare a rassomigliare alla nuova città di monaci di Antonio, il deserto[13].

La *Vita di Antonio* di Atanasio era altamente edificante e fu ampiamente letta. Presto ebbe due traduzioni in latino, una assolutamente letterale mentre l'altra, del prete di Antiochia Evagrio, era più che altro una parafrasi. Queste traduzioni latine ebbero una grande circolazione nelle province occidentali. A Treviri un funzionario di corte che aveva letto «un libro in cui era scritta la vita di Antonio» decise improvvisamente di abbandonare la carriera imperiale: «Ecco, in questo momento sto diventando un amico di Dio». La *Vita* in greco era letta altrettanto ampiamente nelle province orientali, e per gli uomini di chiesa di tutto l'impero divenne il modello letterario *standard* per la redazione di biografie agiografiche di vescovi e monaci. Inoltre, il modello fortemente stilizzato della vita di Antonio definì un modello di stile di vita che presupponeva l'accettazione di una teologia di coordinamento e identità tra Dio e suo Figlio, un riconoscimento della dipendenza da Gesù

---

[13] Atanasio, *Vita Antonii* 8.2 città di ascetismo, 14.7 il deserto, 74.4 condividere, con Rubenson (1995) 119, «una urbanizzazione del deserto». Cameron (2000) discute entrambe le *Vite* come opere politiche e suggerisce che Atanasio stesse rispondendo a Eusebio: «Potrebbe la greca *Vita di Antonio* essere essa stessa una risposta alla *Vita di Costantino*?» (p. 85). Per il monachesimo nella capitale orientale, vedi l'eccellente indagine di Dagron (1970): per i monaci, «Costantinopole fascine et inquiète» (p. 260).

Cristo, e un'aspettativa di obbedienza ai vescovi e ai chierici. Questa vita paradigmatica a sua volta esercitò una grandi influenza al di là del mondo degli ecclesiastici e dei monaci. Non solo ispirò monaci e asceti facendo scudo all'impatto della teologia ariana ed estendendo la supervisione episcopale: gradualmente divenne anche un esempio per la vita di un imperatore cristiano[14].

Leggendo la Vita di Costantino

Atanasio morì nel maggio 373, e ben presto ad Alessandria iniziò la baruffa per la successione episcopale. Un testimone di questa controversie fu Rufino, che era venuto ad Alessandria per studiare con Didimo, un famoso teologo che a suo tempo aveva conosciuto Antonio. Durante la sua permanenza in Egitto Rufino visitò i monaci nel deserto, tra cui alcuni dei discepoli del maestro che ancora vivevano sulla «montagna di Antonio». Più tarsi si recò in Palestina, dove visse in un monastero sul monte degli Ulivi e fu ordinato prete. Nel 397 rimpatriò in Italia, dove finì per prendere dimora ad Aquileia[15].

Poiché Rufino aveva già una buona reputazione come traduttore di testi ecclesiastici greci in latino, il vescovo di Aquileia gli suggerì di tradurre la *Storia* di Eusebio. Il risultato non fu una traduzione rigorosa, una resa fedele del testo di Eusebio. Rufino compose più che altro «una sorta di parafrasi che dà il senso generale». In particolare, omise gran parte del decimo libro della *Storia* di Eusebio, incluso un lungo sermone e una serie di editti imperiali, e combinò «quel che della storia rimaneva» con il nono libro. A questa versione condensata dei dieci libri di Eusebio, aggiunse quindi un seguito di due libri suoi che coprivano il periodo «dall'epoca di Costantino dopo la [fine della] persecuzione fino alla morte dell'augusto Teodosio». Come Gesù un tempo aveva nutrito la moltitudine con cinque pani e due pesci, così Rufino

---

[14] Bartelink (1994) 68-70 influenza letteraria, 95-98 traduzioni in latino. Treviri: Agostino, *Confessiones* 8.6.15. Per l'impatto tra i monaci, vedi Williams (1987) 89: «L'arianesimo non riuscì a catturare i movimenti ascetici del IV secolo».

[15] Rufino, *HE* 11.4 visita ai monaci, 7 Didimo, 8 montagna.

affermava che avrebbe nutrito i suoi lettori con una versione di «due volte cinque pani» di Eusebio più i suoi «due piccoli pesci»[16].

Nella sua *Storia* Eusebio faceva per la prima volta il nome di Costantino nel libro ottavo, in occasione della sua acclamazione come imperatore e poi ovviamente discuteva gli eventi del suo regno nel nono e nel decimo libro. Poiché la narrazione eusebiana in greco esiste ancora, è un gran vantaggio che Rufino non si fosse limitato a tradurla letteralmente. Le differenze tra le due versioni, le aggiunte e le omissioni, riflettevano il punto di vista di Rufino sull'importanza del regno di Costantino da una prospettiva di circa sessantacinque anni posteriore alla morte dell'imperatore. Rufino aveva visto il futuro, e le peculiarità della sua narrazione riflettono il suo personale ideale contemporaneo di un imperatore cristiano.

Due caratteristiche del racconto di Rufino sugli inizi del regno di Costantino sono particolarmente significative. Una è la sua caratterizzazione di Costantino quale «pio imperatore». Quando Eusebio aveva pubblicato la prima edizione della *Storia*, il suo interesse principale era la cessazione delle persecuzioni alla morte di Massimino. Nel primo riferimento a Costantino aveva descritto il nuovo imperatore semplicemente come «figlio legittimo» di Costanzo. Decenni dopo, quando imperatori successivi sostenevano

---

[16] Per la richiesta del vescovo Cromazio verso la fine del 401, vedi Murphy (1945) 158 e Hammond (1997) 392. Citazione sulla parafrasi da Oulton (1929) 150. Per la descrizione di Rufino della sua *HE*, vedi il suo *Prologus*, ed. Mommsen, pp. 951-952. Avendo condensato il nono e decimo libro di Eusebio in un unico libro (nono), Rufino numerò i suoi due libri aggiunti decimo e undicesimo. Per evitare confusioni, nei riferimenti alla traduzione rufiniana del decimo libro di Eusebio useremo riferimenti a Eusebio, *HE* 10.

Una possibile fonte fu un'altra continuazione della *Storia* di Eusebio redatta, in greco, da Gelasio di Cesarea. La continuazione di Gelasio è andata perduta; ma poiché presumibilmente morì qualche anno prima che Rufino scrivesse la sua continuazione, è molto probabile che avesse lavorato indipendentemente da Rufino. La natura della relazione tra queste due continuazioni è molto contestata. Lo spettro delle ipotesi è ampio: che l'intera continuazione fosse semplicemente una traduzione della *Storia* di Gelasio senza attribuzione, che Rufino traducesse la *Storia* di Gelasio fino alla sua conclusione (forse alla morte di Ario, o durante il regno di Giuliano, o alla metà degli anni Settanta del IV secolo) e poi aggiungesse egli stesso il resto, che Rufino scrivesse indipendentemente da Gelasio, che Rufino stesso componesse una versione greca delle sue aggiunte originarie che fu poi combinata con la *Storia* di Gelasio per offrire una narrazione dell'intero IV secolo, o che qualcun altro traducesse in greco tutta la continuazione di Rufino; per una panoramica degli studi, vedi Drijvers (1992) 95-98 e Amidon (1997) XIII-XVII. Thélamon (1981) 20 è giustamente scettico su questo ostinato impegno a ricreare una storia perduta: «un leurre qui conduit à l'abandon d'un object réel pour la quête stérile d'un objet perdu».

uno dopo l'altro di essere eredi di Costantino, la legittimità non era più un punto in discussione. Rufino invece presentava Costantino come il «figlio più religioso» di un «padre religioso». Nella sua prospettiva, Costantino era stato un imperatore devotamente cristiano fin dall'inizio. Alla fine dell'ultima edizione della sua *Storia*, dopo che Costantino aveva sconfitto Licinio, Eusebio aveva sottolineato la devozione dell'imperatore nei confronti delle chiese. Rufino descriveva ancora Costantino come un «pio imperatore»[17].

Una seconda caratteristica importante della lettura che Rufino fa di Costantino è l'enfasi che pone sul rispetto dell'imperatore nei riguardi dei vescovi. Quando Costantino era entrato in azione per la sua campagna finale contro Licinio, Eusebio aveva definito l'imperatore «l'amico di Dio». Questa designazione suggeriva un'esclusiva intimità con Dio, come se Costantino fosse il suo speciale rappresentante. Eusebio inoltre, e la cosa non sorprende, affermava che nel corso di tutta la campagna militare Costantino usava tendere la mano destra per offrire salvezza. Costantino era l'«agente» di Dio, «un grande donatore di luce e salvatore per tutti». Nella sua traduzione, Rufino non include nessuna di queste elevate definizioni. Nella sua versione della preparazione della guerra, invece, sottolinea la reverenza di Costantino per i vescovi e i chierici. Quale «pio imperatore» Costantino «non riteneva appropriato per i chierici del Signore presentarsi come loro pari o non privilegiarli grandemente». Alla fine della guerra Costantino «concesse molti privilegi alle chiese e alti onori ai chierici»[18].

Nel corso di tutta la sua *Storia* Eusebio aveva costantemente promosso una teologia che subordinava Gesù Cristo il Figlio a Dio il Padre. Girolamo, un tempo amico di Rufino, riconobbe quanto sarebbe stato difficile per i lettori futuri ammirare la storia rifiutando la teologia. Nella sua valutazione, pur avendo composto un magnifico resoconto di storia ecclesiastica, Eusebio era tuttavia «il più esplicito sostenitore dell'empietà di Ario». Era una *Storia* francamente «agrodolce», che combinava una gradevolissima nar-

---

[17] Rufino, *HE* 8.13.14 imperatore più pio; Rufino, *apud* Eusebio, *HE* 10.9.6, «religiosi imperatoris»; con Thélamon (1981) 185, 311-312 per l'uso di Rufino di *religio* per «cristianesimo».

[18] Eusebio, *HE* 10.8.19 salvatore, agente, 9.2 amico, 4 salvezza. Rufino, *apud* Eusebio, *HE* 10.8.1-2, appropriato, 9.8 privilegi.

razione storica con un'aspra teologia. Le dottrine di Eusebio erano state particolarmente evidenti nell'introduzione alla sua *Storia* e nel lungo sermone da lui inserito nel decimo libro. Rufino sapeva che quel genere di teologia arianizzante era stata condannata, e traducendo l'introduzione aveva ripetutamente modificato i commenti inaccettabili di Eusebio in modo tale che apparissero più ortodossi. Inoltre aveva semplicemente tagliato tutto il sermone di Eusebio. Questo impegno a ridurre o omettere le dottrine eterodosse di Eusebio influì ulteriormente sulla rappresentazione rufiniana del primo imperatore cristiano. Come aveva rifiutato la teologia di Eusebio, allo stesso modo rifiutava la sua filosofia politica. Il Costantino di Eusebio era stato un salvatore, simile a Gesù Cristo. Il Costantino di Rufino era un fedele servitore della Chiesa e dei suoi vescovi[19].

Rufino avrebbe potuto far seguire alla traduzione della *Storia* di Eusebio quella della *Vita di Costantino*. Molto probabilmente conosceva questa *Vita*. In effetti, nella traduzione di un episodio nella *Storia* di Eusebio Rufino sembra influenzato dalla più elaborata versione presente nella *Vita*. Quando Eusebio aveva narrato la vittoria di Costantino su Massenzio nella *Storia*, il suo racconto aveva menzionato per la prima volta la preghiera iniziale di Costantino a Dio e Gesù Cristo, «il Salvatore di tutti», e poi descritto le operazioni militari, come le battaglie nell'Italia settentrionale, l'avanzata di Massenzio fino alle mura di Roma, il crollo del ponte e l'annegamento di Massenzio. Decenni dopo, nella *Vita*, Eusebio aveva offerto una narrazione ampliata in cui la celebre visione di Costantino della croce nel cielo e la sua realizzazione di uno stendardo militare a forma di croce precedevano la vittoria su Massenzio. Nella traduzione dell'episodio nella *Storia* Rufino ora inseriva un racconto di questa visione e dello stendardo che sembrava tratto dalla narrazione ampliata della *Vita*. In particolare, citava in greco la frase che secondo Eusebio era apparsa nel cielo con la croce: «In questo segno vincerai». Naturalmente, come al solito, Rufino aggiungeva anche dettagli non presenti né nella *Storia* né nella *Vita* di Eusebio, come gli angeli che recita-

---

[19] Per le modifiche di Rufino nella teologia di Eusebio, vedi Oulton (1929) 153-156. Sostenitore: Girolamo, *Ep.* 84.2.

vano la frase e la croce d'oro che da lì in avanti l'imperatore portò nella destra[20].

Rufino tuttavia preferì non occuparsi di questa *Vita*, forse perché, come il sermone nel decimo libro della *Storia*, era troppo contaminata dalle idee di Eusebio sulla subordinazione di Gesù Cristo a Dio Padre e dalle analogie tra Gesù e Costantino. Invece alla traduzione della *Storia* di Eusebio fece seguire un racconto che si basava sugli «scritti di antenati» e sulla propria memoria. Anche se non cita mai il suo predecessore nei suoi libri aggiuntivi, le osservazioni di Rufino qui presenti erano un ulteriore ripudio della teologia eusebiana. Criticava sia Ario, la cui teologia Eusebio aveva abbracciato, sia Eusebio di Nicomedia, altro partigiano di Ario. Elogiava l'esito del concilio di Nicea e citava il suo credo e le sue denunce delle dottrine ariane. Ammirava il vescovo Alessandro, che aveva resistito «alle minacce di Eusebio [di Nicomedia] e alle intimidazioni di Ario». Particolarmente ammirava Atanasio, successore di Alessandro come vescovo di Alessandria e acceso critico di Eusebio di Cesarea. Fino alla morte di Atanasio, avvenuta nel 373, Rufino poté utilizzare la fedeltà del vescovo per le dottrine nicene come cornice per la propria narrazione delle controversie teologiche e come pietra di paragone per giudicare il comportamento degli imperatori. Buoni imperatori come Gioviano comprendevano la necessità di «rivolgere una petizione ad Atanasio con una lettera elogiativa e piena di rispetto». Rafforzando la reputazione di Atanasio, Rufino faceva sì che il suo prolungamento della *Storia* di Eusebio rappresentasse una prospettiva storica nicena. Eusebio sarebbe rimasto stupito nello scoprire che l'Età di Costantino era stata solo un'anteprima dell'età di Atanasio[21].

Rufino nutriva anche una grande ammirazione per l'imperatore

[20] Vittoria su Massenzio: Eusebio, *HE* 9.9.1-8, *Vita Constantini* 1.28-38. Rufino, *HE* 9.9.1-4, visione, frase, stendardo militare, croce, con Christensen (1989) 293, «Rufino doveva conoscere la *Vita Constantini*, o comunque una fonte analoga»; 295n.301, «Qui Rufino si basava su una tradizione che, nonostante tutte le somiglianze, è indipendente dal racconto di Eusebio nella *Vita Constantini*». La narrazione di Rufino probabilmente comprendeva leggende locali che aveva udito durante i suoi anni a Roma. Si noti che, a differenza di Eusebio tanto nella *Storia ecclesiastica* quanto nella *Vita di Costantino*, Rufino chiama con il suo nome il ponte Milvio.

[21] Rufino, *HE* 10.1 Ario, 5 Eusebio di Nicomedia, 6 credo, 14 minacce, 11.1 lettera, con Barnes (1993) 159 sull'autenticità della lettera di Gioviano.

Teodosio. Secondo la sua opinione, Teodosio aveva combattuto contro gli usurpatori al fine di difendere «la fede cattolica» contro l'arianesimo o contro il paganesimo. Aveva inoltre mostrato la propria deferenza per la gerarchia ecclesiastica sottoponendosi a penitenza «quando era stato riprovato dai vescovi dell'Italia». Secondo Rufino, un imperatore ora dimostrava la sua devozione mediante il rispetto per i vescovi e altri uomini di chiesa. Solo Costantino e Teodosio si erano mostrati all'altezza delle aspettative. All'inizio della sua continuazione Rufino aveva di nuovo lodato Costantino quale «pio imperatore» per aver convocato i vescovi al concilio di Nicea. Successivamente lodava Teodosio come legittimo erede di Costantino: «per ordine di Costantino il culto degli idoli aveva cominciato a essere abbandonato e smantellato; durante il regno di Teodosio crollò». Concludeva il suo racconto con la morte di Teodosio nel 395, quando «migrò a una miglior condizione per ricevere il premo delle sue virtù accanto al più pio degli imperatori». Eusebio aveva iniziato la sua narrazione storica parlando di «Gesù Cristo, nostro Salvatore e Signore», al fianco di Dio, e aveva concluso l'edizione finale della sua *Storia* descrivendo le celebrazioni in onore di Dio, l'imperatore di tutti, e del vittorioso Costantino. Viceversa, Rufino non connetteva Gesù e Costantino come comparabili compagni di Dio. I corrispondenti punti di inizio e conclusione della sua narrazione erano invece Costantino e Teodosio, i due ideali imperatori cristiani del IV secolo[22].

Portinai per i pescatori

Circa quarant'anni dopo Socrate scrisse un'altra storia ecclesiastica del IV secolo che prolungò fin verso la fine degli anni Trenta. Socrate era nato e cresciuto a Costantinopoli e qui lavorava. Due predecessori lo avevano ispirato a dedicarsi all'attività di storico.

---

[22] Rufino, *HE* 10.1, 3 Costantino come *religiosus imperator*, 11.17 fede cattolica, 18 vescovi, 19 culto, 34 migrato, con Thélamon (1970), sull'immagine di Rufino di un imperatore ideale: «Rufin est donc bien loin... de la théologie politique d'Eusèbe» (p. 313). Eusebio, *HE* 1.1.2 Gesù Cristo, 10.9.7-8 celebrazioni. Per la correlazione di Rufino tra l'era di Costantino e l'era di Teodosio, vedi Thélamon (1981) 467: «L'*Histoire ecclésiastique* est comprise entre ces deux moments privilégiés».

Uno era Eusebio. Nel capitolo di apertura, di lui Socrate cita tanto la *Storia* quanto la *Vita di Costantino*, e inizia la sua narrazione con una ripresa della celebre visione di Costantino prima della battaglia contro Massenzio, che sembrerebbe tratta dal racconto di Eusebio nella *Vita*. «È utile ai nostri fini ricordare in che modo l'imperatore Costantino pervenne al cristianesimo». L'altro modello che gli fu di stimolo è Rufino, la cui continuazione della *Storia* di Eusebio divenne una fonte primaria per il racconto di Socrate. A questi due esempi Socrate offrì un tributo di rispetto: la prima parola del suo primo libro è «Eusebio», e la prima parola del secondo libro è «Rufino»[23].

Gli scritti di Eusebio e di Rufino furono certamente fonti importanti per Socrate. Fa riferimento a specifici libri della *Storia* di Eusebio, e riconosce di essersi inizialmente trovato a dipendere fin troppo dal racconto di Rufino sul IV secolo. Ma nel soppesare quelle informazioni, Socrate dovette anche valutare le loro analisi, perché Eusebio e Rufino non condividevano una medesima posizione interpretativa, in particolare riguardo a Costantino. Socrate quindi ampliò questa miscela di prospettive contrastanti ricorrendo anche ad altre fonti. Una era costituita dagli scritti di Atanasio, in cui il vescovo aveva descritto le traversie che aveva dovuto subire a causa degli intrighi dei suoi avversari. Quando Socrate scoprì i trattati di Atanasio, rivide completamente il suo primo libro, che si concludeva con la morte di Costantino, dando maggior peso al punto di vista di «qualcuno che ha sofferto». Come seconda fonte supplementare per il regno di Costantino, trovò «varie lettere di quel tempo», ivi comprese «lettere dell'imperatore». Quando revisionò il primo libro, Socrate citò integralmente molte di queste lettere, così che il lettore sapesse «che cosa gli imperatori scrivevano di loro pugno» e «che cosa i vescovi decisero in vari concili»[24].

---

[23] Socrate, *HE* 1.1.1.-2 scritti di Eusebio, 4 utilità; con Urbainczyk (1997) 13-39, e Wallraff (1997) 209-221, per i pochi particolari biografici che si conoscono di Socrate e Leppin (1996) 274-279 che data la composizione di questa *HE* alla metà degli anni Quaranta del V secolo. Poiché descrive il racconto di Rufino come «la storia ecclesiastica nella lingua dei romani», Socrate presumibilmente l'aveva letto in latino: vedi Socrate, *HE* 2.1.1, con Urbainczyk (1997) 51-52; Wallraff (1997) 186-190 sostiene che Socrate ritenesse il racconto di Rufino l'originale, e quello in greco di Gelasio di Cesarea una traduzione.

[24] Citazioni dagli scritti di Eusebio: Socrate, *HE* 1.7.2, 8.4, 8.20, 8.31, 16.4, 22.2. Nuove fonti, Socrate, *HE* 2.1.1 errori di Rufino sulla cronologia, 2 sofferenze di Atanasio, 4

Queste fonti letterarie aggiuntive creavano un ulteriore distacco tra Socrate e il punto di vista di Eusebio. Atanasio era stato avversario di Eusebio, e sottolineando le sue vicissitudini Socrate rafforzava la propria preferenza per le dottrine nicene sulla teologia di Ario e dei suoi sostenitori, tra i quali c'era Eusebio. Le lettere che Socrate citava indicavano l'incertezza di Costantino tra Atanasio e Ario, ed Eusebio stesso aveva citato alcune di queste lettere nella sua *Vita*. Ma Socrate citava anche la lunga lettera in cui Eusebio aveva cercato di giustificare presso la sua congregazione di Cesarea il fatto che avesse finito per accettare il credo dottrinale del concilio di Nicea. Atanasio, prevedibilmente, aveva già presentato questa lettera nella sua raccolta di documenti sul concilio, forse solo per rivelare la contorta spiegazione di Eusebio. Ma Eusebio stesso, nei suoi scritti, non aveva mai citato o menzionato questa missiva imbarazzante. Nella *Vita* il suo racconto degli eventi che avevano fatto seguito al concilio aveva semplicemente omesso ogni riferimento al modo in cui aveva cambiato idea. Anche se Socrate chiaramente apprezzava gli scritti di Eusebio come fonti, citando questa lettera e mettendo in luce il suo rivale Atanasio tacitamente minava l'autorità dell'interpretazione che del regno di Costantino forniva il suo illustre predecessore[25].

In effetti, già mentre si preparava a lanciare il suo racconto su Costantino, Socrate era scettico sulla prospettiva e il tono della *Vita* di Eusebio. A suo parere, questa *Vita* era eccessivamente encomiastica. «Eusebio ha scritto una biografia di Costantino in cui offriva una esposizione parziale degli eventi riguardanti Ario. Era più preoccupato dei suoi elogi dell'imperatore e della magniloquenza delle parole del suo panegirico, come in un encomio, che di un'accurata narrazione degli eventi». Il racconto di Socrate su Costantino era quindi molto più contenuto, e la sua versione di due

---

lettere, revisione del primo libro, 6 vescovi e imperatori; con l'eccellente discussione delle revisioni di Socrate in Wallraff (1997) 163-72: «Die Tendenz änderte sich... nicht grudlegend, weil auch Rufins Darstellung schon von der athanasianischen Peprspective geprägt war» (p. 172). Socrate, *HE* 1.23.6, 38.4, menzionava anche queste nuove lettere.

[25] Lettera di Eusebio: Urkunde 22, ed. Opitz (1934-1935) 42-47, cit. in Atanasio, *De decretis Nicaenae synodi* 33, e Socrate, *HE* 1.8.35-54. Eusebio, *Vita Constantini* 3.13.2, afferma che la *leadership* di Costantino produsse armonia tra i partecipanti al concilio; Socrate, *HE* 2.21.3, citava quindi questo passo come prova che Eusebio *non* era un «arianizzante»!

momenti importanti differiva notevolmente dalla prospettiva di Eusebio[26].

Uno era la sua esposizione del concilio di Nicea. Gran parte del racconto di Socrate si basava direttamente sui fatti narrati da Eusebio nella *Vita*. Citava testualmente due passi dalla *Vita* di Eusebio, prima sulla convocazione del concilio da parte di Costantino, poi sul ruolo dell'imperatore nella ricerca dell'unanimità. «Non abbiamo citato queste [parole di Eusebio] inopportunamente, ma le abbiamo riportate come testimonianza di ciò che fu detto da lui [Costantino]». Ma più significativo è quel che Socrate omette. Tra i due passi citati, Eusebio aveva descritto Costantino al suo arrivo presso l'assemblea dei vescovi «come un angelo celeste del Signore». Eusebio quindi citava il discorso in cui l'imperatore esortava i vescovi a trovare l'unanimità. Dopo il secondo passo citato Eusebio aveva descritto il banchetto offerto da Costantino ai vescovi come simile a «un'immagine del regno di Cristo». Queste descrizioni avevano contribuito alla costruzione eusebiana di un Costantino come analogo di Gesù Cristo. Nella versione di Socrate, invece, non resta altro che la rispettosa riluttanza a sedersi prima di ricevere l'assenso dei vescovi. Un concilio che nella versione di Eusebio aveva evidenziato il ruolo dell'imperatore nel presiedere sui vescovi diventava ora un concilio di vescovi a cui l'imperatore partecipava. Avendo ribaltato la dinamica tra imperatore e vescovi, Socrate arrivava a interpretare una delle lettere di Costantino che difendeva la teologia nicena e criticava Ario come una conferma dell'appoggio dell'imperatore ai vescovi: «Chiamò l'opinione di tutti quelli che erano riuniti lì [in concilio] l'opinione di Dio»[27].

Nel racconto del funerale di Costantino e della sua sepoltura a Costantinopoli, Socrate mette nuovamente in primo piano la deferenza dell'imperatore per i vescovi. Questo rispetto avrebbe sorpreso tanto Costantino quanto Eusebio. Eusebio aveva usato la sua

---

[26] Socrate, *HE* 1.1.2, biografia.

[27] Concilio di Nicea: Socrate, *HE* 1.8.5-11, 21-23 = Eusebio, *Vita Constantini* 3.7-9, 13-14, con Wallraff (1997) 41-55, sull'uso di Socrate delle fonti per il concilio. Eusebio, *Vita Constantini* 3.10.3 angelo, 12 discorso, 15.2 regno, con i Capp. IV, XI. Socrate, *HE* 1.9.27, opinione, che commenta Urkunde 25, ed. Opitz (1935-1935) 52-54, una lettera al popolo di Alessandria non citata però da Eusebio in *Vita Constantini*. Per la riluttanza di Socrate a definire Costantino «amico di Dio», vedi Leppin (1996) 46, 197-202.

descrizione delle esequie di Costantino per lasciare intendere che Costantino aveva continuato a regnare anche dopo la morte. Costantino aveva sottolineato la propria somiglianza con Gesù Cristo facendosi erigere una cappella funeraria in cui il suo sarcofago era circondato da dodici tombe vuote che commemoravano gli apostoli. Socrate invece richiamava l'attenzione sulle altre figure presenti in questo mausoleo. Già alla metà del IV secolo il mausoleo imperiale era stato messo in ombra dall'adiacente chiesa dei Santi Apostoli. Sia che Costantino avesse costruito il mausoleo e suo figlio Costanzo avesse iniziato la costruzione della chiesa, sia che Costantino fosse stato lui stesso sepolto nella chiesa e in seguito il suo sarcofago fosse stato trasferito nel mausoleo, la preminenza della chiesa presto spostò l'enfasi dalle tombe degli imperatori alla commemorazione degli apostoli. L'installazione nella chiesa da parte di Costanzo delle reliquie di Andrea, Luca e Timoteo aveva rafforzato questo nuovo orientamento. Qualche anno dopo la morte di Costanzo un prete aveva già riconosciuto questo mutamento di prospettiva descrivendo il mausoleo imperiale come «il celebre santuario degli apostoli che hanno accolto e protetto questa esimia famiglia [imperiale]». Secondo Giovanni Crisostomo, che divenne vescovo di Costantinopoli verso la fine del IV secolo, persino gli imperatori riconobbero di essere stati retrocessi. Ora erano felicissimi al pensiero che sarebbero stati sepolti soltanto nel vestibolo della chiesa. «Quindi gli imperatori erano i portinai dei pescatori [gli apostoli]». Inoltre, gli imperatori finirono per dover condividere questo spazio, perché al tempo in cui Socrate scriveva la sua storia anche i vescovi di Costantinopoli venivano sepolti in questo mausoleo. Di conseguenza, descrivendo la sepoltura di Costantino, Socrate arrivò a ipotizzare che Costantino avesse costruito quel santuario «affinché imperatori e vescovi potessero non essere distanti dalle reliquie degli apostoli». Secondo questa interpretazione, fin dal primo momento Costantino aveva inteso onorare i vescovi non meno degli imperatori[28].

---

[28] Santuario: Gregorio Nazianzeno, *Orat.* 5.17, con il Cap. XI. Pescatori: Giovanni Crisostomo, *Contra Iudaeos et gentiles quod Christus sit Deus* 9 (*PG* 48.825); anche *Hom. in epistulam II ad Corinthios* 26.5 (*PG* 61.582): «Quel che sono i portinai per gli imperatori nei loro palazzi, gli imperatori sono per i pescatori nella tomba». Mango (1990), Effenberger (2000), Henck (2003) 289-291 e Dagron (2001) 138-41 distinguono il mausoleo di

Più o meno nello stesso periodo Sozomeno stava scrivendo un'altra storia ecclesiastica che copriva quasi lo stesso arco di tempo del racconto di Socrate. Gli antenati di Sozomeno erano stati figure di primo piano in una cittadina nei pressi di Gaza e si erano convertiti al cristianesimo alla metà del IV secolo. Sozomeno stesso, come i figli istruiti di tante famiglie provinciali, finì per trasferirsi a Costantinopoli, dove a quanto sembra divenne avvocato nelle corti di giustizia durante il regno di Teodosio II. Decise di diventare anche storico. Poiché celebri storici greci avevano già scritto di regioni, città e mitologia, Sozomeno decise di scrivere una storia ecclesiastica. Il progetto iniziale prevedeva una rassegna di tutti gli eventi «fin dall'inizio». Poi scoprì i resoconti di precedenti storici della Chiesa, tra i quali, in particolare, quelli di Eusebio, «colto studioso delle Sacre Scritture e di poeti e storici greci». Per questo primo periodo della storia della Chiesa Sozomeno compose invece un'epitome in due libri che coprivano gli eventi «dall'ascensione di Cristo al cielo alla disfatta di Licinio». Anziché riscrivere o mettersi in competizione con la *Storia* di Eusebio, Sozomeno si accontentò di sintetizzarla. La sua narrazione originale della storia ecclesiastica sarebbe stata un'altra continuazione della *Storia* di Eusebio[29].

Nella dedica a Teodosio II, Sozomeno dichiara di aver voluto iniziare la sua narrazione esattamente nel 324. Questa data di partenza coincide con la conclusione dell'edizione finale della *Storia* di Eusebio, che si era chiusa con la vittoria di Costantino su Licinio nel settembre 324. Sozomeno include la sua versione della sconfitta di Licinio. Ma include anche alcuni *flashback* su eventi anteriori. Uno riguarda la storia delle visioni di Costantino prima della

---

Costantino dalla più tarda chiesa dei Santi Apostoli; Leeb (1992) 93-103 e Odahl (2004) 269-271 sostengono che Costantino costruì la chiesa e che la sua tomba fu in seguito trasferita in un mausoleo adiacente; Burgess (2003) 30 ipotizza che la tomba di Costantino venisse infine separata dalle reliquie degli apostoli per «un consistente senso pubblico o privato di improprietà». Reliquie: Socrate, *HE* 1.40.2. Nel 438 Proclo, vescovo di Costantinopoli, convinse l'imperatore Teodosio II a lasciargli seppellire il corpo di Giovanni Crisostomo nella chiesa dei Santi Apostoli: vedi Socrate, *HE* 7.45.2-4.

[29] Sozomeno, *HE* 1.1.11-12 progetti iniziali, 2.3.10 citando un conoscente «che sta lavorando con noi e discute casi giuridici nelle stesse corti», 5.15.14-17 antenati in Palestina; con Grillet (1983), sulla vita di Sozomeno, e Leppin (1996) 279-281, il quale ipotizza che Sozomeno scrivesse la sua *HE* alla fine degli anni Quaranta del V secolo.

battaglia del 312 contro Massenzio. Poiché Sozomeno cita esplicitamente Eusebio come sua fonte per i commenti di Costantino, vuol dire che aveva familiarità con la *Vita di Costantino* di Eusebio. Anche lui modifica quella fonte dando rilievo al ruolo degli ecclesiastici. Nella versione eusebiana Costantino aveva convocato alcuni chierici cristiani per esporre le sue visioni. Sozomeno ora integra il racconto di Eusebio introducendo commenti generali di questi chierici sulla resurrezione, la salvezza e il pentimento. Un secondo *flashback*, su eventi ancora precedenti, è un riferimento a Costanzo, padre di Costantino, che aveva confermato ed elogiato la devozione cristiana di alcuni funzionari di corte[30].

Anche se Sozomeno progettava di scrivere una continuazione della *Storia* di Eusebio partendo dal 324, la familiarità con la *Vita* di Eusebio lo aveva portato a una serie di false partenze, risalendo prima alle visioni di Costantino, poi ancora più indietro all'appoggio di Costantino al cristianesimo. Quindi la *Vita* eusebiana fu una fonte importante per il racconto di Sozomeno del regno di Costantino. Ma Sozomeno integrò ampiamente la sua narrazione con lunghi resoconti della diffusione del cristianesimo nell'impero persiano e tra i barbari, e dell'importanza di monaci e asceti, Antonio compreso. Le sue preferenze dottrinali somigliavano a quelle del suo contemporaneo Socrate, inclusi il rifiuto delle dottrine di Ario e l'accettazione della teologia nicena. Concordava anche con l'interpretazione di Socrate sulla sepoltura di Costantino sottolineando la presenza dei vescovi sepolti assieme agli imperatori nel mausoleo adiacente alla chiesa dei Santi Apostoli. «Da allora gli imperatori cristiani che morirono a Costantinopoli furono sepolti [lì]. E anche i vescovi. La dignità del sacerdozio, penso, è pari a quella dell'imperatore, e nei luoghi sacri prende anzi la precedenza»[31].

Un secolo dopo la morte dell'imperatore gli storici della Chiesa

---

[30] Sozomeno, *HE*, *Praefatio ad Theodosium imperatorem* 19, dal terzo consolato dei cesari Crispo e Costantino II al diciassettesimo consolato di Teodosio II, ossia dal 324 al 439; *HE* 1.2.1 «quando i cesari Crispo e Costantino erano consoli», 1.3.2 cita Eusebio, 5-6 chierici, 1.6.1-3 Costanzo, 1.7 sconfitta di Licinio.

[31] Sozomeno, *HE*, 1.1.18 persiani, barbari, monaci, 1.13 Antonio, 2.34.6 imperatori cristiani. Per il rapporto di Sozomeno con Socrate, vedi Hansen (1995) XLVI: «An der "Tendenz" des Socrates brauchte er nicht viel zu ändern»; anche Sabbah (1983), per un'eccellente comparazione tra il modo in cui viene presentato Costantino in Socrate e in Sozomeno.

esprimevano i loro dubbi sia sulla teologia di Eusebio sia sulla tomba di Costantino quale veniva presentata da lui stesso. Questa riconsiderazione influì dunque sulla loro valutazione dell'imperatore stesso. Eusebio aveva uguagliato Gesù Cristo a Costantino per promuovere la propria teologia. Costantino sembra avesse usato la chiesa del Santo Sepolcro a Gerusalemme come modello per il suo mausoleo a Costantinopoli, in cui poteva analogamente rappresentare se stesso come l'equivalente di Gesù Cristo. Ma quando altri imperatori e vescovi furono sepolti con lui, il mausoleo prese ad assomigliare piuttosto ai complessi intorno a Gerusalemme che erano disseminati di tombe di re e profeti dell'Antico Testamento. A Gerusalemme il sepolcro di Gesù continuava a essere la principale attrazione: «La chiesa di Costantino [del Santo Sepolcro] si trova nel centro della città». Ma a Costantinopoli, una volta che le reliquie degli apostoli interrati nella chiesa dei Santi Apostoli furono diventate il vero punto focale, le tombe di Costantino e degli altri imperatori furono messe fuori gioco. Di conseguenza, all'inizio del V secolo gli storici che respingevano la teologia di Eusebio modificarono anche i loro punti di vista su Costantino. «Gli autori niceni potevano essere molto più freddi nella loro valutazione di Costantino di quanto fosse stato l'ariano Eusebio»[32].

Questi storici posteriori modificarono ulteriormente le loro prospettive su Costantino alla luce di successivi imperatori. In particolare, nel IV secolo più avanzato, Teodosio avrebbe fissato nuovi paradigmi per una funzione imperiale di tipo cristiano. Rufino quindi connette esplicitamente Costantino a Teodosio, e Socrate e Sozomeno riconoscono Costantino nell'immagine di imperatori successivi come Teodosio. Un imperatore si era fuso nell'altro. Ma se Teodosio ora era la pietra di paragone per interpretare Costantino, la stranezza è che Teodosio aveva costruito il proprio ruolo imperiale sull'esempio di Costantino. Costantino rimase un modello per imperatori successivi, anche se per questi storici dell'inizio e della

---

[32] Centro della città: *Breviarius de Hierosolyma*, forma a, 1; questa breve rassegna fu composta, a quanto sembra, all'inizio del VI secolo. Per la rappresentazione della chiesa del Santo Sepolcro nel centro topografico di Gerusalemme sulla Carta di Madaba, vedi Tsafrir (1999) 143: «Allo scopo di mostrare una posizione così centrale per l'ingresso della chiesa... l'artista dovette distorcere la realtà geografica». Citazione sugli autori niceni da Fowden (1994) 152.

metà del V secolo, mentre Teodosio faceva di se stesso un «nuovo Costantino», Costantino veniva visto sempre più frequentemente come un «Teodosio anticipato»[33].

Leggendo la vita di Costantino

Nella società antica un lascito ereditario era una potente forma di legittimazione. Costantino, sembra, avrebbe risolto l'incertezza della sua successione unica e la necessità di mettere da parte i suoi fratellastri emergendo dalla camera mortuaria di Costanzo con indosso «la tunica purpurea del padre». Secondo la biografia composta da Atanasio, alla fine della sua vita Antonio aveva lasciato una preziosa eredità al vescovo in lutto: «Date al vescovo Atanasio una delle pelli di pecora e il saio che usavo come coperta. Lui mi diede il saio nuovo, e io l'ho consumato». Alla sua cerimonia inaugurale come imperatore, Teodosio, sembra, avrebbe indossato il manto di Costantino. Rivestito del manto di un importante predecessore, ciascun imperatore e vescovo intendeva presentarsi come erede di una grande tradizione, vuoi imperiale vuoi ascetica[34].

Nella tarda estate del 378 un contingente di goti aveva sconfitto Valente e il suo esercito presso Adrianopoli in Tracia. Precedentemente, quello stesso anno, Valente era tornato a Costantinopoli dopo un prolungato soggiorno ad Antiochia; ora la sua morte lasciava esposte sia la frontiera orientale di confine con l'impero persiano sia le regioni della frontiera balcanica. Graziano, l'imperatore *senior* nelle province occidentali, poco dopo nominò Teodosio generale a capo delle truppe lungo il Danubio. Qui questi rinnovò la propria reputazione di abile militare e nel gennaio 379 fu

---

[33] Per le leggende posteriori su Costantino, vedi Winkelmann (1973), (1978), Kazhdan (1987) e Lieu (1998), (2006) 317, «Costantino fu rimodellato perché si adattasse a un ideale imperiale idoneo alle domande della politica e della cultura contemporanee». Per una simile reinterpretazione del concilio di Nicea alla luce del concilio di Costantinopoli del 381, vedi Lim (1995) 182-216.

[34] Tunica di Costanzo: Eusebio, *Vita Constantini* 1.22.1. Saio di Antonio, Atanasio, *Vita Antonii* 91.8. Manto di Costantino: Giorgio Monaco, *Chronicon* 9.8, ed. de Boor (1978) 2:563.

acclamato imperatore. A causa delle minacce dei goti nei Balcani, inizialmente Teodosio risiedette principalmente a Tessalonica[35].

All'inizio del suo regno, le teologie dell'arianesimo, del neoarianesimo e del cosiddetto arianesimo omoiousiano erano ancora diffuse e influenti. Alcuni dei successori di Costantino, in particolare suo figlio Costanzo, avevano preferito sostenere dottrine arianizzanti, e con il loro patronato imperiale i vescovi arianizzanti erano stati spesso in grado di dominare i loro avversari niceni. Questi imperatori sembra avessero intuito che la loro autorità imperiale potesse trarre vantaggio dalle implicazioni politiche contenute in una qualche versione, anche modificata, della teologia di carattere subordinazionista di Ario. Se Gesù Cristo il Figlio era ancora in qualche modo subordinato al Dio Padre, «simile in essenza» o anche solo «simile» ma non pienamente «identico in essenza», allora era ancora possibile immaginare che un imperatore potesse avere un rapporto di coordinazione con il Figlio. Costanzo, per esempio, si riferiva a se stesso con l'epiteto di «Mia Eternità» quando dettava i suoi documenti ufficiali. In cambio, i vescovi arianizzanti potevano mostrare maggior deferenza verso un imperatore a cui attribuivano una così stretta connessione con Dio. In effetti, gli avversari niceni protestavano perché i vescovi arianizzanti sembravano mostrare più rispetto per l'imperatore che per Gesù Cristo. Atanasio una volta schernì la prefazione al «Credo Datato», una confessione che affermava che il Figlio fosse soltanto «simile in tutti gli aspetti» al Padre. Atanasio era turbato dal fatto che gli autori di questo credo fossero così deferenti verso Costanzo: «Quelli che lo chiamavano "imperatore eterno" rifiutavano [di chiamare] il Figlio "sempiterno"». «Si rivolgevano a Costanzo, e non a Cristo, come al "Signore"»[36].

---

[35] Per l'ipotesi che l'acclamazione di Teodosio a imperatore non fosse stata sanzionata ufficialmente, vedi McLynn (2005) 88-100.

[36] «Aeternitas mea»: Ammiano Marcellino, *Res gestae* 15.1.3, con Pietri (1989) 146-150, sulle pretese di Costanzo, e Humpries (1997), (1998), per la demonizzazione di Costanzo da parte degli ecclesiastici niceni. Scherno di Atanasio: Atanasio, *De synodis* 3.2 imperatore eterno, 4.3 Signore, cit. in Socrate, *HE* 2.37.35, 48, parafrasato in Sozomeno, *HE* 4.17.10, con Hanson (1988) 362-371, che discute questo credo redatto nel 359. Per la deferenza dei vescovi ariani nei confronti di Costanzo, vedi Setton (1941) 78-88, Williams (1951a) 19-26, (1951b) 6-15 e Dvornik (1966) 724-762.

L'imperatore orientale Valente aveva anch'egli sostenuto dottrine arianizzanti, in particolare durante gli anni finali del suo regno. Anche se il suo interesse principale era l'instaurazione di uno stato di concordia all'interno della cristianità, i vescovi di cui favoriva le dottrine non mancavano di provocare i loro avversari appellandosi all'autorità dell'imperatore: «Voialtri vi opponete agli editti imperiali e ai desideri dell'imperatore Valente». Questa intimidazione oscurò la reputazione di Valente, e già durante il suo regno i chierici niceni lo avevano etichettato come persecutore, non diverso dagli imperatori tetrarchici. Poi la divina provvidenza parve rafforzare il loro giudizio. Quando nel 378 Valente fu ucciso nella battaglia contro i goti, gli ecclesiastici e gli storici niceni si affrettarono a sostenere che a contribuire al disastro era stata la sua teologia eterodossa[37].

Teodosio, viceversa, espresse fin dall'inizio il suo fermo sostegno per la teologia nicena (o neonicena). In un editto promulgato circa un anno dopo la sua ascesa al trono promuoveva la «dottrina evangelica» di «una singola divinità del Padre, Figlio e Spirito Santo». All'inizio del 381 emanò un altro editto che condannava il «veleno del sacrilegio ariano» e appoggiava la «fede nicena» di una «essenza indivisa della non adulterata Trinità». In seguito, quello stesso anno, convocò i vescovi in un concilio, a Costantinopoli, che riaffermò le dottrine nicene. A differenza di Costantino al concilio di Nicea, Teodosio non partecipò alle sedute di questo sinodo. Ma il suo successivo comportamento lascia pensare che forse intendesse seguire l'esempio di Costantino sostenendo una particolare forma di ortodossia e rendendosi gradito a un vescovo. Immediatamente dopo il concilio emise un editto che appoggiava quei vescovi che professavano la «fede nicena» affermando che «il Padre, il Figlio e lo Spirito Santo hanno la stessa maestà e potere, la stessa gloria e un solo splendore». Assistendo alle funzioni in chiesa si differenziava dagli altri membri laici sedendo tra i chierici, e occasionalmente disputava con i vescovi su questioni religiose. Teodo-

---

[37] Editti imperiali: Epifanio, *Panarion* 69.34.1, con Lenski (2002) 241-263, che esamina il sostegno di Valente all'arianesimo omoiousiano, e Brennecke (1988) 240: «In vieler Hinsight ist die Kirchenpolitik des Valens der des Konstantin fast näher als der des Konstantius». Per la caratterizzazione di Valente e dei suoi magistrati come «tetrarchi», vedi il Cap. VI. Per le reazioni alla disfatta di Valente, vedi Lenski (1997).

sio finì per trasformare questa eredità in una forma di legittimazione imperiale. Dopo la morte della prima moglie sposò Galla, sorella dell'imperatore Valentiniano II e sorellastra dell'imperatore Graziano. Stabilire un legame con la dinastia dei suoi coimperatori era un obiettivo importante; ma Galla era una sposa allettante anche in quanto molto probabilmente era una bisbisnipote di Costantino. Mediante questo matrimonio Teodosio introduceva Costantino nella sua famiglia e ne faceva un antenato della sua stessa dinastia. Di conseguenza, quando si diceva che Teodosio dopo la morte si era riunito in cielo con i membri della sua famiglia, questa riunione includeva anche Costantino[38].

Nonostante questa consapevolezza sull'eredità di Costantino, Teodosio sembra non condividesse la pretesa del suo predecessore di identificarsi così esplicitamente con Gesù Cristo. Il cristianesimo ariano aveva aperto la porta alla possibilità che un imperatore potesse essere un analogo di Gesù Cristo, e con la sua preferenza per mantenere l'identificazione tra imperatore e divinità Costantino aveva costituito la versione cristiana di un imperatore tetrarchico. In netto contrasto, Teodosio accettava un modello di funzione imperiale derivato dalla teologia nicena, e si opponeva tanto al paradigma tetrarchico quanto al modello ariano. Con il suo riconoscimento della dipendenza degli imperatori da vescovi e monaci, Teodosio divenne invece la versione cristiana di un re dell'Antico Testamento.

Teodosio disponeva di diversi modelli di ruolo imperiale da valutare. Uno rappresentava una filosofia politica che corrispondeva alla teologia nicena ortodossa. Nel 383 Teodosio offrì ad alcuni ecclesiastici eterodossi un'ultima occasione per conquistare il suo appoggio. Uno dei partecipanti a questo «concilio di tutte le eresie» era Eunomio, noto teologo della Cappadocia. Sostenendo Eunomio una teologia neoariana che affermava che il Figlio non era soltanto subordinato al Dio Padre ma anche totalmente dissimile, probabilmente sapeva di avere scarse probabilità di convincere l'imperato-

---

[38] *CTh* 16.1.2 singola divinità; 16.1.3 una sola maestà, emesso il 30 luglio 381; 16.5.6 veleno. Seduto: Sozomeno, *HE* 7.25.9, con Van Dam (2002) 136-153, sul comportamento di Teodosio a Costantinopoli. Per il *pedigree* di Galla e Valentiniano II, vedi il Cap. III; anche Chausson (2002b) 149-50, per l'ipotesi che Teodosio fosse un lontano discendente di Costanzo I. Riunione: Ambrogio, *De obitu Theodosii* 40.

re. Allora adottò una tattica più indiretta. Oltre a presentare le sue dottrine, Eunomio andò delicatamente a toccare la vanità dell'imperatore. Nell'esposizione della sua fede Eunomio sostenne che il Figlio di Dio aveva solo condiviso «l'impero paterno», e che aveva ricevuto gloria dal Padre senza però partecipare della gloria del Padre. Precedentemente, quell'anno, Teodosio aveva proclamato augusto, imperatore *senior*, suo figlio Arcadio. Questi era ancora un bambino di cinque o sei anni. Eunomio sembrava sottintendere, tramite una inespressa analogia con la propria teologia trinitaria, che anche se Teodosio e suo figlio detenevano nominalmente la stessa posizione di imperatori *seniores*, in realtà Teodosio poteva pensare di essere di gran lunga superiore al figlioletto con cui spartiva parte della sua gloria. Eunomio in sostanza stava invitando l'imperatore ad adottare una teoria subordinazionista che avrebbe fornito un utile parallelo per evidenziare il suo primato sul coimperatore, il suo giovanissimo figlio, e a prendere una decisione basata sulla convenienza politica più che sulla correttezza religiosa. Esponendo le proprie dottrine Eunomio faceva appello alla politica corrente e non semplicemente alla teologia[39].

Ma Teodosio non cedette così facilmente all'adulazione. Un altro uomo di chiesa dimostrò le implicazioni pratiche della dottrina secondo la quale Dio il Figlio era inferiore a Dio il Padre. Questo ecclesiastico accolse Teodosio con rispettosa deferenza, ma si rivolse al figlio chiamandolo «bambino» e lo carezzò con la mano. L'imperatore si infuriò. Anziché elevarsi al di sopra di suo figlio, desiderava promuovere le credenziali imperiali di Arcadio al fine di cominciare a stabilire una dinastia teodosiana di imperatori in Oriente come contrappeso a Graziano e Valentiniano II, gli imperatori delle province occidentali che erano gli ultimi sopravvissuti della dinastia di loro padre, Valentiniano I, e del loro zio Valente. Per controbilanciare la loro dinastia Teodosio aveva bisogno che suo figlio fosse un coimperatore dotato della medesima posizione. A causa di queste ambizioni politiche, non aveva alcuna simpatia per una dottrina che

---

[39] Per il concilio del 383 e la teologia di Eunomio, vedi Van Dam (2003b) 15-45. Figlio di Dio: Eunomio, *Expositio fidei* 3, con Peterson (1935) 94, per le implicazioni politiche della teologia di Eunomio, e Kopecek (1979) 523-524, per il nesso tra le dottrine di Eunomio e la promozione di Arcadio da parte di Teodosio.

predicasse la subordinazione, e ora respinse sia la teologia di Eunomio sia le sue implicazioni politiche. Nell'appoggiare la dottrina nicena per cui Padre e Figlio erano coordinati, Teodosio riconosceva che lui e suo figlio erano imperatori *seniores* di pari levatura. La subordinazione del figlio al padre era ormai non solo una teologia eretica ma anche una filosofia politica eterodossa[40].

Un secondo modello di funzione imperiale derivava dall'Antico Testamento. Nel 388 Teodosio invase l'Italia settentrionale e sconfisse l'usurpatore Magno Massimo. Poco dopo aver fissato la sua residenza in Italia venne a sapere della distruzione di una sinagoga a Callinicum, una guarnigione sulla frontiera orientale. Quando Teodosio ordinò al vescovo locale che la sinagoga venisse ricostruita e i vandali puniti, Ambrogio, vescovo di Milano, protestò e cercò di convincere l'imperatore a ritirare queste disposizioni. In un sermone Ambrogio riprese una storia dall'Antico Testamento sul re Davide, che si era pentito quando il profeta Natan lo aveva messo di fronte ai suoi peccati. La storia voleva essere un ammonimento per Teodosio: «Sto alterando le parole [per parlare] non solo di te ma anche a te». L'imperatore ovviamente ascoltò con attenzione i rilievi del vescovo; «È di me che hai predicato». In segno di benevolenza promise ad Ambrogio, nel bel mezzo della celebrazione di questo servizio, che avrebbe abbandonato l'indagine sull'incidente. Nel 390 Ambrogio ritenne Teodosio responsabile del massacro di civili a Tessalonica, che era stato ordinato per rappresaglia in seguito all'uccisione di un comandante dell'esercito. In una lettera all'imperatore Ambrogio ricordò nuovamente a Teodosio la penitenza di re Davide. Come Davide, anche l'imperatore doveva confessare il proprio errore: «Ho peccato contro il Signore». Quindi avrebbe goduto dello stesso esito: «Con questa dimostrazione di umiltà divenne più gradito a Dio». Citando questi «esempi di re» dall'Antico Testamento, Ambrogio aveva definito un modello di impero cristiano che si basava sull'umiltà, la devo-

---

[40] Figlio di Teodosio: Sozomeno, *HE* 7.6; Teodoreto, *HE* 5.16, identifica questo ecclesiastico con il vescovo Anfilochio di Iconio. Heather (1991) 172-173 interpreta la promozione di Arcadio come una tattica adottata da Teodosio per prendere le distanze dall'imperatore d'Occidente Graziano. Nel 386 Teodosio e Arcadio celebrarono insieme un trionfo a Costantinopoli: vedi *Consularia Constantinopolitana* s.a. 386.

zione e la benevolenza. In questo paradigma l'imperatore certamente non era un analogo di Gesù Cristo. Come Ambrogio espressamente ricordava a Teodosio, «tu sei un uomo, e la tentazione ti ha raggiunto». L'imperatore invece era un peccatore come re Davide che avrebbe beneficiato del rimprovero di un nuovo Natan, un vescovo come Ambrogio[41].
Un ultimo modello di ruolo imperiale mostrava la perdurante influenza degli imperatori tetrarchici. Dopo aver riportato Valentiniano II al potere, Teodosio lasciò l'Italia. Valentiniano risiedette inizialmente nel Nord della Gallia, ma nella primavera del 392 fu trovato morto a Vienne. Poiché le circostanze della sua morte erano poco chiare, il generale franco Arbogaste fu accusato di cospirazione. Alla fine dell'estate appoggiava Eugenio come imperatore a Lione. Eugenio era un ex insegnante di retorica latina che in precedenza aveva servito nella burocrazia palatina. Nell'anno successivo il nuovo imperatore si trasferì in Italia, dove a Roma venne riconosciuta la sua carica. Persino i prudenti senatori conclusero tuttavia che avrebbero potuto scendere a patti con un usurpatore che fosse disposto a riaffermare il diritto di Roma a trarre vantaggio dalle province. A Simmaco, che stava raccogliendo gladiatori esotici da far combattere nei giochi pubblici in onore del nuovo ufficio del figlio, Eugenio donò ventinove guerrieri sassoni, presumibilmente catturati durante le recenti campagne sulla frontiera del Reno. Eusebio inoltre rinominò l'illustre senatore Virio Nicomaco Flaviano prefetto dell'Italia e lo designò console. Flaviano sfruttò l'incertezza del momento per affermare la sua devozione ai culti pagani tradizionali. A Roma ora celebrò ostentatamente una serie di feste pagane, mentre suo figlio, che serviva come prefetto a Roma, ripristinò un tempio di Venere. A Ostia un altro magistrato ricostruì un tempio dedicato a Ercole. L'influenza di Flaviano aveva dato all'usurpazione di Eugenio una colorazione sprezzantemente pagana[42].

---

[41] Callinicum: Ambrogio, *Ep. extra collectionem* 1(41).25 Davide e Natan, 26 parole, 27 di me, 28 promessa; anche *Ep.* 74(40).22, «Ricordi ciò che Cristo ordinò al santo Davide tramite il profeta Natan?». Tessalonica: Ambrogio, *Ep. extra collectionem* 11(51).7 peccato, 9 umiltà, 11 esempi, uomo; McLynn (1994) 315-330 interpreta l'umiliazione rituale di Teodosio come «un trionfo di pubbliche relazioni per l'imperatore» (p. 323).

[42] Per l'inizio della carriera di Eugenio, vedi *PLRE* 1:293, «Fl. Eugenius 6», e Kaster (1988) 403-404. Gladiatori sassoni: Simmaco, *Ep.* 2.46, «hanc munificentiam principis»,

Prima di tornare a Costantinopoli, Teodosio aveva già promulgato editti che vietavano la partecipazione ai culti pagani. Ora promosse Onorio, il figlio minore, a imperatore *senior* e si preparò a marciare nuovamente verso occidente. Nell'estate del 394 l'esercito di Teodosio si scontrò con quello di Eugenio sul fiume Frigidus presso Aquileia. Ma a questo punto Eugenio si presentava a tutti gli effetti come un imperatore neotetrarchico, scendendo in campo con l'appoggio di Giove e di Ercole. Alle pendici delle Alpi, in vista del campo di battaglia, eresse statue a Giove, raffigurante ciascuna la divinità che brandiva una saetta fatta d'oro. Durante la battaglia le sue unità erano precedute da un'immagine di Ercole. Ma l'esercito di Teodosio, guidato da uno stendardo militare a forma di croce, risultò vittorioso. Eugenio fu sconfitto, catturato e giustiziato; i suoi sostenitori Arbogaste e Flaviano si suicidarono. Ora un Teodosio trionfante poteva farsi beffe della falsa fiducia riposta dai suoi avversari nell'immagine di Ercole[43].

Il regno di Teodosio da qui in avanti segnò importanti cambiamenti nell'antico dibattito su funzione imperiale e religione. Un intero ventaglio di differenti ideologie veniva ora accantonato. In primo luogo, il concetto consueto che il potere degli imperatori rappresentasse ancora una rinascita della Repubblica romana si trovava totalmente destabilizzato. Quando, poco dopo la morte dell'imperatore avvenuta nel 395, il futuro vescovo Paolino di Nola formulò la sua valutazione su Teodosio, ridefinì in termini cristiani i convenzionali titoli repubblicani di cui gli imperatori si erano da tempo appropriati. Quale massimo uomo di Stato Augusto era noto come *princeps*, primo cittadino, e per assicurare la sua associazione con l'esercito aveva usato il titolo di *imperator*, comandante. Ma secondo il panegirico di Paolino, Teodosio doveva la sua posizione di *princeps* non al suo ruolo imperiale ma alla sua

---

con il Cap. II per le campagne militari. Virio Nicomaco Flaviano: *Carmen contra paganos* 103-9 feste pagane, 113-14 tempio di Venere, con Matthews (1970), (1975) 238-247 e O'Donnell (1978), per l'identificazione di Flaviano come il soggetto di questo poema. Per la dedica del tempio di Ercole a Ostia, vedi Bloch (1945) 201, (1963) 200, rist. in *L'année épigraphique 1948* (1949) 50, n. 127.

[43] Editti: *CTh* 16.10.10-12. Statue di Giove: Agostino, *De civitate Dei* 5.26. Teodoreto, *HE* 5.24.4 immagine di Ercole, croce, 17 scherno. Si noti che il vescovo Ambrogio spiegò la sua assenza a Eugenio citando un antico episodio sulla riluttanza degli ebrei a contribuire a un sacrificio a Ercole: vedi Ambrosio, *Ep. extra collectionem* 10(57).9.

fede; e ora doveva essere salutato non come *imperator* bensì come *Christi servus*, un «servo di Cristo» noto per la sua umiltà. La rivoluzione romana di Augusto era giunta alla sua conclusione. Augusto si era appropriato della terminologia tradizionale per caratterizzare la sua posizione di imperatore repubblicano; Paolino ora sovvertiva la stessa terminologia per definire la posizione di Teodosio come imperatore cristiano[44].

In secondo luogo, anche più recenti nozioni di funzione imperiale erano ormai obsolete. Con la sconfitta di Eugenio l'età dei tetrarchi era definitivamente chiusa, e gli imperatori non sarebbero stati più identificati con divinità pagane come Giove ed Ercole. Con la riaffermazione della teologia nicena al concilio di Costantinopoli, era anche finita l'eusebiana età di Costantino, e gli imperatori non avrebbero più sostenuto dottrine di stile ariano né si sarebbero identificati con Gesù Cristo. Dopo il concilio di Costantinopoli, imperatori, storici e uomini di chiesa respingevano tutti la costruzione di Eusebio di un imperatore cristiano la cui posizione di analogo di Gesù Cristo poteva rafforzare la teologia ariana. Augusto l'imperatore repubblicano, Diocleziano l'imperatore tetrarchico, Costantino l'imperatore ariano come immaginato da Eusebio: tutti questi modelli per un imperatore cristiano erano ormai superati[45].

Visioni

Il contrasto tra Costantino e Teodosio si esprime nel modo più palese nelle loro rispettive visioni. Prima della battaglia al ponte

---

[44] Panegirico: Paolino di Nola, *Ep.* 28.6, con il Cap. III, per l'uso da parte di Massenzio di *princeps*, e Van Dam (1985a) 155-156, per il concomitante processo della ridefinizione cristiana di valori aristocratici tradizionali.

[45] Per la fine dell'ideologia tetrarchica, vedi Kolb (2004) 36: «Ambrosius von Mailand entsakralisiert den Herrscher... Damit endete das göttliche Wesen des tetrarchischen Kaisertums». Questi modelli anteriori di funzione imperiale, però, non sparirono del tutto. Le attrazioni del modello «ariano» in particolare si protrassero per secoli. Nell'Italia del VI secolo i re ostrogoti ariani mostravano la loro distanza dai comuni fedeli durante la celebrazione della messa bevendo da un diverso calice: vedi Gregorio di Tours, *Historiae* 3.31. Per la nozione, persistente nel Medioevo, di un re come umano per natura ma «Cristo per grazia», vedi Kantorowicz (1975) 42-61.

Milvio sul Tevere, Costantino aveva dichiarato di aver avuto la visione di una croce nel cielo e successivamente un'altra visione, in cui Cristo in persona lo aveva esortato a usare il simbolo come difesa contro i suoi nemici. Prima della battaglia sul fiume Frigidus, anche Teodosio sostenne di aver avuto una visione in cui aveva visto due uomini, vestiti di bianco e in sella a due cavalli bianchi. Questi uomini, rivelatisi come Giovanni l'evangelista e l'apostolo Filippo, avevano offerto il loro aiuto. Nei loro rispettivi sogni, mentre Costantino aveva parlato con Gesù Cristo in persona, Teodosio ora parlava solo con i discepoli di Gesù. Teodosio inoltre, a quanto si sapeva, si era preparato alla battaglia pregando con alcuni chierici presso i santuari di martiri e apostoli. Chiese anche il consiglio di Giovanni di Licopoli, un monaco d'Egitto che era stato benedetto dal «dono della profezia». Quale analogo di Gesù Cristo, Costantino era stato considerato un «amico di Dio»; ma Teodosio ora era solo un «amico di Cristo» che consultava altri rappresentanti di Dio sulla terra, vescovi e monaci[46].

Nei suoi scritti storici Eusebio aveva paragonato Costantino a Mosè, che aveva liberato il suo popolo dall'oppressione dei tiranni. Allo stesso modo Costantino aveva promosso ed esaltato la propria posizione di imperatore cristiano, identificandosi alla leggera con un vescovo, presiedendo il concilio di Nicea, mostrando di appropriarsi di alcune delle funzioni di Gesù Cristo. In netto contrasto, Ambrogio aveva paragonato Teodosio a re Davide, che aveva riconosciuto i propri peccati e chiesto perdono. Alla fine del suo regno Teodosio stesso sembra aver accettato questa nuova immagine di imperatore rispettoso verso vescovi e monaci. Una tradizione afferma persino che dopo la vittoria su Eugenio questo «imperatore cristiano» aveva esplicitato il proprio rispetto per Ambrogio inginocchiandosi ai piedi del vescovo. Sia Costantino sia Eusebio sarebbero rimasti sbalorditi da questo atto di deferenza. Rispetto al comportamento, le aspettative e l'immagine, Costan-

---

[46] Visioni di Costantino: Eusebio, *Vita Constantini* 1.28.2-29. Teodoreto, *HE* 5.24.1-2, Giovanni di Licopoli, 2, ὁ φιλόχριστος... βασιλεύς, 5-6, visione di Teodosio, con Paschoud (1979-2000) 2.2:474-500, per una discussione approfondita sulle differenti versioni della battaglia del fiume Frigidus, e Bloch (1945) 240: «La battaglia... simboleggia la fine di un'epoca con non comune chiarezza». Preghiere con i chierici: Rufino, *HE* 11.33. Dono: Palladio, *Historia Lausiaca* 35.2.

tino avrebbe fatto fatica a riconoscere in Teodosio un imperatore cristiano[47].

Da allora fu questo nuovo paradigma a definire il ruolo di un imperatore cristiano. Al concilio di Calcedonia, nel 451, l'imperatore Marciano decise di prendere «Costantino di divina memoria come guida». Conducendo una sessione del sinodo, Marciano imitava la funzione di Costantino che aveva presieduto il concilio di Nicea; e in effetti, dopo l'orazione dell'imperatore nell'assemblea i vescovi riuniti lo salutarono come un «nuovo Costantino». Alla fine della sessione, dopo l'approvazione di una dichiarazione di fede, i vescovi lo salutarono nuovamente come «nuovo Costantino». Ma questa volta aggiunsero anche altre due acclamazioni. Una lo diceva «nuovo Davide»: questa acclamazione onorava l'imperatore come associato alla stirpe regale di Gesù Cristo, e gli ricordava anche del rispetto che doveva mostrare ai vescovi stessi. La seconda ulteriore acclamazione era quella di «nuovo Paolo»: questa implicava che l'imperatore doveva prendere la guida nel diffondere e imporre la nuova definizione del cristianesimo ortodosso. Marciano, il più recente «nuovo Costantino», era ora un analogo non di Gesù Cristo ma di uno dei più grandi re dell'Antico Testamento, l'antenato del Messia, e del più importante apostolo del Nuovo Testamento, il messaggero della fede cristiana. Eusebio aveva costruito un'immagine di Costantino che derivava dalla sua teologia e al tempo stesso la sosteneva. Ora i vescovi costruivano l'immagine di un Nuovo Costantino modellata su esemplari biblici[48].

---

[47] Imperatore cristiano: Paolino da Milano, *Vita Ambrosii* 31.
[48] Concilio di Calcedonia, *Actio* 6.4 guida, 5 Nuovo Costantino, 11 Nuovo Costantino, Nuovo Davide, Nuovo Paolo, ed. Schwartz (1933-1935) 2:140, 155

EPILOGO

UN SOLO IMPERATORE

All'interno della cultura classica greca forse non vi sono stati poemi più venerati dell'*Iliade* e dell'*Odissea*. Grazie al loro prestigio, presto queste epiche omeriche divennero testi di riferimento per mitologie religiose e ideologie politiche. Nell'impero romano la citazione di un singolo verso dell'*Iliade* offriva ancora l'occasione di commentare gli affari politici e anche per modellarli. L'*Iliade* aveva raccontato di una sfida alla *leadership* di Agamennone sulla coalizione greca, una sfida che si risolveva nell'affermazione, da parte del re, che il suo scettro gli era stato consegnato direttamente da Zeus. All'inizio del I secolo l'imperatore Caligola alludeva a questa disputa quando annunciò che «dovrebbe esserci un solo regnante e un solo *basileus*». Nel suo contesto immediato – una polemica su re clienti in lotta tra loro – questa citazione appariva assai rilevante, in quanto l'imperatore stava fissando chiaramente le proprie priorità di *basileus*, «re», dominante. Ma in un ambito più ampio il fatto che Caligola citasse questo verso omerico era anche alquanto sconcertante, perché l'ideologia legittimante degli imperatori di recente istituzione aveva sottolineato la restaurazione della vecchia Repubblica romana, la cui ideologia politica si era sempre opposta alla rinascita di un regime monarchico. L'uso di Caligola di questa citazione era quindi un aperto puntello alla propria autorità imperiale e implicitamente un atto sovversivo rispetto alla prevalente ideologia politica repubblicana[1].

---

[1] Caligola: Svetonio, *Gaius Caligula* 22.1, che cita Omero, *Iliade* 2.204-205, εἷς βασιλεύς, con Peterson (1935), un commentario innovativo sulle implicazioni politiche del monoteismo che prende ispirazione da questo verso omerico.

Con il passare del tempo *basileus* divenne il termine greco standard per «imperatore» nelle province orientali e fu possibile citare questo verso senza preoccuparsi delle sue recondite coloriture relativamente alla funzione regale. Eppure questo verso omerico conservava le sue potenziali implicazioni di sfida. All'inizio del IV secolo un cristiano in Palestina citava questo stesso verso in un contrasto con magistrati imperiali che gli avevano ordinato di sacrificare agli dei pagani e di fare offerte votive agli imperatori. Riportando questo verso, il cristiano intendeva dimostrare la sua fedeltà esclusiva al suo Dio, l'«Imperatore» di tutti; ma i magistrati interpretarono la citazione come un commento sedizioso sulla tetrarchia, il collegio di quattro imperatori che a quel tempo condividevano congiuntamente il potere. Anche in questa situazione la citazione conteneva un duplice significato. I magistrati giustiziarono il cristiano per insubordinazione politica per aver mostrato di sostenere un unico imperatore in un momento in cui ve n'erano quattro, mentre il cristiano riteneva di starsi guadagnando il martirio con una fedeltà indivisa al suo Imperatore nel cielo. In entrambi i casi – la sconsiderata arroganza di Caligola e la passione del cristiano per il martirio – i partecipanti si appellavano a interpretazioni contrastanti di un verso profondamente onorato. Presto i cristiani avrebbero sostituito questa controversia su un verso omerico con nuove dispute su versetti biblici altrettanto aperti a molteplici interpretazioni[2].

Durante il regno di Costantino l'arena di questa interazione tra religione e filosofia politica fu in larga misura trasferita dai culti pagani e dalla mitologia classica alle dottrine cristiane e alle festività liturgiche. Inizialmente una linea di discorso sulla teologia trinitaria offrì un veicolo per definire l'essenza di un imperatore cristiano nella società romana; in seguito la discussione di dottrine cristiane aiutò ad articolare tutti gli aspetti della società, tanto ecclesiastica quanto imperiale. Nel 357, in visita a Roma, l'imperatore Costanzo rispose a una petizione che gli chiedeva di risolvere una disputa sull'episcopato della città. La soluzione di Costanzo consistette nel consentire la presenza di due vescovi, finché il po-

---

[2] Persecuzione: Eusebio, *De martyribus Palaestinae* 1.1, con Carriker (2003) 131-133, per la familiarità di Eusebio con Omero.

polo cominciò a schernire quella proposta nelle sue acclamazioni: «Un solo Dio, un solo Cristo, un solo vescovo». Più tardi, nello stesso secolo, il maestro gallo Ausonio celebrò la Pasqua con un poema sui membri della Trinità, dove comparivano un Amato Padre, «tuo Figlio» che era «completamente simile e uguale» e lo Spirito Santo. Ausonio qui enfatizzava una «triplice fede» ma «un creatore» soltanto. Quindi adulava l'imperatore Valentiniano con un raffronto con questa Trinità. Anche Valentiniano era il «progenitore» che aveva creato imperatori gemelli promuovendo prima suo fratello, Valente e poi suo figlio, Graziano. Valentiniano aveva condiviso il suo «unico impero» ma senza dividerlo; gli imperatori prosperavano in una «triplice devozione». Nel tardo VII secolo i militari dell'Asia Minore centrale furono così contrariati dal piano di Costantino IV di privare i suoi due fratelli della partecipazione al potere imperiale che minacciarono un ammutinamento: «Noi crediamo nella Trinità; incoroniamo tre imperatori». In tutti questi casi, importanti temi propri delle dispute trinitarie – idee sull'Unicità e la Trinità – erano debordati diventando *slogan* che davano forma a opinioni su vescovi e imperatori[3].

In questo discorso su teologia cristiana e filosofia politica Costantino aveva avuto un rilievo unico. Non era solo un veicolo simbolico come Gesù Cristo, che ecclesiastici come Eusebio di Cesarea rappresentavano in dottrine e immagini che davano forza alle loro convinzioni. Costantino era anche un partecipante diretto che aveva le sue idee sulla teologia ortodossa, oltre che sul suo regno come imperatore. Già durante la sua vita uomini di chiesa andavano costruendo varie immagini di Costantino; ma nel medesimo tempo Costantino stava costruendo se stesso, scherzando sul fatto che anche lui era un vescovo, ascoltando rispettosamente i sermoni dei vescovi, presentandosi come un analogo di Gesù Cristo. Costantino era alla ricerca di un'identità; anche lui cercava di formarsi l'immagine di un imperatore cristiano.

Ma il cristianesimo, o anche la religione in generale, non era l'unica strategia di cui Costantino o altri disponessero per formu-

---

[3] Costanzo: Teodoreto, *HE* 2.17.6. Valentiniano: Ausonio, *Versus paschales* 16-31. Costantino IV: Teofane, *Chronographia* a.m. 6161, con il commento in Mango e Scott (1997) 492; Costantino IV alla fine depose e mutilò i suoi fratelli.

lare l'immagine dell'imperatore. Come hanno mostrato i capitoli nelle prime due sezioni di questo libro, Costantino doveva decidere se essere un imperatore romano che ignorava Roma a favore di una Nuova Roma, o un imperatore latino nell'Oriente greco. Alcuni tra i suoi sudditi avevano già preso la loro decisione. La popolazione di Hispellum si appellò a Costantino nella speranza che tornasse nell'Italia centrale e a Roma; gli abitanti di Orcistus volevano mostrarsi come romani latini nella loro petizione all'imperatore. Costantino inoltre doveva decidere quali tra i suoi antenati mettere in evidenza e quali sarebbero stati i suoi successori. Per costruire Costantino, allora come adesso, noi storici dobbiamo rispettare tutte queste differenti opzioni e decisioni.

Alla fine, si direbbe, la conclusione di Costantino fu che forse il cristianesimo era incompatibile con il ruolo imperiale. Dopo il battesimo apparve come il tipico iniziato vestito di bianco, abbigliato in «sfolgoranti abiti imperiali che risplendevano come luce». Viceversa, ora non voleva più toccare i suoi manti purpurei. Come Diocleziano, Costantino sembra aver abdicato. Ora non era più un imperatore cristiano; aveva invece risolto la tensione tra cristianesimo e funzione imperiale rinunciando al proprio potere imperiale. Ora era solo un cristiano battezzato[4].

Giuliano il teologo

Giuliano fu uno dei pochi imperatori romani a essersi interessato a fondo della teologia cristiana. Prima che gli fosse consentito di studiare la cultura classica greca con famosi maestri, era stato allevato da cristiano. Durante gli anni della sua adolescenza era stato in esilio in Cappadocia, dove aveva letto i libri cristiani nella biblioteca di un ecclesiastico del posto. Tra quei libri comparivano, a quanto sembra, alcuni dei trattati apologetici di Eusebio. Dopo che Giuliano ebbe rivelato il suo appoggio ai culti pagani, però, ovviamente cercò di esorcizzare quella formazione cristiana. Ora

---

[4] Abiti: Eusebio, *Vita Constantini* 4.62.5, con Speck (1995) 144, sulle implicazioni del battesimo di Costantino: «Daß man ihn kurz von seinem Tode... getauft hat, war bereits der erste Schritt zu seiner Reduzierung auf ein Christiliches Normalmaß».

liquidava Eusebio come un «furfante» per una affermazione spropositata. Ora sminuiva ripetutamente i cristiani come «galilei», come fossero nient'altro che membri di una piccola setta locale. Ora, cosa più importante, mirava a distruggere quei «tanti volumi delle dottrine degli empi galilei» che un tempo aveva letto[5].

Il regno di Giuliano ci offre una concisa sommatoria dei temi discussi in questo libro. Giuliano fu il primo imperatore nato a Costantinopoli. Da giovane aveva studiato in varie città dell'antico mondo ellenico dell'Egeo; da imperatore *senior* aveva marciato attraverso i Balcani fino a Costantinopoli e poi attraverso l'Asia Minore fino ad Antiochia in preparazione di una campagna militare contro l'impero persiano. Roma rivestiva una posizione periferica nell'impero di Giuliano, il quale non visitò mai la vecchia capitale. Giuliano voleva piuttosto presentarsi come un imperatore greco che promuoveva la cultura classica e i culti pagani. Pur avendo evidentemente tratto vantaggio dalla sua appartenenza alla dinastia costantiniana, Giuliano provava risentimento verso lo zio Costantino e il cugino Costanzo. La sua preferenza per la grecità era un modo per prendere le distanze sia dal retroterra latino di Costantino e dei suoi figli sia dal loro cristianesimo. Il regno di Giuliano, quindi, integra il regno di Costantino come un'ulteriore dimostrazione dell'ascesa di Costantinopoli a scapito di Roma, della crescente importanza delle frontiere settentrionale e orientale, della tensione tra la cultura latina e la greca nelle province orientali e delle titubanze del sostegno imperiale tra cristianesimo e culti pagani.

Giuliano era inoltre un attento osservatore degli imperatori e del potere imperiale. Non solo aveva ovviamente riflettuto su Costantino e i suoi figli, ma aveva anche analizzato il sistema tetrarchico. Poiché aveva esordito come imperatore *junior* nominato dal cugino Costanzo, quindi era stato proclamato augusto dalle sue truppe e infine era emerso nel 361 come imperatore unico, Giuliano aveva un'esperienza diretta di temi come la subordinazione, l'insubordi-

---

[5] Eusebio il furfante: Giuliano, *Contra Galilaeos* 222A, che respinge l'affermazione di Eusebio, *Praeparatio evangelica* 11.5 (*PG* 21.852D), secondo la quale Mosè e Davide avevano scritto «quelli che i greci chiamano versi eroici». Tanti volumi: Giuliano, *Ep.* 23; anche *Ep.* 38, con Van Dam (2002) 173-174, per l'uso di Giuliano della biblioteca di Giorgio in Cappadocia.

nazione e la preminenza. Quando scrisse un trattato sui suoi predecessori, poté quindi apprezzare la miscela intuitiva di gerarchia e armonia presente nella tetrarchia originale. I tre colleghi di Diocleziano avevano «unito le mani, ma non camminavano al suo fianco; piuttosto, lo circondavano come un coro». Al tempo stesso, però, «quando avrebbero voluto precederlo come guardie del corpo lui si oppose, perché non si considerava degno di avere una maggiore autorità». Ma Giuliano sapeva anche che il sistema tetrarchico dei multipli imperatori, «un coro a quattro voci perfettamente armonioso», era stato macchiato fin dall'inizio dalle sue insite contraddizioni ideologiche e pratiche. Da imperatore junior si era egli stesso ribellato; come imperatore unico non designò un coimperatore neppure quando era sul punto di partire per una pericolosa invasione dell'impero persiano. Giuliano era un imperatore neotetrarchico che risolse la tensione tra gerarchia e armonia non nominando alcun collega imperiale[6].

Riflettere sugli imperatori fu un ulteriore incentivo a una riflessione sulle religioni, tanto sui culti pagani da lui prescelti quanto sul cristianesimo che aveva rifiutato. L'ideologia politica del sistema tetrarchico poggiava su una base di sostegno teologica e le controversie in corso sulle dottrine cristiane avevano analogamente combinato la teologia con la filosofia politica. Tendendo anch'egli a definire se stesso e la società romana in termini religiosi, Giuliano capiva che il discorso sulla teologia era al contempo un discorso sulla funzione imperiale. Finì per adottare una nuova tattica nel suo rigetto del cristianesimo. Anziché limitarsi a rinnegare la propria educazione cristiana, avrebbe usato la sua familiarità con i testi biblici e con le controversie ecclesiastiche per comporre una confutazione intellettuale delle credenze «galilee». Secondo la spiegazione che diede a un vescovo, si proponeva di dimostrare che «quel nuovo Dio dei galilei era stato spogliato dalla sua divinità dalla sua disonorevole morte e sepoltura». Nel corso di questo processo, però, Giuliano riconcettualizzava anche la teologia pagana della tetrarchia[7].

Giuliano scrisse il suo libro sul cristianesimo durante lo stesso

---

[6] Giuliano, *Caesares* 315A-C, con l'Introduzione, per un'ulteriore discussione sulle circostanze della composizione di questo trattato. Si noti che Giuliano fu l'ultimo imperatore a portare il titolo di cesare: vedi Kolb (2001) 105.

[7] Nuovo Dio dei galilei: Giuliano, *Ep.* 55.

inverno trascorso ad Antiochia in cui scrisse il trattato satirico sugli imperatori romani. Alla vigilia della campagna contro l'impero persiano, i due temi che occupavano la sua mente erano il ruolo imperiale e il cristianesimo. Nei suoi libri criticava il cristianesimo per il suo rifiuto degli insegnamenti tanto degli «ellenici» quanto degli «ebrei». Considerava il cristianesimo due volte una «eresia», una per aver cancellato le asserzioni degli filosofi greci e i culti pagani che congiuntamente definivano la grecità e l'altra per aver distorto le convinzioni del giudaismo dell'Antico Testamento. Portava dunque i suoi attacchi direttamente alle coeve dottrine cristiane sulla divinità di Gesù Cristo. A suo parere, i cristiani avevano ignorato il comandamento degli ebrei che vietava di venerare altri dei. «Se Dio vuole che nessun [altro] dio sia venerato, perché voi venerate il suo Figlio bastardo?». In successivi argomenti Giuliano contestava le affermazioni su un «secondo Dio, simile o dissimile che sia», le asserzioni sull'«unigenito Figlio di Dio» e le spiegazioni sulla posizione di Maria Vergine quale «Theotokos», Madre di Dio. Il Nuovo Testamento non faceva che confermare il suo scetticismo. «Né Paolo né Matteo né Luca né Marco hanno osato chiamare Gesù "Dio"». Nonostante la sua avversione per il cristianesimo, Giuliano era molto bene informato sui dibattiti in corso sulla teologia[8].

Questa familiarità con le dottrine cristiane influì anche sull'elaborazione di Giuliano delle convinzioni pagane, che in uno dei suoi argomenti più singolari ripresenta Zeus nell'immagine del Dio cri-

---

[8] Giuliano, *Contra Galilaeos* 43A «eresia dei galilei», 155C comandamento, 159E Figlio bastardo, 253C secondo Dio, 262D unigenito Figlio di Dio, Theotokos, 327A Paolo, con la discussione di Smith (1995) 190-218. Per il momento della composizione, vedi Libanio, *Orat.* 18.178: «Mentre l'inverno allungava le notti, affrontò quei libri che presentavano l'uomo della Palestina come un dio o un figlio di dio».

La devozione di Giuliano alla filosofia classica ha messo in ombra la sua familiarità con la teologia cristiana. Anche se Bouffartigue (2004) 129 definisce l'imperatore «un théologien curieux», sostiene che Giuliano si basava interamente sui suoi precedenti studi di filosofia quando scriveva *Contra Galilaeos*. Di conseguenza, i moderni manuali sullo sviluppo delle dottrine cristiane trascurano costantemente gli scritti di Giuliano. La sua competenza come teologo anticristiano tuttavia meriterebbe un maggiore studio. Una fonte per la sua familiarità con le dottrine cristiane fu probabilmente Ezio, un teologo e vescovo che si concentrava sulla metafisica della relazione tra Dio Padre e suo Figlio: vedi Giuliano, *Contra Galilaeos* 347B, «è stato uno dei vescovi più colti a dirmelo», con Van Dam (2003b) 15-30, per la carriera di Ezio e la sua interazione con Giuliano. Inoltre, gli uomini di chiesa della tarda antichità certamente lo presero sul serio; per la minaccia costituita dalla conoscenza della Bibbia da parte di Giuliano, vedi Wilken (1999).

stiano. Come alcuni uomini di chiesa cristiani sostenevano che Gesù Cristo era nato da Dio, così Giuliano affermava che Zeus aveva generato Asclepio, un dio della guarigione, «da se stesso». Come Gesù, Asclepio quindi era apparso «nelle vesti di un uomo» e «sull'intera terra aveva proteso la mano destra della salvezza». Nell'atto di contestare le dottrine cristiane, Giuliano articolava una teologia pagana usando terminologia e concetti del cristianesimo[9].

Pur avendo raggiunto l'età adulta in un ambiente tetrarchico, Costantino era diventato un imperatore cristiano postetrarchico armato di opinioni forti sia sulla divinità della sua funzione imperiale sia sull'importanza di una teologia cristiana ortodossa. Da imperatore pagano neotetrarchico Giuliano era altrettanto preparato sulla tematica relativa a imperatori e dei. Grazie alla sua educazione cristiana, aveva anche un certo sentore di come la filosofia politica e la teologia cristiana si fossero intersecate nel corso dei decenni precedenti. Il preludio cruciale alla controversia sulle dottrine ariana e nicena non era stato lo scontro tra il vescovo Alessandro e il suo prete Ario. Era stato invece l'uso della teologia pagana come veicolo per spiegare il potere della pluralità degli imperatori nella tetrarchia. La graduale conversione di Costantino alla teologia cristiana aveva quindi spostato questa tematica dalla teologia pagana alla teologia cristiana, da Giove e la sua prole a Dio, suo Figlio e il suo imperatore. Giuliano ora continuava il dibattito rovesciando l'interazione. In passato i teologi cristiani erano stati influenzati dalle idee di una teologia tetrarchica e avevano articolato le loro idee sulla funzione imperiale cristiana attraverso le dispute sulla teologia cristiana. Ora l'interazione tra teologia cristiana e dottrine pagane aveva subito una rotazione e Giuliano riaffermava la teologia neotetrarchica sotto l'influenza delle dottrine cristiane. Mentre si prefiggeva di confutare le dottrine cristiane, si appropriava della terminologia cristiana per articolare le relazioni tra gli dei pagani. Uno dei risultati della rivoluzione romana di Costantino fu la permanente influenza di una prospettiva cristiana sulla visione religiosa persino di un imperatore postcristiano.

---

[9] Giuliano, *Contra Galilaeos* 200A, Zeus e Asclepio. Si noti che le idee di Giuliano sui ruoli dei sacerdoti pagani erano allo stesso modo modellate sull'esempio dell'altruismo cristiano: vedi Van Dam (2002) 171-173.

EDIZIONI E TRADUZIONI

Acta proconsularia sancti Cypriani: ed. e trad. ingl. di H. Musurillo, *The Acts of the Christian Martyrs*, Oxford Early Christian Texts (Oxford, 1972), pp. 168-75; *Atti dei martiri*, a cura di G. Caldarelli, Edizioni Paoline, Milano 1985².

Agostino, *Confessiones*: ed. J. Gibb e W. Montgomery, *The Confessions of Augustine* (Cambridge, 1908); trad. ingl. R.S. Pine-Coffin, *Saint Augustine, Confessions* (Harmondsworth, 1961); ed. J.J. O'Donnell, Augustine, *Confessions*, Vol. 1 (Oxford, 1992); *Le confessioni*, a cura di M. Pellegrino e C. Carena, *Opere di sant'Agostino*, I.1, Città Nuova, Roma 1982⁴.

– *De civitate Dei*: ed. B. Dombart e A. Kaib, *Sancti Aurelii Augustini De civitate Dei*. CChr., Series latina 47-48 (1955); trad. ingl. H. Bettenson, *Augustine: Concerning the City of God against the Pagans* (Harmondsworth, 1967); *La città di Dio*, a cura di A. Trapè, R. Russell e S. Cotta, trad. it. di D. Gentili, *Opere di sant'Agostino*, I.5, Città Nuova, Roma 1978.

Ambrogio, *De obitu Theodosii* e *De obitu Valentiniani*: ed. O. Faller, *Sancti Ambrosii opera: Pars septima*. CSEL 73 (1955), pp. 329-67, 371-401; trad. ingl. J.H.W.G. Liebeschuetz e C. Hill, *Ambrose of Milan: Political Letters and Speeches*, TTH 43 (2005), pp. 177-203, 364-99; *Discorsi e lettere / I. Le orazioni funebri*, a cura di G. Banterle, *Opera omnia di sant'Ambrogio* 18, Città Nuova, Roma 1985.

– *Epistulae* e *Epistulae extra collectionem*: ed. O. Faller e M. Zelzer, *Sancti Ambrosii opera, Pars decima: Epistulae et acta*, 3 voll. CSEL 82.1-3 (1968-1990); trad. ingl. M.M. Beyenka, *Saint Ambrose, Letters*, FC 26 (1954); *Ep.* 10, *Ep. Extra collectionem*: trad. ingl. J.H.W.G. Liebeschuetz e C. Hill, *Ambrose of Milan Political Letters and Speeches*, TTH 43 (2005); *Discorsi e lettere / II. Lettere*, a cura di G. Banterle, *Opera omnia di sant'Ambrogio* 19/21, Città Nuova, Roma 1988.

Ammiano Marcellino, *Res gestae*: ed. e trad. ingl. J.C. Rolfe, *Ammianus Marcellinus*, 3 voll. LCL (1935-1940).

Anonymus post Dionem (= Dio Continuatus), *Fragmenta*: ed. e trad. lat. Müller (1851), pp. 192-99; *Storie*, a cura di G. Viansino, 3 voll., Mondadori, Milano 2001-2002.

Anthologia graeca: ed. e trad. ingl. W.R. Paton, *The Greek Anthology*, 5 voll. LCL (1916-1918).
Atanasio, *Apologia ad Constantium*: ed. e trad. fr. J.M. Szymusiak, *Athanase d'Alexandrie, Deux apologies: A l'empereur Constance, Pour sa fuite*. SChr. 56bis (1987), pp. 86-175.
– *Apologia contra Arianos*: ed. H.-G. Opitz, *Athanasius Werke 2.1: Die Apologien* (Berlin e Leipzig, 1935-1941), pp. 87-168.
– *De decretis Nicaenae synodi*: ed. H.-G. Opitz, *Athanasius Werke 2.1: Die Apologien*, (Berlin e Leipzig, 1935-1941), pp. 1-45; *Il credo di Nicea*, a cura di E. Cattaneo, Città Nuova, Roma 2001.
– *De synodis Arimini in Italia et Seleuciae in Isauria*: ed. H.-G. Opitz, *Athanasius Werke 2.1: Die Apologien* (Berlin e Leipzig, 1935-1941), pp. 231-278.
– *Epistula ad episcopos Aegypti et Libyae*: ed. *PG* 25.537-93.
– *Epistula de morte Arii*: ed. H.-G. Opitz, *Athanasius Werke 2.1: Die Apologien* (Berlin e Leipzig, 1935-1941), pp. 178-180.
– *Historia Arianorum*: ed. H.-G. Opitz, *Athanasius Werke 2.1: Die Apologien* (Berlin e Leipzig, 1935-1941), pp. 183-230.
– *Orationes contra Arianos 1-3*: ed. W. Bright, *The Orations of St. Athanasius against the Arians according to the Benedictine Text* (2[a] edizione: Oxford, 1884), pp. 1-221; *Trattati contro gli ariani*, a cura di P. Podolek, Città Nuova, Roma 2001.
– *Vita Antonii*: ed. e trad. fr. Bartelink (1994); trad. ingl. T. Vivian e A.N. Athanassakis, *The Life of Antony by Athanasius of Alexandria*. Cistercian Studies Series 202 (Kalamazoo, 2003); *Vita di Antonio*, a cura di L. Cremaschi, Paoline, Milano 1995.
– Scritti di Atanasio, trad ingl. A. Robertson, *Select Writings and Letters of Athanasius, Bishop of Alexandria*. NPNF, Seconda serie 4 (1892; rist. 1991).
Augusto, *Res gestae*: ed. e trad. ingl. P.A. Brunt e J.M. Moore, *Res gestae divi Augusti: The Achievements of the Divine Augustus* (Oxford, 1967); *Res gestae*, a cura di L. Canali, Mondadori, Milano 2002.
Aurelio Vittore, *De Caesaribus*: ed. F. Pichlmayr e R. Gruendel, *Sexti Aurelii Victoris Liber de Caesaribus*. Teubner (1970), pp. 77-129; trad. ingl. H.W. Bird, *Liber de Caesaribus of Sextus Aurelius Victor*. TTH 17 (1994).
Ausonio: ed. e trad. ingl. H.G. Evelyn White, *Ausonius*, 2 voll. LCL (1919-1921); ed. R.P.H. Green, *The Works of Ausonius* (Oxford, 1991).
Basilio di Cesarea, *Epistulae*: ed. e trad. ingl. R.J. Deferrari, *Saint Basil: The Letters*, 4 voll. LCL (1926-1934); ed. e trad. fr. Y. Courtonne, *Saint Basile: Lettres*, 3 voll. Budé (1957-1966); *Epistolario*, a cura di A. Regaldo Maccone, Edizioni Paoline, Alba 1968.
Breviarius de Hierosolyma: ed. R. Weber, in *Itineraria et alia geographica*, Vol. 1 CChr., Series latina 175 (1965), pp. 109-112.
Callinico, *Vita Hypatii*: ed. e trad. fr. G.J.M. Bartelink, *Callinicos, Vie d'Hypatios: Introduction, texte critique, traduction et notes*. SChr. 177 (1971).
Carmen contra paganos: ed. D.R. Shackleton Bailey, *Anthologia Latina I: Carmina in codicibus scripta. Fasc. I: Libri Salmasiani aliorumque carmina*. Teubner (1982), pp. 17-23.

Chronicon Paschale: ed. L. Dindorf, *Chronicon Paschale adexemplar Vaticanum*, Vol, 1. Corpus Scriptorum Historiae Byzantinae (Bonn, 1832); trad. ingl. M. Whitby e M. Whitby, *Chronicon Paschale 284-628 AD*. TTH 7 (1989).

CJ = *Codex Justinianus*: ed. E. Krueger, *Codex Iustinianus*. Corpus Iuris Civilis 2 (11ª edizione, 1954; rist. Hildesheim, 1989).

Claudiano, *De bello Gothico, De consulatu Stilichonis, De quarto consulatu Honorii, De sexto consulatu Honorii, In Rufinum*: ed. e trad. ingl. M. Platnauer, Claudian, 2 voll. LCL (1922).

Claudio Mamertino, *Panegyrici latini*: vedi *Panegyrici latini*.

Collatio legum Mosaicarum et Romanarum: ed. J. Baviera, *Fontes iuris Romani antejustiniani, Pars altera: Auctores* (Firenze, 1940), pp. 544-589.

Consularia Constantinopolitana: ed. R.W. Burgess, *The Chronicle of Hydatius and the Consularia Constantinopolitana: Two Contemporary Accounts of the Final Years of the Roman Empire* (Oxford, 1993), pp. 215-45.

Consultatio veteris cuiusdam iurisconsulti: ed. J. Baviera, *Fontes iuris Romani antejustiniani, Pars altera: Auctores* (Firenze, 1940), pp. 594-613.

Costantino, *Epistula ad Porfyrium*: ed. Polara (1973), vol. 1:4-6.

– *Oratio ad sanctorum coetum*: ed. I.A. Heikel, *Eusebius Werke I: Über das Leben Constantins. Constantins Rede an die heilige Versammlung. Tricennatsrede an Constantin*. GCS 7 (1902), pp. 154-92; trad. ingl. Edwards (2003) 1-62.

Cronografo del 354, *Chronica urbis Romae*: ed. Mommsen (1892), pp. 143-48.

CTh = Codex Theodosianus: ed. T. Mommsen, *Codex Theodosianus 1.2: Theodosiani libri XVI cum Constitutionibus Sirmondi[a]nis* (Berlin, 1905); trad. ingl. C. Pharr et al., *The Theodosian Code and Novels and the Sirmondian Constitutions* (1952; rist. Westport, 1969), pp. 3-486.

Dione, Cassio, *Historiae Romanae*: ed. e trad. ingl. E. Cary, *Dio's Roman History*, 9 voll. LCL (1914-1927).

Egeria, *Itinerarium*: ed. A. Franceschini e R. Weber, in *Itineraria et alia geographica*, vol. 1 CChr., Series latina 175 (1965), pp. 37-90; ed. e trad. fr. P. Maraval, *Egérie: Journal de voyage (Itinéraire)*. SChr. 296 (1982); trad. ingl. Wilkinson (1981), pp. 91-147; *Diario di viaggio*, a cura di E. Giannarelli, Edizioni Paoline, Milano 1992.

Epifanio, *Panarion*: ed. K. Holl, *Epiphanius (Ancoratus und Panarion)*, 3 Voll. GCS 25, 31, 37 (1915-1933); trad. ingl. F. Williams, *The Panarion of Epiphanius of Salamis*, 2 voll. Nag Hammadi and Manichaean Studies 35-36 (Leiden, 1987-1994); selezione, trad. ingl. P.R. Amidon, *The Panarion of St. Epiphanius, Bishop of Salamis: Selected Passages* (New York e Oxford, 1990); *Panarion*, I, a cura di G. Pini, Morcelliana, Brescia 2010.

Epistolae Arelatenses: ed. W. Gundiach, in *Epistolae Merowingici et Karolini aevi*, vol. 1. MGH, Epistolae 3 (1892), pp. 5-83.

Epitome de Caesaribus: ed. E Pichlmayr e R. Gruendel, *Sexti Aurelii Victoris Liber de Caesaribus*. Teubner (1970), pp. 133-176.

Erodiano, *Historia*: ed. e trad. ingl. G.R. Whittaker, *Herodian*, 2 voll. LCL (1969-1970).

Eunapio, *Fragmenta historica*: ed. e trad. ingl. R.C. Blockley, *The Fragmentary Classicising Historians of the Later Roman Empire: Eunapius, Olympiodorus, Priscus and Maichus, II: Text, Translation and Historiographical Notes*. ARCA Classical and Medieval Texts, Papers and Monographs 10 (Liverpool, 1983), pp. 6-127.
– *Vitae sophistarum*: ed. e trad. ingl. W.C. Wright, *Philostratus and Eunapius: The Lives of the Sophists*. LCL (1921), pp. 342-565.
Eunomio, *Expositio fidei*: ed. e trad. ingl. R.E Vaggione, *Eunomius: The Extant Works* (Oxford, 1987), pp. 150-59.
Eusebio di Cesarea, *Contra Marcellum*: ed. E. Klostermann, *Eusebius Werke 4: Gegen Marceli, Über die kirchliche Theologie, Die Fragmente Marcells*. GCS 14 (1906; 2ª edizione 1972); 3ª edizione riv. G.C. Hansen, GCS (1991), pp. 1-58.
– *De ecclesiastica theologia* e *Epistula ad Flacillum*: ed. E. Klostermann, *Eusebius Werke 4: Gegen Marceil, Über die kirchliche Theologie, Die Fragmente Marcells*. GCS 14 (1906; 2ª edizione 1972); 3ª edizione riv. G.C. Hansen, GCS (1991), pp. 60-182; *Teologia ecclesiastica*, a cura di F. Migliore, Città Nuova, Roma 1998.
– *De laudibus Constantini*: ed. I.A. Heikel, *Eusebius Werke I: Uber das Leben Constantins. Constantins Rede an die heilige Versammlung. Tricennatsrede an Constantin*. GCS 7 (1902), pp. 195-259; trad. ingl. Drake (1976), pp. 83-127; *Elogio di Costantino*, a cura di M. Amerise, Paoline, Milano 2005.
– *De martiyribus Palaestinae*, «Recensio brevior»: ed. E. Schwartz, in E. Schwartz e T. Mommsen, ed., *Eusebius Werke 2: Die Kirchengeschichte*, vol. 2. GCS 9, Neue Folge 6.2 (1908; rist. 1999), pp. 907-50; «Recensio prolixior» e «Recensio brevior»: trad. ingl. Lawlor e Oulton (1927-1928) 1:327-400; *Storia ecclesiastica e i martiri della Palestina*, a cura di G. Del Ton, Desclée & C.i Editori Pontifici, Roma 1964.
– *HE = Historia ecclesiastica* ed. E. Schwartz, in E. Schwartz e T. Mommsen, ed., *Eusebius Werke 2: Die Kirchengeschichte*, voll. 1-2. GCS 9, Neue Folge 6.1-2 (1903-1908; rist. 1999); trad. ingl. K. Lake, J.E.L. Ouiton e H.J. Lawior, *Eusebius: The Ecclesiastical History*, 2 voll. LCL (1926-1932); *Storia ecclesiastica*, a cura di F. Migliore, S. Borzì e G. Lo Castro, Città Nuova, Roma 2001.
– *Vita Constantini*: ed. Winkelmann (1991); trad. ingl. Cameron e Hall (1999); *Sulla vita di Costantino*, a cura di L. Tartaglia, Napoli, M. D'Auria 1984.
Eutropio, *Breviarium*: ed. H. Droysen, *Eutropi Breviarium ah urbe condita cum versionibus graecis et Pauli Landolfique additamentis*. MGH, Auctores antiquissimi 2 (1879); trad. ingl. H.W. Bird, *Eutropius: Breviarium*. TTH 14 (1993).
Expositio totius mundi et gentium: ed. e trad. fr. Rougé (1966).
Filastrio, *Diversarum hereseon liber*: ed. F. Heylen, in *Eusebius Vercellensis, Filastrius Brixiensis et al*. CChr., Series latina 9 (1957), pp. 217-324.
Filostorgio, *HE = Historia ecclesiastica*: ed. Bidez (1913); 2ª edizione rev. F. Winkelmann (1972), 3ª edizione (1981); trad. ingl. E. Walford, *The Ecclesia-*

stical History of Sozomen, Comprising a History of the Church, from A.D. 324 to A.D. 440: Translated from the Greek. With a Memoir of the Author. Also the Ecclesiastical History of Philostorgius, as Epitomised by Photius, Patriarch of Constantinople. Bohn's Ecclesiastical Library (London, 1855), pp. 429-521.

Fozio, *Bibliotheca*: ed. e trad. fr. R. Henry, *Photius: Bibliothèque*, 8 voll., and Index, ed. J. Schamp. Budé (1959-1991).

Fredegario, *Chronica*: ed. B. Krusch, *Fredegarii et aliorum chronica. Vitae sanctorum*. MGH, Scriptores rerum Merovingicarum 2 (1888), pp. 18-168.

Giovanni Crisostomo, *Ad viduam iuniorem*: ed. e trad. fr. Grillet e Ettlinger (1968), pp. 112-59.

Giovanni Lido, *De magistratibus reipublicae Romanae*: ed. e trad. ingl. A.C. Bandy, *Ioannes Lydus: On Powers, or The Magistracies of the Roman State. Introduction, Critical Text, Translation, Commentary, and Indices* (Philadelphia, 1983), pp. 2-257.

Giovanni Malalas, *Chronographia*: ed. J. Thurn, *Ioannis Malalae Chronographia*. Corpus Fontium Historiae Byzantinae 35, Series Berolinensis (Berlin, 2000); trad. ingl. E. Jeffreys, M. Jeffreys e R. Scott, *The Chronicle of John Malalas: A Translation*. Byzantina Australiensia 4 (Melbourne, 1986).

Girolamo, *Apologia contra Rufinum*: ed. P. Lardet, *S. Hieronymi presbyteri opera, Pars III: Opera polemica*. CChr., Series latina 79 (1982), pp. 1-116; trad. ingl. W.H. Fremantle, in *Theodoret, Jerome, Gennadius, Rufinus: Historical Writings, Etc*. NPNF, Second series 3 (1892; rist. 1989), pp. 482-541; *Apologia contro Rufino. Prologhi. Gli uomini illustri*, a cura di M.E. Bottecchia Dehò, Città Nuova, Roma 2009.

– *Chronicon*: ed. R. Helm, *Eusebius Werke 7: Die Chronik des Hieronymus. Hieronymi Chronicon*, 2ª edizione. GCS 47 (1956); Chron. s.a. da pag. 327 alla fine: trad. ingl. M.D. Donalson, *A Translation of Jerome's* Chronicon *with Historical Commentary* (Lewiston, 1996), pp. 39-57.

– *Epistulae*: ed. I. Hilberg, *Sancti Eusebii Hieronymi epistulae*, 3 voll. CSEL 54-56 (1910-1918); ed. e trad. fr. J. Labourt, *Jérôme: Correspondance*, 8 voll. Budé (1949-1963); selezione, trad. ingl. W.H. Fremantle, *St. Jerome: Letters and Select Works*. NPNF, Second series 6 (5892; rist. 1954), pp. 1-295; *Le lettere*, a cura di S. Cola, 4 voll., Città Nuova, Roma 1961-1964.

Giuliano, *Caesares, Contra Galilaeos, Epistula ad Athenienses, Epistulae, Fragmenta breviora, Misopogon, Orationes*: ed. e trad. ingl. W.C. Wright, *The Works of the Emperor Julian*, 3 voll. LCL (1913-1923).

Giuseppe Flavio, *Antiquitates Iudaicae*: ed. e trad. ingl. H. St. J. Thackeray, R. Marcus, A. Wikgren e L.H. Feldman, *Josephus*, voll. 4-10. LCL (1930-1965); *Antichità giudaiche*, a cura di L. Moraldi, 2 voll., UTET, Torino 1998.

– *Bellum Iudaicum*: ed. e trad. ingl. H. St. J. Thackeray, *Josephus*, voll. 2-3. LCL (1927-1928); *La guerra giudaica*, a cura di G. Vitucci, 2 voll., Mondadori, Milano, 1989[4].

Gregorio di Nissa, *Epistulae*: ed. G. Pasquali, *Gregorii Nysseni Epistulae. Gregorii Nysseni opera* 8.2 (Leiden, 2ª edizione 1959); ed. e trad. fr. P. Maraval,

Grégoire de Nysse: Lettres. SChr. 363 (1990); selezione, trad. ingl. W. Moore, H.C. Ogle e H.A. Wilson, in *Select Writings and Letters of Gregory, Bishop of Nyssa*. NPNF, Second series 5 (1893; rist. 1976), pp. 33-34, 382-83, 527-48; *Epistole*, a cura di R. Criscuolo, Associazione di studi tardoantichi, Napoli 1981.

– *In Basilium fratrem*: ed. e trad. ingl. J.A. Stein, *Encomium of Saint Gregory Bishop of Nyssa on His Brother Saint Basil Archbishop of Cappadocian Caesarea*. Catholic University of America Patristic Studies 17 (Washington, D.C., 1928); ed. O. Lendle, in *Gregorii Nysseni sermones, pars II*. Gregorii Nysseni opera 10.1 (Leiden, 1990), pp. 107-34.

– *Vita Macrinae*: ed. V.W. Callahan, in *Gregorii Nysseni opera ascetica*. Gregorii Nysseni opera 8.1 (Leiden, 1952), pp. 370-414; trad. ingl. V.W. Callahan, *Saint Gregory of Nyssa: Ascetical Works*. FC 58 (1967), pp. 163-91; ed. e trad. fr. P. Maraval, *Grégoire de Nysse: Vie de sainte Macrine*. SChr. 178 (1971); *La vita di santa Macrina*, a cura di E. Giannarelli, Edizioni Paoline, Milano 1988.

Gregorio di Tours, *De passione et virtutibus sancti Iuliani martyri*: ed. B. Krusch, in W. Arndt e B. Krusch, ed., *Gregorii Turonensis opera*. MGH, Scriptores rerum Merovingicarum 1 (1885), pp. 562-84; trad. ingl. Van Dam (1993), pp. 163-95.

– *Historiae*: ed. B. Krusch e W. Levison, *Gregorii episcopi Turonensis libri historiarum X*, MGH, Scriptores rerum Merovingicarum 1.1, 2ª edizione (1937-1951); trad. ingl. O.M. Dalton, *The History of the Franks by Gregory of Tours* (Oxford, 1927), vol. 2; *La storia dei Franchi*, a cura di M. Oldoni, 2 voll., Mondadori, Milano 1981.

– *Vita patrum*: ed. B. Krusch, in W. Arndt e B. Krusch, ed., *Gregorii Turonensis opera*. MGH, Scriptores rerum Merovingicarum I (1885), pp. 661-744; trad. ingl. E. James, *Gregory of Tours: Life of the Fathers*. TTH, (2ª edizione, 1991).

Gregorio Nazianzeno, *Epistulae*: ed. P. Gailay, *Gregor von Nazianz: Briefe*. GCS 53 (1969); ed. e trad. fr. Galiay (1964-1967); trad. ted. M. Wittig, *Gregor von Nazianz: Briefe*. Bibliothek der griechischen Literatur, Abteilung Patristik, Bd. 13 (Stuttgart, 1981); selezione, trad. ingl. C.G. Browne e J.E. Swallow, in *S. Cyril of Jerusalem. S. Gregory Nazianzen*. NPNF, Second series 7 (1894; rist. 1978), pp. 437-82.

– *Orationes* 4-5: ed. e trad. fr. J. Bernardi, *Grégoire de Nazianze: Discours 4-5, Contre Julien*. SChr. 309 (1983); trad. ingl. C.W. King, *Julian the Emperor: Containing Gregory Nazianzen's Two Invectives and Libanius' Monody with Julian's Extant Theosophical Works* (London, 1888), pp. 1-121; *Orat.* 18: ed. *PG* 35.985-1044; *Orat.* 21: ed. e trad. fr. Mossay e Lafontaine (1980); *Orat.* 43: ed. e trad. fr. J. Bernardi, *Grégoire de Nazianze: Discours 42-43*. SChr. 384 (1992); *Orat.* 18, 21, 43: trad. ingl. C.G. Browne e J.E. Swallow, in *S. Cyril of Jerusalem. S. Gregory Nazianzen*. NPNF, Second series 7 (1894; rist. 1978), pp. 255-80, 395-422; *Tutte le orazioni*, a cura di C. Moreschini, Bompiani, Milano 2002².

Gregorio Taumaturgo, *Oratio panegyrica in Origenem*: ed. e trad. fr. H. Crouzel, *Grégoire le Thaumaturge: Remerciement à Origène, suivi de la lettre d'Origène à Grégoire*. SChr. 148 (1969), pagg. 94-183; trad. ingl. M. Slusser, *St. Gregory Thaumaturgus: Life and Works*. FC 98 (1998), pp. 91-126.

Idazio, *Chronica*: ed. e trad. ingl. R.W. Burgess, *The Chronicle of Hydatius and the Consularia Constantinopolitana: Two Contemporary Accounts of the Final Years of the Roman Empire* (Oxford, 1993) pp. 70-123.

Ilario di Poitiers, *Excerpta ex opere historico deperdito*: ed. A. Feder, *S. Hilarii episcopi Pictaviensis opera, Pars quarta*. CSEL 65 (1916), pp. 41-193; trad. ingl. L.R. Wickham, *Hilary of Poitiers: Conflicts of Conscience e Law in the Fourth-Century Church*. TTH 25 (1997), pp. 15-103.

Imerio, *Orationes*: ed. A. Colonna, *Himerii declamationes et orationes cum deperditarum fragmentis* (Roma, 1951).

Historia acephala: ed. e trad. fr. Martin (1985), pp. 138-69.

Isidoro di Siviglia, *Etymologiae*: ed. W.M. Lindsay, *Isidori Hispalensis episcopi Etymologiarum sive Originum libri XX*, 2 voll. Oxford Classical Texts (Oxford, 1911); *Etimologie o origini*, a cura di A. Valastro Canale, 2 voll., UTET, Torino 2004.

Itinerarium Burdigalense: ed. P. Geyer e O. Cuntz, in Itineraria et alia geographica, vol. I. CChr., Series latina 175 (1965), pp. 1-26.

Lattanzio, *De mortibus persecutorum*: ed. e trad. ingl. J.L. Creed, *Lactantius: De Mortibus Persecutorum*. Oxford Early Christian Texts (Oxford, 1984); *Come muoiono i persecutori*, a cura di M. Spinelli, Città Nuova, Roma 2005.

– *Institutiones divinae*: ed. S. Brandt, *L. Caeli Firmiani Lactanti opera omnia, Pars I*. CSEL 19 (1890), pp. 1-672; Books 1-2, 4-5: ed. e trad. fr. P. Monat, *Lactance, Institutions Divines*. SChr. 204-205, 326, 337, 377 (1973-1992); trad. ingl. Bowen e Garnsey (2003).

Laterculus Veronensis: ed. O. Seeck, *Notitia Dignitatum accedunt Notitia urbis Constantinopolitanae et Laterculi provinciarum* (Berlin, 1876), pp. 247-53.

Libanio, *Epistulae*: ed. R. Foerster, *Libanii opera*, voll. 10-11. Teubner (1921-1922); selezione, ed. e trad. ingl. A.F. Norman, Libanius: *Autobiography and Selected Letters*, 2 voll. LCL (1992); selezione e trad. ingl. S. Bradbury, *Selected Letters of Libanius from the Age of Constantius and Julian*. TTH 41 (2004).

– *Orationes*: ed. R. Foerster, *Libanii opera*, voll. 1-4. Teubner (1903-1908); Orat. I: ed. e trad. ingl. A.F. Norman, *Libanius: Autobiography and Selected Letters*, vol. 1. LCL (1992), pp. 52-337; selezione, ed. e trad. ingl. A.F. Norman, *Libanius: Selected Works*, 2 voll. LCL (1969-1977); selezione, trad. ingl. A.F. Norman, *Antioch as a Centre of Hellenic Culture as Observed by Libanius*. TTH 34 (2000).

Liber pontificalis: ed. Duchesne (1886); trad. ingl. R. Davis, *The Book of Pontiffs* (Liber Pontificalis): *The Ancieni Biographies of the First Ninety Roman Bishops to AD 715*. TTH 6 (ed. riv. 2000).

Marcellino Illirico, *Chronicon*: ed. T. Mommsen, *Chronica minora saec. IV. V. VI. VII*, vol. 2, MGH, Auctores antiquissimi II (1894), pp. 60-104; trad. ingl. B.

Croke, *The Chronicle of Marcellinus: A Translation and Commentary (with a Reproduction of Mommsen's Edition of the Text)*. Byzantina Australiensia 7 (Sydney, 1995).

Marziale, *Epigrammata:* ed. e trad. ingl. D.R. Shackleton Bailey, *Martial: Epigrams*, 3 voll. LCL (1993); *Epigrammi*, a cura di M. Citroni, M. Scandola e E. Merli, Rizzoli, Milano 2009.

Notitia Dignitatum: ed. O. Seeck, *Notitia Dignitatum accedunt Notitia urbis Constantinopolitanae et Laterculi provinciarum* (Berlin, 1876), pp. 1-225.

Notitia urbis Constantinopolitanae: ed. O. Seeck, *Notitia Dignitatum accedunt Notitia urbis Constantinopolitanae et Laterculi provinciarum* (Berlin, 1876), pp. 229-43.

Olimpiodoro, *Fragmenta*: ed. e trad. ingl. R.C. Blockley, *The Fragmentary Classicising Historians of the Later Roman Empire: Eunapius, Olympiodorus, Priscus and Malchus, II: Text, Translation and Historiographical Notes*. ARCA Classical and Medieval Texts, Papers and Monographs 10 (Liverpool, 1983), pp. 152-209.

Optato, *Appendix*: ed. C. Ziwsa, *S. Optati Milevitani libri VII*. CSEL 26 (1893), pp. 185-216; trad. ingl. M. Edwards, *Optatus: Against the Donatists*. TTH 27 (1997), pp. 150-201.

– *Contra Donatistas*: ed. e trad. fr. M. Labrousse, *Optat de Milève, Traité contre les Donatistes*. SChr. 412-413 (1995-1996); trad. ingl. M. Edwards, *Optatus: Against the Donatists*. TTH 27 (1997), pp. 1-149.

Origo Constantini imperatoris (= *Anonymus Valesianus*, Pars prior): ed. e trad. ingl. J.C. Rolfe, *Ammianus Marcellinus*, vol. 3. LCL (1939), pp. 508-31; trad. ingl. J. Stevenson, in Lieu e Montserrat (1996), pp. 43-48.

Orosio, *Historiae adversum paganos*, ed. e trad. fr. M.-P. Arnaud-Lindet, *Orose, Histoire (Contre les païens)*, 3 voll. Budé (1990-1991); trad. ingl. R.J. Deferrari, *Paulus Orosius: The Seven Books of History against the Pagans*. FC 50 (1964).

Pacato Drepanio, *Panegyrici latini*: vedi *Panegyrici latini*.

Palladio, *Historia Lausiaca*: ed. C. Butier, *The Lausiac History of Palladius, II: The Greek Text Edited with Introduction and Notes*. Texts and Studies 6.2 (Cambridge, 1904); trad. ingl. R.T. Meyer, *Palladius: The Lausiac History*. ACW 34 (1964); *La storia lausiaca*, a cura di G.J.M. Bartelink, Mondadori, Milano 1990[4].

Panegyrici latini: ed. e trad. fr. E. Gailetier, *Panégyriques latins*, 3 voll. Budé (1949-1955); ed. R.A.B. Mynors, *XII Panegyrici latini*. Oxford Classical Texts (Oxford, 1964); trad. ingl. Nixon e Rodgers (1994), pp. 41-516.

Paolo Diacono, *Historia Romana*: ed. H. Droysen, *Eutropi Breviarium ab urbe condita cum versionibus graecis et Pauli Landolfique additamentis*. MGH, Auctores antiquissimi 2 (1879), pp. 183-224.

Paolino da Milano, *Vita Ambrosii*: ed. e trad. ingl. M.S. Kaniecka, *Vita sancti Ambrosii Mediolanensis episcopi, a Paulino eius notario ad beatum Augustinum conscripta: A Revised Text, and Commentary, with an Introduction and Translation*. Catholic University of America Patristic Studies 16 (1928); *Vita di sant'Ambrogio*, a cura di M. Navoni, San Paolo, Cinisello Balsamo 1996.

Paolino di Nola, *Carmina*: ed. G. de Hartel, *Sancti Pontii Meropii Paulini Nolani carmina*. CSEL 30 (1894); trad. ingl. P.G. Walsh, *The Poems of St. Paulinus of Nola*. ACW 40 (1975); *I carmi*, a cura di A. Ruggiero, Città Nuova, Roma 1990.

– *Epistulae*: ed. G. de Hartel, *Sancti Pontii Meropii Paulini Nolani epistulae*. CSEL 29 (1894); trad. ingl. P.G. Walsh, *Letters of St. Paulinus of Nola*, 2 voll. ACW 35-36 (1966-1967); *Le lettere*, a cura di G. Santaniello, LER, Napoli 1992.

Parastaseis syntomoi chronikai: ed. T. Preger, *Scriptores originum Constantinopolitanarum*, vol. 1, Teubner (1901), pp. 19-73; trad. ingl. Cameron e Herrin (1984), pp. 56-165.

Passio Artemii: ed. Kotter (1988), pp. 202-45; selezione, trad. ingl. M. Vermes, in Lieu e Montserrat (1996), pp. 224-256.

Passio Crispinae: ed. e trad. ingl. H. Musurillo, *The Acts of the Christian Martyrs*. Oxford Early Christian Texts (Oxford, 1972), pp. 302-309.

Passio Dativi, Saturnini presbyteri et aliorum: ed. e trad. fr. Maier (1987-1989) 1:59-92.

Pietro Patrizio, *Fragmenta*: ed. e trad. lat. Müller (1851), pp. 184-191.

Plinio il Giovane, *Epistulae and Panegyricus*: ed. e trad. ingl. B. Radice, *Pliny: Letters and Panegyricus*, 2 voll. LCL (1969); *Lettere*, a cura di L. Lenaz e L. Rusca, Rizzoli, Milano 2009.

Plinio il Vecchio, *Historia naturalis*: ed. e trad. ingl. H. Rackham, W.H.S. Jones e D. Eichholz, *Pliny: Natural History*, 10 voll. LCL (1938-1963); *Storia naturale*, 5 voll., Einaudi, Torino 2004[7].

Plutarco, *Publicola*: ed. e trad. ingl. B. Perrin, *Plutarch's Lives*, vol. 1. LCL (1914), pp. 502-65.

Polemio Silvio, *Laterculus:* ed. Mommsen (1892), pp. 518-523, 535-551.

Porfirio, *Carmina*: ed. Polara (1973), vol. 1.

Prisco, *Fragmenta*: ed. e trad. ingl. R.C. Blockley, *The Fragmentary Classicising Historians of the Later Roman Empire: Eunapius, Olympiodorus, Priscus and Malchus, II: Text, Translation and Historiographical Notes*. ARCA Classical and Medieval Texts, Papers and Monographs 10 (Liverpool, 1983), pp. 222-377.

Procopio, *Anecdota, Bella, De aedificiis*: ed. e trad. ingl. H.B. Dewing, *Procopius*, 7 voll. LCL (1914-1940).

Prudenzio, *Peristephanon*: ed. e trad. ingl. H.J. Thomson, *Prudentius*, vol. 2. LCL (1953), pp. 98-345.

Rufino, *HE = Historia ecclesiastica*: ed. T. Mommsen, *Die lateinische Übersetzung des Rufinus*, in E. Schwartz e T. Mommsen, ed., *Eusebius Werke 2.1-2. Die Kirchengeschichte*. GCS 9, Neue Folge 6.1-2 (1903-1908; rist. 1999); *HE* 10-11: trad. ingl. Amidon (1997); *Storia della Chiesa*, a cura di L. Dattrino, Città Nuova, Roma 1986.

Rutilio Namaziano, *De reditu suo*: ed. e trad. ingl. J.W. Duff e A.M. Duff, *Minor Latin Poets*. LCL (1934), pp. 764-829.

Salviano, *De gubernatione Dei*: ed. e trad. fr. G. Lagarrigue, *Salvien de Marseil-*

le, Oeuvres, Tome II: Du gouvernement de Dieu. SChr. 220 (1975); trad. ingl. J.F. O'Sullivan, *The Writings of Salvian, The Presbyter*. FC 3 (1947), pp. 25-232; *Il governo di Dio*, a cura di S. Cola, Città Nuova, Roma 1994.

Sermo de passione Donati et Advocati: ed. e trad. fr. Maier (1987-1989) 1:201-11; trad. ingl. M.A. Tilley, *Donatist Martyr Stories: The Church in Conflict in Roman North Africa*. TTH 24 (1996), pp. 52-60.

SHA = Scriptores Historiae Augustae, *Aurelianus, Carus et Carinus et Numerianus, Claudius, Gallieni duo, Gordiani tres, Heliogabalus, Severus*: ed. e trad. ingl. D. Magie, *The Scriptores Historiae Augustae*, 3 voll. LCL (1921-1932).

Sidonio, *Carmina* e *Epistulae*: ed. e trad. ingl. W. B. Anderson, *Sidonius: Poems and Letters*, 2 voll. LCL (1936-1965).

Simmaco, *Epistulae*: ed. O. Seeck, *Aurelii Symmachi quae supersunt*. MGH, Auctores antiquissimi 6.1 (1883), pp. 1-278; Books 1-8: ed. e trad. fr. J.P. Callu, *Symmaque: Lettres*, 3 voll. Budé (1972-1995).

– *Orationes:* ed. O. Seeck, *Aurelii Symmachi quae supersunt*. MGH, Auctores antiquissimi 6.1 (1883), pp. 318-339.

– *Relationes:* ed. O. Seeck, *Aurelii Symmachi quae supersunt*. MGH, Auctores antiquissimi 6.1 (1883), pp. 279-317; ed. e trad. ingl. R.H. Barrow, *Prefect and Emperor: The Relationes of Symmachus A.D. 384* (Oxford, 1973).

Socrate, *HE* = *Historia ecclesiastica*: ed. G.C. Hansen e M. Sirinian, *Sokrates: Kirchengeschichte*. GCS, Neue Folge 1 (1995); trad. ingl. A.C. Zenos, in *Socrates, Sozomenus: Church Histories*. NPNF, Second series 2 (1890; rist. 1973), pp. 1-178.

Sozomeno, *HE* = *Historia ecclesiastica*: ed. J. Bidez, *Sozomenus: Kirchengeschichte*. GCS 50 (1960); rev. G.C. Hansen. GCS, Neue Folge 4 (2ª edizione 1995); trad. ingl. C.D. Hartranft, in *Socrates, Sozomenus: Church Histories*. NPNF, Second series 2 (1890; rist. 1973), pp. 236-427.

Stazio, *Silvae:* ed. e trad. ingl. D.R. Shackleton Bailey, *Statius: Silvae*. LCL (2003).

Strabone, *Geographia*: ed. e trad. ingl. H.L. Jones, *The Geography of Strabo*, 8 voll. LCL (1917-1932); *Geografia*, Rizzoli, Milano 1992.

Suda: ed. A. Adler, *Suidae Lexicon*, 5 voll. (1928-1938).

Svetonio, *Augustus, Domitianus, Gaius Caligula, Vespasianus*: ed. e trad. ingl. J.C. Rolfe, *Suetonius*, 2 voll. LCL (1914); *Vite dei cesari*, a cura di S. Lanciotti e F. Dezzi, Rizzoli, Milano 2004.

Tacito, *Agricola:* ed. H. Furneaux e J.G.C. Anderson, *Cornelii Taciti opera minora*. Oxford Classical Texts (Oxford, 1939); trad. ingl. H. Mattingly e S.A. Handford, *Tacitus: The Agricola and the Germania* (Harmondsworth, edizione riv. 1970). *La vita di Agricola. La Germania*, a cura di L. Lenaz e B. Ceva, Rizzoli, Milano 2009.

– *Annales:* ed. C.D. Fisher, *Cornelii Taciti Annalium ab excessu divi Augusti libri*. Oxford Classical Texts (Oxford, 1906); trad. ingl. M. Grant, *Tacitus: The Annals of Imperial Rome* (Harmondsworth, edizione riv. 1977); *Annali*, a cura di C. Questa e B. Ceva, Rizzoli, Milano 2007.

– *Historiae:* ed. C.D. Fisher, *Cornelii Taciti Historiarum libri.* Oxford Classical Texts (Oxford, 1911); trad. ingl. K. Wellesley, *Tacitus: The Histories* (Harmondsworth, 1964); *Storie,* a cura di L. Lenaz e F. Dessi, Rizzoli, Milano 2009.

Temistio, *Orationes:* ed. G. Downey e A.E Norman, *Themistii orationes quae supersunt,* 2 voll. Teubner (1965-1971); *Orat.* 1, 3, 5, 6, 14, 15, 16, 17, 34: trad. ingl. Heather e Moncur (2001).

Teodoreto, *HE = Historia ecclesiastica*: ed. L. Parmentier, *Theodoret: Kirchengeschichte.* GCS 19 (1911); 2ª edizione riv. F. Scheidweiler. GCS (1954); 3ª edizione riv. G.C. Hansen. GCS, Neue Folge (1998); trad. ingl. B. Jackson, in *Theodoret, Jerome, Gennadius, Rufinus: Historical Writings, Etc.* NPNF, Second series 3 (1892; rist. 1989), pp. 33-159; *Storia ecclesiastica,* a cura di A. Gallico, Città Nuova, Roma 2000.

Teofane, *Chronographia*: ed. C. de Boor, *Theophanis Chronographia,* vol. 1 (Leipzig, 1883); trad. ingl. Mango e Scott (1997).

Urkunde(n): ed. Opitz (1934-1935).

Valerio Massimo, *Facta et dicta memorabilia*: ed. e trad. ingl. D.R. Shackleton Bailey, *Valerius Maximus: Memorable Doings and Sayings,* 2 voll. LCL (2000).

Vita Danielis stylitae: ed. H. Delehaye, *Les saints stylites.* Subsidia Hagiographica 14 (Brussels, 1923), pp. 1-94; trad. ingl. E. Dawes e N.H. Baynes, *Three Byzantine Saints: Contemporary Biographies Translated from the Greek* (London, 1948), pp. 7-71.

Zosimo, *Historia nova*: ed. L. Mendelssohn, *Zosimi comitis et exadvocati fisci historia nova.* Teubner (1887); ed. e trad. fr. Paschoud (1979-2000); trad. ingl. R.T. Ridley, *Zosimus: New History. A Translation with Commentary.* Byzantina Australiensia 2 (Canberra, 1982).

BIBLIOGRAFIA

Abbott, F.F. e A.C. Johnson (1926). *Municipal Administration in the Roman Empire*. Princeton.
Adams, J.N. (2003). *Bilingualism and the Latin Language*. Cambridge.
Alchermes, J. (1994). «*Spolia* in Roman Cities of the Late Empire: Legislative Rationales and Architectural Reuse». *Dumbarton Oaks Papers* 48:167-178.
– (1995). «Petrine Politics: Pope Symmachus and the Rotunda of St. Andrew at Old St. Peter's». *Catholic Historical Review* 81:1-40.
Alexander, P.J. (1967). *The Oracle of Baalbek: The Tiburtine Sibyl in Greek Dress*. Dumbarton Oaks Studies 10. Washington, D.C.
Alföldi, A. (1948). *The Conversion of Constantine and Pagan Rome*, trad. ingl. H. Mattingly. Oxford (trad. it. *La conversione di Costantino e Roma pagana*, Società italo-ungherese Mattia Corvino, Budapest 1943).
Alföldy, G., ed. (1996). *Inscriptiones Urbis Romae Latinae. CIL* 6.8.2. Berlin.
Amann, E. (2002). «Das konstantinische "Reskript von Hispellum" (CIL XI 5265) und seine Aussagekraft für die etrusko-umbrischen Beziehungen». *Tyche* 17:1-27.
Amici, A. (2000). «*Divus Constantinus*: Le testimonianze epigrafiche». *Rivista storica dell'antichità* 30:187-216.
Amidon, P.R., trad. ingl. (1997). *The Church History of Rufinus of Aquileia*. New York.
Anderson, J.C. Jr. (1983). «A Topographical Tradition in Fourth Century Chronicles: Domitian's Buildirig Program». *Historia* 32:93-105.
Anderson, J.G.C. (1897). «A Summer in Phrygia: I». *Journal of Hellenic Studies* 17:396-424.
Andreotti, R. (1964). «Contributo alla discussione del rescritto costantiniano di Hispellum». In *Problemi di storia e archeologia dell'Umbria: Atti del I Convegno di studi umbri, Gubbio, 26-31 maggio 1963*, pp. 249-90. Perugia.
Arce, J. (1984). *Estudios sobre el emperador Fl. Cl. Juliano (Fuentes Iiterarias. Epigrafiía. Numismática)*. Anejos de «Archivo Español de Arqueologia» 8. Madrid.
Arnheim, M.T.W. (1972). *The Senatorial Aristocracy in the Later Roman Empire*. Oxford.

Ashby, T. e R.A.L. Fell (1921). «The Via Flaminia». *Journal of Roman Studies* 11:125-190.
Athanassiadi, P. (1981). *Julian and Hellenism: An Intellectual Biography*. Oxford (trad. it. *L'imperatore Giuliano*, Rizzoli, Milano 1984).
Ausbüttel, E.M. (1988). *Die Verwaltung der Städte und Provinzen im spätantiken Italien*. Europäische Hochschulschriften 343. Frankfurt.
Ayres, L. (2004). *Nicaea and Its Legacy: An Approach to Fourth-Century Trinitarian Theology*. Oxford.
Baglivi, N. (1992). «Da Diocleziano a Costantino: Un punto di riferimento "storiografico" in alcune interpretazioni tardoantiche». In *Costantino il Grande dall'antichità all'umanesimo: Colloquio sui Cristianesimo nel mondo antico. Macerata 18-20 dicembre 1990*, ed. G. Bonamente e F. Fusco, vol. 1:59-72. Macerata.
Bagnall, R.S. (1993). *Egypt in Late Antiquity*. Princeton.
Bagnall, R.S., Al. Cameron, S.R. Schwartz e K.A. Worp (1987). *Consuls of the Later Roman Empire*. Philological Monographs of the American Philological Association 36. Atlanta.
Baldini, A. (1992). «Claudio Gotico e Costantino in Aurelio Vittore ed *Epitome de Caesaribus*». In *Costantino il Grande dall'antichità all'umanesimo: Colloquio sul Cristianesimo nel mondo antico. Macerata 18-20 dicembre 1990*, ed. G. Bonamente e F. Fusco, vol. 1:73-89. Macerata.
Barceló, P. (1992). «Una nuova interpretazione dell'Arco di Costantino». In *Costantino il Grande dall'antichità all'umanesimo: Colloquio sul Cristianesimo nel mondo antico. Macerata 18-20 dicembre 1990*, ed. G. Bonamente e F. Fusco, vol. 1:105-114. Macerata.
Bardy, G. (1948). *La question des langues dans l'église ancienne*. Etudes de théologie historique. Paris.
Barnes, M.R. e D.R. Williams, ed. (1993). *Arianism after Arius: Essays on the Development of the Fourth Century Trinitarian Conflicts*. Edinburgh.
Barnes, T.D. (1975a). «Constans and Gratian in Rome». *Harvard Studies in Classical Philology* 79:325-333.
– (1975b). «Publilius Optatianus Porfyrius». *American Journal of Philology* 96:173-186. Ora in T.D. Barnes, *Early Christianity and the Roman Empire* (London, 1984), Cap. X.
– (1975c). «Two Senators under Constantine». *Journal of Roman Studies* 64:40-49. Ora in T.D. Barnes, *Early Christianity and the Roman Empire* (London, 1984), Cap. IX.
– (1976a). «Imperial Campaigns, A.D. 285-311». *Phoenix* 30:174-193. Ora in T.D. Barnes, *Early Christianity and the Roman Empire* (London, 1984), Cap. XII.
– (1976b). «The Emperor Constantine's Good Friday Sermon». *Journal of Theological Studies* s.a. 27:414-423.
– (1978a). «A Correspondent of Iamblichus». *Greek, Roman and Byzantine Studies* 19:99-106. Ora in T.D. Barnes, *Early Christianity and the Roman Empire* (London, 1984), Cap. XVII.

- (1978b). «Emperor and Bishops, A.D. 324-344: Some Problems». *American Journal of Ancient History* 3:53-75. Ora in T.D. Barnes, *Early Christianiiy and the Roman Empire* (London, 1984), Cap. XVIII.
- (1980). «The Editions of Eusebius' Ecclesiastical History». *Greek, Roman and Byzantine Studies* 21:191-201. Ora in T.D. Barnes, *Early Christianily and the Roman Empire* (London, 1984), Cap. XX.
- (1981). *Constantine and Eusebius*. Cambridge, MA.
- (1982). *The New Empire of Diocletian and Constantine*. Cambridge, MA.
- (1983). «Two Victory Titles of Constantius». *Zeitschrift für Papyrologie und Epigraphik* 52:229-235. Ora in T.D. Barnes, *From Eusebius to Augustine: Selected Papers 1982-1993* (Aldershot, 1994), Cap. XIV.
- (1984). «Some Inconsistencies in Eusebius». *Journal of Theological Studies* s.a. 35:470-475. Ora in T.D. Barnes, *From Eusebius to Augustine: Selected Papers 1982-1993* (Aldershot, 1994), Cap. II.
- (1985). «The Conversion of Constantine». *Echos du monde classique / Classical Views* 29, s.a. 4:371-391. Ora in T.D. Barnes, *From Eusebius to Augustine: Selected Papers 1982-1993* (Aldershot, 1994), Cap. III.
- (1987). «Himerius and the Fourth Century». *Classical Philology* 82:206-225. Ora in T.D. Barnes, *From Eusebius to Augustine: Selected Papers 1982-1993* (Aldershot, 1994), Cap. XVI.
- (1989a). «Christians and Pagans in the Reign of Constantius». In *L'église et l'empire au IVe siècle*, ed. A. Dihle, pp. 301-337. Fondation Hardt pour l'étude de l'antiquité classique, Entretiens 34. Geneva. Ora parzialmente in T.D. Barnes, *From Eusebius in Augustine: Selected Papers 1982-1993* (Aldershot, 1994), Cap. VIII.
- (1989b). «Panegyric, History and Hagiography in Eusebius' *Life of Constantine*». In *The Making of Orthodoxy: Essays in Honour of Henry Chadwick*, ed. R. Williams, pp. 94-123. Cambridge. Ora in T.D. Barnes, *From Eusebius to Augustine: Selected Papers 1982-1993* (Aldershot, 1994), Cap. XI.
- (1992). «The Constantinian Settlement». In *Eusebius, Christianitiy, and Judaism*, ed. H.W. Attridge e G. Hata, pp. 635-657. Detroit. Ora in T.D. Barnes, *From Eusebius to Augustine: Selected Papers 1982-1993* (Aldershot, 1994), Cap. IX.
- (1993). *Athanasius and Constantius: Theology and Politics in the Constantinian Empire*. Cambridge, MA.
- (1994a). «The Religious Affiliation of Consuls and Prefects, 317-361». In T.D. Barnes, *From Eusebius to Augustine: Selected Papers 1982-1993*, Cap. VIII. Aldershot.
- (1994b). «The Two Drafts of Eusebius' *Life of Constantine*». In T.D. Barnes, *From Eusebius to Augustine: Selected Papers 1982-1993*, Cap. XII. Aldershot.
- (1996). «Emperors, Panegyrics, Prefects, Provinces and Palaces». *Journal of Roman Archaeology* 9:532-552.
- (1997). «Christentum und dynastische Politik (300-325)». In *Usurpationen in der Spätantike: Akten des Kolloquiums «Staatsstreich und Staatlichkeit», 6.-10.*

März 1996, Solothurn/Bern, ed. F. Paschoud e J. Szidat, pp. 99-109. Historia Einzelschriften III. Stuttgart.
– (1998). *Ammianus Marcellinus and the Representation of Historical Reality*. Ithaca.
– (1999). «Ambrose and Gratian». *Antiquité tardive* 7:165-174.
– (2000). «Constantine's *Speech to the Assembly of the Saints*: Place and Date of Delivery». *Journal of Theological Studies* s.a. 52:26-36.
Bartelink, G.J.M., ed. e trad. ingl. (1994). *Athanase d'Alexandrie, Vie d'Antoine*. SChr. 400. Paris.
Bassett, S. (2004). *The Urban Image of Late Antique Constantinople*. Cambridge.
Bastien, P. (1992-1994). *Le buste monétaire des empereurs romains*, 3 voll. Numismatique romaine, Essais, recherches et documents 19. Wetteren.
Bauer, W. (1972). *Orthodoxy and Heresy in Earliest Christianity*, trad. ingl. R.A. Kraft *et al*. London.
Baynes, N.H. (1931). *Constantine the Great and the Christian Church*. The British Academy, The Raleigh Lecture on History 1929. London.
Beard, M., J. North e S. Price (1998). *Religions of Rome*, 2 voll. Cambridge.
Belke, K. e N. Mersich (1990). *Phrygien und Pisidien*. = Tabula Imperii Byzantini, ed. H. Hunger, Bd. 7. Österreichische Akademie der Wissenschaften, philosophisch-historische Klasse, Denkschriften 211. Vienna.
Belke, K. e M. Restie (1984). *Galatien und Lykaonien*. = Tabula Imperii Byzantini, ed. H. Hunger, Bd. 4. Österreichische Akademie der Wissenschaften, philosophisch-historische Klasse, Denkschriften 172. Vienna.
Bell A.J.E. (1997). «Cicero and the Spectacle of Power». *Journal of Roman Studies* 87:1-22.
Bernardi, J. (1968). *La prédication des Pères Cappadociens: Le prédicateur et son auditoire*. Paris.
Beskow, P. (1962). *Rex gloriae: The Kingship of Christ in the Early Church*. Stockholm.
Bidez, J., ed. (1913). *Philostorgius Kirchengeschichte: Mit dem Leben des Lucian von Antiochien und den Fragmenten eines arianischen Historiographen*. GCS 21. Leipzig.
– (1930). *La vie de l'empereur Julien*. Paris.
Birley, A.R. (2000). «Hadrian to the Antonines». In *The Cambridge Ancient History, Second Edition, Volume XI. The High Empire, A.D. 70-192*, ed. A.K. Bowman, P. Garnsey e D. Rathbone, pp. 132-194. Cambridge.
Bleckmann, B. (1994). «Constantina, Vetranio und Gallus Caesar». *Chiron* 24:29-68.
– (1997). «Ein Kaiser als Prediger: Zur Datierung der konstantinischen "Rede an die Versammlung der Heiligen"». *Hermes* 125:183-202.
– (2004). «Bemerkungen zum Scheitern des Mehrherrschaftssystems: Reichsteilung und Territorialansprüche». *In Diokletian und die Tetrarchie: Aspekte einer Zeitenwende*, ed. A. Demandt, A. Goltz e H. Schlange-Schöningen, pp. 74-94. Miliennium-Studien zu Kultur und Geschichte des ersten Jahrtausends n. Chr. 1. Berlin and New York.

– (2006). «Sources for the History of Constantine». In *The Cambridge Companion to the Age of Constantine*, ed. N. Lenski, pp. 14-31. Cambridge.
Bloch, H. (1945). «A New Document of the Last Pagan Revival in the West, 393-394 A.D.». Harvard Theological Review 38:199-244.
– (1963). «The Pagan Revival in the West at the End of the Fourth Century». In *The Conflict between Paganism and Christianity in the Fourth Century*, ed. A. Momigliano, pp. 193-218. Oxford-Warburg Studies. Oxford.
Blümel, W., ed. (1985). *Die Inschriften von Iasos*, 2 voll. Inschriften griechischer Städte aus Kleinasien 28.1-2. Bonn.
Börker, C. e R. Merkelbach, con H. Erigelmann e D. Knibbe, ed. (1979). *Die Inschriften von Ephesos, Teil II*. Inschriften griechischer Städte aus Kleinasien 12. Bonn.
Bouffartigue, J. (1991). «Julien ou l'hellénisme décomposé». In ΕΛΛΕΝΙΕΜΟΣ: *Quelques jalons pour une histoire de l'identité grecque. Actes du colloque de Strasbourg 25-27 octobre 1989*, ed. S. Said, pp. 251-66. Université des sciences humaines de Strasbourg, Travaux du Centre de recherche sur le Proche-Orient et la Grèce antiques II. Leiden.
– (2004). «Philosophie et antichristianisme chez l'empereur Julien». In *Hellénisme et christianisme*, ed. M. Narcy e E. Rebillard, pp. 111-131. Lille.
Bowen, A. e P. Garnsey, trad. ingl. (2003). *Lactantius, Divine Institutes*. TTH 40. Liverpool.
Bowersock, G.W. (1978). *Julian the Apostate*. London.
– (1982). «The Imperial Cult: Perceptions and Persistence». In *Jewish and Christian Self-Definition, 3: Self-Definition in the Greco-Roman World*, ed. B.E Meyer e E.P. Sanders, pp. 171-182, 238-241. Philadelphia.
– (2002). «Peter and Constantine». In *«Humana sapit» Etudes d'antiquité tardive offertes à Lellia Cracco Ruggini*, ed. J.-M. Carrié e R.L. Testa, pp. 209-217. Bibliothèque de l'Antiquité tardive 3. Turnhout.
Bowman, A.K. (2005). «Diocletian and the First Tetrarchy, A.D. 284-305». In *The Cambridge Ancient History, Second Edition, Volume XII: The Crisis of Empire, A.D. 193-337*, ed. A.K. Bowman, P. Garnsey e Av. Cameron, pp. 67-89. Cambridge.
Bowman, G. (1999). «Mapping History's Redemption': Eschatology and Topography in the *Itinerarium Burdigalense*». In *Jerusalem: Its Sanctity and Centrality to Judaism, Christianity, and Islam*, ed. L.I. Levine, pp. 163-187. New York.
Bradbury, S. (1994). «Constantine and the Problem of Anti-Pagan Legislation in the Fourth Century». *Classical Philology* 89:120-139.
– (1995). «Julian's Pagan Revival and the Decline of Blood Sacrifice». *Phoenix* 49:331-356.
– (2000). «A Sophistic Prefect: Anatolius of Berytus in the *Letters* of Libanius» *Classical Philology* 95:172-186.
Bradley, G. (2000). *Ancient Umbria: State, Culture, and Identity in Central Italy from the Iron Age to the Augustan Era*. Oxford.
Brakke, D. (1994). «The Greek and Syriac Versions of the *Life of Antony*». *Le Museon* 107:29-53.

– (1995). *Athanasius and the Politics of Asceticism*. Oxford.
Brandt, H. (1998). *Geschichte der römischen Kaiserzeit von Diokletian und Konstantin bis zum Ende der konstantinischen Dynastie (284-363)*. Berlin.
Brenk, B. (1987). «Spolia from Constantine to Charlemagne: Aesthetics versus Ideology». *Dumbarton Oaks Papers* 41:103-109.
Brennecke, H.C. (1988). *Studien zur Geschichte der Homöer: Der Osten bis zum Ende der homöischen Reichskirche*. Beiträge zur historischen Theologie 73. Tubingen.
Brixhe, C. (2002). «Interactions between Greek and Phrygian under the Roman Empire». In *Bilingualism in Ancient Society: Language Contact and the Written Text*, ed. J.N. Adams, M. Janse e S. Swain, pp. 246-266. Oxford.
Brixhe, C. e T. Drew-Bear (1997). «Huit inscriptions néo-phrygiennes». In *Frigi e Frigio: Atti del 1° Simposio Internazionale Roma, 16-17 Ottobre 1995*, ed. R. Gusmani, M. Salvini e P. Vannicelli, pp. 71-114. Roma.
Brubaker, L. (1997). «Memories of Helena: Patterns in Imperial Female Matronage in the Fourth and Fifth Centuries». In *Women, Men and Eunuchs: Gender in Byzantium*, ed. L. James, pp. 52-75. London.
– (1999). *Vision and Meaning in Ninth-Century Byzantium: Image as Exegesis in the Homilies of Gregory of Nazianzus*. Cambridge.
Bruun, C. (1995). «The Thick Neck of the Emperor Constantine: Slimy Snails and "Quellenforschung"». *Historia* 44:459-480.
Bruun, P.M. (1954). «The Consecration Coins of Constantine the Great». In *Commentationes in honorem Edwin Linkomies sexagenarii A.D. MCMLV editae*, ed. H. Zilliacus e K.-E. Henriksson. = *Arctos* s.a. 1:19-31.
– (1966). *The Roman Imperial Coinage, VII: Constantine and Licinius A.D. 313-337*. London.
– (1976). «Notes on the Transmission of Imperial Images in Late Antiquity». In *Studia Romana in honorem Petri Krarup septuagenarii*, ed. K. Ascani, T. Fischer-Hansen, F. Johansen, S.S. Jensen e J.E. Skydsgaard, pp. 122-131. Odense.
– (1987). «Constans Maximus Augustus.» In *Mélanges de numismatique offerts à Pierre Bastien à l'occasion de son 75ᵉ anniversaire*, ed. H. Huvelin, M. Christol e G. Gautier, pp. 187-199. Wetteren.
Buckler, W.H. (1937) «A Charitable Foundation of A.D. 237». *Journal of Hellenic Studies* 57:1-10.
Buckler, W.H. e WM. Calder, ed. (1939). *Monumenta Asiae Minoris Antiqua, Vol. VI: Monuments and Document sfrom Phrygia and Caria*. Manchester.
Buckler, W.H., W.M. Calder e W.K.C. Guthrie, ed. (1933). *Monumenta Asiae Minoris Antiqua, Vol. IV: Monuments and Documents from Eastern Asia and Western Galatia*. Manchester.
Burgess, R.W. (1997). «The Dates and Editions of Eusebius' *Chronici canones* and *Historia ecclesiastica*». *Journal of Theological Studies* s.a. 48:471-504.
– con W. Witakowski. (1999a). *Studies in Eusebian andPost-Eusebian Chronography*. Historia Einzelschriften 135. Stuttgart.
– (1999b). «ΑΚΥΡ ΩΝ or ΠΡΟΑΣΤΕΙΟΝ? The Location and Circumstances of Constantine's Death». *Journal of Theological Studies* s.a. 50:153-161.

– (2000). «The Date of the Deposition of Eustathius of Antioch». *Journal of Theological Studies* s.a. 51:150-160.
– (2003). «The *Passio S. Artemii*, Philostorgius, and the Dates of the Invention and Translations of the Relics of Sts Andrew and Luke». *Analecta Bollandiana* 121:5-36.
Burrus, V. (1995). *The Making of a Heretic: Gender, Authority, and the Priscillianist Controversy*. Berkeley.
Butcher, K. (2003). *Roman Syria and the Near East*. London.
Cahn, H.A. (1987). «*Abolitio nominis* de Constantin II». In *Mélanges de numismatique offerts à Pierre Bastien à l'occasion de son 75ᵉ anniversaire*, ed. H. Huvelin, M. Christol e G. Gautier, pp. 201-202. Wetteren.
Calder, W.M., ed. (1928). *Monumenta Asiae Minoris Antiqua, Vol. I*. London.
– (1954) «William Hepburn Buckler, 1867-1952». *Proceedings of the British Academy* 40:274-286.
– ed. (1956). *Monumenta Asiae Minoris Antiqua, Vol. VII: Monuments from Eastern Phrygia*. Manchester.
Callu, J.-P. (1995). «A nouveau le savon de Constantin». *Historia* 44:500-502.
– (2002). «Naissance de la dynastie constantinienne: Le tournant de 314-316». In «*Humana sapit*». *Etudes d'antiquité tardive offertes à Lellia Cracco Ruggini*, ed. J.-M. Carrié e R.L. Testa, pp. 111-120. Bibliothèque de l'Antiquité tardive 3. Turnhout.
Calza, R. (1959-1960). «Un problema di iconografia imperiale sull'Arco di Costantino». *Atti della Pontificia Accademia Romana diArcheologia (serie III), Rendiconti* 32:133-161.
Cambi N. (2004). «Tetrarchic Practice in Name Giving». In *Diokletian und die Tetrarchie: Aspekte einer Zeitenwende* ed A. Demandt, A. Goltz e H. Schlange-Schöningen, pp. 38-46. Millennium-Studien zu Kultur und Geschichte des ersten Jahrtausends n. Chr. 1. Berlin and New York.
Cameron, Alan (1988). «Flavius: A Nicety of Protocol». *Latomus* 47:26-33.
– (2004). «Poetry and Literary Culture in Late Antiquity». In *Approaching Late Antiquity: The Transformation from Early to Late Empire*, ed. S. Swain e M. Edwards, pp. 327-354. Oxford.
Cameron, Averil (1997). «Eusebius' *Vita Constantini* and the Construction of Constantine». In *Portraits: Biographical Representation in the Greek and Latin Literature of the Roman Empire*, ed. M.J. Edwards e S. Swain, pp. 145-174. Oxford.
– (2000). «Form and Meaning: The *Vita Constantini* and the *Vita Antonii*». In *Greek Biography and Panegyric in Late Antiquity*, ed. T. Hägg e P. Rousseau, con C. Høgel, pp. 72-88. The Transformation of the Classical Heritage 31. Berkeley.
– (2005). «The Reign of Constantine, A.D. 306-337». In *The Cambridge Ancient History, Second Edition, Volume XII: The Crisis of Empire, A.D. 193-337*, ed. A.K. Bowman, P. Garnsey e Av. Cameron, pp. 90-109. Cambridge.
Cameron, Averil e S.G. Hall, trad. ingl. (1999). *Eusebius, Life of Constantine: Introduction, Transiation, and Commentary*. Oxford.

Cameron, Averil e J. Herrin, con Alan Cameron, R. Cormack e C. Roueché (1984). *Constantinople in the Early Eighth Century: The* Parastaseis Syntomoi Chronikai. Columbia Studies in the Classical Tradition 10. Leiden.

Campbell, B., trad. ingl. (2000). *The Writings of the Roman Land Surveyors: Introduction, Text, Translation and Commentary.* Journal of Roman Studies, Monographs 9. London.

Carriker, A. (2003). *The Library of Eusebius of Caesarea.* Supplements to Vigiliae Christianae 67. Leiden and Boston.

Carson, R.A.G. (1987). «*Carausius et fratres sui...* again». In *Mélanges de numismatique offerts a Pierre Bastien a l'occasion de son 75ᵉ anniversaire,* ed. H. Huvelin, M. Christol e G. Gautier, pp. 145-148. Wetteren.

Castritius, H. (1969). *Studien zu Maximinus Daia.* Frankfurter althistorische Studien 2. Kallmünz.

Chantraine, H. (1992). «Die Nachfolgeordnung Constantins des Grossen». *Akademie der Wissenschaften und der Literatur, Abhandlungen der geistes- und socialwissenschaftlichen Klasse,* Jahrgang 1992, Nr. 7:1-25.

Charron, A. e M. Heijmans (2001). «L'obélisque du cirque d'Arles». *Journal of Roman Archaeology* 14:373-380.

Chastagnol, A. (1962). *Les fastes de la prefecture de Rome au Bas-Empire.* Etudes prosopographiques 2. Paris.

– (1963). «L'administration du Diocèse Italien au Bas Empire». *Historia* 12:348-379.

– (1973). «Le repli sur Arles des services administratifs gaulois en l'an 407 de notre ère». *Revue historique* 249:23-40.

– (1976). «Les inscriptions constantiniennes du cirque de Mérida». *Mélanges de l'Ecole française de Rome,* Antiquité 88:259-276. Ora in A. Chastagnol, *Aspects de l'antiquité tardive.* Saggi di storia antica 6 (Roma, 1994), pp. 43-59.

– (1981a). «L'inscription constantinienne d'Orcistus». *Mélanges de l'Ecole française de Rome,* Antiquité 93:381-416. Ora in A. Chastagnol, *Aspects de l'antiquité tardive.* Saggi di storia antica 6 (Roma, 1994), pp. 105-142.

– (1981b). «Les *realia* d'une cité d'après l'inscription constantinienne d'Orkistos». *Ktema* 6:373-379.

– (1987). «Aspects concrets et cadre topographique des fêtes décennales des empereurs à Rome». In *L'Urbs: Espace urbain et histoire (Iᵉʳ siècle av. J.-C. - IIIᵉ siècle ap. J.-C.). Actes du colloque international organisé par le Centre national de la recherche scientifique et l'Ecole française de Rome (Rome, 8-12 mai 1985),* pp. 491-507. Collection de l'Ecole française de Rome 98. Roma e Paris.

– (1992). «Quelques mises au point autour de l'empereur Licinius». In *Costantino il Grande dall'antichità all'umanesimo: Colloquio sul Cristianesimo nel mondo antico. Macerata 18-20 dicembre 1990,* ed. G. Bonamente e F. Fusco, Vol. 1:311-323. Macerata.

Chausson e (2002a). «La famille du préfet Ablabius». *Pallas* 60:205-229.

– (2002b). «Une soeur de Constantin: Anastasia». In «*Humana sapit*»: *Etudes d'antiquité tardive offertes à Lellia Cracco Ruggini,* ed. J.-M. Carrié e R.L. Testa, pp. 131-155. Bibliothèque de l'Antiquité tardive 3. Turnhout.

Chioffi, L. (1995). «Equus: Constantius». In *Lexicon Topographicum Urbis Romae*, Vol. 2, ed. E.M. Steinby, p. 227. Roma.

Christensen, T. (1983). «The So-Called *Appendix* to Eusebius' *Historia Ecclesiastica* VIII». *Classica et Mediaevalia* 34:177-209.

– (1989). *Rufinus of Aquileia and the Historia Ecclesiastica, Lib. VIII-IX, of Eusebius*. Det Kongelige Danske Videnskabernes Selskab, Historisk-filosofiske Meddelelser 58. Copenhagen.

Christol, M. e T. Drew-Bear (1986). «Documents latins de Phrygie». *Tyche* 1:41-87.

– (1999). «Antioche de Pisidie capitale provinciale et l'oeuvre de M. Valerius Diogenes». *Antiquité tardive* 7:39-71.

Clark, E.A. (1992). *The Origenist Controversy: The Cultural Construction of an Early Christian Debate*. Princeton.

– (2004). *History, Theory, Text: Historians and the Linguistic Turn*. Cambridge, MA.

Coarelli, E. (1986). «L'urbs e il suburbio». In *Società romana e imperio tardoantico, 2 Roma: Politica, economia, paesaggio urbano*, ed. A. Giardina, pp. 1-58, 395-412. Roma.

– (1993). «Basilica Constantiniana, B. Nova». In *Lexicon Thpographicum Urbis Romae*, vol. I, ed. E.M. Steinby, pp. 170-173. Roma.

– (2001). «Il rescritto di Spello e il santuario "etnico" degli Umbri». In *Umbria cristiana: Dalla diffusione del culto al culto dei santi (secc. IV-X). Atti del XV Congresso internazionale di studi sull'alto medioevo, Spoleto, 23-28 ottobre 2000*, pp. 39-51. Atti dei Congressi 15. Spoleto.

Coleman-Norton, P.R., trad. ingl. (1966). *Roman State and Christian Church: A Collection of Legal Documents to A.D. 535*, 3 voll. London.

Conti, S. (2004). *Die Inschriften Kaiser Julians*. Altertumswissenschaftliches Kolloquium, Interdisziplinäre Studien zur Antike und zu ihrem Nachleben 10. Stuttgart.

Corcoran, S. (1993). «Hidden from History: The Legislation of Licinius». In *The Theodosian Code: Studies in the Imperial Law of Late Antiquity*, ed. J. Harries e I. Wood, pp. 97-119. London.

– (1996). *The Empire of the Tetrarchs: Imperial Pronouncements and Government AD 284-324*. Oxford.

– (2000). «Additional Notes». In S. Corcoran, *The Empire of the Tetrarchs: Imperial Pronouncements and Government AD 284-324*, ed. riv., pp. 343-353. Oxford.

– (2002). «A Tetrarchic Inscription from Corcyra and the Edictum de Accusationibus». *Zeitschrift für Papyrologie und Epigraphik* 141:221-230.

– (2004). «The Publication of Law in the Era of the Tetrarchs – Diocletian, Galerius, Gregorius, Hermogenian». In *Diokletian und die Tetrarchie: Aspekte einer Zeitenwende*, ed. A. Demandt, A. Goltz e H. Schlange-Schöningen, pp. 56-73. Millennium-Studien zu Kultur und Geschichte des ersten Jahrtausends n. Chr. 1. Berlin and New York.

Cox, C.W.M. e A. Cameron, ed. (1937). *Monumenta Asiae Minoris Antiqua, Vol. V Monuments from Dorylaeum and Nacolea*. Manchester.

Crawford, M.H. (2002). «Discovery, Autopsy and Progress: Diocletian's Jigsaw Puzzles». In *Classics in Progress: Essays on Ancient Greece and Rome*, ed. T.P. Wiseman, pp. 145-163. Oxford.

Crawford, M.H. e J. Reynolds (1975). «The Publication of the Prices Edict: A New Inscription from Aezani». *Journal of Roman Studies* 65:160-163.

Cullhed, M. (1994). *Conservator urbis suae: Studies in the Politics and Propaganda of the Emperor Maxentius*. Skrifter Utgivna av Svenska Institutet i Rom, 8°, 20. Stockholm.

Curran, J. (1994). «Moving Statues in Late Antique Rome: Problems of Perspective». *Art History* 17:46-58.

– (2000). *Pagan City and Christian Capital: Rome in the Fourth Century*. Oxford.

Dagron, G. (1969). «Aux origines de la civilisation byzantine: Langue de culture et langue d'Etat». *Revue historique* 241:23-56.

– (1970). «Les moines et la ville: Le monachisme à Constantinople jusqu'au concile de Chalcédoine (451)». *Travaux et mémoires* 4:229-276.

– (1974). *Naissance d'une capitale: Constantinople et ses institutions de 330 à 455*. Bibliothèque byzantine, Etudes 7. Paris.

– (1984). *Constantinople imaginaire: Etudes sur le recueil des «Patria»*. Bibliothèque byzantine, Etudes 8. Paris.

– (1994). «Formes et fonctions du pluralisme linguistique a Byzance (VIIIe-XIIe siècle)». *Travaux et mémoires* 12:219-240.

– (2003). *Emperor and Priest: The Imperial Office in Byzantium*, trad. ingl. J. Birrell. Cambridge.

Darwell-Smith, R.H. (1996). *Emperors and Architecture: A Study of Flavian Rome*. Collection Latomus 231. Brussels.

Davies, P.J.E. (2000a). *Death and the Emperor: Roman Imperial Funerary Monuments from Augustus to Marcus Aurelius*. Cambridge.

– (2000b). «"What Worse Than Nero, What Better Than His Baths?": *Damnatio Memoriae* and Roman Architecture». In *From Caligula to Constantine: Tyranny and Transformation in Roman Portraiture*, ed. E.R. Varner, pp. 27-44. Adanta.

Davies, P.S. (1991). «Constantine's Editor». Journal of Theological Studies s.a. 42:610-618.

de Boor, C., ed. (1978). *Georgii Monachi Chronicon*, 2 voll. Ed. corretta ed. P. Wirth. Teubner. Stuttgart.

Deckers, J.G. (1979). «Die Wandmalerei im Kaiserkultraum von Luxor». *Jahrbuch des deutschen archäologischen Instituts* 94:600-652.

De Decker, D. (1968). «La politique religieuse de Maxence». *Byzantion* 38:472-562.

de Dominicis, M. (1963). «Un intervento legislativo di Costantino in materia religiosa (Nota a C.I.L., XI, 5265)». Revue internationale des droits de l'antiquité, 3e série, 10:199-211.

Deichmann, F.W. e A. Tschira (1957). «Das Mausoleum der Kaiserin Helena und die Basilika der Heiligen Marcellinus und Petrus an der Via Labicana vor Rom». *Jahrbuch des deutschen archäologischen Instituts* 72:44-110.

Depeyrot, G. (2006). «Economy and Society». In *The Cambridge Companion to the Age of Constantine*, ed. N. Lenski, pp. 226-252. Cambridge.

Dietz, K. (2000). «Kaiser Julian in Phönizien». *Chiron* 30:807-855.

Digeser, E.D. (2000). *The Making of a Christian Empire: Lactantius and Rome*. Ithaca.

Dörries, H. (1954). *Das Selbstzeugnis Kaiser Konstantins*. Abhandlungen der Akademie der Wissenschaften in Göttingen, Philologisch-historische Klasse, Dritte Folge 34. Göttingen.

Dolbeau, F., ed. (1996). *Augustin d'Hippone, Vingt-six sermons au peuple d'Afrique*. Collection des Etudes augustiniennes, Série antiquité 147. Paris.

Downey, G. (1961). *A History of Antioch in Syria from Seleucus to the Arab Conquest*. Princeton.

Drake, H.A. (1976). *In Praise of Constantine: A Historical Study and New Transiation of Eusebius' Tricennial Orations*. Berkeley.

– (1988). «What Eusebius Knew: The Genesis of the Vita Constantini». *Classical Philology* 83:20-38.

– (1996). «Lambs into Lions: Explaining Early Christian Intolerance». *Past and Present* 153:3-36.

– (2000). *Constantine and the Bishops: The Politics of intolerance*. Baltimore.

– (2006). «The Impact of Constantine on Christianity». In *The Cambridge Companion to the Age of Constantine*, ed. N. Lenski, pp. 111-36. Cambridge.

Drew-Bear, T. e C. Naour (1990). «Divinités de Phrygie» In *Aufstieg und Niedergang der römischen Welt, Teil II: Principat, Band i8: Religion, 3. Teilband*, ed. W. Haase, pp. 1907-2044. Berlin.

Drijvers, J.W. (1992). *Helena Augusta: The Mother of Constantine the Great and the Legend of Her Finding of the True Cross*. Brill's Studies in Intellectual History 27. Leiden.

– (1996). «Ammianus Marcellinus 15.13.1-2: Some Observations on the Career and Bilingualism of Strategius Musonianus». *Classical Quarterly* 46:532-537.

Drinkwater, J.F. (1983). *Roman Gaul: The Three Provinces, 58 BC-AD 260*. Ithaca.

Droge, A.J. (1992). «The Apologetic Dimensions of the *Ecclesiastical History*». In *Eusebius, Christianity, and Judaism*, ed. H.W. Attridge e G. Hata, pp. 492-509. Detroit.

Dubuisson, M. (1992). «Jean le Lydien et le latin: Les limites d'une competence». In *Serta Leodiensia Secunda: Mélanges publiés par les classiques de Liège à l'occasion du 575ᵉ anniversaire de l'Université*, pp. 123-131. Liège.

Duchesne, L., ed. (1886). *Le Liber Pontificalis: Texte, introduction et commentaire*, vol. 1. Bibliothèque des Ecoles françaises d'Athènes et de Rome, 2ᵉ série. Paris.

Duncan-Jones, R.P. (1982). *The Economy of the Roman Empire: Quantitative Studies*. 2ᵃ ed., Cambridge.

Dvornik, F. (1966). *Early Christian and Byzantine Political Philosophy: Origins and Background*. Dumbarton Oaks Studies 9. Washington, D.C.

Ebersok, J. (1929-1930). «Sarcophages impériaux de Rome et de Constantinople». *Byzantinische Zeitschrift* 30:582-587.
Eck, W. (1994). «Kaiserliches Handeln in italischen Städten». In *L'Italie d'Auguste à Dioclétien*, pp. 329-351. Collection de l'Ecole française de Rome 198. Rome et Paris.
– (2000). «Latein als Sprache politischer Kommunikation in Städten der östlichen Provinzen». *Chiron* 30:641-660.
– (2003). «The Prosopographia Imperii Romani and Prosopographical Method». In *Fifty Years of Prosopography: The Later Roman Empire, Byzantium and Beyond*, ed. Av. Cameron, pp. 11-22. Proceedings of the British Academy 118. Oxford.
– (2004). «Lateinisch, Griechisch, Germanisch…? Wie sprach Rom mit seinen Untertanen?». In *Roman Rule and Civic Life: Local and Regional Perspectives. Proceedings of the Fourth Workshop of the International Network, Impact of Empire (Roman Empire, c. 200 B.C.-A.D. 476), Leiden, June 25-28, 2003*, ed. L. de Ligt, E.A. Hemelrijk e H.W. Singor, pp. 3-19. Amsterdam.
Edmondson, J. (2002). «Writing Latin in the Province of Lusitania». In *Becoming Roman, Writing Latin? Literacy and Epigraphy in the Roman West*, ed. A.E. Cooley, pp. 41-60. Journal of Roman Archaeology, Supplementary Series 48. Portsmouth.
Edwards, M. (1999). «The Constantinian Circle and the Oration to the Saints». In *Apologetics in the Roman Empire: Pagans, Jews, and Christians*, ed. M. Edwards, M. Goodman e S. Price, con C. Rowland, pp. 251-275. Oxford.
– trad. ingl. (2003). *Constantine and Christendom: The Oration to the Saints, the Greek and Latin Accounts of the Discovery of the Cross, the Edict of Constantine to Pope Silvester*. TTH 39. Liverpool.
– (2006). «The Beginnings of Christianization». In *The Cambridge Companion to the Age of Constantine*, ed. N. Lenski, pp. 137-158. Cambridge.
Effenberger, A. (2000). «Konstantinsmausoleum, Apostelkirche – und keine Ende?». In *Lithostroton: Studien zur byzantinischen Kunst und Geschichte. Festschrift für Marcell Restle*, ed. B. Borkopp e T. Steppan, pp. 67-78. Stuttgart.
Elliott, T.G. (1996). *The Christianity of Constantine the Great*. Scranton.
Elm, S. (2003). «Hellenism and Historiography: Gregory of Nazianzus and Julian in Dialogue». *Journal of Medieval and Early Modem Studies* 33:493-515. Ora in *The Cultural Turn in Late Ancient Studies: Gender, Asceticism, and Historiography*, ed. D.B. Martin e P.C. Miller (Durham, 2005), pp. 258-277.
Elm, S., P.-A. Fabre, E. Rebillard, A. Romano e C. Sotinel (2000). «Introduction». In *Orthodoxie, christianisme, histoire: Orthodoxy, Christianity, History*, ed. S. Elm, E. Rebillard e A. Romano, pp. VIII-XXV. Collection de l'Ecole française de Rome 270. Paris and Rome.
Elsner, J. (2000a). «From the Culture of Spolia to the Cult of Relics: The Arch of Constantine and the Genesis of Late Antique Forms». *Papers of the British School at Rome* 68:149-184.
– (2000b). «*The Itinerarium Burdigalense*. Politics and Salvation in the Geography of Constantine's Empire». *Journal of Roman Studies* 90:181-195.

– (2005). «Sacrifice and Narrative on the Arch of the Argentarii at Rome». *Journal of Roman Archaeology* 18:83-98.

Elton, H. (2006). «Warfare and the Military». In *The Cambridge Companion to the Age of Constantine*, ed. N. Lenski, pp. 325-346. Cambridge.

Engemann, J. (1984). «Die religiöse Herrscherfunktion im Funfsäulenmonument Diocletians in Rom und in den Herrschermosaiken Justinians in Ravenna». *Frühmittelalterliche Studien* 18:336-356.

Ensoli, S. (2000). «I colossi di bronzo a Roma in età tardoantica: Dal Colosso di Nerone al Colosso di Costantino. A proposito dei tre frammenti bronzei dei Musei Capitolini». In *Aurea Roma: Dalla città pagana alla città cristiana*, ed. S. Ensoli e E. La Rocca, pp. 66-90. Roma.

Evans Grubbs, J. (1995). *Law and Family in Late Antiquity: The Emperor Constantine's Marriage Legislation*. Oxford.

Evers, C. (1991). «Remarques sur l'iconographie de Constantin: A propos du remploi de portraits des "bons empereurs"». *Mélanges de l'Ecole française de Rome*, Antiquité 103:785-806.

Feige, G. (1993). «Der Begriff υἱοπάτωρ in der antimarkellischen Polemik des 4. Jahrhunderts». In *Studia Patristica Vol. XXVI: Papers Presented at the Eleventh International Conference on Patristic Studies Held in Oxford 1991. Liturgica, Second Century, Alexandria before Nicaea, Athanasius and the Arian Controversy*, ed. E.A. Livingstone, pp. 365-368. Leuven.

Feissel, D. (1995). «Les constitutions des Tétrarques connues par l'épigraphie: Inventaire et notes critiques». *Antiquité tardive* 3:33-53.

– (1996). «Deux constitutions tétrarchiques inscrites a Ephèse». *Antiquité tardive* 4:273-289.

– (1998). «Vicaires et proconsuls d'Asie du IVe au VIe siècle: Remarques sur l'administration du diocèse asiatique au Bas-Empire». *Antiquité tardive* 6:91-104.

– (1999). «L'*adnotatio* de Constantin sur le droit de cité d'Orcistus en Phrygie». *Antiquité tardive* 7:255-267.

– (2004). «Pétitions aux empereurs et formes du rescrit dans les sources documentaires du IVe au VIe siècle». In *La pétition à Byzance*, ed. D. Feissel e J. Gascou, pp. 33-52. Centre de recherche d'histoire et civilisation de Byzance, Monographies 14. Paris.

Feissel, D. e I. Kaygusuz (1985). «Un mandement impérial du VIe siècle dans une inscription d'Hadrianoupolis d'Honoriade». *Travaux et mémoires* 9:397-419.

Fittschen, K. e P. Zanker (1985). *Katalog der römischen Portrats in den Capitolinischen Museen und den anderen kommunalen Sammlungen der Stadt Rom, I: Kaiser- und Prinzenbildnisse*. Beiträge zur Erschließung hellenistischer und kaiserzeitlicher Skulptur und Architektur 3. Mainz.

Flower, H.I. (1996). *Ancestor Masks and Aristocratic Power in Roman Culture*. Oxford.

– (2000). «*Damnatio memoriae* and Epigraphy». In *From Caligula to Constantine: Tyranny and Transformation in Roman Portraiture*, ed. E.R. Varner, pp. 58-69. Atlanta.

Foss, C. (1995). «Nicomedia and Constantinople». In *Constantinople and Its Hinterland: Papers from the Twenty-Seventh Spring Symposium of Byzantine Studies, Oxford, April 1993*, ed. C. Mango e G. Dagron, con G. Greatrex, pp. 181-90. Society for the Promotion of Byzantine Studies, Publications 3. Aldershot.

Fournet, J.-L. (2004). «Entre document et littérature: La pétition dans l'antiquité tardive». In *La pétition à Byzance*, ed. D. Feissel e J. Gascou, pp. 61-74. Centre de recherche d'histoire et civilisation de Byzance, Monographies 14. Paris.

Fowden, G. (1987). «Nicagoras of Athens and the Lateran Obelisk». *Journal of Hellenic Studies* 107:51-157.

– (1991). «Constantine's Porphyry Column: The Earliest Literary Allusion». *Journal of Roman Studies* 81:119-131.

– (1994). «The Last Days of Constantine: Oppositional Versions and Their Influence». *Journal of Roman Studies* 84:146-170.

Fowden, E.K. (2006). «Constantine and the Peoples of the Eastern Frontier». In *The Cambridge Companion to the Age of Constantine*, ed. N. Lenski, pp. 377-98. Cambridge.

Frakes, R.M. (2006). «The Dynasty of Constantine Down to 363». In *The Cambridge Companion to the Age of Constantine*, ed. N. Lenski, pp. 91-107. Cambridge.

Frend, W.H.C. (1952). *The Donatist Church*. Oxford.

– (1996). *The Archaeology of Early Christianiiy: A History*. London.

Frier, B.W. (2000). «Demography». In *The Cambridge Ancient History, Second Edition, Volume XI The High Empire, A.D. 70-192*, ed. A.K. Bowman, P. Garnsey e D. Rathbone, pp. 787-816. Cambridge.

Frothingham, A.L. Jr. (1883). «Une mosaique constantinienne inconnue à Saint-Pierre de Rome». *Revue archéologique*, série 3, 1:68-72.

Gager, J.G. (1982). «Body-Symbols and Social Reality: Resurrection, Incarnation and Asceticism in Early Christianity». *Religion* 12:345-363.

Gallay, P., ed. e trad. ingl. (1964-1967). *Saint Grégoire de Nazianze: Lettres*, 2 voll. Budé. Paris.

Galsterer, H. (1990). «A Man, a Book, and a Method: Sir Ronald Syme's Roman Revolution after Fifty Years». In *Between Republic and Empire: Interpretations of Augustus and His Principate*, ed. K.A. Raaflaub e M. Toher, pp. 1-20. Berkeley.

– (2000). «Local and Provincial Institutions and Government». In *The Cambridge Ancient History, Second Edition, Volume XI: The High Empire, A.D. 70-192*, ed. A.K. Bowman, P. Garnsey e D. Rathbone, pp. 344-360. Cambridge.

Gascou, J. (1967). «Le rescrit d'Hispellum». *Mélanges d'archéologie et d'histoire* 79:609-659.

Gasperini, L. (1988). «Dedica ostiense di Aurelio Avianio Simmaco all'imperatore Costante». *Miscellanea greca e romana 13 = Studi pubblicati dall'Istituto Italiano per la storia antica* 42:242-250.

Geertz, C. (1975). «Religion as a Cultural System». In C. Geertz, *The Interpretation of Cultures: Selected Essays*, pp. 87-125. London.

Gelzer, H., H. Hilgenfeld e O. Cuntz, ed. (1898). *Patrum Nicaenorum nomina latine graece coptice syriace arabice armeniace.* Leipzig. Nuova ed., Nachwort di C. Markschies (Stuttgart e Leipzig, 1995).

Gero, S. (1981). «The True Image of Christ: Eusebius' Letter to Constantia Reconsidered». *Journal of Theological Studies* s.a. 32:460-470.

Gerov, B. (1980). «Die lateinisch-griechische Sprachgrenze auf der Balkanhalbinsel». In *Die Sprachen im römischen Reich der Kaiserzeit: Kolloquium vom 8. bis 10. April 1974*, ed. G. Neumann e J. Untermann, pp. 147-165. Beihefte der Bonner Jahrbücher 40. Cologne e Bonn.

Gillett, A. (2001). «Rome, Ravenna and the Last Western Emperors». *Papers of the British School at Rome* 69:131-167.

Giuliano, A. (19559). *Arco di Costantino.* Milano.

– (1991). «Augustus-Constantinus». *Bollettino d'arte* 68-69:3-10.

Gleason, M.W. (1986). «Festive Satire: Julian's Misopogon and the New Year at Antioch». *Journal of Roman Studies* 76:106-119.

Glorie, E., ed. (1964). *S. Hieronymi presbyteri opera I: Opera exegetica 4: Commentariorum in Hiezechielem libri XIV* CChr., Series latina 75. Turnholt.

Gnoli, T. e J. Thornton (1997). «Σῶζε τήν κατοικία: Società e religione nella Frigia romana. Note introduttive». In *Frigi e Frigio: Atti del 1° Simposio Internazionale Roma, 16-17 ottobre1995*, ed. R. Gusmani, M. Salvini e P. Vannicelli, pp. 153-200. Roma.

Goodman, M. (2000). «Judaea». In *The Cambridge Ancient History, Second Edition, Volume XI The High Empire, A.D. 70-192*, ed. A. K. Bowman, P. Garnsey e D. Rathbone, pp. 664-678. Cambridge.

Gordon, R., con J. Reynolds (2003). «Roman Inscriptions 1995-2000». *Journal of Roman Studies* 93:212-294.

Grant, R.M. (1980). *Eusebius as Church Historian.* Oxford.

– (1992). «Eusebius and Imperial Propaganda». In *Eusebius, Christianity, and Judaism*, ed. H.W. Attridge e G. Hata, pp. 658-683. Detroit.

Gregg, R.C. e D.E. Groh (1981). *Early Arianism: A View of Salvation.* Philadelphia.

Grégoire, H., ed. (1922). *Recueil des inscriptions grecques chrétiennes d'Asie Mineure.* Paris.

Grierson, P. (1962). «The Tombs and Obits of the Byzantine Emperors (337-1042)». *Dumbarton Oaks Papers* 16:1-60.

Grillet, B. (1983). «Introduction: Chapitre I, La vie et l'oeuvre». In B. Grillet, G. Sabbah e A.-J. Festugière, Sozomène, *Histoire ecclésiastique, Livres I-II: Texte grec de l'édition J. Bidez*, pp. 9-31. SChr. 306. Paris.

Grillet, B. e G.H. Ettlinger, ed. e trad. ingl. (1968). *Jean Chrysostome, A une jeune veuve. Sur le mariage unique.* SChr. 138. Paris.

Grünewald, T. (1990). *Constantinus Maximus Augustus: Herrschaftspropaganda in der zeitgenössischen Überlieferung.* Historia Einzelschriften 64. Stuttgart.

Guidi, M. (1907). «Un ΒΙΟΣ di Costantino». *Rendiconti della Reale Accademia dei Lincei, Classe di scienze morali, storiche e filologiche*, Serie quinta, 16:304-40, 637-662.

Gundlach, W., ed. (1892). *Epistolae Merowingici et Karolini aevi*. Monumenta Germaniae Historica, Epistolae 3. Berlin.

Guyon, J. (1987). *Le cimetière aux deux lauriers: Recherches sur les catacombes romaines*. Bibliothèque des Ecoles françaises d'Athènes et de Rome 264. Roma sotterranea cristiana 7. Paris e Roma.

Hall, L.J. (1998). «Cicero's *instinctu divino* and Constantine's *instinctu divinitatis*: The Evidence of the Arch of Constantine for the Senatorial View of the "Vision" of Constantine». *Journal of Early Christian Studies* 6:647-671.

– (2004). *Roman Berytus: Beirut in Late Antiquity*. London and New York.

Hall, S.G. (1993). «Eusebian and Other Sources in Vita Constantini I». In *Logos: Festschrift für Luise Abramowski zum 8. Juli 1993*, ed. H.C. Brennecke, E.L. Grasmsück e C. Markschies, pp. 239-263. Beihefte zur Zeitschrift für die neutestamentliche Wissenschaft und die Kunde der alteren Kirche 67. Berlin e New York.

– (1998). «Some Constantinian Documents in the *Vita Constantini*». In *Constantine: History, Hagiography and Legend*, ed. S.N.C. Lieu e D. Montserrat, pp. 86-103. London.

Halsall, G. (1996). «Towns, Societies and Ideas: The Not-So-Strange Case of Late Roman and Early Merovingian Metz». In *Towns in Transition: Urban Evolution in Late Antiquity and the Early Middle Ages*, ed. N. Christie e S.T. Loseby, pp. 235-261. Aldershot.

Hamilton, W.J. (1842). *Researches in Asia Minor, Pontus, and Armenia; With Some Account of Their Antiquities and Geology*, 2 vols. London.

Hammond, C.P. (1977). «The Last Ten Years of Rufinus' Life and the Date of His Move South from Aquileia». *Journal of Theological Studies* s.a. 28:372-429. Ora in C.P. Hammond Bammel, *Origeniana et Rufiniana*. Vetus Latina: Aus der Geschichte der lateinischen Bibel 29 (Freiburg, 1996), Chapter IV.

Hansen, G.C. (1995). «Einleitung». In *Sozomenus Kirchengeschichte*, ed. J. Bidez e G.C. Hansen, pp. IX-LXVII. GCS, Neue Folge 2. 2^a edizione. Berlin.

Hansen, M.F. (2003). *The Eloquence of Appropriation: Prolegomena to an Understanding of Spolia in Early Christian Rome*. Analecta Romana Instituti Danici, Supplementum 33. Roma.

Hanson, R.P.C. (1988). *The Search for the Christian Doctrine of God: The Arian Controversy 318-381*. Edinburgh.

Harrison, E.B. (1967). «The Constantinian Portrait». *Dumbarton Oaks Papers* 21:79-96.

Heather, P.J. (1991). *Goths and Romans 332-489*. Oxford.

– (1998). «Senators and Senates». In *The Cambridge Ancient History, Volume XIII: The Late Empire A.D. 337-425*, ed. Av. Cameron e P. Garnsey, pp. 184-210. Cambridge.

Heather, P. e D. Moncur, trad. ingl. (2001). *Politics, Philosophy, and Empire in the Fourth Century: Select Orations of Themistius*. TTH 36. Liverpool.

Heberdey, R., ed. (1941). *Tituli Asiae Minoris III: Tituli Pisidiae linguis graeca et latina conscripti*, Fasc. 1. Vienna.

Hedrick, C.W., Jr. (2000). *History and Silence: Purge and Rehabilitation of Memory in Late Antiquity*. Austin.

Heijmans, M. (1998). «Le "Palais de la Trouille" à Arles: Palais impérial ou palais du préfet? Le centre monumental durant l'antiquité tardive à la lumière des recherches récentes». *Antiquité tardive* 6:209-231.
– (1999). «La topographie de la ville d'Arles durant l'antiquité tardive». *Journal of Roman Archaeology* 12:142-167.
Hekster, O. (2001). «All in the Family: The Appointment of Emperors Designate in the Second Century A.D.». In *Administration, Prosopography and Appointment Policies in the Roman Empire: Proceedings of the First Workshop of the International Network Impact of Empire (Roman Empire, 27 B.C.-A.D. 406). Leiden, June 28-July 1, 2000*, ed. L. de Blois, pp. 35-49. Amsterdam.
Henck, N. (2001). «Constantius ὁ φιλοκτ›οτης». *Dumbarton Oaks Papers* 55:279-304.
Hennephof, H., ed. (1969). *Textus byzantini ad iconomachiam pertinentes in usum academicum*. Byzantina Neerlandica, Series A, Textus: Fasc. 1. Leiden.
Hiliner, J. (2003). «*Domus*, Family, and Inheritance: The Senatorial Family House in Late Antique Rome». *Journal of Roman Studies* 93:129-145.
Hollerich, M.J. (1990). «Religion and Politics in the Writings of Eusebius: Reassessing the First "Court Theologian"». *Church History* 59:309-325.
– (1999). *Eusebius of Caesarea's Commentary on Isaiah: Christian Exegesis in the Age of Constantine*. Oxford.
Holloway, R.R. (2004). *Constantine and Rome*. New Haven.
Holum, K.G. (1982). *Theodosian Empresses: Women and Imperial Dominion in Late Antiquity*. Berkeley.
– (1990). «Hadrian and St. Helena: Imperial Travel and the Origins of Christian Holy Land Pilgrimage». In *The Blessings of Pilgrimage*, ed. R. Ousterhout, pp. 66-81. Illinois Byzantine Studies 1. Urbana e Chicago.
– (1996). «In the Blinking of an Eye: The Christianizing of Classical Cities in the Levant». In *Religion and Politics in the Ancient Near East*, ed. A. Berlin, pp. 131-150. Studies and Texts in Jewish History and Culture 1. Bethesda.
Honoré, T. (1987). «Scriptor Historiae Augustae». *Journal of Roman Studies* 77:156-176.
Horden, P. e N. Purcell (2000). *The Corrupting Sea: A Study of Mediterranean History*. Oxford.
Hübner, S. (2005). *Der Klerus in der Gesellschaft des spätantiken Kleinasiens*. Altertumswissenschaftliches Kolloquium 15. Munich.
Humfress, C. (2006). «Civil Law and Social Life». In *The Cambridge Companion to the Age of Constantine*, ed. N. Lenski, pp. 205-225. Cambridge.
Humphries, M. (1997). «In nomine patris: Constantine the Great and Constantius II in Christological Polemic». *Historia* 46:448-464.
– (1998). «Savage Humour: Christian Anti-Panegyric in Hilary of Poitiers' *Against Constantius*». In *The Propaganda of Power: The Role of Panegyric in Late Antiquity*, ed. M. Whitby, pp. 201-223. Mnemosyne, Supplementum 183. Leiden.
– (1999). *Communities of the Blessed: Social Environment and Religious Change in Northern Italy, AD 200-400*. Oxford.

– (2003). «Roman Senators and Absent Emperors in Late Antiquity». In *Rome AD 300-800: Power and Symbol - Image and Reality*, ed. J. R. Brandt, S. Sande, O. Steen e L. Hodne. = *Acta ad archaeologiam et artium historiam pertinentia* 17 (s.a. 3):27-46.
Hunt, E.D. (1982). *Holy Land Pilgrimage in the Later Roman Empire AD 312-460*. Oxford.
– (1997a). «Constantine and Jerusalem». *Journal of Ecclesiastical History* 48:405-424.
– (1997b). «Theodosius I and the Holy Land». In *Studia Patristica Vol. XXIX. Papers Presented at the Twelfth International Conference on Patristic Studies Held in Oxford 1995. Historica, theologica et philosophica, critica et philologica*, ed. E.A. Livingstone, pp. 52-57. Leuven.
– (1998). «The Successors of Constantine». In *The Cambridge Ancient History, Volume XIII: The Late Empire A.D. 337-425*, ed. Av. Cameron e P. Garnsey, pp. 1-43. Cambridge.
– (2003). «Imperial Building at Rome: The Role of Constantine». In *«Bread and Circuses»: Euergetism and Municipal Patronage in Roman Italy*, ed. K. Lomas e T. Comell, pp. 105-124. London.
Innes, M. (2000). *State and Society in the Early Middie Ages: The Middie Rhine Valley, 400-1000*. Cambridge.
Jacobs, A.S. (2004). *Remains of the Jews: The Holy Land and Christian Empire in Late Antiquity*. Stanford.
Jacques, F. (1992). «Les moulins d'Orcistus: Rhétorique et géographie au IVe siècle». In *Institutions, société et vie politique dans l'empire romain au IVe siècle ap. J.-C.: Actes de la table ronde autour de l'oeuvre d'André Chastagnol (Paris, 20-21 janvier 1989)*, ed. M. Christol, S. Demougin, Y. Duval, C. Lepelley e L. Pietri, pp. 431-446. Collection de l'Ecole française de Rome 159. Roma.
Johnson, A.C., P.R. Coleman-Norton e F. C. Bourne, trad. ingl. (1961). *Ancient Roman Statutes: A Translation with Introduction, Commentary, Glossary, and Index*. The Corpus of Roman Law 2. Austin.
Johnson, M.J. (1991). «On the Burial Places of the Valentinian Dynasty». *Historia* 40:501-506.
– (1992). «Where Were Constantius I and Helena Buried?». *Latomus* 51:145-150.
Jones, A.H.M. (1962). *Constantine and the Conversion of Europe*. Edizione riv. New York.
– (1964). *The Later Roman Empire*. Oxford and Norman.
– (1971). *The Cities of the Eastern Roman Provinces*. 2^a edizione. Oxford.
Jones, C. (2006). «A Letter of Hadrian to Naryka (Eastern Locris)». *Journal of Roman Archaeology* 19:151-162.
Kähler, H. (1952). «Konstantin 313». *Jahrbuch des deutschen archäologischen Instituts* 67:1-30.
– (1964). *Das Fünfsäulendenkmal für die Tetrarchen auf dem Forum Romanum*. Monumenta artis Romanae 3. Cologne.

Kalavrezou-Maxeiner, I. (1975). «The Imperial Chamber at Luxor». *Dumbarton Oaks Papers* 29:225-251.

Kaldellis, A. (2004). *Procopius of Caesarea: Tyranny, History, and Philosophy at the End of Antiquity*. Philadelphia.

Kalinka, E., ed. (1930-1944). *Tituli Asiae Minoris II: Tituli Lyciae linguis graeca et latina conscripti*, Fasc. 2-3. Vienna.

Kannengiesser, C. (1997). «The Bible in the Arian Crisis». In *The Bible in Greek Christian Antiquity*, ed. P. M. Biowers, pp. 217-228. The Bible through the Ages 1. South Bend.

– (2001). «L'Histoire des Ariens d'Athanase d'Alexandrie: Une historiographie de combat au IVe siècle». In *L'historiographie de l'église des premiers siècles*, ed. B. Pouderon e Y.-M. Duval, pp. 127-138. Théologie historique 114. Paris.

Kantorowicz, E.H. (1957). *The King's Two Bodies: A Study in Mediaeval Political Theology*. Princeton (trad. it. *I due corpi del re: l'idea di regalità nella teologia politica medievale*, Einaudi, Torino 1989).

Kaster, R.A. (1988). *Guardians of Language: The Grammarian and Society in Late Antiquity*. The Transformation of the Classical Heritage 11. Berkeley.

Kaufmann-Heinimann, A. (1999). «Eighteen New Pieces from the Late Roman Silver Treasure of Kaiseraugst: First Notice». *Journal of Roman Archaeology* 12:333-341.

Kazhdan, A. (1987). «"Constantin imaginaire": Byzantine Legends of the Ninth Century about Constantine the Great». *Byzantion* 57:196-250.

Kearsley, R.A., con T.V. Evans, ed. (2001). *Greeks and Romans in Imperial Asia: Mixed Language Inscriptions and Linguistic Evidence for Cultural Interaction until the End of AD III*. Inschriften griechischer Städte aus Kleinasien 59. Bonn.

Keenan, J.G. (1973-1974). «The Names Flavius and Aurelius as Status Designations in Later Roman Egypt». *Zeitschrift für Papyrologie und Epigraphik* 11:33-63, 13:283-304.

– (1983). «An Afterthought on the Names Flavius and Aurelius». *Zeitschrift für Papyrologie und Epigraphik* 53:245-250.

Kelly, C. (2004). *Ruling the Later Roman Empire*. Revealing Antiquity 15. Cambridge, MA.

– (2006). «Bureaucracy and Government». In *The Cambridge Companion to the Age of Constantine*, ed. N. Lenski, pp. 183-204. Cambridge.

Kelly, G. (2003). «The New Rome and the Old: Ammianus Marcellinus' Silences on Constantinople». *Classical Quarterly* 53:588-607.

– (2004). «Ammianus and the Great Tsunami». *Journal of Roman Studies* 94:141-167.

Kelly, J.N.D. (1960). *Early Christian Doctrines*. 2^a edizione. London.

– (1995). *Golden Mouth: The Story of John Chrysostom – Ascetic, Preacher, Bishop*. London.

Kent, J.P.C. (1981). *The Roman Imperial Coinage, VIII: The Family of Constantine I A.D. 337-364*. London.

King, K.L. (2003). *What Is Gnosticism?* Cambridge, MA.
Klein, K.L. (2000). «On the Emergence of Memory in Historical Discourse». *Representations* 69:127-150.
Klein, R. (1999a). «Die Kämpfe um die Nachfolge nach dem Tode Constantins des Grossen». In R. Klein, *Roma versa per aevum: Ausgewählte Schriften zur heidnischen und christlichen Spätantike*, ed. R. von Haehling e K. Scherberich, pp. 1-49. Spudasmata 74. Hildesheim. Rist. da *Byzantinische Forschungen* 6 (1979), pp. 101-150.
– (1999b). «Der Rombesuch des Kaisers Constantius II. im Jahre 357». In R. Klein, *Roma versa per aevum: Ausgewählte Schriften zur heidnischen und christlichen Spätantike*, ed. R. von Haehling e K. Scherberich, pp. 50-71. Spudasmata 74. Hildesheim. Rist. da *Athenaeum* 57 (1979) pp. 98-115.
– (1999c). «Das Kirchenbauverständnis Constantins des Grossen in Rom und in den östlichen Provinzen». In R. Klein, *Roma versa per aevum: Ausgewählte Schriften zur heidnischen und christlichen Spätantike*, ed. R. von Haehling e K. Scherberich, pp. 205-233. Spudasmata 74. Hildesheim. Rist. da *Das antike Rom und der Osten: Festschriften für Klaus Parlasca zum 65. Geburtstag*, ed. C. Börker e M. Donderer, pp. 77-101. Erlanger Forschungen, Reihe A, Geisteswissenschaften 56 (Erlangen, 1990).
Kleiner, F.S. (2001). «Who Really Built the Arch of Constantine?». *Journal of Roman Archaeology* 14:661-663.
Klingshirn, W.E. (1994). *Caesarius of Arles: The Making of a Christian Community in Late Antique Gaul.* Cambridge.
Koeppel, G.M. (1986). «Die historischen Reliefs der römischen Kaiserzeit IV: Stadtrömische Denkmäler unbekannter Bauzugehörigkeit aus hadrianischer bis konstantinischer Zeit». *Bonner Jahrbücher* 186:1-90.
Koethe, H. (1931). «Zum Mausoleum der weströmischen Dynastie bei Alt-Sankt-Peter». *Mitteilungen des deutschen archäologischen Instituts*, Römische Abteilung 46:9-26.
Kolb, F. (1987). *Diocletian und die erste Tetrarchie: Improvisation oder Experiment in der Organisation monarchischer Herrschaft?* Untersuchungen zur antiken Literatur und Geschichte 27. Berlin.
– (1993). «Bemerkungen zur urbanen Ausstattung von Städten im Westen und im Osten des römischen Reiches anhand von Tacitus, Agricola 21 und der konstantinischen Inschrift von Orkistos». *Klio* 75:321-341.
– (1995). «Chronologie und Ideologie der Tetrarchie». *Antiquité tardive* 3:21-31.
– (1997). «Die Gestalt des spätantiken Kaisertums unter besonderer Berücksichtigung der Tetrarchie». In *Usurpationen in der Spätantike: Akten des Koloquiums «Staatsstreich und Staatlichkeit,» 6.-10. März 1996, Solothurn/ Bern*, ed. F. Paschoud e J. Szidat, pp. 35-45. Historia Einzelschriften 111. Stuttgart.
– (2001). *Herrscherideologie in der Spätantike.* Berlin.
– (2004). «Praesens Deus: Kaiser und Gott unter der Tetrarchie». In *Diokletian und die Tetrarchie: Aspekte einer Zeitenwende*, ed. A. Demandt, A. Goltz e H.

Schlange-Schöningen, pp. 27-37. Millennium-Studien zu Kultur und Geschichte des ersten Jahrtausends n. Chr. 1. Berlin and New York.

Konrad, C.E (1989). «Das Datum der neuen Maximinus-Inschrift von Colbasa». *Epigraphica Anatolica* 13:89-90.

Kopecek, T.A. (1979). *A History of Neo-Arianism*. Patristic Monograph Series 8. Cambridge, MA.

Kotter, B., ed. (1988). *Die Schriften des Johannes von Damaskos 5: Opera homiletica et hagiographica*. Patristische Texte und Studien 29. Berlin.

Krautheimer, R., con W. Frankl, S. Corbett e A.K. Frazer (1937-1980). *Corpus basilicarum christianarum Romae: The Early Christian Basilicas of Rome (IV-IX Cent.)*, 5 voll. Vatican City.

– (1983). *Three Christian Capitals: Topography and Politics*. Berkeley.

– (1987). «A Note on the Inscription in the Apse of Old St. Peter's». *Dumbarton Oaks Papers* 41:317-320.

– (1992). «The Ecclesiastical Building Policy of Constantine». In *Costantino il Grande dall'antichita all'umanesimo: Colloquio sul Cristianesimo nel mondo antico. Macerata 18-20 dicembre 1990*, ed. G. Bonamente e F. Fusco, vol. 2:509-552. Macerata.

Kuhoff, W. (1991). «Ein Mythos in der römischen Geschichte: Der Sieg Konstantins des Großen über Maxentius vor den Toren Roms am 28. Oktober 312 n. Chr.». *Chiron* 21:127-174.

Kulikowski, M. (2001). «The Visigothic Settlement in Aquitania: The Imperial Perspective». In *Society and Culture in Late Antique Gaul: Revisiting the Sources*, ed. R.W. Mathisen e D. Shanzer, pp. 26-38. Aldershot.

– (2004). *Late Roman Spain and Its Cities*. Baltimore.

– (2006). «Constantine and the Northern Barbarians». In *The Cambridge Companion to the Age of Constantine*, ed. N. Lenski, pp. 347-376. Cambridge.

Lacau, P. (1934). «Inscriptions latines du Tempie de Louxor». *Annales du service des antiquités de l'Egypte* 34:17-46.

Lafferty, M.K. (2003). «Translating Faith from Greek to Latin: Romanitas and Christianitas in Late Fourth-Century Rome and Milan». *Journal of Early Christian Studies* 11:21-62.

Lampe, G.W.H., ed. (1961). *A Patristic Greek Lexicon*. Oxford.

Lane Fox, R. (1986). *Pagans and Christians*. New York (trad. it. *Pagani e cristiani*, Laterza, Roma-Bari 1991).

Laubscher, H.P. (1975). *Der Reliefschmuck des Galeriusbogens in Thessaloniki*. Archäologische Forschungen 1. Berlin.

– (1993). «Ein tetrarchisches Siegesdenkmal in Iznik (Nikaia)». *Jahrbuch des deutschen archäologischen Instituts* 108:375-397.

Laurence, R. (1999). *The Roads of Roman Italy: Mobility and Cultural Change*. London.

– (2004). «Milestones, Communications, and Political Stability». In *Travel, Communication and Geography in Late Antiquiy*, ed. L. Ellis e F.L. Kidner, pp. 41-58. Aldershot.

Lawlor, H.J. e J.E.L. Oulton, trad. ingl. (1927-1928). *Eusebius Bishop of Caesarea: The Ecclesiastical History and The Marlyrs of Palestine*, 2 vols. London.

Leach, E. (1972). «Melchisedech and the Emperor: Icons of Subversion and Orthodoxy». *Proceedings of the Royal Anthropological Institute*, pp. 5-14. Ora in E. Leach e D.A. Aycock, *Structuralist Interpretations of Biblical Myth* (Cambridge, 1983), pp. 67-88.

Leadbetter, B. (1998). «The Illegitimacy of Constantine and the Birth of the Tetrarchy». In *Constantine: History, Historiography and Legend*, ed. S.N.C. Lieu e D. Montserrat, pp. 74-85. London.

Le Boulluec, A. (2000). «Orthodoxie et hérésie aux premiers siècles dans l'historiographie récente». In *Orthodoxie, christianisme, histoire: Orthodoxy, Christianity, History*, ed. S. Elm, E. Rebillard e A. Romano, pp. 303-319. Collection de l'Ecole française de Rome 270. Paris e Rome.

Lee, A.D. (2006). «Traditional Religions». In *The Cambridge Companion to the Age of Constantine*, ed. N. Lenski, pp. 159-179. Cambridge.

Leeb, R. (1992). *Konstantin und Christus: Die Verchristlichung der imperialen Repräsentation unter Konstantin dem Großen als Spiegel seiner Kirchenpolitik und seines Selbstverständnisses als christlicher Kaiser*. Arbeiten zur Kirchengeschichte 58. Berlin.

Lenski, N. (1997). «Initium mali Romano imperio: Contemporary Reactions to the Battle of Adrianople». *Transactions of the American Philological Association* 127:129-168.

– (2002). *Failure of Empire: Valens and the Roman State in the Fourth Century A.D.* The Transformation of the Classical Heritage 34. Berkeley.

– (2004). «Empresses in the Holy Land: The Creation of a Christian Utopia in Late Antique Palestine». In *Travel, Communication and Geography in Late Antiquity*, ed. L. Ellis e F.L. Kidner, pp. 113-124. Aldershot.

– (2006a). «Introduction». In *The Cambridge Companion to the Age of Constantine*, ed. N. Lenski, pp. 1-13. Cambridge.

– (2006b). «The Reign of Constantine». In *The Cambridge Companion to the Age of Constantine*, ed. N. Lenski, pp. 59-90. Cambridge.

Lepelley, C. (2004). «Une inscription d'Heraclea Sintica (Macédoine) récemment découverte, révélant un rescrit de l'empereur Galère restituant ses droits a la cité». *Zeitschrift für Papyrologie und Epigraphik* 146:221-231.

Leppin, H. (1996). *Von Constantin dem Großen zu Theodosius II: Das christliche Kaisertum bei den Kirchenhistorikern Socrates, Sozomenus und Theodoret*. Hypomnemata 110. Gottingen.

Leroy-Molinghen, A. (1968). «La mort d'Arius». *Byzantion* 38:105-111.

Levick, B. (1967). «Unpublished Inscriptions from Pisidian Antioch». *Anatolian Studies* 17:101-121.

Liebeschuetz, J.H.W.G. (1972). *Antioch: City and Imperial Administration in the Later Roman Empire*. Oxford.

– (2001). *Decline and Fall of the Roman City*, Oxford.

Lienhard, J.T. (1999). *Contra Marcellum: Marcellus of Ancyra and Fourth-Century Theology*. Washington, D.C.

Lieu, S.N.C. (1998). «From History to Legend and Legend to History: The Medieval and Byzantine Transformation of Constantine's *Vita*». In *Constantine:*

History, Hagiography and Legend, ed. S.N.C. Lieu e D. Montserrat, pp. 136-176. London.
– (2006). «Constantine in Legendary Literature». In *The Cambridge Companion to the Age of Constantine*, ed. N. Lenski, pp. 298-321. Cambridge.
Lieu, S.N.C. e D. Montserrat (1996). *From Constantine to Julian: Pagan and Byzantine Views. A Source History*. London and New York.
Lim, R. (1995). *Public Disputation, Power, and Social Order in Late Antiquity.* The Transformation of the Classical Heritage 23. Berkeley.
– (1999). «People as Power: Games, Munificence, and Contested Topography». In *The Transformations of Urbs Roma in Late Antiquity*, ed. W.V. Harris, pp. 265-281. Journal of Roman Archaeology, Supplementary Series 33. Portsmouth.
Lippold, A. (1981). «Constantius Caesar, Sieger über die Germanen – Nachfahre des Claudius Gothicus? Der Panegyricus von 297 und die Vita Claudii der HA». *Chiron* 11:347-369.
– (1992). «Kaiser Claudius II. (Gothicus), Vorfahr Konstantins d. Gr., und der römische Senat». *Klio* 74:380-394.
Liverani, P. (2004). «L'area lateranense in età tardoantica e le origini del Patriarchio». *Mélanges de l'Ecole française de Rome*, Antiquité 116:17-49.
Lo Cascio, E. (2005). «The Emperor and His Administration». In *The Cambridge Ancient History, Second Edition, Volume XII: The Crisis of Empire, A.D. 193-337*, ed. A.K. Bowman, P. Garnsey e Av. Cameron, pp. 131-183. Cambridge.
Logan, A.H.B. (1992). «Marcellus of Ancyra and the Councils of AD 325: Antioch, Ancyra, and Nicaea». *Journal of Theological Studies* s.a. 43:428-446.
López Sánchez, F. (2003). «Procope et le bouclier macédonien (365-366 après J.-C.)». *Cahiers numismatiques* 156:57-76.
L'Orange, H.P. (1938). «Ein tetrarchisches Ehrendenkmal auf dem Forum Romanum». *Mitteilungen des deutschen archäologischen Instituts*, Römische Abteilung 53:1-34.
– con R. Unger (1984). *Das spätantike Herrscherbild von Diokletian bis zu den Konstantin-Söhnen 284-361 n. Chr*. Das römischen Herrscherbild 3, vol. 4. Berlin.
L'Orange, H.P. e A. von Gerkan (1939). *Der spätantike Bildschmuck des Konstantinsbogens*. Studien zur spätantiken Kunstgeschichte 10. Berlin.
Loseby, S.T. (1996). «Arles in Late Antiquity: *Gallula Roma Arelas* and *Urbs Genesii*». In *Towns in Transition: Urban Evolution in Late Antiquity and the Early Middle Ages*, ed. N. Christie and S.T. Loseby, pp. 45-70. Aldershot.
Louth, A. (1990). «The Date of Eusebius' *Historia ecclesiastica*». *Journal of Theological Studies* 41:111-123.
Luibhéid, C. (1981). *Eusebius of Caesarea and the Arian Crisis*. Galway.
Ma, J. (1999). *Antiochos III and the Cities of Western Asia Minor*. Oxford.
MacMullen, R. (1984). *Christianizing the Roman Empire (A.D. 100-400)*. New Haven.
Magdalino, P. (1994). «Introduction». In *New Constantines: The Rhythm of Imperial Renewal in Byzantium, 4th-13th Centuries. Papers from the Twenty-*

Sixth Spring Symposium of Byzantine Studies, St Andrews, March 1992, ed. P. Magdalino, pp. 1-9. Society for the Promotion of Byzantine Studies, Publications 2. Aldershot.

Maier, J.-L. (1987-1989). *Le dossier du Donatisme*, 2 vols. Texte und Untersuchungen 134-135. Berlin.

Malosse, P.-L. (2000). «Libanios, ses "temoins oculaires", Eusèbe et Praxagoras: Le travail préparatoire du sophiste et la question des sources dans l'*Eloge de Constance et de Constant*». *Revue des études grecques* 113:172-187.

Mango, C. (1990). «Constantine's Mausoleum and the Translation of Relics». *Byzantinische Zeitschrift* 83:51-61. Ora in C. Mango, *Studies on Constantinople* (Aldershot, 1993) Chapter 5.

– (1994). «The Empress Helena, Helenopolis, Pylae». *Travaux et mémoires* 12:143-159.

Mango, C. e R. Scott, con G. Greatrex, trad. ingl. (1997). *The Chronicle of Theophanes Confessor: Byzantine and Near Eastern History AD 284-813*. Oxford.

Marcone, A. (1992). «Costantino e l'aristocrazia pagana di Roma». In *Costantino il Grande dall'antichità all'umanesimo: Colloquio sul Cristianesimo nel mondo antico. Macerata 18-20 dicembre 1990*, ed. G. Bonamente e F. Fusco, vol. 2:645-658. Macerata.

Markus, R.A. (1970). *Saeculum: History and Society in the Theology of St Augustine*. Cambridge.

– (1990). *The End of Ancient Christianity*. Cambridge (trad. it. *La fine della cristianità antica*, Borla, Roma 1996).

Marlowe, E. (2006). «Framing the Sun: The Arch of Constantine and the Roman Cityscape». *Art Bulletin* 88:223-242.

Martin, A., ed. e trad. ingl. (1985). *Histoire «acéphale» et Index syriaque des lettres festales d'Athanase d'Alexandrie*. SChr. 317. Paris.

Martindale, J.R. (2003). «The Prosopography of the Later Roman Empire, Volume I: A Memoir of the Era of A.H.M. Jones». In *Fifty Years of Prosopography: The Later Roman Empire, Byzantium and Beyond*, ed. Av. Cameron, pp. 3-10. Proceedings of the British Academy 118. Oxford.

Mathisen, R.W. (2003). «*The Prosopography of the Later Roman Empire*. Yesterday, Today and Tomorrow». In *Ftfiy Years of Prosopography: The Later Roman Empire, Byzantium and Beyond*, ed. Av. Cameron, pp. 23-40. Proceedings of the British Academy 118. Oxford.

– (2004). «*Adnotatio* and *petitio*: The Emperor's Favor and Special Exemptions in the Early Byzantine Empire». In *La pétition à Byzance*, ed. D. Feissel e J. Gascou, pp. 23-32. Centre de recherche d'histoire et civilisation de Byzance, Monographies 14. Paris.

Matthews, J.F. (1970). «The Historical Setting of the "Carmen contra paganos" (Cod. Par. Lat. 8084)». *Historia* 19:464-479.

– (1975). *Western Aristocracies and lmperial Court, AD. 364-425*. Oxford.

Mayer, E. (2002). *Rom ist dort, wo der Kaiser ist: Untersuchungen zu den Staatsdenkmälern des dezentralisierten Reiches von Diocletian bis zu Theodosius II.*

Römisch-Germanisches Zentralmuseum, Forschungsinstitut für Vor- und Frühgeschichte, Monographien 53. Mainz.

Mazzini, I. (1992). «Il sapone di Costantino». In *Costantino il Grande dall'antichità all'umanesimo: Colloquio sul Cristianesimo nel mondo antico. Macerata 18-20 dicembre 1990*, ed. G. Bonamente e F. Fusco, vol. 2:693-699. Macerata.

McCormick, M. (1995). «Byzantium and the West, 700-900». In *The New Cambridge Medieval History, Volume II: c. 700-c. 900*, ed. R. McKitterick, pp. 349-380. Cambridge.

McLynn, N.B. (1994). *Ambrose of Milan: Church and Court in a Christian Capital*. The Transformation of the Classical Heritage 22. Berkeley.

– (1999). «Augustine's Roman Empire». In *History, Apocalypse, and the Secular Imagination: New Essays on Augustine's* City of God, ed. M. Vessey, K. Pollmann e A.D. Fitzgerald. = *Augustinian Studies* 30.2:29-44.

– (2005). «*Genere Hispanus*: Theodosius, Spain and Nicene Orthodoxy». In *Hispania in Late Antiquity: Current Perspectives*, ed. K. Bowes e M. Kulikowski, pp. 77-120. The Medieval and Early Modem Iberian World 24. Leiden.

Melucco Vaccaro, A. e A.M. Ferroni (1993-1994). «Chi costruì l'arco di Costantino? Un interrogativo ancora attuale». *Atti della Pontificia Accademia Romana di Archeologia* (serie III), Rendiconti 66:1-60.

Meriç, R., R. Merkelbach, J. Nollé e S. Sahin, ed. (1981). *Die Inschriften von Ephesos, Teil VII,1-2*, 2 voll. Inschriften griechischer Städte aus Kleinasien 17.1-2. Bonn.

Messineo, G. e C. Calci (1989). *Malborghetto*. Lavori e studi di archeologia 15. Roma.

Métivier, S. (2005). *La Cappadoce (IVe-VIe siècle): Une histoire provinciale de l'Empire romain d'Orient*. Byzantina Sorbonensia 22. Paris.

Millar, F. (1977). *The Emperor in the Roman World (31 B.C. - A.D. 337)*. London.

– (1983). «Empire and City, Augustus to Julian: Obligations, Excuses and Status». *Journal of Roman Studies* 73:76-96.

– (1993). *The Roman Near East 31 BC-AD 337*. Cambridge, MA.

– (1998). «Ethnic Identity in the Roman Near East, 325-450: Language, Religion, and Culture». In *Identities in the Eastern Mediterranean in Antiquity*, ed. G. Clarke. = *Mediterranean Archaeology* 11:159-176.

– (1999). «The Greek East and Roman Law: The Dossier of M. Cn. Licinius Rufinus». *Journal of Roman Studies* 89:90-108.

– (2000). «The First Revolution: Imperator Caesar, 36-28 B.C.». In *La révolution romaine après Ronald Syme*, ed. A. Giovannini, pagg. 1-30. Fondation Hardt pour l'étude de l'antiquité classique, Entretiens 46. Geneva.

Minoprio, A. (1932). «A Restoration of the Basilica of Constantine, Rome». *Papers of the British School at Rome* 12:1-25.

Mitchell, S. (1982). «The Life of Saint Theodotus of Ancyra». *Anatolian Studies* 32:93-113.

– (1988). «Maximinus and the Christians in A.D. 312: A New Latin Inscription». *Journal of Roman Studies* 78:105-124.

– (1993). *Anatolia: Land, Men, and Gods in Asia Minor*, 2 voll. Oxford.
– (1998). «The Cities of Asia Minor in the Age of Constantine». In *Constantine: History, Hagiography and Legend*, ed. S.N.C. Lieu e D. Montserrat, pp. 52-73. London.
– (1999). «The Cult of Theos Hypsistos between Pagans, Jews, and Christians». In *Pagan Monotheism in Late Antiquity*, ed. P. Athanassiadi e M. Frede, pp. 81-148. Oxford.
Mitrev, G. (2003). «Civitas Heracleotarum: Heracleia Sintica or the Ancient City at the Village of Rupite (Bulgaria)». *Zeitschrift für Papyrologie und Epigraphik* 145:263-271.
Mócsy, A. (1964). «Der Name Flavius als Rangbezeichnung in der Spätantike». In *Akte des IV. internationalen Kongresses für griechische und lateinische Epigraphik (Wien, 17. bis 22. September 1962)*, pp. 257-263. Vienna.
Mommsen, T. (1887). «Stadtrechtbriefe von Orkistos und Tymandos». *Hermes* 22:309-322.
– ed. (1892). *Chronica minora saec. IV. V. VI. VII*, vol. 1. MGH, Auctores antiquissimi 9. Berlin.
Monaco, E. (2000). «Il tempio di Venere e Roma: Appunti sulla fase del IV secolo». In *Aurea Roma: Dalla città pagana alla città cristiana*, ed. S. Ensoli e E. La Rocca, pp. 58-60. Roma.
Morrisson, C. (1981). «La découverte des trésors à l'époque byzantine: Théorie et pratique de l'εὕρεσις θησαυροῦ». *Travaux et mémoires* 8:321-343.
Mossay, J. e G. Lafontaine, ed. e trad. ingl. (1980). *Grégoire de Nazianze: Discours 20-23*. SChr. 270. Paris.
Müller, C., ed. (1851). *Fragmenta historicorum graecorum*, vol. 4. Paris.
Murphy, F.X. (1945). *Rufinus of Aquileia (345-411): His Life and Works*. Washington, D.C.
Nakamura, B.J. (2003). «When Did Diocletian Die? New Evidence for an Old Problem». *Classical Philology* 98:283-289.
Nasrallah, L.S. (2003). *«An Ecstasy of Folly»: Prophecy and Authority in Early Christianity*. Harvard Theological Studies 52. Cambridge, MA.
Neumann, G. (1980). «Kleinasien». In *Die Sprachen im römischen Reich der Kaiserzeit: Kolloquium vom 8. bis 10. April 1974*, ed. G. Neumann e J. Untermann, pp. 167-185. Beihefte der Bonner Jahrbücher 40. Cologne e Bonn.
Nicholson, O. (1984). «The Wild Man of the Tetrarchy: A Divine Companion for the Emperor Galerius». *Byzantion* 54:253-275.
– (1994). «The "Pagan Churches" of Maximinus Daia and Julian the Apostate». *Journal of Ecclesiastical History* 45:1-10.
– (1999). «Civitas quae adhuc sustentat omnia: Lactantius and the City of Rome». In *The Limits of Ancient Christianity: Essays on Late Antique Thought and Culture in Honor of R.A. Markus*, ed. W. E. Klingshirn e M. Vessey, pp. 7-25. Ann Arbor.
– (2001). «*Caelum potius intuemini*: Lactantius and a Statue of Constantine». In *Studia Patristica Vol. XXXIV: Papers Presented at the Thirteenth International Conference on Patristic Studies Held in Oxford 1999. Historica, biblica, the-*

ologica et philosophica, ed. M.F. Wiles e E. J. Yarnold, con P.M. Parvis, pp. 177-196. Leuven.

Nicolet, C. (1991). *Space, Geography, and Politics in the Early Roman Empire*. Jerome Lectures 19. Ann Arbor (trad. it. *L'inventario del mondo: geografia e politica alle origini dell'impero romano*, Laterza, Roma-Bari 1989).

– (1994). «L'Italie comme cadre juridique sous le Haut-Empire». In *L'Italie d'Auguste à Dioclétien*, pp. 377-398. Collection de l'Ecole française de Rome 198. Rome et Paris.

Nixon, C.E.V. (1981). «The Panegyric of 307 and Maximian's Visits to Rome». *Phoenix* 35:70-76.

Nixon, C.E.V. e B.S. Rodgers, trad. ingl. (1994). *In Praise of Later Roman Emperors: The Panegyrici Latini. Introduction, Translation, and Historical Commentary with the Latin Text of R.A.B. Mynors*. The Transformation of the Classical Heritage 21. Berkeley.

Nordh, A., ed. (1949). *Libellus de regionibus urbis Romae*. Skrifter Utgivna av Svenska Institutet i Rom 3. Lund.

Odahl, C.M. (2004). *Constantine and the Christian Empire*. London.

O'Donnell, J.J. (1978). «The Career of Virius Nicomachus Flavianus». *Phoenix* 32:129-143.

Oliver, J.H. (1976). «The Governor's Edict at Aezani after the Edict of Prices». *American Journal of Philology* 97:174-175.

– (1981). «Roman Emperors and Athens». *Historia* 30:412-423.

Opitz, H.-G. (1934). «Die Vita Constantini des Codex Angelicus 22». *Byzantion* 9:535-593.

– ed. (1934-1935). *Athanasius Werke 3.1: Urkunden zur Geschichte des arianischen Streites* 318-328. Berlin e Leipzig.

Osborne, C. (1993). «Literal or Metaphorical? Some Issues of Language in the Arian Controversy». In *Christian Faith and Greek Philosophy in Late Antiquity: Essays in Tribute to George Christopher Stead*, ed. L.R. Wickham e C.P. Bammel, con E.C.D. Hunter, pp. 148-170. Supplements to Vigiliae Christianae 19. Leiden.

Oulton, J.E.L. (1929). «Rufinus's Translation of the Church History of Eusebius». *Journal of Theological Studies* 30:150-174.

Packer, J.E. (2003). «*Plurissima et amplissima opera*: Parsing Flavian Rome». In *Flavian Rome: Culture, Image, Text*, ed. A.J. Boyle e W.J. Dominik, pp. 167-198. Leiden.

Pagels, E. (1979). *The Gnostic Gospels*. New York (trad. it. *I vangeli gnostici*, Mondadori, Milano 1982).

Palanque, J.R. (1973). «Du nouveau sur la date du transfert de la préfecture des Gaules de Trèves a Arles». *Provence historique* 23:29-38.

Panella, C. (1999). «Tecniche costruttive e modalità di inserimento dell'apparato decorativo». In *Arco di Costantino tra archeologia e archeometria*, ed. P. Pensabene e C. Panella, pp. 43-73. Studia Archaeologica 100. Roma.

Papi, E. (2000). *L'Etruria dei Romani: Opere pubbliche e donazioni private in età imperiale*. Roma.

– (2004). «A New Golden Age? The Northern *Praefectura Urbi* from the Severans to Diocletian». In *Approaching Late Antiquity: The Transformation from Early to Late Empire*, ed. S. Swain e M. Edwards, pp. 53-81. Oxford.
Parkin, T.G. (1992). *Demography and Roman Society*. Baltimore.
– (2003). *Old Age in the Roman World: A Cultural and Social History*. Baltimore.
Parvis, S. (2001a). «The Canons of Ancyra and Caesarea (354): Lebon's Thesis Revisited». *Journal of Theological Studies* s.a. 52:625-636.
– (2001b). «Marcellus or Vitalis: Who Presided at Ancyra 314?». In *Studia Patristica Vol. XXXIV: Papers Presented at the Thirteenth International Conference on Patristic Studies Held in Oxford 1999. Historica, biblica, theologica et philosophica*, ed. M.F. Wiles e E.J. Yarnoid, con P.M. Parvis, pp. 197-203. Leuven.
Paschoud, F., ed. e trad. ingl. (1979-2000). *Zosime, Histoire nouvelle*, 3 voll. Paris.
– (1992). «Ancora sul rifiuto di Costantino di salire al Campidoglio». In *Costantino il Grande dall'antichità all'umanesimo: Colloquio sul Cristianesimo nel mondo antico. Macerata 18-20 dicembre 1990*, ed. G. Bonamente e F. Fusco, vol. 2:737-748. Macerata.
Patterson, J.R. (2003). «The Emperor and the Cities of Italy». In *«Bread and Circuses»: Euergetism and Municipal Patronage in Roman Italy*, ed. K. Lomas e T. Cornell, pp. 89-104. London.
Peirce, P. (1989). «The Arch of Constantine: Propaganda and Ideology in Late Roman Art». *Art History* 12:387-418.
Pelikan, J. (1971). *The Christian Tradition: A History of the Development of Doctrine, I: The Emergence of the Catholic Tradition (100-600)*. Chicago.
Pensabene, P. (1999). «Progetto unitario e reimpiego nell'Arco di Costantino». In *Arco di Costantino tra archeologia e archeometria*, ed. P. Pensabene e C. Panella, pp. 53-42. Studia Archaeologica 100. Roma.
Petersen, W.L. (1992). «Eusebius and the Paschal Controversy». In *Eusebius, Christianity, and Judaism*, ed. H.W. Attridge e G. Hata, pp. 311-325. Detroit.
Peterson, E. (1935). *Der Monotheismus als politisches Problem: Ein Beitrag zur Geschichte der politischen Theologie im Imperium Romanum*. Leipzig.
Petit, P. (1955). *Libanius et la vie municipale à Antioche au IVe siècle après J.-C.* Institut français d'archéologie de Beyrouth, Bibliothèque archéologique et historique 62. Paris.
Petrie, A. (1906). «Epitaphs in Phrygian Greek». In *Studies in the History and Art of the Eastern Provinces of the Roman Empire*, ed. W.M. Ramsay, pp. 557-534. London.
Pietri, C. (1976). *Roma Christiana: Recherches sur l'église de Rome, son organisation, sa politique, son idéologie de Miltiade à Sixte III (311-440)*. Roma.
– (1989). «La politique de Constance II: Un premier "Césaropapisme" ou l'*Imitatio Constantini*?». In *L'église et l'empire au IVe siècle*, ed. A. Dihle, pp. 113-172. Fondation Hardt pour l'étude de l'antiquité classique, Entretiens 34. Geneva. Ora in C. Pietri, *Christiana respublica: Eléments d'une enquête sur*

le christianisme antique (Paris et Rome, 1997), 5:285-340. Collection de l'Ecole française de Rome 234.
- (1997a). «Constantin en 324: Propagande et théologie imperiales d'après les documents de la *Vita Constantini*». In C. Pietri, *Christiana respublica: Eléments d'une enquête sur le christianisme antique*, 1:253-280. Collection de l'Ecole française de Rome 234. Paris et Rome.
- (1997b). «Les provinces "Salutaires": Géographie administrative et politique de la conversion sous l'empire chrétien (IVe s.)». In C. Pietri, *Christiana respublica: Eléments d'une enquête sur le christianisme antique*, 5:609-628. Collection de l'Ecole française de Rome 234. Paris et Rome.
Pietri, L. (2001). «Constantin et/ou Hélène, promoteurs des travaux entrepris sur le Golgotha: Les comptes rendus des historiens ecclésiastiques grecs du Ve siècle». In *L'historiographie de l'église des premiers siècles*, ed. B. Pouderon e Y.-M. Duval, pp. 371-380. Théologie historique 114. Paris.
Piganiol, A. (1932). *L'empereur Constantin*. Paris.
Pisani Sartorio, G. (2000). «Il Palazzo di Massenzio sulla Via Appia». In *Aurea Roma: Dalla città pagana alla città cristiana*, ed. S. Ensoli e E. La Rocca, pp. 116-119. Roma.
Pococke, R. (1745). *A Description of the East, and Some Other Countries. Volume II, Part 2: Observations on the Islands of the Archipelago, Asia Minor, Thrace, Greece, and Some Other Parts of Europe*. London.
- ed. (1752). *Inscriptionum antiquarum graec. et latin. liber. Accedit, numismatum Ptolemaeorum, imperatorum, Augustarum, et Caesarum, in Aegypto cusorum e scriniis Britannicis, catalogus*. London.
Pohl, W. (2002). «Gregory of Tours and Contemporary Perceptions of Lombard Italy». In *The World of Gregory of Tours*, ed. K. Mitchell e I. Wood, pp. 131-143. Cultures, Beliefs and Traditions, Medieval and Early Modern Peoples 8. Leiden.
Pohlsander, H.A. (1984). «Crispus: Brilliant Career and Tragic End». *Historia* 33:79-106.
Polara, J., ed. (1973). *Publilii Optatiani Porfyrii carmina*, 2 voll. Corpus scriptorum latinorum Paravianum. Torino.
Pond Rothman, M.S. (1975). «The Panel of the Emperors Enthroned on the Arch of Galerius». *Byzantine Studies* 2:19-40.
- (1977). «The Thematic Organization of the Panel Reliefs on the Arch of Galerius». *American Journal of Archaeology* 81:427-454.
Portmann, W. (1999). «Die politische Krise zwischen den Kaisern Constantius II. und Constans». *Historia* 48:301-329.
Price, S.R.F. (1984). *Rituals and Power: The Roman Imperial Cult in Asia Minor*. Cambridge.
- (1987). «From Noble Funerals to Divine Cult: The Consecration of Roman Emperors». In *Rituals of Royaliy: Power and Ceremonial in Traditional Societies*, ed. D. Cannadine e S. Price, pp. 56-105. Cambridge.
Purcell, N. (1999). «The Populace of Rome in Late Antiquity: Problems of Classification and Historical Description». In *The Transformations of Urbs Roma*

in Late Antiquity, ed. W.V. Harris, pp. 135-161. Journal of Roman Archaeology, Supplementary Series 33. Portsmouth.
– (2000). «Rome and Italy». In *The Cambridge Ancient History, Second Edition, Volume XI: The High Empire, A.D. 70-192*, ed. A.K. Bowman, P. Garnsey e D. Rathbone, pp. 405-443. Cambridge.
Ramsay, W.M. (1937). «Note on JHS 1937, p. 1». *Journal of Hellenic Studies* 57: 247.
Rapp, C. (1998). «Comparison, Paradigm and the Case of Moses in Panegyric and Hagiography». In *The Propaganda of Power: The Role of Panegyric in LateAntiquity*, ed. M. Whitby, pp. 277-298. *Mnemosyne*, Suppl. 183. Leiden.
– (2005). *Holy Bishops in Late Antiquity: The Nature of Christian Leadership in an Age of Transition*. The Transformation of the Classical Heritage 37. Berkeley.
Rebillard, E. (2003). *Religion et sépulture: L'église, les vivants et les morts dans l'antiquité tardive*. Civilisations et sociétés 115. Paris.
Rees, R. (2002). *Layers of Loyalty in Latin Panegyric AD 289-307*. Oxford.
– (2004). *Diocletian and the Tetrarchy*. Edinburgh.
Rey-Coquais, J.-P. (1974). *Arados et sa pérée aux époques grecque, romaine et byzantine: Recueil des témoignages littéraires anciens, suivi de recherches sur les sites, l'histoire, la civilisation*. Institut français d'archéologie de Beyrouth, Bibliothèque archéologique et historique 97. Paris.
Riccobono, S., ed. (1941). *Fontes Iuris Romani Antejustiniani, Pars prima: Leges*. Firenze.
Richardson, L. Jr. (1992). *A New Topographical Dictionary of Ancient Rome*. Baltimore.
Richlin, A. (1999). «Cicero's Head». In *Constructions of the Classical Body*, ed. J.I. Porter, pp. 190-211. Ann Arbor.
Rives, J.B. (1995). *Religion and Authority in Roman Carthage from Augustus to Constantine*. Oxford.
– (1999). «The Decree of Decius and the Religion of Empire». *Journal of Roman Studies* 89:135-154.
Robert, L. (1977). «La titulature de Nicée et de Nicomédie: La glorie et la haine». *Harvard Studies in Classical Philology* 81:1-39.
Roberts, M. (2001). «Rome Personified, Rome Epitomized: Representations of Rome in the Poetry of the Early Fifth Century». *American Journal of Philology* 122:533-565.
Rochette, B. (1997). *Le Latin dans le monde grec: Recherches sur la diffusion de la langue et des lettres latines dans les provinces hellénophones de l'empire romain*. Collection Latomus 233. Brussels.
Rohman, J. (1998). «Die spätantiken Kaiserporträts am Konstantinsbogen in Rom». *Mitteilungen des deutschen archäologischen Instituts*, Römische Abteilung 105:259-282.
Roueché, C. (1981). «Rome, Asia and Aphrodisias in the Third Century». *Journal of Roman Studies* 71:103-120.
– (1989). *Aphrodisias in Late Antiquity: The Late Roman and Byzantine Inscrip-*

tions Including Texts from the Excavations at Aphrodisias Conducted by Kenan T. Erim. Journal of Roman Studies, Monographs 5. London.

Rougé, J., ed. e trad. ingl. (1966). *Expositio totius mundi et gentium: Introduction, texte critique, traduction, notes et commentaire.* SChr. 124. Paris.

Rousseau, P. (2000). «Antony as Teacher in the Greek *Life*». In *Greek Biography and Panegyric in Late Antiquity*, ed. T. Hägg e P. Rousseau, con C. Høgel, pp. 89-109. The Transformation of the Classical Heritage 31. Berkeley.

Rubenson, S. (1995). *The Letters of St. Antony: Monasticism and the Making of a Saint*. Studies in Antiquity and Christianity. Minneapolis.

Ruge, W. (1935). «Nakoleia». In *Paulys Real-Encyclopädie der classischen Altertumswissenschaft*. Neue Bearbeitung begonnen von G. Wissowa, ed. W. Kroll, vol. 16.2: col. 1600-4. Stuttgart.

– (1939). «Orkistos». In *Paulys Real-Encyclopädie der classischen Altertumswissenschaft*. Neue Bearbeitung begonnen von G. Wissowa, ed. W. Kroll, vol. 18.1: col. 1090-1097. Stuttgart.

Ruysschaert, J. (1962-1963a). «Essai d'interprétation synthétique de l'Arc de Constantin». *Atti della Pontificia Accademia Romana di Archeologia* (série III), Rendiconti 35:79-100.

– (1962-1963b). «Les onze panneaux de l'Arc de Marc-Aurèle érigé a Rome en 176». *Atti della Pontificia Accademia Romana di Archeologia* (série III), Rendiconti 35:101-121.

– (1967-1968). «L'inscription absidale primitive de S.-Pierre: Texte et contextes». *Atti della Pontificia Accademia Romana di Archeologia* (série III), Rendiconti 40:171-190.

Sabbah, G. (1983). «Introduction: Chapitre III, Sozomène et Socrate». In B. Griliet, G. Sabbah e A.-J. Festugière, *Sozomène, Histoire ecclésiastique, Livres I-II: Texte grec de l'édition J. Bidez*, pp. 59-87. SChr. 306. Paris.

Sahin, M.Ç., ed. (1981). *Die Inschriften von Stratonikeia, Teil I: Panamara*. Inschriften griechischer Städte aus Kleinasien 21. Bonn.

– ed. (1994). *Die Inschriften von Arykanda*. Inschriften griechischer Städte aus Kleinasien 48. Bonn.

– ed. (1999). *Die Inschriften von Perge, Teil I (Vorrömische Zeit, frühe und hohe Kaiserzeit)*. Inschriften griechischer Städte aus Kleinasien 54. Bonn.

Saller, R.P. (1994). *Patriarchy, Property and Death in the Roman Family*. Cambridge Studies in Population, Economy and Society in Past Time 25. Cambridge.

Salway, B. (1994). «What's in a Name? A Survey of Roman Onomastic Practice from c. 700 B.C. to A.D. 700». *Journal of Roman Studies* 84:124-145.

Salzman, M.R. (1990). *On Roman Time: The Codex-Calendar of 354 and the Rhythms of Urban Life in Late Antiquity*. The Transformation of the Classical Heritage 17. Berkeley.

– (2002). *The Making of a Christian Aristocracy: Social and Religious Change in the Western Roman Empire*. Cambridge, MA.

– (2003). «Topography and Religion in 4th-c. Rome». *Journal of Roman Archaeology* 16:689-692.

– (2004). «Travel and Communication in The Letters of Symmachus.» In *Travel*,

Communication and Geography in Late Antiquity, ed. L. Ellis e F.L. Kidner, pp. 81-94. Aldershot.

Santangeli Valenzani, R. (2000). «La politica urbanistica tra i Tetrarchi e Costantino». In *Aurea Roma: Dalla città pagana alla città cristiana*, ed. S. Ensoli e E. La Rocca, pp. 41-44. Roma.

Sartre, M. (2001). *D'Alexandre à Zénobie: Histoire du Levant antique, IVe siècle avant J-C.-IIIe siècle après J.-C.* Paris.

Scheithauer, A. (2000). *Kaiserliche Bautätigkeit in Rom: Das Echo in der antiken Literatur*. Heidelberger althistorische Beiträge und epigraphische Studien 32. Stuttgart.

Schlange-Schöningen, H. (2004). «*Felix Augustus* oder αὐτοκράτωρ δείλαιος: Zur Rezeption Diokletians in der konstantinischen Dynastie». In *Diokletian und die Tetrarchie: Aspekte einer Zeitenwende*, ed. A. Demandt, A. Goltz e H. Schlange-Schöningen, pp. 172-192. Millennium-Studien zu Kultur und Geschichte des ersten Jahrtausends n. Chr. 1. Berlin e New York.

Schwartz, E. (1909). «Einleitung zum griechischen Text». In E. Schwartz e T. Mommsen, ed., *Eusebius Werke 2.3: Die Kirchengeschichte*, pagg. XV-CCXLVIII. GCS 9, Neue Folge 6.3. Nuova ediz. Berlin, 1999.

– ed. (1933-1935). *Acta conciliorum oecumenicorum, Tomus alter, Volumen primum*, 3 voll. Berlin e Leipzig.

Seeck, O. (1919). *Regesten der Kaiser und Päpste für die Jahre 311 bis 476 n. Chr: Vorarbeit zu einer Prosopographie der christlichen Kaiserzeit*. Stuttgart.

Setton, K. M. (1941). *Christian Attitude towards the Emperor in the Fourth Century*. New York.

Sevcenko, I. (1968). «A Late Antique Epigram and the So-Called Elder Magistrate from Aphrodisias». In *Synthronon: Art et archéologie de la fin de l'antiquité et du Moyen Age. Recueil d'études par Andre Grabar et un groupe de ses disciples*, pp. 29-41. Bibliothèque des Cahiers archéologiques 11. Paris.

Sherk, R.K. (1969). *Roman Documents from the Greek East*. Baltimore.

Sirinelli, J. (1961). *Les vues historiques d'Eusèbe de Césarée durant la période prénicéenne*. Université de Dakar, Faculté des lettres et sciences humaines, Publications de la section de langues et littératures 10. Dakar.

Skeat, T.C. (1999). «The Codex Sinaiticus, the Codex Vaticanus and Constantine». *Journal of Theological Studies* s.a. 50:583-625.

Smith, R.B.E. (1995). *Julian's Gods: Religion and Philosophy in the Thought and Action of Julian the Apostate*. London.

– (2003). «"Restored Utility, Eternal City": Patronal Imagery at Rome in the Fourth Century AD». In *«Bread and Circuses»: Euergetism and Municipal Patronage in Roman Italy*, ed. K. Lomas e T. Cornell, pp. 142-166. London.

Smith, R.R.R. (1985). «Roman Portraits: Honours, Empresses, and Late Emperors». *Journal of Roman Studies* 75:209-221.

– (1997). «The Public Image of Licinius I: Portrait Sculpture and Imperial Ideology in the Early Fourth Century». *Journal of Roman Studies* 87:170-202.

– (1999). «Late Antique Portraits in a Public Context: Honorific Statuary at Aphrodisias in Caria, A.D. 300-600». *Journal of Roman Studies* 89:155-189.

- (2001). «A Portrait Monument for Julian and Theodosius at Aphrodisias». In *Griechenland in der Kaiserzeit: Neue Funde und Forschungen zu Skulptur, Architektur und Topographie. Kolloquium zum sechzigsten Geburtstag von Prof Dietrich Willers, Bern, 12.-13. Juni 1998*, ed. C. Reusser, pp. 125-136. Hefte des archäologischen Seminars der Universität Bern 4. Zurich.
- (2002). «The Statue Monument of Oecumenius: A New Portrait of a Late Antique Governor from Aphrodisias». *Journal of Roman Studies* 92:134-156.
Speck, P. (1995). «Urbs, quam Deo donavimus: Konstantins des Großen Konzept für Konstantinopel». *Boreas* 18:43-173.
Speidel, M.P. (1986). «Maxentius and His Equites Singulares in the Battle at the Milvian Bridge». *Classical Antiquity* 5:253-262.
Srejovic, D. (1994). «The Representations of Tetrarchs in Romuliana». *Antiquité tardive* 2:143-52.
Sterrett, J.R.S. (1889). «Leaflets from the Notebook of an Archaeological Traveler in Asia Minor». *Bulletin of the University of Texas*. Austin.
Stewart, P. (1999). «The Destruction of Statues in Late Antiquity». In *Constructing Identities in Late Antiquity*, ed. R. Miles, pagg. 159-189. London.
Strobel, A. (1980). *Das heilige Land der Montanisten: Eine religions geographische Untersuchung*. Religionsgeschichtliche Versuche und Vorarbeiten 37. Berlin.
Stuart Jones, H. (1926). *A Catalogue of the Ancient Sculptures Preserved in the Municipal Collections of Rome: The Sculptures of the Palazzo dei Conservatori*. Oxford.
Sundwall, J. (1915). *Weströmische Studien*. Berlin.
Sutherland, C.H.V. (1967). *The Roman Imperial Coinage, VI: From Diocletian's Reform (A.D. 294) to the Death of Maximinus (A.D. 313)*. London.
Syme, R. (1939). *The Roman Revolution*. Oxford (trad. it. *La rivoluzione romana*, Einaudi, Torino 1974).
- (1971). *Danubian Papers*. Bucharest.
- (1983). «The Ancestry of Constantine». In R. Syme, *Historia Augusta Papers*, pp. 63-79. Oxford.
- (1986). *The Augustan Aristocracy*. Oxford (trad. it. *L'aristocrazia augustea*, Rizzoli, Milano 1993).
Tabata, K. (1995). «The Date and Setting of the Constantinian Inscription of Hispellum (CIL XI, 5265 = ILS 705)». *Studi classici e orientali* 45:369-410.
Tabbernee, W. (1997a). *Montanist Inscriptions and Testimonia: Epigraphic Sources Illustrating the History of Montanism*. Patristic Monograph Series 16. Macon.
- (1997b). «Eusebius' "Theology of Persecution": As Seen in the Various Editions of His Church History». *Journal of Early Christian Studies* 5:319-334.
- (2003). «Portals of the Montanist New Jerusalem: The Discovery of Pepouza and Tymion». *Journal of Early Christian Studies* 11:87-93.
Tambiah, S.J. (2002). *Edmund Leach: An Anthropological Life*. Cambridge.
Tantillo, I. (1998). «"Come un bene ereditario": Costantino e la retorica dell'impero-patrimonio». *Antiquité tardive* 6:251-264.

Thélamon, F. (1970). «L'empereur idéal d'après l'*Histoire ecclésiastique* de Rufin d'Aquilée». *Studia Patristica 10.* = *Texte und Untersuchungen* 107:310-314.
– (1981). *Païens et chrétiens au IVe siècle: L'apport de l'«Histoire ecclésiastique» de Rufin d'Aquilée*. Paris.
Thomsen, R. (1947). *The Italic Regions from Augustus to the Lombard invasion*. Classica et Mediaevalia, Dissertationes 4. Copenhagen.
Toebelmann, F. (1915). *Der Bogen von Malborghetto*. Abhandlungen der Heidelberger Akademie der Wissenschaften, Stiftung Heinrich Lanz, Philosophisch-historische Klasse 2. Heidelberg.
Trebilco, P.R. (1991). *Jewish Communities in Asia Minor*. Cambridge.
Trevett, C. (1996). *Montanism: Gender, Authority and the New Prophecy*. Cambridge.
Trout, D.E. (2001). «*Lex* and *Iussio*: The *Feriale Campanum* and Christianity in the Theodosian Age». In *Law, Society, and Authority in Late Antiquity*, ed. R.W. Mathisen, pp. 162-178. Oxford.
– (2003). «Damasus and the Invention of Early Christian Rome». *Journal of Medieval and Early Modern Studies* 33:517-536. Ora in *The Cultural Turn in Late Ancient Studies: Gender, Asceticism, and Historiography*, ed. D.B. Martin e P.C. Miller (Durham, 2005), pp. 298-315.
Tsafrir, Y. (1999). «Byzantine Jerusalem: The Configuration of a Christian City». In *Jerusalem: Its Sanctity and Centrality to Judaism, Christianity, and Islam*, ed. L.I. Irvine, pp. 133-150. New York.
Turner, E.G. (1961). «Latin versus Greek as a Universal Language: The Attitude of Diocletian». In *Language and Society: Essays Presented to Arthur M. Jensen on His Seventieth Birthday*, pp. 165-168. Copenhagen.
Urbainczyk, T. (1997). *Socrates of Constantinople: Historian of Church and State*. Ann Arbor.
Urban, R. (1999). *Gallia rebellis: Erhebungen in Gallien im Spiegel antiker Zeugnisse*. Historia Einzelschriften 129. Stuttgart.
Vaggione, R.P. (2000). *Eunomius of Cyzicus and the Nicene Revolution*. Oxford Early Christian Studies. Oxford.
Van Dam, R. (1982). «Hagiography and History: The Life of Gregory Thaumaturgus». *Classical Antiquity* 1:272-308.
– (1985a). *Leadership and Community in Late Antique Gaul*. The Transformation of the Classical Heritage 8. Berkeley.
– (1985b). «From Paganism to Christianity at Late Antique Gaza». *Viator* 16:1-20.
– (1992). «The Pirenne Thesis and Fifth-Century Gaul». In *Fifth-Centuiy Gaul: A Crisis of Identity?*, ed. J. Drinkwater e H. Elton, pp. 321-333. Cambridge.
– (1993). *Saints and Their Miracles in Late Antique Gaul*. Princeton.
– (1996). «Governors of Cappadocia during the Fourth Century». In *Late Antiquity and Byzantium*, ed. R. W. Mathisen. = *Medieval Prosopography* 17:7-93.
– (2002). *Kingdom of Snow: Roman Rule and Greek Culture in Cappadocia*. Philadelphia.
– (2003a). *Families and Friends in Late Roman Cappadocia*. Philadelphia.

- (2003b). *Becoming Christian: The Conversion of Roman Cappadocia*. Philadelphia.
- (2003c). «The Many Conversions of the Emperor Constantine». In *Conversion in Late Antiquity and the Early Middle Ages: Seeing and Believing*, ed. K. Mills e A. Grafton, pp. 127-151. Rochester.
- (2005). «Merovingian Gaul and the Frankish Conquests». In *The New Cambridge Medieval History, Volume I: c. 500 - C. 700*, ed. P. Fouracre, pp. 193-231. Cambridge.
- (2008). «Imagining an Eastern Roman Empire: A Riot at Antioch in 387». In *The Sculptural Environment of the Roman Near East: Reflections on Culture, Ideology, and Power*, ed. Y. Z. Eliav, E. Friedland e S. Herbert, pp. 454-481. *Interdisciplinary Studies in Ancient Culture and Religion 9*. Leiden.

Vanderspoel, J. (1995). *Themistius and the Imperial Court: Oratory, Civic Duty, and Paideia from Constantius to Theodosius*. Ann Arbor.

Vanderspoel, J. e M.L. Mann (2002). «The Empress Fausta as Romano-Celtic Dea Nutrix». *Numismatic Chronicle* 162:350-355.

Varner, E. R. (2001). «Portraits, Plots, and Politics: *Damnatio memoriae* and the Images of Imperial Women». *Memoirs of the American Academy in Rome* 46:41-93.

- (2004). *Mutilation and Transformation: Damnatio memoriae and Roman Imperial Portraiture*. Monumenta Graeca et Romana 10. Leiden.

Verduchi, P. (1995). «Equus: Constantinus». In *Lexicon Thpographicum Urbis Romae*, Vol. 2, ed. E. M. Steinby, pp. 226-227. Roma.

Vittinghoff E. (1936). *Der Staatsfeind in der römischen Kaiserzeit: Untersuchungen zur «Damnatio memoriae»*. Neue deutsche Forschungen 84, Abteilung Alte Geschichte 2. Berlin.

Vogt, J. (1963). «Pagans and Christians in the Family of Constantine the Great». In *The Conflict between Paganism and Christianity in the Fourth Century*, ed. A. Momigliano, pp. 38-55. Oxford-Warburg Studies. Oxford.

Vollmer, E. e H. Rubenbauer (1926). «Ein verschollenes Grabgedicht aus Trier». *Trierer Zeitschrift* 1:26-30.

von Haehling, R. (1978). *Die Religionszugehörigkeit der hohen Amtsträger des römischen Reiches seit Constantins I. Alleinherrschaft bis zum Ende der theodosianischen Dynastie (324-450 bsw. 455 n. Chr.)*. Antiquitas, Reihe 3, 23. Bonn.

Waler, P.W.L. (1990). *Holy City, Holy Places? Christian Attitudes to Jerusalem and the Holy Land in the Fourth Century*. Oxford.

Wallace-Hadrill, A. (1990). «Roman Arches and Greek Honours: The Language of Power at Rome». *Proceedings of the Cambridge Philological Society* 216, s.a. 36:143-181.

Wallraff, M. (1997). *Der Kirchenhistoriker Sokrates: Untersuchungen zu Geschichtsdarstellung, Methode und Person*. Forschungen zur Kirchen- und Dogmengeschichte 68. Gottingen.

- (2001). «Constantine's Devotion to the Sun after 324». In *Studia Patristica Vol. XXXIV: Papers Presented at the Thirteenth International Conference on Pa-*

tristic Studies Held in Oxford 1999. Historica, biblica, theologica et philosophica, ed. M.E Wiles e E.J. Yarnold, con P.M. Parvis, pp. 256-269. Leuven.

Ward-Perkins, B. (1984). *From Classical Antiquity to the Middle Ages: Urban Public Building in Northern and Central Italy AD 300-850*. Oxford.

Warmington, B.H. (1985). «The Sources of Some Constantinian Documents in Eusebius' *Ecclesiastical History* and *Life of Constantine*». In *Studia Patristica XVIII, Volume One: Historica-theologica-Gnostica-biblica. Papers of the Ninth International Conference on Patristic Studies, Oxford 1983*, ed. E.A. Livingstone, pp. 93-98. Kalamazoo.

– (1993). «Eusebius of Caesarea's Versions of Constantine's Laws in the Codes». In *Studia Patristica Vol. XXIV: Papers Presented at the Eleventh International Conference on Patristic Studies Held in Oxford 1991. Historica, theologica et philosophica, Gnostica*, ed. E.A. Livingstone, pp. 201-207. Leuven.

– (1999). «Some Constantinian References in Ammianus». In *The Late Roman World and Its Historian: interpreting Ammianus Marcellinus*, ed. J.W. Drijvers e D. Hunt, pp. 166-177. London.

Watson, A. (1999). *Aurelian and the Third Century*. London.

Webb, P.H. (1933). *The Roman Imperial Coinage, V, Part II*. London.

Weiss, J.-P. (1978). «Julien, Rome et les Romains». In *L'empereur Julien de l'histoire a la légende (331-1715)*, ed. R. Braun e J. Richer, pp. 125-140. Paris.

Weiss, P. (1995). «Götter, Städte und Gelehrte: Lydiaka und "Patria" um Sardes und den Tmolos». In *Forschungen in Lydien*, ed. E. Schwertheim, pp. 85-109. Asia Minor Studien 17. Bonn.

– (2003). «The Vision of Constantine». Trad. ingl. A.R. Birley. *Journal of Roman Archaeology* 16:237-59. Versione riv. di «Die Vision Constantins». In *Colloquium aus Anlaß des 80. Geburtstages von Alfred Heuß*, ed. J. Bleicken, pp. 143-169. Frankfurter althistorische Studien 13. Kallmünz.

Wharton, A.J. (1995). *Refiguring the Post Classical City: Dura Europos, Jerash, Jerusalem and Ravenna*. Cambridge.

Whittaker, C.R. (1994a). *Frontiers of the Roman Empire: A Social and Economic Study*. Baltimore.

– (1994b). «The Politics of Power: The Cities of Italy». In *L'Italie d'Auguste a Dioclétien*, pp. 127-43. Collection de l'Ecole française de Rome 198. Roma e Paris.

Wiemer, H.-U. (1994). «Libanius on Constantine». *Classical Quarterly* 44:511-524.

Wightman, E.M. (1970). *Roman Trier and the Treveri*. New York.

Wigtil, D.N. (1981). «Toward a Date for the Greek Fourth Eclogue». *Classical Journal* 76:336-341.

Wiles, M. (1996). *Archetypal Heresy: Arianism through the Centuries*. Oxford.

Wiles, M.F. e R.C. Gregg (1985). «Asterius: A New Chapter in the History of Arianism». In *Arianism: Historical and Theological Reassessments. Papers from the Ninth international Conference on Patristic Studies, September 5-10, 1983, Oxford, England*, ed. R.C. Gregg, pp. 111-151. Patristic Monograph Series 11. Cambridge, MA.

Wilken, R.L. (1992a). *The Land Called Holy: Palestine in Christian History and Thought*. New Haven.
– (1992b). «Eusebius and the Christian Holy Land». In *Eusebius, Christianity, and Judaism*, ed. H.W. Attridge e G. Hata, pp. 736-60. Detroit.
– (1999). «Cyril of Alexandria's *Contra Iulianum*». In *The Limits of Ancient Christianity: Essays on Late Antique Thought and Culture in Honor of R.A. Markus*, ed. W.E. Klingshirn e M. Vessey, pp. 42-55. Ann Arbor.
Wilkinson, J. (1981). *Egeria's Travels to the Holy Land*, Ediz. rived. Jerusalem and Warminster.
Williams, G.H. (1951a). «Christology and Church-State Relations in the Fourth Century». *Church History* 20.3:3-33.
– (1951b). «Christology and Church-State Relations in the Fourth Century». *Church History* 20.4:3-26.
Williams, J.H.C. (2001). *Beyond the Rubicon: Romans and Gauls in Republican Italy*. Oxford.
Williams, R. (1987). *Arius: Heresy and Tradition*. London.
– ed. (1989). *The Making of Orthodoxy: Essays in Honour of Henry Chadwick*. Cambridge.
– (1993). «Baptism and the Arian Controversy». In *Arianism after Arius: Essays on the Development of the Fourth Century Trinitarian Confticts*, ed. M.R. Barnes e D.H. Williams, pp. 149-180. Edinburgh.
– (2001). «Appendix I: Arius since 1987». In R. Williams, *Arius: Heresy and Tradition*, Ediz. riv., pp. 247-267. London.
Wilson, Andrew (2001). «Water-Mills at Amida: Ammianus Marcellinus 18.8.11». *Classical Quarterly* 51:231-236.
Wilson, Anna (1998). «Biographical Models: The Constantinian Period and Beyond». In *Constantine: History, Hagiography and Legend*, ed. S.N.C. Lieu e D. Montserrat, pp. 107-135. London.
Wilson Jones, M. (2000). «Genesis and Mimesis: The Design of the Arch of Constantine in Rome». *Journal of the Society of Architectural Historians* 59:50-77.
Winkelmann, F. (1964). «Die Beurteilung des Eusebius von Cäsarea und seiner Vita Constantini im griechischen Osten: Ein Beitrag zur Untersuchung der griechischen hagiographischen Vitae Constantini». In *Byzantinische Beiträge*, ed. J. Irmscher, pp. 91-119. Berlin. Ora in F. Winkelmann, *Studien zu Konstantin dem Grossen und zur byzantinischen Kirchengeschichte: Ausgewählte Aufsätze*, ed. W. Brandes e J.F. Haldon (Birmingham, 1993), Chapter 15.
– (1973). «Ein Ordnungsversuch der griechischen hagiographischen Konstantinviten und ihrer. Überlieferung». In *Studia Byzantina 2*, ed. J. Irmscher e P. Nagel, pp. 267-84. Berliner byzantinistische Arbeiten 44. Berlin. Ora in F. Winkelmann, *Studien zu Konstantin dem Grossen und zur byzantinischen Kirchengeschichte: Ausgewählte Aufsätze*, ed. W. Brandes e J.F. Haldon (Birmingham, 1993), Chapter 12.
– (1978). «Das hagiographische Bild Konstantins I. in mittelbyzantinischer Zeit». In *Beiträge zur byzantinischen Geschichte im 9.-11. Jahrhundert: Akten des Colloquiums Byzanz auf dem Höhepunkt seiner Macht, Liblice, 20.-23. Sep-*

tember 1977, ed. V. Vavríek, pp. 179-203. Prague. Ora in F. Winkelmann, *Studien zu Konstantin dem Grossen und zur byzantinischen Kirchengeschichte: Ausgewählte Aufsätze*, ed. W. Brandes e J.F. Haldon (Birmingham, 1993), Chapter 14.
– ed. (1991). *Eusebius Werke 1.1: Über das Leben des Kaisers Konstantin*, seconda ed. GCS. Berlin.
Wischmeyer, W. (1990). «M. Iulius Eugenius: Eine Fallstudie zum Thema "Christen und Gesellschaft im 3. und 4. Jahrhundert"». *Zeitschrift für die neutestamentliche Wissenschaft und die Kunde der älteren Kirche* 81:225-246.
Woods, D. (1998). «On the Death of the Empress Fausta». *Greece and Rome* 45:70-86.
Woolf, G. (1990). «Food, Poverty and Patronage: The Significance of the Epigraphy of the Roman Alimentary Schemes in Early Imperial Italy». *Papers of the British School at Rome* 58:197-228.
– (1994). «Becoming Roman, Staying Greek: Culture, Identity and the Civilizing Process in the Roman East». *Proceedings of the Cambridge Philological Society* 40:116-143.
– (1996). «Monumental Writing and the Expansion of Roman Society in the Early Empire». *Journal of Roman Studies* 86:22-39.
Wrede, H. (1981). «Der Genius populi Romani und das Fünfsäulendenkmal der Tetrarchen auf dem Forum Romanum». *Bonner Jahrbücher* 181:111-142.
Wright, D.H. (1987). «The True Face of Constantine the Great». *Dumbarton Oaks Papers* 41:493-507.
Yegül, F.K. (2000). «Memory, Metaphor, and Meaning in the Cities of Asia Minor». In *Romanization and the City: Creation, Transformations, and Failures. Proceedings of a Conference Held at the American Academy in Rome To Celebrate the 50th Anniversary of the Excavations at Cosa, 14-16 May, 1998*, ed. E. Fentress, pp. 133-53. Journal of Roman Archaeology, Supplementary Series 38. Portsmouth.
Zachos, K.L. (2003). «The *Tropaeum* of the Sea-Battle of Actium at Nikopolis: Interim Report». *Journal of Roman Archaeology* 16:64-92.
Zanker, P. (1988). *The Power of Images in the Age of Augustus*, trad. ingl. A. Shapiro. Jerome Lectures 16. Ann Arbor (trad. it. *Augusto e il potere delle immagini*, Einaudi, Torino 1989).
Zecchini, G. (1992). «Dall'*Imperium Daciscum* alla *Gothia*: Il ruolo di Costantino nell'evoluzione di un tema politico e storiografico». In *Costantino il Grande dall'antichità all'umanesimo: Colloquio sul Cristianesimo nel mondo antico. Macerata 18-20 dicembre 1990*, ed. G. Bonamente e F. Fusco, vol. 2:915-933. Macerata.
Zgusta, L. (1980). «Die Ostgrenze von Armenien über Mesopotamien, Syrien bis Arabien». In *Die Sprachen im römischen Reich der Kaiserzeit: Kolloquium vom 8. bis 10. April 1974*, ed. G. Neumann e J. Untermann, pp. 121-145. Beihefte der Bonner Jahrbücher 40. Cologne e Bonn.
Zuckerman, C. (1994). «Les campagnes des Tétrarques, 296-298: Notes de chronologie». *Antiquité tardive* 2:65-70.

INDICE

Prefazione pag. 5
Abbreviazioni » 7
Introduzione. Augusto e Costantino » 9

PRIMA PARTE
UN IMPERO ROMANO SENZA ROMA

I. IL RESCRITTO DI COSTANTINO A HISPELLUM » 31
   Italia per sempre » 31
   «Superstizione contagiosa» » 35

II. IL SUO GALLO PREDILETTO: LA VECCHIA ROMA E LA NUOVA » 43
   Il margine esterno » 43
   Imperatori balcanici a Roma » 47
   «La mia Roma» » 57
   «Seconda Roma» » 64
   «La piccola Roma gallica» » 69
   Varcare il Rubicone » 77

III. «SPERANZA NEL SUO NOME»: LA DINASTIA FLAVIA » 86
   Massenzio e Roma » 88
   Imperatori flavi » 94
   Una dinastia divina » 103
   Figli legittimi » 109
   Costante e Flavia Costante » 117

«La famiglia della più eccelsa levatura»	pag.	123
«Tutta la tua famiglia»	»	130
IV. UNA TESTA, TRE LETTURE	»	135
Leggere una testa e una mano	»	139

SECONDA PARTE
UN IMPERO ROMANO GRECO

V. IL DIALOGO DI COSTANTINO CON ORCISTUS	»	155
Memorie	»	157
Onori e subordinazione	»	160
VI. «LA SANTA, SANTISSIMA RELIGIONE»: APPELLARSI ALL'IMPERATORE	»	167
Tolleranza e persecuzione	»	167
Duplicità di Costantino	»	175
Settarismo	»	180
VII. «LA LINGUA DEI ROMANI»: IL LATINO E L'ORIENTE GRECO	»	188
La lingua della cultura e la lingua del potere	»	189
Costantino e il greco	»	197
Giuliano e il latino	»	203
Garanzie di autonomia	»	211
«La nostra lingua»	»	214
VIII. SOTTO L'ACQUA	»	220

TERZA PARTE
IMPERATORE E DIO

IX. «GENERATO DAGLI DEI»: LA TETRARCHIA IMPERIALE	»	233
Una teologia del ruolo imperiale	»	235
Armonia	»	239
Gerarchia	»	244
Unicità e quadruplicità, unicità e triplicità	»	252

X. «GENERATO DAL PADRE»:
   LA TRINITÀ CRISTIANA   pag.   256
   Perché non l'arianesimo?   »   260
   In rappresentanza di Dio   »   266
   Uomo di Dio   »   273
   Una perfetta creatura di Dio   »   281
   Il dio della guerra   »   284

XI. «FIGLIO UNIGENITO»:
    LA STORIA DIVENTA TEOLOGIA   »   286
    Il panegirico come teologia   »   288
    Figlio di sua madre   »   296
    Figlio di una vergine   »   308
    Biografia come teologia   »   312
    Il Battista   »   316

XII. ALLA RICERCA DELLA DOTTRINA CRISTIANA
     DELL'IMPERATORE   »   319
     «È un uomo»   »   321
     Leggendo la *Vita di Costantino*   »   331
     Portinai per i pescatori   »   336
     Leggendo la vita di Costantino   »   344
     Visioni   »   352

EPILOGO. UN SOLO IMPERATORE   »   355
Giuliano il teologo   »   358

Edizioni e traduzioni   »   363
Bibliografia   »   375

Stampa
Litopres sas, Druento (Torino)